LabVIEW 따라잡기

이재춘 · 김락환 · 김선형 · 이윤민

북스힐

머리말

LabVIEW(Laboratory Virtual Instrument Engineering Workbench)는 National Instruments 사가 만든 그래픽 아이콘을 이용하여 프로그램을 작성하는 일종의 컴퓨터 언어이다. LabVIEW는 제어 계측, 데이터 수집뿐만 아니라 다른 언어와 마찬가지로 일반적인 프로그램 개발에서도 사용할 수 있다.

LabVIEW는 1990년 초부터 Windows 또는 Macintosh에서 본격적으로 사용되었으며, 작금에는 더욱 널리 사용되고 있다. 그러나 대부분의 사용자 매뉴얼이나 관련 서적들이 사전식 혹은 제목 나열식으로 구성되어 LabVIEW를 처음 접하는 사람이 보기에 번거로운데다 최근에는 LabVIEW의 도움말이 사용자 매뉴얼을 대체하기에 이르렀다.

이러한 이유로 대학의 LabVIEW 강의에 마땅한 교재를 찾을 수 없었고 저자가 대학에서 강의한 강의 자료를 모아 예제를 따라 쉽게 이해하도록 직접 집필하였다. 이 책은 `대학 강의에 적합할 뿐만 아니라 LabVIEW를 처음 접하는 초보자들이 전문 프로그램을 작성하는 데 필요한 기본적인 내용과 방법을 다루고 있다. 이 책의 출판을 맡아 주신 북스힐 사장님과 임직원에게 감사의 인사를 전한다.

2013년 6월 저자

차 례

CHAPTER

01 LabVIEW와 가상장치

1.1 LabVIEW 소개

LabVIEW는 Laboratory Virtual Instrument Engineering Workbench의 약자로써 내셔날인스투르먼트(National Instruments)사가 만든 그래픽 아이콘을 이용하여 프로그램을 작성하는 일종의 컴퓨터 언어(Language)이다. 현재 널리 사용되고 있는 Visual Studio(C++, Baisc 등), Boland C, Delphi 같은 컴퓨터 프로그래밍 언어들은 일반적으로 텍스트에 기반을 두고 있는데, 이들 언어와 LabVIEW의 가장 큰 차이점은 User Interface 뿐만 아니라 Source Code도 그래픽 환경에서 그림(아이콘)을 이어 붙여서 만든다는 것이다. 이러한 LabVIEW는 아날로그 또는 디지털 신호 및 각종 산업체 측정장비에서 데이터를 가져오거나 이들을 제어하고, 분석 또는 계산하고, 그 결과를 표시하고자하는 용도로 학교, 연구소, 산업체에서 광범위하게 사용할 수 있는 프로그램이다.

LabVIEW는 기존의 텍스트에 기반을 둔 다른 프로그램에 비하여 프로그램 개발 시간을 혁신적으로 단축할 수 있기 때문에 프로그램에 익숙하지 않은 엔지니어도 쉽게 접할 수 있으며, 그래픽으로 입출력 장치를 손쉽게 프로그램 할 수 있으며, 분석함수 및 각종 Interface 라이브러리를 갖고 있으며, C 또는 MatLab과 같은 다른 프로그램과도 연결성이 좋으므로, 프로그램의 확장에도 훌륭한 도구로 이용되고 있다.

LabVIEW는 1983년에 처음 최소시간으로 측정시스템을 프로그램하는 방법이 개발된 이후에, 1986년에 Macintosh 용으로 버전 1이 발표되었다. 1992년에 Windows 용으로

LabVIEW for sun이 출시되었으며, 국내에는 Windows 3.1 용으로 LabVIEW 버전 2.5가 공급되었다. 1995년에 Windows 95에 사용할 수 있는 버전 4.0이 출시되어 현재 사용하는 LabVIEW 프로그램의 기본을 이루었다. 1997년 LabVIEW 4.1에서 데이터 수집 마법사를 이용하여 사용자들이 프로그램에 대한 많은 지식이 없이 마우스로 그래픽아이콘을 몇 번 클릭함으로써 복잡한 데이터 수집 프로그램을 완성하는 LabVIEW 고유의 프로그램이 완성되었으며, 1998년 버전 5.0에서 GPIB, VXI, RS232를 이용한 인스트루먼트 컨트롤의 프로그램을 쉽게 만들 수 있었으며, ActiveX 컨테이너로 사용자는 LabVIEW의 프런트패널에 32비트 custom control(OCX)이나 ActiveX 문서들을 쉽게 가져다 놓을 수 있으므로 이미 만들어진 코드들을 쉽게 재활용할 수 있었다. 이로 인하여 Visual Basic 이나 C++에서 사용되는 ActiveX 컨트롤들을 LabVIEW에서도 쉽게 사용할 수 있게 되었다. 2001년 버전 6.0에서는 인터넷 기능이 중점적으로 강화되었으며, 6.1에서도 인터넷 접속기능이 한층 더 강화되었다. 2003년 버전 7 및 2004년 버전 7.1에서는 리얼타임용 고급프로그래밍, Matlab 및 Simulink와 인터페이스 강화, PDA 및 FPGA를 위한 기능강화, 다양한 I/O 및 인터넷 기능강화, 코드최적화도구 등이 추가되어 현재 8.x, 2009, 2011, 2012 버전이 이용되고 있다.

이 책에서는 2012 SP1 업그레이드 버전을 기준으로 Windows 운영체제의 IBM 컴퓨터에서 사용하는 것을 기준으로 설명한다. 설명은 사용자 매뉴얼처럼 메뉴순서로 하지 않고, 초심자들이 쉽게 따라하면 프로그램을 할 수 있도록 흔히 사용하는 개체 순서대로 편집하였다. 더욱 자세한 내용을 필요로 할 경우는 내쇼날인스투르먼트 사의 홈페이지 http://www.ni.com에 접속하여 무상 공급되는 사용자매뉴얼을 내려받아서 참고하기 바란다.

다음은 LabVIEW 도움말에 있는 "LabVIEW 소개"이다.

LabVIEW (Laboratory Virtual Instrument Engineering Workbench)는 그래픽 방식의 프로그래밍 언어로서 어플리케이션을 작성하는데 텍스트 대신 아이콘을 사용합니다. 프로그램 실행 순서가 명령에 의해 결정되는 텍스트 기반의 프로그래밍 언어와 달리, LabVIEW는 VI와 함수의 실행 순서가 블록다이어그램에서 노드를 통과하는 데이터의 흐름으로 결정되는 데이터 흐름 프로그래밍을 사용합니다. VI 또는 버추얼 인스트루먼트는 물리적인 인스트루먼트와 유사하게 작동하는 LabVIEW 프로그램입니다.

LabVIEW에서는 도구와 객체 세트를 사용하여 사용자 인터페이스를 생성합니다. 사용자 인터페이스는 프런트패널이라고 합니다. 프런트패널을 만든 후, 그래픽 형태의 함수를 사용하여 코드를 추가하여 프런트패널의 객체를 컨트롤합니다. 블록다이어그램에 G 코드 또는 블록다이어그램 코드라고도 불리는 이러한 그래픽 코드를 추가합니다. 어떤 면에서 블록다이어그램은 흐름도와 비슷합니다.

특별한 어플리케이션을 개발하기 위해 몇가지 소프트웨어 툴킷을 추가로 구입할 수 있습니다. 모든 툴킷은 LabVIEW와 원활하게 연결됩니다.

1.2 버추얼 인스트루먼트(VI) 소개

버추얼 인스트루먼트(VI: Virtual Instruments)를 우리말로 번역하면 "가상장비"이다. 궁극적으로 LabVIEW는 이 가상장비를 만드는 프로그램을 추구하고 있으며, 따라서 LabVIEW 프로그램의 확장자는 vi 이다. 가상장비를 다음과 같이 예를 들어 설명하고자 한다.

시퀸스제어를 위하여 전용시스템 대신에 PLC(Programmable Logic Control)를 사용하는 장점을 알 것이다. 예를 들어 설명하면 다음과 같다. 가나 공장은 라디오를 대량으로 생산하여 많은 이익을 보았다. 그러나 최근 들어 한가지 제품을 대량으로 생산하는 공장은 채산성이 없어서 회사 경영이 어려워지게 되었다. 그래서 가나 공장도 TV와 VCR 생산을 개시하여 다품종 소량생산을 하고자 하였다. 따라서 3가지 제품의 생산을 위하여 3개의 개별적인 자동제어 생산시스템(장비)이 필요하게 되었다. 이렇게 막대한 투자를 하여 자동제어 장비를 구축하여 회사를 운영한 결과 그 비용을 감당하지 못하고 가나 공장은 폐업하고 말았다. 그러나 옆에 있던 다라 공장은 3가지 제품의 생산을 위하여 3개의 개별적인 자동제어 장비를 만들지 않고 단 한 개의 장비에 PLC를 붙여서 PLC의 소프트웨어만을 수정하여, 같은 장비에서, 필요할 때마다 필요한 제품을 생산하였다. 뿐만 아니라 그 장비를 더욱 효율적으로 개량하여 나갈 수도 있었으며 날로 사업이 번창하였다.

또 다른 예를 들어보자. 계측제어기기를 연구하는 김연구는 오실로스코프를 구입하여 사용하고 있다. 이 오실로스코프는 두 개의 채널을 통하여 100 MHz의 아날로그 신호를 받아서 화면에 파형을 나타낸다. 물론 수직 수평 및 몇 가지 필요한 값을 맞추기 위한 정해진 범위의 값을 조절하는 다이얼이 있다. 김연구는 자신의 연구에 필요하여 이 오실로스코프에서 얻어진 값을 디지털 값으로 표시하고, 측정된 값이 이론 값과 비교하여 몇 %가 크거나 또는 작은지를 판단하며, 그 값을 기억장치에 저장하고 싶다. 그러나 이 오실로스코프로는 이 일을 할 수 없다. 이 일을 위해서는 더 비싸고 다양한 기능을 갖는 새 오실로스코프(또는 데이터 수집장치)를 구입하여야 한다. 그러나 새로 막대한 비용을 들여 구입한 새 오실로스코프는 많은 기능이 있는데, 김연구는 필요한 기능 이외는 사용하지 않기 때문에 낭비가 될 것 같았다.

현재 널리 사용되고 있고, 연구 개발 또는 산업체라면 필수품으로 갖고 있는, 개인용 컴퓨터는 기본적으로 CPU에 공급되는 클럭이 수GHz에 달하며, 신호처리, 디스플레이, 비교 및 계산, 자료저장 등, 위 두 번째 예의 김연구가 필요로 하는 모든 디지털 기기의 기능을 대신할 수 있다. 그러므로 김연구는 값비싼 새 오실로스코프를 구입하는 대신, 아날로그 신호를 입력받을 수 있는 단순한 채널과 컴퓨터만 있다면 그가 원하는 일을 처리 할 수 있을 것이다. 이 때 김연구에게 컴퓨터를 해체하여 자기가 필요한 부분의 부품을 맞추어 사용하라는 뜻이 아니라, 첫 번째 예의 PLC와 같이 컴퓨터에 적합한 프로그램을 만들어 넣기만 하면 되는 것이다. 또한 김연구는 그가 연구하고 있는 정밀계측제어장치인 온라인 중금속이온측정기를 제어하고자 한다. 이때에도 김연구는 값비싼 전용 제어장치를 구입하여 사용할 것이 아니라, 오실로스코프로 사용하던 개인용 컴퓨터의 프로그램만 변경하고, 단순한 출력장치만 준비한다면 훌륭히 자신이 원하는 제어를 할 수 있을 것이다. 이때 김연구가 갖고있는 개인용 컴퓨터는 오실로스코프 및 중금속이온측정기의 정밀제어장치를 대신하는 "가상장비"가 된다.

개인용 컴퓨터에는 기본적으로 시리얼, 파라렐, USB 등의 입출력 장치가 있으며, 필요할 경우 GPIB, 모뎀, LAN 등을 부착할 수 있고, 슬롯을 통하여 버스를 공유할 수도 있다. LabVIEW는 이러한 입출력 장치를 통하여 어떤 장치의 신호를 받고, 이를 필요에 맞게 가공 처리하며, 또 다른 외부장치로 필요한 제어 신호를 출력하게 하는 프로그램을 그래픽으로 만들게 하여, 컴퓨터 프로그램에 능숙하지 않더라도 자신이 원하는 가상장비를 만들게 도와주는 프로그램이다.

다음은 LabVIEW 도움말에 있는 “버추얼 인스트루먼트 소개”이다.

LabVIEW 프로그램은 버추얼 인스트루먼트 또는 VI라고 불립니다. 외관과 작동이 오실로스코프, 멀티미터와 같은 물리적 인스트루먼트와 비슷하기 때문입니다. 모든 VI는 함수를 사용하며, 함수는 사용자 인터페이스 또는 다른 소스로 부터의 입력을 조작하며 해당 정보를 디스플레이하거나 다른 파일 또는 컴퓨터로 옮깁니다.

VI는 다음의 세 구성요소를 포함합니다. 첫째, 프런트패널—사용자 인터페이스 역할을 합니다. 둘째, 블록다이어그램—VI의 기능을 정의하는 그래픽 소스 코드를 포함합니다. 셋째, 아이콘과 커넥터 팬—VI의 인터페이스를 식별하여 VI를 다른 VI에서 이용할 수 있도록 합니다. 다른 VI 안의 VI를 SubVI라고 부릅니다. SubVI는 텍스트 기반 프로그래밍 언어의 서브루틴에 해당합니다.

1.3 LabVIEW 시작하기

LabVIEW를 처음 실행하면 다음과 같은 시작 창이 나타난다.

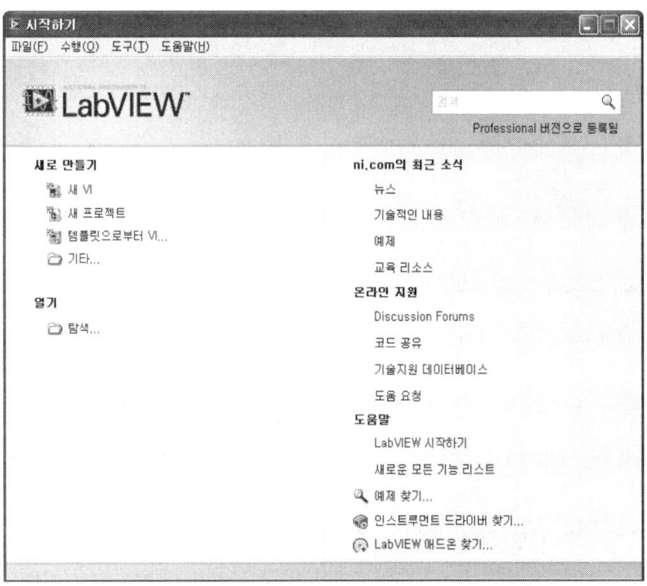

그림 1.3.1

「파일(F)」을 누르면 다음과 같이 메뉴가 나타난다.

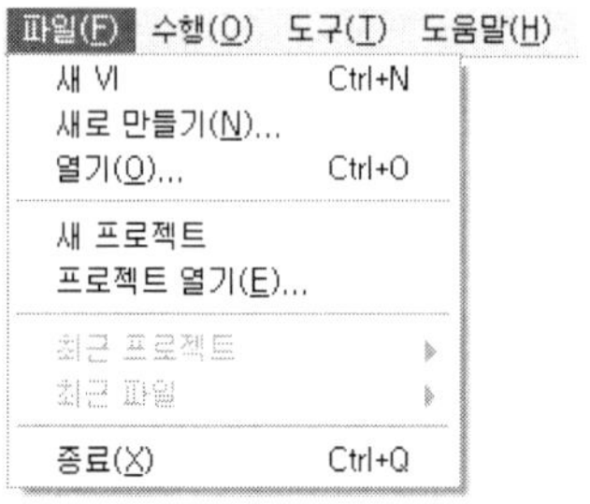

그림 1.3.2

「새 VI」는 다음과 같은 블록다이어그램 프런트패널 창이 나타나서 새로운 VI를 만들 수 있다.

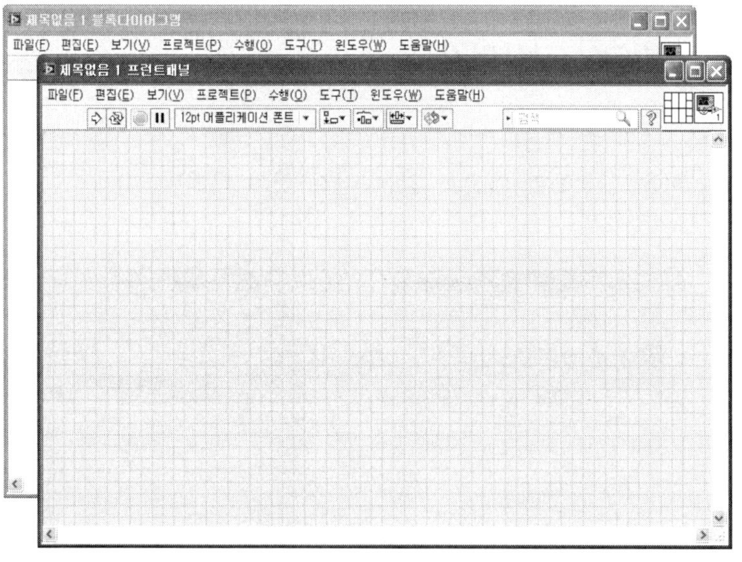

그림 1.3.3

「새로 만들기(N)」를 누르면 그림 1.3.4와 같은 새로 만들기 창이 나타나서 여러 가지 기능을 할 수 있으며, 여기서도 앞에서 설명한 「새 VI」를 실행할 수 있다.

「열기(O)」를 누르면 일반적인 열 파일 선택 대화상자가 나타나서 이미 만들어져있는 VI 또는 예제프로그램을 불러내어 열어준다.

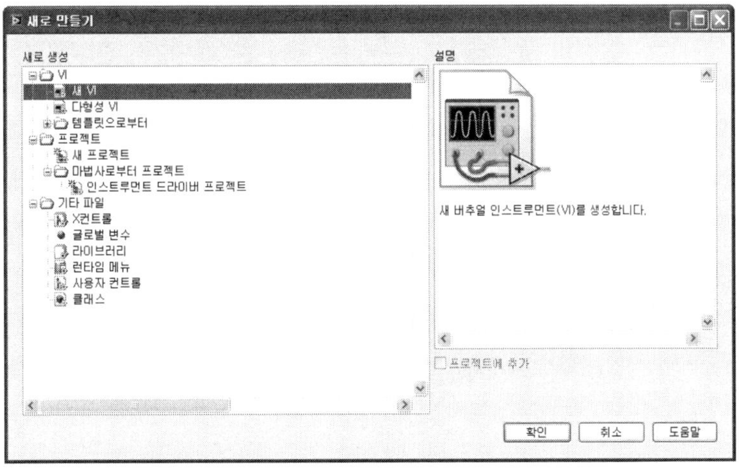

그림 1.3.4

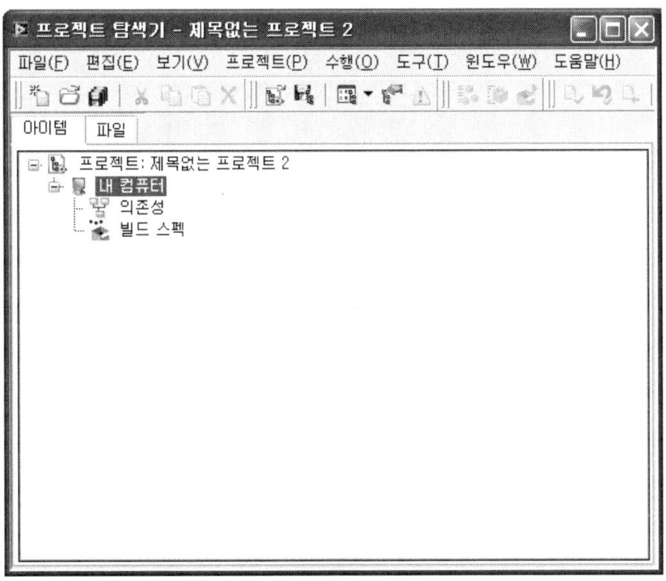

그림 1.3.5

「새 프로젝트」를 누르면 그림 1.3.5와 같은 **프로젝트 탐색기** 창이 나타나서 프로젝트 기능을 수행 할 수 있다.

「프로젝트 열기(E)...」를 누르면 **열 프로젝트 선택** 창이 나타나서 이미 만들어져있는 프로젝트를 불러내어 열어준다.

「수행(O)」을 누르면 다음과 같이 메뉴가 나타난다.

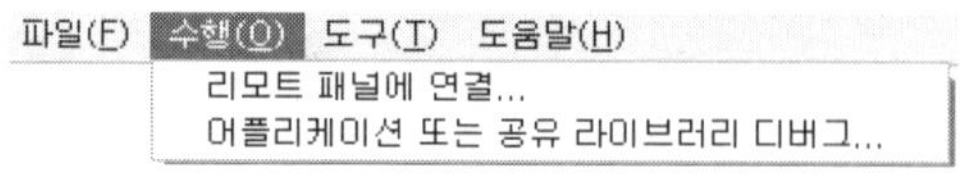

그림 1.3.6

「도구(I)」를 누르면 다음과 같이 메뉴가 나타난다.

그림 1.3.7

「도움말(H)」은 각종 도움말 또는 예제프로그램을 공급한다.

1.4 LabVIEW 환경

LabVIEW에서 VI를 구현하는 창으로 패널(Panel)과 다이어그램(Diagram)이 있으며, 패널과 다이어그램을 구현할 때 팔레트(Palette), 도구 및 각종 메뉴를 사용한다. LabVIEW는 컨트롤(Controls) 팔레트, 함수(Function) 팔레트 그리고 도구(Tools) 팔레트의 세 가지 팔레트를 제공한다. 또한, LabVIEW는 시작하기 윈도우, 기본 도움말 윈도우, 프로젝트 탐색기 윈도우, 탐색 윈도우를 포함한다. 컨트롤과 함수 팔레트를 사용자 정의할 수 있으며, 여러 작업 환경 옵션을 설정할 수 있다.

그림 1.4.1은 그림 1.3.1에서 「새 VI」를 선택하였을 때의 초기화면이다. 여기서 앞의 창이 프런트패널(Front Panel)이고 뒤의 창이 블록다이어그램(Block Diagram)이다. 그림 1.4.1의 뒤쪽 창 블록다이어그램을 누르면 화면이 그림 1.4.2와 같이 되어 블록다이어그램 창이 활성화된다.

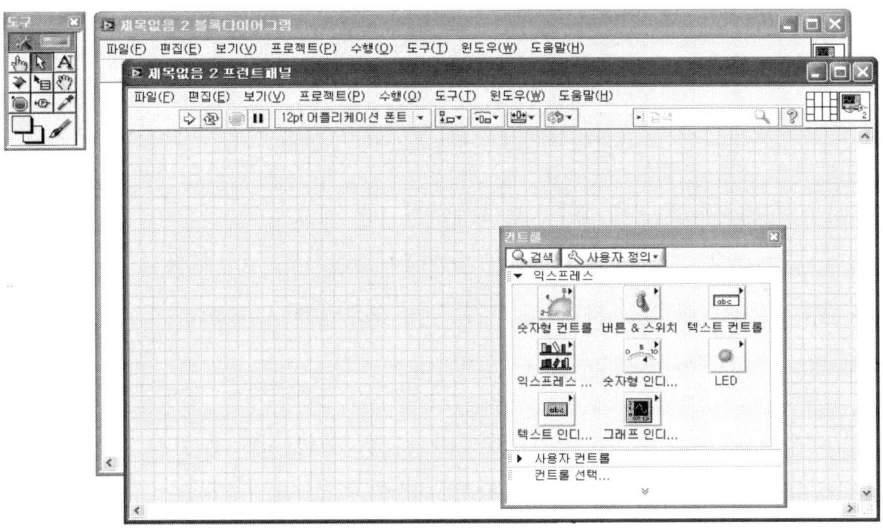

그림 1.4.1

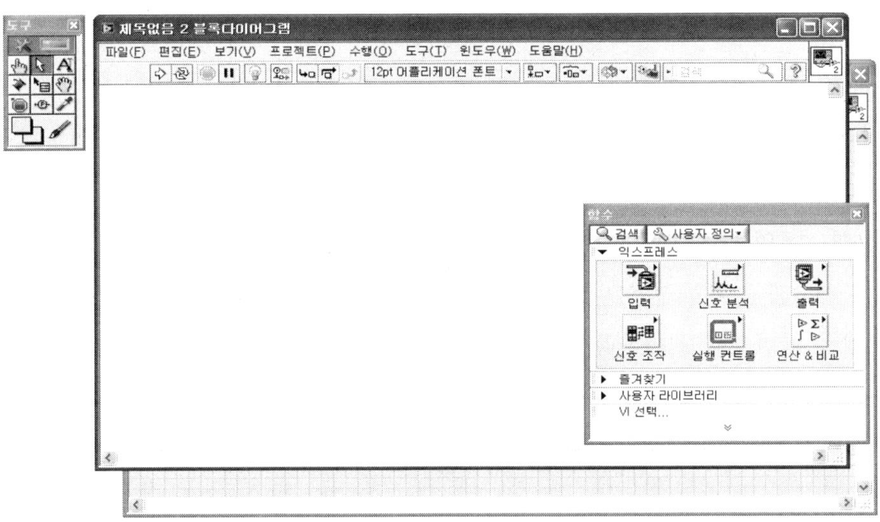

그림 1.4.2

그림 1.4.1과 그림 1.4.2에 나타난 프런트패널과 블록다이어그램 창이 가장 기본적인 창이며, 각각의 좌측위에 있는 작은 창이 도구 팔레트로 두 개의 창에 모두 나타나며, 프런트패널과 같이 나타나는 작은 창은 컨트롤 팔레트이고, 블록다이어그램과 같이 나타나는 작은 창은 함수 팔레트이다.

1.4.1 프런트패널과 블록다이어그램

프런트패널은 사용자 인터페이스(User Interface) 또는 단순히 "실행화면"을 구현하는 창이라고 할 수 있으며, 프로그램이 동작할 때 사용자에게 보이는 화면을 구현하게 된다.

블록다이어그램은 사용자 인터페이스(프런트패널)에 대응되는 소스코드라고 볼 수 있다. 블록다이어그램은 G 코드 또는 블록다이어그램 코드로 알려진 그래픽 소스 코드를 포함한다. 프런트패널 객체는 블록다이어그램에서 터미널로 나타난다.

일반적으로, 프런트패널을 먼저 만든 후 프런트패널에 생성한 입력과 출력에 작업을 수행하기 위해서 블록다이어그램을 디자인한다.

메뉴에는 풀다운 메뉴(프런트패널/블록다이어그램 창의 상단에 항시 표시되어 있는 메뉴 바)와 단축 메뉴(프런트패널/블록다이어그램 창에서 마우스 오른쪽 버튼을 눌렀을 때 나타나는 메뉴)가 있고, 각각 풀다운 메뉴의 메뉴 바 밑에 툴바가 있다.

1.4.2 풀다운 메뉴

프런트패널과 블록다이어그램의 풀다운 메뉴는 제목이 같으며, 내용도 거의 같다. 다만 프런트패널이나 블록다이어그램에서 각각에서 불필요한 내용의 제목은 비활성화 되어 사용할 수 없게 되어있다.

프런트패널과 블록다이어그램의 풀다운 메뉴는 그림 1.4.1에서 볼 수 있으며, 편의상 프런트패널 화면으로 설명한다.

가. 파일

- 「새 VI」는 새 VI를 생성한다.

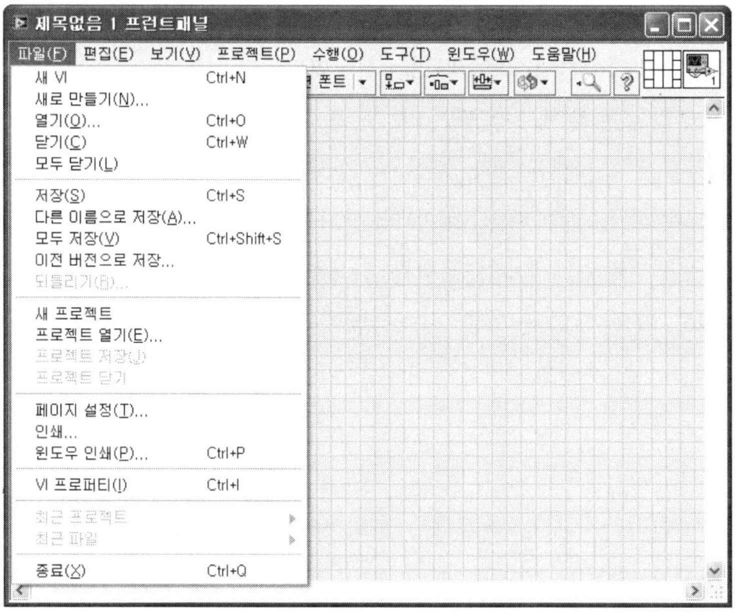

그림 1.4.3

- 「새로 만들기」는 새로 만들기 대화 상자를 디스플레이한다. 이 대화 상자를 사용해서 어플리케이션을 만들도록 도와주는 LabVIEW의 다른 구성요소를 생성할 수 있다.
- 「열기」는 파일을 탐색하고 여는데 사용할 수 있는 표준 파일 대화 상자를 디스플레이 한다.
- 「닫기」는 현재 파일을 닫는다.
- 「모두 닫기」는 열려 있는 모든 파일을 닫는다.
- 「저장」은 현재 파일을 저장한다.
- 「다른 이름으로 저장」은 현재 파일의 복사본을 저장하거나, 파일의 이름을 변경하거나, VI 계층구조를 새 위치에 복사할 수 있다.
- 「모두 저장」은 프로젝트와 라이브러리 파일을 포함한 모든 열려 있는 파일을 저장한다. 모두 저장(이 프로젝트)은 현재 열린 프로젝트의 모든 열린 파일을 저장한다.
- 「이전 버전으로 저장」은 VI를 LabVIEW의 이전 버전으로 저장한다.
- 「되돌리기」는 마지막으로 파일을 저장한 이후 만들어진 변화를 취소한다.
- 「새 프로젝트」는 새 프로젝트를 생성한다.
- 「프로젝트 열기」는 프로젝트 파일을 탐색하고 여는데 사용할 수 있는 표준 파일

대화 상자를 디스플레이 한다.

- 「프로젝트 저장」은 현재 프로젝트를 저장한다.
- 「프로젝트 닫기」는 현재 프로젝트와 그 프로젝트에 속해 있는 모든 파일을 닫는다.
- 「페이지 설정」은 인쇄하는 VI, 템플릿, 객체 문서에 대한 인쇄 옵션을 설정하기 위해 사용할 수 있는 페이지 설정 대화 상자를 디스플레이 한다.
- 「인쇄」는 VI, 템플릿, 객체의 문서를 인쇄하거나, HTML, RTF, 텍스트 문서를 생성하기 위해 인쇄 대화 상자를 디스플레이 한다.
- 「윈도우 인쇄」는 프런트패널이나 블록다이어그램을 인쇄하기 위해 사용하는 대화 상자를 디스플레이 한다. 프런트패널을 인쇄하기 위해 프런트패널에 있는 메뉴 아이템을 선택한다. 블록다이어그램을 인쇄하기 위해 블록다이어그램에 있는 메뉴 아이템을 선택한다. 이 메뉴 아이템을 선택하여 전체 프런트패널이나 블록다이어그램을 인쇄하지만 케이스, 이벤트, 다층 시퀀스 구조의 숨겨진 서브다이어그램을 인쇄하지는 못한다.
- 「VI 프로퍼티」는 VI를 사용자 정의하기 위해 사용하는 VI 프로퍼티 대화 상자를 디스플레이 한다.
- 「최근 프로젝트」는 가장 최근에 열어본 프로젝트 파일(.lvproj)을 연다.
- 「최근 파일」을 사용하여 가장 최근에 열어본 파일을 연다.
- 「종료」는 LabVIEW를 끝냅니다.

나. 편집

- 「실행 취소」는 마지막으로 수행된 작업을 취소한다.
- 「다시 실행」은 마지막으로 수행된 실행 취소 작업을 취소한다.
- 「잘라내기」는 선택된 아이템을 제거하고 클립보드에 저장한다.
- 「복사」는 선택된 아이템을 복사하고 클립보드에 저장한다.
- 「붙여넣기」는 활성 윈도우에 클립보드의 객체를 위치시킨다.
- 「프로젝트에서 제거」는 선택된 부분을 제거하고 클립보드에 그것을 저장하지 않는다.
- 「모두 선택」 프런트패널 또는 블록다이어그램의 모든 객체를 선택한다.
- 「현재값을 기본값으로」는 컨트롤과 상수의 현재값을 기본값으로 저장한다.
- 「값을 기본으로 다시 초기화」는 현재의 모든 컨트롤과 상수를 그 기본값으로 반환

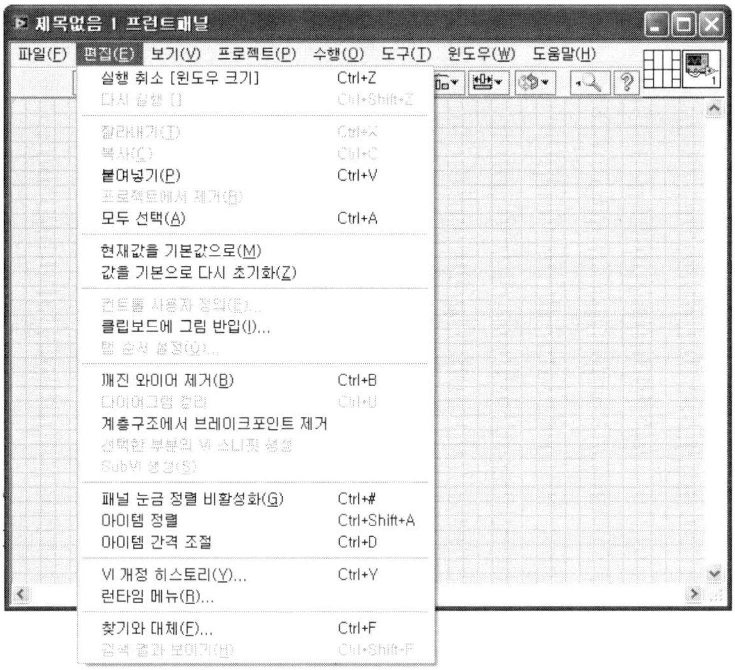

그림 1.4.4

한다.

- 「컨트롤 사용자 정의」를 사용하여 현재 선택된 프런트패널 컨트롤 객체를 변경할 수 있고 그 결과 파일을 .ctl의 확장자로 저장할 수 있다.
- 「클립보드에 그림 반입」은 VI에서 사용하기 위해 클립보드에 그래픽을 반입한다.
- 「탭 순서 설정」을 사용하여 프런트패널 객체의 순서를 설정할 수 있다.
- 「깨진 와이어 제거」는 현재 VI에서 모든 깨진 와이어를 제거한다.
- 「다이어그램 정리」는 모든 기존 와이어를 다시 연결하고 블록다이어그램의 객체를 재배치하여 더 깔끔한 레이아웃을 만든다.
- 「계층구조에서 브레이크포인트 제거」는 VI 계층구조에서 모든 브레이크포인트를 제거한다. 이 옵션은 VI의 편집 메뉴에서만 사용 가능하다.
- 「선택사항에서 VI 스니핏 생성」 블록다이어그램 코드의 일부를 저장하려는 디렉토리를 지정하는 VI 스니핏을 다른 이름으로 저장 대화 상자를 디스플레이 한다.
- 「SubVI 생성」은 선택된 객체로부터 새 subVI를 생성한다.
- 「패널 눈금 정렬 비활성화」에서 눈금 정렬 활성화는 프런트패널이나 블록다이어그

램에서 정렬 눈금을 활성화한다. 정렬 눈금이 활성화되어 있으면, 이 메뉴 아이템은 패널에서 정렬 눈금 비활성화/다이어그램에서 정렬 눈금 비활성화로 바뀐다.

- 「아이템 정렬」 프런트패널의 객체를 정렬한다.
- 「객체 간격 조절」은 프런트패널 객체의 간격을 같은 간격으로 조절한다.
- 「VI 개정 히스토리」는 현재 VI의 문서 변경과 히스토리 보기를 위해 사용할 수 있는 히스토리 윈도우를 디스플레이 한다.
- 「런타임 메뉴」는 메뉴 편집기 대화 상자를 디스플레이하고 이 대화 상자를 사용하여 런타임 메뉴(RTM) 파일을 생성하고 편집하며 이를 VI와 연결한다.
- 「찾기와 대체」는 찾기 대화 상자를 디스플레이하고 이것을 사용하여 VI, 객체, 텍스트를 찾고 대체할 수 있다.
- 「검색 결과 보이기」는 검색 결과 윈도우를 디스플레이하고, 이것을 사용하여 LabVIEW가 찾은 객체나 텍스트의 모든 인스턴스를 디스플레이하거나 다른 객체나 텍스트와 대체할 수 있다.

다. 보기

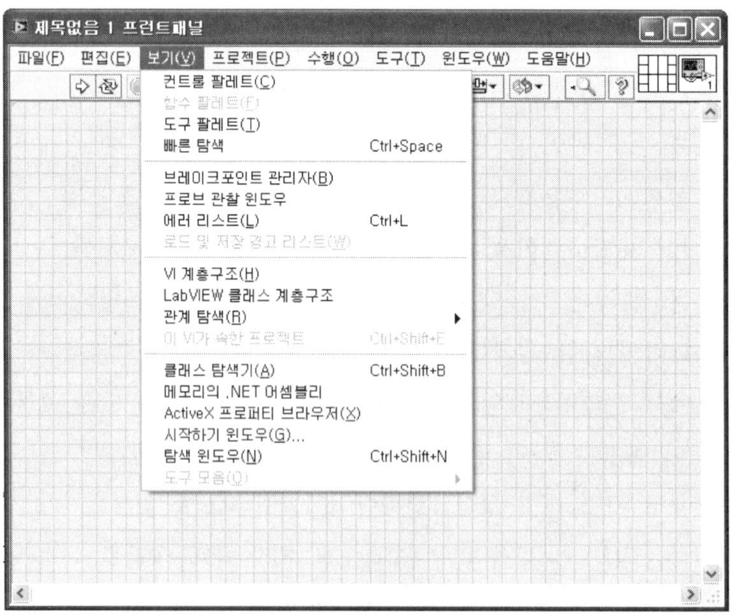

그림 1.4.5

- 「컨트롤 팔레트」는 컨트롤 팔레트를 디스플레이 한다.
- 「함수 팔레트」는 함수 팔레트를 디스플레이 한다.
- 「도구 팔레트」는 도구 팔레트를 디스플레이 한다.
- 「빠른 탐색」은 빠른 탐색 대화 상자를 디스플레이 한다.
- 「브레이크포인트 관리자」는 브레이크포인트 관리자 윈도우를 디스플레이 한다. 이 윈도우를 사용하여 VI 계층구조에 있는 모든 브레이크포인트를 활성화, 비활성화, 삭제할 수 있다.
- 「프로브 관찰 윈도우」는 프로브 관찰 윈도우를 디스플레이 한다. 이를 사용하여 데이터가 프로브가 있는 와이어를 통과하는 모습을 볼 수 있다.
- 「에러 리스트」는 에러 리스트 윈도우를 디스플레이 하는데, 이것은 현재 VI의 에러를 리스트 한다.
- 「로드 및 저장 경고 리스트」는 로드 및 저장 경고 리스트 대화 상자를 디스플레이 한다.
- 「VI 계층구조」는 VI 계층구조 윈도우를 디스플레이하고 메모리에 VI를 만드는 subVI와 다른 노드를 보기에 사용할 수 있고 VI 계층구조에서 탐색하는데 사용할 수 있다.
- 「LabVIEW 클래스 계층구조」는 메모리의 LabVIEW 클래스 계층구조를 보거나 LabVIEW 클래스 계층구조를 검색할 수 있는 LabVIEW 클래스 계층구조 윈도우를 디스플레이 한다.
- 「관계 탐색」은 현재 VI와 그 계층구조의 특징을 보기 위한 아이템을 가지고 있다.
- 「이 VI가 속한 프로젝트」는 현재 VI가 선택된 프로젝트 탐색기 윈도우를 디스플레이 한다.
- 「클래스 탐색기」는 클래스 탐색기 윈도우를 디스플레이하여 사용가능한 객체 라이브러리를 선택하고 선택된 객체 라이브러리 내의 클래스, 프로퍼티, 메소드를 보여주는데 사용할 수 있다.
- 「메모리의 .NET 어셈블리」는 LabVIEW가 메모리상에 가지고 있는 모든 어셈블리를 포함하는 메모리의 .NET 어셈블리 대화 상자를 디스플레이 한다. 이 대화 상자를 사용하여 LabVIEW가 .NET 객체를 사용하는 프로젝트와 VI에 맞는 어셈블리를 로드하는지 확인할 수 있다.

- 「ActiveX 프로퍼티 브라우저」는 ActiveX 프로퍼티 브라우저를 디스플레이하고, 이를 사용하여 ActiveX 컨테이너 안의 ActiveX 컨트롤 또는 문서와 관련된 모든 프로퍼티를 보고 설정할 수 있다.
- 「시작하기 윈도우」는 LabVIEW 시작하기 윈도우를 디스플레이한다.
- 「탐색 윈도우」는 탐색 윈도우를 디스플레이한다.
- 「도구 모음」을 사용하여 표준, 프로젝트, 빌드, 소스 컨트롤 도구 모음을 보이거나 숨길 수 있다. 이 도구 모음은 프로젝트 탐색기 윈도우에서만 사용 가능하다.

라. 프로젝트

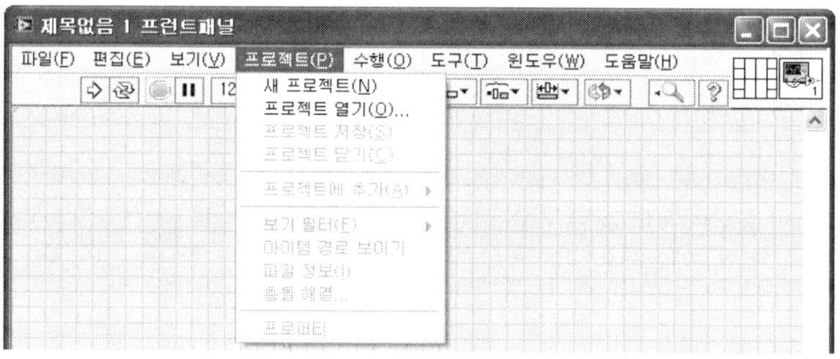

그림 1.4.6

- 「새 프로젝트」는 새 프로젝트를 생성한다.
- 「프로젝트 열기」는 프로젝트 파일을 탐색하고 여는데 사용할 수 있는 표준 파일 대화 상자를 디스플레이 한다.
- 「프로젝트 저장」은 현재 프로젝트를 저장한다.
- 「프로젝트 닫기」는 현재 프로젝트와 그 프로젝트에 속해 있는 모든 파일을 닫는다.
- 「프로젝트에 추가」는 프로젝트에 추가할 수 있는 아이템에 대한 옵션을 제공한다.
- 「빌드」는 선택한 빌드 스펙에 대한 빌드를 완료한다. Professional Development System이나 어플리케이션 빌더에서만 이 아이템을 사용할 수 있다.
- 「모두 빌드」는 빌드 스펙 아래의 모든 빌드 스펙에 대한 빌드를 완성한다. Professional Development System이나 어플리케이션 빌더에서만 이 아이템을 사용할 수 있다.
- 「실행」은 선택한 빌드 스펙에 대한 완료된 빌드를 실행한다. Professional Develop-

ment System이나 어플리케이션 빌더에서만 이 아이템을 사용할 수 있다.
「필터 보기」는 프로젝트 탐색기 윈도우에서 의존성과 빌드 스펙을 보여주거나 숨긴다.

- 「아이템 경로 보이기」는 프로젝트 탐색기 윈도우의 경로 열을 디스플레이 한다.
- 「파일 정보」는 프로젝트 파일 정보 대화 상자를 디스플레이 한다.
- 「충돌 해결」은 프로젝트 충돌 해결 대화 상자를 디스플레이 한다. 프로젝트에 충돌이 있을 경우에만 LabVIEW가 이 옵션을 활성화한다.
- 「프로퍼티」는 프로젝트 프로퍼티 대화 상자를 디스플레이 한다.

마. 수행

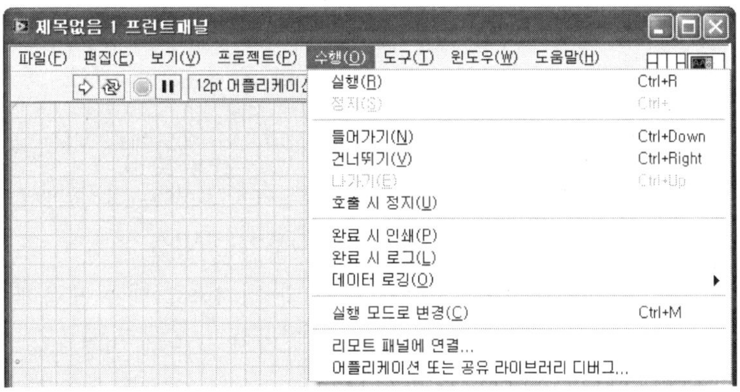

그림 1.4.7

- 「실행」은 VI를 실행한다. 또한, 도구 모음의 실행 버튼을 사용할 수 있다.
- 「정지」는 실행을 끝내기 전에 VI를 멈춘다. 이것은 시스템을 불안정한 상태로 놓기 때문에, VI를 끝낼 때 정지 메뉴 아이템 사용을 피한다. 계속적으로 실행하는 VI를 멈추기 위해서는 불리언 스위치나 비슷한 장치를 사용해야 한다.
- 「(단계별 실행) 들어가기」는 노드를 열고 일시 정지한다. 단계별 실행 들어가기를 다시 선택하면, 첫 번째 작업을 실행하고 SubVI나 구조의 다음 작업에서 일시 정지한다. 이 아이템은 블록다이어그램 도구 모음에서 단계별 실행 들어가기 버튼과 유사하다.
- 「(단계별 실행) 건너뛰기」는 노드를 실행하고 다음 노드에서 일시 정지한다. 이 아

이템은 블록다이어그램 도구 모음에서 단계별 실행 건너뛰기 버튼과 유사하다.

- 「(단계별 실행) 나가기」는 현재 노드의 실행을 끝내고 일시 정지한다. VI가 실행을 끝내면, 단계별 실행 나가기 메뉴 아이템이 비활성화 된다. 이 아이템은 블록다이어그램 도구 모음에서 단계별 실행 나가기 버튼과 유사하다.
- 「호출 시 정지」는 VI가 SubVI로서 호출될 때 실행을 정지한다. 호출 시 정지 프로퍼티를 사용하여 VI를 프로그램적으로 정지할 수 있다.
- 「완료 시 인쇄」는 VI가 실행한 후 프런트패널을 인쇄한다. 이 아이템은 VI 프로퍼티 대화 상자의 인쇄 옵션 페이지에서 VI가 실행을 완료할 때마다 자동으로 프런트패널 인쇄 옵션과 비슷하다. 또한, 종료 시 인쇄 프로퍼티를 사용하여 프로그램적으로 프런트패널을 인쇄할 수 있다.
- 「완료 시 로그」는 VI가 실행을 완료할 때 데이터 로깅을 수행한다. 또한, 종료 시 로그 프로퍼티를 사용하여 프로그램적으로 자동적인 데이터로그를 활성화할 수 있다.
- 「데이터 로깅」을 사용하여 데이터 로깅 함수에 접근한다.
- 「실행 모드로 변경」은 VI를 실행 모드로 바꾼다. 이 모드에스 VI는 실행되거나 실행 예약된다. 실행 모드에서 모든 프런트패널 객체는 바로 가기 메뉴 아이템의 축소된 세트를 가지고 있다. VI가 실행 중인 경우에는 VI를 편집할 수 없지만, 프런트패널 컨트롤의 값을 변경하고, VI를 실행 및 정지하고 메뉴 모음에서 선택할 수 있다. 실행 모드에 있으면, 이 메뉴 아이템은 편집 모드로 변경으로 바뀐다.
- 「리모트 패널에 연결...」을 사용하여 원격 컴퓨터에서 실행 중인 프런트패널에 연결하여 컨트롤할 수 있다.
- 「어플리케이션 또는 공유 라이브러리 디버그...」는 어플리케이션 빌더로 디버깅하기 위해 활성화한 독립 어플리케이션이나 공유 라이브러리를 디버그 할 때 사용할 수 있는 어플리케이션 또는 공유 라이브러리 디버그 대화 상자를 디스플레이 한다.

바. 도구

- 「환경 셋팅 선택」은 환경 셋팅 선택 대화 상자를 디스플레이하며, 이 대화 상자를 사용하여 LabVIEW Robotics Module과 같은 특정 LabVIEW 애드온이 설치된 경우에 LabVIEW 환경을 바꿀 수 있다.
- 「Measurement & Automation Explorer는 Measurement & Automation Explorer...」에

그림 1.4.8

접근할 수 있는데, 이것을 사용하여 시스템에 연결된 인스트루먼트와 데이터 수집 하드웨어를 설정할 수 있다.

- 「인스트루먼테이션」은 인스트루먼트 드라이버를 검색하거나 생성하는 도구에 접근한다.
- 「비교」를 사용하여 비교 함수에 접근한다. 이 아이템은 Professional Development System에서만 사용할 수 있다.
- 「병합」은 병합 함수에 접근한다. 이 아이템은 Professional Development System에서만 사용할 수 있다.
- 「프로파일」에서 프로파일 함수에 접근한다.
- 「보안」은 보안 함수에 접근한다. 보안은 다음의 아이템을 포함한다.
- 「사용자 이름...」은 LabVIEW 사용자 이름을 설정하거나 변경할 수 있는 사용자 로그인 대화 상자를 디스플레이한다.
- 「VI에서 어플리케이션 (EXE)만들기...」는 VI에서 어플리케이션 만들기 대화 상자를 디스플레이한다. 이 상자를 사용하여 열린 VI를 어플리케이션 프로퍼티 대화 상자의 소스 파일에 있는 시작 VI 트리 아래에 추가하는 새로운 독립 빌드 스펙을

생성할 수 있다. Professional Development System이나 어플리케이션 빌더에서만 이 아이템을 사용할 수 있다.

- 「빌드 스크립트 변환...」은 빌드 스크립트 변환 대화 상자를 디스플레이한다. 이를 사용하여 이전 버전의 LabVIEW에서 새 LabVIEW 프로젝트로 빌드 스크립트 파일(.bld)에서의 셋팅을 변환할 수 있다. Professional Development System이나 어플리케이션 빌더에서만 이 아이템을 사용할 수 있다.
- 「소스 컨트롤」은 소스 컨트롤 작업에 접근한다. 이 아이템은 Professional Development System에서만 사용할 수 있다.
- 「VI 분석기」는 LabVIEW VI Analyzer Toolkit의 도구에 접근한다. 이 옵션은 LabVIEW VI Analyzer Toolkit을 설치하고 정품인증하거나 LabVIEW Data\VI Analyzer Tests 디렉토리에 테스트가 포함된 경우에만 사용 가능하다.
- 「LLB 관리자...」는 LLB 관리자 윈도우를 디스플레이한다. 이를 사용하여 VI 라이브러리의 파일을 복사, 이름 변경, 삭제할 수 있다. 또한, 라이브러리에 VI를 최상위 레벨 VI로서 표시할 수 있다. LLB 관리자 윈도우에서 적용한 변경사항을 취소할 수 없다.
- 「반입」은 .NET과 ActiveX 객체, 공유 라이브러리, 웹 서비스 작업을 할 수 있는 함수에 접근한다.
- 「공유 변수」는 공유 변수 함수에 접근한다.
- 「배포된 시스템 관리자」는 NI 배포된 시스템 관리자를 디스플레이한다. 이를 사용하여 프로젝트 환경 밖의 공유 변수를 편집, 생성, 모니터한다.
- 「디스크에서 VI 찾기...」는 디스크에서 VI 찾기 윈도우를 디스플레이한다. 이를 사용하여 디렉토리에서 파일 이름으로 VI를 검색할 수 있다.
- 「NI 예제 탐색기를 위해 예제 VI 준비...」는 NI 예제 탐색기를 위해 예제 VI 준비 대화 상자를 디스플레이 한다. 이를 사용하여 NI 예제 탐색기에 나타내기 위해 생성한 예제 VI를 준비할 수 있다.
- 「리모트 패널 연결 관리자...」를 사용하여 모든 클라이언트 트래픽을 모니터할 수 있다.
- 「웹 출판 도구...」는 웹 출판 도구 대화 상자를 디스플레이 한다. 이를 사용하여 HTML 문서를 생성하고 VI 프런트패널 이미지를 임베드 할 수 있다.

- 「Add-on Licensing Tool」은 Add-on Licensing Tool 대화 상자를 디스플레이하며, 이를 LabVIEW에서 생성한 라이센스 툴킷에 사용할 수 있다. 이 메뉴 아이템은 Add-on Licensing Toolkit을 설치한 경우에만 나타난다.
- 「LabVIEW 애드온 찾기...」는 VI Package Manager (VIPM) 소프트웨어를 시작하며, VIPM을 사용하여 LabVIEW Tools Network 에서 LabVIEW 애드온 및 배포된 다른 코드를 사용할 수 있다.
- 「고급」은 고급 LabVIEW 함수에 접근한다.
- 「옵션...」은 옵션 대화 상자를 디스플레이 한다. 이를 사용하여 LabVIEW 환경과 LabVIEW 어플리케이션의 모양이나 동작을 사용자 정의할 수 있다.
- 「Datalogging and Supervisory Control」은 모듈이 설치된 시스템에서 LabVIEW Datalogging and Supervisory Control Module의 도구에 접근한다.
- 「Real-Time」은 모듈이 설치된 시스템에서 LabVIEW RT Module의 도구에 접근한다.
- 「IMAQ Vision」은 모듈이 설치된 시스템에서 IMAQ Vision Module의 도구에 접근한다.

사. 윈도우

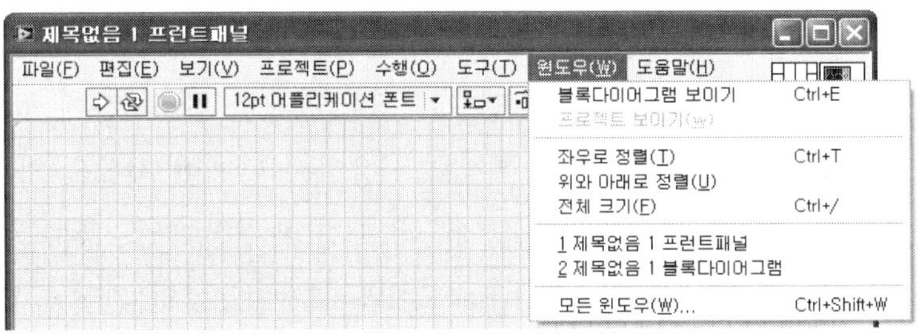

그림 1.4.9

- 「프런트패널/블록다이어그램 보이기」는 현재 VI의 프런트패널과 블록다이어그램 윈도우를 바꾼다.
- 「프로젝트 보이기」는 현재 VI가 포함된 프로젝트의 프로젝트 탐색기 윈도우를 디스플레이 한다.
- 「좌우로 정렬」은 열려 있는 윈도우를 왼쪽과 오른쪽으로 배치한다.
- 「위와아래로 정렬」은 열려 있는 윈도우를 위와 아래로 배치한다.

- 「전체 크기」는 현재 윈도우를 전체 스크린에 맞도록 확장한다.
- 「모든 윈도우」는 모든 윈도우 대화 상자를 디스플레이 한다. 모든 윈도우 대화 상자를 사용하면 열려있는 모든 윈도우를 관리할 수 있다.

아. 도움말

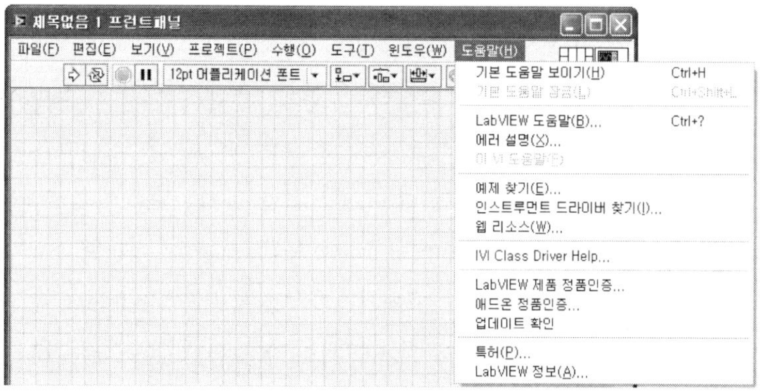

그림 1.4.10

- 「기본 도움말 보이기」는 기본 도움말 윈도우를 디스플레이하거나 숨긴다.
- 「기본 도움말 잠금」은 기본 도움말 윈도우의 현재 내용을 잠그거나 잠금해제 한다.
- 「LabVIEW 도움말...」은 LabVIEW 도움말을 디스플레이 한다. 이 도움말 파일을 LabVIEW 팔레트, 메뉴, 도구, VI, 함수에 대한 정보를 참조하는데 사용한다. 또한, LabVIEW 도움말은 LabVIEW의 특징을 사용하는 단계별 해설을 가지고 있다.
- 「에러 설명」은 VI에서 현재의 어떤 에러에 대한 완전한 참조 정보를 제공한다.
- 「이 VI 도움말」은 현재 VI에 대해 LabVIEW 도움말로부터 완전한 VI 참조 정보를 직접 얻는다.
- 「예제 찾기...」를 사용하여 수많은 예제 VI를 검색할 수 있다. 어플리케이션에 맞도록 예제를 변경하거나 하나 이상의 예제로부터 사용자의 VI로 복사하거나 붙여 쓸수 있다.
- 「인스트루먼트 드라이버 찾기...」는 LabVIEW 플러그 앤 플레이 인스트루먼트 드라이버를 검색하고 설치하는데 사용할 수 있는 인스트루먼트 드라이버 검색기를 디스플레이한다.

- 「웹 리소스...」를 사용해서 인터넷 링크에 접근하여 National Instruments 기술 지원, 기술지원 데이터베이스, NI Developer Zone, 그 외의 다른 온라인 National Instruments 리소스에 직접 연결할 수 있다.
- 「LabVIEW 제품 정품인증...」은 NI 정품인증 마법사를 디스플레이하여 유효한 LabVIEW 라이센스의 정품인증을 받을 수 있도록 한다. 이 옵션은 LabVIEW를 평가판 모드에서 실행할 때에만 이용할 수 있다.
- 「업데이트 확인」은 ni.com에서 업데이트가 있는지 확인하는 NI 업데이트 서비스 윈도우를 디스플레이 한다.
- 「특허...」는 툴킷과 모듈을 포함해서 현재 설치되어 있는 LabVIEW의 특허 정보에 접근하도록 한다.
- 「LabVIEW 정보...」는 버전 번호와 시리얼 번호를 포함하여 현재 설치되어 있는 LabVIEW의 일반적인 정보를 나타낸다.

1.4.2 단축 메뉴

프런트패널/블록다이어그램 창이나 각각 창의 객체에 커서를 위치시키고, 마우스 오른쪽 버튼을 눌렸을 때 나타나는 메뉴를 단축 메뉴라고 하는데, 대부분 객체들은 옵션과 명령을 갖고 있기 때문에 이들이 단축메뉴로 나타난다. 이것을 팝업(pop-up)이라고 하므

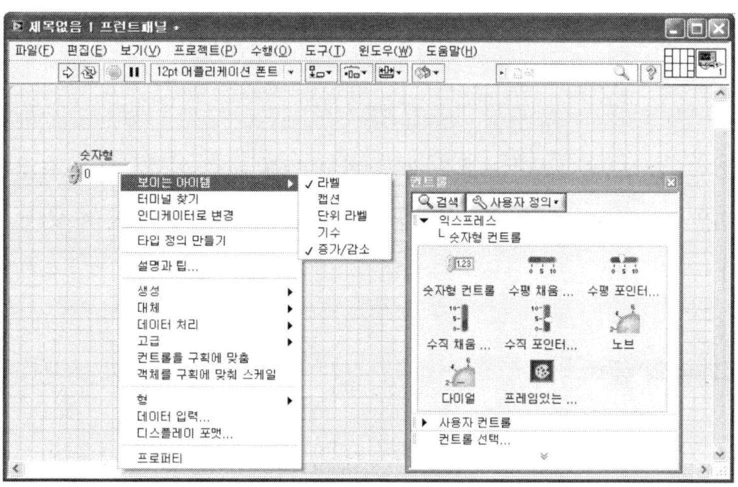

그림 1.4.11

로 단축메뉴를 팝업 메뉴라고도 한다.

다음은 프런트패널(위)/블록다이어그램(아래)의 기본적인 숫자 컨트롤에서 팝업 하였을 경우에 나타나는 단축 메뉴이다.

블록다이어그램 창이나 창의 객체에 커서를 위치시키고, 마우스 오른쪽 버튼을 눌렀을 때 나타나는 메뉴를 단축 메뉴 또는 팝업 메뉴라고 한다.

다음은 기본적인 숫자 컨트롤에서 팝업하였을 경우에 나타나는 단축 메뉴이다.

그림 1.4.12

1.4.3 툴바

툴바는 LabVIEW 도움말의 「기본≫개념」에서 「VI 도구 모음 버튼」으로 설명하고 있으며, 도구 모음은 다음과 같은 도구를 가지고 있으며, 이를 사용하여 VI를 실행하고 편집할 수 있다.

가. 프런트패널의 툴바

다음 그림은 각각 실행하지 않았을 경우(위)와 실행했을 경우(아래)의 프런트패널 툴바이다.

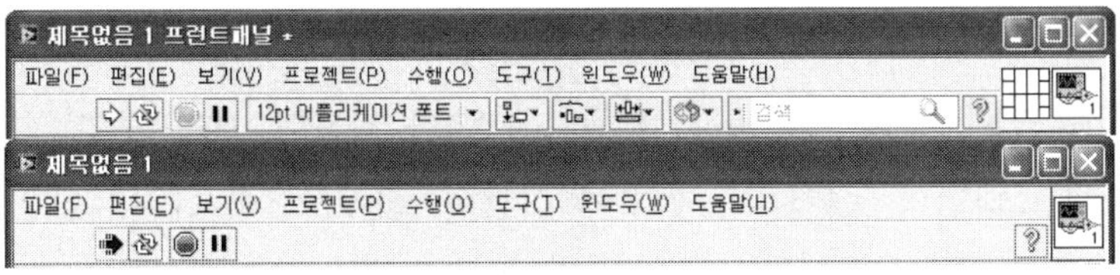

그림 1.4.13

실행하지 않았을 경우의 툴바

- 「입력」은 이전 값을 대치하는데 이용할 수 있는 새로운 값이 있다는 것을 암시하기 위해 나타난다. 입력 버튼을 클릭하거나 <Enter> 키를 누르거나 프런트패널이나 블록다이어그램 작업 공간을 클릭하면 입력 버튼은 사라진다.
- 「실행」은 VI를 실행한다. 필요하다면, LabVIEW는 VI를 컴파일한다. 실행 버튼이 왼쪽에 보이는 것처럼 하얀 화살표로 나타나면 VI를 실행할 수 있다. 또한, 하얀 화살표는 이 VI를 위한 커넥터 팬을 생성하는 경우 이 VI를 subVI로 사용할 수 있다는 것을 나타낸다.
- 「연속 실행」은 실행을 강제 종료하거나 일시 정지할 때까지 VI를 실행한다.
- 「실행 강제 종료」인데 실행중이 아닐 경우는 비활성화 된다.
- 「일시 정지」는 실행을 일시 정지하거나 다시 실행한다. 일시 정지 버튼을 클릭하면, LabVIEW는 블록다이어그램의 실행을 멈춘 위치에서 하이라이트 한다. 그 버튼을 다시 클릭하여 VI를 계속 실행한다. 일시 정지 버튼은 실행이 일시 정지할 때 빨간색으로 나타난다.
- 12pt 어플리케이션 폰트 「텍스트 셋팅」은 VI의 폰트 셋팅을 바꾼다.
- 「객체 정렬」은 축을 따라 객체를 정렬한다.
- 「객체 간격 조절」은 등간격으로 객체의 간격을 조절한다.
- 「객체 크기 조정」은 같은 크기로 여러 프런트패널 객체의 크기를 조정한다.
- 「순서 재설정」은 서로 관련되어 있는 객체를 움직입니다. 객체가 서로 겹치고 어느 것이 앞에 오고 어느 것이 뒤로 가는지 정의하려면 순서 재설정 풀다운 메뉴를 선택한다.
- 검색 「검색」 필요한 객체를 검색 한다.
- 「기본 도움말 윈도우 보이기」는 기본 도움말 윈도우를 디스플레이한다.

실행했을 경우의 툴바

- 「실행」 VI가 실행하는 동안, 실행되는 VI가 최상위 VI인 경우 실행 버튼이 왼쪽과 같이 나타난다. 이것은 호출자가 없으며 subVI가 아니라는 것을 의미 한다
- 「실행 강제 종료」는 최상위 VI의 실행을 강제 종료한다. 실행 중인 하나 이상의 최상위 VI가 VI를 사용하는 경우 버튼은 비활성화 된다. 또한, VI의 실행을 프로그램적으로 강제 종료하기 위해 VI 강제 종료 메소드를 사용할 수 있다.
- 「일시 정지」, 실행 중 눌렸을 경우 모습이다.

나. 블록다이어그램의 툴바

다음 그림은 각각 실행하지 않았을 경우(위)와 실행했을 경우(아래)의 블록다이어그램 툴바이다.

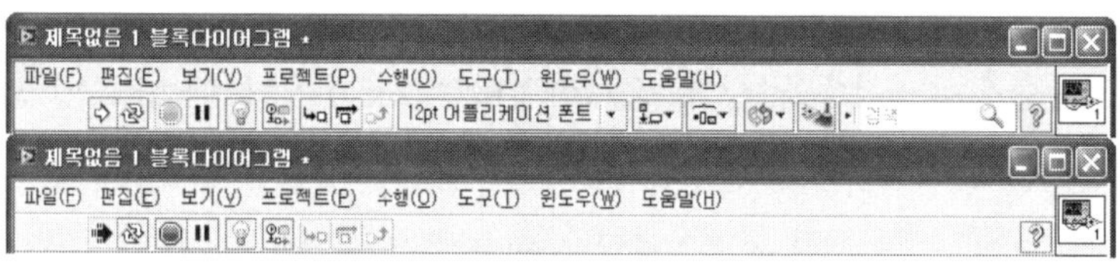

그림 1.4.14

실행하지 않았을 경우의 툴바

- 「입력」은 이전 값을 대치하는데 이용할 수 있는 새로운 값이 있다는 것을 암시하기 위해 나타난다. 프런트패널에서와 동일.
- 「실행」은 VI를 실행한다. 프런트패널에서와 동일.
- 「실행」 생성하고 편집하는 VI가 에러를 가지고 있으면 왼쪽에 보이는 것처럼 실행 버튼이 깨져서 나타난다. 깨진 실행 버튼을 클릭하면, 에러 리스트 윈도우가 나타나며, 윈도우에는 모든 에러가 나열된다. 블록다이어그램의 와이어링을 끝낸 후에도 실행 버튼이 여전히 깨져 있으면 VI가 깨져 있고 이 VI를 실행할 수 없다.
- 「연속 실행」 프런트패널에서와 동일.
- 「실행 강제 종료」 프런트패널에서와 동일.
- 「일시 정지」 프런트패널에서와 동일.

- 「하이라이트」 실행 버튼을 클릭하면 실행 하이라이트는 블록다이어그램의 실행을 애니메이션으로 디스플레이 한다. 실행 하이라이트 버튼이 노란색으로 나타나면, 실행 하이라이트가 가능하다.
- 「와이어 값 유지」를 선택하여 데이터 값을 저장한다. 와이어 값 유지 버튼을 클릭하면, LabVIEW는 실행의 흐름에 있는 각 포인트에서 그 값을 저장하고, 이렇게 해서 와이어에 프로브를 놓을 때 그 와이어를 통과한 데이터 중에 가장 최근값을 즉시 얻을 수 있다. 이 디버깅 도구는 현재 VI의 성능에 영향을 미칠 수 있다.
- 「단계별 실행 들어가기」는 노드를 열고 일시 정지한다. 단계별 실행 들어가기 버튼을 다시 클릭하면, 첫 번째 작업을 실행하고 SubVI나 구조의 다음 작업에서 일시 정지한다.
- 「단계별 실행 건너뛰기」는 노드를 실행하고 다음 노드에서 일시 정지한다.
- 「단계별 실행 나가기」는 현재 노드의 실행을 끝내고 일시 정지한다. VI가 실행을 끝내면, 단계별 실행 나가기 버튼은 비활성화 된다.
- 12pt 어플리케이션 폰트 「텍스트 셋팅」 프런트패널에서와 동일.
- 「객체 정렬」 프런트패널에서와 동일.
- 「객체 간격 조절」 프런트패널에서와 동일.
- 「순서 재설정」 프런트패널에서와 동일.
- 「다이어그램 정리」는 블록다이어그램에서 자동으로 기존의 와이어를 모두 재정리하고 기존의 객체를 모두 재정렬 한다.
- 검색 「검색」 프런트패널에서와 동일.
- 「기본 도움말 윈도우 보이기」는 기본 도움말 윈도우를 디스플레이 한다.

실행했을 경우의 툴바

- 「실행」 VI가 실행하는 동안, 실행되는 VI가 최상위 VI인 경우 실행 버튼이 왼쪽과 같이 나타난다. 이것은 호출자가 없으며 subVI가 아니라는 것을 의미 한다
- 「실행 강제 종료」는 최상위 VI의 실행을 강제 종료한다. 실행 중인 하나 이상의 최상위 VI가 VI를 사용하는 경우 버튼은 비활성화 된다. 또한, VI의 실행을 프로그램적으로 강제 종료하기 위해 VI 강제 종료 메소드를 사용할 수 있다.
- 「일시 정지」, 실행 중 눌렸을 경우.

- 「하이라이트」 실행 버튼을 클릭하면 실행 하이라이트는 블록다이어그램의 실행을 애니메이션으로 디스플레이 한다.

1.4.5 팔레트

팔레트는 VI를 만들고 연산/처리하는데 사용되는 여러 가지 툴과 객체를 포함하는 그래픽 패널로, 컨트롤, 함수, 도구의 3가지가 있다.

가. 컨트롤 팔레트

컨트롤 팔레트는 프런트패널에서 사용할 수 있다.

컨트롤 팔레트에 있는 컨트롤(Control) 또는 인디케이터(Indicator)를 사용하여 VI의 프런트패널을 생성한다.(컨트롤과 인디케이터는 다음 장에서 자세히 설명한다.) 슬라이드 및 노브와 같은 숫자형 인디케이터, 미터 및 게이지, 그래프, 차트, 불리언 컨트롤과 같은 숫자형 인디케이터, 버튼 및 스위치와 같은 인디케이터와 버튼, 스위치, 문자열, 경로, 배열, 클러스터, 리스트박스, 트리 컨트롤, 테이블, 링 컨트롤, 열거형 타입 컨트롤, 컨테이터 등등을 사용할 수 있다. 컨트롤과 인디케이터는 컨트롤과 인디케이터의 타입에 따라서 서브팔레트에 위치한다.

컨트롤 팔레트는 프런트패널 풀다운 메뉴의 「보기≫컨트롤 팔레트」를 선택하거나, 프런트패널 작업 공간에서 마우스 오른쪽 버튼을 클릭하여 디스플레이할 수 있다. 프런트패널 작업 공간에서 마우스 오른쪽 버튼을 클릭하면 팔레트가 임시 위치로 나타난다. 팔레트 왼쪽 위 코너에 위치한 압정을 클릭하여 팔레트를 화면에 고정한다. LabVIEW는 컨트롤 팔레트 위치와 크기를 간직하여, LabVIEW를 재시작할 때 같은 위치에서 같은 크기로 팔레트가 나타나며, 컨트롤 팔레트의 내용을 변경할 수 있다.

그림 1.4.15는 컨트롤 팔레트이다.

여기서 익스프레스, 사용자 컨트롤 등을 서브 팔레트 라고 하며, 숫자형 컨트롤, 버튼 & 스위치, 텍스트 컨트롤 등은 서브 팔레트를 대표하는 상위 레벨 아이콘이라고 한다.

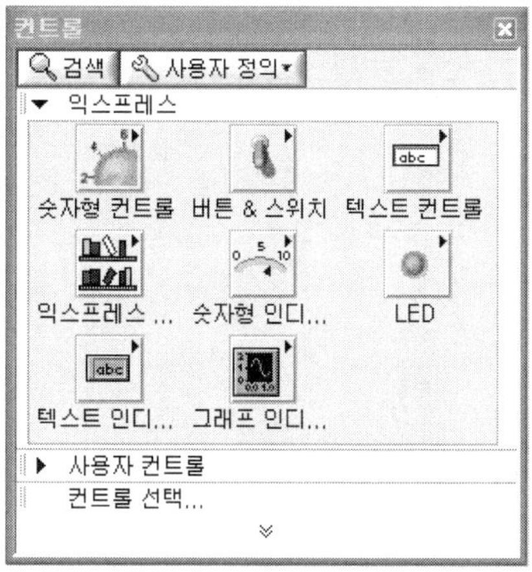

그림 1.4.15

다음은 컨트롤 팔레트의 기본적인 서브 팔레트의 종류와 이에 대한 설명이다.

- **일반**: 프런트패널을 생성하는 데 사용할 수 있는 컨트롤과 인디케이터의 집합.
- **실버**: 프런트패널을 생성하는 데 사용할 수 있는 컨트롤과 인디케이터의 대체 집합. 컨트롤의 모양은 VI가 실행되고 있는 플랫폼에 따라 달라진다.
- **시스템**: 생성한 대화 상자에서 사용하는 컨트롤과 인디케이터의 집합. VI가 실행되고 있는 플랫폼에 따라 시스템 컨트롤의 모양이 달라진다.
- **클래식**: 낮은 색의 모니터 셋팅에서 VI를 생성할 때 사용하는 컨트롤과 인디케이터의 집합.
- **익스프레스**: 일반 팔레트에 있는 컨트롤과 인디케이터의 일부분. 익스프레스 팔레트는 제한된 수의 컨트롤과 인디케이터를 가지고 있기 때문에, 컨트롤과 인디케이터를 더 빨리 찾을 수 있고 프런트패널을 신속히 만들 수 있다. 더 많은 컨트롤과 인디케이터를 사용하려면 일반 팔레트를 사용하는 것이 좋다.
- **.NET & ActiveX**: 일반적인 .NET 또는 ActiveX 컨트롤을 다룰 때 사용하는 컨트롤과 인디케이터의 집합.
- **사용자 컨트롤**: 컨트롤 팔레트에 사용자가 추가한 객체를 포함한다. 기본적으로, 사용자 컨트롤 팔레트는 어떤 객체도 포함하지 않는다.

컨트롤 팔레트의 아이콘을 클릭하면 하위팔레트가 나타난다. 그림 1.4.16은「익스프레스」서브 팔레트에서「숫자형 컨트롤」의 하위팔레트이다.

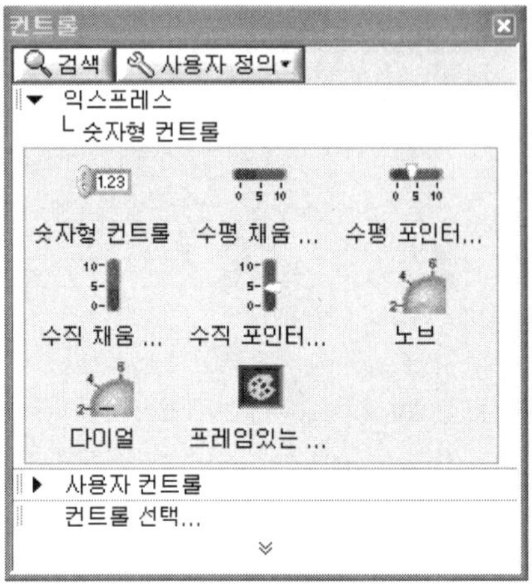

그림 1.4.16

아이콘을 클릭하여도 더 이상 하위팔레트가 나타나지 않고 이 나타나는데, 이때 선택되는 것이 프런트패널 객체로써 컨트롤 또는 인디케이터이다.

나. 함수 팔레트

함수 팔레트는 블록다이어그램에서 사용할 수 있다.

함수 팔레트에 있는 VI와 함수를 사용하여 블록다이어그램을 만든다. 이 VI와 함수는 VI와 함수의 타입에 따라 다른 서브 팔레트에 위치한다.

함수 팔레트는 블록다이어그램 풀다운 메뉴의 「보기≫함수 팔레트」를 선택하거나 블록다이어그램 작업 공간에서 마우스 오른쪽 버튼을 클릭하여 디스플레이할 수 있다. 블록다이어그램 작업 공간에서 마우스 오른쪽 버튼을 클릭하면 팔레트가 임시 위치로 나타난다. 팔레트 왼쪽 위 코너에 위치한 압정을 클릭하여 팔레트를 화면에 고정한다. LabVIEW는 함수 팔레트 위치와 크기를 간직하여, LabVIEW를 재시작할 때 같은 위치에서 같은 크기로 팔레트가 나타난다. 함수 팔레트의 내용을 변경할 수 있다.

그림 1.4.17은 함수 팔레트이다.

다음은 함수 팔레트의 기본적인 서브 팔레트의 종류와 이에 대한 설명이다.

- **통신 VI와 함수**: 데이터 통신 VI와 함수를 사용하여 어플리케이션간의 데이터를 교

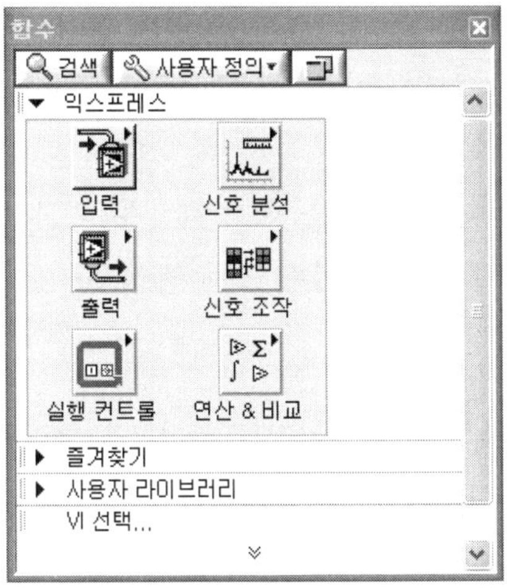

그림 1.4.17

환한다.

- 사용자 라이브러리: 사용자 라이브러리 팔레트를 사용하여 함수 팔레트에 VI를 추가한다. 기본적으로, 사용자 라이브러리 팔레트는 어떤 객체도 포함하지 않는다.
- 수학 VI: 수학 VI를 사용하여 다양한 종류의 수학적 분석을 수행한다. 또한 실용적인 솔루션을 얻기 위해서 실제 측정을 수학 알고리즘에 결부시킬 수 있다.
- 신호 처리 VI: 신호 처리 VI를 사용하여 신호 생성, 디지털 필터링, 데이터 윈도윙, 스펙트럼 분석을 수행한다.
- 애드온: 애드온 항목을 사용하여 LabVIEW에 설치한 일부 모듈 또는 툴킷의 팔레트를 찾는다.
- 연결 VI와 함수: 연결 VI와 함수를 사용하여 .NET 객체, ActiveX-활성화 어플리케이션, 입력 디바이스, 레지스터 주소, 소스 컨트롤, 웹 서비스, Windows 레지스트리 키, 사용자가 구매한 National Instruments 제품을 포함한 기타 소프트웨어로 작업한다.
- 익스프레스 VI와 함수: 익스프레스 VI와 함수를 사용하여 일반 측정 태스크를 만든다.
- 인스트루먼트 I/O VI와 함수: 인스트루먼트 I/O VI와 함수를 사용하여 GPIB, 시리얼, 모듈형, PXI와 다른 유형의 인스트루먼트에 인터페이스로 접속한다.
- 즐겨찾기 항목을 사용하여 함수 팔레트의 아이템 중 자주 사용하는 아이템을 묶어 그룹화 한다.

- I/O VI와 함수: 측정 I/O VI와 함수를 사용하여 NI-DAQmx 및 다른 데이터 수집 디바이스에 인터페이스로 연결한다. 이 팔레트는 설치한 하드웨어 드라이버에 대한 VI와 함수를 디스플레이 한다.
- VI와 함수: 프로그래밍 VI와 함수를 VI를 만드는 기본 블록으로 사용한다.
- 선택: 함수 팔레트의 VI 선택 아이콘 또는 텍스트를 클릭하여 함수 팔레트에 보이지 않는 Sub VI를 놓는다.

함수 팔레트도 컨트롤 팔레트와 마찬가지로 아이콘을 클릭하여 하위팔레트로 가며, 컨트롤 팔레트에서 컨트롤과 인디케이터에 해당하는 터미널을 선택한다. 터미널은 다음 장에서 자세히 설명한다.

다. 컨트롤/함수 팔레트 탐색하기

팔레트의 객체를 클릭하면 객체가 커서 위에 놓이며, 이 커서를 이동하여 해당 객체를 프런트패널 또는 블록다이어그램의 원하는 위치에 추가할 수 있도록 한다. 팔레트의 왼쪽 위 가장자리에 있는 압정을 클릭하여 팔레트를 고정하면, 팔레트에 있는 VI 아이콘에서 마우스 오른쪽 버튼을 클릭한 후 바로 가기 메뉴에서 VI 열기를 클릭하여 VI를 열 수 있다.

컨트롤 또는 함수 팔레트의 왼쪽 옆에 있는 검은 화살표를 클릭하여 서브 팔레트 항목을 펼치거나 숨긴다. 이 화살표는 항목(표준)과 항목(아이콘 및 텍스트)으로 팔레트 포맷을 설정한 경우에만 나타난다.

다음과 같은 컨트롤과 함수 팔레트 도구 모음의 버튼을 사용하여 팔레트를 탐색하고, 팔레트를 설정하며, 컨트롤, VI, 함수를 검색할 수 있다.

컨트롤/함수 팔레트의 도구바 버튼 이용방법

- 상위 팔레트로: 팔레트 계층구조에서 한 레벨 위로 이동한다. 이 버튼을 클릭하고 마우스 버튼을 계속 누르면 현재 서브팔레트에 이르기 위한 경로의 각 서브팔레트를 나열하는 바로 가기 메뉴가 디스플레이 된다. 바로 가기 메뉴에서 서브팔레트 이름을 선택하여 서브팔레트를 탐색한다. 이 버튼은 팔레트 포맷을 아이콘, 아

이콘과 텍스트, 또는 텍스트로 설정한 경우에만 나타난다.

-  검색: 팔레트를 검색 모드로 변경하면, 텍스트 기반 검색을 수행하여 팔레트에서 컨트롤, VI, 함수를 찾을 수 있다. 팔레트가 검색 모드인 상태에서 돌아가기 버튼을 클릭하면 검색 모드를 끝내고 팔레트로 돌아간다.
-  반환–검색모드에서 아이콘모드(원상)로 돌아간다.
-  사용자 정의: 현재 팔레트의 포맷을 선택하고, 모든 팔레트의 항목을 보이거나 숨기고, 텍스트와 트리 포맷의 아이템을 알파벳 순서로 정렬하는 옵션을 제공한다. 바로 가기 메뉴에서 옵션을 선택하여 옵션 대화 상자의 컨트롤/함수 팔레트 페이지를 디스플레이하며, 여기서 모든 팔레트에 대한 포맷을 선택할 수 있다. 이 버튼은 팔레트의 왼쪽 위 코너에 위치한 압정을 클릭하여 팔레트를 고정한 경우에만 나타난다.
- 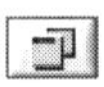 팔레트 크기 복구: 팔레트 크기를 기본 크기로 다시 조정한다. 이 버튼은 컨트롤 또는 함수 팔레트의 크기를 재조정하는 하는 경우에만 나타나며, 사용자는 팔레트의 왼쪽 위 코너에 위치한 압정을 클릭하여 팔레트를 고정한다.

컨트롤/함수 팔레트의 기본 모양은 다음과 같다.

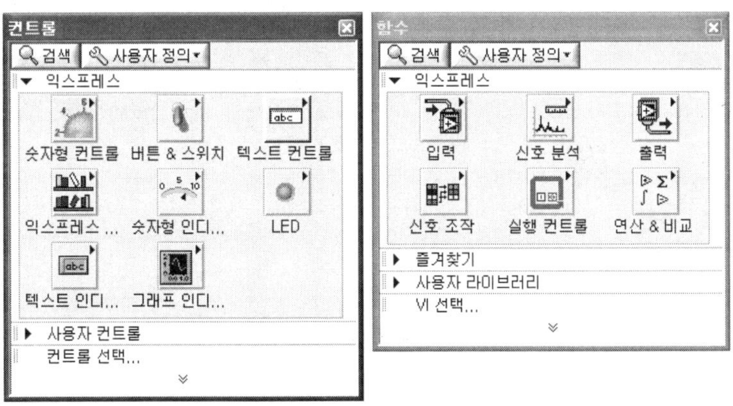

그림 1.4.18

- 검색과 반환, 팔레트 보이게/안보이게 하기:  단추를 누르면 그림 1.4.18은 그림 1.4.19와 같이 텍스트 검색모드로 바뀐다.

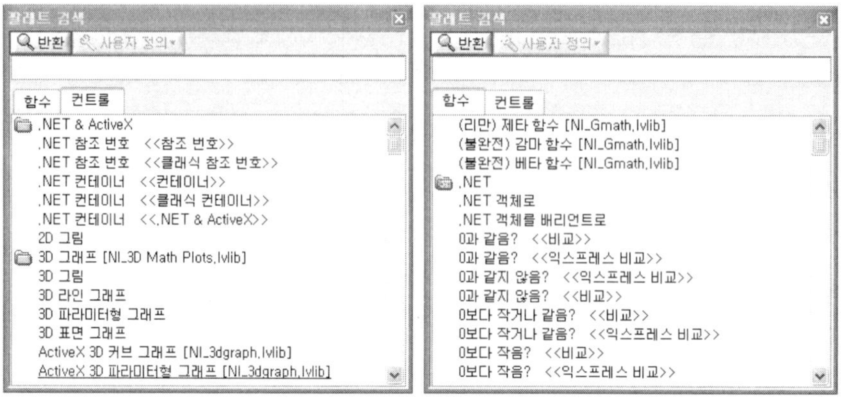

그림 1.4.19

이 검색 창에서는 원하는 객체를 검색할 수 있다.

그림 1.4.19의 검색 창에서 [ESC] 키를 누르면 팔레트가 화면에서 사라진다. 팔레트를 다시 보이게 하고자 할 경우는 마우스의 오른쪽 버튼을 누르면 그림 1.4.20과 같이 단축 창이 나타난다.

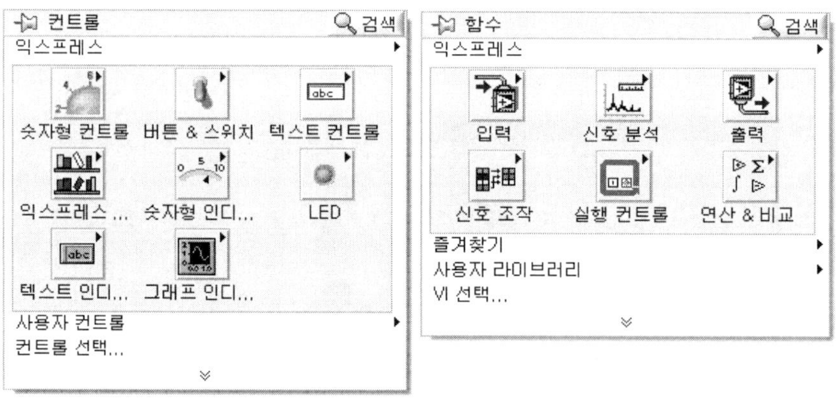

그림 1.4.20

이때 창의 왼쪽 위에 있는 압정표시 [압정 아이콘]에 마우스 포인트를 놓으면, 압정표시가 [아이콘] 으로 변한다. [아이콘] 를 클릭하면 그림 1.4.18과 같은 팔레트의 기본 창이 나타난다.

그림 1.4.19의 검색 창에서 그림 1.4.18과 같은 전 화면으로 돌아가고자 할 경우는 [반환] 단추를 누른다.

» 사용자 정의

그림 1.4.21과 그림 1.4.22는 각각 컨트롤/함수 팔레트의 사용자 정의 단축 메뉴이다.

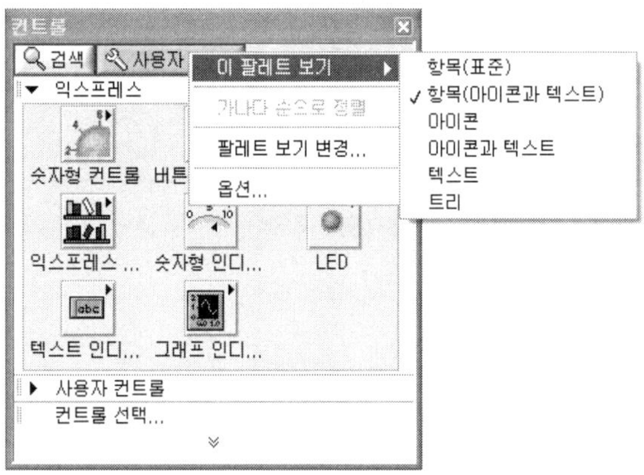

그림 1.4.21

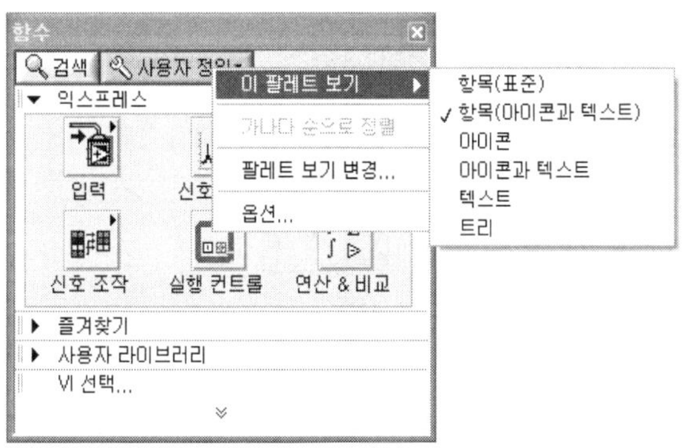

그림 1.4.22

» **팔레트 크기 복구**

컨트롤/함수 팔레트의 테두리를 드래그하여 크기를 변형하면 다음 그림에서와 같이  단추가 나타난다. 이 단추를 누르면 팔레트가 그림 1.4.18과 같은 기본모양으로 복구된다.

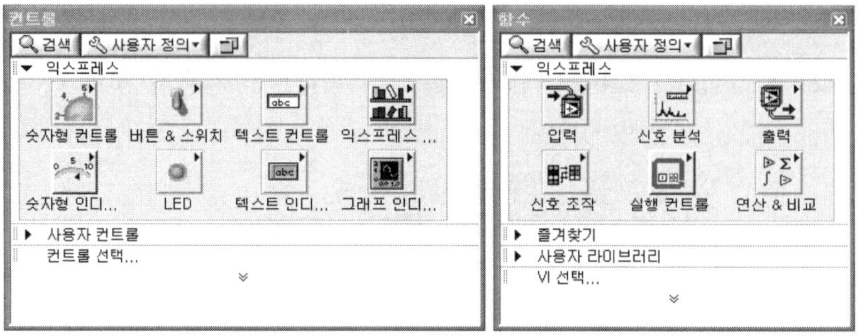

그림 1.4.23

라. 도구 팔레트

도구 팔레트는 다음의 도구를 가지고 있는데, 이것을 사용하여 프런트패널과 블록다이어그램 객체를 작동하고 변경할 수 있다.

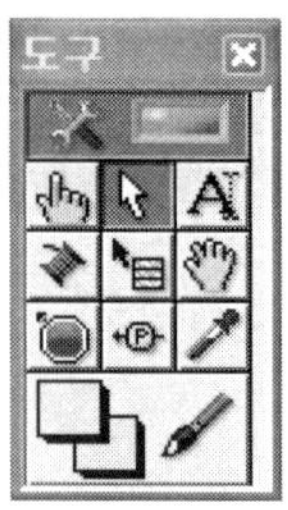

그림 1.4.24

- 자동 도구 선택: 자동 도구 선택이 활성화된 상태에서 프런트패널이나 블록다이어그램에 있는 객체 위로 커서를 이동하면, LabVIEW는 도구 팔레트에서 대응하는 도구를 자동적으로 선택그림 1.4.다. 자동 도구 선택을 비활성화하고 도구를 수동으로 선택할 수 있다. 선택과 해제가 토글로 동작되고 아이콘의 색이 반전된다.
- 수행: 컨트롤의 값을 변경한다.
- 위치: 객체의 위치를 정하고 크기를 조정한다.
- 라벨링: 독립 라벨과 캡션을 생성하거나, 기존의 캡션과 기존의 라벨을 편집하거나, 컨트롤 내에서 텍스트를 선택한다.
- 와이어링: 블록다이어그램에 있는 객체를 함께 와이어로 연결한다.
- 객체 바로 가기 메뉴: 객체의 바로 가기 메뉴를 연다.

- 스크롤링: 스크롤 막대를 사용하지 않고 윈도우를 스크롤한다.
- 브레이크 포인트: 현재 위치에서 실행을 일시 정지하려면 VI, 함수, 노드, 와이어, 구조, (MathScript RT Module) MathScript 노드의 스크립트 라인에 브레이크 포인트를 설정한다.
- 프로브—와이어 또는 (MathScript RT Module) MathScript 노드에서 프로브를 생성한다. 프로브 도구를 사용하여 의심스럽거나 예상치 못한 결과를 생성하는 VI에서 중간값을 확인할 수 있다.
- 색 얻기: 색칠 도구로 붙여넣기 위해 색을 복사한다.
- 색칠: 전경색과 배경색을 지정한다.

1.5 프로그램에 도움 받는 방법

LabVIEW는 그림으로 되어있는 아이콘을 사용하여 프로그램을 만드는 것이다. 일반적으로 BASIC이나 C, C++와 같은 텍스트 프로그램 언어로 복잡하게 구성되어 있는 프로그램 언어가 단순한 한 두 개의 그림으로 되어 있으며, 이 그림들을 전기전자회로를 연결하듯이 선(와이어)으로 연결하여 프로그램을 완성하여야 한다. 이때 프로그래머는 이들 그림인 프런트패널 객체 또는 블록다이어그램 객체의 종류와 그 용도를 알아야한다. 이 객체들의 수는 아주 많으며 서로 어떻게 연결되어야 할지 등이 LabVIEW의 버전이 업그레이드 될 때마다 계속 늘어나고 있다. 그러므로 프로그래머가 이들의 용도를 전부 알기가 쉽지 않다.

그래서 LabVIEW는 이를 초심자도 쉽게 알 수 있도록 몇 가지 방법을 제공하고 있다. 첫째, 객체마다 간단하며 함축적인 이름(라벨)이 붙어있다. 둘째, 도구 팔레트에서 적절히 선택된 도구를 접근시키면 입/출력 등의 용도가 간단히 설명되어 나타난다. 기본 도움말 윈도우 창이 띄어져 있다면 더욱 많은 설명을 보고 도움을 받을 것 이다. 셋째, 객체 위에서 마우스의 오른쪽 버튼을 누르면 사용자가 선택할 수 있는 내용이 나타난다(단축키). 그 밖에 여러 가지 도움이 받아서 프로그래머는 수많은 종류의 객체 용도와 사용법을 외우고 있지 않더라도 프로그램을 훌륭히 만들 수 있도록 도와주고 있다.

1.5.1 기본 도움말 윈도우

기본 도움말 윈도우는 프런트패널/블록다이어그램에서 툴바의 가장 오른쪽에 있는 [?]를 토글하면 나타났다/사라졌다 하는 윈도우 이다.

커서를 프런트패널/블록다이어그램의 객체 위에서 움직이면, LabVIEW 객체에 대한 기본 정보가 이 윈도우에 나타난다. 기본 도움말 정보를 가진 객체는 VI, 함수, 상수, 구조, 팔레트, 프로퍼티, 메소드, 이벤트, 대화 상자 구성요소, 프로젝트 탐색기 윈도우의 아이템이 있다. 또한 기본 도움말 윈도우를 사용하여 어디에 정확히 VI나 함수의 와이어를 연결할 것인지 결정할 수 있다.

기본 도움말 윈도우는 각 객체 설명의 분량에 맞게 크기가 조절된다. 기본 도움말 윈도우의 크기를 조정하면, LabVIEW는 기본 도움말 윈도우에서 텍스트 줄 바꾸기를 변경하고, 커넥터 팬의 와이어를 줄이며, 윈도우가 모든 컨텐츠를 디스플레이하기에 너무 작은 경우에는 입력과 출력을 테이블에 나열한다.

커서를 다른 객체 위로 움직일 때 윈도우의 내용이 변하지 않도록 기본 도움말 윈도우의 현재의 내용을 잠금 설정할 수 있다. 도움말≫기본 도움말 잠금을 선택하여 기본 도움말 윈도우의 현재 내용을 잠그거나 잠금해제 한다.

다음은 [?]를 누른 상태에서 몫&나머지 객체에 대한 기본 도움말 윈도우를 본 것이다.

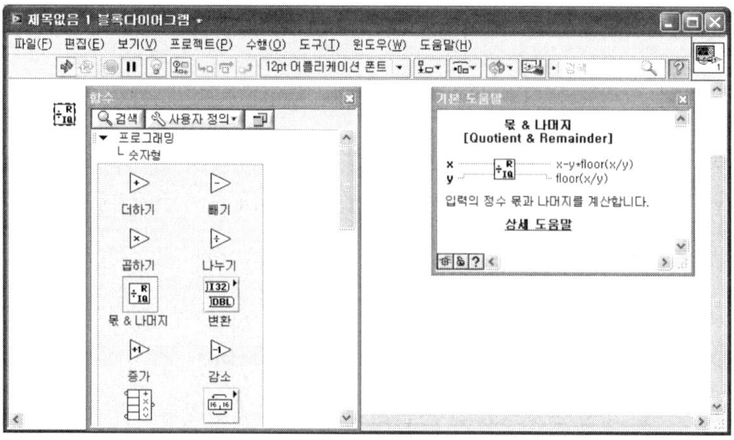

그림 1.5.1

더 상세한 내용을 보고자 할 경우는 기본 도움말 윈도우의 상세 도움말을 누른다.

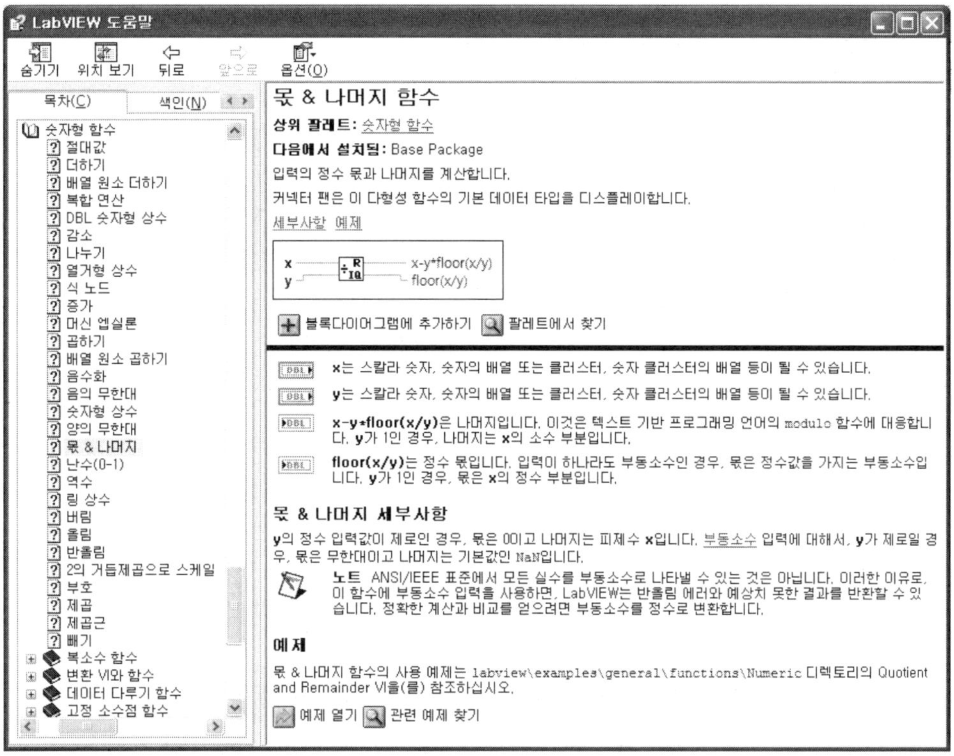

그림 1.5.2

1.5.2 LabVIEW 도움말

프런트패널/블록다이어그램에서 풀다운 메뉴의 「도움말≫LabVIEW 도움말」을 선택하면 다음창이 나타나며, 여러 가지 도움을 받을 수 있다.

1.5.3 예제 찾기

프런트패널/블록다이어그램에서 풀다운 메뉴의 「도움말≫예제 찾기」를 선택하면 다음창이 나타나며, NI가 만들어 놓은 여러 가지 종류의 VI를 볼 수 있다.

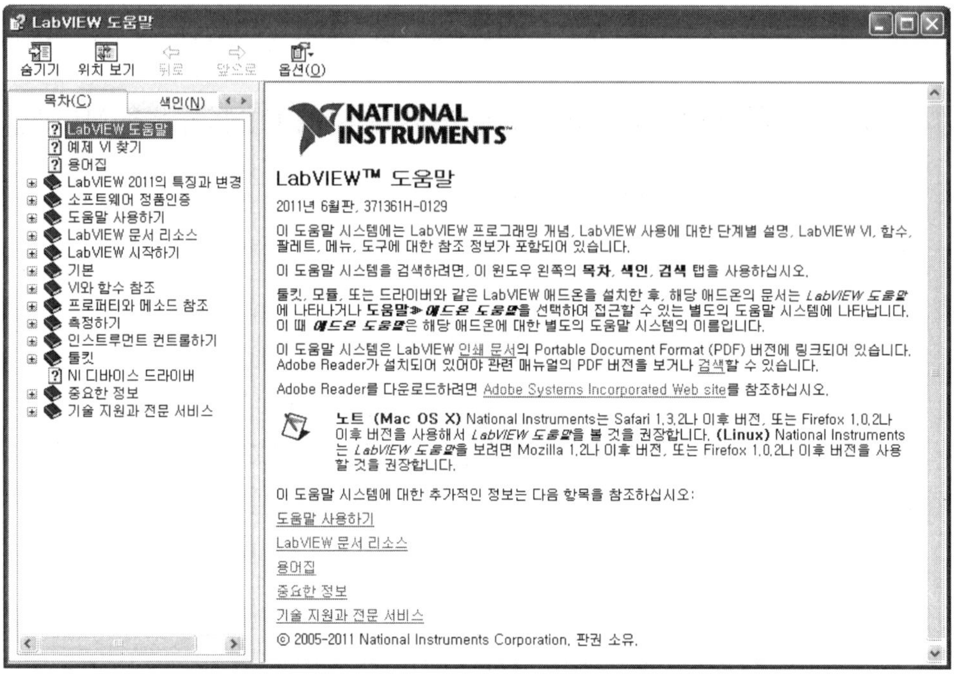

그림 1.5.3

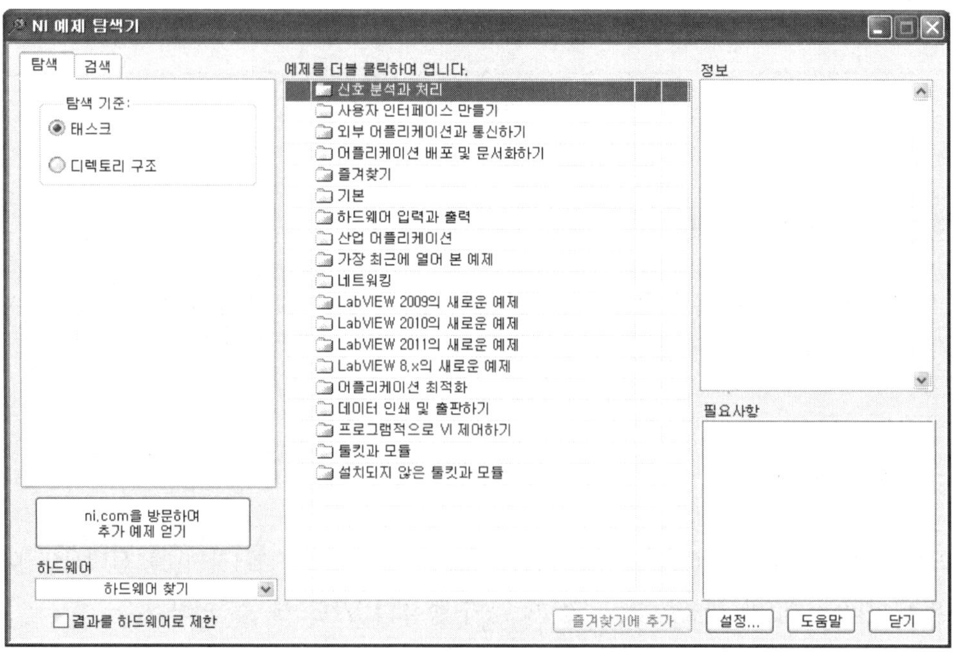

그림 1.5.4

CHAPTER

02 기본적인 VI 편집

2.1 컨트롤과 인디케이터

프런트패널은 VI의 사용자인터페이스이다. 그러므로 LabVIEW 프로그램은 일반적으로 프런트패널을 먼저 만들고 다음으로 프런트패널의 입출력 단자들에 대한 태스크 수행을 블록다이어그램에서 디자인한다.

프런트패널은 컨트롤(Control)과 인디케이터(Indicator)의 조합으로 이루어진다. 컨트롤은 컨트롤 값을 넣을 수 있는 입력 아이콘이고, 인디케이터는 결과 값을 표시하는 출력 아이콘을 말한다. 즉 컨트롤은 계측기의 노브, 버튼, 다이얼, 스위치, 등의 기능을 갖는 일반적인 오브젝트를 말하고, 여기에 입력하는 컨트롤 데이터는 VI의 블록다이어그램으로 전송된다. 인디케이터는 블록다이어그램 내부의 프로그램에 의해 처리된 데이터를 출력하는 곳으로, 수치 표시창, 오실로스코프 등의 화면에 해당하는 그래프, 차트 등을 말한다.

일반적으로 컨트롤과 인디케이터는 기능을 혼합해서 사용할 수 없으므로 이들의 차이점을 잘 이해하여야 한다. 기본적으로 데이터 흐름은 컨트롤에서 시작하여 인디케이터로 흐르게 되므로 와이어를 컨트롤에서 인디케이터로 연결하여야 한다. 이것을 따르지 않으면 와이어가 연결되지 않고 에러가 발생한다.

예제 2.1.1 프런트패널에서 컨트롤과 인디케이터 만들기

숫자를 입력받아 표시하는 가장 간단한 VI를 만들자.

① 메뉴에서 「새 VI」를 선택하여 VI 창을 만든다.

② 메뉴에서 「파일≫다른 이름으로 저장...」을 선택하여 Ex2_1_1.vi 라는 이름으로 저장한다.

③ 컨트롤 팔레트에서 프런트패널 객체 찾기

그림 2.1.1은 컨트롤 팔레트에서 「일반」(왼쪽)과 「일반≫숫자형」(오른쪽)을 선택하였을 경우의 서브 팔레트이다.

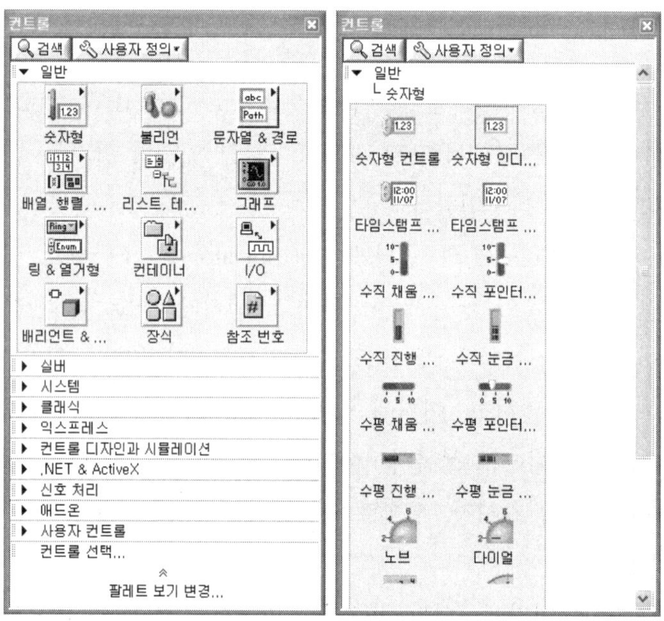

그림 2.1.1

④ 프런트패널 객체(숫자형 컨트롤/인디케이터) 가져오기

「일반≫숫자형」(오른쪽) 서브 팔레트에서 「숫자형 컨트롤」과 「숫자형 인디케이터」 객체를 선택(클릭)하면, 마우스 포인터가 으로 바뀌고, 선택된 객체는 점선으로 되어, 마우스가 이동하는 대로 따라 움직인다. 이 객체를 그림 2.1.2와 같이 프런트패널에 위치시키면 숫자형 이라는 이름으로 위치하며, 이를 숫자형 컨

트롤이라고 한다.

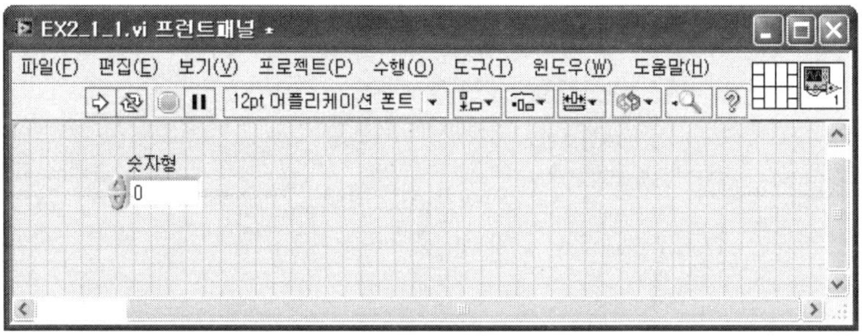

그림 2.1.2

같은 방법으로「숫자형 인디케이터」객체를 선택하면 선택된 객체를 프런트패널에 위치시키면 그림 2.1.3과 같이 숫자형2 라는 이름으로 위치하며, 이를 숫자형 인디케이터라고 한다.

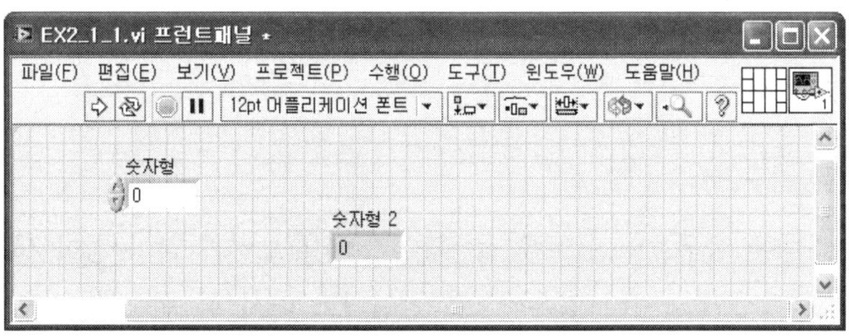

그림 2.1.3

⑤ 라벨과 캡션

프런트패널의 객체에 마우스 포인터를 접근시키면

와 같이 점이 생기며 마우스 커서 모양이 직선으로 바뀐다. 이때 마우스의 오른쪽 버튼을 누르면 단축 메뉴 창이 나타나며, 단축메뉴의「보이는 아이템」에 마우스 포인터를 접근시키면 그림 2.1.4와 같이 서브 메뉴가 나타난다.

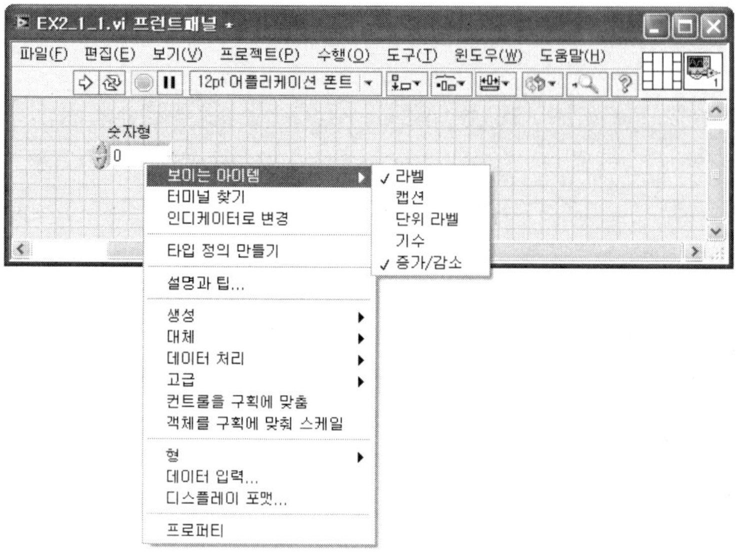

그림 2.1.4

그러므로 숫자형은 라벨(Label)이 되는 것이다. 캡션(Caption)을 선택하면 객체 앞에 숫자형 글씨가 하나 더 나타날 것이며 이것은 캡션이다. 캡션은 필요할 때 사용하도록 하자.

⑥ 라벨 이름 바꾸기

숫자형 라벨에 마우스 포인트를 접근하면 숫자형 모양과 같이 점이 생긴다. 여기서 더블 클릭하면 글자가 검은색으로 반전되고 다시 한 번 클릭하면 글씨를 수정할 수 있는 상태가 된다. 여기에 "입력"이라고 글씨를 변경하자.
같은 방법으로 인디케이터 라벨을 "출력"이라고 글씨를 변경하자.

A 문자편집기를 사용하여 변경할 수 도 있다. 각자 해보기 바란다.

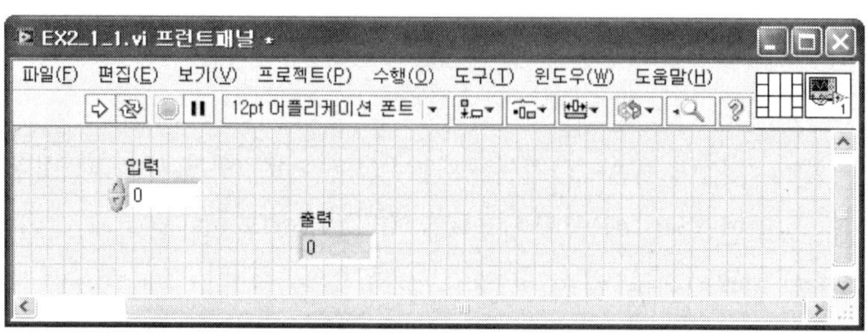

그림 2.1.5

⑦ 프런트패널 객체 정렬

그림 2.1.5의 입력 컨트롤과 출력 인디케이터는 일직선에 있지 않고 삐뚤어져서 보기에 좋지 않게 되었다. 다음과 같은 메뉴를 사용하면 여러 가지 정렬하는 방법이 있다. 각각 객체정렬, 객체간격조절, 객체크기조정, 순서재설정 이다.

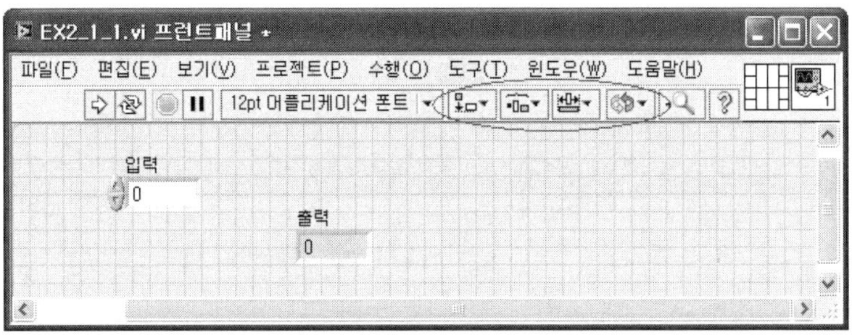

그림 2.1.6

그림 2.1.6의 입력 컨트롤과 출력 인디케이터를 수평으로 정렬하자.
우선 입력과 출력을 한꺼번에 마우스로 드래그하여 선택하면 그림 2.1.7과 같이 된다.

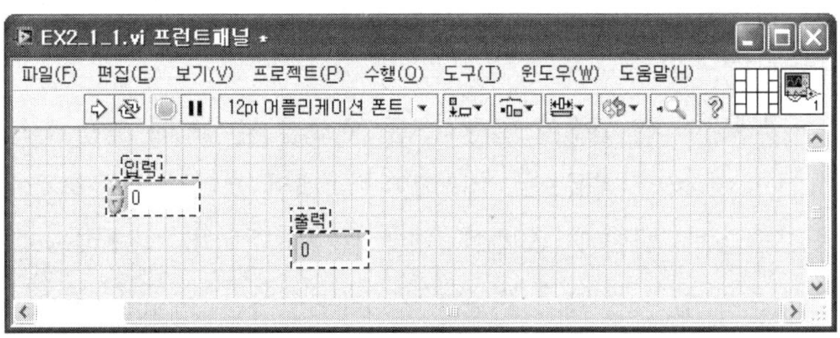

그림 2.1.7

이때 그림 2.1.8과 같이 메뉴를 선택하면 그림 2.1.9와 같이 수평 정렬된다.

이 Ex2_1_1.vi 는 실행되지 않는다. 왜냐하면 블록다이어그램이 완성되지 않았기 때문이다. 블록다이어그램 완성과 VI 실행은 2.2절 예제에서 계속하기로 한다.

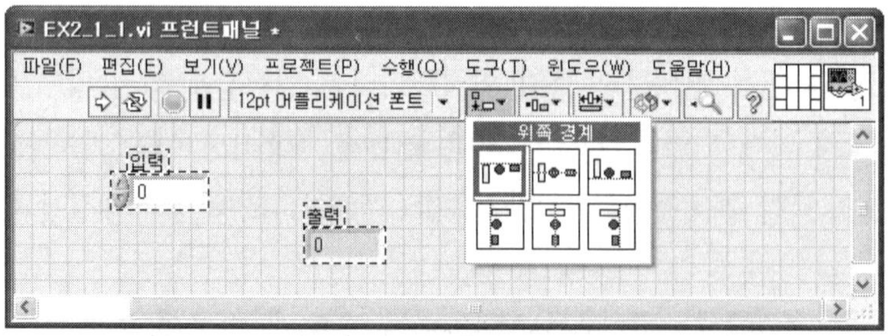

그림 2.1.8

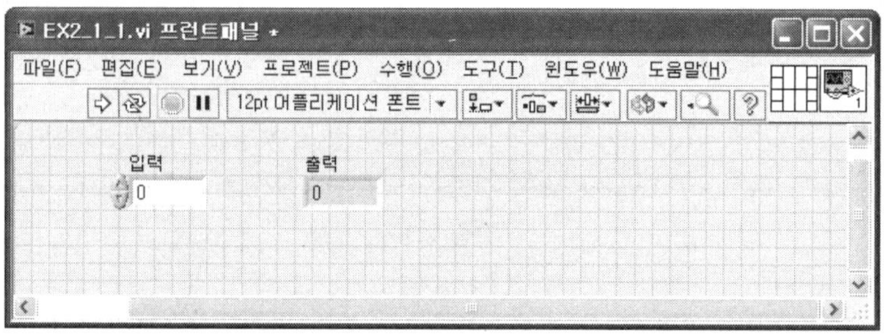

그림 2.1.9

예제 2.1.2 컨트롤과 인디케이트를 서로 바꾸기

LabVIEW는 객체의 초기 설정이 일반적으로 컨트롤 팔레트에 있는 컨트롤과 인디케이터의 일반적 용도에 따라 자동으로 지정된다. 선택된 프런트패널 객체에서 마우스의 오른쪽 버튼을 누르면, 만약에 현재의 객체가 컨트롤이면 단축메뉴에 Change to Indicator 가 포함되어 있고, 현재의 객체가 인디케이터이면 Change to Control 이 나타난다. 이때 이것을 누르면 서로 교환된다.

숫자형 컨트롤과 인디케이터를 각각 숫자형 인디케이터와 컨트롤로 바꾸어보자.

① 메뉴에서 「파일≫열기...」을 선택하여 Ex2_1_1.vi 를 불러온다.

② 메뉴에서 「파일≫다른 이름으로 저장...」을 선택하여 Ex2_1_2.vi 라는 이름으로 저장한다.

③ 컨트롤과 인디케이트 바꾸기

그림 2.1.10에서와 같이 숫자형 객채의 컨트롤과 인디케이트 단축메뉴(해당 객체

에서 마우스의 오른쪽 버튼 클릭)를 보면 컨트롤은 "인디케이트로 변경", 인디케이트는 "컨트롤로 변경"이 나타난다.

여기서 "인디케이트로 변경"을 누르면 컨트롤이 인디케이터로 바뀌고, 반대로 "컨트롤로 변경"을 누르면 인디케이트가 컨트롤로 바뀐다.

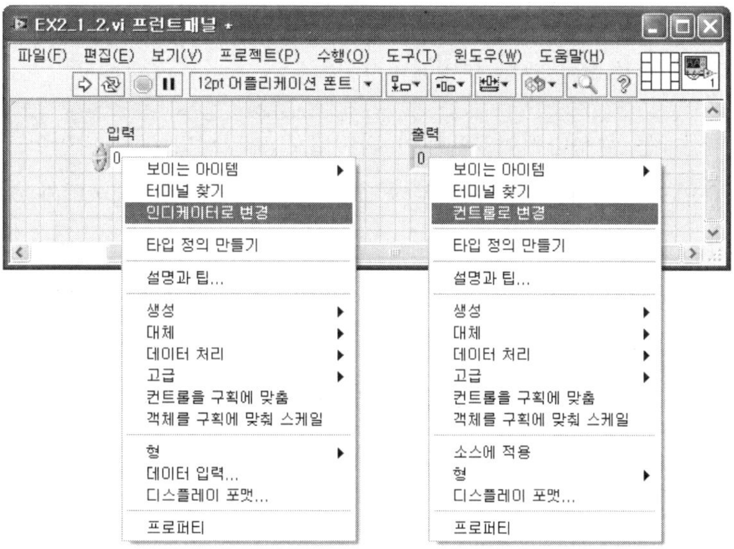

그림 2.1.10

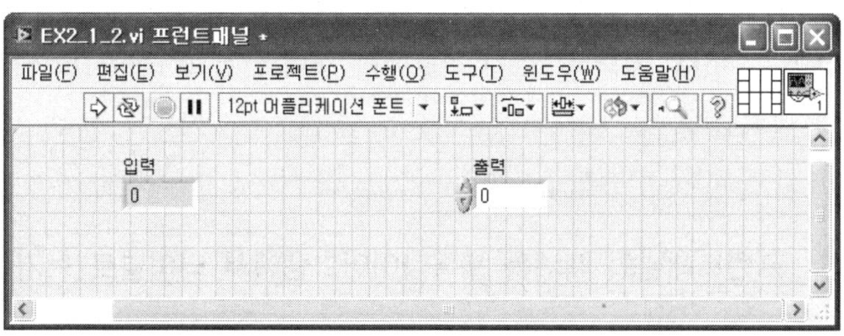

그림 2.1.11

물론 그림 2.1.11은 인디케이트/컨트롤이 라벨과 맞지 않기 때문에 바로 사용할 수는 없지만 이번 예제로 컨트롤/인디케이트를 서로 바꿀 수 있다는 것을 알기 바란다.

2.2 터미널과 노드

블록다이어그램 객체에는 터미널(Terminal)과 노드(Node)가 있으며, 이 객체들을 와이어(Wire)로 연결하여 블록다이어그램을 완성한다. 각 터미널의 색과 기호는 대응하는 컨트롤과 인디케이터의 데이터 타입을 나타낸다. 상수는 블록다이어그램에 고정 데이터 값을 제공하는 블록다이어그램의 터미널이다.

프런트패널 객체는 블록다이어그램에서 터미널로 나타난다. 블록다이어그램의 터미널을 더블 클릭하면, 이에 해당하는 프런트패널의 컨트롤이나 인디케이터가 하이라이트 되어 나타난다.

즉, 프런트패널에서 입력한 데이터는 컨트롤 터미널을 통하여 블록다이어그램으로 전달된다. 실행 할 때 출력 데이터는 인디케이터 터미널로 이동하여 블록다이어그램을 나오고, 다시 프런트패널로 돌아가서 프런트패널 인디케이터에 표시된다.

2.2.1 터미널

터미널은 프런트패널의 컨트롤이나 인디케이터가 블록다이어그램에서 나타나는 데이터 타입이다. 블록다이어그램에서 컨트롤과 인디케이터를 아이콘 형태나 데이터 형태의 터미널로 나타낼 수 있다. 기본적으로 프런트패널 객체는 블록다이어그램에서 아이콘 형태의 터미널로 나타난다.

예제 2.1.3 프런트패널의 객체를 블록다이어그램에서 터미널로 보기

프런트패널에서 만들어진 객체(컨트롤과 인디케이터)는 자동으로 블록다이어그램에 터미널(아이콘 형태) 모양으로 나타난다. 이를 실제로 확인하자.

① 메뉴에서 「새 VI」를 선택하여 VI 창을 만든다.

② 메뉴에서 「파일≫다른 이름으로 저장...」을 선택하여 Ex2_2_1.vi 로 저장한다.

③ 프런트패널 객체 가져오기

그림 2.1.1의 「일반≫숫자형」(오른쪽) 서브 팔레트에서 숫자형, 슬라이드, 노브, 다이얼과 같은 「숫자형 컨트롤」과 「숫자형 인디케이트」 객체를 선택하여 프런트 패널에 위치시킨다.

그림 2.2.1의 왼쪽은 컨트롤이고 오른쪽은 인디케이트이다.

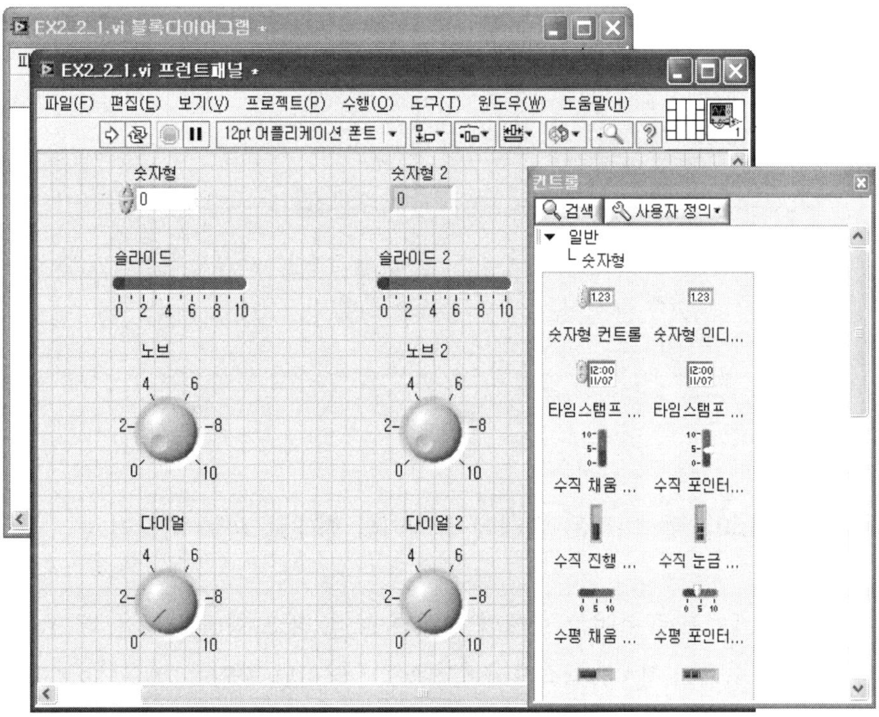

그림 2.2.1

④ 블록다이어그램에서 자동으로 만들어진 아이콘 형태의 터미널보기

프런트패널에 대응되는 블록다이어그램을 활성화(그림 2.2.1의 뒷면에 있는 블록 다이어그램을 클릭) 시키면, 그림 2.2.2와 같이 프런트패널의 객체에 대응(자동으로 생성)되는 아이콘 형태의 터미널들이 블록다이어그램에 나타난 것을 볼 수 있다. 그림 2.2.2는 수직정렬/수평정렬(, 예제 2_1_1의 ⑦참고)을 이용하여 보기 좋게 정렬한 것이다.

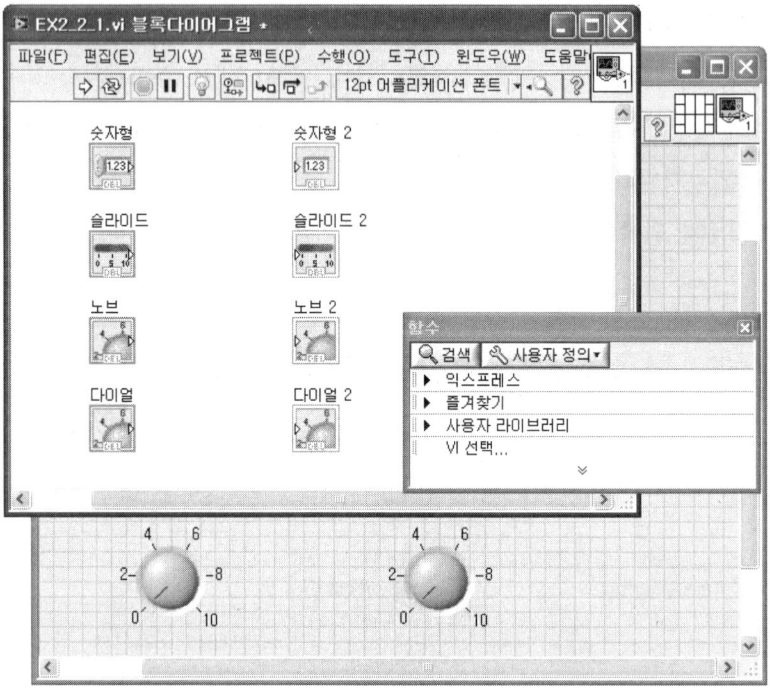

그림 2.2.2

예제 2.2.2 터미널을 아이콘 형태에서 데이터 형태로 서로 바꾸기

복잡한 프로그램에서는 아이콘 형태의 터미널 보다 다소 형태가 작은 데이터 형태의 터미널이 편리한 경우가 많다. 블록다이어그램에서 터미널 모양을 바꾸어보자.

① 메뉴에서 「파일≫열기...」을 선택하여 Ex2_2_1.vi 를 불러온다.

② 메뉴에서 「파일≫다른 이름으로 저장...」을 선택하여 Ex2_2_2.vi 로 저장한다.

③ 아이콘 형태에서 데이터형태로 바꾸기

아이콘 형태의 터미널에서 마우스의 오른쪽 버튼을 누르면 그림 2.2.3과 같은 단축 메뉴가 나타나며, 반전표시 된 「아이콘으로 보기」에 체크표시가 되어있다. 이것을 선택하여 클릭하면 이 체크표시가 없어지며 그림 2.2.4와 같이 데이터 형태의 터미널로 바뀐다. 이때 프런트패널의 객체 모양은 변하지 않는다.

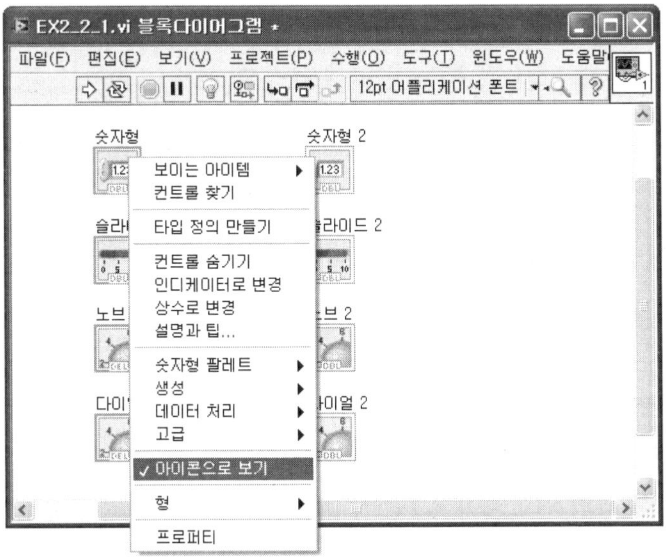

그림 2.2.3

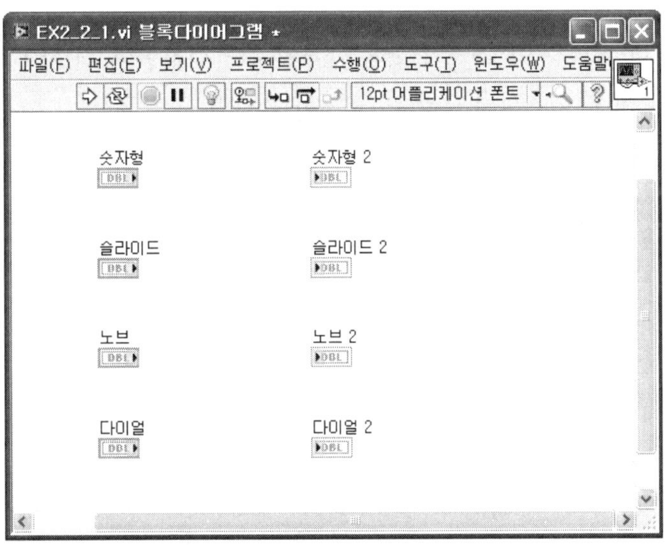

그림 2.2.4

④ 데이터 형태에서 아이콘 형태로 바꾸기

반대로, 그림 2.2.4의 데이터 형태의 터미널에서 마우스의 오른쪽 버튼을 누르면 「아이콘으로 보기」에 체크표시가 없는데 여기를 클릭하면 다시 아이콘 형태의 터미널로 회복된다.

2.2.2 노드

노드는 입력 또는 출력을 갖고 있으며 VI를 실행할 때 작업을 수행하는 블록다이어그램 객체이다. 노드는 터미널처럼 프런트패널에 대응되어 만들어지는 것이 아니고 블록다이어그램에서 구성하여야 한다. 물론 노드는 프런트패널에서는 보이지 않는다. 노드는 텍스트 기반 프로그래밍 언어의 명령문, 연산자, 함수, 서브루틴과 유사하다.

LabVIEW는 다음과 같은 타입의 노드를 갖고 있다.

- 함수: 연산자, 함수 또는 명령문과 비교할만한 내장된 실행 원소. 다음은 숫자형 함수 노드(식/수식 노드 포함)이다.
- 서브VI: 다른 VI의 블록다이어그램에서 사용되는 VI로서 하위루틴과 유사하다. 서브VI는 텍스트 기반 프로그램언어의 라이브러리 파일과 유사하며, 프로그래머 자신이 만들어 사용하여도 된다. 서브VI 만드는 방법과 사용법은 다음 장에서 자세히 설명한다.
- 익스프레스 VI: 일반적인 측정 작업을 수행하도록 디자인된 서브VI 이다. 설정 대화상자를 이용하여 익스프레스 VI를 설정할 수 있다.

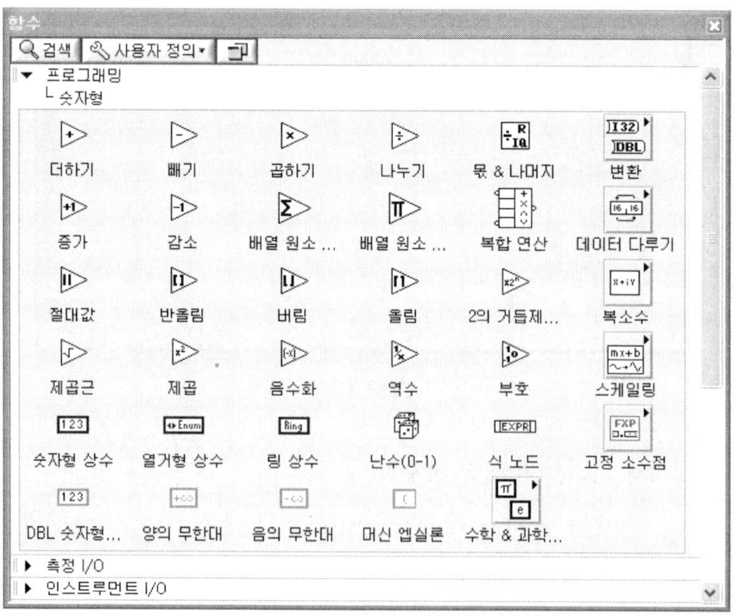

그림 2.2.5

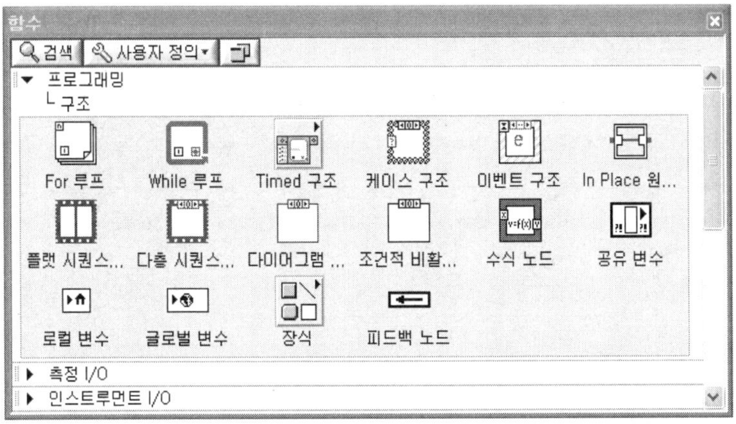

그림 2.2.6

- 구조(Structure): For 루프, While 루프, 케이스 구조, 플랫 시퀀스 구조와 다층 시퀀스 구조, Timed 구조, 이벤트 구조처럼 실행을 컨트롤하는 원소이다.
- 수식(Formula) 노드와 식 노드: 수식 노드는 블록다이어그램에 직접 방정식을 입력할 수 있는 크기 조정이 가능한 구조이다. 식 노드는 단일 변수를 포함하는 식을 계산하는 구조이다.
- 프로퍼티(Property) 노드와 인보크(Invoke) 노드: 프로퍼티 노드는 클래스의 프로퍼티를 설정하거나 찾는 구조이다. 인보크 노드는 클래스의 메소드를 실행하는 구조이다.
- 참조에 의한 호출(Call By Reference Node) 노드: 동적으로 로드된 VI를 호출하는데 사용하는 구조이다.
- 라이브러리 함수 호출(Call Library) 노드: 대부분의 표준 공유 라이브러리 또는 DLL을 호출하는데 사용하는 구조이다.

다음은 팔레트에서 기본적으로 제공하는 노드들이다.

2.2.3 와이어

블록다이어그램 각 객체들 간에 데이터를 전달하는 통로 역할을 한다. 와이어를 통해 블록다이어그램 객체 간에 데이터를 전달합니다. 각 와이어는 단일 데이터 소스를 갖지

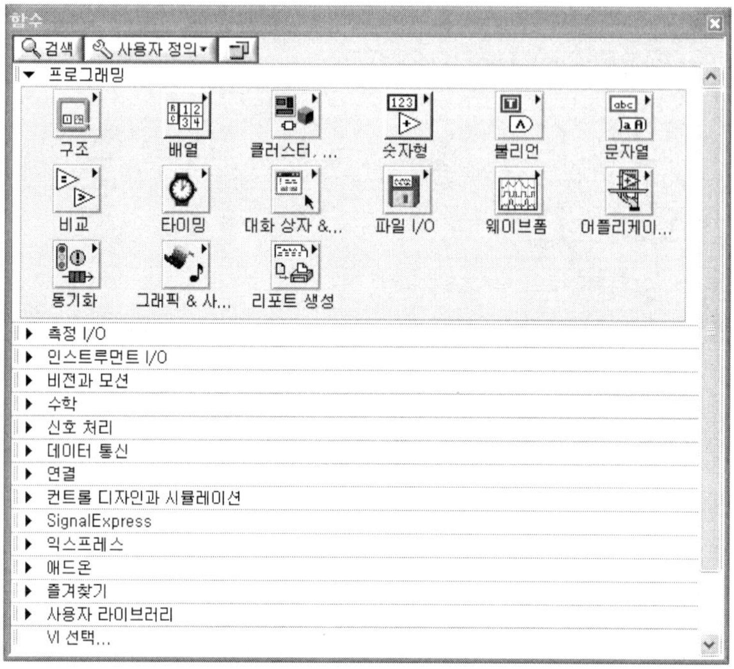

그림 2.2.7

만, 데이터를 읽을 수 있는 여러 VI와 함수에 연결할 수 있다. 이는 텍스트 기반 프로그래밍 언어에서 필수 파라미터를 전달하는 것과 비슷하다. 반드시 요구되는 블록다이어그램 터미널을 모두 연결해야만 한다. 블록다이어그램의 각 객체가 한 개라도 와이어로 연결되지 않으면 프로그램은 완성되지 않은 것이며 실행되지 못한다. 이 필수 터미널의 라벨은 기본 도움말 윈도우에 굵은체로 나타난다. 와이어는 데이터 타입에 따라 색상, 두께 및 모양이 다르다. 또한 데이터 타입이 틀리면 서로 연결되지 않으며, 이러한 이유로 연결되지 않은 와이어는 중간에 ×자 표시가 되며 연결되지 못한 상태임을 표시한다.

예제 2.2.3 컨트롤과 인디케이트를 와이어로 연결하고 VI 실행하기

블록다이어그램에서 컨트롤과 인디케이트를 연결하면 비로소 실행이 가능하다.

① 메뉴에서 「파일≫열기...」을 선택하여 Ex2_2_1.vi 를 불러온다.

② 메뉴에서 「파일≫다른 이름으로 저장...」을 선택하여 Ex2_2_3.vi 로 저장한다.

③ 와이어 연결(자동)

블록다이어그램의 입력(또는 출력) 터미널에 마우스포인터를 접근시키면, 입력(또는 출력) 터미널에는 와이어를 연결하여야 될 부분에 와이어 스터브(Wire Stub) 형태(이 책에서는 "와이어 단자"라고 칭한다)가 나타난다.

이 와이어 단자에 마우스 포인터를 접근시키면 와이어링 툴( )이 나타나며

그림 2.2.8

이 와이어링 툴이 나타난 상태에서 오른쪽 마우스 버튼을 한번 누르고 난 후, 마우스를 움직여서, 출력(또는 입력) 터미널의 와이어 단자에서 다시 누르면, 선(와이어)이 이어진다.

④ 와이어 연결(수동)

도구 팔레트의 「자동도구선택」 툴이 (수동) 인 상태에서는 ③의 설명이 실행되지 않는다. 와이어 연결을 자동으로 하고자 할 경우는 도구 팔레트의 「자동도구선택」 툴이 (자동)으로 되어 있어야 한다.
수동으로 와이어를 연결하고자 할 경우는 도구 팔레트의 「와이어연결」 툴 을 누른 상태에서 ③과 같은 실행을 하여야한다.

⑤ 프로그램 실행

- 실행과 관련 있는 툴바의 아이콘은 다음과 같다.(1.4.3절 참고)
- 프런트패널에서 입력 값을 넣고 「실행」을 누른 후 결과를 살펴본다.
- 입력 값을 넣고 반복실행 「연속 실행」을 누른 후 결과 값을 본다.
- 연속실행 중에 입력 값을 바꾸고 출력 값이 바뀌는지 살펴본다.
- 연속실행 중에 「일시 정지」, 「실행 강제 종료」를 눌러서 상태의 변화를 살펴본다.

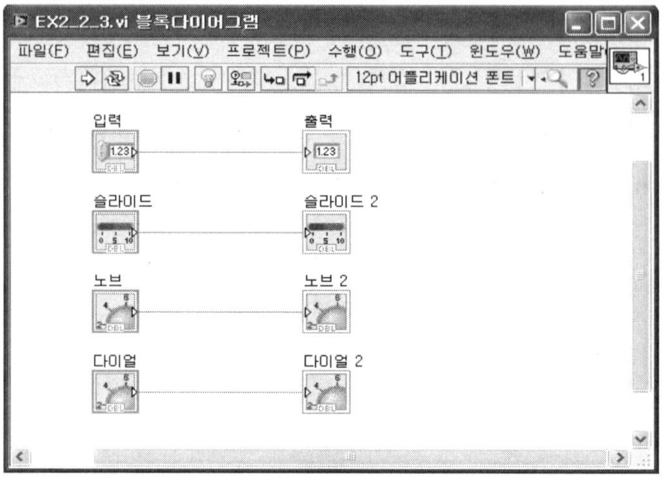

그림 2.2.9

- 「실행」은 입력 값을 바꾼 후 「실행」을 눌러야 출력 값이 바뀌고, 「연속 실행」 중일 때는 입력 값을 바꾸면 즉시 출력 값이 바뀌는 것을 확인할 수 있다. 또한 연속 실행 중일 때, 「실행 강제 종료」를 누르면 연속 실행을 중단 할 수 있으며, 「일시 정지」는 잠시 멈출 수 있다.

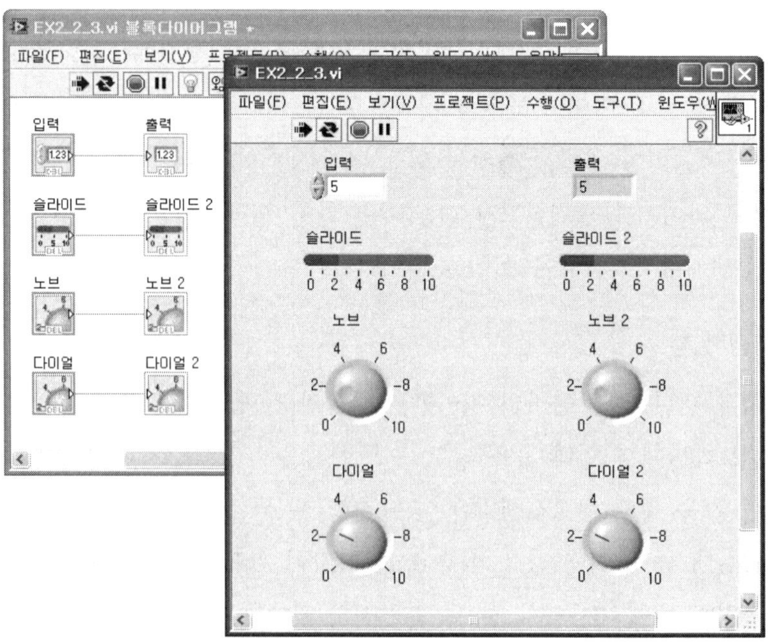

그림 2.2.10

예제 2.2.4 블록다이어그램에서 컨트롤 또는 인디케이트 만들기

블록다이어그램에서 직접 컨트롤 또는 인디케이트를 만들 수도 있다.

① 메뉴에서 「새 VI」를 선택하여 VI 창을 만든다.

② 메뉴에서 「파일≫다른 이름으로 저장...」을 선택하여 Ex2_2_4.vi 로 저장한다.

③ 블록다이어그램에서 인디케이터 생성하기

먼저 프런트패널에서 컨트롤을 만든 후, 블록다이어그램을 클릭하여 활성화 한다. 입력 터미널에 마우스포인터를 접근시켜서 오른쪽 마우스 버튼을 누르면 다음과 같은 단축메뉴가 나타난다.

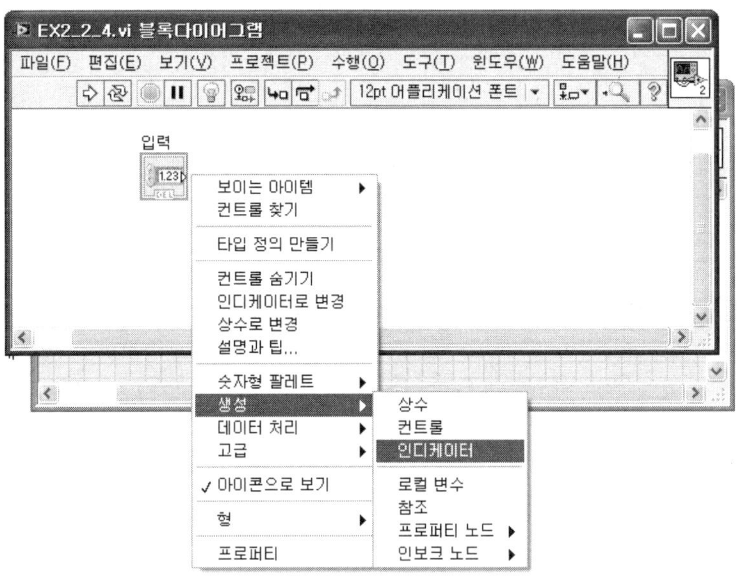

그림 2.2.11

이때 「생성≫인디케이터」를 선택하면 자동으로 인디케이터가 만들어지고 또한 와이어가 연결된다. 프런트패널을 활성화 시키면 인디케이트가 만들어져 있는 것을 확인할 수 있다.

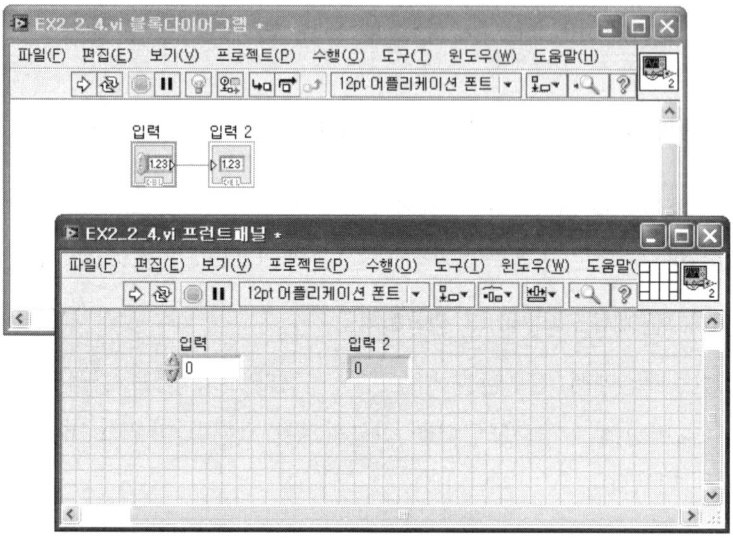

그림 2.2.12

여기서 "입력2"는 단순한 라벨 명칭이므로 "출력"으로 고치면 된다.

④ 같은 방법을 사용하면 반대로 블록다이어그램의 출력 터미널에서 컨트롤을 생성할 수도 있다.

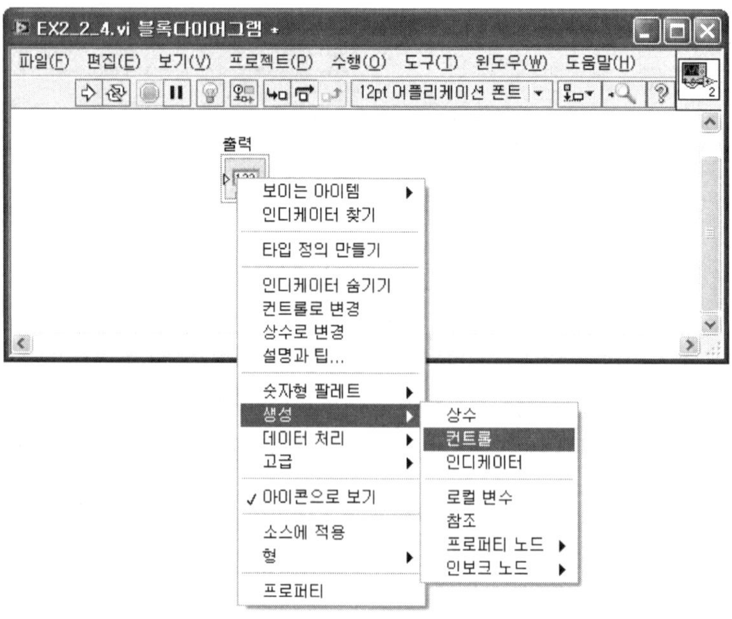

그림 2.2.13

예제 2.2.5 블록다이어그램에서 직접 컨트롤과 인디케이트 만들기

두 개의 숫자를 입력받아 더하는 가장 간단한 VI를 만들자.

① 메뉴에서 「새 VI」를 선택하여 VI 창을 만든다.

② 메뉴에서 「파일≫다른 이름으로 저장...」을 선택하여 Ex2_2_5.vi 로 저장한다.

③ 노드 가져오기

블록다이어그램을 클릭하여 활성화시키고, 함수 팔레트의 「프로그래밍≫숫자형」에서 「더하기」 노드를 선택(클릭)하면, 그림 2.2.14 오른쪽에서와 같이 더하기 아이콘이 청색으로 테두리가 만들어지고 아래에는 [더하기]라는 작은 팝업 창이 나타난다. 이 상태에서 마우스를 움직이면 마우스 포인터가 으로 바뀌고, 선택한 객체를 움켜쥐고 있는 형상을 하며, 마우스가 이동하는 대로 따라 움직인다. 이를 블록다이어그램에 가져와서 적당한 위치에 클릭하면 된다.

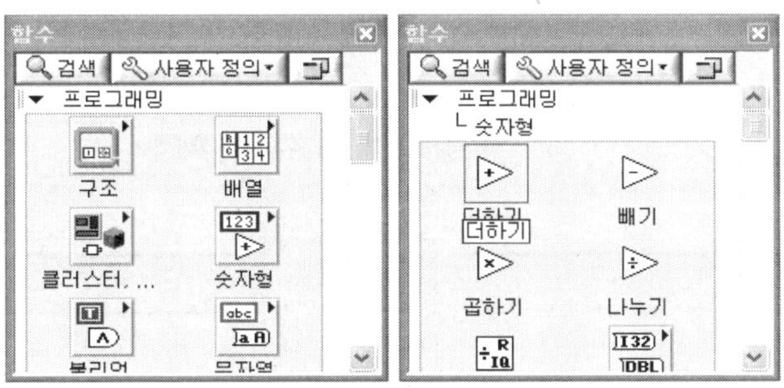

그림 2.2.14

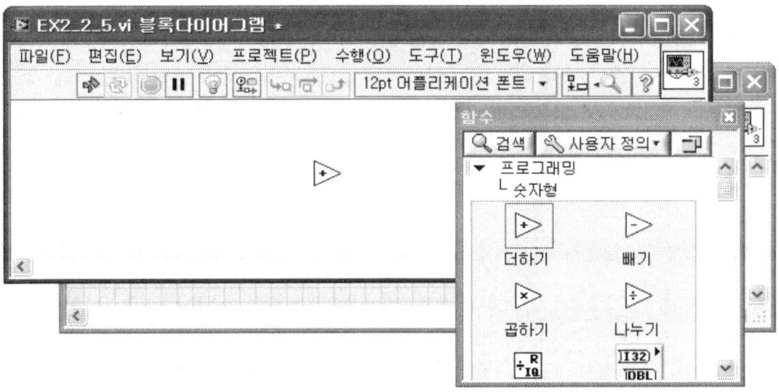

그림 2.2.15

그림 2.2.15의 툴바 좌측에 있는 「실행」 아이콘이 와 같이 깨어져 나타난다. 이는 와이어 결선이 제대로 되지 않아 완성된 블록다이어그램 이라는 것을 나타낸다. 와이어 결선이 완성될 때까지는 이렇게 깨어져 있으며, 이것이 다시 되면 비로소 블록다이어그램이 완성되었다는 것을 뜻한다.

④ 라벨 붙이기

그림 2.2.15와 같이 VI에 알고 있는 노드가 단 한개 있다면, 굳이 이에 대한 설명이 필요하지 않겠지만, 실제 VI에는 수개 또는 수십 개의 노드가 필요한 경우가 많다. 그러므로 이에 대한 설명이 필요할 경우가 있다. 이와 같은 경우에는 숨겨져 있는 라벨 속성을 디스플레이하면 된다.
「더하기」 노드 객체위에 마우스 포인트를 올려놓고 오른쪽 버튼을 클릭하여 단축메뉴를 확인한다.

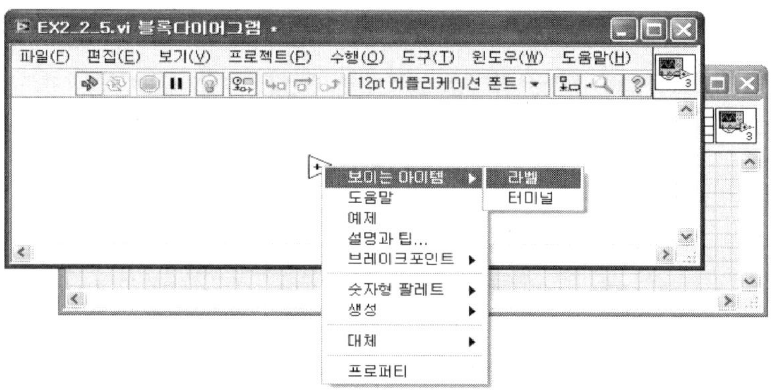

그림 2.2.16

단축메뉴에서 「보이는 아이템≫라벨」을 선택하면 노드위에 라벨이 나타난다.

라벨을 보이지 않게 하려면, 다시 객체 위에서 단축메뉴를 부른다. 이때는 단축메뉴 「라벨」 앞에 체크표시가 되어있다 이를 선택하면 다시 보이지 않게 된다.

이제, 선택한 함수 노드에 입력과 출력을 연결하여야하는데, 어디에 몇 개의 무슨 입력과 출력이 있는지 알아야 될 것이다. 이를 아는(도움을 받는) 방법은 여러 가지 있으나, 여기서는 많이 이용하는 기본 도움말 보기, 터미널 보기, 팁상자를 설명한다.

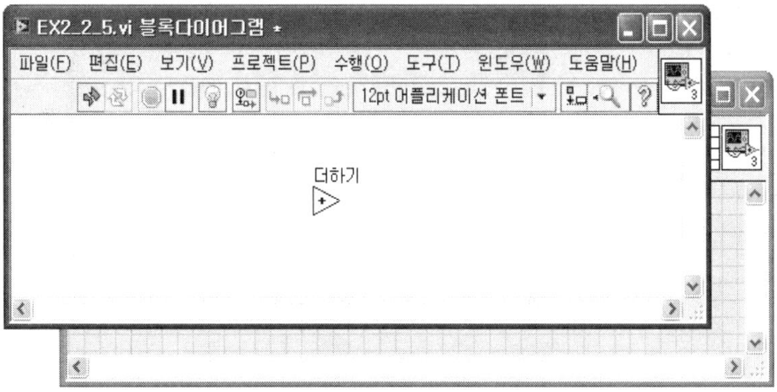

그림 2.2.17

⑤ 기본 도움말 보기

블록다이어그램의 툴바 중에서 가장 오른쪽에 있는 ? 「기본 도움말 윈도우 보기/숨기기」를 누르면 기본 도움말 윈도우가 나타난다. 이때 도움을 받고자하는 객체 위에 마우스 포인트를 올려놓으면 그 객체에 대한 설명이 나타난다.

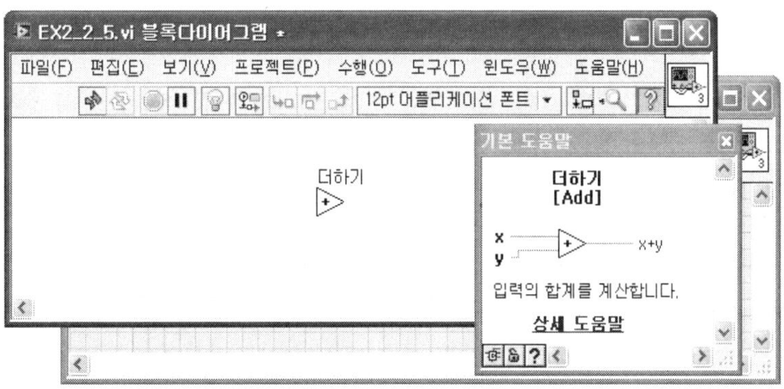

그림 2.2.18

다시 기본 도움말 윈도우를 보이지않게 하려면 다시 ?를 누르면 사라진다.

⑥ 터미널 보기

도움을 받고자하는 객체위에 마우스 포인트를 올려놓고 오른쪽 버튼을 클릭하여 단축메뉴를 확인한다.

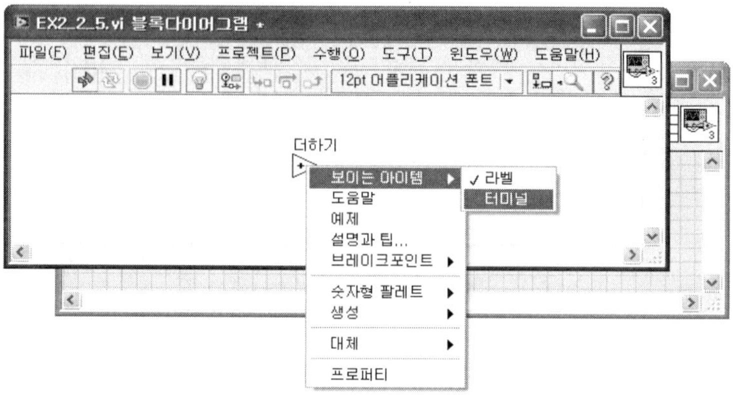

그림 2.2.19

단축메뉴에서 「보이는 아이템≫터미널」을 선택하면 더하기 함수의 모양이 다음과 같이 변한다.

이 터미널 보기 옵션으로 확인한 결과, 더하기 함수는 왼쪽에 2개/오른쪽에 1개의 터미널을 갖고 있는 것을 알 수 있다. 일반적으로 LabVIEW 노드는 왼쪽에 입력/오른쪽에 출력 터미널을 갖고 있으므로, 더하기 함수는 2개의 입력과 1개의 출력을 갖고 있다는 것을 확인할 수 있다.
터미널을 원래의 아이콘 타입 노드로 보이게 하려면, 다시 객체 위에서 단축메뉴를 부른다. 이때는 단축메뉴 「터미널」 앞에 체크표시가 되어있다 이를 선택하면 다시 원래의 아이콘 타입 노드로 된다.

※ 이 "⑥ 터미널 보기"에서 설명하는 "터미널"은 블록다이어그램 객체로써의 터미널(2.2.1절에서 설명)이 아니고 단순히 함수 노드의 단자(端子)를 말하는 것으로 혼돈이 없어야 한다.

⑦ 팁상자(TipStrip)

블록다이어그램의 함수 노드에 마우스포인터를 올려놓으면, 입력과 출력 부위에 와이어를 연결하여야 될 와이어 단자가 나타난다.

이 와이어 단자에 마우스 포인터를 접근시키면 와이어링 툴( )이 나타나며, 이 툴을 다음과 같이 입력위, 입력아래, 출력에 각각 접근시키면 노드 아이콘 아래에 작은 박스가 나타나며, 그 박스 속에 이 와이어 단자의 속성(와이어 단자의 이름: x, y, x+y)이 나타난다. 이것을 팁상자라고 한다.

그림 2.2.20

이 팁상자는 함수와 와이어 연결을 위한 노드 터미널을 확인하기 쉽게해 준다.

⑧ 함수 노드에서 입력 터미널 만들기

블록다이어그램에 함수 노드를 위치시키고, x 팁상자 위치에서 오른쪽 마우스 버튼을 누르면 다음과 같은 단축메뉴가 나타난다.

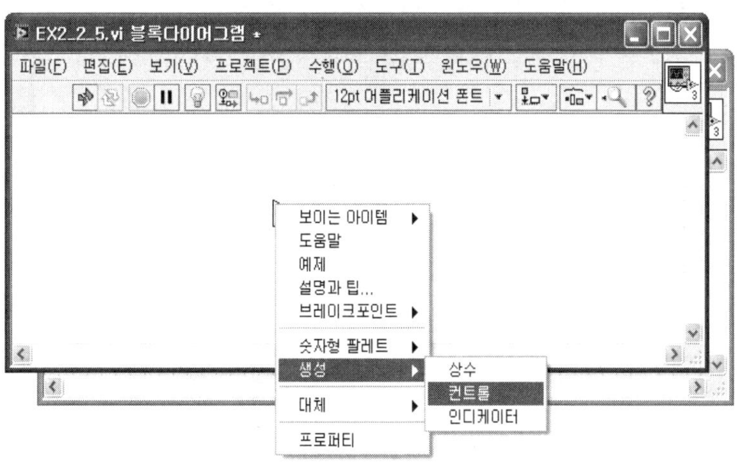

그림 2.2.21

「생성≫컨트롤」을 선택하면 자동으로 x값 입력 터미널이 만들어지고 와이어가 연결된다.

x값 입력 터미널을 선택(마우 포인트의 왼쪽버튼을 누름)하여 적당한 위치에 놓는다. 같은 방법으로 y값 입력 터미널도 만든다.

그림 2.2.22

⑨ 함수 노드에서 출력 터미널 만들기

블록다이어그램에 함수 노드를 위치시키고, x+y 팁상자 위치에서 오른쪽 마우스 버튼을 누르면 다음과 같은 단축메뉴가 나타난다.

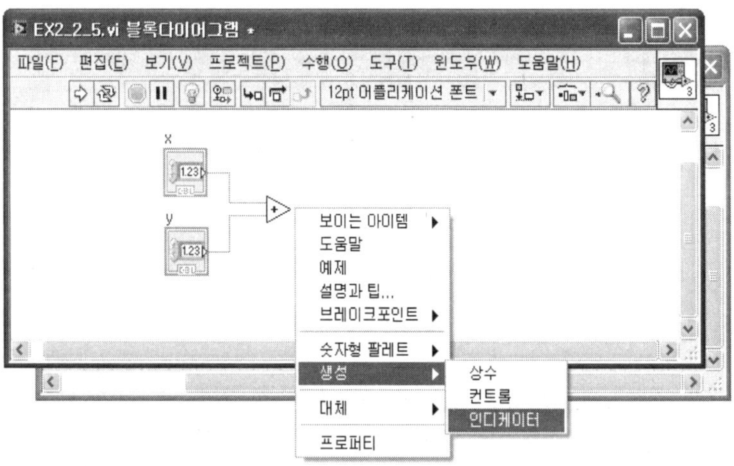

그림 2.2.23

「생성≫인디케이트」를 선택하면 자동으로 x+y값 출력 터미널이 만들어지고 와이어가 연결된다.

⑩ 프런트패널에서 컨트롤과 인디케이트 보기

프런트패널을 활성화 시키면 컨트롤과 인디케이트가 만들어져 있는 것을 확인할 수 있다.

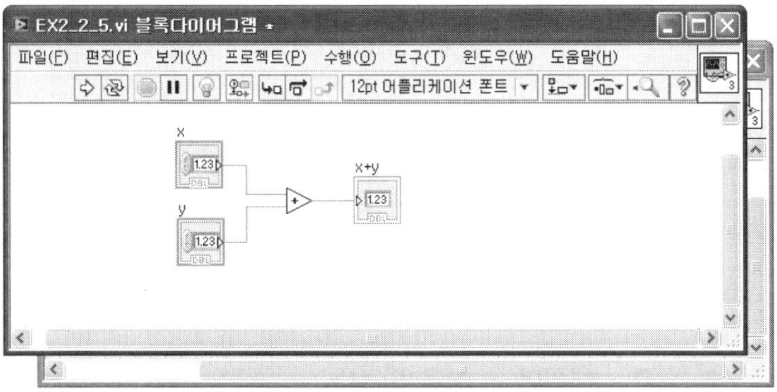

그림 2.2.24

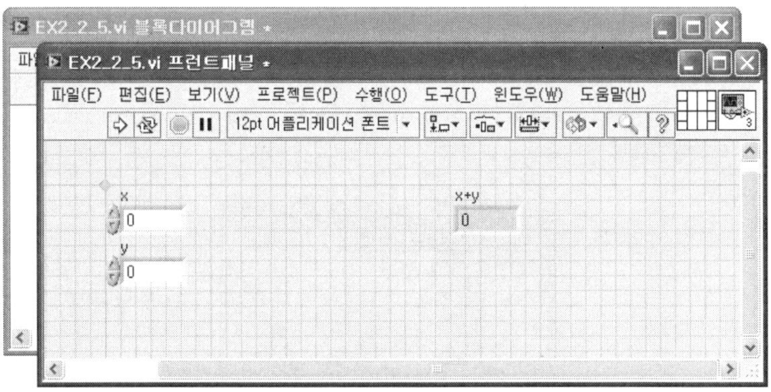

그림 2.2.25

⑪ 컨트롤 값 입력

컨트롤 값은 그림과 같이 Increment 또는 Decrement 버튼을 누르거나 표시창에 직접 값을 입력한다. 자동도구선택이 안될 경우는 도구 팔레트의 A를 선택한 후 표시창에 입력 값을 직접 써넣는다.

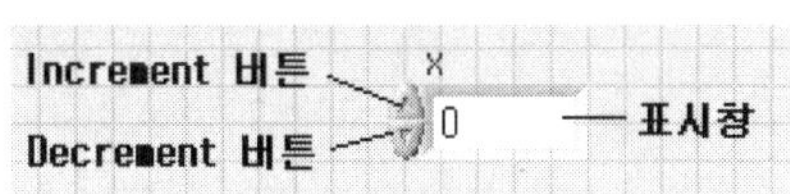

그림 2.2.26

⑫ 프로그램 실행

프런트패널에서 입력 값을 넣고 「실행」을 누른 후 결과를 살펴본다.
「연속 실행」을 누른 후, 입력 값을 바꾸며 결과 값을 본다.

연속실행 중에 ⏸「일시 정지」, ⏺「실행 강제 종료」를 눌러서 상태의 변화를 살펴본다.

예제 2.2.6 두 수를 더하고 빼기

두 개의 숫자를 입력받아 더하고 빼서 결과를 표시하는 가장 간단한 VI를 만들자.

① 메뉴에서 「새 VI」를 선택하여 VI 창을 만든다.

② 메뉴에서 「파일≫다른 이름으로 저장...」을 선택하여 Ex2_2_6.vi 로 저장한다.

③ 컨트롤 가져오기

그림 2.2.27과 같이 컨트롤 팔레트에서 「일반≫숫자형≫숫자형 컨트롤」을 선택하여, 두 개의 컨트롤을 프런트패널에 위치시키고 각각 A, B 라고 라벨을 붙인다.

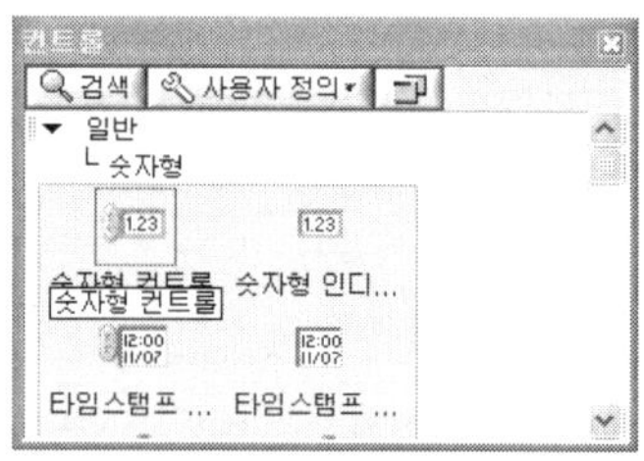

그림 2.2.27

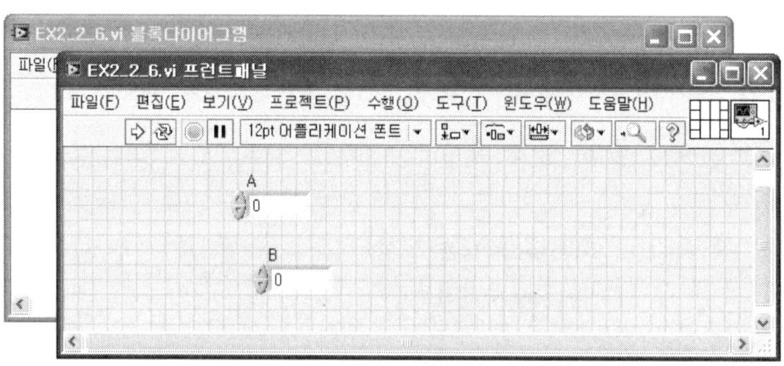

그림 2.2.28

④ 객체정렬

그림 2.2.28의 컨트롤은 정렬이 되어있지 않다. A와 B 컨트롤을 마우스로 드래

그하여 선택(객체가 점선으로 표시)한 후, 툴바에서 [객체 정렬 아이콘] 「객체 정렬」을 누른후 「왼쪽 경계」를 선택하면 그림 2.2.30과 같이 정렬된다.

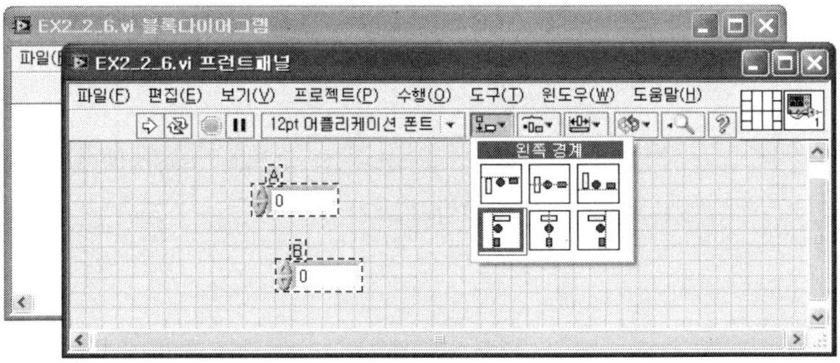

그림 2.2.29

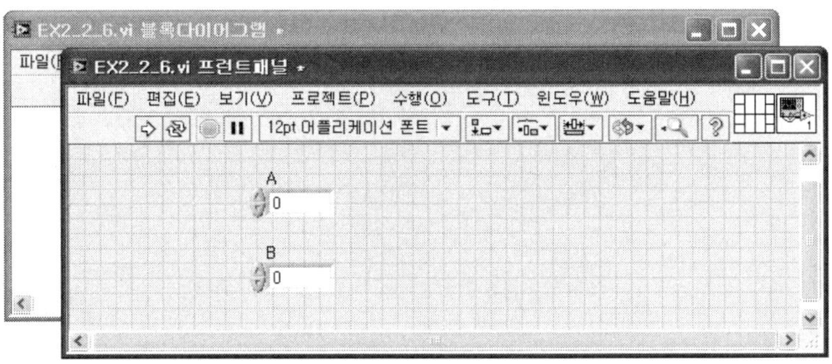

그림 2.2.30

⑤ 인디케이터 가져오기

그림 2.2.16과 같이 컨트롤 팔레트에서 「일반≫숫자형≫숫자형 인디케이터」를 선택하여, 두 개의 인디케이터를 프런트패널에 위치시키고 각각 A+B, A-B 라고 라벨을 붙인다.

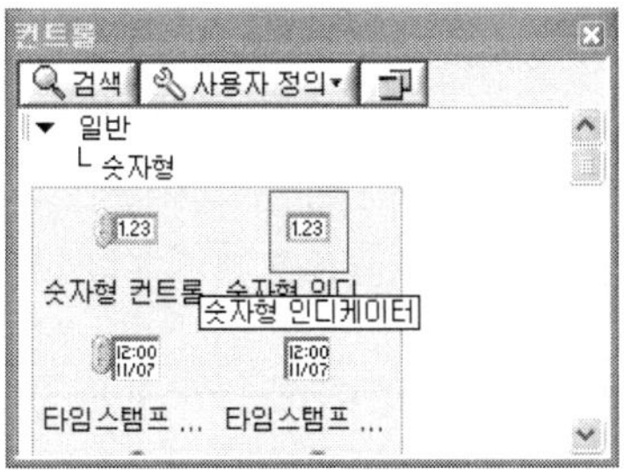

그림 2.2.31

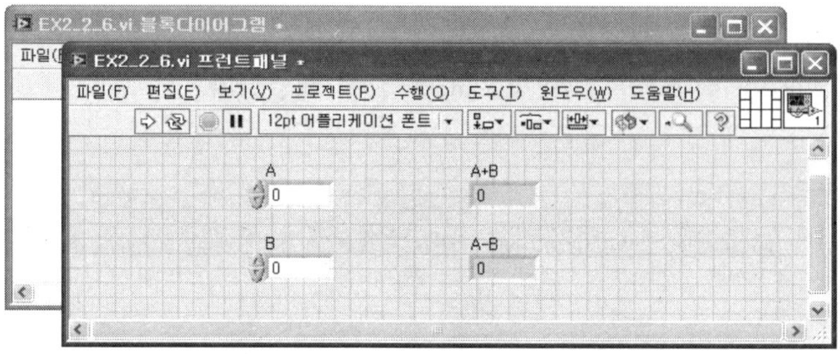

그림 2.2.32

⑥ 블록다이어그램 보기

블록다이어그램을 클릭하면 그림 2.2.33과 같이 프런트패널에서 구성된 컨트롤과 인디케이터가 터미널로 대응되어 나타나있다.

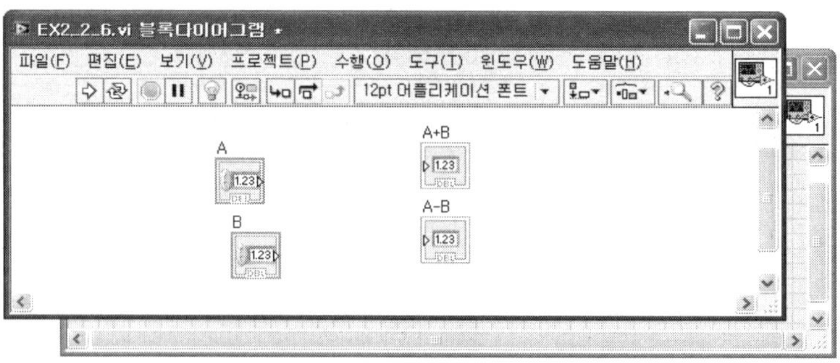

그림 2.2.33

그림 2.2.33의 터미널도 정렬 되어있지 않다. 프런트패널에서와 같이 툴바에서 「객체 정렬」을 누른후 「왼쪽 경계」와 「아래쪽 경계」를 선택하여 정렬한다.

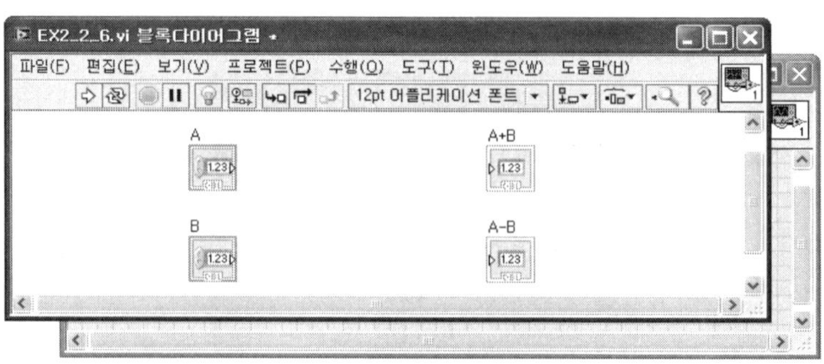

그림 2.2.34

⑦ 노드 가져오기

그림 2.2.35와 같이 함수 팔레트에서 더하기와 빼기 노드를 가져와서 그림 2.2.36과 같이 블록다이어그램에 위치시킨다.

그림 2.2.35

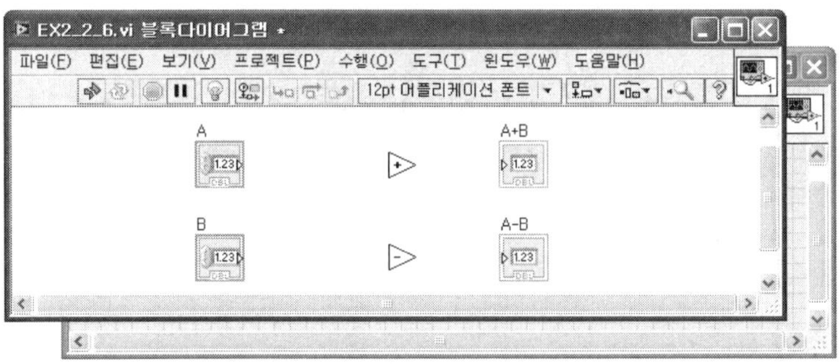

그림 2.2.36

⑧ 와이어 연결하기

와이어를 효과적으로 연결하기 위하여 예제 2_2_5의 ⑤기본 도움말 보기(그림 2.2.37), ⑥터미널 보기, ⑦팁상자를 참고한다.

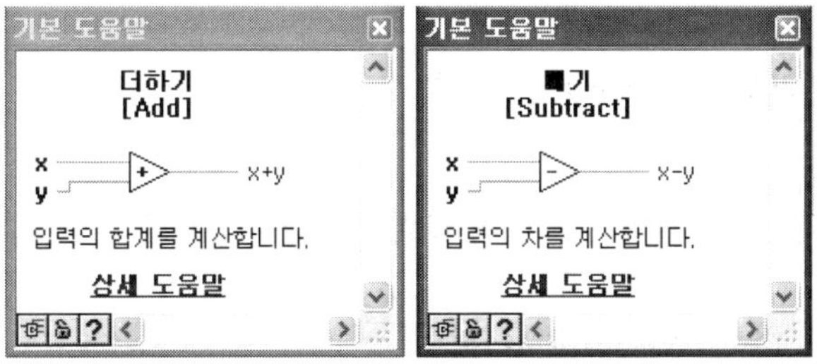

그림 2.2.37

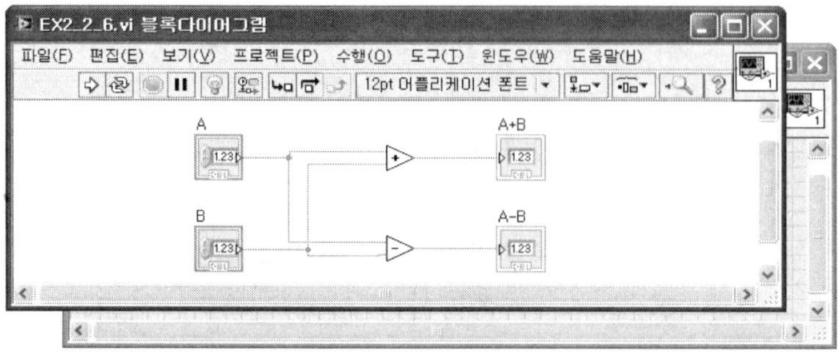

그림 2.2.38

⑨ 프로그램 실행

프런트패널에서 입출력 값을 볼 수 있으므로 프런트패널에서 실행한다.

프런트패널에서 입력 값을 넣고 「실행」을 누른 후 결과를 살펴본다.

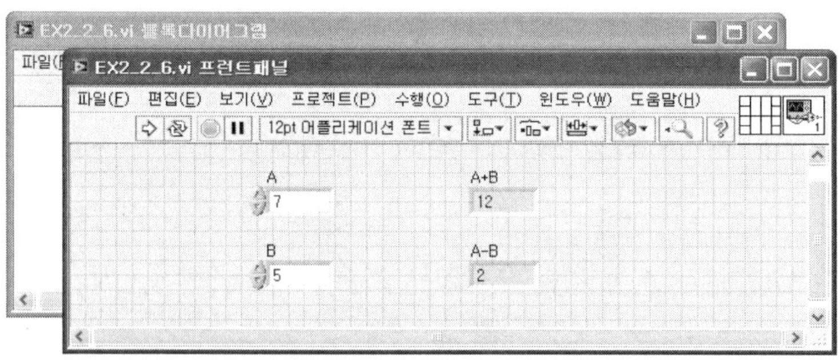

그림 2.2.39

「연속 실행」을 누른 후, 입력 값을 바꾸며 결과 값을 본다.

연속실행 중에 「일시 정지」, 「실행 강제 종료」를 눌러서 상태의 변화를 살펴본다.

예제 2.2.7 두 개의 슬라이더 값 더하기

두 개의 슬라이더를 입력받아 더하고 결과를 표시하는 간단한 VI를 만들자.

① 메뉴에서 「새 VI」를 선택하여 VI 창을 만든다.

② 메뉴에서 「파일≫다른 이름으로 저장...」을 선택하여 Ex2_2_7.vi 로 저장한다.

③ 컨트롤 가져오기

그림 2.2.40과 같이 컨트롤 팔레트에서 「일반≫숫자형≫수직 채움 슬라이더」를 선택하여, 세 개의 컨트롤을 프런트패널에 위치시키고 각각 슬라이드1, 슬라이드 2, 슬라이드1+2 라고 라벨을 붙인다.

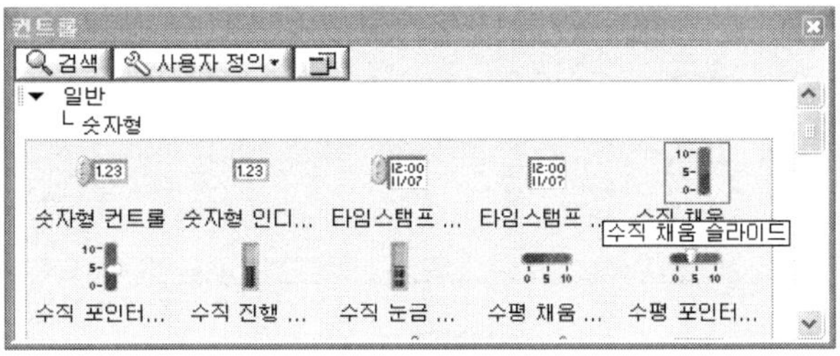

그림 2.2.40

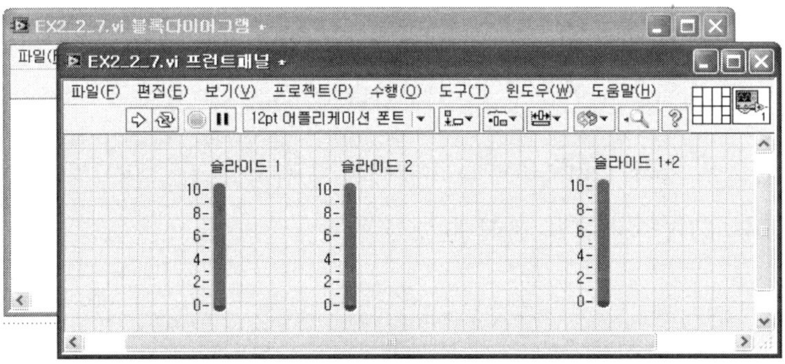

그림 2.2.41

④ 컨트롤을 인디케이트로 바꾸기

출력 인디케이트를 그림 2.2.42와 같이 컨트롤 팔레트에서 직접 가져와도 되나, 여기서는 컨트롤을 바꾸는 연습을 해 보기로 한다.

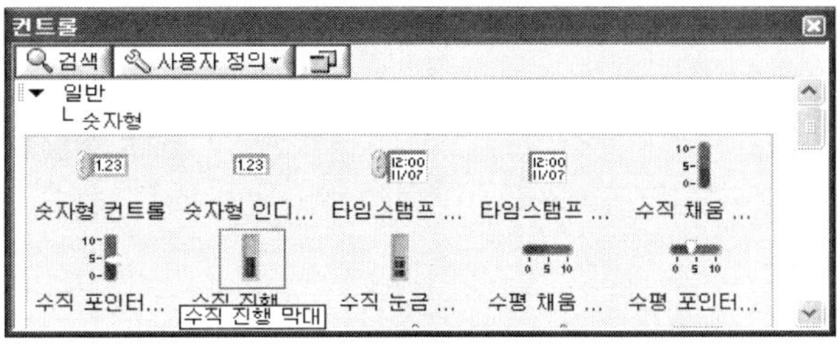

그림 2.2.42

그림 2.2.41의 슬라이드1+2 객체위에 마우스 포인트를 올려놓고 단축메뉴를 불러,「인디케이터로 변경」을 선택하면 인디케이트로 변경된다.

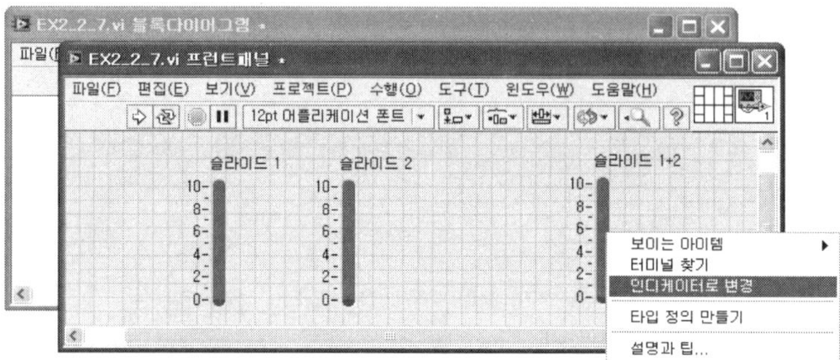

그림 2.2.43

⑤ 슬라이더의 눈금 바꾸기

입력 슬라이더1과 슬라이더2를 합한 값의 최대값이 20이므로 슬라이더1+2의 출력 최대 눈금의 범위를 넘어간다. 그러므로 슬라이드1+2의 눈금을 바꾸어야 한다.

그림 2.2.44와 같이 인디케이트로 바꾸어진 슬라이드1+2 객체 위에 마우스 포인트를 올려놓고 단축메뉴를 불러낸다.

그림 2.2.44

그림 2.2.44에서 「디스플레이 포맷...」을 선택하면 그림 2.2.45 창이 나타난다. 여기서 「스케일≫스케일범위≫최대값/최소값」을 바꾸면, 그림 2.2.46과 같이 변경되어 나타난다.

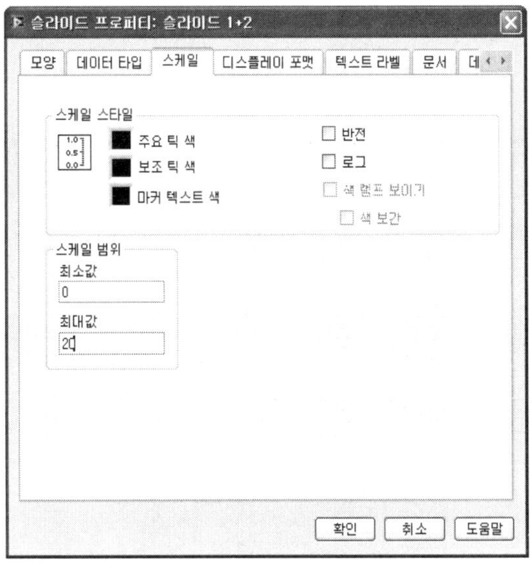

그림 2.2.45

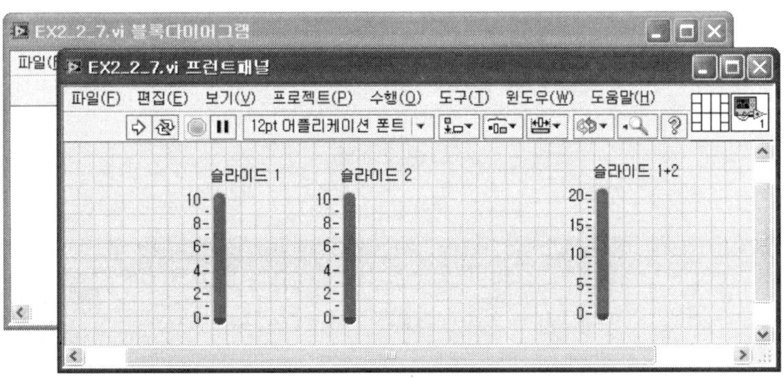

그림 2.2.46

⑥ 블록다이어그램 보기

블록다이어그램을 클릭하면 그림 2.2.33과 같이 프런트패널에서 구성된 컨트롤과 인디케이터가 터미널로 대응되어 나타나있다. 각 터미널이 정렬 되어있지 않다면, 툴바에서 「객체 정렬」을 이용하여 정렬한다.

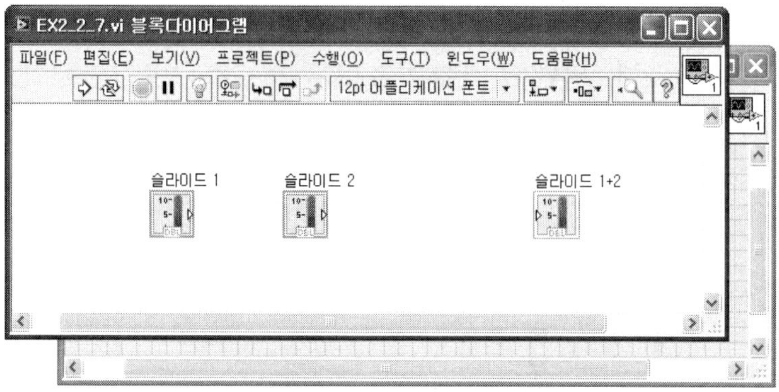

그림 2.2.47

⑦ 노드 가져오기

그림 2.2.48과 같이 함수 팔레트에서 더하기 노드를 가져와서 그림 2.2.49와 같이 블록다이어그램의 적당한 위치에 놓는다.

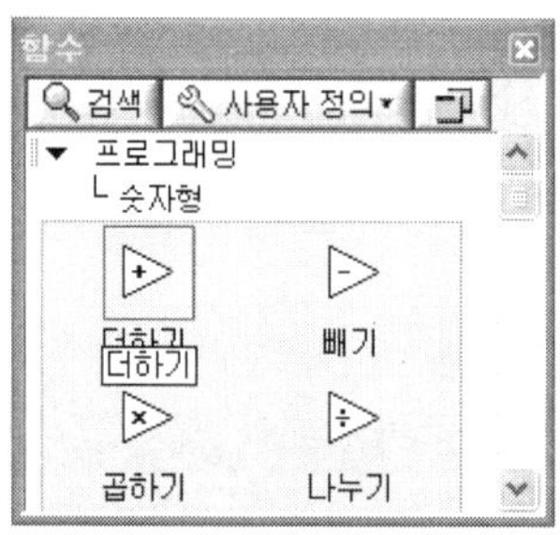

그림 2.2.48

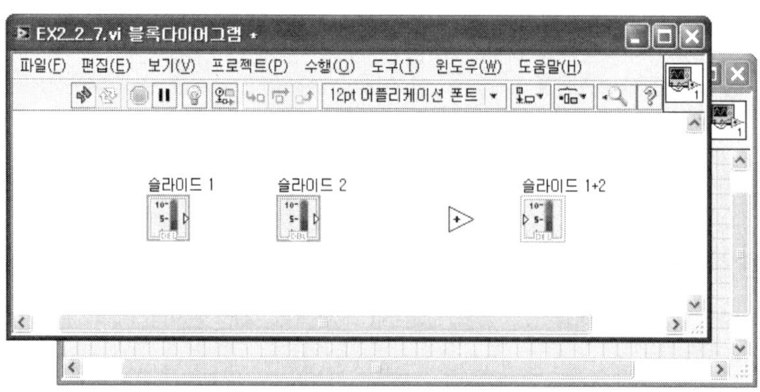

그림 2.2.49

⑧ 와이어 연결하기

와이어를 효과적으로 연결하기 위하여 예제 2_2_5의 ⑤기본 도움말 보기, ⑥터미널 보기, ⑦팁상자를 참고한다.

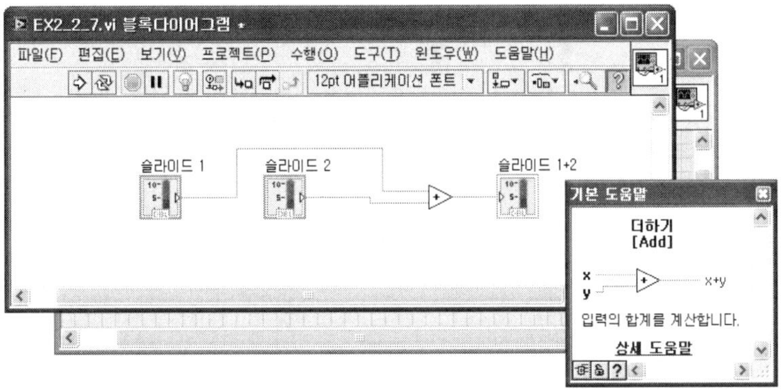

그림 2.2.50

⑨ 프로그램 실행

프런트패널에서 입출력 값을 볼 수 있으므로 프런트패널에서 실행한다. 프런트패널에서 입력 값을 넣고 「실행」을 누른 후 결과를 살펴본다.

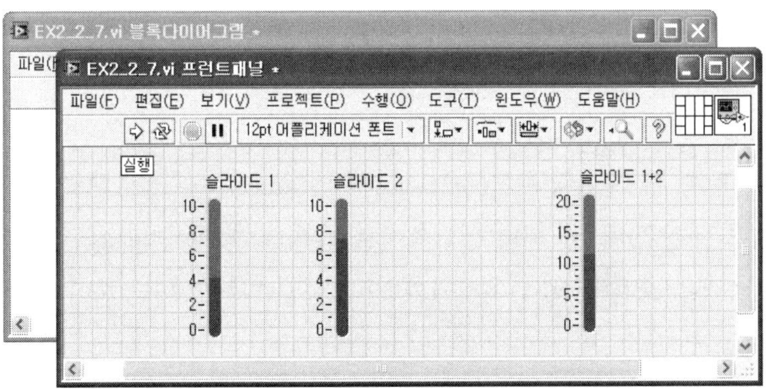

그림 2.2.51

「연속 실행」을 누른 후, 입력 값을 바꾸며 결과 값을 본다. 마우스 포인터를 슬라이더에 올려놓으면 이 나타나며, 로 청색 눈금을 클릭하여 위아래 쪽으로 드래그 하면, 값이 수치로 팝업되며 슬라이더의 입력 값이 변경된다.

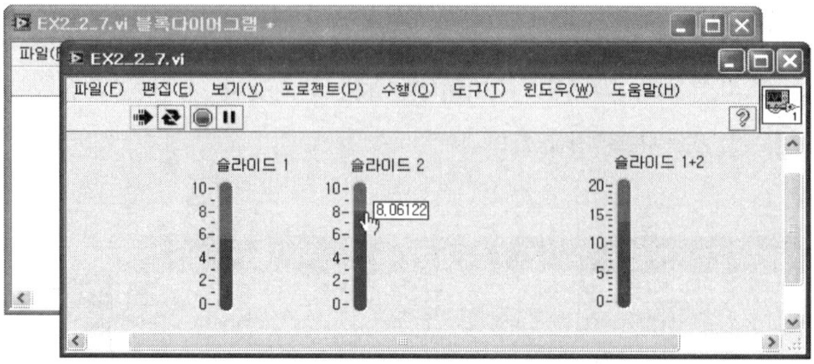

그림 2.2.52

연속실행 중에 「일시 정지」, 「실행 강제 종료」를 눌러서 상태의 변화를 살펴본다.

예제 2.2.8 노브와 다이얼 및 미터기와 게이지 만들기

노브와 다이얼이 지시하는 값을 미터기와 게이지에 표시하는 간단한 VI를 만들자.

① 메뉴에서 「새 VI」를 선택하여 VI 창을 만든다.

② 메뉴에서 「파일≫다른 이름으로 저장...」을 선택하여 Ex2_2_7.vi 로 저장한다.

③ 프런트패널의 객체 가져오기

그림 2.2.53과 같이 컨트롤 팔레트에서 「일반≫숫자형≫노브/다이얼/미터/게이지」를 선택하여, 두 개의 컨트롤(노브knob/다이얼dial)을 프런트패널의 왼쪽(일반적으로 입력은 왼쪽)에 두 개의 인디케이트(미터meter/게이지gauge)는 오른쪽(일반적으로 출력은 오른쪽)에 위치시키고 각각 노브/다이얼/미터/게이지 라고 라벨을 붙인다.

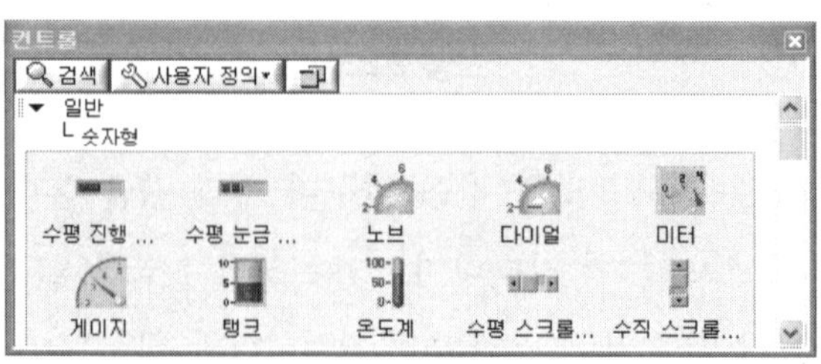

그림 2.2.53

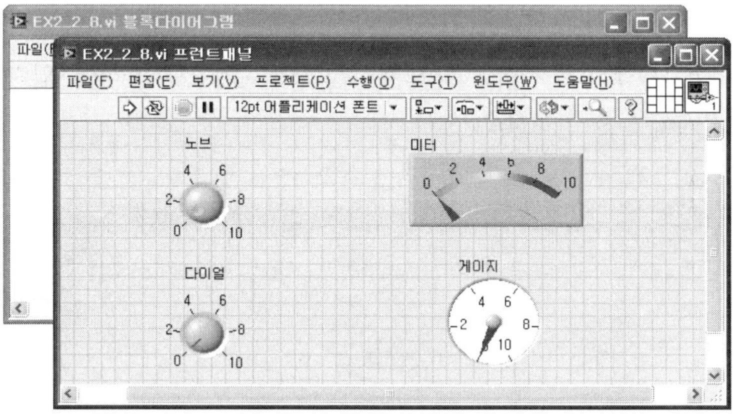

그림 2.2.54

④ 컨트롤과 인디케이터 크기변경

프런트패널의 컨트롤과 인디케이터에 마우스를 접근시키면 사각점이 생긴다. 이 사각점에 마우스 포인터를 접근시키면 모양이 ↘으로 변한다. ↘을 드래그 하면 컨트롤 또는 인디케이터가 드래그 한 방향으로 커지거나 혹은 작아진다.

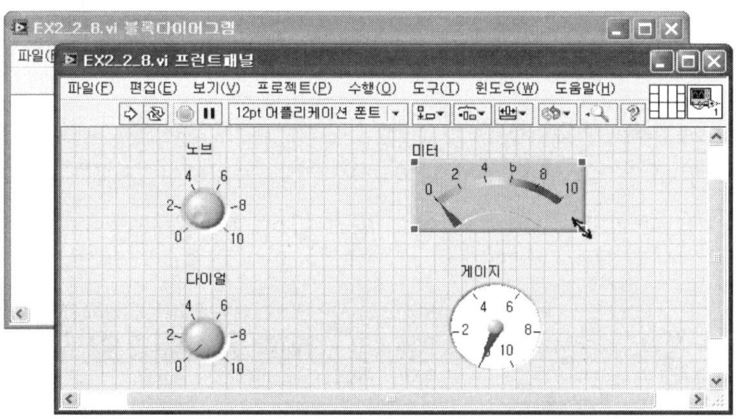

그림 2.2.55

⑤ 블록다이어그램 보기

블록다이어그램을 클릭하면 프런트패널에서 구성된 컨트롤과 인디케이터가 터미널로 대응되어 나타나있다. 각 터미널이 정렬 되어있지 않다면, 툴바에서 「객체 정렬」을 이용하여 정렬한다.

⑥ 와이어 연결하기

블록다이어그램에서 추가하는 노드가 없으므로 를 이용하여 입력(컨트롤)과 출력(인디케이트)을 연결한다.

그림 2.2.56

⑦ 프로그램 실행

프런트패널에서 입출력 값을 볼 수 있으므로 프런트패널에서 실행한다.
프런트패널에서 입력 값을 넣고 「실행」을 누른 후 결과를 살펴본다.

「연속 실행」을 누른 후, 입력 값을 바꾸며 결과 값을 본다. 마우스 포인터를 노브/다이얼에 올려놓으면 이 나타나며, 로 클릭하여 드래그 하면서 돌리면, 값이 수치로 팝업되며 노브/다이얼의 입력 값이 변경된다.

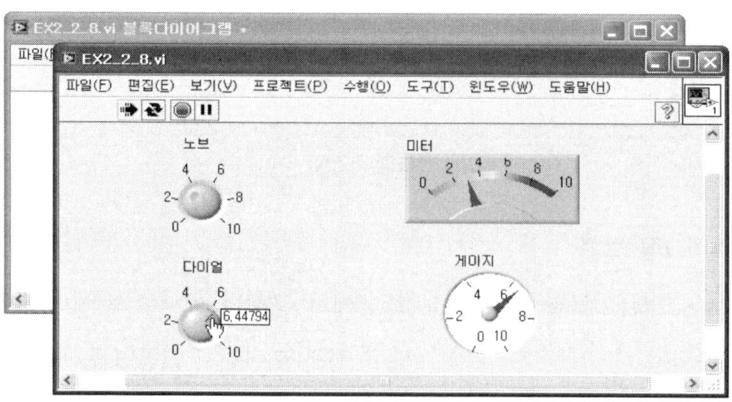

그림 2.2.57

연속실행 중에 [II]「일시 정지」, [◉]「실행 강제 종료」를 눌러서 상태의 변화를 살펴본다.

2.3 기본적인 데이터 타입

프런트패널은 컨트롤과 인디케이터의 조합으로 이루어진다. 컨트롤은 컨트롤 값을 넣을 수 있는 입력 아이콘이고, 인디케이터는 결과 값을 표시하는 출력 아이콘을 말한다. 이 컨트롤과 인디케이터는 다음 그림 2.3.1의 컨트롤 팔레트에서 보는 바와 같이 순서대로 숫자(Numeric), 불리언(Boolean), 문자열(String)및 경로(Path), 배열(Array) 및 클러스터(Cluster), 리스트(List) 및 테이블(Table), 그래프(Graph) 등으로 구성되어 있다. 이 절에서는 LabVIEW에서 기본적으로 사용하는 숫자, 불리언, 문자열의 데이터 타입과 배열에 관하여 살펴본다.

2.3.1 숫자

숫자는 실수, 정수, 자연수 등을 말하며, 더하기 빼기 곱하기 나누기 등의 연산이나 산

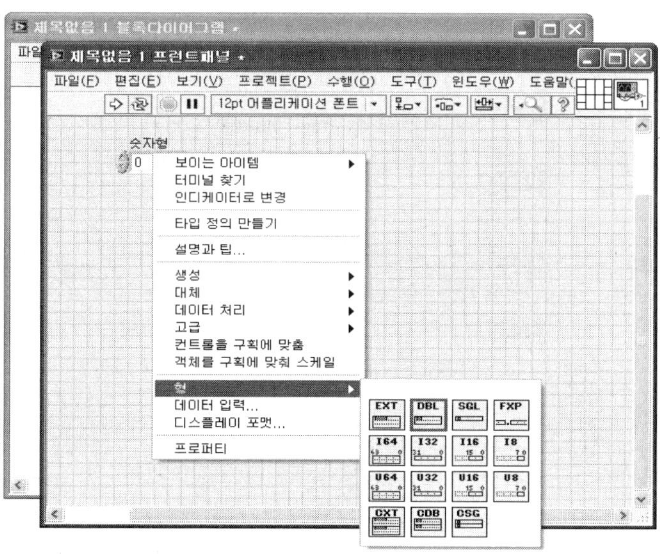

그림 2.3.1

술, 삼각함수, 로그, 복소수 연산 등을 수행하는 데이터 타입이다. LabVIEW는 숫자형 데이터를 부동소수, 고정 소수점 수, 정수, 부호없는 정수, 복소수로 나타낸다.

표 2.3.1은 15가지 숫자 데이터 타입의 종류와 특성을 정리한 것이다. (참고: 「LabVIEW 도움말」에서 「기본≫블록다이어그램 만들기≫개념≫블록다이어그램 객체」)

표 2.3.1 숫자 데이터 타입의 종류와 특성

아이콘	컨트롤	인디케이터	데이터 타입	색상	기본값
FXP	FXP	FXP	고정 소수점 숫자 Fixed Point	청회색	0.0
EXT	EXT	EXT	확장형 부동소수 Extended Precision	오렌지색	0.0
DBL	DBL	DBL	배정도 부동소수 Double Precision	오렌지색	0.0
SGL	SGL	SGL	단정도 부동소수 Single Precision	오렌지색	0.0
I64	I64	I64	64비트 부호있는 정수 Double Long	파란색	0
I32	I32	I32	32비트 부호있는 정수 Long	파란색	0
I16	I16	I16	16비트 부호있는 정수 Word	파란색	0
I8	I8	I8	8비트 부호있는 정수 Byte	파란색	0
U64	U64	U64	64비트 부호없는 정수 Unsigned Double Long	파란색	0
U32	U32	U32	32비트 부호없는 정수 Unsigned Long	파란색	0
U16	U16	U16	16비트 부호없는 정수 Unsigned Word	파란색	0
U8	U8	U8	8비트 부호없는 정수 Unsigned Byte	파란색	0
CXT	CXT	CXT	복소수 확장형 부동소수 Complex Extended	오렌지색	0.0+i0.0
CDB	CDB	CDB	복소수 배정도 부동소수 Complex Double	오렌지색	0.0+i0.0
CSG	CSG	CSG	복소수 단정도 부동소수 Complex Single	오렌지색	0.0+i0.0

숫자나 문자열로 변환된 숫자를 원하는 모양으로 디스플레이하는 것을 포맷이라고 하며, 이때 포맷 지정자를 사용한다. 포맷 지정자는 다음의 구문 원소를 사용한다. (중괄호 []는 옵션 원소이다.)

%$[-][+][#][^][0][길이][.정밀도|_유효숫자][{단위}][<내장 정보>]변환 코드

표 2.3.2는 포맷 지정자를 위한 구문 원소를 정리한 것이다. (참고: 「LabVIEW 도움말」)

표 2.3.2 포맷 지정자를 위한 구문 원소

원소구분	설 명
%	포맷 지정자를 시작한다.
$(옵션)	변수를 디스플레이하는 순서를 지정한다. 변수의 순서를 나타내는 자릿수를 이 변경자 바로 앞에 포함시킨다.
-(옵션)	파라미터를 그 전체 폭에서 오른쪽이 아닌 왼쪽으로 자리 맞춤한다.
+(옵션)	양의 숫자인 경우도 부호를 포함한다.
^(옵션)	포맷팅 함수와 e 또는 g 변환 코드를 사용할 때, 지수가 항상 3의 배수인 경우, 이 원소는 공학적 표기법에서 숫자로 포맷된다.
#(옵션)	뒤따르는 제로를 제거한다.
0(옵션)	-가 없이 이 조합키를 사용하여, 빈 공간보다는 제로로 숫자형 파라미터의 왼쪽에 남은 공간을 채워서 최소 폭에 알맞게 한다.
폭(옵션)	[문자열로부터 스캔]과 같은 스캐닝 함수를 사용할 때, 폭 원소는 정확한 필드 폭을 지정할 때 사용한다.
.정밀도 또는 _유효숫자 (옵션)	.정밀도: 부동소수 표기법을 사용할 때, 이 원소는 소수점 오른쪽의 자릿수로 지정된다. .이 나타나지 않았다면, 6 자릿수의 정밀도를 사용한다. .이 0이면, 정밀도를 입력하지 않는다. 문자열 파라미터와 함께 사용했을 때, .정밀도는 스캔한 필드의 최대 폭을 지정한다. _유효 숫자: 지정한 자릿수로 반올림하여 데이터를 디스플레이 한다. .자릿수는 소수점의 오른쪽의 자릿수에만 영향을 주며, _유효 숫자는 모든 비어있지 않은 자릿수를 포함한다. 예를 들면, 3.457은 4개/ 0.0012은 2개/ 123000은 3개의 유효 숫자를 가진다.
{단위} (옵션)	물리량(단위와 연관된 값)을 변환하는 함수를 사용할 때 VI의 원래 단위를 덮어쓴다.
<내장된 정보>	시간 특정 포맷 문자열을 포함한다. %W, %D, %H, %M, %S, %u 는 상대 시간에 적용된다.

표 2.3.3은 파라미터를 스캔 또는 포맷하는 방법을 지정한 문자인, 포맷 지정자 변환 코드를 정리한 것이다. (참고: 「LabVIEW 도움말」)

표 2.3.3 포맷 지정자 변환코드

구분	코드	내 용
정수 및 고정소수점 수를 위한 변환 코드	x	16진 정수(예를 들면. B8)
	o	8진 정수(예를 들면. 701)
	b	2진 정수(예를 들면. 1011)
	d	부호있는 10진 정수
	u	부호없는 10진 정수
부동소수 및 고정소수점 수를 위한 변환 코드	f	소수점 포맷의 부동소수(예를 들면, 12.345)
	e	과학적 표기법의 부동소수(예를 들면, 1.234E1)
	g	해당 수의 지수에 따라 f 또는 e를 사용한다. 지수가 -4보다 크거나 지정된 정밀도보다 작으면 f를 사용하고, 지수가 -4보다 작거나 지정된 정밀도보다 크면 e를 사용한다.
	p	SI 표기법의 부동소수
문자열을 위한 변환 코드	s	문자열.
	[ ]	세트문자. 다음 예제는 변환 코드 세트에서 문자의 사용을 보여준다. · % [aeiou]: 소문자 모음만을 포함하는 모든 문자열과 일치한다. · % [0-9a-zA-Z]: 숫자, 문자, 또는 공간을 포함하는 문자열과 일치한다. · % [^,;]: 첫번째 쉼표 또는 세미콜론까지(이를 포함하지 않는) 문자의 모든 문자열과 일치한다.
시간을 위한 변환 코드	T	절대 시간
	t	상대 시간

표 2.3.4는 포맷 지정자에 대해 구문 원소를 사용하는 예를 정리한 것이다. (참고: 「LabVIEW 도움말」)

표 2.3.4 포맷 지정자에 대해 구문 원소를 사용하는 예

타입	인 수	포맷 문자열	결과 문자열	주석
자동 포맷팅 (% g)	12.00	%#g %g	12 12.000000	#는 뒤따르는 제로를 제거. g는 과학적 표기법 또는 부동소수 표기법을 선택한다.
	12000000	%#g %g	1.2E+7 1.200000E+7	
소수점 (% d)	12.67	score = %d%%	score = 13%	% d는 인수를 반올림, %%는 % 1개를 출력한다.
부동소수 점 (% f)	12.58	온도:%5.1f	온도:12.6	"5.3f":소숫점이상 5개 소수점이하 3개(없으면0)라는 뜻
	12.67	%5.3f	12.670	
	1234.56	%5.3f	1234.560	
과학적 표기법 (% e)	12.67	%.3e	1.267E+1	지수가 언제나 3의 배수인 경우 ^를 추가하여 공학적 표기법으로 변경한다.
	12.67	%^.3e	12.670E+0	
SI 표기법 (% p)	12345000 12345678000	%.2p	12.35M 12.35G	.2는 소숫점이하 2자릿수의 정밀도 표시. _2는 소숫점이하 2개의 유효숫자 표시.
	12000000 12345678000	%_2p	12M 12G	
(% x)	12	%02x	0C	16진
(% o)	12	%06o	000014	8진
(% b)	12	%b	1100	2진
상대 시간 (% t)	91.80	%0.2t	01:31.80	숫자를 주(%W), 일(%D), 시(%H), 분(%M), 초(%S), 초이하(%u)로 표시 "0.2t"의 2는 초이하(%u해당)가 2자리임을 표시
	91.8	%<시:%H 분:%M 초:%S>t	시:00 분:01 초:31	
절대 시간 (% T)	00:00:00.000 AM 1/1/2001	% <%.3X %x>T	12:00:00.000 AM01/01/2001	
	00:00:00.000 AM 1/1/2001	%<%Y.%m. %d>T	2001.01.01	
	00:00:00.000 AM 1/1/2001	%^<%.3X %x>T	06:00:00.000 AM12/31/2000	
문자열 (% s)	홍 길동	이름: %s, %s.	이름: 홍 길동.	
	Hello,com	문자열: %10.6s	문자열: Hello,	"10.6s"는 6개의 문자를 사용하고 10-6개는 공백.
순서 (% $)	홍 길동	%2$s %1$s	길동 홍	"홍"은 첫번째 변수이고 "길동"은 두 번째 변수이다

예제 2.3.1 8비트 카운터의 출력을 3으로 나누기 (숫자 포맷)

16비트 카운터에서 출력되는 숫자를 3으로 나누어 보자.

① 메뉴에서 「새 VI」를 선택하여 VI 창을 만든다.

② 메뉴에서 「파일≫다른 이름으로 저장...」을 선택하여 Ex2_3_1.vi 로 저장한다.

③ 노드 가져오기

블록다이어그램을 클릭하여 활성화시키고, 함수 팔레트의 「프로그래밍≫숫자형」에서 「나누기」 노드를 선택(클릭)하여 블록다이어그램의 적당한 위치에 둔다.

④ 라벨 붙이기

「나누기」 노드위에 마우스 포인트를 올려놓고 단축메뉴에서 「보이는 아이템≫라벨」을 선택하면 노드위에 라벨이 나타난다.

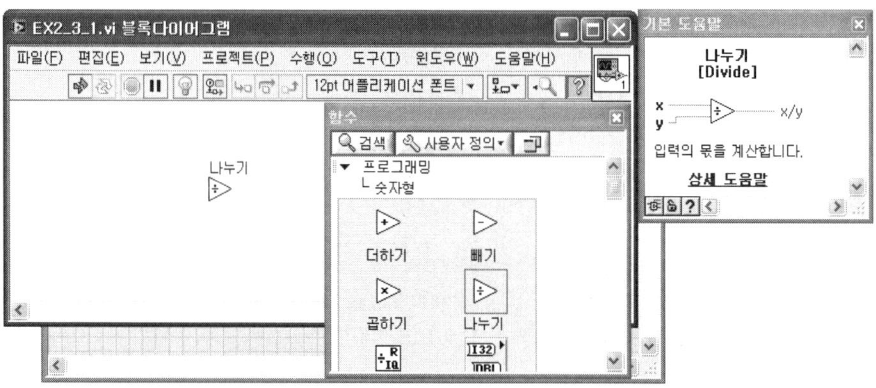

그림 2.3.2

⑤ 함수 노드에서 입력/출력 터미널 만들기

블록다이어그램에 함수 노드를 위치시키고, x 팁상자 위치에서 오른쪽 마우스 버튼을 누르면 다음과 같은 단축메뉴가 나타난다. 이때 「생성≫컨트롤」을 선택하면 자동으로 x값 입력 터미널이 만들어지고 와이어가 연결된다.

또, 나누는 숫자는 3이라고 하였으므로 굳이 컨트롤을 연결할 필요가 없으므로,

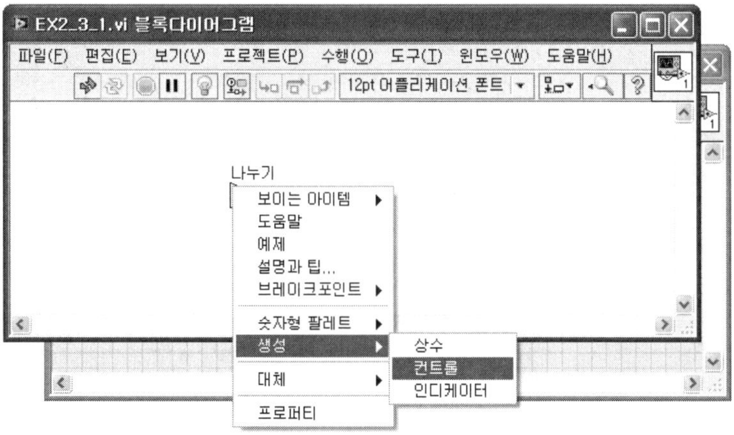

그림 2.3.3

y 팁상자 위치에서 오른쪽 마우스 버튼을 누르면 다음과 같은 단축메뉴가 나타난다. 이때 「생성≫상수」을 선택하면 자동으로 y값 입력 터미널이 상수로 만들어지고 와이어가 연결된다.

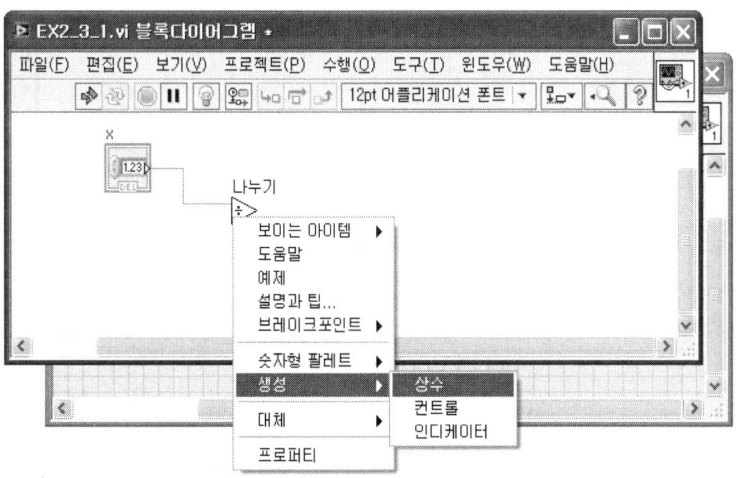

그림 2.3.4

「상수」에 3값을 넣고, 수직정렬 을 이용하여 정렬하면 다음과 같다.

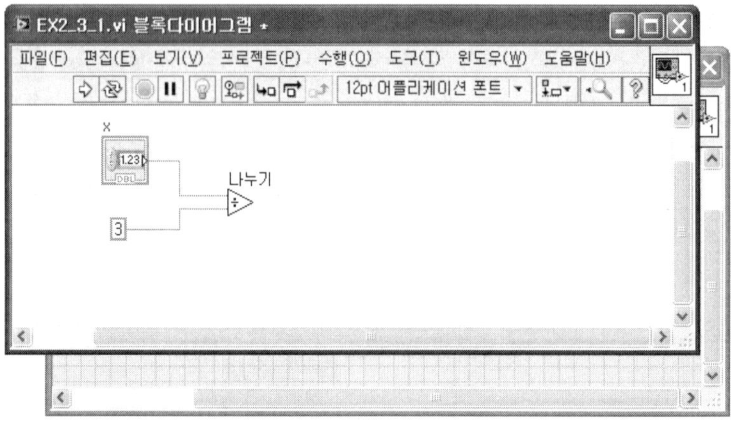

그림 2.3.5

같은 방법으로, 블록다이어그램에 함수 노드를 위치시키고, x/y 팁상자 위치에서 오른쪽 마우스 버튼을 누르면 다음과 같은 단축메뉴가 나타난다.

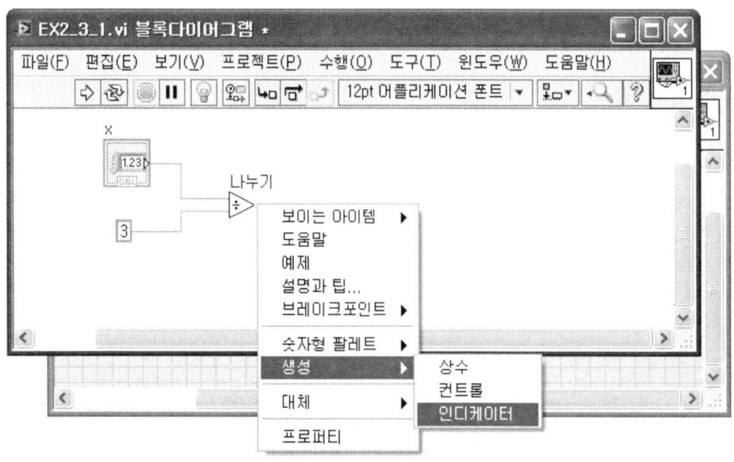

그림 2.3.6

「생성≫인디케이터」를 선택하면 자동으로 x/y값 출력 터미널이 만들어지고 와이어가 연결된다.

⑥ 숫자 형 바꾸기

8비트 카운터는 0부터 255까지의 부호없는 정수(자연수)를 출력한다. 그러므로 입력의 x컨트롤은 부호없는 8비트 정수()면 충분하다.

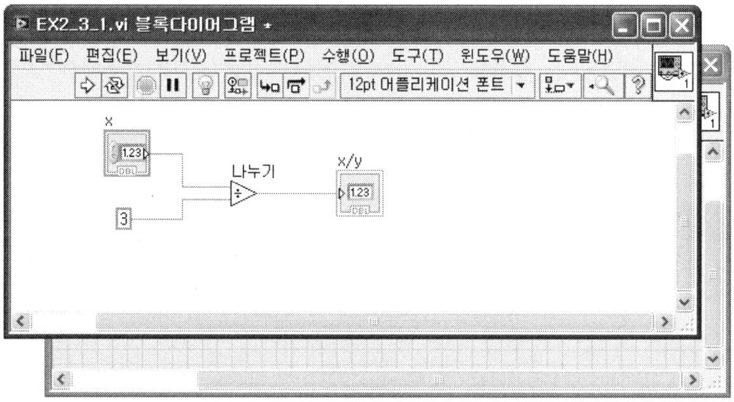

그림 2.3.7

x컨트롤에서 마우스 오른쪽 버튼을 누르면 다음과 같은 단축메뉴가 나타난다. 「형」을 누르면 메모리의 크기와 용도에 따른 총 15개의 숫자 형태를 선택할 수 있다.

그림 2.3.8

이때 디폴트로 선택되어 있는 배정도(굵은 청색으로 표시) 대신 「부호없는 바이트」를 누르면 부호없는 8비트 정수로 바뀐다. 같은 방법으로 상수도 「부호없는 바이트」로 바꾼다.

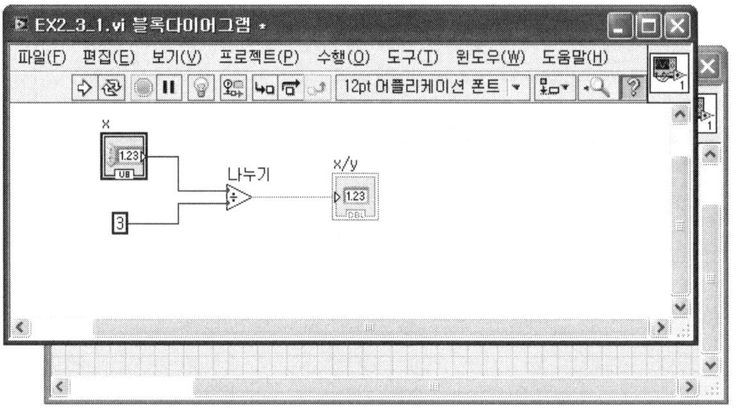

그림 2.3.9

⑦ 강제 변환점

그림 2.3.9에서 「나누기」 노드의 입력 단자가 빨간색 점으로 표시되어 있는 것을 알 수 있다. 이를 강제 변환점이라고 한다. 강제 변환점은 블록다이어그램 노드에 나타나서, LabVIEW가 노드에 전달된 값을 다른 형으로 변환시켰음을 사용자에게 알려준다. 그림에서 「나누기」 함수에 빨간색 강제 변환점이 나타난 이유는 함수가 2개의 배정도 부동소수 입력을 기대하기 때문이다.

⑧ 프런트패널에서 컨트롤과 인디케이터 보기

프런트패널을 활성화 시키면 컨트롤과 인디케이터가 만들어져 있는 것을 확인할 수 있다.

⑨ 숫자 포맷과 정밀도

컨트롤이나 인디케이터에서 마우스 오른쪽 버튼을 누르면 그림 2.3.10과 같은 단축메뉴가 나타난다.

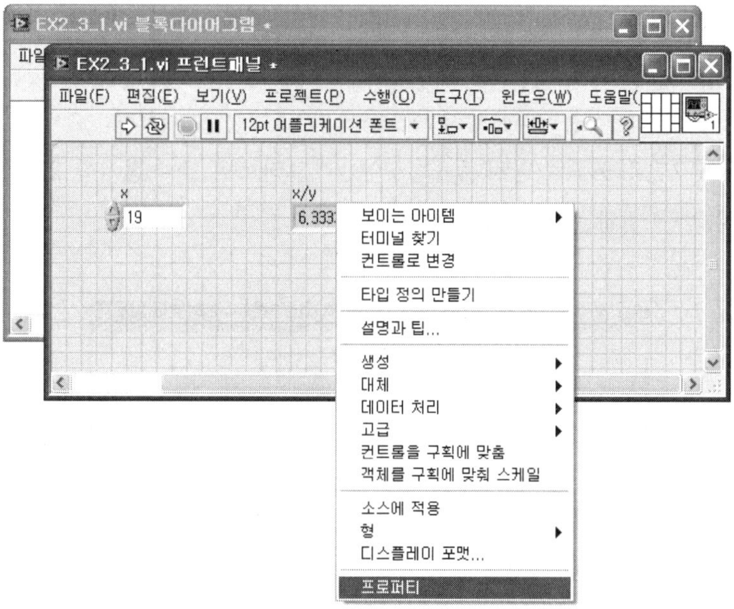

그림 2.3.10

그림 2.3.10에서 「디스플레이 포맷...」 또는 「프로퍼티」를 누르면 공히 그림 2.3.11의 창이 나타난다.

그림 2.3.11

여기서 숫자의 모양, 데이터 타입, 디스플레이 포맷, 문서, 데이터 연결 등의 작업을 할 수 있다. (참고: 디스플레이 스타일)
이 예제는 8비트 카운터(최대 255)를 3으로 나누는 것이므로, 결과 값의 소수점 이상 값이 2단위(99)를 넘지 못할 것이다. 그러므로 소수점이상 2단위/소수점이하 3단위의 포맷된 출력을 디스플레이 하자.

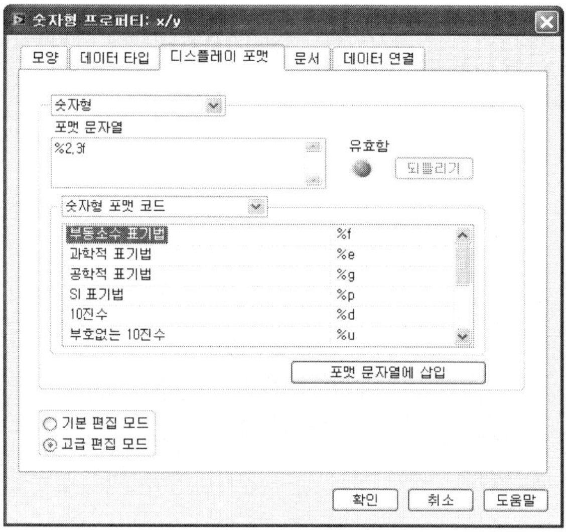

그림 2.3.12

⑩ 프로그램 실행

프런트패널에서 입출력 값을 볼 수 있으므로 프런트패널에서 실행한다.
프런트패널에서 입력 값을 넣고 ⇨「실행」을 누른 후 결과를 살펴본다.

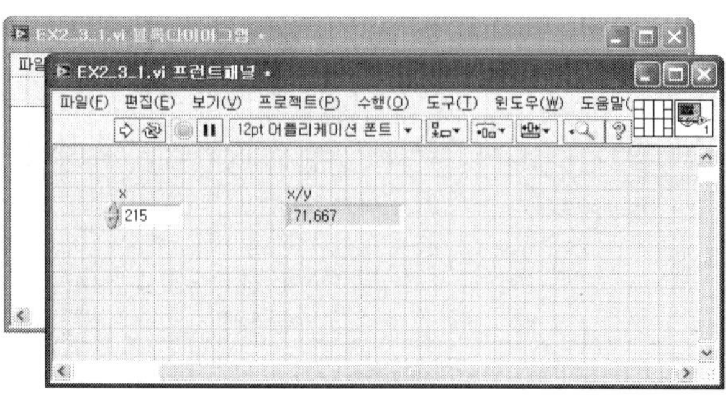

그림 2.3.13

예제 2.3.2 난수를 이용하여 원하는 범위의 숫자 만들기

0부터 1까지 임의의 실수를 출력하는 난수를 이용하여 내가 원하는 범위의 숫자를 만들자. 즉, 여러 가지 숫자 타입의 x값을 입력하면 -x에서 +x의 범위에 속하는 값이 출력되게 하자.

① 메뉴에서「새 VI」를 선택하여 VI 창을 만든다.

② 메뉴에서「파일≫다른 이름으로 저장...」을 선택하여 Ex2_3_2.vi 로 저장한다.

③ 개념설계

0~1 범위의 난수로 -100~+100 범위의 숫자를 얻으려면 {난수*(2*100)}-100의 연산을 하여야한다. 그러므로 "100"을 입력 컨트롤로 하면「곱하기」함수 2개와「빼기」함수 1개가 필요하게 된다. 물론 결과를 디스플레이하는 인디케이터가 1개 필요할 것이다.

④ 노드 가져오기

블록다이어그램을 클릭하여 활성화시키고, 함수 팔레트의「프로그래밍≫숫자형」에서「난수」,「곱하기」,「빼기」노드를 선택(클릭)하여 블록다이어그램의 적당한 위치에 둔다.

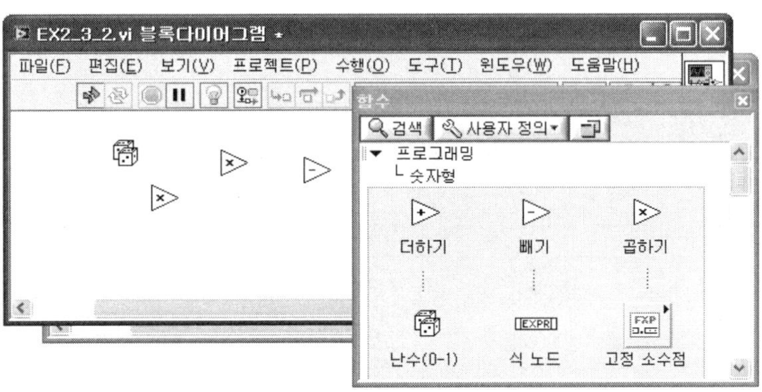

그림 2.3.14

⑤ 함수 노드에서 입력/출력 터미널을 만들고 연결하기

블록다이어그램「곱하기」함수의 입력단자에서 단축메뉴의「생성≫상수」과「생성≫컨트롤」을 선택하여 (2*100)을 만들고, 다시 두 번째 「곱하기」 함수의 입력 단자를 「난수」와 (2*100)의 출력을 와이어로 연결하여 {난수*(2*100)}을 만든다. 마지막으로 {난수*(2*100)}과 「컨트롤」을 「빼기」 함수의 입력과 와이어로 연결하고, 「빼기」 함수의 출력단자에서 단축메뉴의 「생성≫인디케이터」를 선택하여 {난수*(2*100)}-100 연산을 마무리 한다.

또 컨트롤과 인디케이터는 아이콘 타입에서 데이터 타입으로 바꾸고, 각각 범위 입력/출력이라고 라벨을 붙인다.

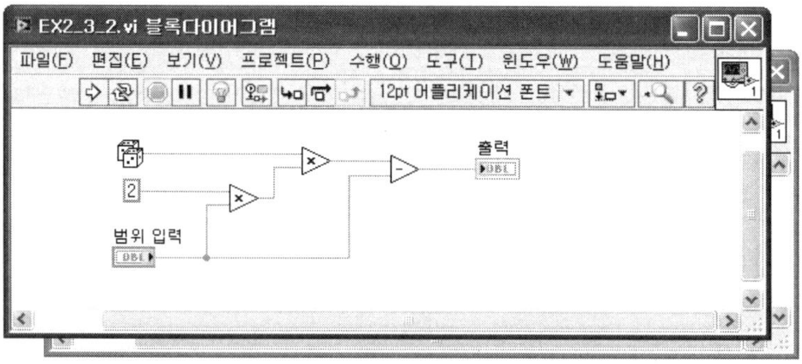

그림 2.3.15

⑥ 프로그램 실행

프런트패널에서 입출력 값을 볼 수 있으므로 프런트패널에서 실행한다.

프런트패널에서 입력 값을 넣고 ⇨「실행」을 누른 후 결과를 살펴본다.

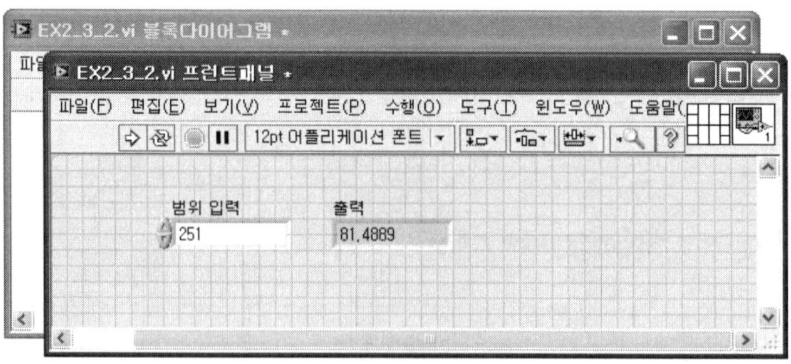

그림 2.3.16

또, 입력과 출력의 데이터 타입을 바꾸어서 결과를 확인하여 본다.

2.3.2 불리언

불리언은 참(True)과 거짓(False) 상태중 한가지만을 가질 수 있는 데이터 타입이다. 불리언은 다음과 같이 컨트롤 팔레트의 「일반≫불리언」에서 선택하여 사용한다.

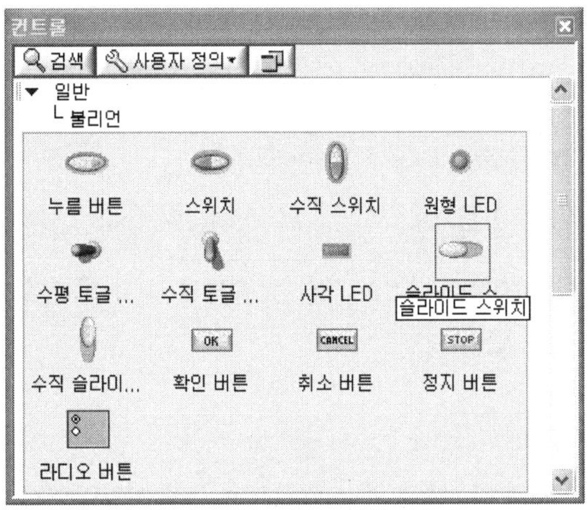

그림 2.3.17

불리언도 대응되는 함수 팔레트의 함수가 있으며, 컨트롤, 인디케이터 및 상수가 있다. 함수 팔레트의 「프로그래밍≫불리언」에서 선택하여 사용한다.

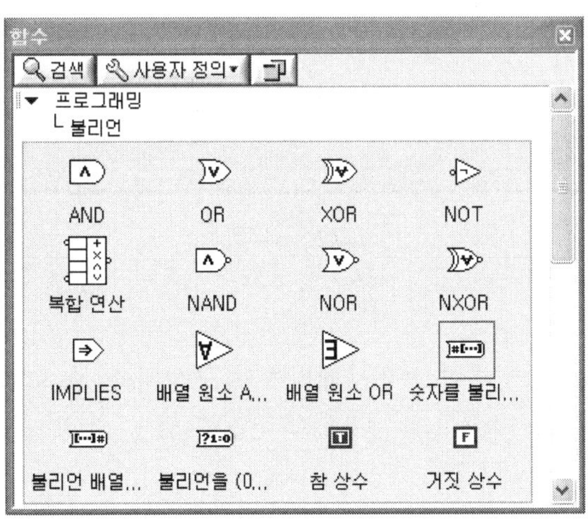

그림 2.3.18

불리언은 참과 거짓 뿐만 아니라 디지털 로직의 High와 Low 나타낼 때에도 사용되며, 이때는 숫자 정수 1과 0으로 대응된다.

예제 2.3.3 논리 연산기 만들기

불리언 함수를 이용하여 논리연산 값을 표시하는 VI를 만들자.

① 메뉴에서 「새 VI」를 선택하여 VI 창을 만든다.

② 메뉴에서 「파일≫다른 이름으로 저장...」을 선택하여 Ex2_3_3.vi 로 저장한다.

③ 다음과 같이 프런트패널에 불리언을 왼쪽에 컨트롤 3개, 오른쪽에 인디케이터 3개를 위치시키고 각각 라벨을 붙인다.

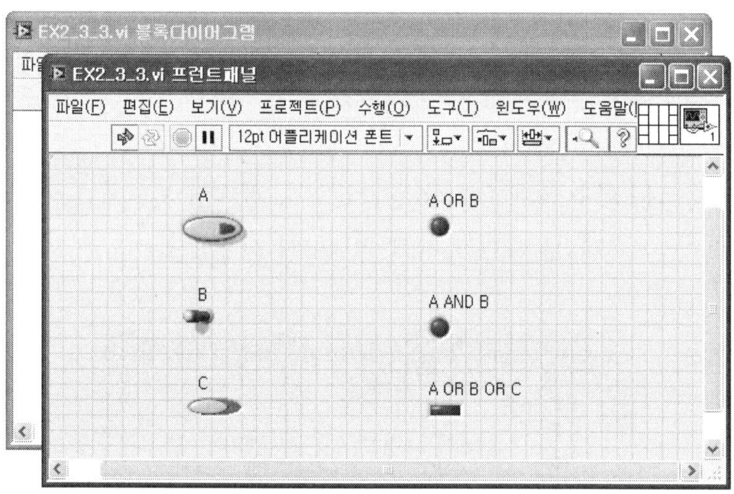

그림 2.3.19

④ 블록다이어그램 보기

블록다이어그램을 클릭하면 프런트패널에서 구성된 왼쪽 3개의 컨트롤과 오른쪽 3개의 인디케이터가 터미널로 대응되어 나타나있다.

⑤ 노드 가져오기

블록다이어그램을 클릭하여 활성화시키고, 함수 팔레트의 「프로그래밍≫불리언」

에서 우선「OR」,「AND」 노드를 선택(클릭)하여 블록다이어그램의 적당한 위치에 둔다.

⑥ 와이어 연결하기

와이어를 효과적으로 연결하기 위하여 예제 2_2_5의 ⑤기본 도움말 보기(그림 2.2.37), ⑥터미널 보기, ⑦팁상자를 참고한다.

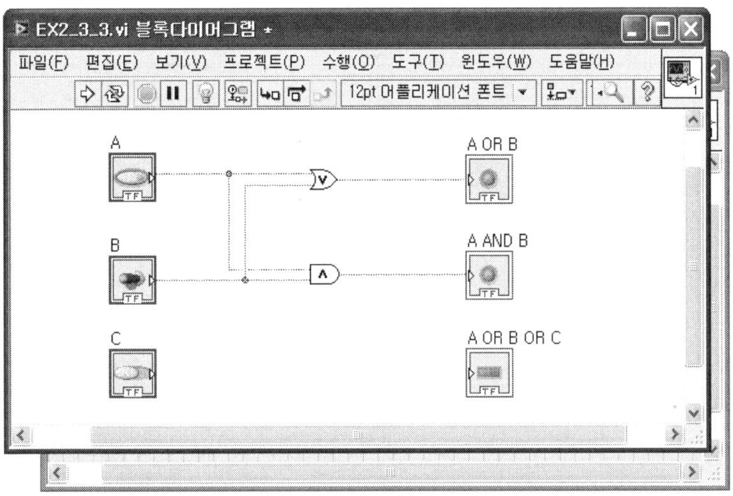

그림 2.3.20

⑦ 3개 이상의 입력을 갖는 불리언 함수

3번째 인디케이터는 A, B, C를 모두 입력으로 갖는다. 그러므로 2개의 입력을 갖는「OR」 함수는 입력이 부족하여 맞지 않는다. 이때 필요한 함수가「복합연산」 함수이다.

그림 2.3.18 함수 팔레트의「프로그래밍≫불리언≫복합연산」을 선택하여 블록다이어그램에 위치시킨다.「복합연산」 함수의 디폴트값은 OR이다. 만약 다른 연산이 필요하다면「복합연산」 함수의 오른쪽 단자에서 마우스 오른쪽 버튼을 눌러 단축메뉴를 가져와서, 그림 2.3.21과 같이「모드변경」을 선택하여 변경한다. 그러나 이번 예제에서는 "A OR B OR C"이므로 이과정은 불필요하다.

그런데 디폴트「복합연산」 함수의 입력단자도 2개뿐이다. 그러므로 입력단자를 늘려야 된다.「복합연산」 함수의 왼쪽 입력단자에 마우스 오른쪽 버튼을 눌러 단

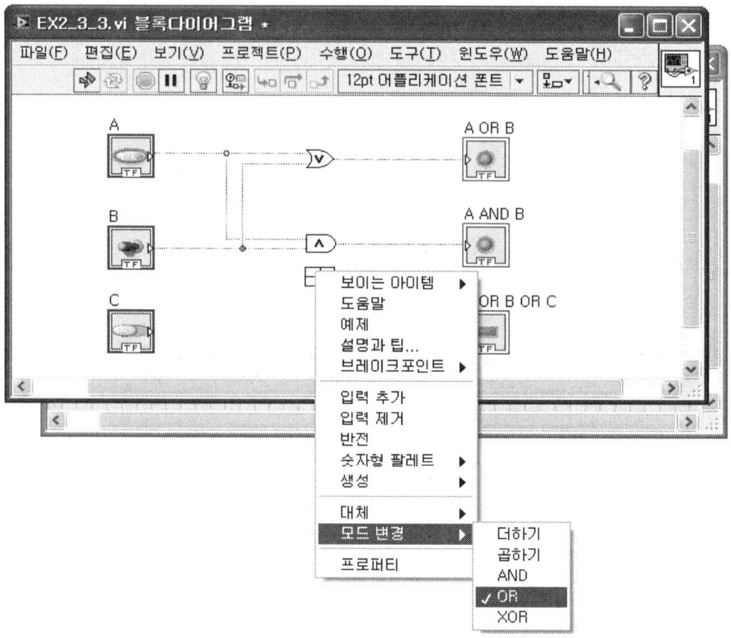

그림 2.3.21

축메뉴를 가져와서, 그림 2.3.22와 같이 「입력추가」를 선택한다.

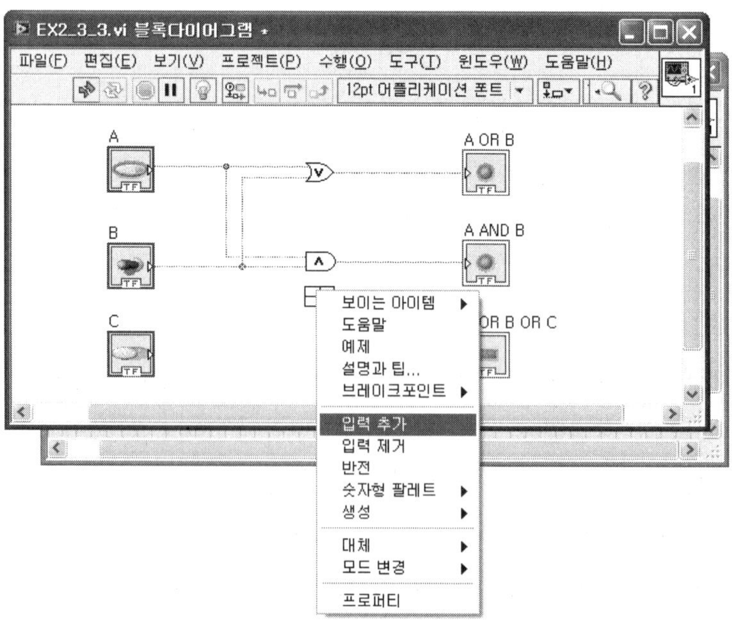

그림 2.3.22

⑧ 깨진 와이어 수정하기

「복합연산」 함수도 와이어 결선한다. 그러나 그림 2.3.23과 같이 출력단자를 먼저 연결할 경우, 와이어가 연결되지 않는다. 이러한 와이어를 깨진 와이어라고 한다.

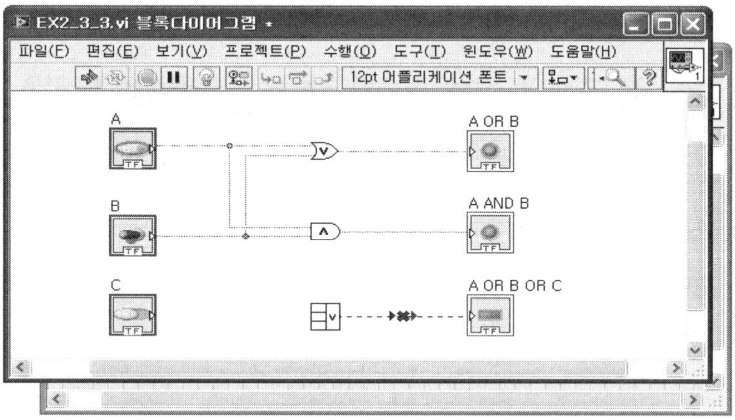

그림 2.3.23

깨진 와이어는 가운데 빨간 X가 있는 검정색 점선으로 표시된다. 호환되지 않는 데이터 타입을 갖는 두 객체를 연결하려는 경우처럼, 와이어가 깨지는 원인은 다양하다. 마우스 포인터를 깨진 와이어 위로 이동하면 왜 와이어가 깨졌는지를 설명하는 팁 상자가 디스플레이 되고 원인을 알 수 있다. (기본 도움말 ?이 열려 있어야한다.)

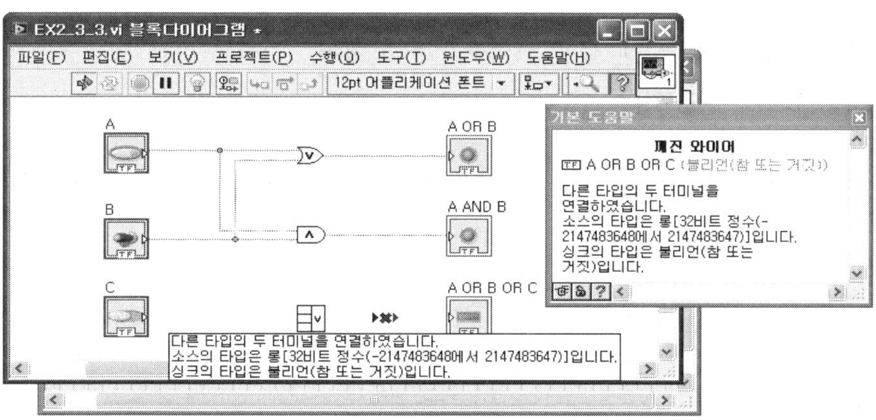

그림 2.3.24

깨진 와이어를 제거하는 방법은 다음과 같다.

마우스 포인터로 와이어를 트리플 클릭한 후 <Delete> 키를 눌러서 깨진 와이어를 제거한다. 또한, 와이어에서 마우스 오른쪽 버튼을 클릭한 후 단축메뉴를 불러내어 메뉴에 따라 옵션을 선택할 수 있다. 이 옵션은 깨진 와이어의 이유에 따라서 변한다.

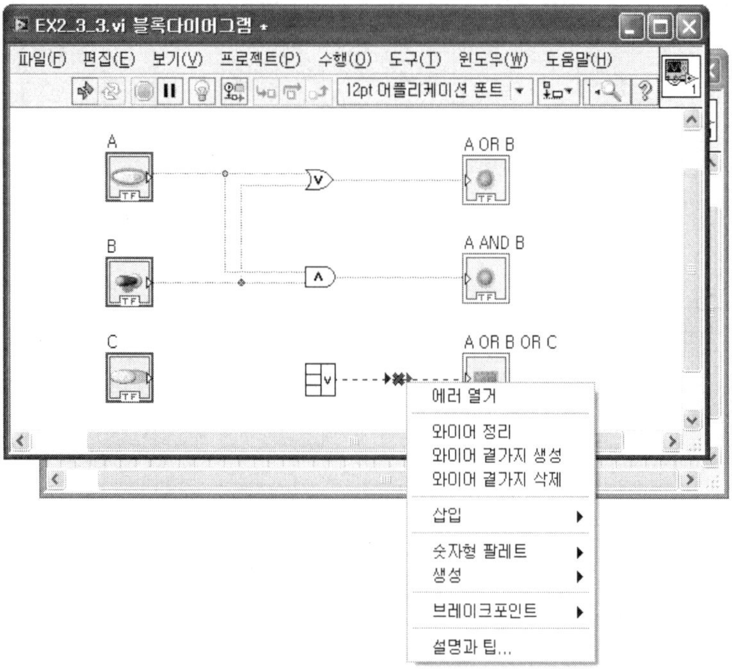

그림 2.3.25

「편집≫깨진 와이어 제거」를 선택하거나 <Ctrl-B> 키를 눌러서 모든 깨진 와이어를 제거할 수도 있다.

와이어 수정이 끝났으면 다음과 같이 연결하고, 각 함수 노드에 라벨을 붙인다.

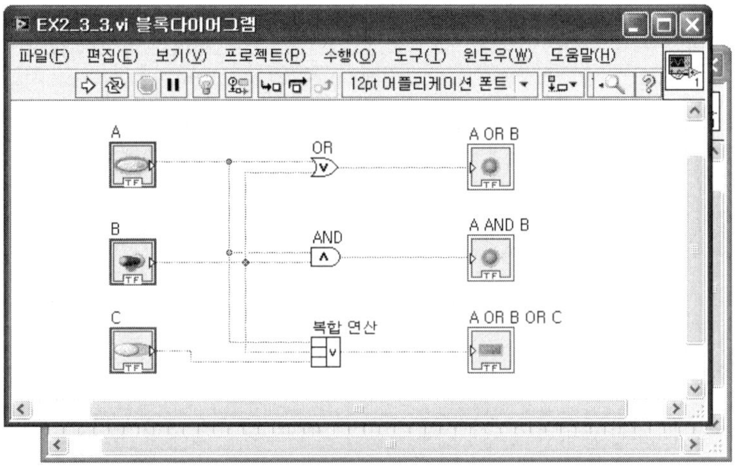

그림 2.3.26

⑨ 프로그램 실행

프런트패널에서 입출력 값을 볼 수 있으므로 프런트패널에서 실행한다. 프런트패널에서 입력 값을 넣고 「실행」을 누른 후 결과를 살펴본다.

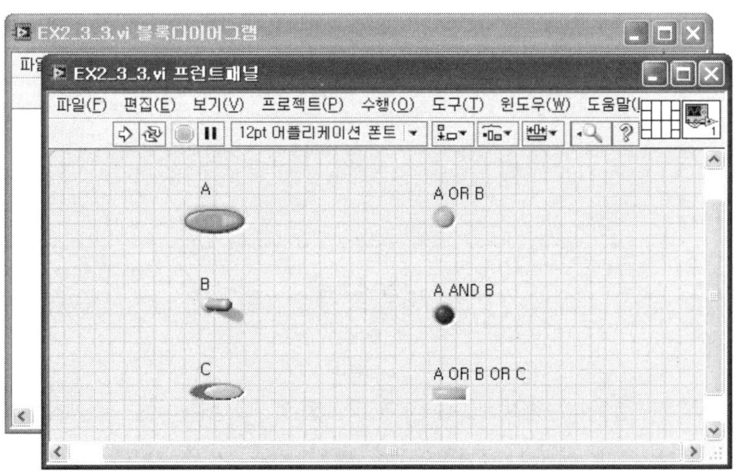

그림 2.3.27

「연속 실행」을 누른 후, 입력 값을 바꾸며 결과 값을 본다. 마우스 포인터를 불리언에 올려놓으면 이 나타나며, 로 클릭하면, ON/OFF 값이 변경된다.

예제 2.3.4 선택적 덧셈 뺄셈기 만들기

불리언 함수의 토글을 이용하여 ON일 경우는 덧셈을 OFF일 경우는 뺄셈을 실행하는 VI를 만들자.

① 메뉴에서 「새 VI」를 선택하여 VI 창을 만든다.

② 메뉴에서 「파일≫다른 이름으로 저장...」을 선택하여 Ex2_3_4.vi 로 저장한다.

③ 프런트패널 객체 가져오기

다음과 같이 프런트패널에 왼쪽에 「일반≫숫자형≫숫자형 컨트롤」 2개, 오른쪽에 「일반≫숫자형≫숫자형 인디케이터」 1개, 가운데 선택을 할 수 있는 「일반≫불리언≫수직 토글 스위치」 불리언 1개를 위치시키고 각각 라벨을 붙인다.

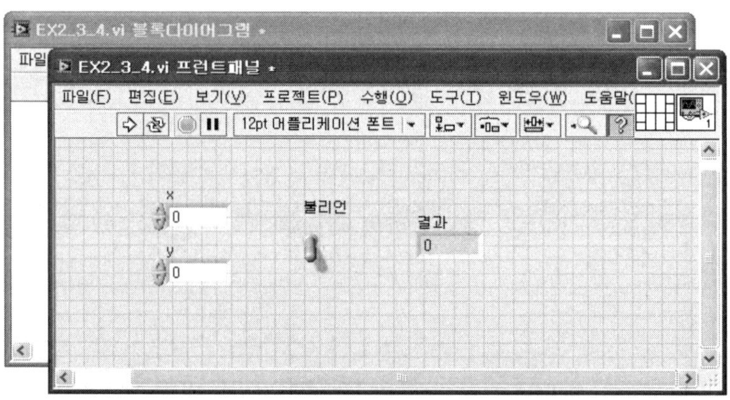

그림 2.3.28

④ 장식 라벨 붙이기

그림 2.3.28의 경우는 언제 덧셈을 하고, 언제 뺄셈을 하는지 사용자가 모른다. 불리언이 ON일 때 더하기, OFF일 때 빼기 하는 것을 사용자에 알리기 위하여, 불리언의 라벨이나 캡션을 사용하지 않고, 프런트 패널에 글씨를 쓸 수 있다. 「일반≫장식≫...」이나 「시스템≫장식≫...」은 VI의 동작에 관계하지 않고 프런트패널을 장식할 수 있는 객체들이 있다. 「일반≫장식≫라벨」이나 「시스템≫장식≫시스템 라벨」을 선택하여 그림 2.3.29와 같이 불리언 아래/위에 장식용 라벨을 붙인다.

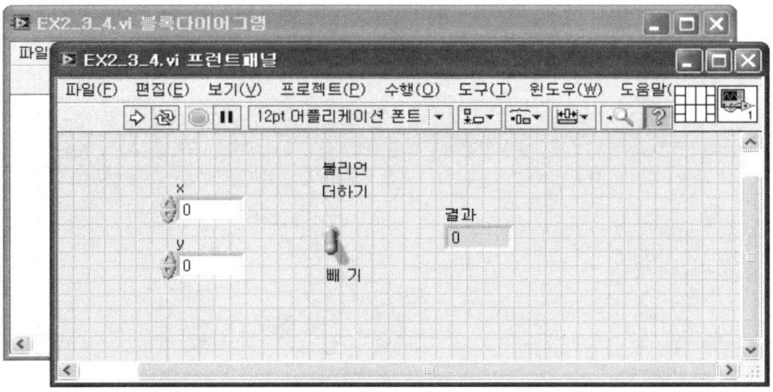

그림 2.3.29

⑤ 블록다이어그램 보기

블록다이어그램을 클릭하면 프런트패널에서 구성된 왼쪽 3개의 컨트롤과 오른쪽 3개의 인디케이터가 터미널로 대응되어 나타나있다.

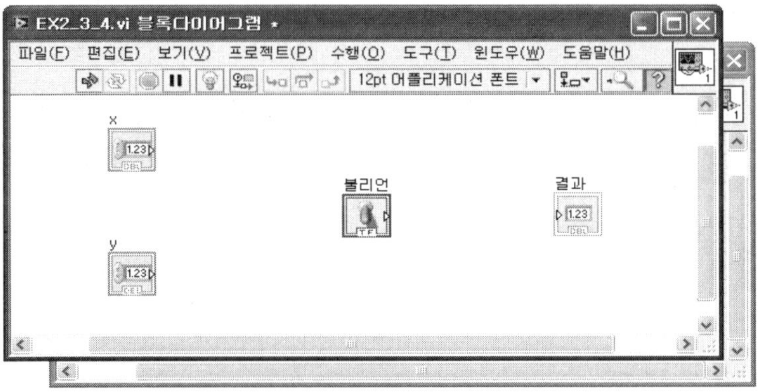

그림 2.3.30

⑥ 노드 가져오기

블록다이어그램을 클릭하여 활성화시키고, 함수 팔레트의 「프로그래밍≫숫자형」에서 우선 「더하기」, 「빼기」 노드를 선택하여 블록다이어그램의 적당한 위치에 둔다.

그러나 불리언은 숫자형 컨트롤이나 인디케이터 또는 숫자형 연산 함수와 연결이 불가능 하다. 그러므로 선택을 위한 노드가 필요하다. 함수 팔레트에서 「프로그래밍≫비교≫선택」을 선택하여 그림 2.3.31과 같이 불리언과 결과 객체 사이에 둔다.

그림 2.3.31

⑦ 와이어 연결하기

기본 도움말 보기, 터미널 보기, 팁상자를 참고로 와이어를 연결한다.

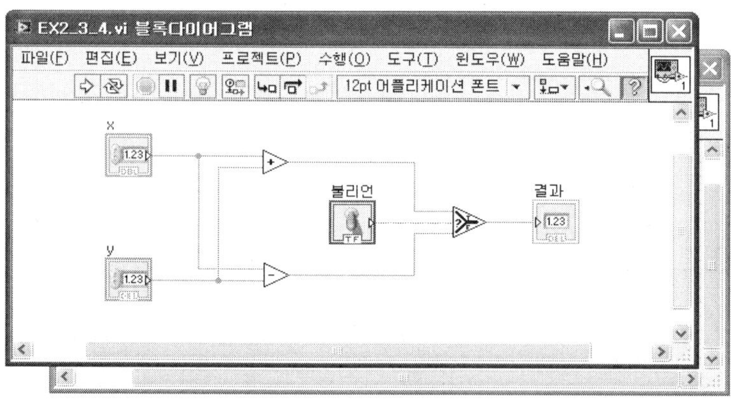

그림 2.3.32

⑧ 프로그램 실행

프런트패널에서 입출력 값을 볼 수 있으므로 프런트패널에서 실행한다.

프런트패널에서 입력 값을 넣고 「실행」을 누른 후 결과를 살펴본다.

「연속 실행」을 누른 후, 입력 값을 바꾸며 결과 값을 본다. 마우스 포인터를 불리언에 올려놓으면 이 나타나며, 로 클릭하면, ON/OFF 값이 변경된다.

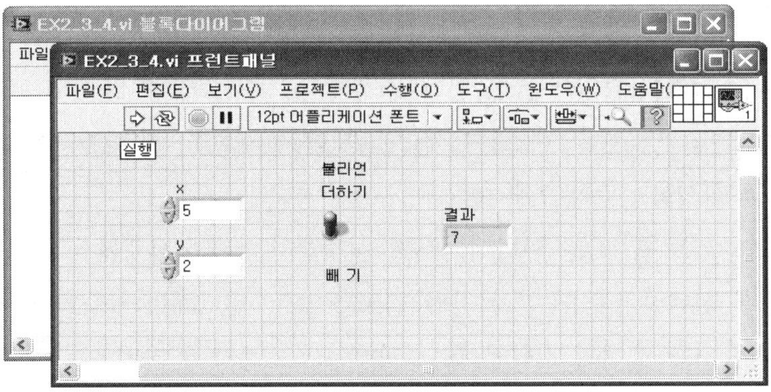

그림 2.3.33

2.3.3 문자열

문자열은 ASCII 코드로 이루어진 텍스트 값이 나열된 데이터 타입이다. 즉, A, B, C, D, ... a, b, c, d, ... ㄱ, ㄴ, ㄷ, ㄹ 등 영문, 한글, 모양으로의 숫자 등을 말한다.

문자열 포맷

데이터를 다른 VI, 함수, 또는 어플리케이션에서 사용하기 위해서 데이터를 문자열로 바꾸고 그 VI, 함수, 또는 어플리케이션에서 읽을 수 있는 포맷으로 바꾸어야 할 때가 많다. 예를 들어, Microsoft Excel은 문자열에 탭, 콤마, 또는 스페이스와 같은 구분 문자가 있어야 된다. 엑셀은 이 경계 부호를 사용하여 숫자나 단어를 셀로 구분한다. 또한, 문자열의 포맷을 위하여 [문자열] 함수의 포맷 문자열 파라미터에 하나 또는 그 이상의 포맷 지정자를 입력해야 할 수도 있다. 포맷 지정자는 문자열을 포맷하기 위한 방법을 가리키는 코드이다. (2.3.1절의 표 2.3.2~4 참조)

함수「배열을 스프레드시트 문자열로」,「스프레드시트 문자열을 배열로」,「문자열로부터 스캔」,「문자열로 포맷」,「값을 문자로 포맷」,「값 스캔」,「파일로부터 스캔」,「파일로 포맷」는 문자열 포맷에 관련하는 함수들이다.

문자열로부터 스캔

포맷의 반대 개념이 스캔이며,「문자열로부터 스캔」 함수가 대표적이며, 스캔하여 읽은 문자열도 역시 포맷하여야 양질의 데이터가 될 것이다.

문자열의 디스플레이 타입

문자열의 디스플레이 타입에는 「일반 디스플레이」, 「백슬래쉬('□') 코드 디스플레이」, 「암호 디스플레이」, 「16진수 디스플레이」, 「한 줄로 제한」, 「입력할 때 값 업데이트」, 「자동 줄 바꿈 활성화」 등이 있으며,

문자열 상수, 컨트롤, 또는 인디케이터를 설정하기 위해, 객체에서 단축메뉴를 불러 아이템으로부터 선택하거나, 또한 문자열 컨트롤 또는 인디케이터에서 단축메뉴를 불러 「보이는 아이템≫디스플레이 스타일」을 선택하여 디스플레이 타입을 나타내는 객체에서 문양을 디스플레이할 수 있다.

백슬래쉬('\') 코드 디스플레이

문자열 상수, 컨트롤, 또는 인디케이터에서 단축메뉴를 불러「백슬래쉬 '\' 코드 디스플레이」를 선택하여 LabVIEW가 백슬래쉬('\', 한글 코드에서는 '₩'로 표시됨) 뒤에 따라오는 문자를 디스플레이할 수 없는 문자의 코드로 해석하도록 한다. 백슬래쉬 모드는 디버깅 VI와 디스플레이할 수 없는 문자를 인스트루먼트, 시리얼 포트, 그리고 다른 디바이스에 전송할 때 유용하다.

표 2.3.5는 LabVIEW가 어떻게 백슬래쉬('\') 코드를 해석하는지를 보여준다.

표 2.3.5 백슬래쉬('\') 코드

코 드	해 석
\00 - \FF	8 비트 문자열의 16진수 값이며 반드시 대문자여야 한다.
\b	백스페이스 (\08과 동일한 ASCII BS)
\f	폼 피드 (\0C와 동일한 ASCII FF)
\n	라인 피드 (\0A와 동일한 ASCII LF)
\r	캐리지 리턴 (\0D와 동일한 ASCII CR)
\t	탭 (\09와 동일한 ASCII HT)
\s	스페이스 (\20와 동일)
\\	백슬래쉬 (\5C와 동일한 ASCII \)

문자열은 컨트롤 팔레트의 「일반≫문자열 & 경로」를 선택하여 사용한다.

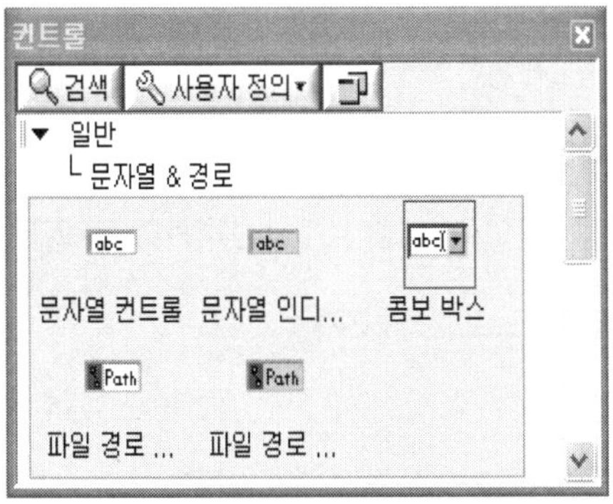

그림 2.3.34

문자열도 대응되는 함수 팔레트의 함수가 있으며, 컨트롤, 인디케이터 및 상수가 있다. 함수 팔레트의 「프로그래밍≫문자열」에서 선택하여 사용한다.

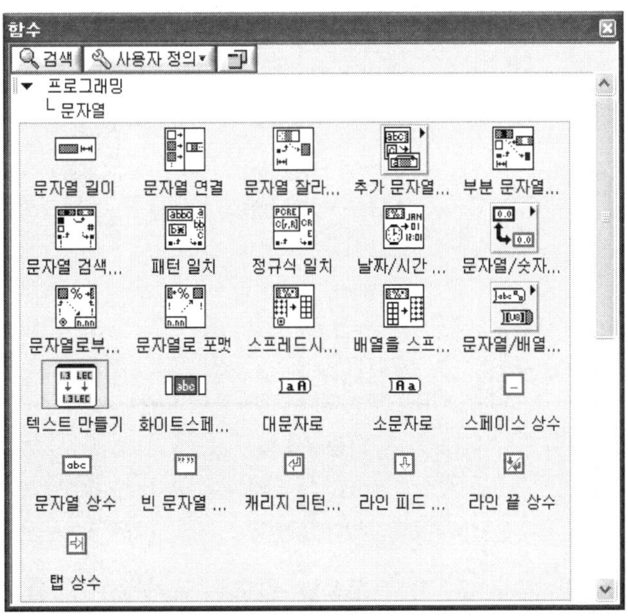

그림 2.3.35

예제 2.3.5 숫자를 문자열로 바꾸어 포맷하기

배정도형 숫자를 십진수, 소수점형, 공학 문자열로 포맷하여 출력하는 VI를 만들자.

① 메뉴에서 「새 VI」를 선택하여 VI 창을 만든다.

② 메뉴에서 「파일≫다른 이름으로 저장...」을 선택하여 Ex2_3_5.vi 로 저장한다.

③ 블록다이어그램에서 함수 노드 가져오기

블록다이어그램을 클릭하여 활성화시키고, 그림 2.3.36과 같이 「프로그래밍≫문자열≫문자열/숫자 변환≫숫자를 10진수 문자열로」, 「프로그래밍≫문자열≫문자열/숫자 변환≫숫자를 소수점형 문자열로」, 「프로그래밍≫문자열≫문자열/숫자 변환≫숫자를 공학 문자열로」를 가져와 위치시키고, 각각 단축메뉴에서 라벨을 보이게 한다.

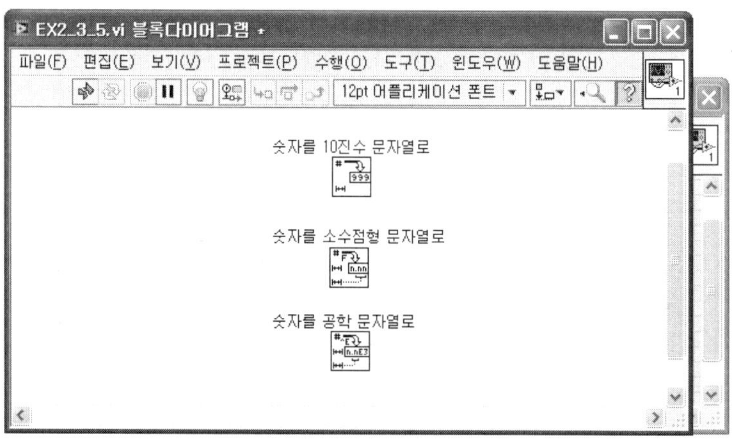

그림 2.3.36

④ 상세 도움말 보기

블록다이어그램의 툴바 [?]「기본 도움말 윈도우 보기/숨기기」를 눌러 기본 도움말 윈도우에서 상세 도움말을 누르면 각 노드의 상세한 설명이 나타난다. 그림 2.3.37~39은 각 함수에 해당하는 상세 설명이다.

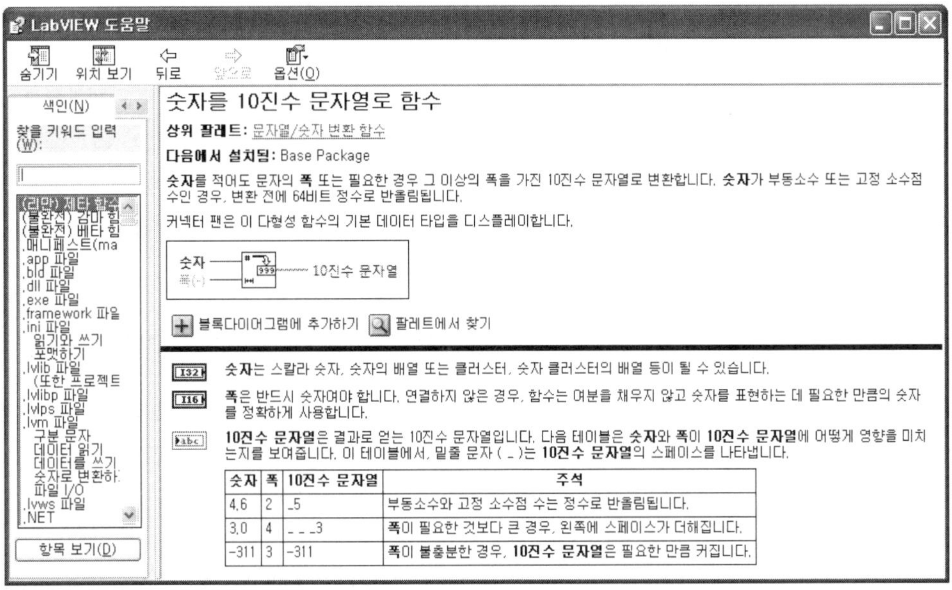

LabVIEW 도움말

숫자를 10진수 문자열로 함수

상위 팔레트: 문자열/숫자 변환 함수

다음에서 설치됨: Base Package

숫자를 적어도 문자의 **폭** 또는 필요한 경우 그 이상의 폭을 가진 10진수 문자열로 변환합니다. **숫자**가 부동소수 또는 고정 소수점 수인 경우, 변환 전에 64비트 정수로 반올림됩니다.

커넥터 팬은 이 다형성 함수의 기본 데이터 타입을 디스플레이합니다.

숫자는 스칼라 숫자, 숫자의 배열 또는 클러스터, 숫자 클러스터의 배열 등이 될 수 있습니다.

폭은 반드시 숫자여야 합니다. 연결하지 않은 경우, 함수는 여분을 채우지 않고 숫자를 표현하는 데 필요한 만큼의 숫자를 정확하게 사용합니다.

10진수 문자열은 결과로 얻는 10진수 문자열입니다. 다음 테이블은 **숫자**와 **폭**이 **10진수 문자열**에 어떻게 영향을 미치는지를 보여줍니다. 이 테이블에서, 밑줄 문자 (_)는 **10진수 문자열**의 스페이스를 나타냅니다.

숫자	폭	10진수 문자열	주석
4.6	2	_5	부동소수와 고정 소수점 수는 정수로 반올림됩니다.
3.0	4	_ _ _3	폭이 필요한 것보다 큰 경우, 왼쪽에 스페이스가 더해집니다.
-311	3	-311	폭이 불충분한 경우, **10진수 문자열**은 필요한 만큼 커집니다.

그림 2.3.37

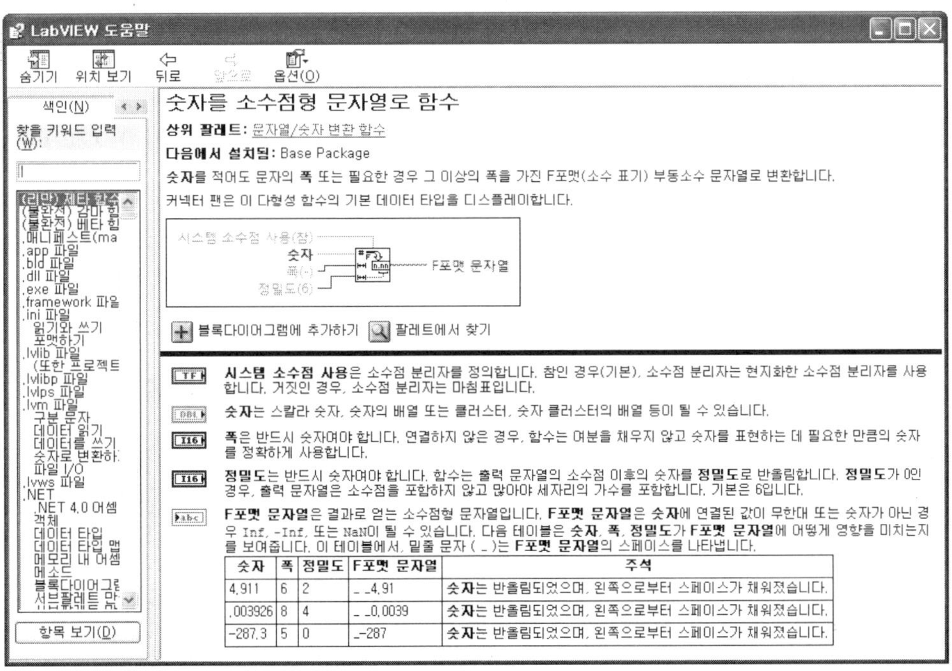

LabVIEW 도움말

숫자를 소수점형 문자열로 함수

상위 팔레트: 문자열/숫자 변환 함수

다음에서 설치됨: Base Package

숫자를 적어도 문자의 **폭** 또는 필요한 경우 그 이상의 폭을 가진 F포맷(소수 표기) 부동소수 문자열로 변환합니다.

커넥터 팬은 이 다형성 함수의 기본 데이터 타입을 디스플레이합니다.

시스템 소수점 사용은 소수점 분리자를 정의합니다. 참인 경우(기본), 소수점 분리자는 현지화한 소수점 분리자를 사용합니다. 거짓인 경우, 소수점 분리자는 마침표입니다.

숫자는 스칼라 숫자, 숫자의 배열 또는 클러스터, 숫자 클러스터의 배열 등이 될 수 있습니다.

폭은 반드시 숫자여야 합니다. 연결하지 않은 경우, 함수는 여분을 채우지 않고 숫자를 표현하는 데 필요한 만큼의 숫자를 정확하게 사용합니다.

정밀도는 반드시 숫자여야 합니다. 함수는 출력 문자열의 소수점 이후의 숫자를 **정밀도**로 반올림합니다. **정밀도**가 0인 경우, 출력 문자열은 소수점을 포함하지 않고 많아야 세자리의 가수를 포함합니다. 기본은 6입니다.

F포맷 문자열은 결과로 얻는 소수점형 문자열입니다. **F포맷 문자열**은 **숫자**에 연결된 값이 무한대 또는 숫자가 아닌 경우 `Inf`, `-Inf`, 또는 `NaN`이 될 수 있습니다. 다음 테이블은 **숫자**, **폭**, **정밀도**가 **F포맷 문자열**에 어떻게 영향을 미치는지를 보여줍니다. 이 테이블에서, 밑줄 문자 (_)는 **F포맷 문자열**의 스페이스를 나타냅니다.

숫자	폭	정밀도	F포맷 문자열	주석
4.911	6	2	_ _4.91	**숫자**는 반올림되었으며, 왼쪽으로부터 스페이스가 채워졌습니다.
.003926	8	4	_ _0.0039	**숫자**는 반올림되었으며, 왼쪽으로부터 스페이스가 채워졌습니다.
-287.3	5	0	_-287	**숫자**는 반올림되었으며, 왼쪽으로부터 스페이스가 채워졌습니다.

그림 2.3.38

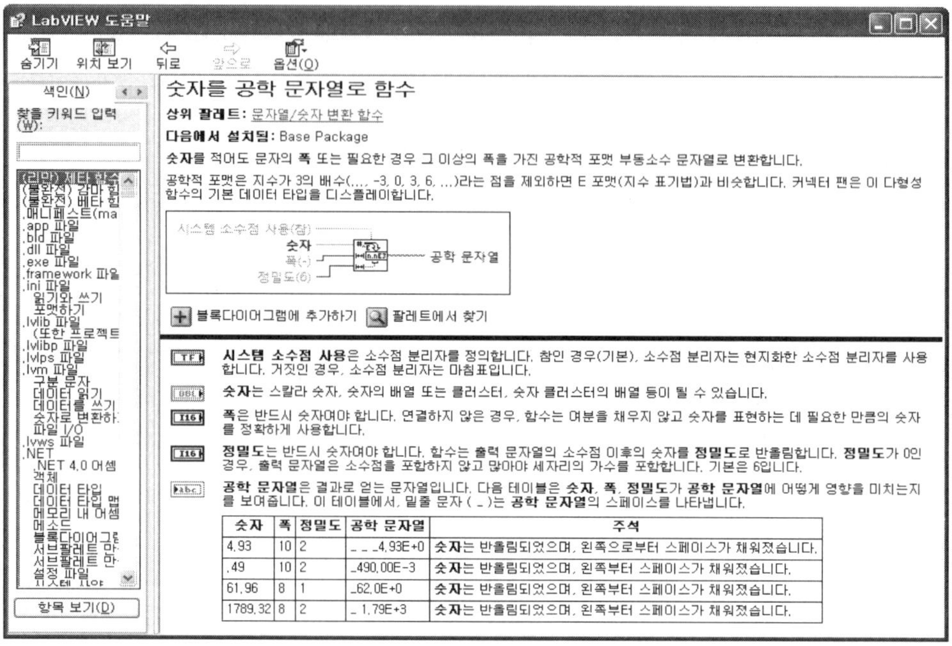

그림 2.3.39

⑤ 함수 노드에서 입출력 터미널 만들기

블록다이어그램의 함수 노드에 마우스포인터를 올려놓으면 팁상자가 나타난다. 이 팁상자를 참고로 단자에서 단축메뉴를 통하여, 그림 2.3.40과 같이 숫자형 컨트롤 1개, 숫자형 상수 2개, 문자열 인디케이터 3개를 만든다. 이때 이들은 자동으로 와이어 연결된다.

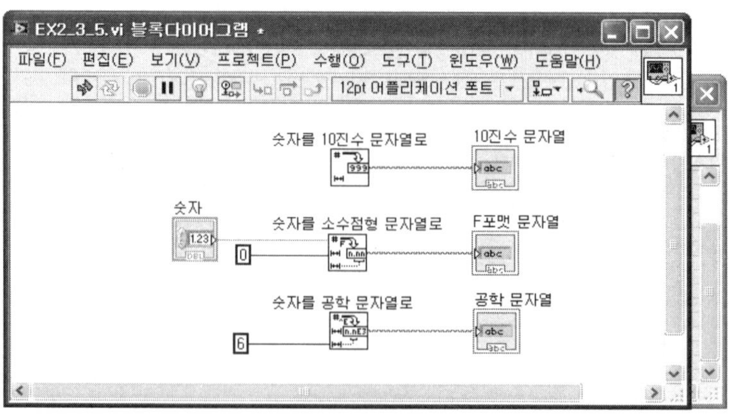

그림 2.3.40

⑥ 배치와 와이어 완성

그림 2.3.41과 같이 보기좋게 배치하고, 수동 와이어링으로 와이어 연결을 마무리하고, 상수 컨트롤에도 라벨을 보이게 한다.

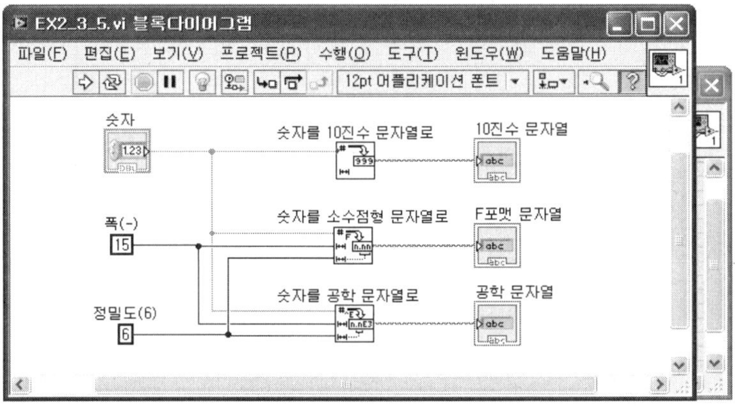

그림 2.3.41

⑦ 프런트패널에서 컨트롤과 인디케이터 보기

프런트패널을 활성화 시키면 컨트롤과 인디케이터가 만들어져 있는 것을 확인할 수 있다.

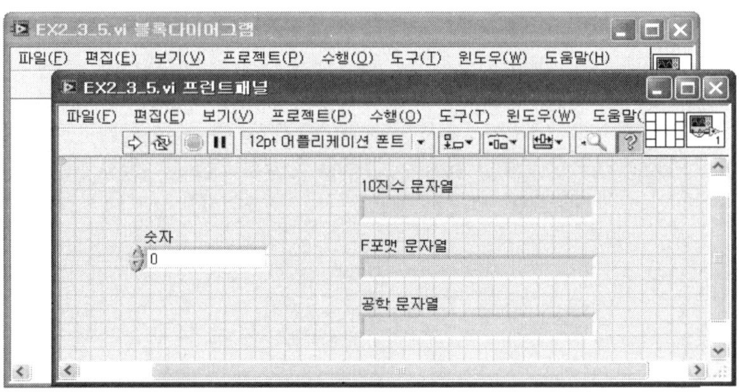

그림 2.3.42

⑧ 입력 컨트롤의 숫자 포맷

왼쪽의 숫자 입력 컨트롤에 숫자 12345.6789를 입력하고 ⇨「실행」을 누르면 숫자는 12345.7(7번째 수에서 반올림)로 바뀌고, 원하는 값이 입력되지 않는다. 이는 배정도의 디폴트 유효숫자가 6 이기 때문이다. 유효숫자의 개수를 늘리려면 숫자 컨트롤에서 단축메뉴를 불러, 「프로퍼티」를 선택하여 나타나는, 숫자형 프로퍼티 창에서 그림 2.3.43과 같이 자릿수의 값을 바꾸어야 한다.

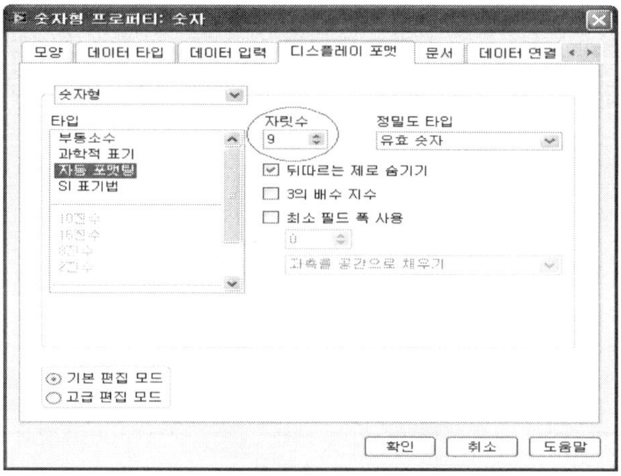

그림 2.3.43

⑨ 프로그램 실행

프런트패널에서 입출력 값을 볼 수 있으므로 프런트패널에서 실행한다. 프런트패널에서 입력 값을 넣고 [⇨]「실행」을 누른 후 결과를 살펴본다.

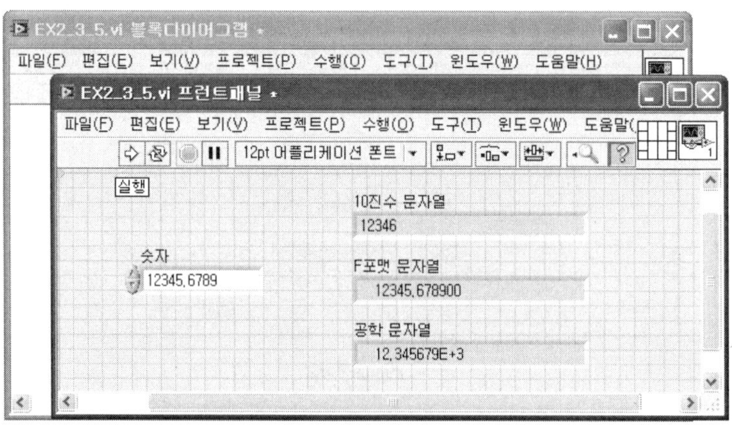

그림 2.3.44

여기서 "폭"은 문자열의 총 개수인데 실제 문자열의 개수가 "폭"보다 적으면 왼쪽이 공란(space)으로 된다. "정밀도"는 소수점 이하 자릿수이다.

예제 2.3.6 덧셈 결과를 문자열과 함께 디스플레이하기

덧셈 결과를 앞뒤에 문자열과 함께, 문자열로 포맷하여 출력하는 VI를 만들자.

① 메뉴에서 「새 VI」를 선택하여 VI 창을 만든다.

② 메뉴에서 「파일≫다른 이름으로 저장...」을 선택하여 Ex2_3_6.vi 로 저장한다.

③ 프런트패널 객체 가져오기

다음과 같이 프런트패널에 문자열/숫자형 컨트롤과 문자열 인디케이터를 위치시키고 각각 라벨을 붙인다. 여기서 "초기 문자열+(숫자x+y)+추가 문자열"이 "문자열 출력"에 디스플레이 하고자 한다.

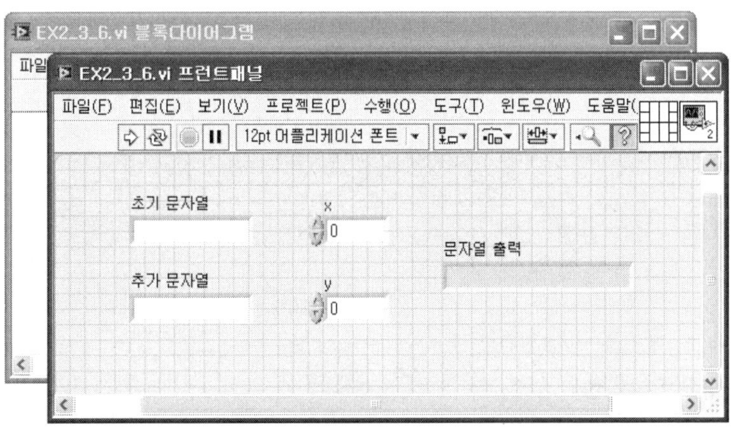

그림 2.3.45

④ 블록다이어그램 보기

블록다이어그램을 클릭하여 활성화하면, 프런트패널에서 구성된 컨트롤과 인디케이터가 터미널로 대응되어 나타나있다.

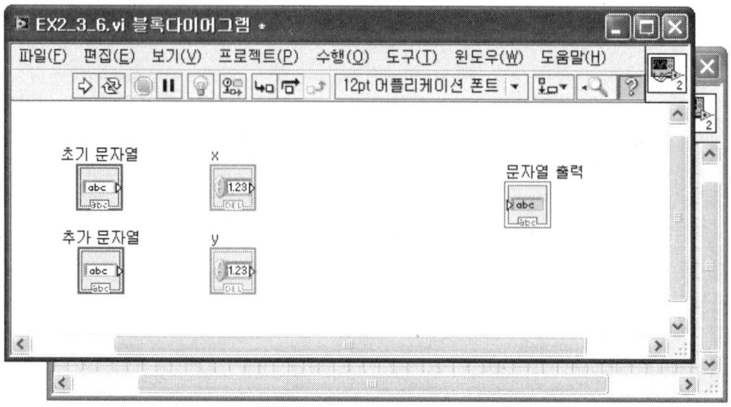

그림 2.3.46

⑤ 노드 가져오기

숫자 x+y를 위하여「더하기」 함수가 필요하고, 서로 다른 데이터 형(문자열과 숫자)을 하나로 묶기 위해서「문자열로 포맷」 함수가 필요하다. 그래서 함수 팔레트의「프로그래밍≫숫자형」에서「더하기」와「프로그래밍≫문자열」에서「문자열로 포맷」 함수를 선택하여 블록다이어그램의 적당한 위치에 둔다.

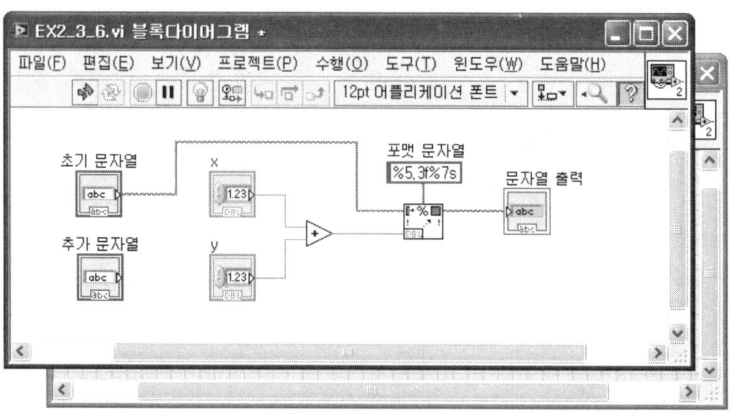

그림 2.3.47

⑥ 파라미터 추가

그림 2.3.47의「문자열로 포맷」 함수에 "추가 문자열" 컨트롤을 연결할 곳이 없다. 이러한 경우에는「문자열로 포맷」 함수의 왼쪽 하단에 마우스 포인터를 올려 놓으면 단축메뉴가 나타난다.

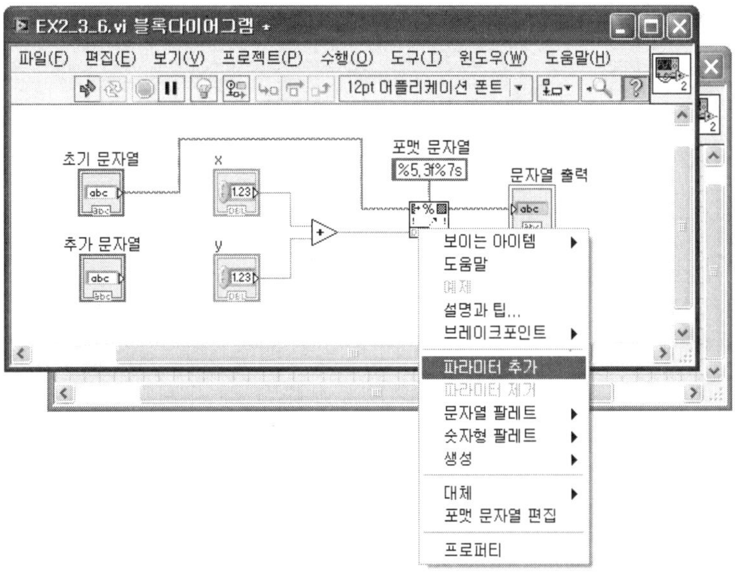

그림 2.3.48

단축메뉴에서 「파라미터 추가」를 선택하면 입력단자가 하나 더 추가된다.

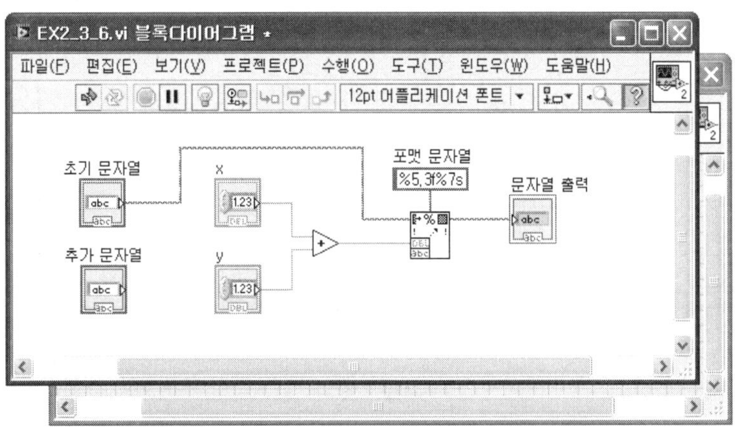

그림 2.3.49

⑦ 포맷 문자열 편집설정

추가한 파라미터가 원하는 데이터가 아니거나 다른 포맷을 원할 경우에는 「문자열로 포맷」 함수의 단축메뉴 「포맷 문자열 편집」을 선택한다.

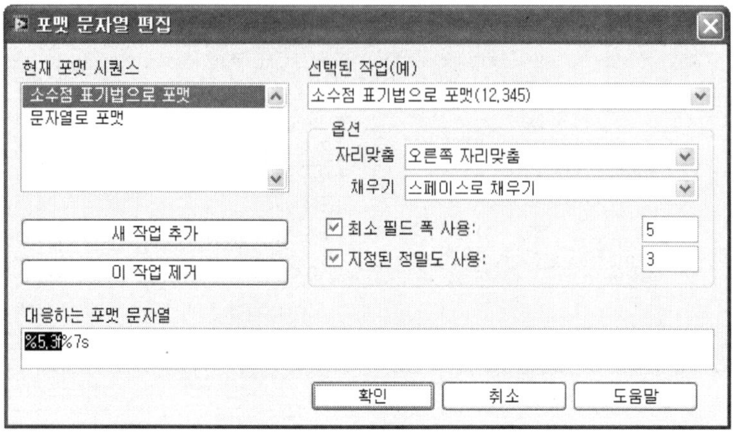

그림 2.3.50

⑧ 와이어 연결 완성하기

기본 도움말 보기, 터미널 보기, 팁상자를 참고로 남은 와이어를 연결한다.

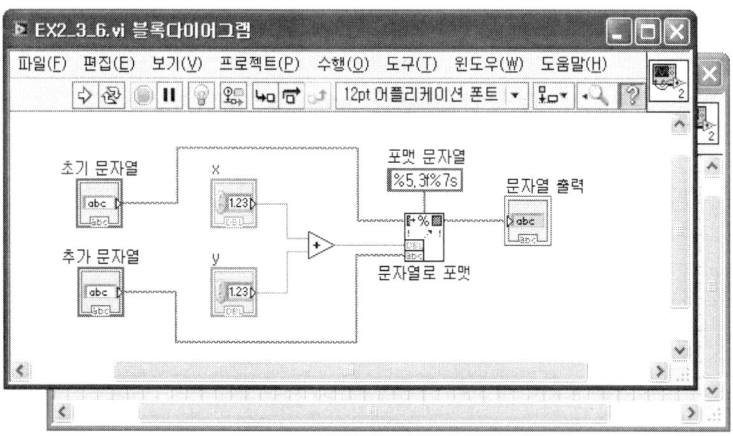

그림 2.3.51

⑨ 프로그램 실행

프런트패널에서 입출력 값을 볼 수 있으므로 프런트패널에서 실행한다.

프런트패널에서 입력 값을 넣고 ⇨「실행」을 누른 후 결과를 살펴본다.

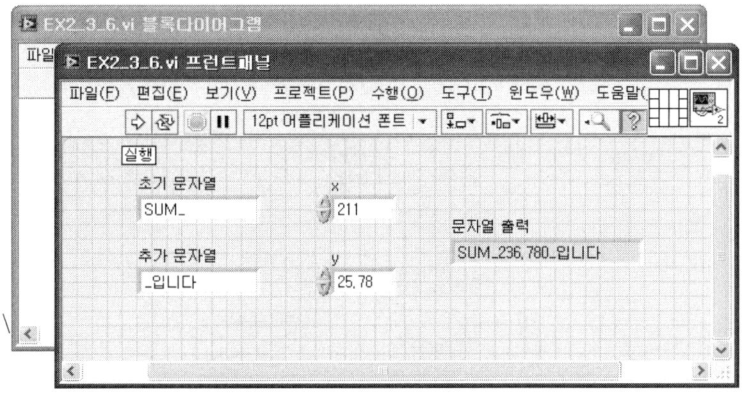

그림 2.3.52

예제 2.3.7 문자열로 받은 섭씨온도를 화씨온도로 표시하자

문자열에서 숫자부분을 읽어서 다른 숫자와 더하는 VI를 만들자.

① 메뉴에서 「새 VI」를 선택하여 VI 창을 만든다.

② 메뉴에서 「파일≫다른 이름으로 저장...」을 선택하여 Ex2_3_7.vi 로 저장한다.

③ 개념설계

"현재온도는 섭씨 25.67입니다"와 같은 문자열에서 25.67이라는 섭씨온도를 화씨온도로 변환하려면 F = 1.8*C+32와 같은 연산을 하여야 한다. 문자는 연산할 수 없으므로, 입력받은 문자열을 읽어서(문자열로부터 스캔) 이 가운데 25.67을 숫자로 변경한 후 연산하여야 한다.

④ 블록다이어그램에서 함수 노드 가져오기

블록다이어그램을 클릭하여 활성화시키고, 그림 2.3.53과 같이 「프로그래밍≫문자열≫문자열로부터 스캔」를 가져와 위치시키고, 단축메뉴에서 라벨을 보이게 한다.

⑤ 상세 도움말 보기

블록다이어그램의 툴바 「기본 도움말 윈도우 보기/숨기기」를 눌러 기본 도움말 윈도우에서 상세 도움말을 누르면 그림 2.3.54와 같이 상세한 설명이 나타난다.

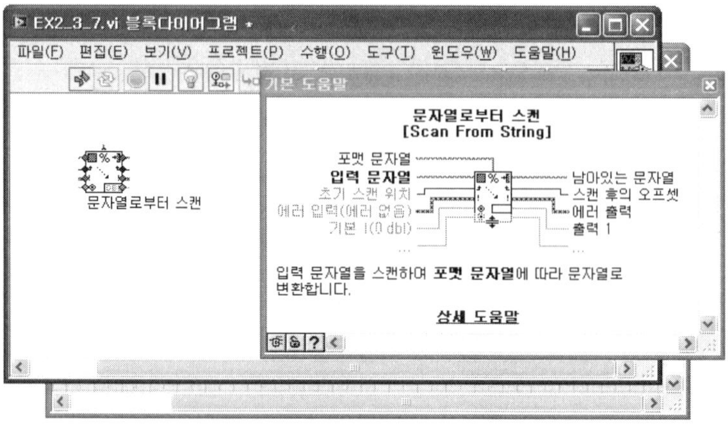

그림 2.3.53

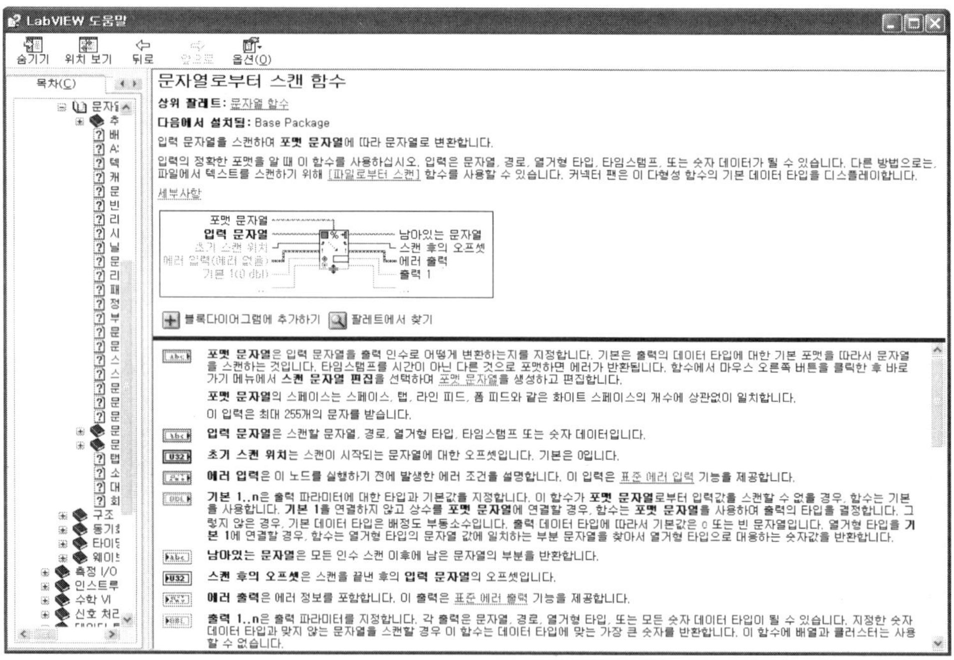

그림 2.3.54

⑥ 함수 노드에서 입출력 터미널 만들기

「프로그래밍≫문자열≫문자열로부터 스캔」 팁상자를 참고로 단자에서 단축메뉴를 통하여, 「입력 문자열」 단자에 컨트롤 1개, 「포맷 문자열」 단자에 상수 1개를 만든다. 이때 이 들은 자동으로 와이어 연결된다.

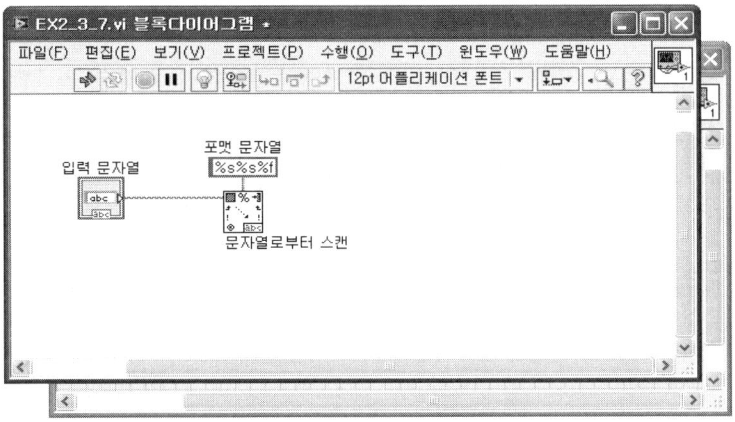

그림 2.3.55

여기서 %s%s는 문자열이 2개(가운데 공란이 있다는 뜻)있고, 다음에 %f는 실수가 있다는 뜻이고, 그 다음에 나오는 문자열(남아있는 문자열)은 신경 안쓴다는 뜻이다. 「포맷 문자열」을 지정하는 방법도 역시 그림 2.3.56과 같이 LabVIEW 도움말에 상세하게 예를 들어 설명되어 있다.

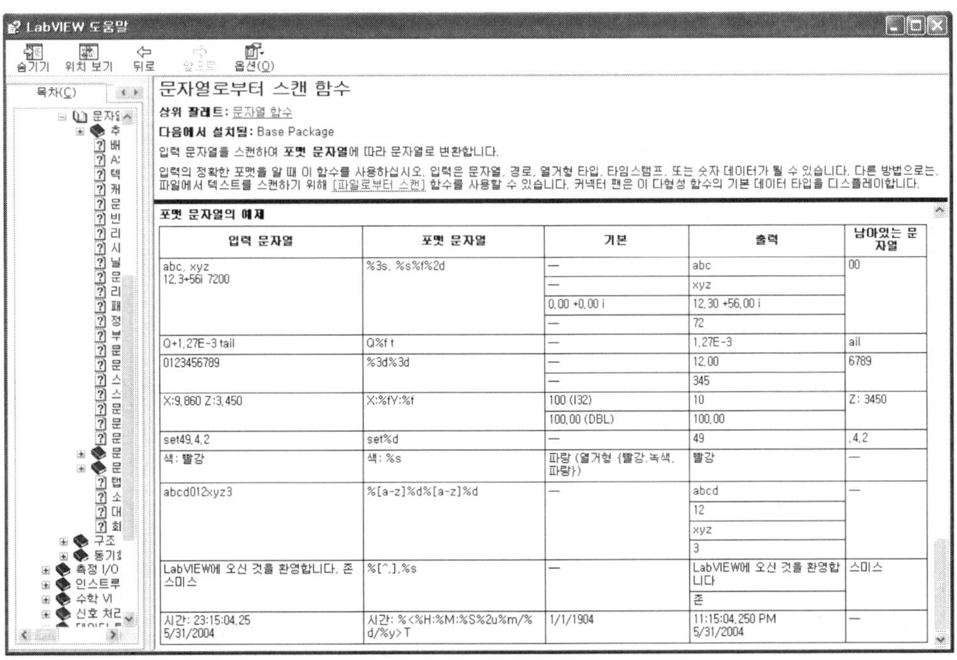

입력 문자열	포맷 문자열	기본	출력	남아있는 문자열
abc, xyz 12,3+56i 7200	%3s, %s%f%2d	—	abc	00
		—	xyz	
		0,00 +0,00 i	12,30 +56,00 i	
		—	72	
Q+1,27E-3 tail	Q%f t	—	1,27E-3	ail
0123456789	%3d%3d	—	12,00	6789
		—	345	
X:9,860 Z:3,450	X:%fY:%f	100 (I32)	10	Z: 3450
		100,00 (DBL)	100,00	
set49,4,2	set%d	—	49	,4,2
색: 빨강	색: %s	파랑 (열거형 {빨강,녹색, 파랑})	빨강	—
abcd012xyz3	%[a-z]%d%[a-z]%d	—	abcd	—
			12	
			xyz	
			3	
LabVIEW에 오신 것을 환영합니다, 존 스미스	%[^,],%s	—	LabVIEW에 오신 것을 환영합니다	스미스
			존	
시간: 23:15:04,25 5/31/2004	시간: %<%H:%M:%S%2u%m/%d/%y>T	1/1/1904	11:15:04,250 PM 5/31/2004	—

그림 2.3.56

⑦ 파라미터 추가

입력받는 문자열을 3마디 이상을 받아야 하므로 출력이 모자란다. 그러므로 단축 메뉴를 사용하여 출력을 추가하여야 한다. 이때 출력의 데이터 타입(형)은 「포맷 문자열」의 순서(%s%s%f = 문자열, 문자열, 숫자형)에 따라 자동으로 생성된다.

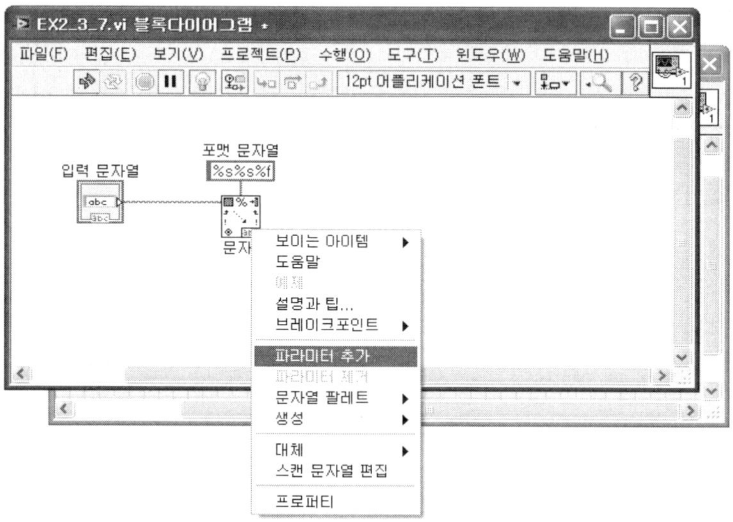

그림 2.3.57

⑧ 배치와 와이어 완성

그림 2.3.58과 같이 나머지 노드를 갖고 와서 보기 좋게 배치하고, 자동 또는 수동 와이어링으로 와이어 연결을 마무리하고, 라벨도 보이게 한다.

⑨ 프런트패널에서 컨트롤과 인디케이터 보기

프런트패널을 활성화 시키면 컨트롤과 인디케이터가 만들어져 있는 것을 확인할 수 있다.

⑩ 프로그램 실행

프런트패널에서 입출력 값을 볼 수 있으므로 프런트패널에서 실행한다.
프런트패널에서 입력 값을 넣고 [⇨]「실행」을 누른 후 결과를 살펴본다.

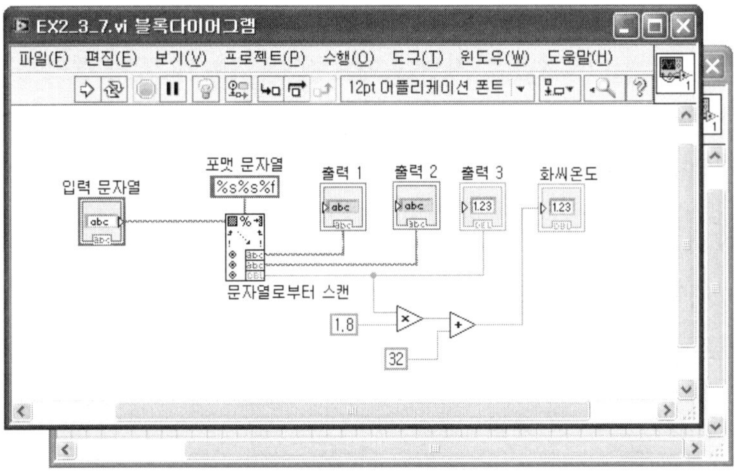

그림 2.3.58

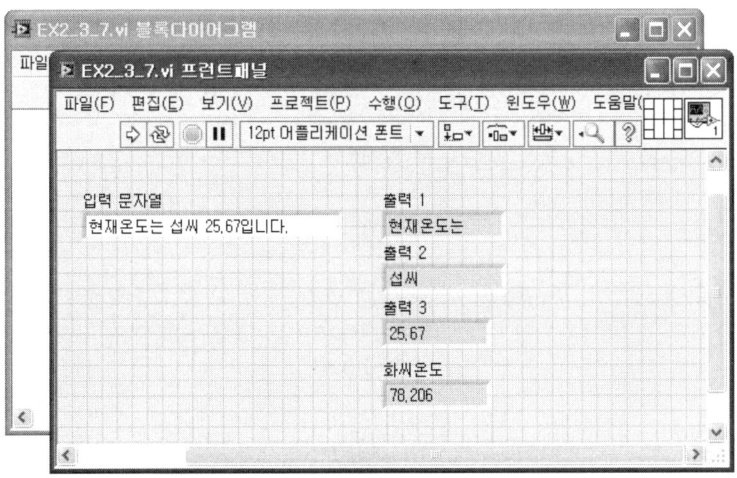

그림 2.3.59

2.3.4 배열

데이터의 개수가 많을 때는 각 요소들을 하나씩 처리하는 것은 매우 비효율적이다. 그러므로 같은 타입의 데이터를 묶어서 처리하면 많은 양의 데이터를 처리할 수 있다. 이를 데이터의 그룹화라고 하며, 데이터를 그룹화 하는 데는 문자열, 배열(Array), 클러스터(Cluster)가 있다. 클러스터와 그룹화 방법은 다음 장에서 자세히 설명하고 여기서는 우선 알아야 하는 배열을 간단히 설명한다.

배열은 같은 타입의 데이터 원소를 그룹화하는 것으로, 원소와 차원으로 구성된다. 원소는 배열을 구성하는 데이터이고, 차원은 배열의 길이, 높이, 또는 폭이다. 배열은 하나 또는 그 이상의 차원을 가질 수 있으며 LabVIEW에서는 메모리가 허용하는 한 차원마다 231-1개의 원소를 가진다.

배열은 블록다이어그램의 함수 팔레트의 「프로그래밍≫배열」 또는 컨트롤 팔레트에서 「일반≫배열, 행렬, 클러스터」를 선택하면 나타난다.

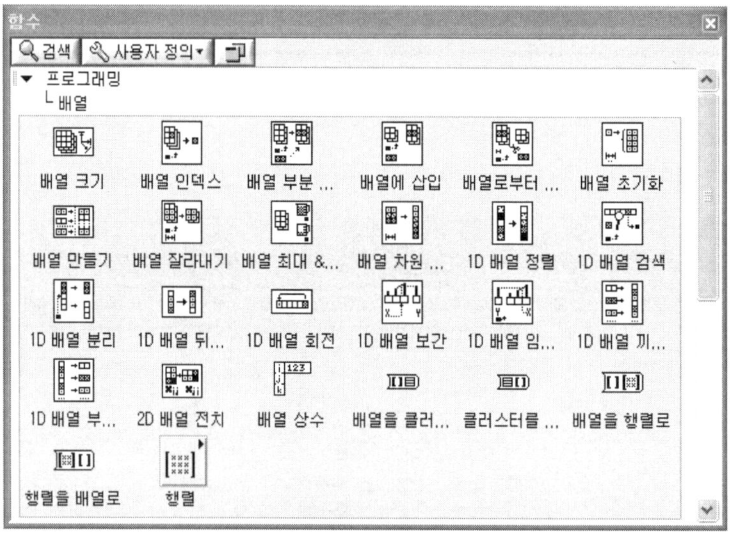

그림 2.3.60

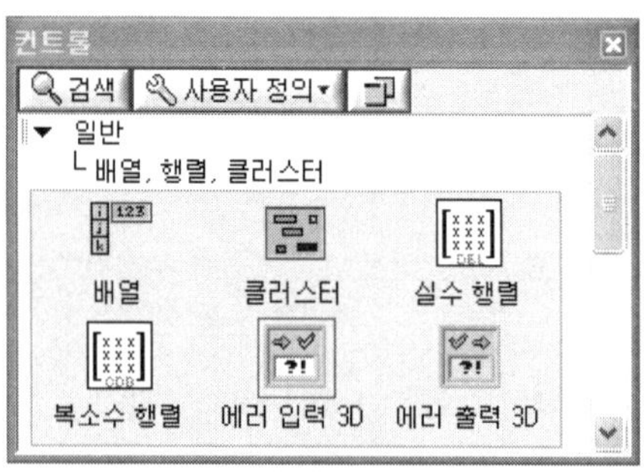

그림 2.3.61

예제 2.3.8 숫자형 2차원 배열 만들기

숫자형 2차원 배열을 만들자.

① 메뉴에서 「새 VI」를 선택하여 VI 창을 만든다.

② 메뉴에서 「파일≫다른 이름으로 저장...」을 선택하여 Ex2_3_8.vi 로 저장한다.

③ 프런트패널 객체 가져오기

컨트롤 팔레트에서 「일반≫배열, 행렬, 클러스터≫배열」을 선택하여 프런트패널에 위치시키면 그림 2.3.62와 같다.

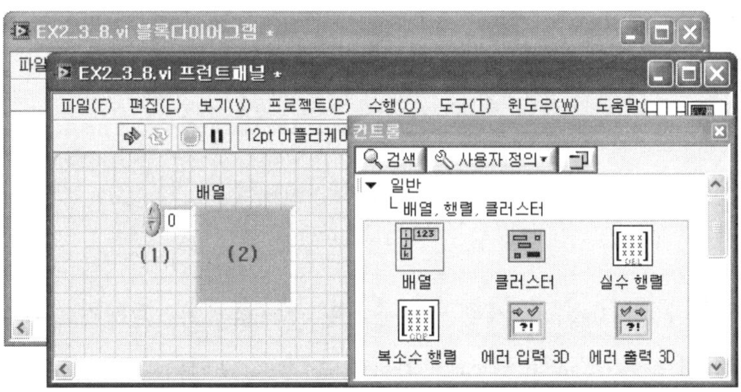

그림 2.3.62

» 배열의 인덱스(Index)

그림 2.3.62의 왼쪽(1)은 배열의 인덱스(Index)를 나타내고, 오른쪽(2)은 그 인덱스 메모리의 데이터 값을 나타낸다.

» 배열의 원소(Element)

그림 2.3.62의 오른쪽(2)에 들어가는 데이터를 배열의 원소라고 하며, 배열에 원소에는 여러 가지 타입을 가져올 수 있다.

» 배열의 타입(Type)

배열도 상수, 컨트롤 및 인디케이터가 있으며, 숫자형, 문자열, 불리언 등으로 데이터 타입도 만들 수 있다.

④ 숫자형 컨트롤 배열 원소 가져오기

그림 2.3.62의 오른쪽(2)에서 마우스의 오른쪽 버튼으로 단축메뉴를 가져오면, 그림 2.3.63과 같으며,

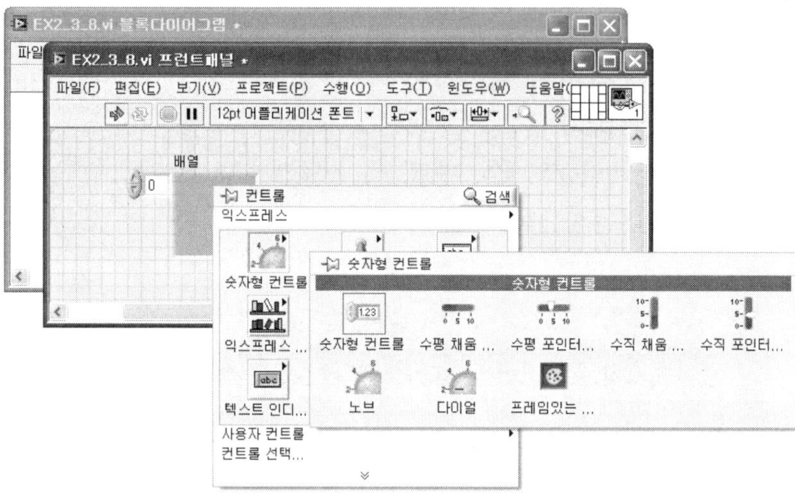

그림 2.3.63

여기서 「일반≫숫자형≫숫자형 컨트롤」 또는 바로 「익스프레스≫숫자형 컨트롤≫숫자형 컨트롤」 객체를 선택(클릭)하면, 마우스 포인터가 🖑으로 바뀌고, 선택된 객체는 점선으로 되어, 마우스가 이동하는 대로 따라 움직인다. 이 객체를 그림 2.3.62의 오른쪽(2) 내부에 위치(클릭)시키면, 그림 2.3.64와 같이 변한다.

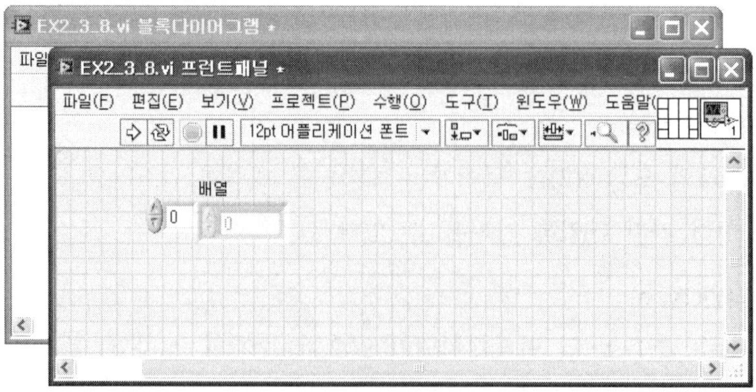

그림 2.3.64

이때 마우스 포인터를 위치시키면, 그림 2.3.65와 같이 사각점이 왼쪽의 내부(원소) 또는 오른쪽의 외부(배열)과 같이 두가지 경우로 생긴다.

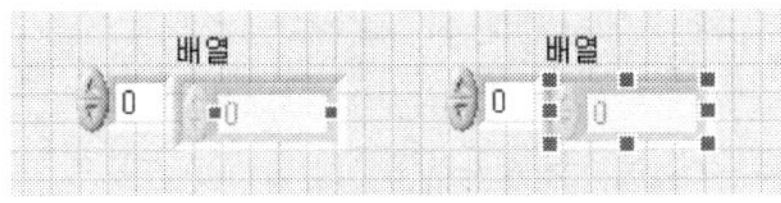

그림 2.3.65

여기서 왼쪽의 경우는 원소 자체의 크기를 바꾸는 것이고, 오른쪽의 경우가 배열 내부에 존재하는 배열의 원소를 보는 것이다. 사각점을 위아래로 드래그하면, 배열이 위아래로 보일 것이고, 옆으로 드래그하면 옆으로 보이게 된다. 그림 2.3.66은 옆으로 드래그하여 4개의 원소를 디스플레이 한 것이다.

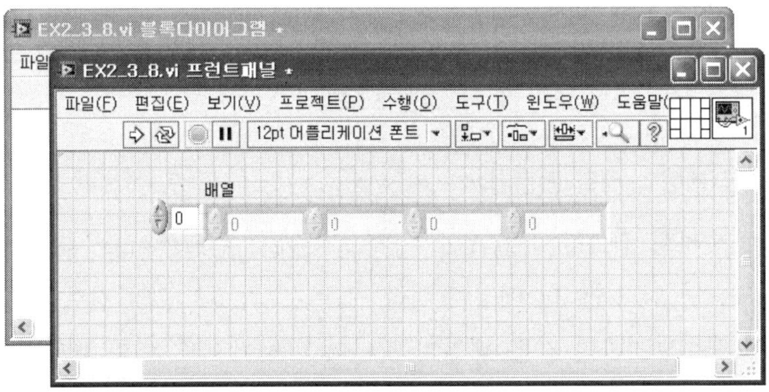

그림 2.3.66

» 배열의 차원(Dimension)

배열은 1차원 뿐아니라 2차, 3차 및 다차원으로 이용할 수 있다. 배열의 인덱스가 1개 있다는 것은 1차원 배열이라는 뜻이다.

⑤ 2차원 배열 만들기

그림 2.3.66은 1차원 배열이며, 이 1차원 배열의 인덱스에 오른쪽 마우스를 올려놓으면 사각점이 나타나는데, 이 사각점을 아래쪽으로 드래그 하면, 인덱스가 추가된다. 혹은 단축메뉴에서 「차원추가」를 선택하면 인덱스가 하나씩 늘어나며 차원이 증가하게 된다. 반대로 2차원 배열의 인덱스의 사각점을 위쪽으로 드래그

하면, 인덱스가 감소된다. 혹은 단축메뉴에서 「차원제거」를 선택하면 인덱스가 하나씩 줄어들며 차원이 감소하게 된다.

인덱스가 늘어나서 2차원이 되면, 오른쪽의 데이터도 아래로 드래그가 가능하여 그 원소를 확인 할 수 있게 된다. 다음 그림 2.3.67은 2차원 배열이며 위 인덱스는 행을, 아래 인덱스는 열을 표시한다.

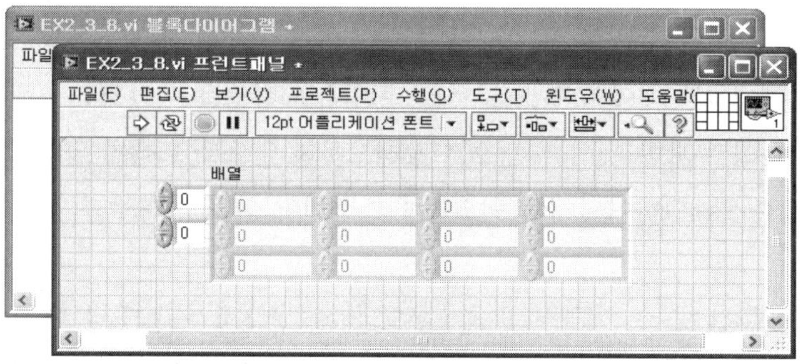

그림 2.3.67

⑥ 숫자형 인디케이터 배열 만들기

위의 "④ 숫자형 컨트롤 배열 원소 가져오기"에서 컨트롤 원소 대신에 인디케이터를 가져오면 인디케이터 배열이 된다. 또는, 그림 2.3.67의 컨트롤 배열 전체를 복사하여 붙여넣기하면 같은 배열이 하나더 만들어지고, 이를 배열의 전체 부분에 사각점이 만들어 질 때, 단축메뉴를 부르면 「인디케이터로 변경」이 나타나며, 이를 선택하면 컨트롤 배열 전체가 인디케이터 배열로 변경된다. 배열 입력/출력으로 라벨을 붙인다.

그림 2.3.68은 이렇게 만든 숫자형 컨트롤(위)과 인디케이터(아래) 배열이다.

⑦ 블록다이어그램에서 와이어 연결하기

블록다이어그램을 클릭하여 활성화하면, 프런트패널에서 구성된 컨트롤과 인디케이터가 터미널로 대응되어 나타나있으며, 컨트롤과 인디케이터를 연결한다.

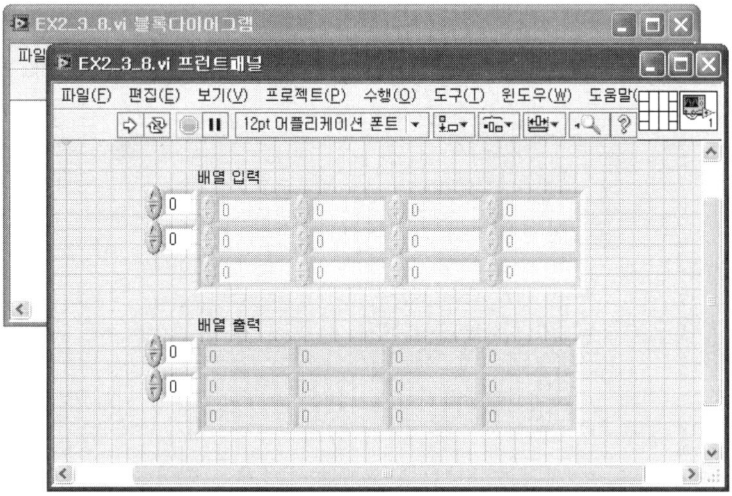

그림 2.3.68

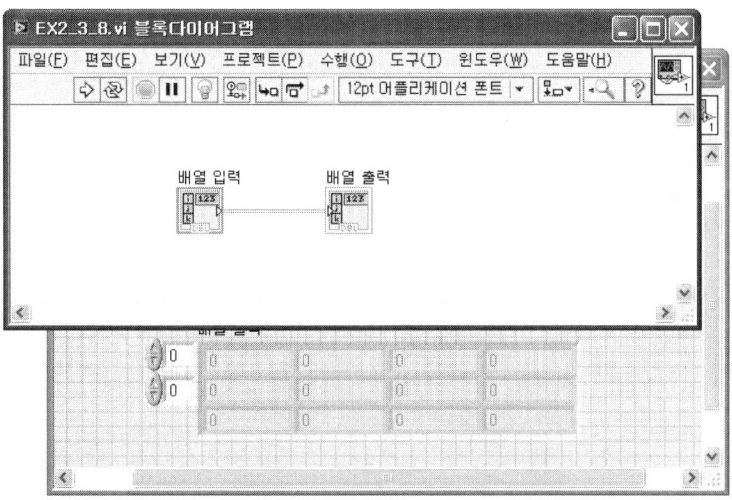

그림 2.3.69

⑧ 프로그램 실행

프런트패널에서 입출력 값을 볼 수 있으므로 프런트패널에서 실행한다. 프런트패널에서 입력 값을 넣고 ⇨「실행」을 누른 후 결과를 살펴본다.

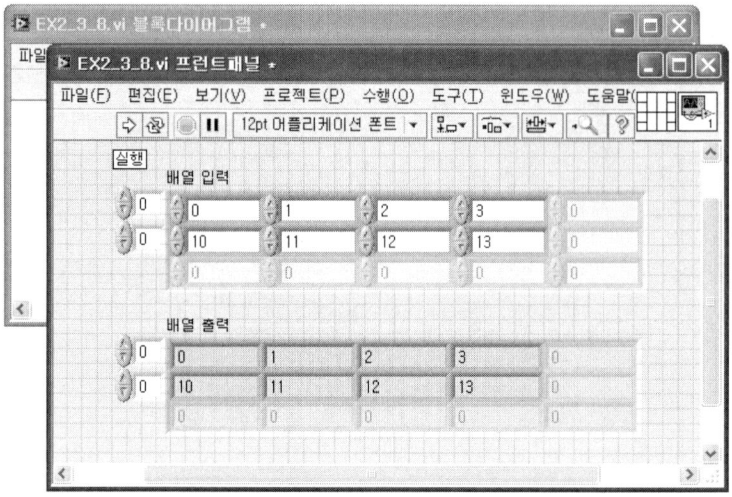

그림 2.3.70

2차원 배열의 인덱스는 일반적으로 위가 행, 아래가 열을 표시하며, 행과 열은 각각 0부터 시작한다. 인덱스 값을 바꾸어보자. 그림 2.3.71의 인디케이터 인덱스는 1행 2열부터 표시되는 것을 보여준다.

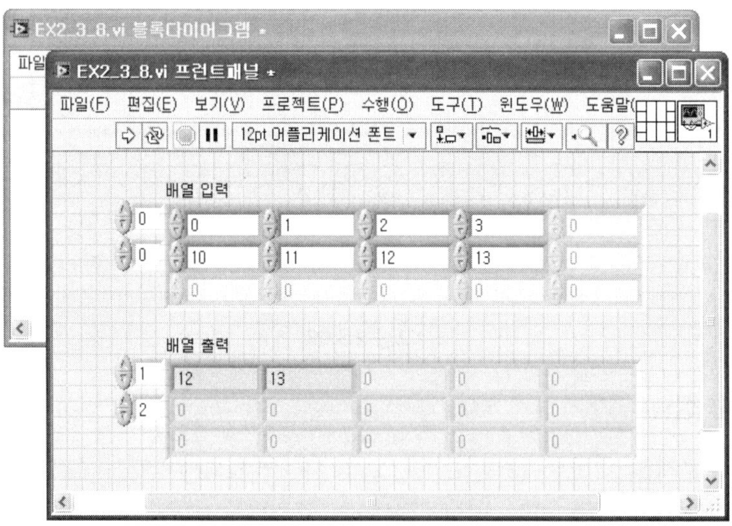

그림 2.3.71

예제 2.3.9 불리언과 문자열 배열 만들기

불리언과 문자열 배열을 만들자.

① 메뉴에서 「새 VI」를 선택하여 VI 창을 만든다.

② 메뉴에서 「파일≫다른 이름으로 저장...」을 선택하여 Ex2_3_9.vi 로 저장한다.

③ 프런트패널 객체 가져오기

컨트롤 팔레트에서 「일반≫배열, 행렬, 클러스터≫배열」을 선택하여 프런트패널에 위치시킨다.

④ 불리언과 문자열 컨트롤 배열 원소 가져오기

배열에서 마우스의 오른쪽 버튼으로 단축메뉴를 가져오면, 각각 그림 2.3.72~73과 같으며,

여기서 「익스프레스≫버튼 & 스위치≫수직 토글 스위치」와 「익스프레스≫텍스트 컨트롤≫문자열 컨트롤」 객체를 선택(클릭)하면, 마우스 포인터가 으로 바뀌고, 선택된 객체는 점선으로 되어, 마우스가 이동하는 대로 따라 움직인다. 이 객체를 배열 내부에 위치(클릭)시킨다. 라벨을 붙이고, 배열 전체의 사각점을 옆으로 드래그하면 그림 2.3.74와 같이 배열이 나타난다.

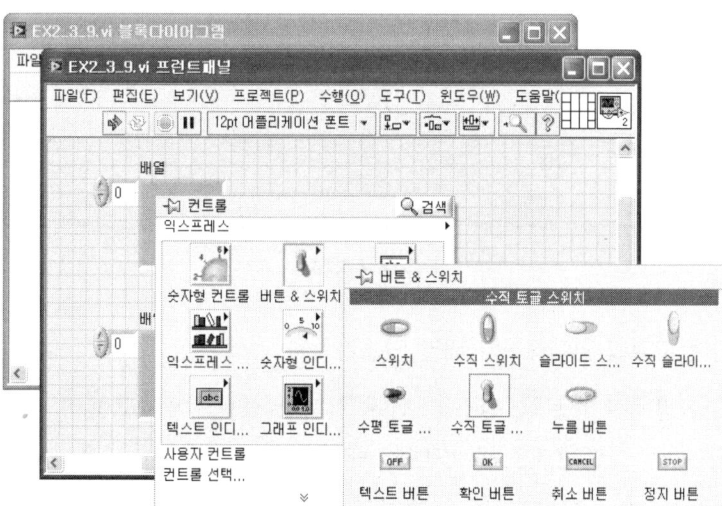

그림 2.3.72

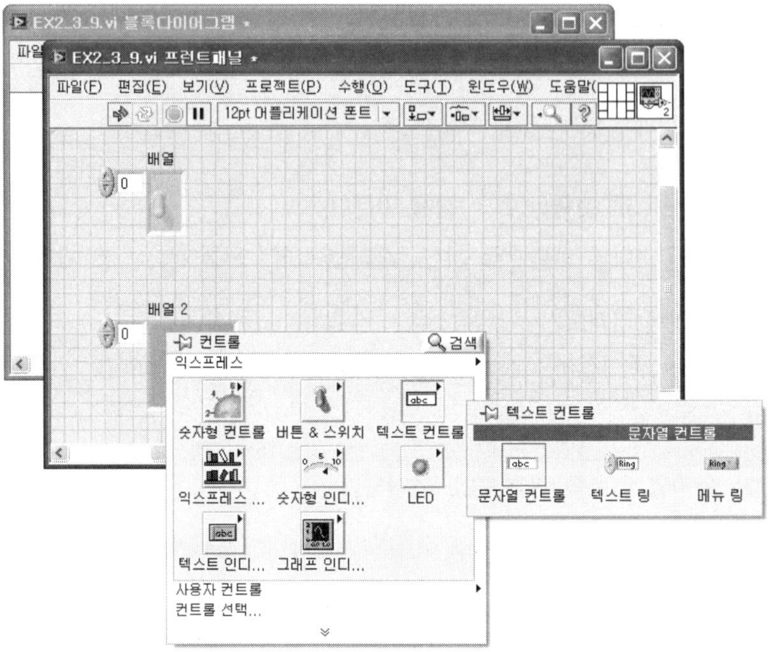

그림 2.3.73

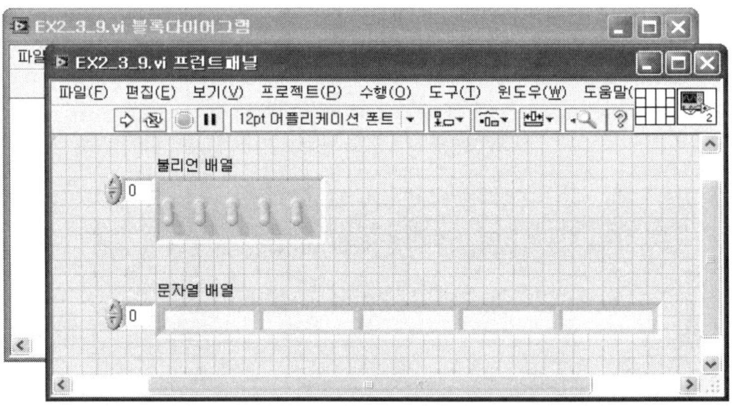

그림 2.3.74

⑤ 불리언과 문자열의 인디케이터 배열 만들기

위의 ④ 설명에서 컨트롤 원소 대신에 인디케이터를 가져오면 인디케이터 배열이 되며, 또한 그림 2.3.74의 컨트롤 배열 전체를 복사하여 붙여넣기하면 같은 배열이 하나더 만들어지고, 이를 배열의 전체 부분에 사각점이 만들어 질 때, 단축메뉴를 부르면 「인디케이터로 변경」이 나타나며, 이를 선택하면 컨트롤 배열 전체가 인디케이터 배열로 변경된다. 각각 라벨을 고쳐 붙인다.

그림 2.3.75는 이렇게 만든 숫자형 컨트롤(입력 라벨)과 인디케이터(출력 라벨) 배열이다.

⑥ 블록다이어그램에서 와이어 연결하기

블록다이어그램을 클릭하여 활성화하면, 프런트패널에서 구성된 컨트롤과 인디케이터가 터미널로 대응되어 나타나있으며, 컨트롤과 인디케이터를 연결한다.

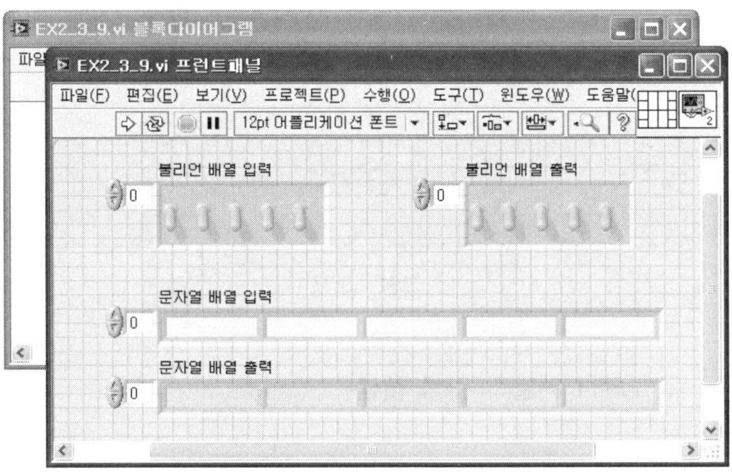

그림 2.3.75

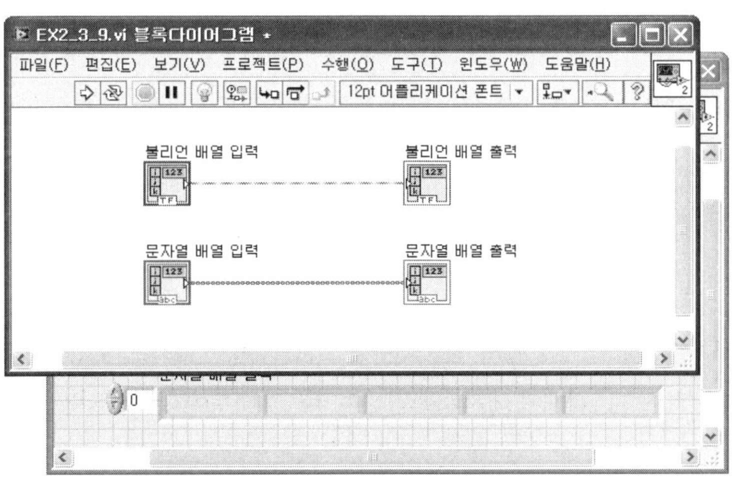

그림 2.3.76

⑦ 프로그램 실행

프런트패널에서 입출력 값을 볼 수 있으므로 프런트패널에서 실행한다. 프런트패널에서 입력 값을 넣고 ⇨「실행」을 누른 후 결과를 살펴본다.

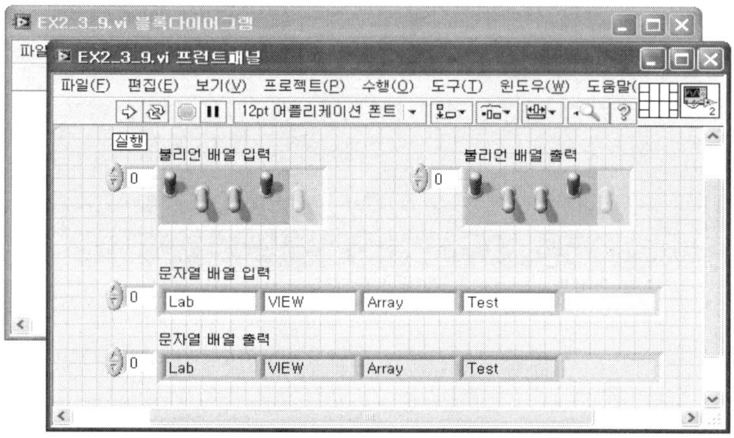

그림 2.3.77

예제 2.3.10 두 2차원 배열의 덧셈 뺄셈

두 개의 숫자형 2차원 배열을 입력받아 더하고 빼서 결과를 표시하는 VI를 만들자.

① 메뉴에서 「새 VI」를 선택하여 VI 창을 만든다.

② 메뉴에서 「파일≫다른 이름으로 저장...」을 선택하여 Ex2_3_10.vi 로 저장한다.

③ 프런트패널 객체 가져오기

그림 2.3.63과 같이 컨트롤 팔레트에서 「일반≫배열, 행렬, 클러스터≫배열」을 선택하여 프런트패널에 위치시킨다.

④ 숫자형 컨트롤 배열 원소 가져오기

그림 2.3.64와 같이 배열에서 단축메뉴를 이용하여, 「익스프레스≫숫자형 컨트롤≫숫자형 컨트롤」 객체를 선택(클릭)하여 배열 내부에 위치(클릭)시킨다.

⑤ 2차원 배열 만들기

배열의 인덱스에 오른쪽 마우스를 올려 놓으면 사각점이 나타나는데, 이 사각점을 아래쪽으로 드래그 하여 차원을 하나 늘인다.

이와 같이 원소가 들어간 2차원 배열을 복사하기, 붙여넣기를 이용하여 4개 만들고, 사각점을 이용하여 적당한 크기로 늘인다.

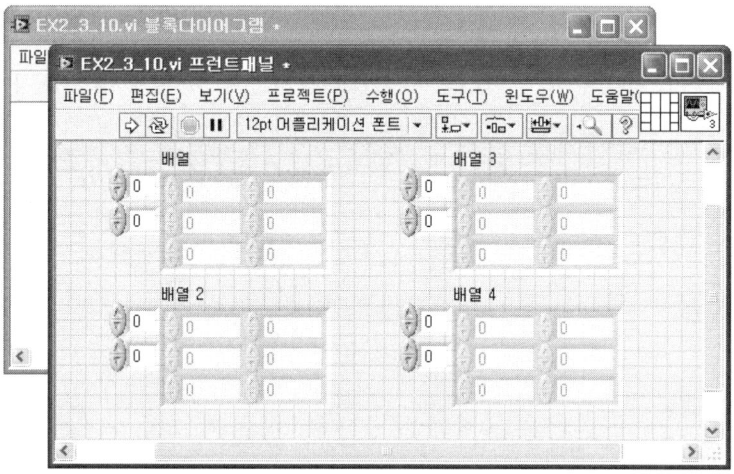

그림 2.3.78

⑥ 숫자형 인디케이터 배열 만들기

오른쪽 2개의 컨트롤 배열을 단축메뉴「인디케이터로 변경」을 이용하여 인디케이터 배열로 변경하고, 배열 라벨을 붙인다.

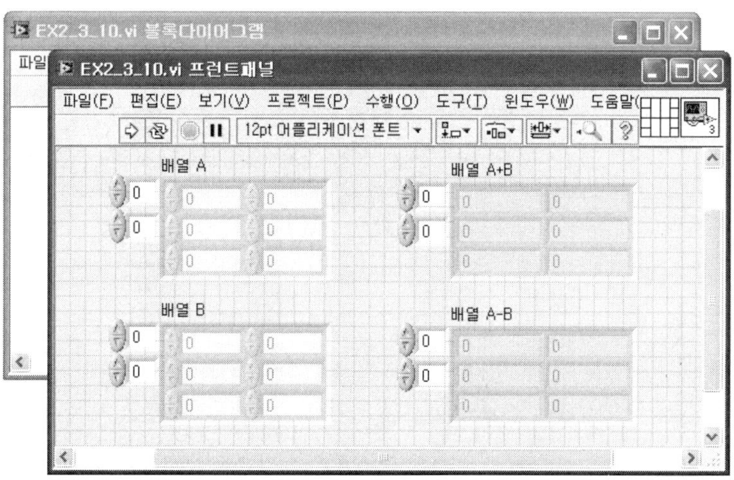

그림 2.3.79

⑦ 블록다이어그램에서 와이어 연결하기

블록다이어그램을 클릭하여 활성화하면, 프런트패널에서 구성된 컨트롤과 인디케이터가 터미널로 대응되어 나타나있으며, 배열 객체를 원소 한 개일 경우(예제 2_2_6)와 같이 「더하기」와 「빼기」 함수를 이용하여 각각 컨트롤과 인디케이터를 연결한다.

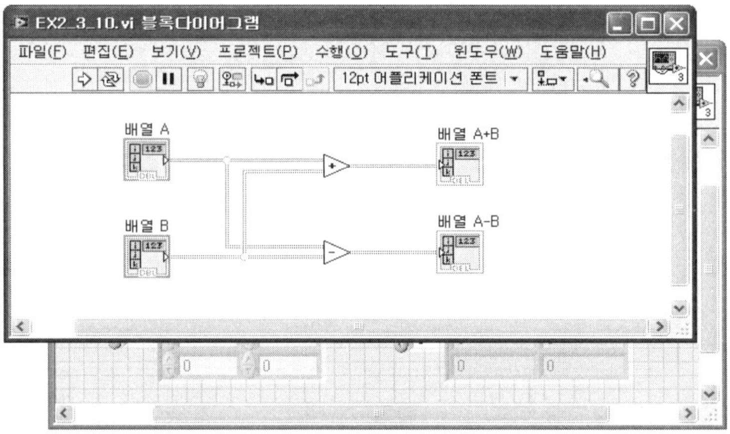

그림 2.3.80

⑧ 프로그램 실행

프런트패널에서 입출력 값을 볼 수 있으므로 프런트패널에서 실행한다. 프런트패널에서 입력 값을 넣고 [⇨]「실행」을 누른 후 결과를 살펴본다.

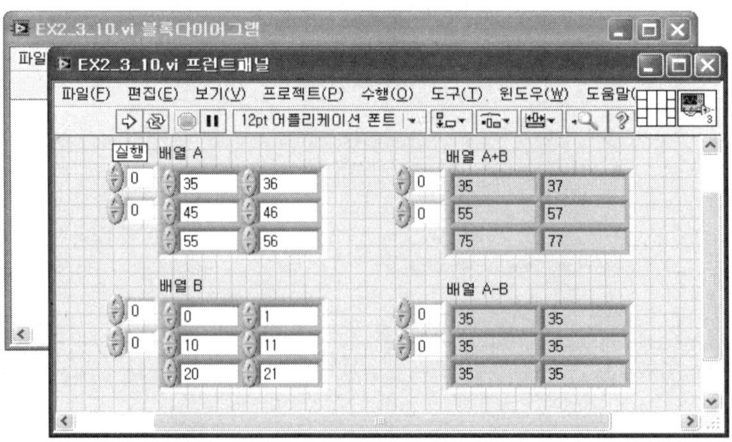

그림 2.3.81

예제 2.3.11 두 2차원 행렬의 곱셈 나눗셈

두 개의 숫자형 2차원 행렬을 입력받아 곱하고 나누어 결과를 표시하는 VI를 만들자. 행렬의 덧셈, 뺄셈은 배열의 덧셈, 뺄셈과 같이 각 원소를 더하고 뺀다. 실제 수학적 행렬에서 행렬의 나눗셈은 역행렬을 곱하는 것이나, LabVIEW에서 행렬의 나눗셈은 덧셈, 뺄셈과 같이 각 원소를 나누는 것이다. 그러나, 행렬의 곱셈은 수학적 행렬의 곱셈과 같이 행의 원소와 열의 원소를 곱해서 더하는 것으로, 배열의 곱과는 크게 다르므로, 수학적 용도 외에는 사용에 주의하여야 한다.

① 메뉴에서 「새 VI」를 선택하여 VI 창을 만든다.

② 메뉴에서 「파일≫다른 이름으로 저장...」을 선택하여 Ex2_3_11.vi 로 저장한다.

③ 프런트패널 객체 가져오기

컨트롤 팔레트에서 「일반≫배열, 행렬, 클러스터≫실수 행렬」을 선택하여 프런트 패널에 위치시킨다.

④ 객체 늘이기

이 행렬 객체를 복사하기, 붙여넣기를 이용하여 4개 만들고, 사각점을 이용하여 적당한 크기로 늘인다.

⑤ 인디케이터 행렬 만들기

오른쪽 2개의 컨트롤 배열을 단축메뉴 「인디케이터로 변경」을 이용하여 인디케이터 행렬로 변경하고, 라벨을 붙인다.

⑥ 블록다이어그램에서 와이어 연결하기

블록다이어그램을 클릭하여 활성화하면, 프런트패널에서 구성된 컨트롤과 인디케이터가 터미널로 대응되어 나타나있으며, 배열 객체를 원소 한 개일 경우(예제 2_2_6)와 같이 「곱하기」와 「나누기」 함수를 이용하여 각각 컨트롤과 인디케이터를 연결한다.

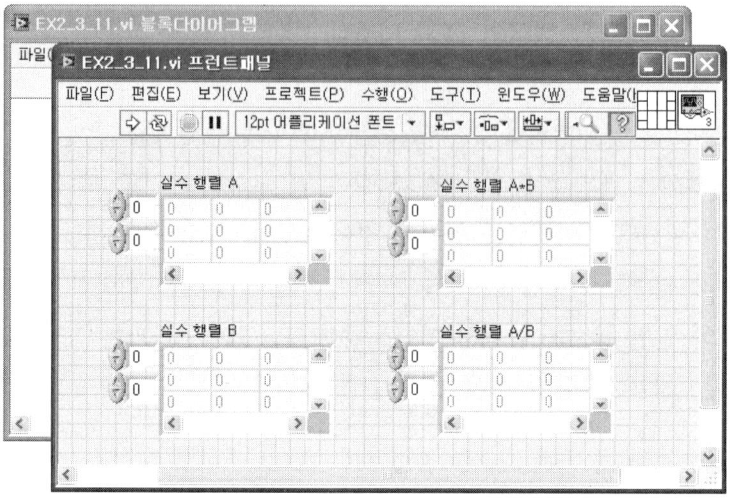

그림 2.3.82

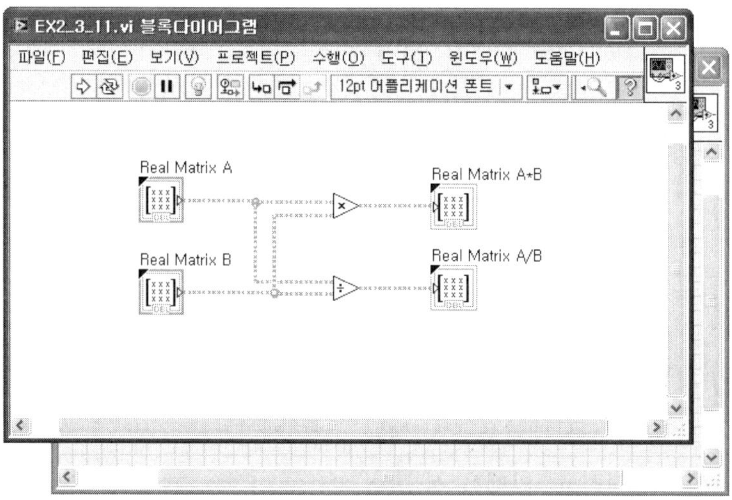

그림 2.3.83

⑦ 프로그램 실행

프런트패널에서 입출력 값을 볼 수 있으므로 프런트패널에서 실행한다. 프런트패널에서 입력 값을 넣고 ⇨「실행」을 누른 후 결과를 살펴본다.

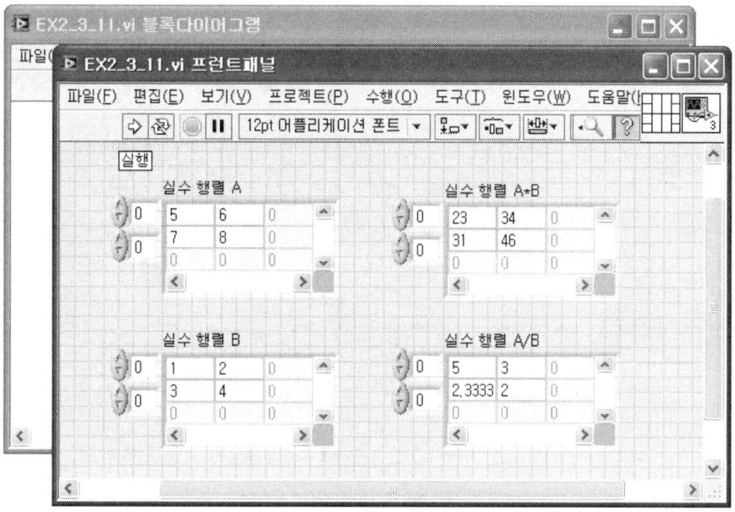

그림 2.3.84

예제 2.3.12 배열을 스프레드시트 문자열과 테이블에 표시하기

배열에서 숫자부분을 읽어서 스프레드시트(엑셀 등으로 변환할 수 있는 문자열) 문자열과 테이블에 출력하는 VI를 만들자.

① 메뉴에서 「새 VI」를 선택하여 VI 창을 만든다.

② 메뉴에서 「파일≫다른 이름으로 저장...」을 선택하여 Ex2_3_12.vi 로 저장한다.

③ 블록다이어그램에서 함수 노드 가져오기

블록다이어그램을 클릭하여 활성화시키고, 그림 2.3.85와 같이 「프로그래밍≫문자열≫배열을 스프레드시트 문자열로」와 「프로그래밍≫문자열≫문자열/숫자 변환≫숫자를 소수점형 문자열로」를 가져와 위치시키고, 단축메뉴에서 라벨을 보이게 한다.

④ 함수 노드에서 입출력 터미널 만들기

팁상자를 참고로 단자에서 단축메뉴를 통하여, 「배열을 스프레드시트 문자열로」 단자에 상수(포맷 문자열)와 컨트롤(배열) 1개, 인디케이터(스프레드시트 문자열) 1개와, 「숫자를 소수점형 문자열로」 단자에 상수(폭, 정밀도) 2개를 만든다. 이때

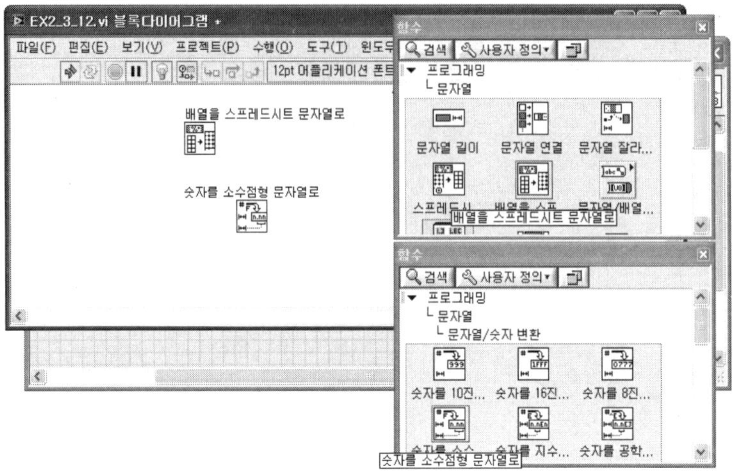

그림 2.3.85

이들은 자동으로 와이어 연결된다.

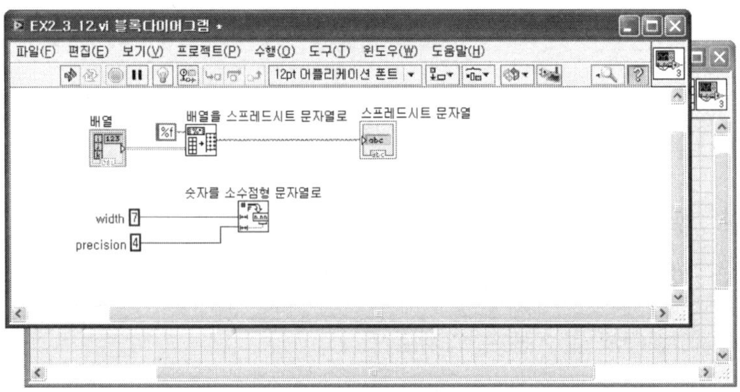

그림 2.3.86

여기서 포맷 문자열 %f는 배열로 입력되는 값이 실수 형태로 포맷되어 출력된다는 뜻이다.

⑤ 프런트패널에서 컨트롤과 인디케이터 보고, 객체 추가하기

프런트패널을 활성화 시키면 컨트롤과 인디케이터가 만들어져 있는 것을 확인할 수 있다. 여기서 「일반≫리스트, 테이블, 트리≫테이블」 객체를 가져와 적당한 위치에 놓는다.

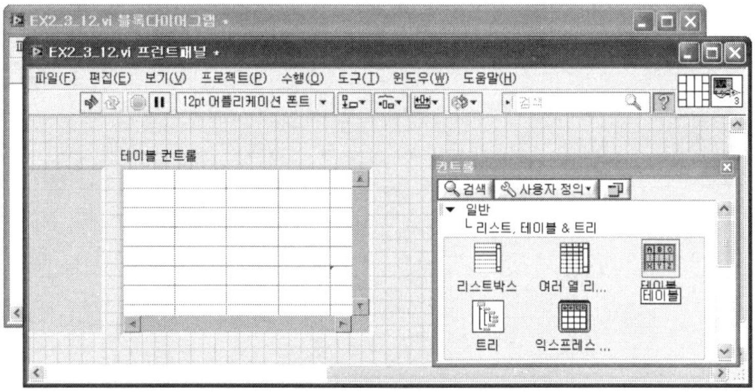

그림 2.3.87

⑥ 테이블 장식하기

디폴트로 테이블은 컨트롤이며 라벨도 [테이블 컨트롤]로 되어있다. 각각 단축메뉴를 통하여 객체도「인디케이터로 변경」하고, 라벨도 [테이블]로 고친다. 또한 행과 열의 헤더도 사용하지 않고 명칭도 없다. 필요하다면 그림 2.3.88과 같이 단축메뉴를 통하여 행과 열의 헤더를 사용하게 하고, 그림 2.3.89와 같이 명칭도 붙인다.

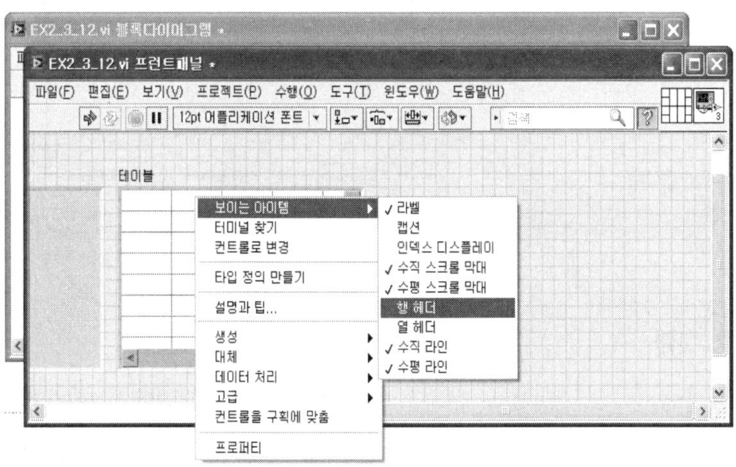

그림 2.3.88

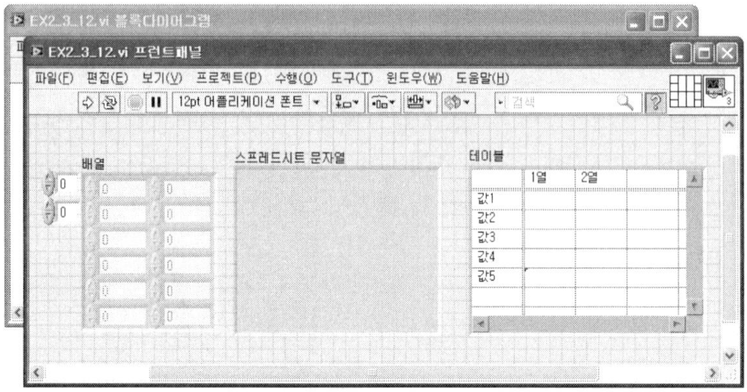

그림 2.3.89

⑦ 배치와 와이어 완성

다시 블록다이어그램을 클릭하여 활성화시키고, 그림 2.3.88과 같이 자동 또는 수동 와이어링으로 나머지 와이어 연결을 마무리하고, 라벨도 보이게 한다.

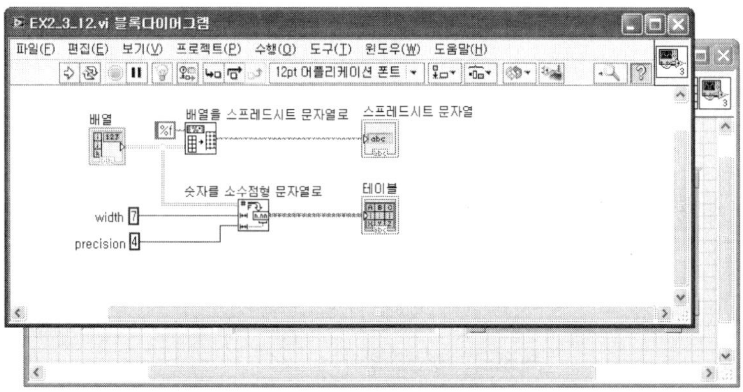

그림 2.3.90

⑧ 프로그램 실행

프런트패널에서 입출력 값을 볼 수 있으므로 프런트패널에서 실행한다.

프런트패널에서 입력 값을 넣고 [⇨]「실행」을 누른 후 결과를 살펴본다.

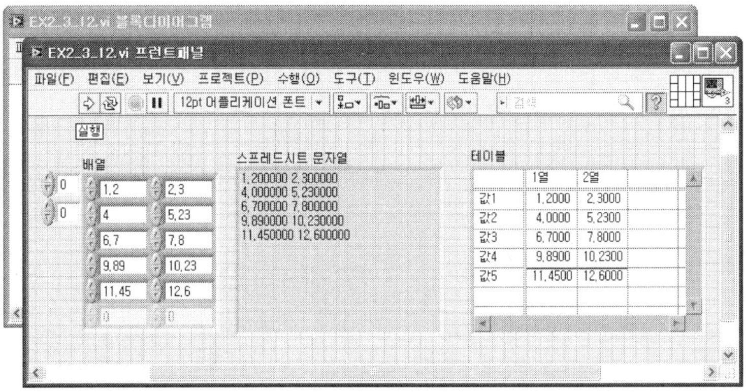

그림 2.3.91

2.4 클러스터

클러스터(Cluster)는 숫자, 불린, 문자 등의 타입이 다른 여러 종류의 데이터를 묶어서 만든 데이터의 묶음이다. 즉 클러스터는 혼합된 타입의 데이터 원소를 그룹화한다. 클러스터는 텍스트 기반의 프로그래밍언어의 레코드나 구조체와 유사하다.

여러 데이터 원소를 클러스터로 묶으면, 블록다이어그램에서 와이어의 복잡한 연결을 피할 수 있으며, 다음 장에서 살펴볼 SubVI에 필요한 커넥터 팬 터미널의 수를 감소시킬 수 있다. 커넥터 팬은 최대 28개의 터미널을 가질 수 있다. 프런트패널에 다른 VI로 전달하려는 컨트롤과 인디케이터가 28개 이상 있는 경우, 이중 일부를 하나의 클러스터로 그룹화하고, 이 클러스터를 커넥터 팬의 한 터미널에 할당한다.

블록다이어그램에서 대부분의 클러스터는 핑크색의 와이어 패턴과 데이터 타입 터미널을 가진다. 에러 클러스터는 짙은 노란색의 와이어 패턴과 데이터 타입 터미널을 가진다. 숫자값의 클러스터가 때때로 데이터 포인트를 나타내는 경우, 갈색의 와이어 패턴과 데이터 타입 터미널을 가진다. 갈색의 숫자 클러스터를 숫자 함수, 예를 들어 「더하기」나 「제곱근」에 연결하여 클러스터 원소 모두에 같은 연산을 동시에 수행하게 할 수 있다.

클러스터는 블록다이어그램의 함수 팔레트의 「프로그래밍≫클러스터, 클래스, & 배리언트」 또는 컨트롤 팔레트에서 「일반≫배열, 행렬, 클러스터」를 선택하면 나타난다.

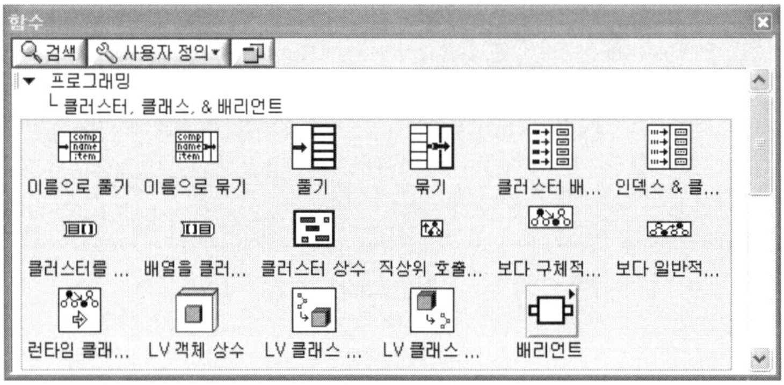

그림 2.4.1

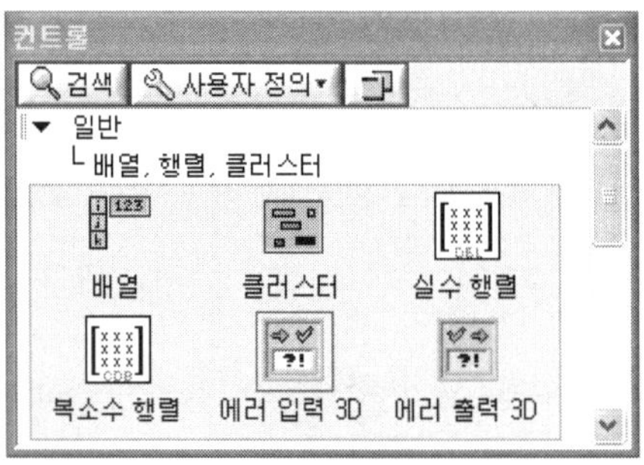

그림 2.4.2

예제 2.4.1 클러스터를 이용하여 여러 데이터를 묶고 풀기

클러스터를 이용하여 여러 타입의 데이터를 묶고 풀어보자.

① 메뉴에서 「새 VI」를 선택하여 VI 창을 만든다.

② 메뉴에서 「파일≫다른 이름으로 저장...」을 선택하여 Ex2_4_1.vi 로 저장한다.

③ 프런트패널 객체 가져오기

컨트롤 팔레트에서 「일반≫배열, 행렬, 클러스터≫클러스터」를 선택하여 프런트 패널에 위치시키면 그림 2.4.3과 같다.

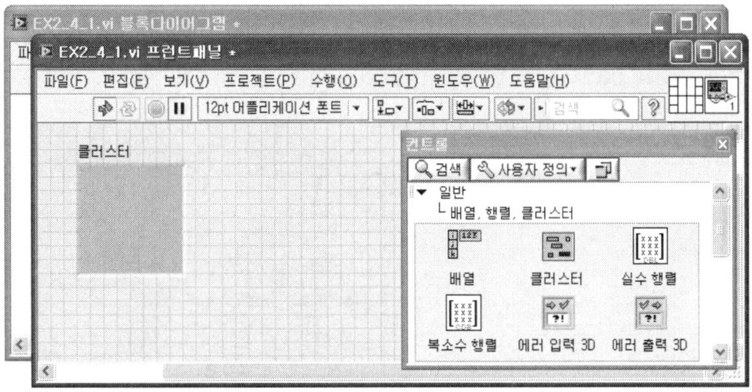

그림 2.4.3

④ 클러스터에 데이터 넣기

클러스터를 드래그하여 크게 확대하고. 클러스터에 숫자형, 불리언, 문자열, 숫자형 배열, 문자열 배열을 순서대로 넣어준다.

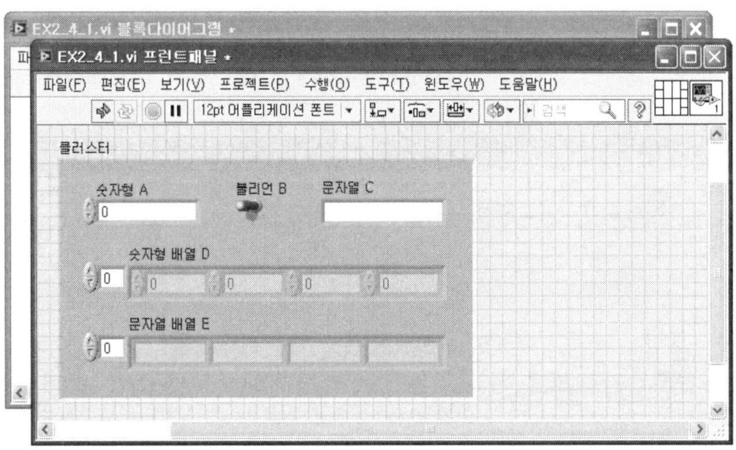

그림 2.4.4

⑤ 블록다이어그램에서 함수 노드 가져오기

블록다이어그램을 클릭하여 활성화시키고, 그림 2.4.5와 같이 「프로그래밍≫클러스터, 클래스, & 배리언트≫풀기」와 「프로그래밍≫클러스터, 클래스, & 배리언트≫이름으로 풀기」를 가져와 위치시키고, 각각 단축메뉴에서 라벨을 보이게 한다.

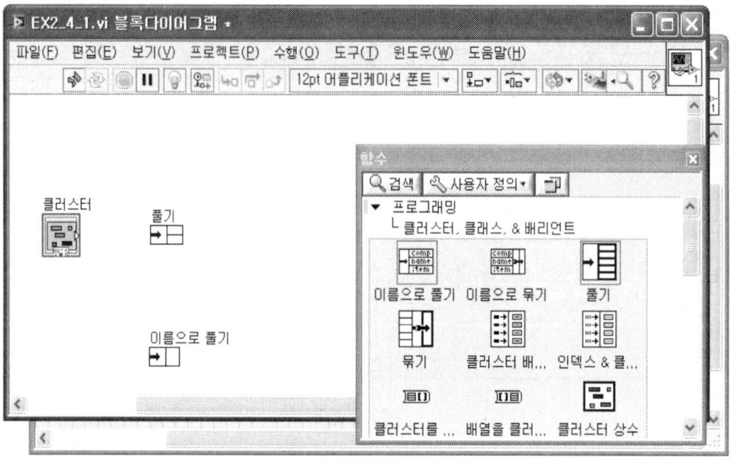

그림 2.4.5

⑥ 「풀기」와 「이름으로 풀기」 연결하기

그림 2.4.6과 같이 「풀기」는 「클러스터」와 연결하면 그 클러스터에 들어있는 원소의 데이터 타입과 개수대로 출력단이 추가되어 나타나고, 「이름으로 풀기」도 그 클러스터에 들어있는 원소 중에 제일 앞의 것이 나타난다.

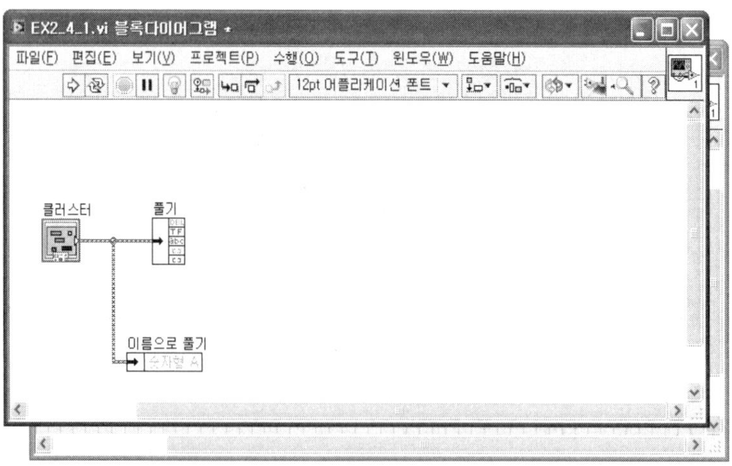

그림 2.4.6

⑦ 「이름으로 풀기」의 원소추가

「이름으로 풀기」에서 단축메뉴를 가져오면 그림 2.4.7과 같다. 여기서 「원소추가」를 선택하면 이용하고자 하는 원소가 하나 추가된다.

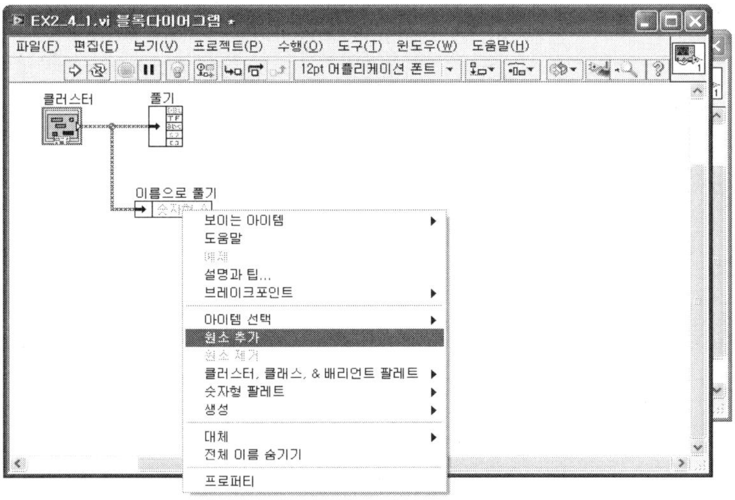

그림 2.4.7

⑧ 「이름으로 풀기」의 아이템 선택

「이름으로 풀기」는 클러스터의 데이터를 아이템 별로 선별하여 풀어주는 것으로, 아이템을 선별해야 된다. 처음에는 디폴트로 가장 위에 있는 아이템인 「숫자형 A」로 나타나지만, 다시 단축메뉴를 이용하여 「아이템 선택」을 부르면 그림 2.4.8과 같이 클러스터에 들어 있는 모든 아이템이 단축메뉴에 보여진다. 여기서 원하는 아이템을 선택하면, 선택된 아이템으로 바뀐다.

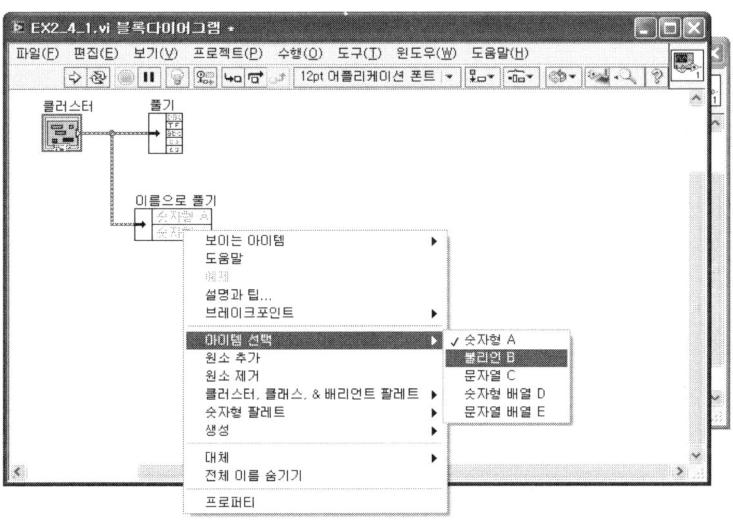

그림 2.4.8

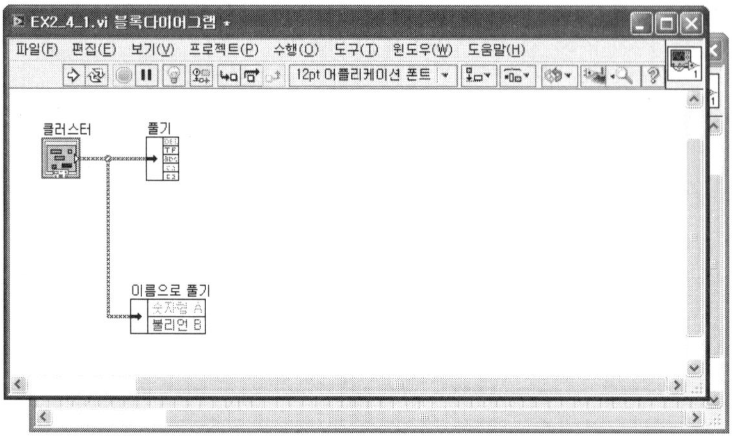

그림 2.4.9

⑨ 풀어진 데이터 이용하기

데이터가 풀어졌으므로 연산 등의 개별적인 기능이 수행될 수 있을 것이다. 그림 2.4.10과 같이 숫자형 데이터를 연산에 이용하고, 불리언을 논리연산으로 이용하자. 이를 위하여 블록다이어그램에서 연산용 함수를 갖고 와서, 「풀기」와 「이름으로 풀기」의 출력과 연결하고, 자동으로 상수와 인디케이터를 생성한다.

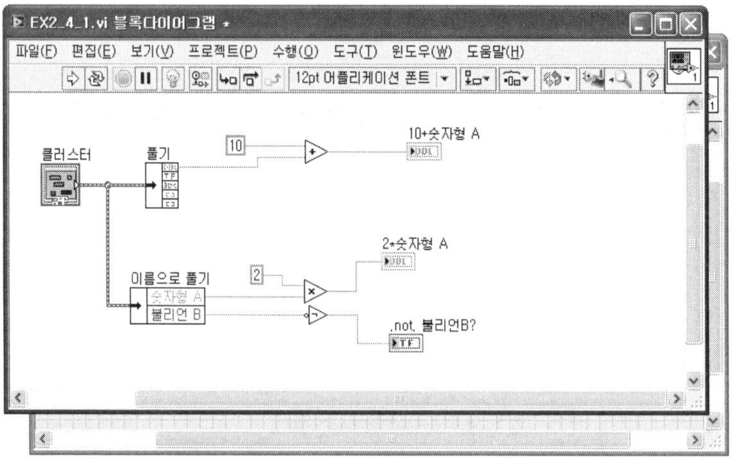

그림 2.4.10

인디케이터가 생성되었으므로 프런트패널을 클릭하여 활성화하면 다음과 같이 객체들이 보인다.

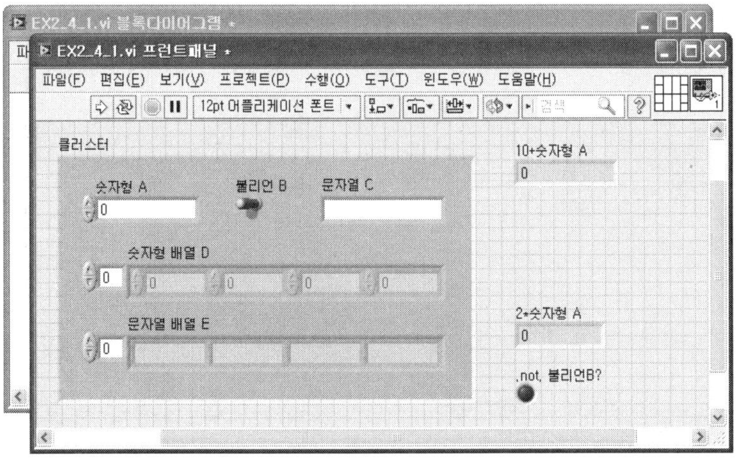

그림 2.4.11

⑩ 데이터를 다시 묶어 클러스터로 만들기

「묶기」는 데이터를 순서에 따라 클러스터로 묶어준다. 「프로그래밍≫클러스터, 클래스, & 배리언트≫묶기」를 가져온다.

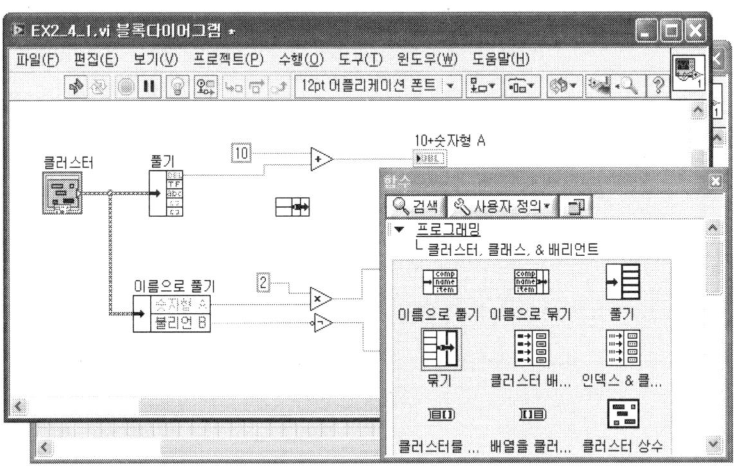

그림 2.4.12

연산 후의 결과 데이터나 「풀기」의 출력단을 「묶기」의 입력단과 연결하면, 「묶기」의 입력단에 연결된 데이터의 타입이 나타난다. 또한 「묶기」 출력단의 단축 메뉴에서 인디케이터를 생성하면 그림 2.4.13과 같이 출력 클러스터가 나타난다.

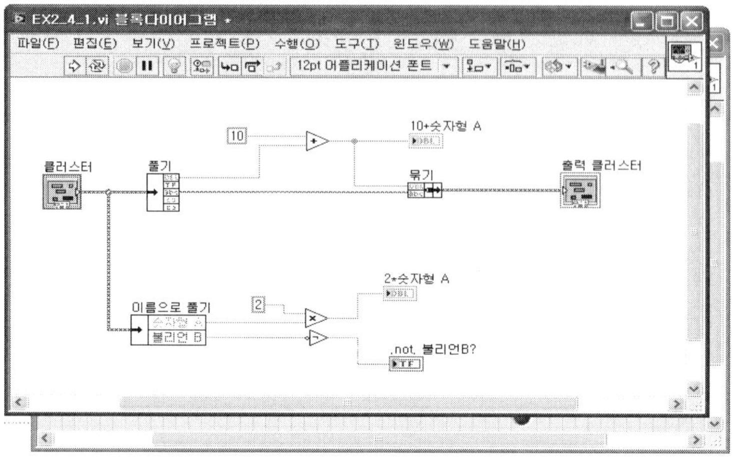

그림 2.4.13

인디케이터가 생성되었으므로 프런트패널을 클릭하여 활성화하면 다음과 같이 객체들이 보인다.

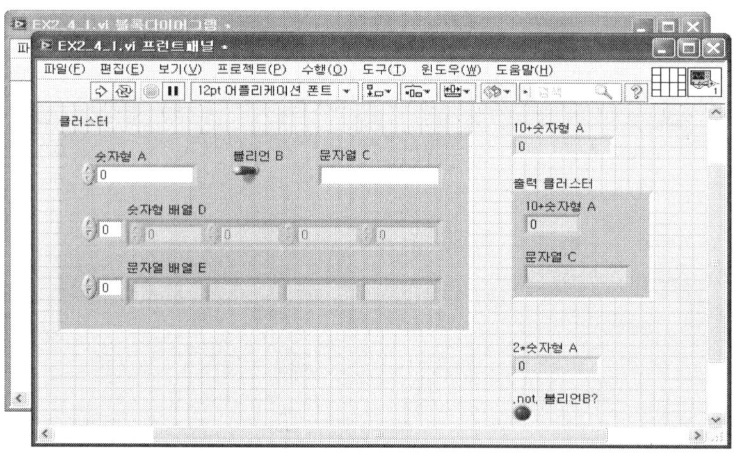

그림 2.4.14

⑪ 이름으로 묶기

「이름으로 묶기」는 클러스터의 데이터를 아이템 별로 선별하여 묶어준다. 블록 다이어그램의 함수 팔레트에서 「프로그래밍≫클러스터, 클래스, & 배리언트≫이름으로 묶기」를 선택하여 가져온다. 처음에는 원소가 1개이므로, 입력단의 단축 메뉴에서 「원소추가」로 원소를 늘린다. 다음에 수동으로 이 「이름으로 묶기」 원소와 [2* 숫자형 A] 및 [.NOT. 불리언B?]를 연결한다. 마지막으로 「이름으로 묶기」의 출력 단의 단축메뉴에서 「생성」으로 인디케이터를 만들면, 그림 2.4.15와 같이 연결되지 않는다. (대응되는 그림 2.4.16의 프런트패널 「출력 클러스트 2」에도 내용물이 없다)

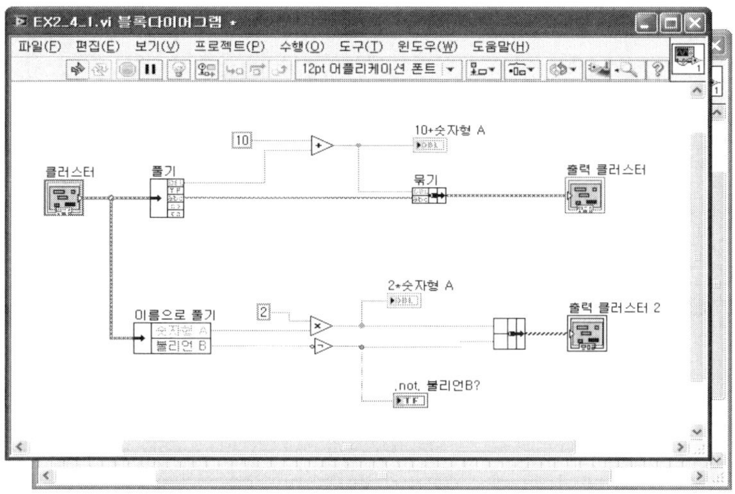

그림 2.4.15

그림 2.4.16

이는 「이름으로 묶기」의 원소에 이름이 없고, 「입력 클러스터」가 연결되지 않았기 때문이다. 「이름으로 묶기」 함수의 상단에 있는 「입력 클러스터」 단자에 클러스터와 와이어로 연결하면 아이템이 나타난다.

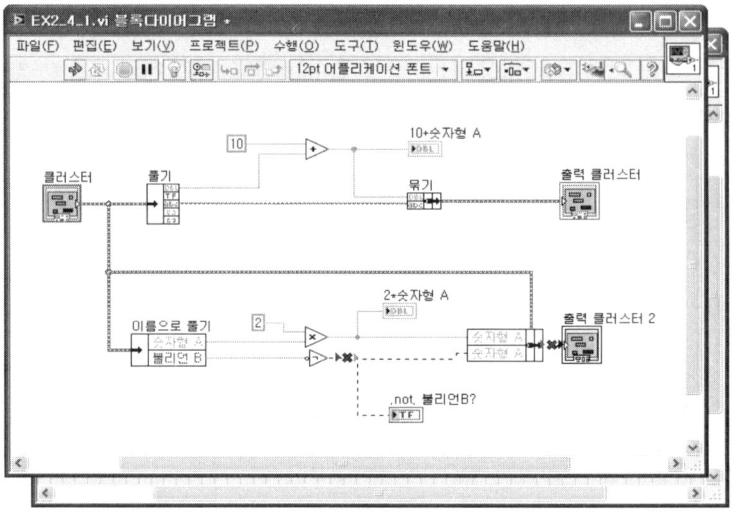

그림 2.4.17

아이템은 나타나지만 불리언 쪽 입력단자가 끊어진다. 이는 자동으로 나타난 「숫자형 A」라는 아이템의 타입이 틀리기 때문이다. 그림 2.4.8과 같이 단축메뉴에서 아이템을 선택하고, 「출력 클러스터 2」를 다시 생성하면 그림 2.4.18과 같이 연결된다.

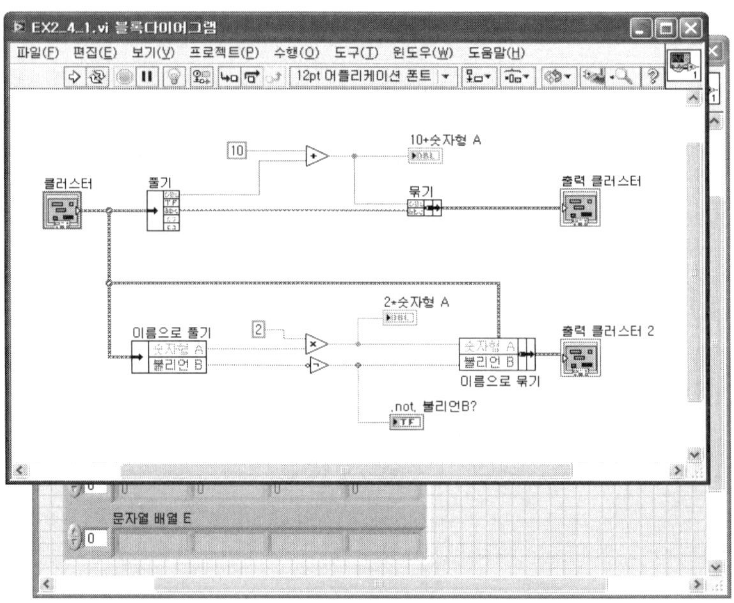

그림 2.4.18

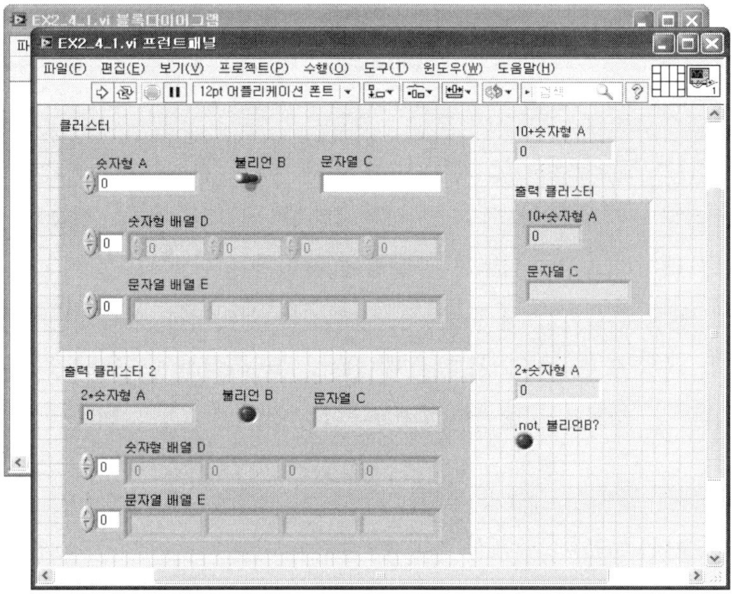

그림 2.4.19

⑫ 프로그램 실행

프런트패널에서 입출력 값을 볼 수 있으므로 프런트패널에서 실행한다. 프런트패널에서 입력 값을 넣고 ⇨「실행」을 누른 후 결과를 살펴본다.

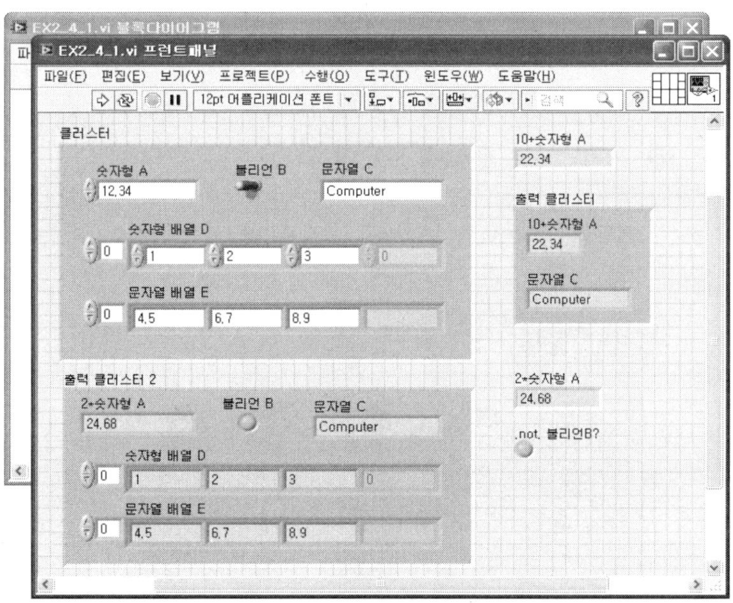

그림 2.4.20

2.5 차트와 그래프 만들기

차트(Chart)와 그래프(Graph)는 LabVIEW의 꽃이다. 차트와 그래프는 수치 데이터를 입력받아 그림으로 디스플레이 한다. 차트와 그래프는 거의 같은 기능을 갖고 있으나, 데이터를 디스플레이하고 업데이트하는 방법에 차이가 있다. 차트는 이전에 수집한 데이터를 배경으로 현재 값을 디스플레이하고, 그래프는 데이터를 먼저 저장하고 화면에 디스플레이 한다. 쉬운 말로 하면, 차트는 배열변수 뿐 아니라 단일변수도 입력받아 그림을 그릴 수 있으나, 그래프는 배열변수 만을 입력받아 그림을 그린다.

그래프와 차트의 종류는 다음과 같다.

- 웨이브폼 차트와 그래프: 일정한 속도로 수집된 데이터를 디스플레이한다.
- XY 그래프: 일정하지 않은 속도로 얻은 데이터와 여러 값을 가진 함수를 디스플레이한다.
- 강도 차트와 그래프: 3차원 값을 디스플레이하기 위해 색을 이용하여 2D 플롯에서 3D 데이터를 디스플레이한다.
- 디지털 웨이브폼 그래프: 펄스나 디지털 라인의 그룹으로 데이터를 디스플레이한다.
- 혼합된 신호 그래프: 웨이브폼 그래프, XY 그래프, 디지털 웨이브폼 그래프에 의해 받는 데이터 타입을 디스플레이한다.
- 2D 그래프: 2D 프런트패널 플롯에 2D 데이터를 디스플레이한다.
- 3D 그래프: 3D 프런트패널 플롯에 3D 데이터를 디스플레이한다.

차트와 그래프는 컨트롤 팔레트의 「일반≫그래프」에서 선택하여 사용한다.

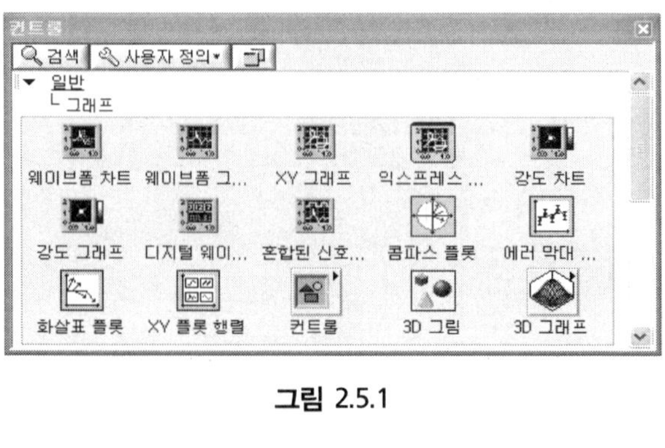

그림 2.5.1

함수 팔레트의 「프로그래밍≫웨이브폼」에도 해당함수가 있으나 용도가 다르다.

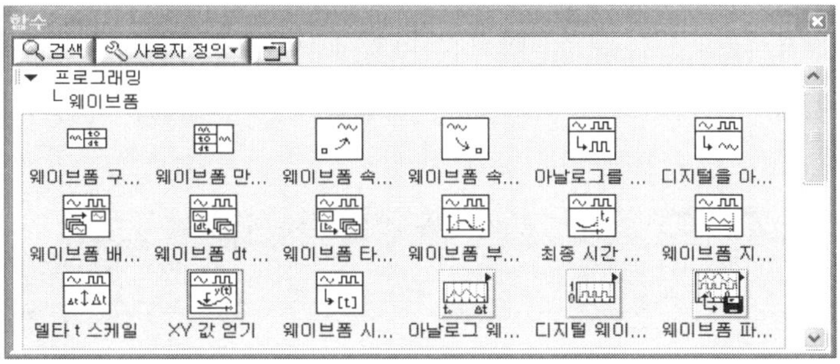

그림 2.5.2

예제 2.5.1 난수를 웨이브폼 차트에 표시하기

0부터 1까지의 숫자가 발생되는 난수를 웨이브폼 차트에 그려보자.

① 메뉴에서 「새 VI」를 선택하여 VI 창을 만든다.

② 메뉴에서 「파일≫다른 이름으로 저장...」을 선택하여 Ex2_5_1.vi 로 저장한다.

③ 프런트패널 객체 가져오기

컨트롤 팔레트에서 「일반≫그래프≫웨이브폼 차트」를 선택하여 프런트패널에 위치시킨다.

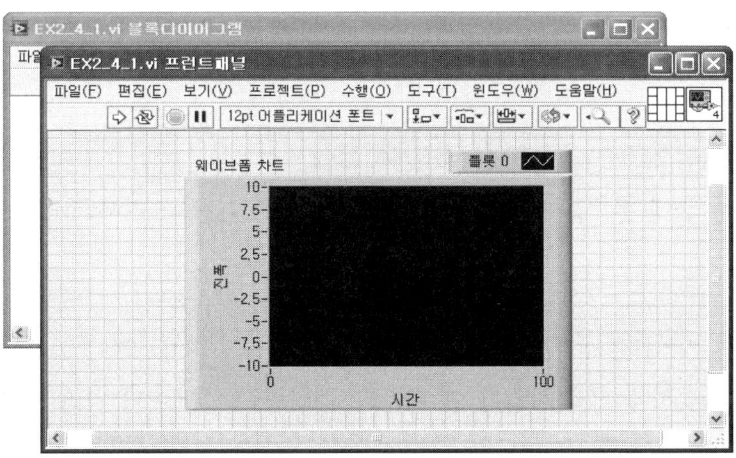

그림 2.5.3

④ 블록다이어그램에서 와이어 연결하기

블록다이어그램을 클릭하여 활성화하면, 프런트패널에서 구성된 「웨이브폼 차트」 인디케이터가 터미널로 대응되어 나타나있다. 여기에 함수 팔레트에서 「프로그래밍≫숫자형≫난수(0-1)」를 선택하여 적당한 위치에 놓고, 와이어로 연결한다.

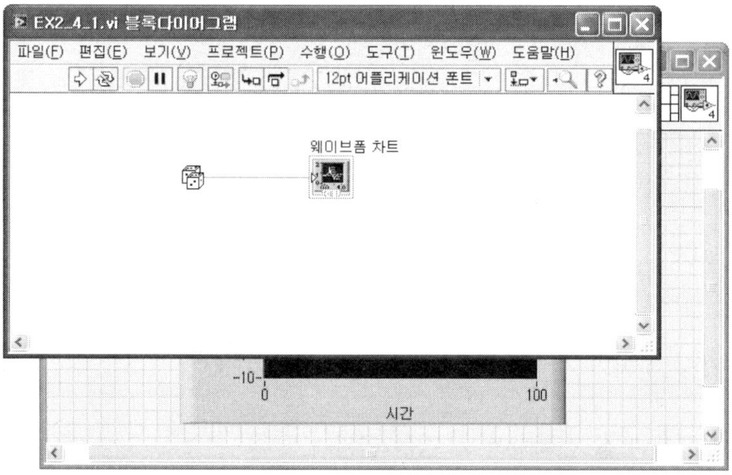

그림 2.5.4

⑤ 프로그램 실행

프런트패널에서 입출력 값을 볼 수 있으므로 프런트패널에서 실행한다.

프런트패널에서 입력은 난수에서 자동으로 발생되므로 「실행」을 누른 후 결과를 살펴본다. 「실행」을 한번 누를 때마다 눈금이 하나씩 나타나 그림을 그릴 것이다.

「연속 실행」을 누른 후, 결과 값을 본다.

연속실행 중에 「일시 정지」, 「실행 강제 종료」를 눌러서 상태의 변화를 살펴본다.

⑥ 차트의 데이터를 지우는 방법

차트를 깨끗하게 삭제 하고자 할 때는 단축메뉴에서 「데이터 처리≫차트 지우기」를 선택한다.

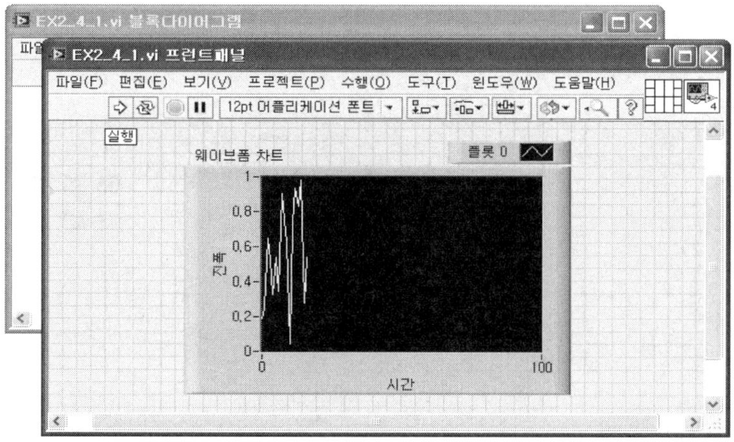

그림 2.5.5

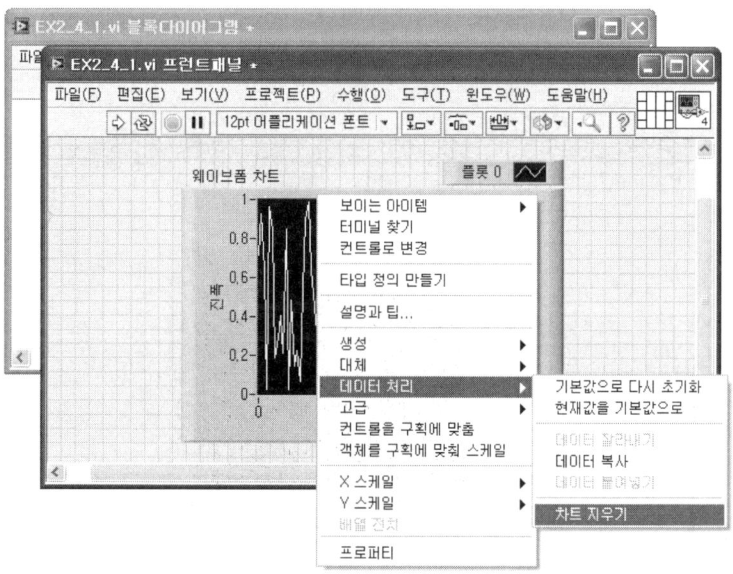

그림 2.5.6

⑦ 차트의 플롯형태 바꾸기

차트의 오른쪽 위에 있는 「플롯 0」의 플롯모양 위치에서 단축메뉴를 선택하면 여러 가지로 플롯의 모양을 바꿀 수 있다.

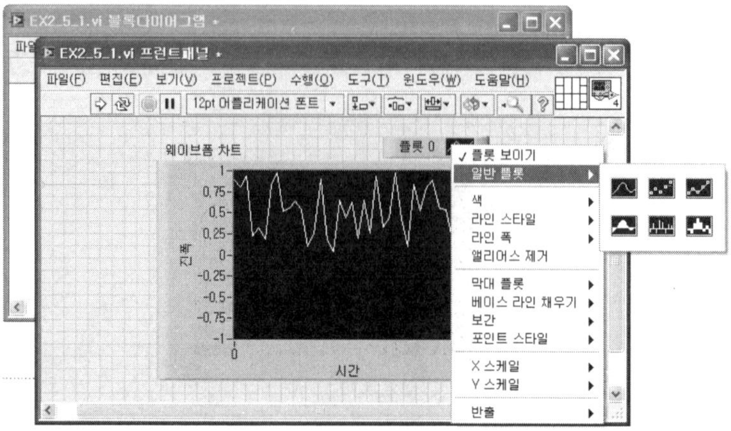

그림 2.5.7

다음은 3번째 모양을 선택하였을 경우이다.

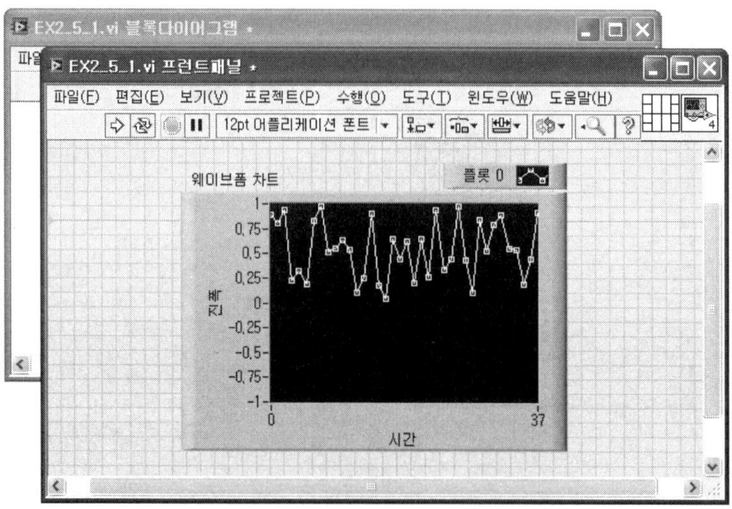

그림 2.5.8

⑧ 차트의 여러 가지 보이는 아이템(Visible Items) 기능

차트위에서 단축메뉴의 「보이는 아이템」을 가져오면, 그림 2.4.9와 같이 여러 가지 기능을 나타낼수 있다.

(1) 캡션(Caption): 또 하나의 라벨링에 사용한다.

(2) 스케일 범례(Scale Legend): 그래프 또는 차트에서 x/y축 스케일에 라벨링하고 스

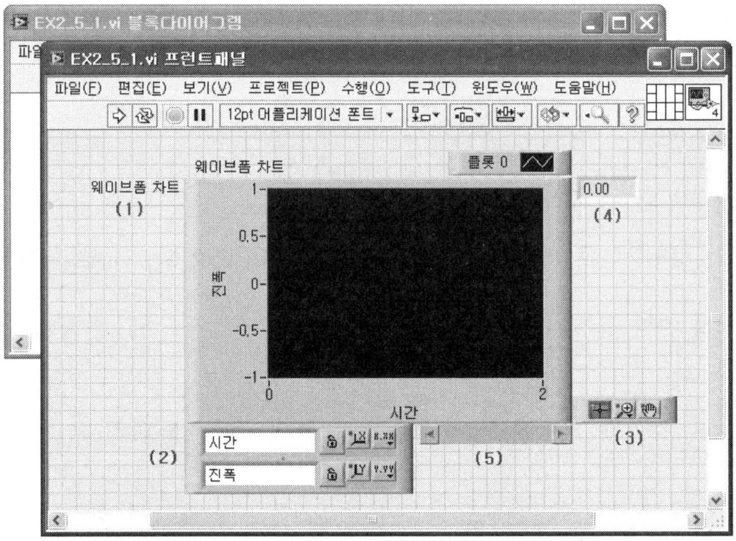

그림 2.5.9

케일 프로퍼티를 설정하기 위해 스케일 범례를 사용한다.

- 오토스케일 버튼: 그래프 또는 차트에 연결하는 데이터를 반영하도록 스케일을 조정한다.
- 스케일 포맷 버튼: 포맷, 정밀도, 맵핑 모드, 스케일의 가시화 여부와 스케일 라벨을 설정하고 눈금 색을 지정한다.
- 위치 도구: 스케일 범례를 확장하여 그래프 또는 차트에 y스케일을 추가한다. 스케일 범례 행에서 아무 곳이나 클릭하여 스케일을 활성화한다.

(3) 그래프 팔레트(Graph Pallette): 그래프 팔레트를 사용하여 VI를 실행하는 동안 그래프나 차트와 상호 작용한다

- 커서 이동 도구: 디스플레이에서 커서를 움직인다. 이 버튼은 그래프에만 적용된다.
- 줌: 디스플레이를 줌 인, 줌 아웃한다.
- 팬 도구: 플롯을 선택하여 플롯을 디스플레이에서 움직인다.

(4) 디지털 디스플레이(Digital Display): 마지막 출력된 값이 디지털로 디스플레이 된다.

(5) X 스크롤 막대(X Scrollbar): 움직이면서 플롯된 값의 히스토리를 볼 수 있다.

예제 2.5.2 1차원 배열을 차트와 그래프로 표시하기

1차원 배열의 값을 웨이브폼 차트와 그래프에 그려보자.

① 메뉴에서 「새 VI」를 선택하여 VI 창을 만든다.

② 메뉴에서 「파일≫다른 이름으로 저장...」을 선택하여 Ex2_5_2.vi 로 저장한다.

③ 프런트패널 객체 가져오기

컨트롤 팔레트에서 「일반≫그래프≫웨이브폼 차트」와 「일반≫그래프≫웨이브폼 그래프」 및 숫자형 배열을 선택하여 각각 프런트패널에 위치시킨다.

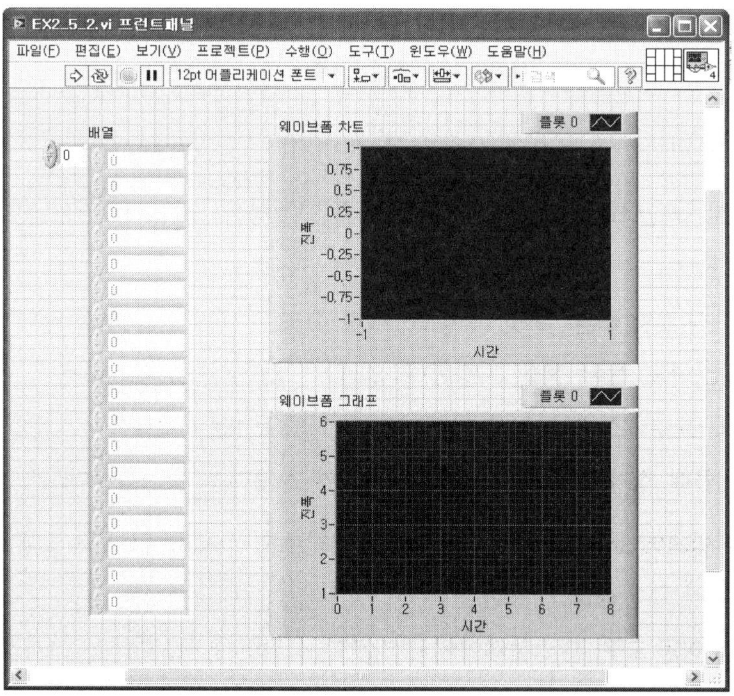

그림 2.5.10

④ 블록다이어그램에서 와이어 연결하기

블록다이어그램을 클릭하여 활성화하면, 프런트패널에서 구성된 객체가 대응되어 나타나있다. 그림 2.5.11과 같이 와이어로 연결한다.

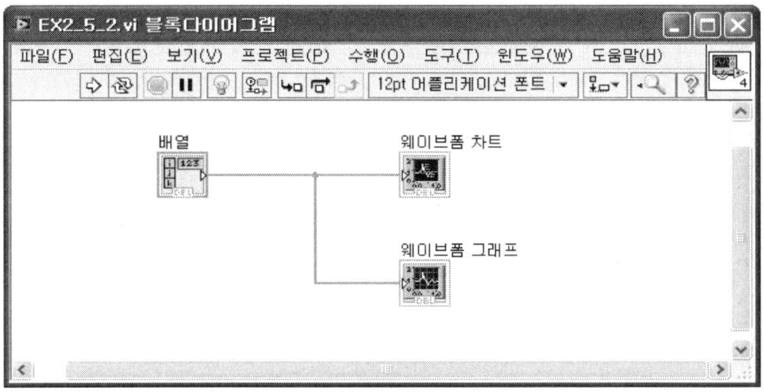

그림 2.5.11

⑤ 프로그램 실행

프런트패널에서 배열에 적당한 값을 넣고, [⇨]「실행」을 누른 후 결과를 살펴본다.

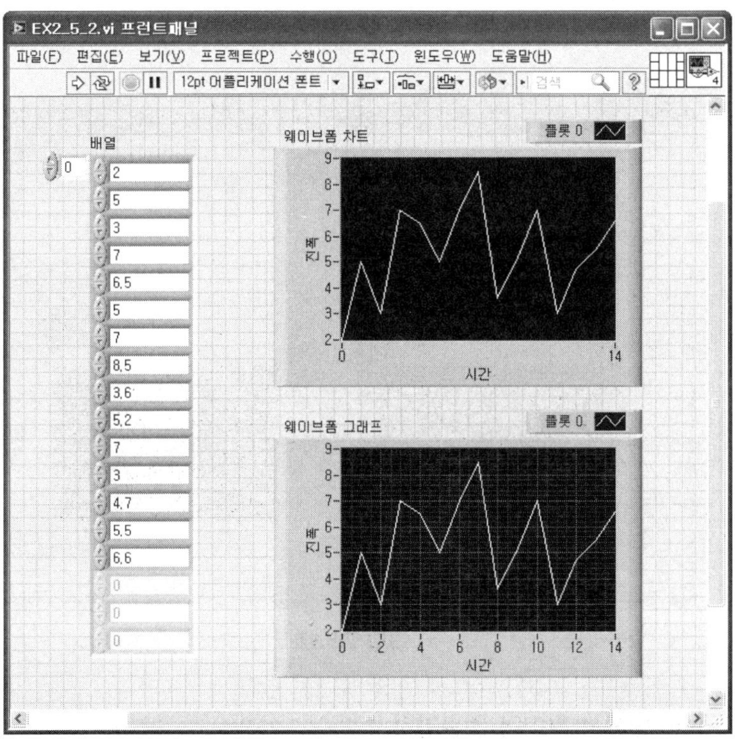

그림 2.5.12

예제 2.5.3 2차원 배열을 다중플롯 차트와 그래프로 표시하기

2차원 배열의 값을 웨이브폼 다중플롯 차트와 그래프로 표시하자.

① 메뉴에서 「새 VI」를 선택하여 VI 창을 만든다.

② 메뉴에서 「파일≫다른 이름으로 저장...」을 선택하여 Ex2_5_3.vi 로 저장한다.

③ 프런트패널 객체 가져오기

컨트롤 팔레트에서 「일반≫그래프≫웨이브폼 차트」와 「일반≫그래프≫웨이브폼 그래프」 및 숫자형 배열을 선택하여 각각 프런트패널에 위치시킨다.

④ 플롯 범례 늘리기

플롯 범례 위에 마우스포인터를 놓으면 사각점이 생긴다. 사각점을 위로 드래그 하면 플롯 범례가 늘어난다.

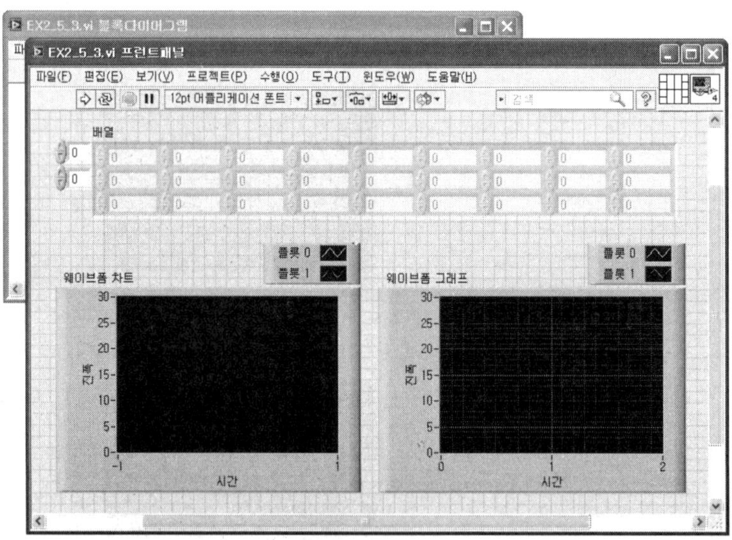

그림 2.5.13

⑤ 블록다이어그램에서 와이어 연결하기

블록다이어그램을 클릭하여 활성화하면, 프런트패널에서 구성된 객체가 대응되어 나타나있다. 그림 2.5.14와 같이 와이어로 연결한다.

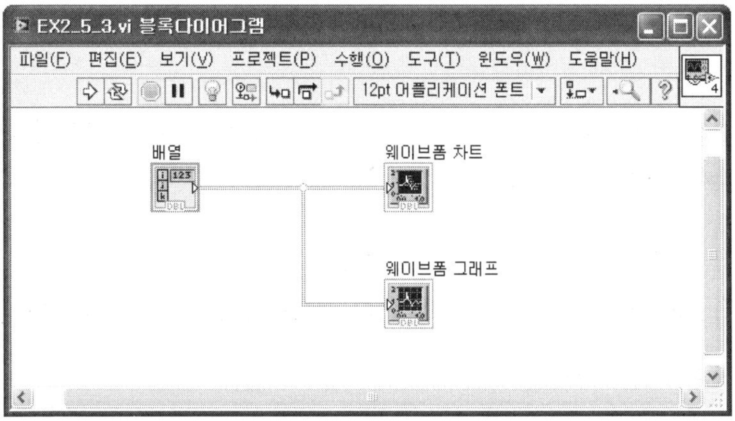

그림 2.5.14

⑥ 프로그램 실행

프런트패널에서 배열에 적당한 값을 넣고, ⇨「실행」을 누른 후 결과를 살펴본다.

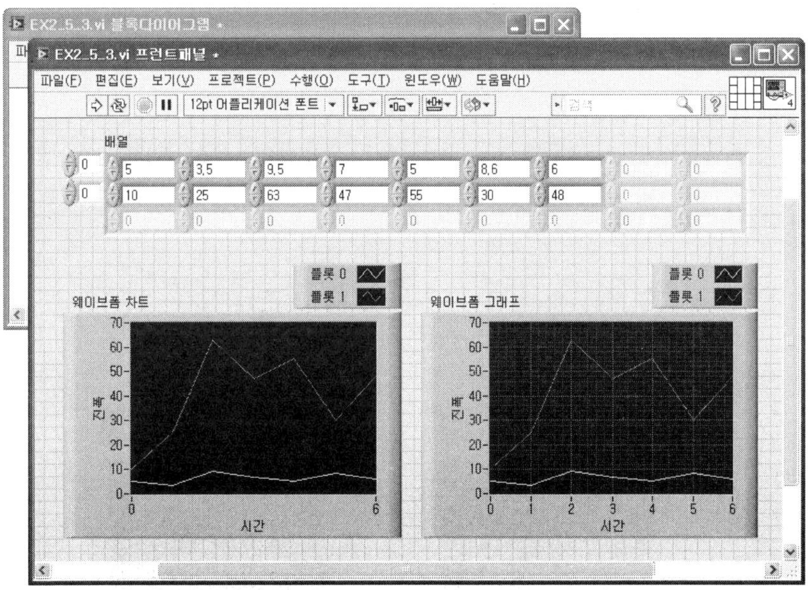

그림 2.5.15

예제 2.5.4 스트립-다층 차트와 X축 초기값과 증분이 있는 그래프

난수 2개를 스트립-다층 차트로 표시하고, 같은 프런트패널에 2차원 배열을 X축 초기값과 X축 증분이 있는 그래프로 만들자.

① 메뉴에서 「새 VI」를 선택하여 VI 창을 만든다.

② 메뉴에서 「파일≫다른 이름으로 저장...」을 선택하여 Ex2_5_4.vi 로 저장한다.

③ 프런트패널 객체 가져오기

컨트롤 팔레트에서 「일반≫그래프≫웨이브폼 차트」와 「일반≫그래프≫웨이브폼 그래프」 및 숫자형 컨트롤 2개(초기값과 증분)와 숫자형 배열을 선택하여 각각 프런트패널에 위치시킨다.

④ 플롯 범례 늘리기

플롯 범례 위에 마우스포인터를 놓으면 사각점이 생긴다. 사각점을 위로 드래그하면 플롯 범례가 늘어난다.

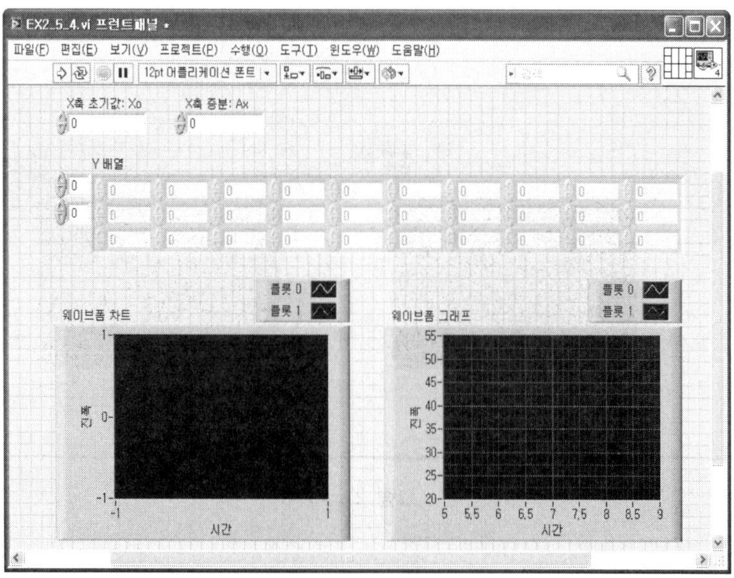

그림 2.5.16

⑤ 스트립-다층 차트 만들기

웨이브폼 차트 위에서 단축메뉴를 가져와서 「프로퍼티」를 선택한다.

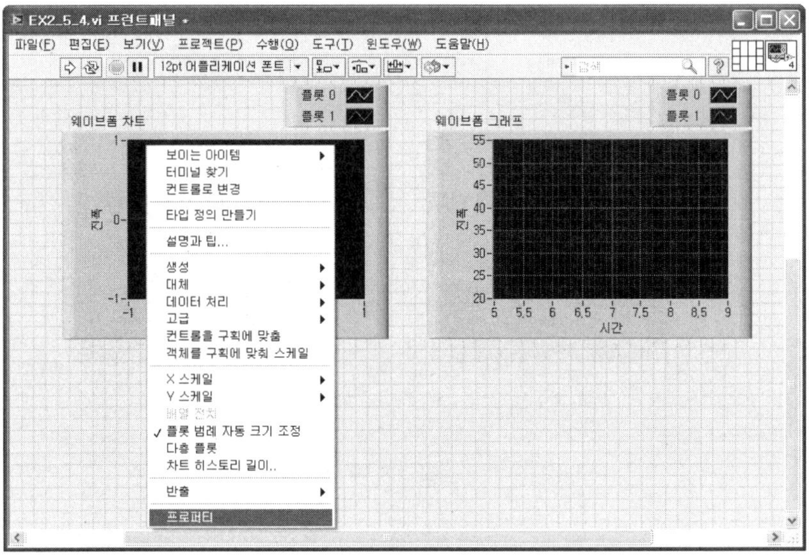

그림 2.5.17

차트 프로퍼티에서 스트립 차트, 다층 플롯을 선택한다.

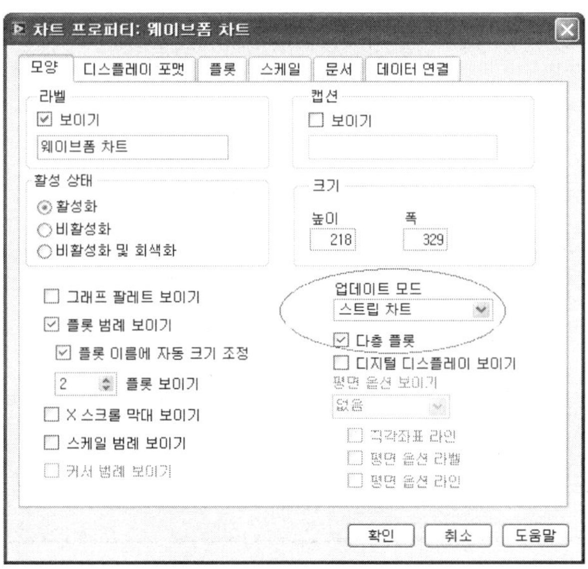

그림 2.5.18

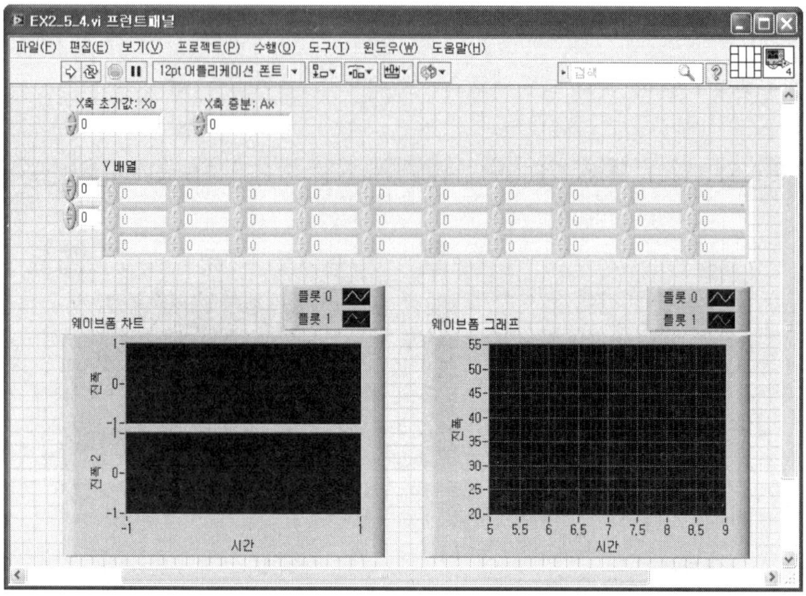

그림 2.5.19

⑥ 블록다이어그램에서 와이어 연결하기

블록다이어그램을 클릭하여 활성화하면, 프런트패널에서 구성된 객체가 대응되어 나타나있다. 그림 2.5.20과 같이 와이어로 연결한다.

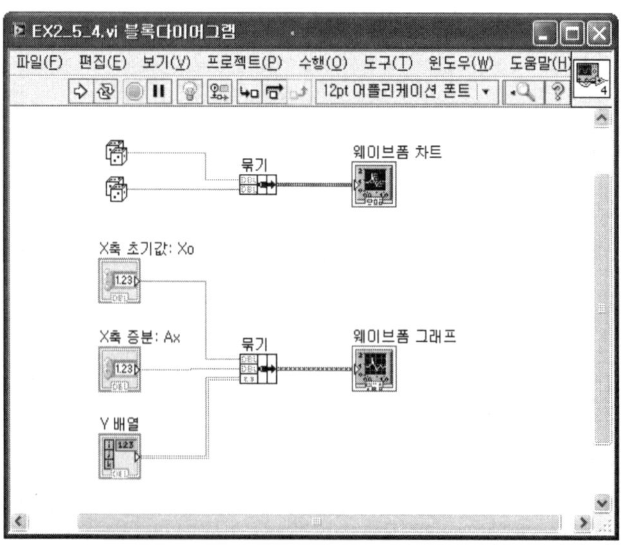

그림 2.5.20

⑦ 프로그램 실행

프런트패널에서 배열에 적당한 값을 넣고, [⇨]「실행」을 누른 후 결과를 살펴본다. 계속 [⇨]「실행」 하여 보자.

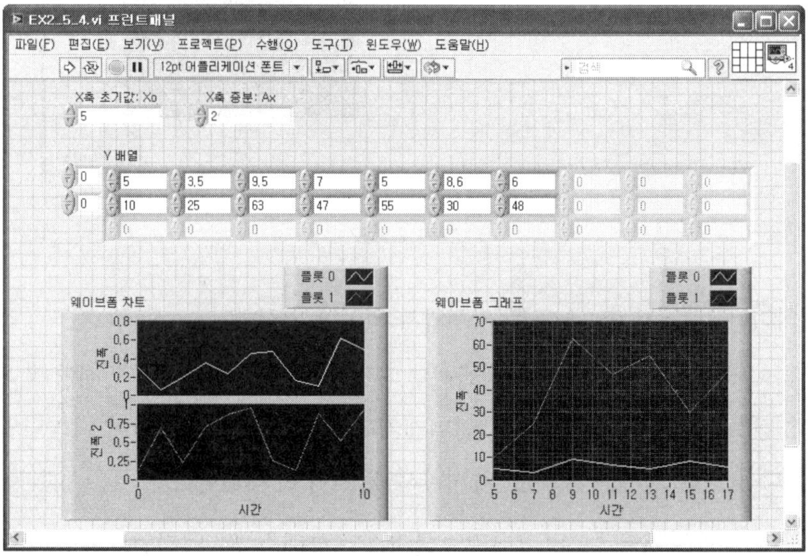

그림 2.5.21

예제 2.5.5 불규칙한 간격으로 측정된 데이터를 XY 그래프로 표시하기

웨이브폼 차트와 웨이브폼 그래프는 X축이 일정하여야한다. 1차원 배열 1개를 불규칙한 간격으로 측정된 X축 데이터라고 하고, 다른 1차원 배열 1개를 이에 대응되는 Y축 값이라고 할 때 이를 XY 그래프로 표시할 수 있다.

① 메뉴에서 「새 VI」를 선택하여 VI 창을 만든다.

② 메뉴에서 「파일≫다른 이름으로 저장...」을 선택하여 Ex2_5_5.vi 로 저장한다.

③ 프런트패널 객체 가져오기

컨트롤 팔레트에서 「일반≫그래프≫XY 그래프」 및 숫자형 배열을 선택하여 각각 프런트패널에 위치시킨다.

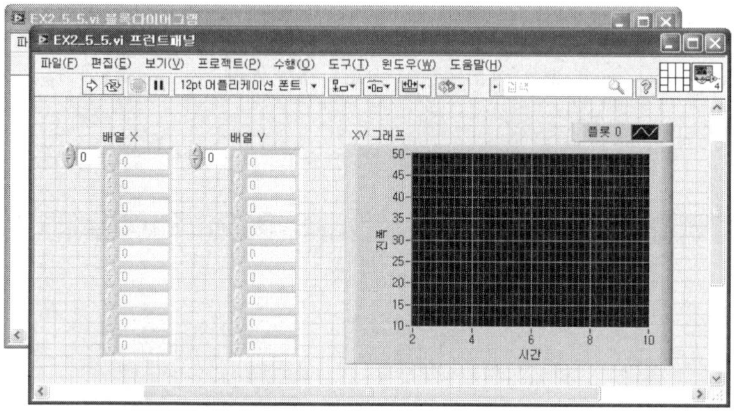

그림 2.5.22

④ 블록다이어그램에서 함수노드를 가져와서 와이어 연결하기

블록다이어그램을 클릭하여 활성화하면, 프런트패널에서 구성된 「배열 X」, 「배열 Y」의 컨트롤과 「XY 그래프」의 인디케이터가 터미널로 대응되어 나타나있다. 여기에 다음 순서로 함수노드를 가져와서 와이어로 연결한다.

- 함수 팔레트에서 「프로그래밍≫클러스터,클래스 & 배리언트≫묶기」를 가져온다.
- 「묶기」의 입력단을 「배열 X」, 「배열 Y」의 컨트롤과 연결한다.
- 「묶기」에서 단축메뉴를 불러서 「생성≫인디케이터」를 부르면 「출력 클러스터」가 생성되고 자동으로 와이어가 연결된다.
- 이를 그림 2.5.23과 같이 배치하고 나머지를 와이어로 연결한다.

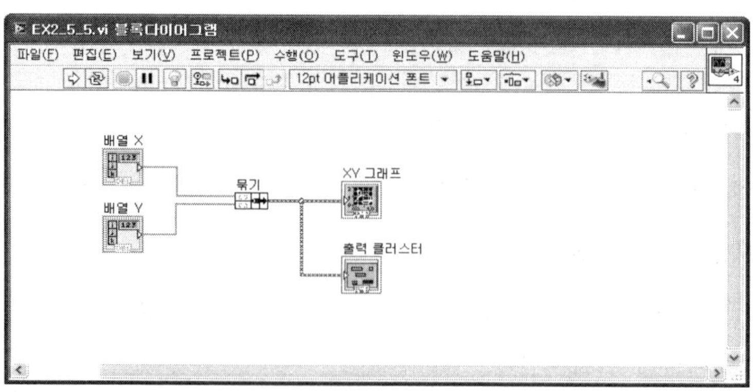

그림 2.5.23

⑤ 프로그램 실행

프런트패널에서 배열에 적당한 값을 넣고, 「실행」을 누른 후 결과를 살펴본다.

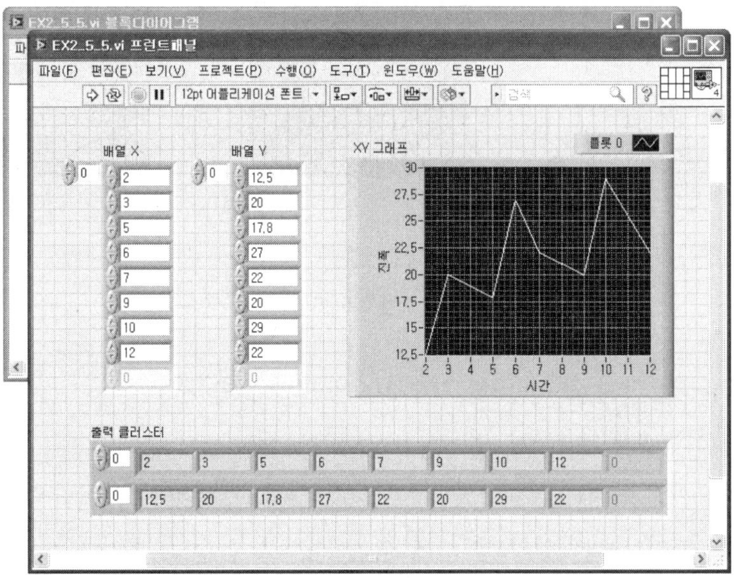

그림 2.5.24

예제 2.5.6 불규칙한 간격의 데이터를 다중플롯 XY 그래프로 표시하기

웨이브폼 차트와 웨이브폼 그래프는 X축이 일정하여야한다. 1차원 배열 1개를 불규칙한 간격으로 측정된 X축 데이터라고 하고, 다른 1차원 배열 2개를 이에 대응되는 Y축 값이라고 할 때 이를 XY 그래프로 표시할 수 있다.

① 메뉴에서 「새 VI」를 선택하여 VI 창을 만든다.

② 메뉴에서 「파일≫다른 이름으로 저장...」을 선택하여 Ex2_5_6.vi 로 저장한다.

③ 프런트패널 객체 가져오기

컨트롤 팔레트에서 「일반≫그래프≫XY 그래프」 및 숫자형 배열을 선택하여 각각 프런트패널에 위치시킨다. 왼쪽 그래프는 배열X-배열Y의 단일 플롯용이고 오른쪽 그래프는 배열X-배열Y/배열Y2 다중 플롯용 이다.

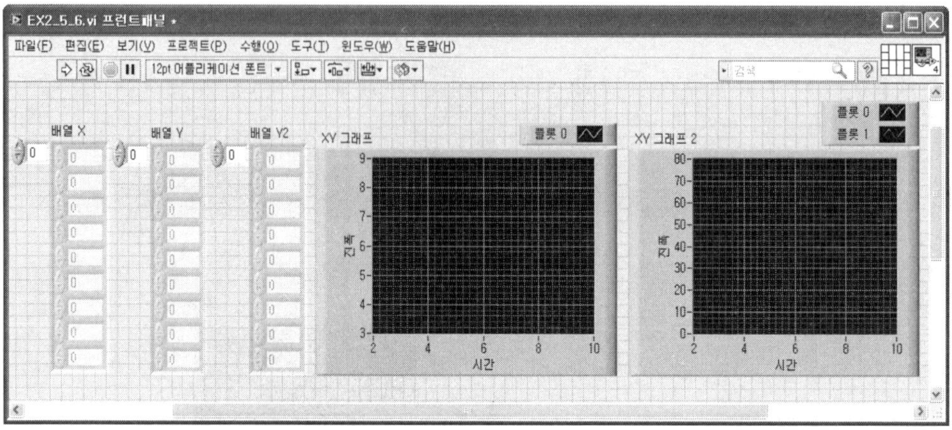

그림 2.5.25

④ 블록다이어그램에서 함수노드를 가져와서 와이어 연결하기

블록다이어그램을 클릭하여 활성화하면, 프런트패널에서 구성된「배열 X」,「배열 Y」「배열 Y2」의 컨트롤과「XY 그래프」,「XY 그래프2」의 인디케이터가 터미널로 대응되어 나타나있다. 여기에 다음 순서로 함수노드를 가져와서 와이어로 연결한다.

1. 함수 팔레트에서「프로그래밍≫클러스터, 클래스, & 배리언트≫묶기」2개와「프로그래밍≫배열≫배열 만들기」를 가져온다.
2. 2개의「묶기」입력단을「배열 X」,「배열 Y」,「배열 Y2」의 컨트롤과 연결한다.
3. 아래의「묶기」출력단을「배열 만들기」아래쪽 입력단과 연결한다.
4. 위의「묶기」에서 단축메뉴를 불러서「생성≫인디케이터」를 부르면「출력 클러스터」가 생성되고 자동으로 와이어가 연결된다.
5. 아래의「배열 만들기」에서 단축메뉴를 불러서「생성≫인디케이터」를 부르면「추가된 배열」이 생성되고 자동으로 와이어가 연결된다.
6. 나머지 남은 와이어를 연결하면 그림 2.5.26과 같다.

⑤ 프로그램 실행

프런트패널에서 배열에 적당한 값을 넣고, ⇨「실행」을 누른 후 결과를 살펴본다.

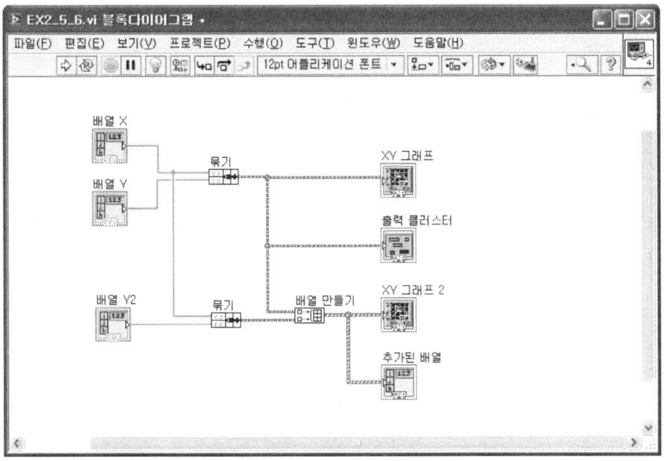

그림 2.5.26

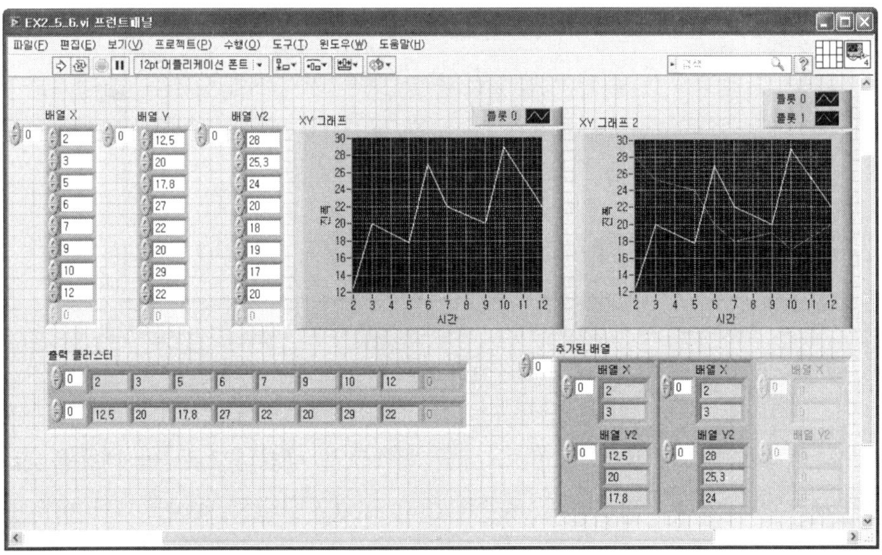

그림 2.5.27

2.6 잘못된 부분 찾고 고치기

VI 프로그램이 실행조차도 할 수 없는 여건일 경우나 또는 VI는 실행되나 사용자가 원하는 대로 동작되지 않을 경우, 잘못된 부분을 찾고 이를 고치는 디버깅은 아주 중요하고도 귀찮은 일이다.

실행조차도 할 수 없는 여건일 경우

첫 번째 실행조차도 할 수 없는 여건일 경우는 처방이 비교적 간단하다. 이럴 경우 LabVIEW는 실행버튼 「실행」 아이콘이 와 같이 깨어져 나타난다. 이는 와이어 결선이 제대로 되지 않았거나 혹은 다른 이유로 에러가 발생된 것을 나타낸다.

- 깨어진 실행버튼을 클릭하면 에러목록 창이 나타난다.

예제 2.2.6의 VI에서 와이어가 하나 연결되지 않았을 경우, 그림 2.6.1과 같이 「실행」 아이콘이 와 같이 깨어져 나타난다.

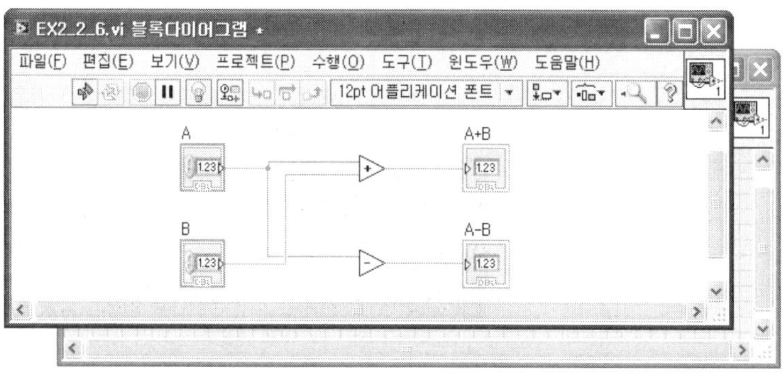

그림 2.6.1

- 을 클릭하면 그림 2.6.2와 같이 에러 리스트가 나타나므로, 이 내용을 확인하고 고치면 「실행」 아이콘이 정상화되며, 비로소 프로그램이 완성되었다는 것을 뜻한다.

VI는 실행되나 사용자가 원하는 대로 동작되지 않을 경우

두 번째 VI는 실행되나 사용자가 원하는 대로 동작되지 않을 경우는 해결하기가 매우 힘들다. 그래서 LabVIEW는 다음과 같은 여러 가지 디버깅 방법을 제공한다.

- 「하이라이트」 실행 버튼을 클릭하면 실행 하이라이트는 블록다이어그램의 실행을 애니메이션으로 디스플레이한다. 실행 하이라이트 버튼이 노란색 으로 나

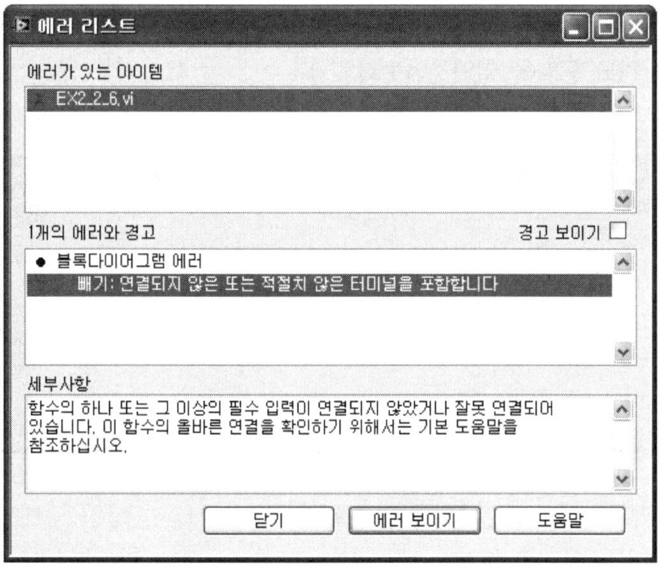

그림 2.6.2

타나면, 실행 하이라이트가 가능하다.

- 「프로브」 와이어 또는 (MathScript RT Module) MathScript 노드에서 프로브를 생성한다. 프로브 도구를 사용하여 의심스럽거나 예상치 못한 결과를 생성하는 VI에서 중간값을 확인할 수 있다.
- 「단계별 실행 들어가기」는 노드를 열고 일시 정지한다. 단계별 실행 들어가기 버튼을 다시 클릭하면, 첫 번째 작업을 실행하고 SubVI나 구조의 다음 작업에서 일시 정지한다.
- 「단계별 실행 건너뛰기」는 노드를 실행하고 다음 노드에서 일시 정지한다.
- 「단계별 실행 나가기」는 현재 노드의 실행을 끝내고 일시 정지한다. VI가 실행을 끝내면, 단계별 실행 나가기 버튼은 비활성화 된다.

예제 2.6.1 Ex2_2_6.vi 디버깅

① 메뉴의 「파일≫열기」에서 예제 2.2.6.vi를 선택하여 VI 창을 연다. 탐색기에서 바로 Ex2.2.6.vi를 더블클릭하여도 불러올 수 있다.

② 블록다이어그램 창에서 「하이라이트」를 클릭하여 노란색 으로 나타나게한 후, 「실행」하고 동작을 확인하여보자.

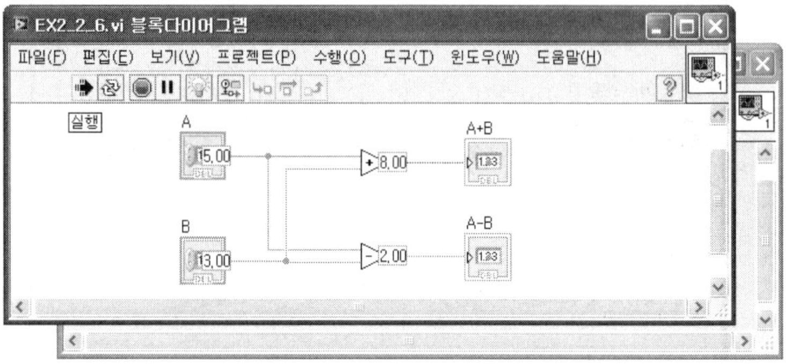

그림 2.6.3

③ 「연속 실행」 중에 마우스 포인터를 블록다이어그램의 입력과 출력 객체 중간 와이어에 접근하면 도구 팔레트의 「프로브」 아이콘이 나타나며, 와이어가 깜박인다.

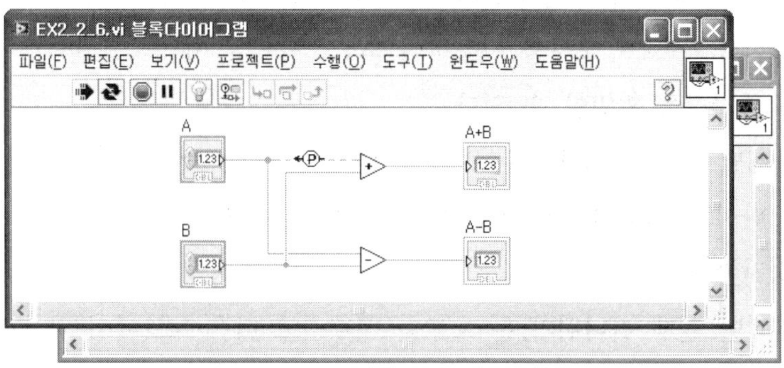

그림 2.6.4

이때 왼쪽 마우스 버튼을 누르면 「프로브 관찰 윈도우」가 나타나며 입력 값을 임의로 써넣을 수 있다. 이는 확실한 값을 임의로 입력하여 결과를 알아보기 위한 방법이다.

「프로브 관찰 윈도우」는 오른쪽 마우스 버튼을 눌러 단축메뉴에서 「프로브」를 선택하여도 바로 나타난다.

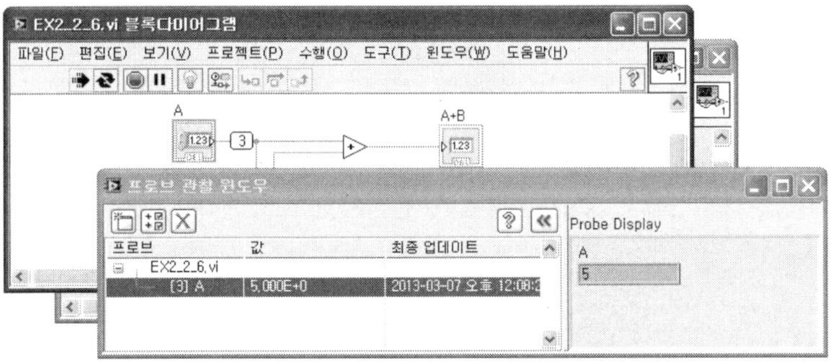

그림 2.6.5

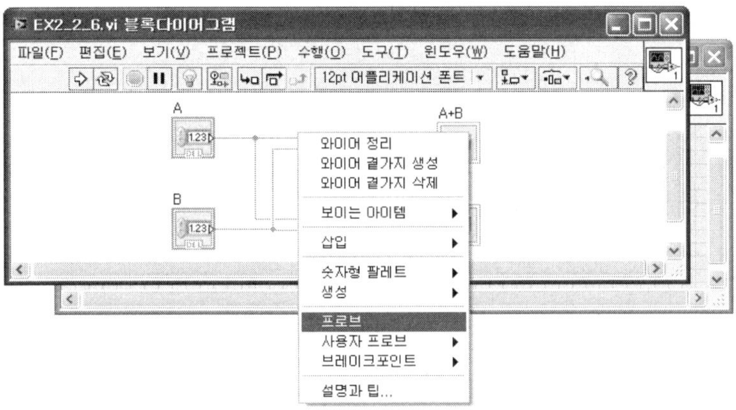

그림 2.6.6

④ 「실행」 대신 「단계별 실행 들어가기」를 누르면 처음 실행되는 아이콘이 반전되며 깜박인다. 다시 한 번 누르면 다음 실행되는 아이콘이 깜박인다. 이렇게 누를 때마다 실행되는 위치가 나타난다. 한 단계씩 실행하여 보자.

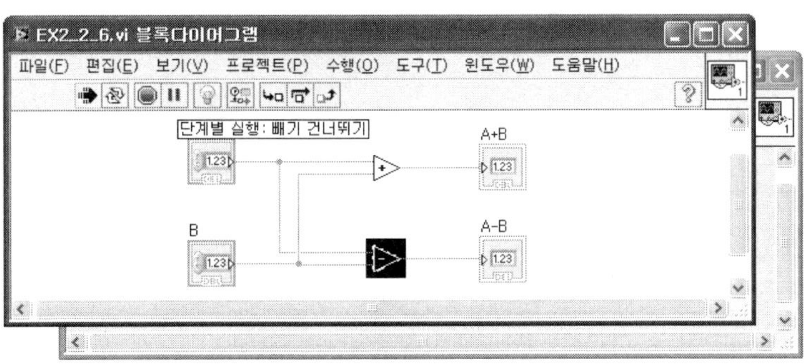

그림 2.6.7

「단계별 실행 건너뛰기」와 「단계별 실행 나가기」도 적절히 섞어서 사용하여 보자

⑤ 위의 여러 가지 디버깅방법을 병행하여 사용하면 더욱 효과가 크다. 병행하여 사용하여 보자.

2장 연습문제

2.1 예제 2_2_8의 계기를 위치, 크기, 장식, 색(도구 팔레트에서 「색설정」을 활성화 하여, 마우스 오른쪽버튼으로 단축메뉴를 부른다.) 등을 바꾸어 보라.

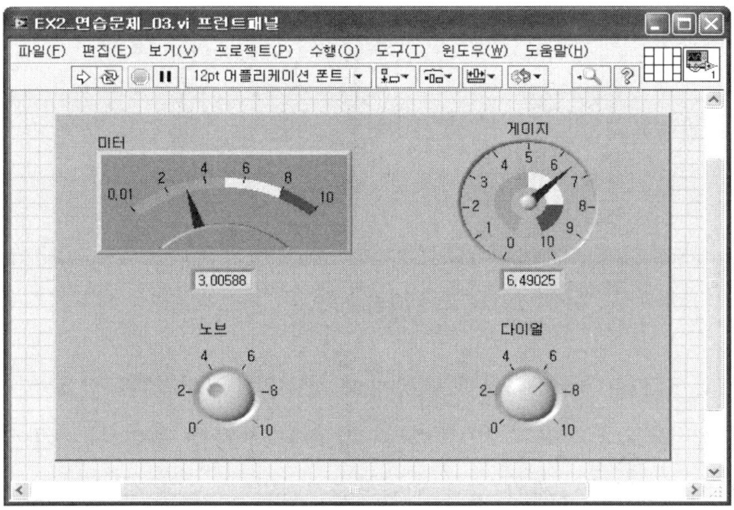

그림 2.1

2.2 3개의 숫자를 「복합연산」으로 더하고 곱하되, 결과값을 그림 2.1.연습문제와 같은 소수점 이하 4자리의 실수형태와 공학적표현의 지수함수형태로 표현하라.

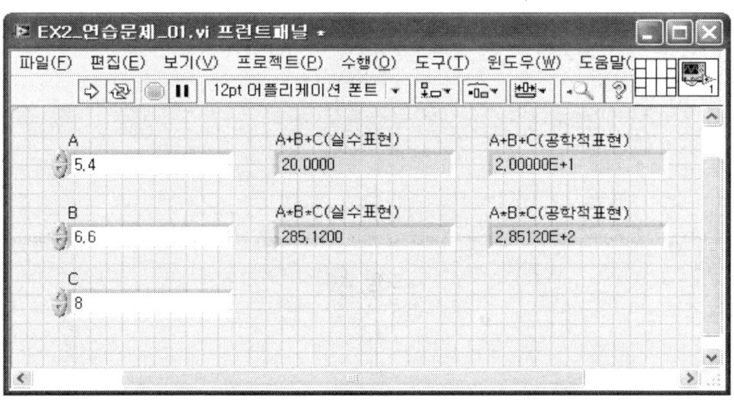

그림 2.2

2.3 난수(0 ~ 1)에서 나오는 숫자를 -100부터 +100 사이의 값으로 만들고(예제 2_3_2), 이 값이 섭씨온도라고 할 때 이를 섭씨와 화씨온도계로 만들어 표시하라.

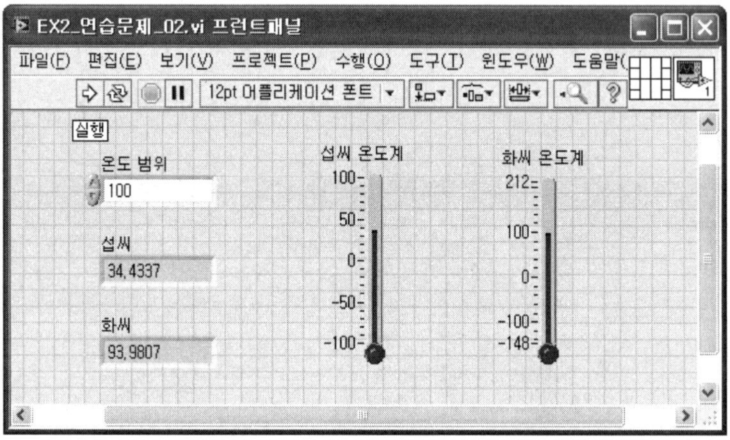

그림 2.3

2.4 예제 2_3_2는 난수(0 ~ 1)를 이용하여 하나의 "입력범위" 값을 입력하면, +"입력범위" 값보다 작고 -"입력범위" 값보다 큰 값을 출력하는 VI이다. 이를 "범위A"와 "범위B" 2개의 값을 입력하면 "범위A" 보다 작고 "범위B"보다 큰 숫자가 출력 되는 VI를 만들어라.

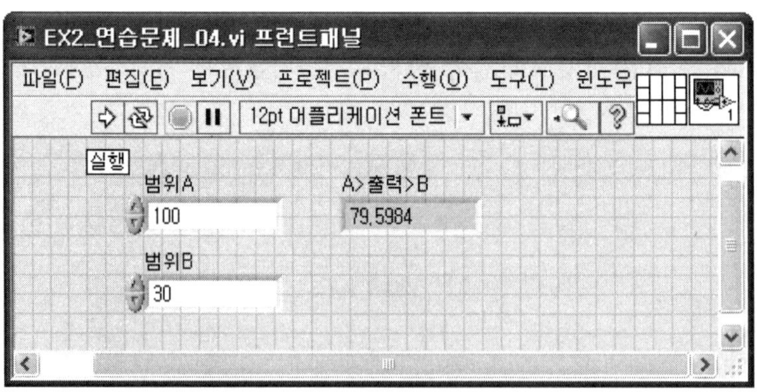

그림 2.4

2.5 3개의 문자를 입력 받아 결과를 하나의 인디케이터에 줄바꿔 표시하라.

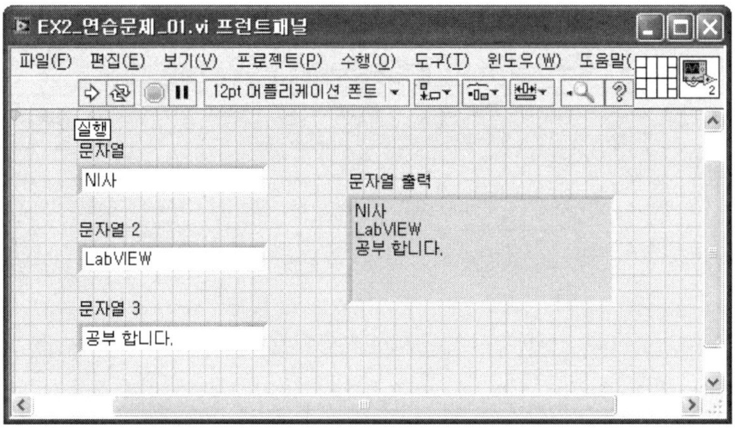

그림 2.5

2.6 난수(0~1)에서 나오는 숫자를 -100부터 +100 사이의 값으로 만들어 게이지에 표시하고, 이 값이 0보다 크거나 같을 때는 LED가 ON 되고, 0보다 작을 때는 OFF 되게 하라.

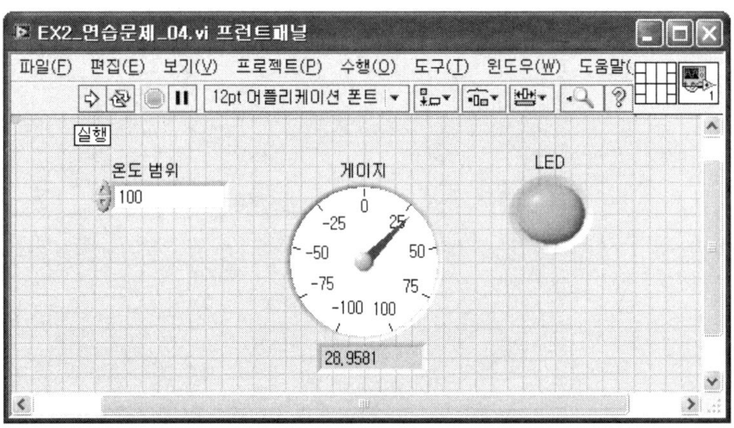

그림 2.6

2.7 다음은 로그인 화면이다. Password는 디스플레이 되지 않고 *로 나타나게(암호 디스플레이)하고 ID와 Password가 맞으면 LED가 ON되게 하라.

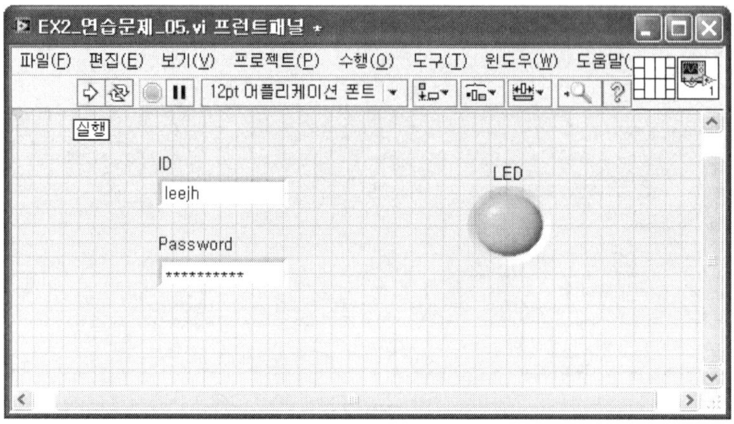

그림 2.7

2.8 2개의 숫자형 컨트롤과 하나의 난수(0~1) 값이 배열로 만들어지게 하라.

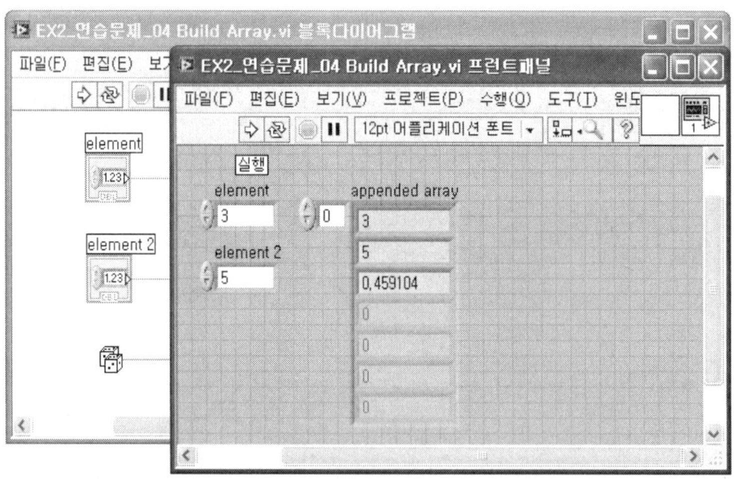

그림 2.8

2.9 두 2차원 배열의 곱셈과 나눗셈을 계산하여라.

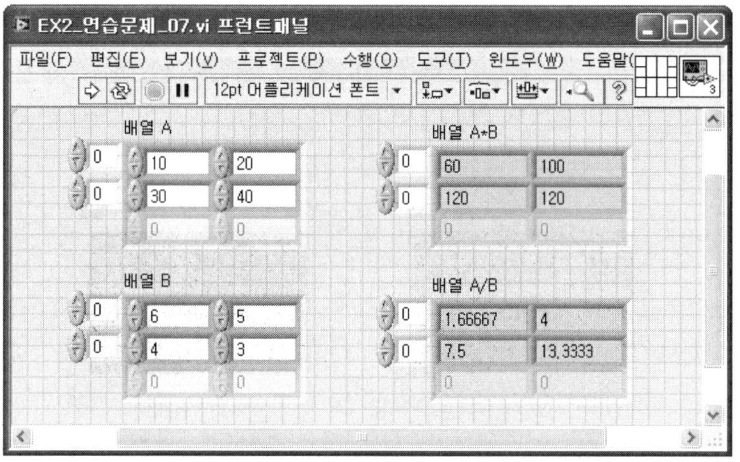

그림 2.9

2.10 예제 2_3_12은 배열의 값을 스프레드시트 문자열로 표시하는 것이다. 반대로 스프레드시트 문자열의 값을 배열에 표시하여 보라.

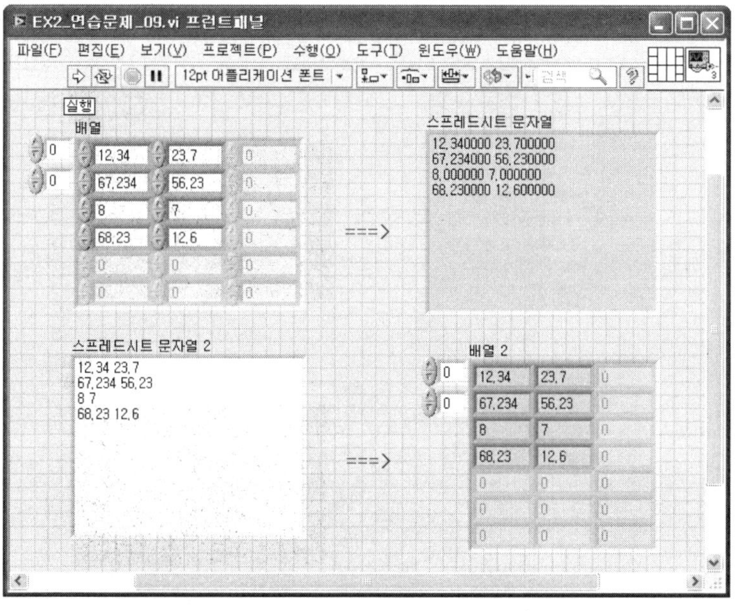

그림 2.10

2.11 1차원 열 배열로 된 예제 2_5_2를 행 배열로 차트와 그래프를 표시하고 차이점을 말하라.

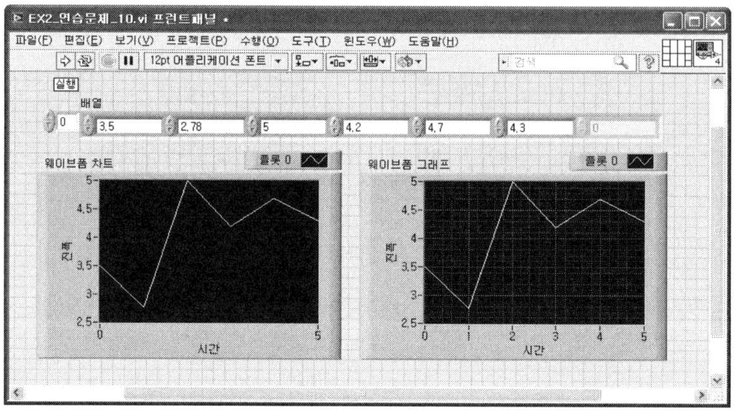

그림 2.11

2.12 2차원 행 방향의 배열로 된 예제 2_5_3을 열 방향의 배열로 바꾸고 이를 예제 2_5_3과 같은 결과가 나오게 하라.

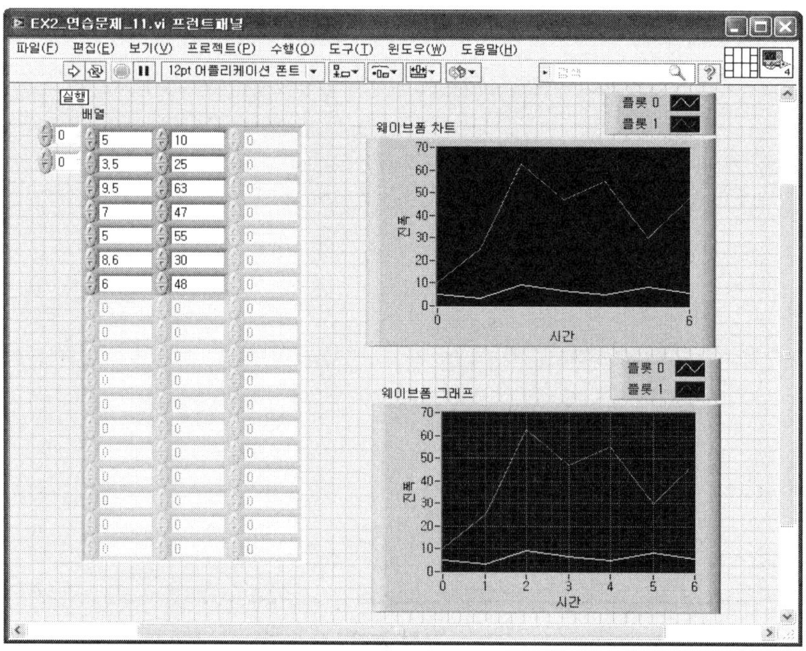

그림 2.12

CHAPTER 03 서브VI 만들기

3.1 서브VI 만들기

서브VI는 사용자가 임의로 만들어서 사용하는 VI 아이콘이다. VI를 만들어서 아이콘과 커넥터 팬을 만들어 저장하여 놓으면 같은 동작 프로그램을 다시 만드는 번거로움을 피하고 이것을 마치 LabVIEW에서 제공하는 아이콘과 같이 사용할 수 있다. LabVIEW에서 제공하는 아이콘도 사실은 내쇼날인스트루먼트사가 만들어 제공하는 서브VI 들이다. 서브VI는 텍스트 기반 프로그래밍언어의 서브루틴에 해당한다.

예제 3.1.1 서브VI 만들기

연습문제 2.4는 난수(0～1)를 이용하여 상하 2개의 입력값 범위 내의 숫자를 만들어 출력하는 VI이다. 이를 서브VI로 만들자.

① 메뉴에서「파일≫열기...」을 선택하여 연습문제 2.4.vi 를 불러온다.

② 메뉴에서「파일≫다른 이름으로 저장...」을 선택하여 Ex3_1_1.vi 로 저장한다.

③ 아이콘 모양 바꾸기

Ex3_1_1.vi의 기본 아이콘은 화면의 오른쪽 위에 있는  인데, 이는 모두 같기 때문에 서브VI로 이용하기 위해서는 구분이 안 된다. 그래서 Ex3_1_1.vi를 알아볼 수 있는 아이콘을 만들기로 하자.

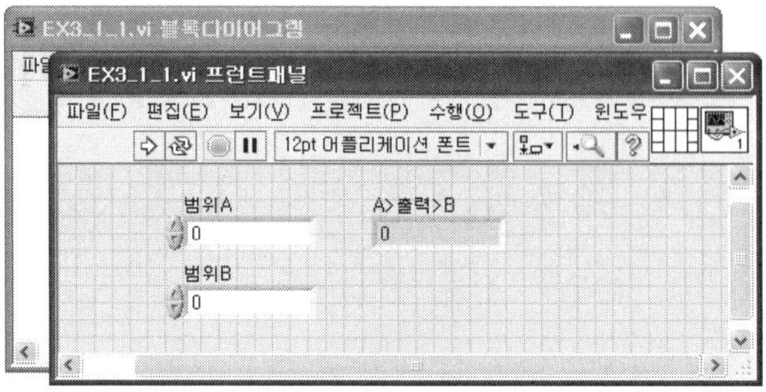

그림 3.1.1

VI 창의 오른쪽 위에 있는  아이콘을 더블 클릭하면 아이콘 에디터가 실행된다.

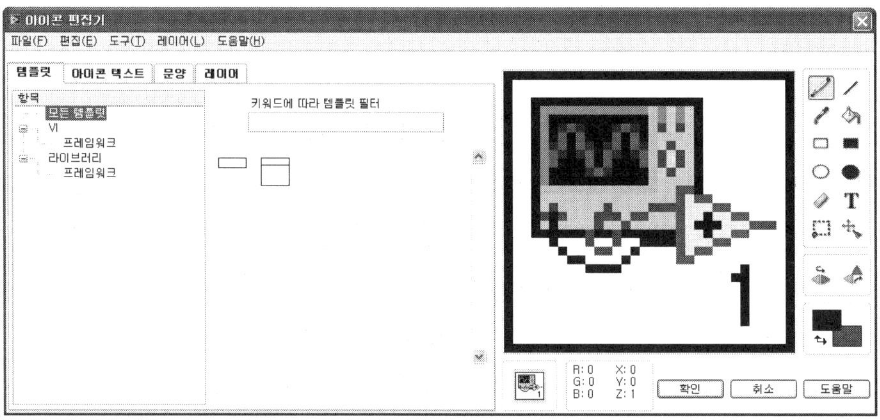

그림 3.1.2

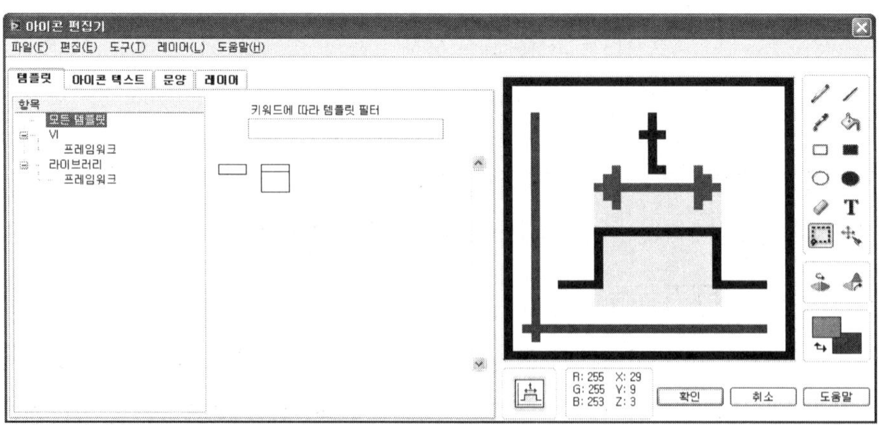

그림 3.1.3

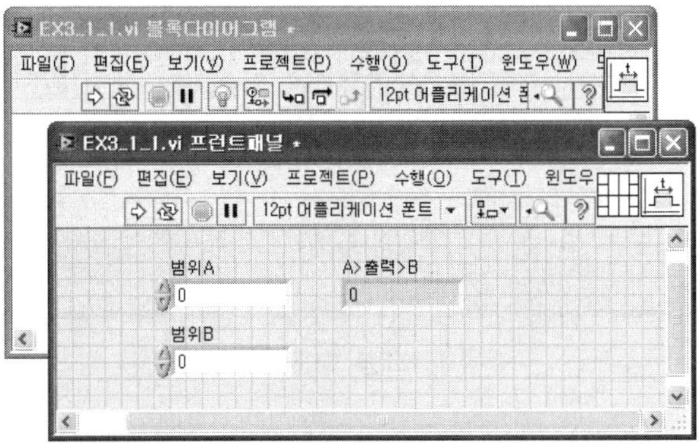

그림 3.1.4

기능은 윈도 그림판의 기능을 축소한 것으로 생각하면 되므로 사용법은 그림판 사용법을 참조하면 된다. 다음 모양으로 적절히 편집한 후, 「확인」을 누르면 의 위치에 대신자리 잡는다.

④ 커넥터 만들기

사용자가 만든 오른쪽 위 아이콘의 왼쪽 아이콘(커넥터 팬)에서 오른쪽 마우스버튼을 누르면 단축메뉴를 선택할 수 있다.

그림 3.1.5의 단축메뉴에서 패턴을 선택(클릭)하면 그림 3.1.6과 같이 커넥터 팬이 에서 로 바뀐다.

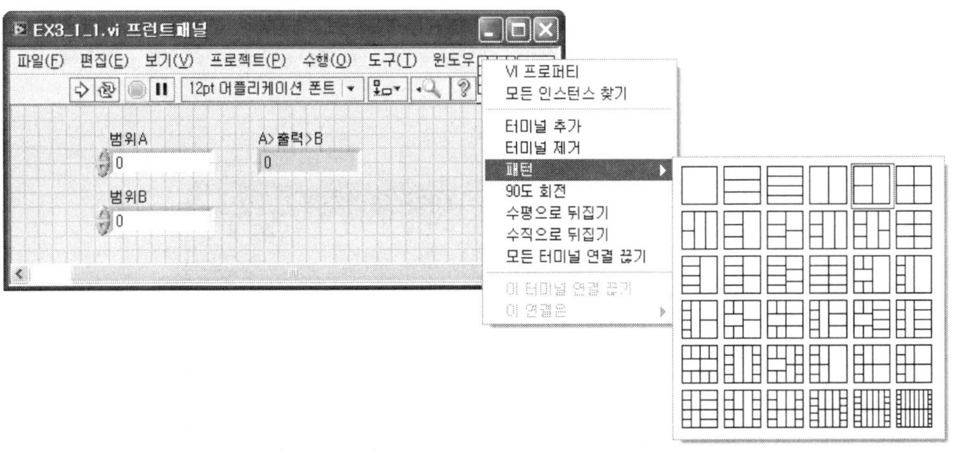

그림 3.1.5

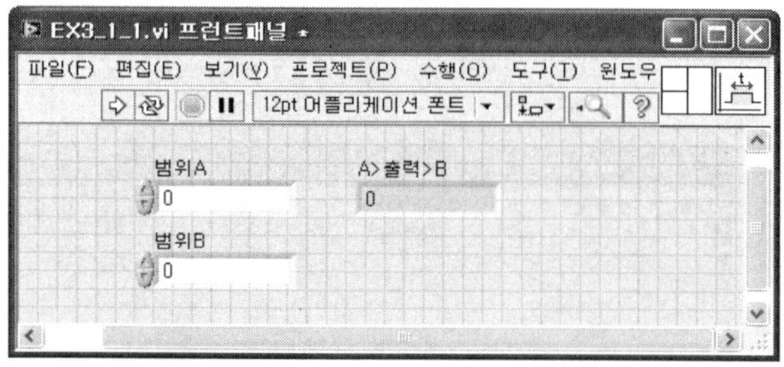

그림 3.1.6

» 컨트롤 만들기

커넥터 팬 의 왼쪽 위 터미널에 를 위치하고 클릭하면 와 같이 검은색으로 변한다. 이 상태(마우스 포인터가 인 상태)에서 「범위A」 객체를 클릭하면,

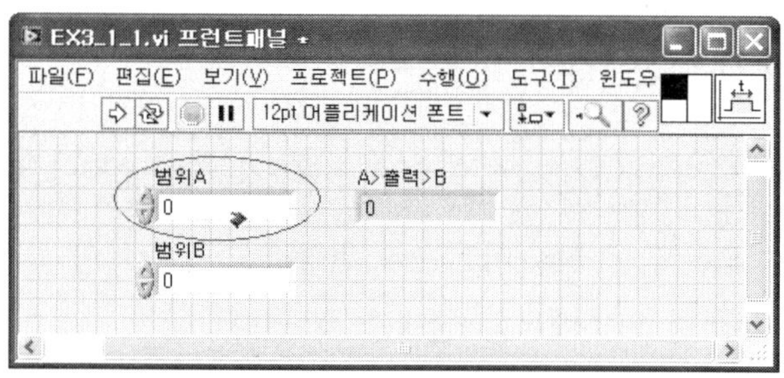

그림 3.1.7

그림 3.1.8과 같이 커넥터 팬 의 검은색 부분이 고동색 으로 색이 변하고 「범위A」 객체가 점선으로 반짝이며, 다시 마우스 왼쪽버튼을 누르면 황색으로 변한다. 이는 커넥터 팬의 왼쪽 상단 터미널이 「범위A」 즉 "숫자형 컨트롤"이라는 것을 표현하는 것이다.

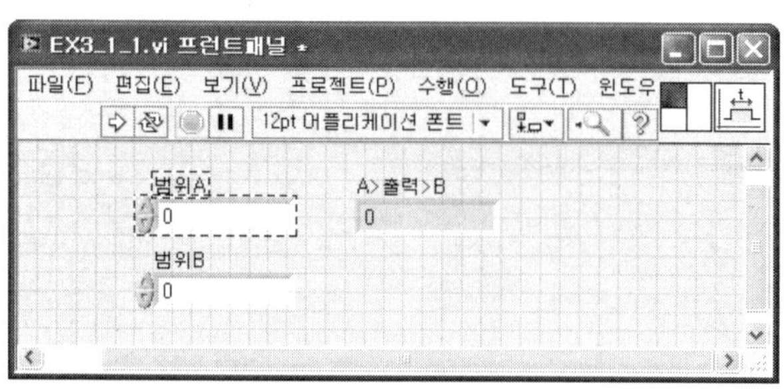

그림 3.1.8

같은 방법으로 커넥터 팬 의 왼쪽 아래 터미널을 「범위B」 컨트롤로 만들 수 있다.

» 인디케이터 만들기

컨트롤 만들기와 같은 방법으로 커넥터 팬 의 오른쪽 터미널을 「A>출력>B」 인디케이터로 만들 수 있다.

» 터미널 추가 또는 제거

터미널의 수가 부족하거나 남는다면 (이 예제의 경우는 아니지만) 그림 3.1.5의 단축메뉴에서 「터미널 추가」 또는 「터미널 제거」를 선택한다.

이렇게 만들고자 하는 컨트롤과 인디케이터를 터미널 조각과 전부 연결한다. 컨트롤과 인디케이터를 구분하기 위하여 인디케이터는 커넥터 조각 주변에 테두리가 만들어진다. 사용자가 커넥터와 연결을 원하지 않는 컨트롤 또는 인디케이터는 연결하지 않아도 관계없다.

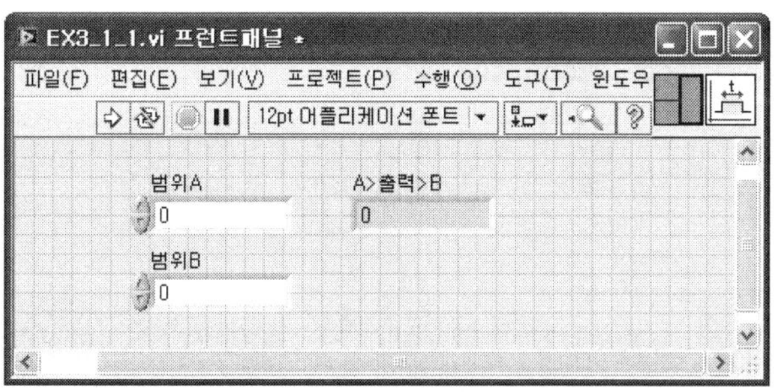

그림 3.1.9

⑤ 「파일≫저장」으로 변경된 내용을 저장한다.

예제 3.1.2 서브VI 사용하기

예제 3_1_1은 난수(0~1)를 이용하여 상하 2개의 입력값 범위 내의 숫자를 만들어 출력하는 서브VI이다. 예제 3_1_1에서 만들어진 서브VI를 이용하여 +100부터 -50까지의 숫자를 발생하게 만들고, 이를 섭씨온도라고 할때 이를 측정하는 VI를 만들자.

① 메뉴에서 「새 VI」를 선택하여 VI 창을 만든다.

② 메뉴에서 「파일≫다른 이름으로 저장...」을 선택하여 Ex3_1_2.vi 로 저장한다.

③ 블록다이어그램에서 만들어진 아이콘 불러오기

그림 3.1.10의 함수 팔레트에서 「VI 선택」을 누르면 그림 3.1.11에서와 같이 「열 VI 선택」 창이 나타난다.

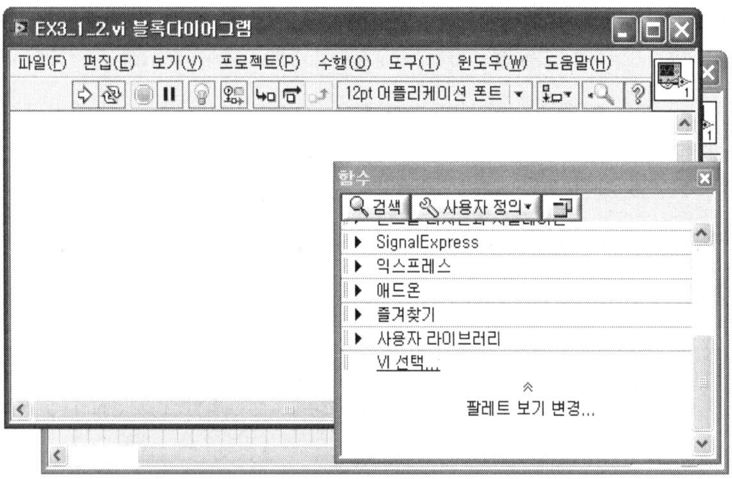

그림 3.1.10

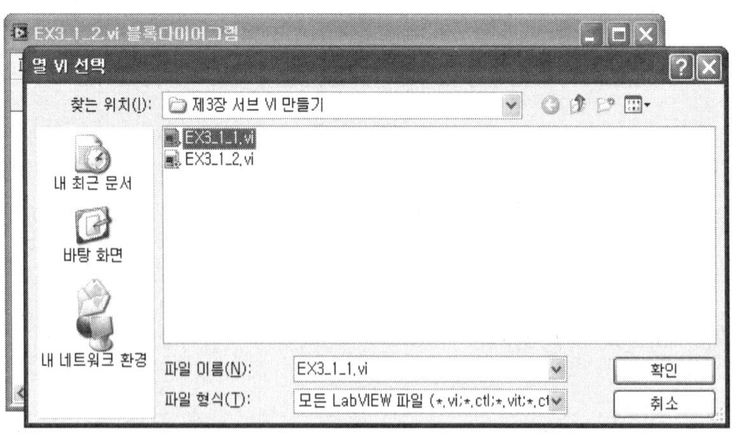

그림 3.1.11

여기서 Ex3_1_1.vi를 선택한 후 블록다이어그램의 적당한 위치에서 클릭하면 예제 3_1_1에서 만들어진 서브VI를 가져 올 수 있다. 이는 다른 노드와 같으며, 라벨을 보이게 할 수 있고, 터미널도 보이게 할 수 있다.

이 아이콘을 더블 클릭하면 그림 3.1.13과 같이 앞의 예제 3_1_1에서 만들어 저장한 VI 임을 확인할 수 있다.

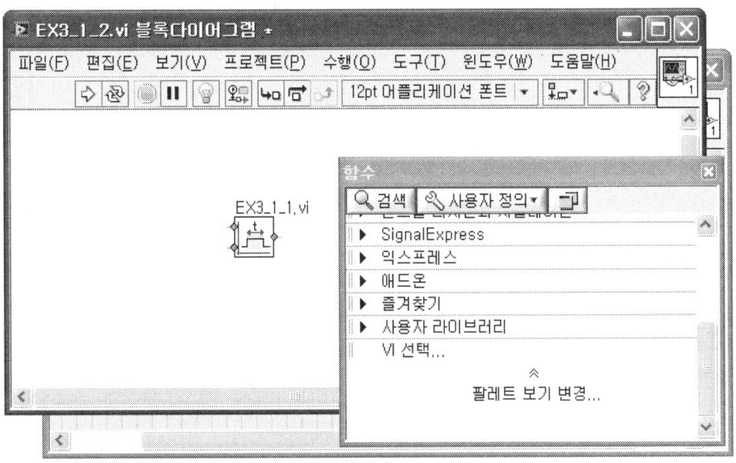

그림 3.1.12

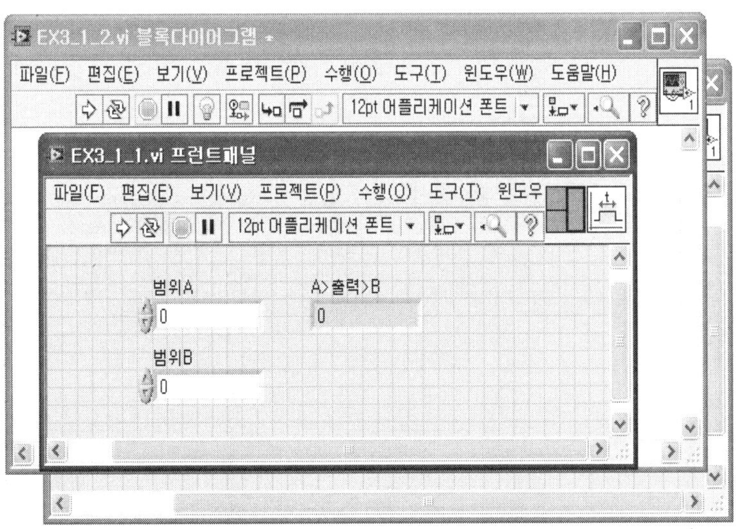

그림 3.1.13

④ 블록다이어그램에서 VI완성하기

일반 노드에서와 같이 서브VI 아이콘의 커넥터위치에서 마우스의 오른쪽 버튼을 누르면 단축메뉴가 나타난다. 이 단축메뉴를 이용하여 2개의 컨트롤과 1개의 인디케이터를 만들고, 출력에 온도계 인디케이터를 붙인다.

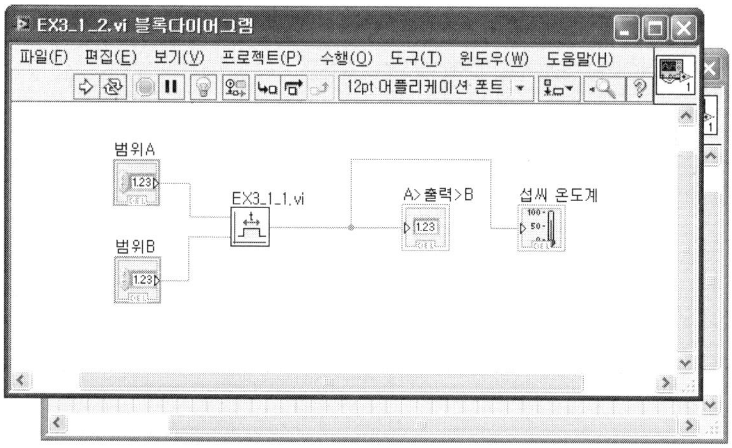

그림 3.1.14

⑤ 프로그램 실행

프런트패널에서 범위A/B에 100/-50의 값을 넣고, ⇨「실행」을 누른 후 결과를 살펴본다. 계속 ⇨「실행」을 눌러 주어진 범위 내에서 값이 나오는지 살펴본다.

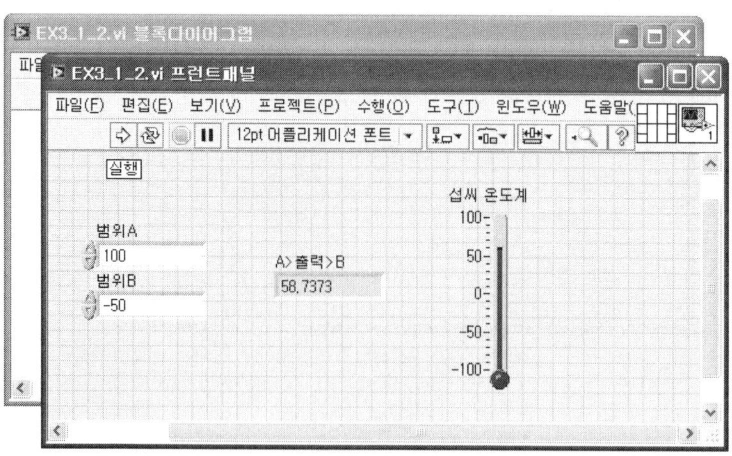

그림 3.1.15

3장 연습문제

3.1 숫자A와 숫자B를 입력하여 결과가 4칙연산(+, −, ×, ÷)되는 서브VI를 만들어라.

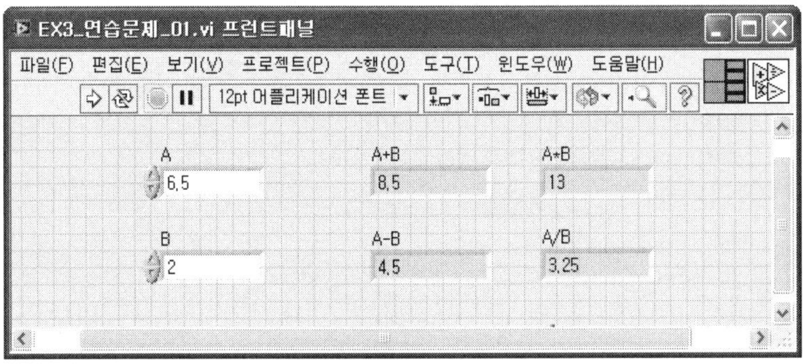

그림 3.1

3.2 연습문제 3.1의 4칙연산 서브VI를 이용하여 그 결과 값을 스프레드시트 문자열로 표시하라.

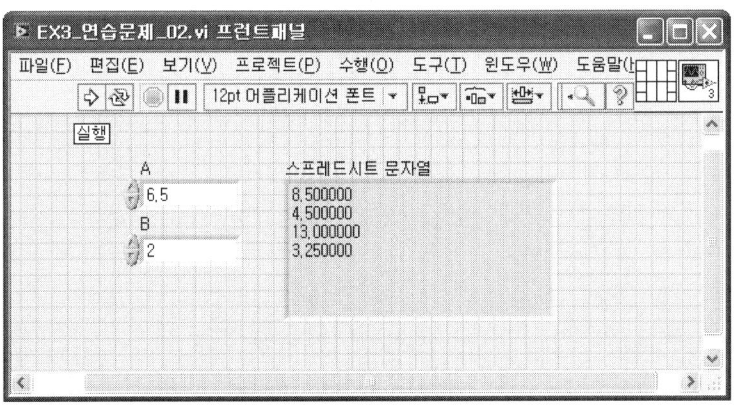

그림 3.2

CHAPTER

04 구조

구조(Structures)는 텍스트 기반의 프로그래밍언어에서 While, For, Do, If, Case 등에 해당되는 구문을 그래픽으로 표현한 것이다.

구조도 다른 노드처럼, 블록다이어그램 노드에 연결 터미널을 갖고 있다. 입력데이터가 들어오면 실행이 되고, 실행이 끝나면 출력으로 데이터를 넘긴다. 각 구조는 크기조절이 가능한 테두리를 갖고 있으며, 테두리 안의 블록다이어그램 부분을 내부다이어그램이라고 한다. 구조로 데이터를 주고받는 터미널을 터널(Tunnel)이라고 부르며, 이 터널은 구조 테두리의 커넥터 팬이다.

각 구조는 블록다이어그램의 함수 팔레트에서 「프로그래밍≫구조」로 선택한다.

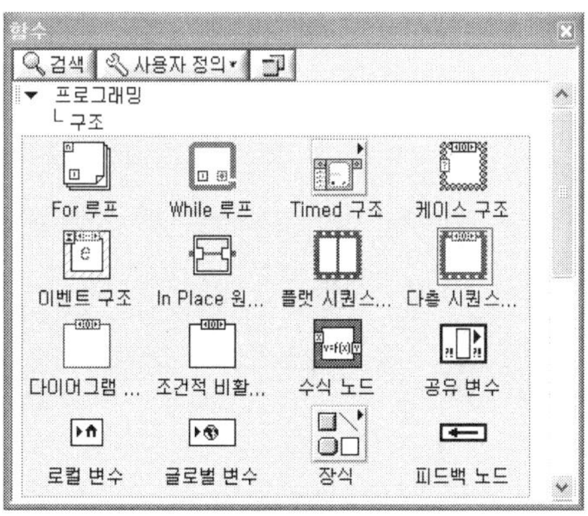

그림 4.0.1

다음은 LabVIEW 도움말에서 설명하는 구조이다.

- **For 루프:** 서브다이어그램을 n번 실행한다. 이 때 n은 카운트(N) 터미널에 연결된 값이다. 반복(i) 터미널은 0부터 n-1 범위의 현재 루프의 반복수를 나타낸다.
- **While 루프:** 입력 터미널인 조건 터미널이 특정 불리언 값을 받을 때까지 서브다이어그램을 반복한다. 불리언 값은 While 루프의 계속되는 동작을 따른다.
- **Timed 구조:** Timed 구조와 VI를 사용하여 Timed 구조에서의 서브다이어그램 실행 속도 및 우선 순위를 제어하고, Timed 구조의 시작 시간을 동기화하고, 타이밍 소스를 생성하고, 그리고 타이밍 소스의 계층구조를 정한다.
- **케이스 구조:** 하나 또는 그 이상의 서브다이어그램 또는 케이스를 가지며, 구조가 실행되면 그 중 하나만이 실행된다. 선택자 터미널에 연결된 값이 어떤 케이스가 실행되는지 결정하며, 그 값은 불리언, 문자열, 정수, 열거형 타입 또는 에러 클러스터이다.
- **이벤트 구조:** 하나 또는 그 이상의 서브다이어그램 또는 이벤트 케이스를 가지며, 구조가 실행되면 그 중 하나만 실행된다. 이벤트 구조는 이벤트가 일어날 때까지 기다린 후, 그 이벤트를 처리할 적절한 케이스를 실행한다. 시간 출력은 사용하는 컨트롤 이벤트에 응답한다. 구조의 경계에서 마우스 오른쪽 버튼을 클릭한 후 새 이벤트 케이스를 추가하거나 어느 이벤트를 처리할지를 설정한다. 이벤트 구조의 왼쪽 위 타임아웃 터미널에 값을 연결하여 이벤트 구조가 이벤트 발생을 기다려야 하는 ms 시간을 지정한다. 기본은 -1이며, 결코 타임아웃 되지 않음을 나타낸다.
- **In Place 원소 구조:** LabVIEW 컴파일러가 특정한 작업을 수행하는 방법을 컨트롤하며 일부 경우에 메모리와 VI 효율성을 향상시킨다. In Place 원소 구조를 사용하여, LabVIEW 컴파일러가 데이터값을 복사하고 메모리에 저장하지 않도록 하면서, 배열, 클러스터, 배리언트, 웨이브폼의 데이터 원소에 대한 연산을 수행한다. 또한 이 구조를 사용하여 다른 데이터 타입의 연산도 메모리에서 같은 데이터 공간을 유지하면서 수행할 수 있다. 구조의 경계에서 마우스 오른쪽 버튼을 클릭한 후 수행하려는 작업과 일치하는 경계 노드를 선택한다.
- **플랫 시퀀스 구조:** 순차적으로 실행되는 하나 또는 그 이상의 서브다이어그램 또는 프레임으로 구성된다. 플랫 시퀀스 구조를 사용하여 한 서브다이어그램이 다른 서브다이어그램 이전 또는 이후에 실행되도록 한다.
- **다층 시퀀스 구조:** 순차적으로 실행되는 하나 또는 그 이상의 서브다이어그램 또는

프레임으로 구성된다. 구조의 경계에서 마우스 오른쪽 버튼으로 클릭하여 프레임을 추가하고 삭제하거나 시퀀스 로컬을 생성하여 프레임 간에 데이터를 전달한다. 다층 시퀀스 구조를 사용하여 한 서브다이어그램이 다른 서브다이어그램 이전 또는 이후에 실행되도록 한다.

- **다이어그램 비활성화 구조**: 하나 또는 그 이상의 서브다이어그램, 케이스를 가지며 활성화 서브다이어그램만 실행한다. 블록다이어그램의 한 섹션을 비활성화하려면 다이어그램 비활성화 구조를 사용한다.
- **조건적 비활성화 구조**: 하나 또는 그 이상의 서브다이어그램을 가지며 서브다이어그램 조건의 설정에 따라서 LabVIEW는 실행 동안 하나를 정확하게 실행한다. 구조의 경계에서 마우스 오른쪽 버튼을 클릭하여 서브다이어그램을 추가하거나 삭제한다. 서브다이어그램을 추가하거나 구조의 경계에서 마우스 오른쪽 버튼을 클릭하고, 바로 가기 메뉴에서 이 서브다이어그램의 조건 편집을 선택하면, 조건 설정 대화 상자에서 조건을 설정할 수 있다.
- **수식 노드**: 블록다이어그램에서 수학 수식 및 C와 유사한 식을 계산한다. 다음 내장된 함수를 수식에서 사용할 수 있다.
- **공유 변수**: 블록다이어그램에 공유 변수를 나타낸다. 공유 변수 노드를 활성 프로젝트의 공유 변수에 연결하려면, 블록다이어그램에 공유 변수 노드를 추가한 후 더블클릭하거나, 노드에서 마우스 오른쪽 버튼을 클릭한 후 바로 가기 메뉴에서 「변수 선택≫탐색...」을 선택하여 변수 선택 대화 상자를 디스플레이 한다. 또한 프로젝트 탐색기 윈도우로부터 같은 프로젝트의 VI의 블록다이어그램으로 공유 변수를 끌어서 공유 변수 노드를 생성할 수 있다.
- **로컬 변수**: 로컬 변수를 사용하여 VI의 프런트패널의 컨트롤 또는 인디케이터 중 하나를 읽거나 쓴다.
- **글로벌 변수**: 글로벌 변수를 사용하여 여러 VI에 접근하고 데이터를 전달한다.
- **장식**: 장식 팔레트에 위치한 장식을 사용하여 박스, 라인 그리고 화살표와 함께 블록다이어그램의 객체를 그룹으로 모으거나 분리한다. 이러한 객체는 단지 장식을 위한 것이며 데이터를 변경하지는 않는다.
- **피드백 노드**: 하나의 VI 실행이나 루프 반복에서 받은 데이터를 다음 실행이나 반복을 위해 저장한다.

4.1 While 루프

While 루프는 조건을 만족할 때까지 내부 다이어그램을 실행하는 구조로, 그림 4.0.1에서 「프로그래밍≫구조≫While 루프」를 선택하면, 가 나타나며, 마우스 오른쪽 버튼을 드래그 하면 그림과 같이 While 루프가 그려진다.

그림 4.1.1

While 루프는 조건 터미널(입력단)이 특정 불리언(Boolean) 값을 받을 때까지 내부다이어그램을 실행하며, 이 조건 터미널의 기본모양은 「참인 경우 정지」과 같으며, 기본동작이 「참인 경우 정지」이다. 이 기본모양 위에서 오른쪽 마우스를 클릭하면 터미널의 모양은 「참인 경우 계속」과 같이 변한다. 마찬가지로 위에서 오른쪽 마우스를 클릭하면 터미널의 모양은 다시 로 바뀐다.

반복횟수 터미널(출력단) i「반복횟수」는 0부터 시작하여 1씩 증가하는 값을 기억하고 있다. 여기에 인디케이터를 만들어주면 루프가 실행된 횟수를 알 수 있다.

- 「참인 경우 정지(Stop if True)」: 조건 값이 참 값을 받을 때까지 내부 다이어그램을 실행
- 「참인 경우 계속(Continue if True)」: 조건 값이 거짓 값을 받을 때까지 내부 다이어그램을 실행
- i 「반복횟수」: 반복횟수 저장

예제 4.1.1 While 루프의 반복횟수 측정

While 루프는 컴퓨터의 성능에 따라 빠르게 반복 실행된다. 반복횟수를 측정하고자한다.

① 메뉴에서 「새 VI」를 선택하여 Ex4_1_1.vi 로 저장한다.

② 블록다이어그램에서 While 루프 생성하기

함수 팔레트의 「프로그래밍≫구조≫While 루프」를 선택하면, 가 나타나며, 마우스 오른쪽 버튼을 드래그 하면 그림과 같이 While 루프가 그려진다.

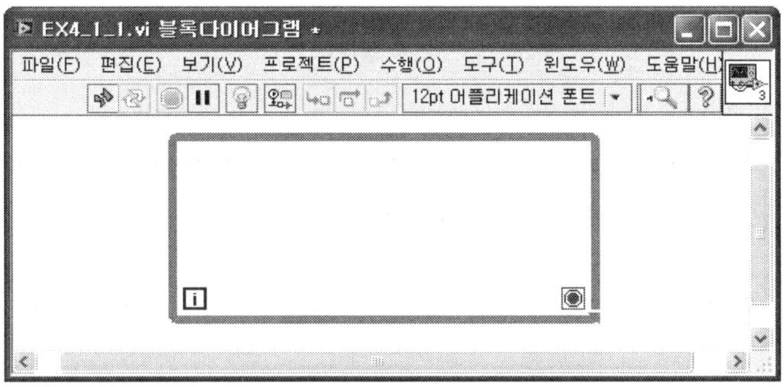

그림 4.1.2

③ While 루프 내부에 정지버튼과 인디케이터 만들기

「참인 경우 정지」  위에서 오른쪽 마우스 버튼을 클릭하여 단축메뉴에서 「컨트롤 생성」을 선택하면, 「정지」버튼(불리언)이 생기고, 「반복횟수」  위에서 오른쪽 마우스 버튼을 클릭하여 단축메뉴에서 「인디케이터 생성」을 선택하면, 「숫자형」 인디케이터가 생긴다. 이 인디케이터 라벨을 보이게 하고 「반복횟수」로 바꾼다.

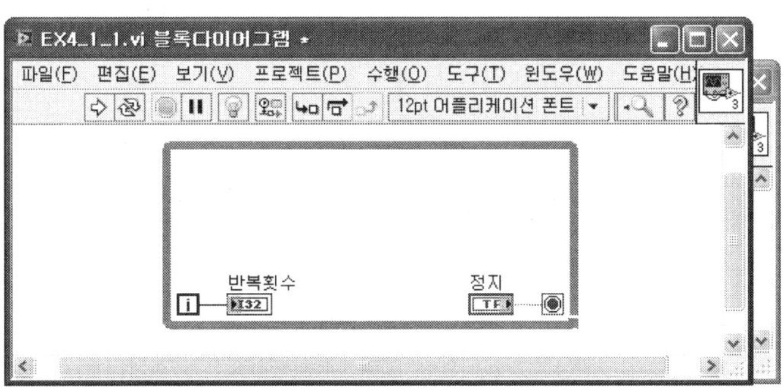

그림 4.1.3

④ 프로그램 실행

프런트패널에서 「실행」을 누른 후 결과를 살펴본다. 「반복회수」 값이 증가하

는 속도를 확인하자. 또 「하이라이트」를 이용하여 확인하자.

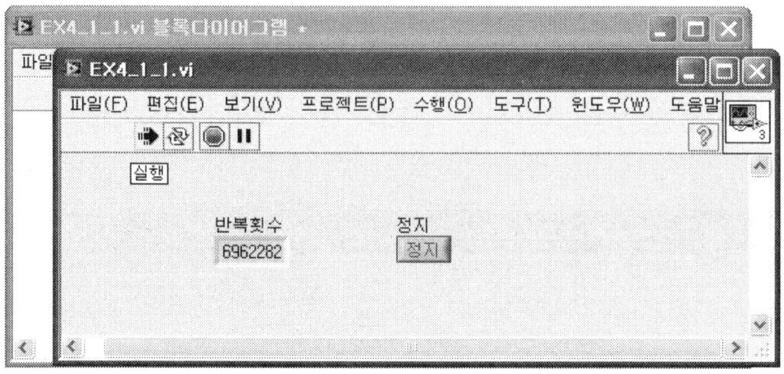

그림 4.1.4

프로그램을 멈추고자 할 경우는 반드시 「정지」버튼을 눌러서 While 루프가 무한 반복을 멈춘 후 멈추어야한다.

지금부터(특히 구조가 있는 VI에서)는 「연속 실행」으로 실행하여서는 안 된다. 「연속 실행」하면 While 루프 때문인지 Run Continuously 때문인지 구별하기가 힘들고 오동작하기 때문이다.

⑤ 루프 내부에 시간지연을 두는 경우

반복횟수가 너무 빨리 동작되어 단위시간당 동작횟수 확인이 힘들 것이다. 1초에 10번 반복실행 되도록 하자.
블록다이어그램의 함수 팔레트에서 「프로그래밍≫타이밍≫다음 ms 배수까지 기다림」을 선택하면,

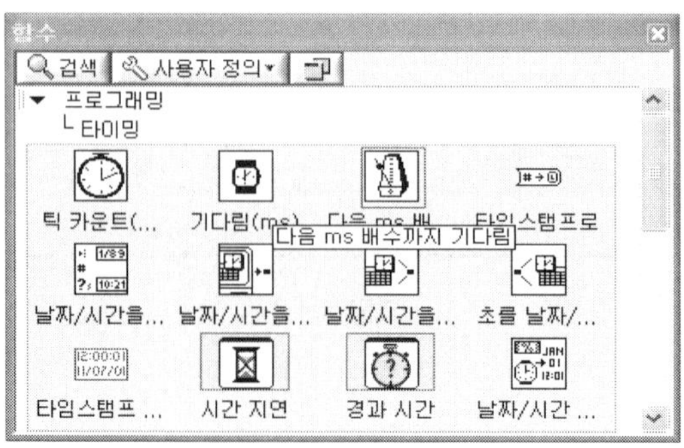

그림 4.1.5

「프로그래밍≫타이밍≫다음 ms 배수까지 기다림」에서 입력쪽 단자에서 단축메뉴를 불러서 「생성≫상수」를 선택하여 100을 입력한다. 상수에는 1부터 1000까지의 숫자를 입력할 수 있으며, 단위는 [ms]이므로 1은 0.001초이며, 「100」은 0.1초 간격으로 데이터를 처리하게 하는 것이다.

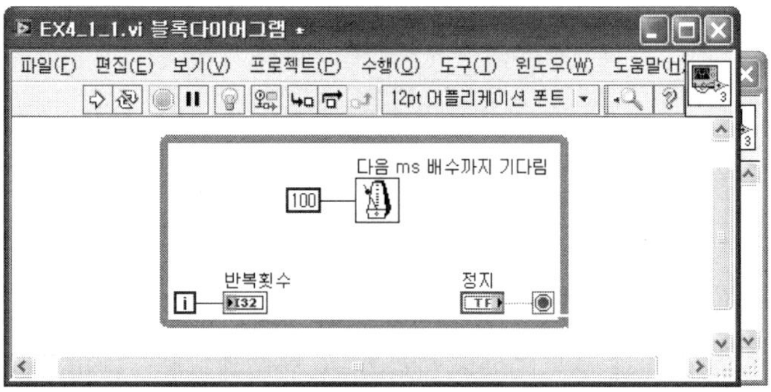

그림 4.1.6

⑥ 프로그램 실행

프런트패널에서 「실행」을 누른 후 결과를 살펴본다. 「반복회수」 값이 증가하는 속도를 확인하자. 또 「하이라이트」를 이용하여 확인하자.

» 무한 While 루프 피하기

While 루프 내부에서 조건터미널 「참인 경우 정지」 또는 「참인 경우 계속」에 컨트롤이 연결되어 있지 않다면 무한 루프를 멈출 수 없다. 이 무한루프를 멈추려면 도구모음의 [Abort Execution] 버튼을 이용하여 강제 종료하여야 한다. 그림과 같이 불리언 컨트롤을 While 구조 밖에 놓으면 조건터미널이 「참인 경우 정지」인 경우에 컨트롤에 False를 입력하여 루프를 시작 할 수 있지만 무한 루프가 될 것이다. 조건터미널이 「참인 경우 계속」인 경우에는 불리언 컨트롤에 True를 입력하여 무한 루프를 만들 수 있다.

» While 루프 삭제

While 루프를 제거하기 위하여, While 루프를 선택(클릭 하여 점선으로 표시)한 후 메뉴에서 「편집≫잘라내기」 또는 「Delete」 키를 이용하면, While 루프 뿐 아

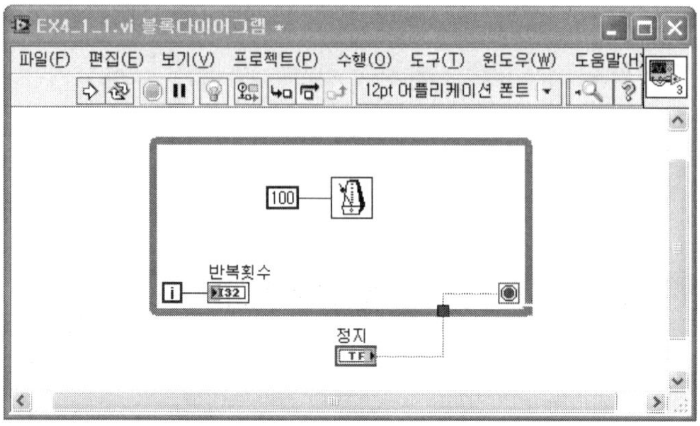

그림 4.1.7

니라 루프 안에 있는 내용까지 전부 삭제된다. 그러므로 While 루프만 제거하기 위해서는 루프 위에서 오른쪽마우스를 눌러 단축메뉴를 가져온 다음 「While 루프 제거」를 선택하여야 한다.

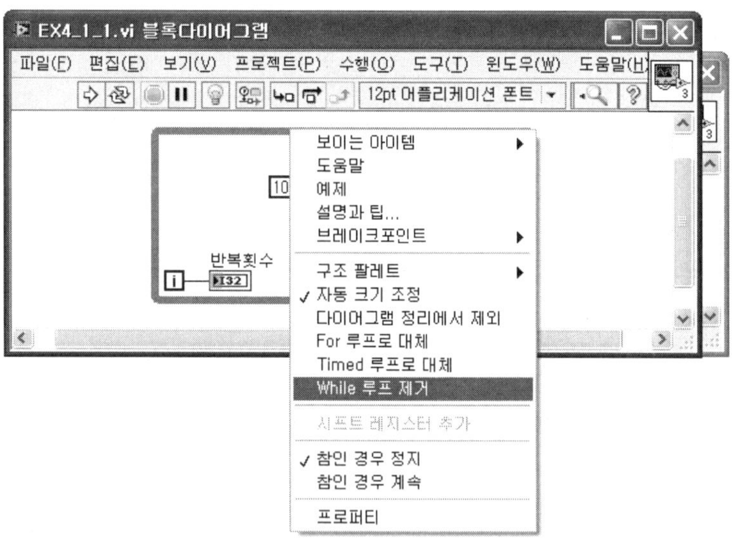

그림 4.1.8

예제 4.1.2 While 루프를 이용하여 사인 파형 그리기

While 루프를 이용하여 사인 파형을 차트에 플롯하자.

① 메뉴에서 「새 VI」를 선택하여 Ex4_1_2.vi 로 저장한다.

② 프런트패널 객체 가져오기

컨트롤 팔레트에서 「일반≫그래프≫웨이브폼 차트」를 선택하여 프런트패널에 위치시킨다.

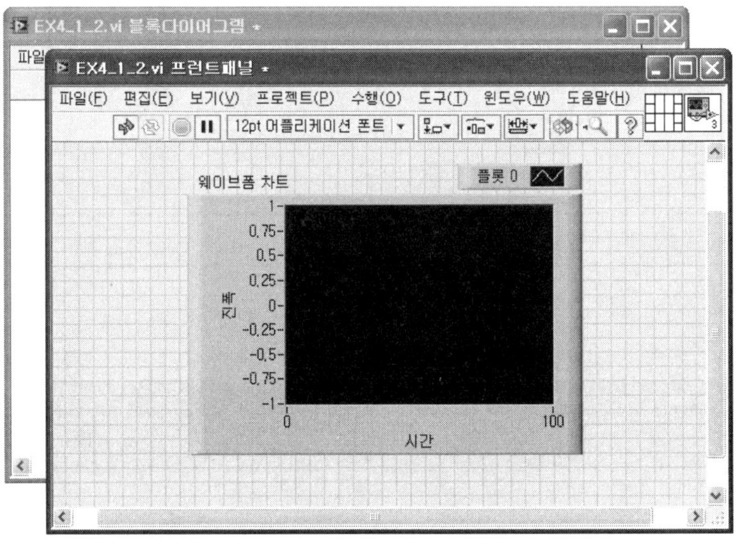

그림 4.1.9

③ 블록다이어그램에서 While 루프 생성하기

블록다이어그램을 클릭하여 활성화 시키면, 웨이브폼 차트 객체가 대응되어 나타나 있다. 함수 팔레트의 「프로그래밍≫구조≫While 루프」를 선택하면, 가 나타나며, 웨이브폼 차트를 내부에 넣고, 마우스 오른쪽 버튼을 드래그 하여 While 루프를 그린다. 이때 그림 4.1.10과 같이 「정지」 버튼이 자동으로 생성된다.(자동으로 생성되지 않으면 단축메뉴를 이용하여 만든다.)

④ 블록다이어그램에서 노드 가져오기 및 와이어 연결하기

사인파 발생 아이콘은 함수 팔레트 「수학≫기본 & 특수 함수≫삼각함수≫사인」에서 가져와 차트 앞에 위치시키고, 원주율 2π는 「프로그래밍≫숫자형≫수학 & 과학 상수≫2로 곱한 원주율」에서 가져오고, 다른 노드도 가져와서 적당한 곳에 위치시키고, 그림 4.1.11과 같이 와이어를 연결한다.

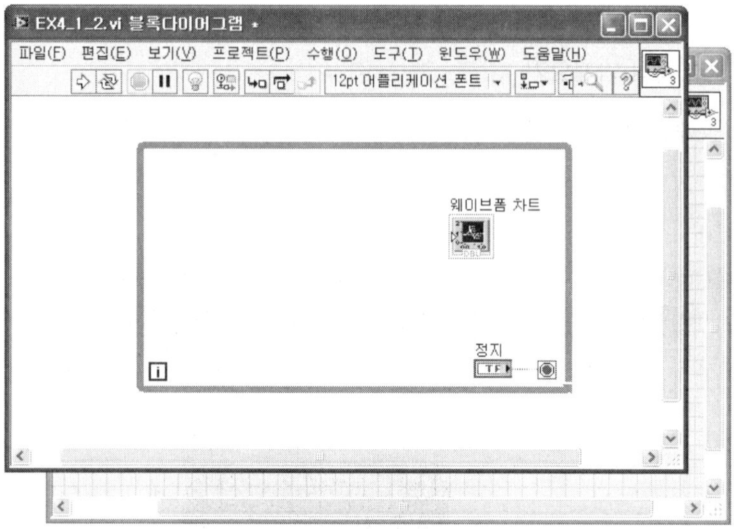

그림 4.1.10

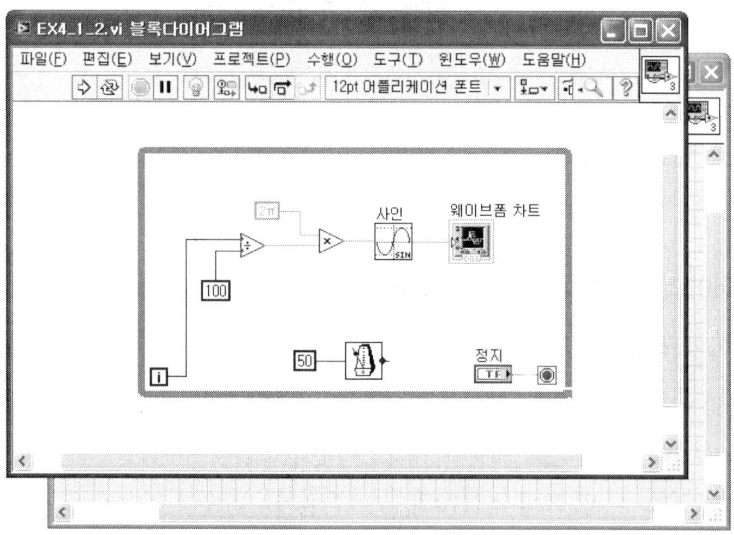

그림 4.1.11

원주율 2π를 [i]「반복횟수」 값을 100으로 나눈 것과 곱하는 것은, 사인 파형의 범위(주파수)를 결정하기 위해서 이다. 이 값을 바꾸면 파형의 범위가 변화될 것이다.

⑤ 프로그램 실행

프런트패널에서 [⇨]「실행」을 누른 후 결과를 살펴본다.

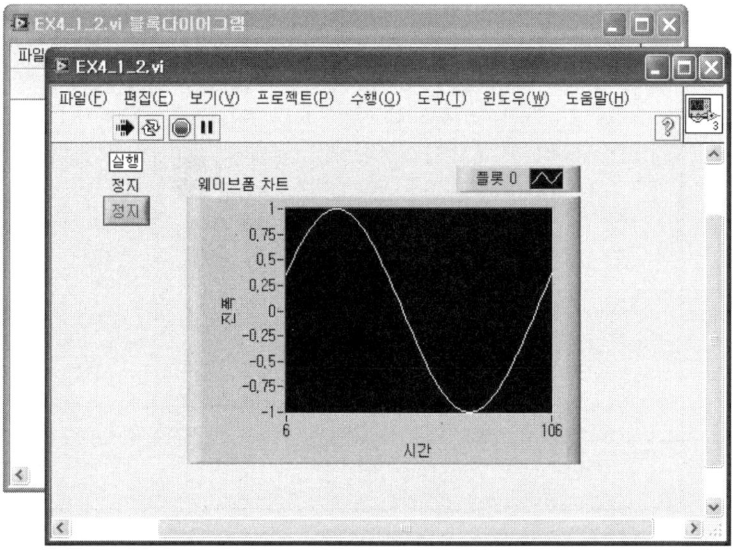

그림 4.1.12

예제 4.1.3 While 루프를 이용하여 여러 플롯을 한 차트에 표시하기

While 루프를 이용하여, 사인 파형 한 플롯과 난수(0～1)에서 발생하는 수치 한 플롯, 합하여 2개의 플롯을 동시에 한 차트에 표시하자.

① 메뉴에서「새 VI」를 선택하여 Ex4_1_3.vi 로 저장한다.

② 프런트패널 객체 가져오기

컨트롤 팔레트에서「일반≫그래프≫웨이브폼 차트」를 선택하여 프런트패널에 위치시키고 플롯 범례를 2개로 확장한다.

③ 블록다이어그램에서 While 루프 생성하기

블록다이어그램을 클릭하여 활성화 시키고, 함수 팔레트의「프로그래밍≫구조≫While 루프」를 선택하여, 웨이브폼 차트를 내부에 넣고 While 루프를 그린다.

④ 블록다이어그램에서 노드 가져오기 및 와이어 연결하기

함수 팔레트「수학≫기본 & 특수 함수≫삼각함수≫사인」에서 사인을,「프로그래밍≫숫자형≫수학 & 과학 상수≫2로 곱한 원주율」에서 원주율 2π를 가져오

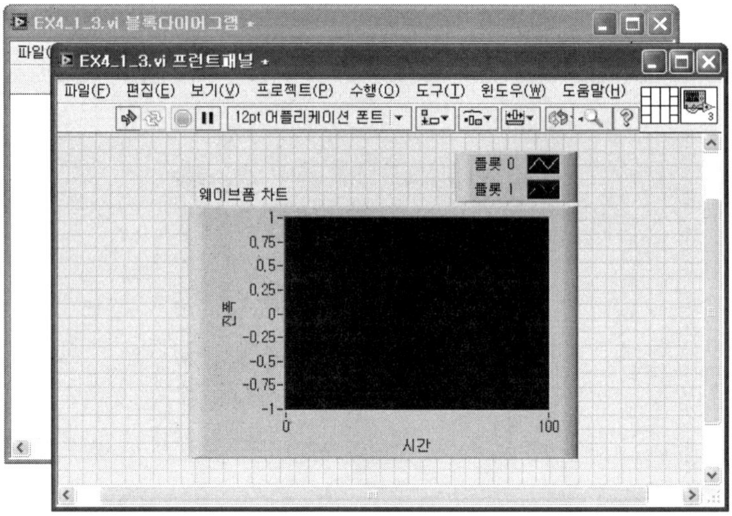

그림 4.1.13

고, 다른 노드도 가져와서 적당한 곳에 위치시키고, 그림 4.1.14와 같이 와이어를 연결한다.

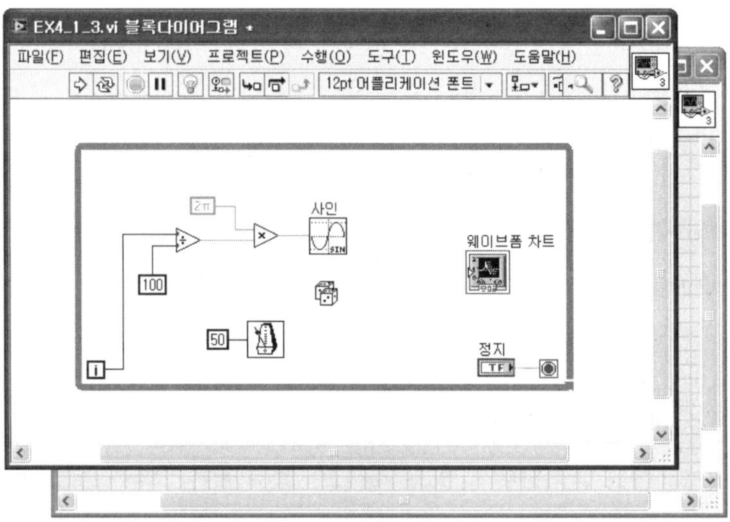

그림 4.1.14

⑤ 묶기

사인 파형과 난수(0~1)에서 발생하는 수치를 동시에 한 차트에 표시해야 하므로 두 수치를 「프로그래밍≫클러스터, 클래스 & 배리언트≫묶기」로 합하여 웨이브폼 차트에 연결하여야 한다.

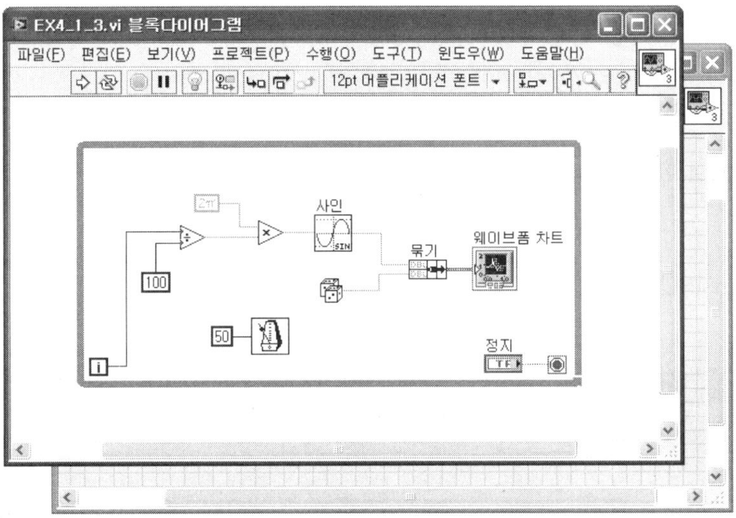

그림 4.1.15

⑥ 프로그램 실행

프런트패널에서 「실행」을 누른 후 결과를 살펴본다.

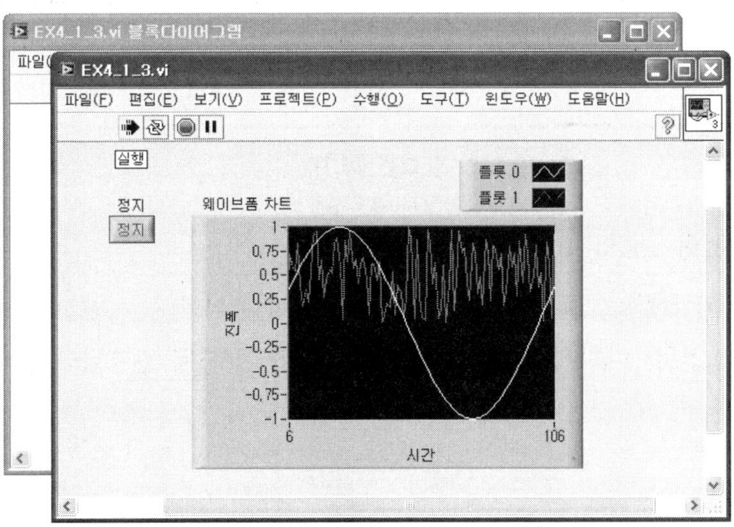

그림 4.1.16

예제 4.1.4 While 루프를 이용하여 스윕/스트립-다층 플롯 차트 만들기

While 루프를 이용하여, 스윕(Sweep) 차트에는 사인 파형을 그리고, 스트립(Strip)-다층 플롯 차트에는 사인 파형과 코사인 파형을 동시에 그리는 VI를 만들자.

① 메뉴에서 「새 VI」를 선택하여 Ex4_1_4.vi 로 저장한다.

② 프런트패널 객체 가져오기

컨트롤 팔레트에서 「일반≫그래프≫웨이브폼 차트」 2개를 선택하여 프런트패널에 위치시키고, 한개는 플롯 범례를 2개로 확장한다.

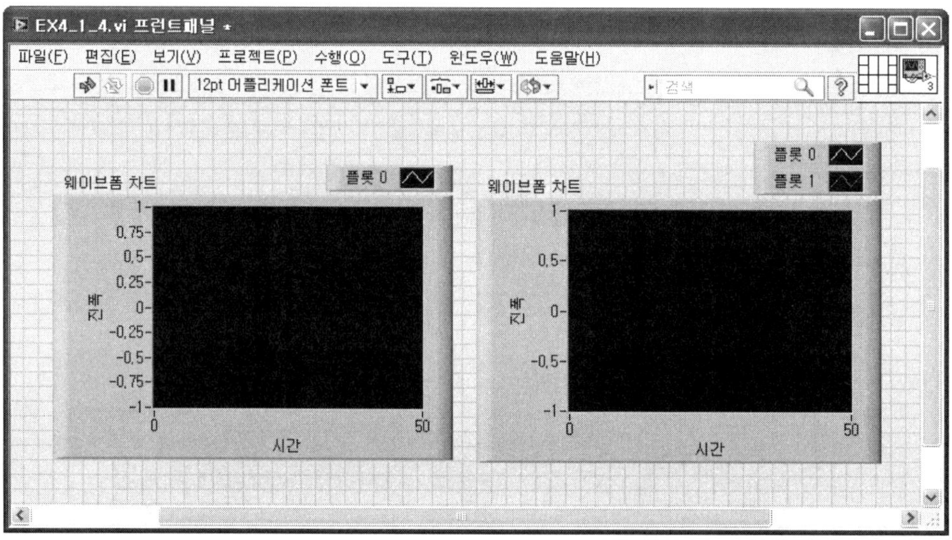

그림 4.1.17

③ 스윕 차트와 스트립-다층 플롯 차트로 바꾸기

왼쪽의 차트에서 오른쪽 마우스 버튼을 클릭하여 나타나는 단축메뉴에서 「프로퍼티」를 선택하여, 「업데이트 모드」에서 「스윕 차트」를 선택한다.

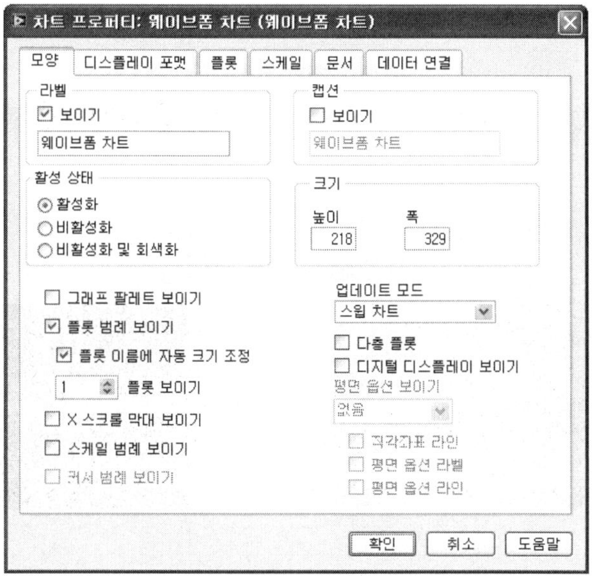

그림 4.1.18

오른쪽의 차트에서 오른쪽 마우스 버튼을 클릭하여 나타나는 단축메뉴에서 「프로퍼티」를 선택하여, 「업데이트 모드」에서 「스트립 차트」-「다층 플롯」을 선택한다.

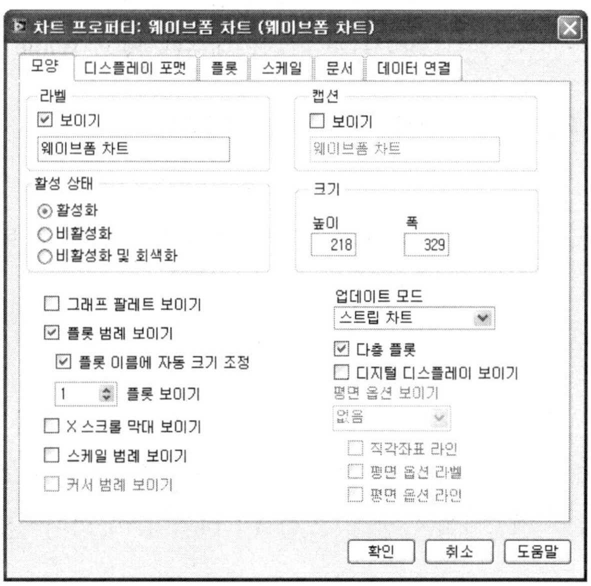

그림 4.1.19

각각 라벨도 스윕 차트, 스트립-다층 플롯 차트로 변경한다.

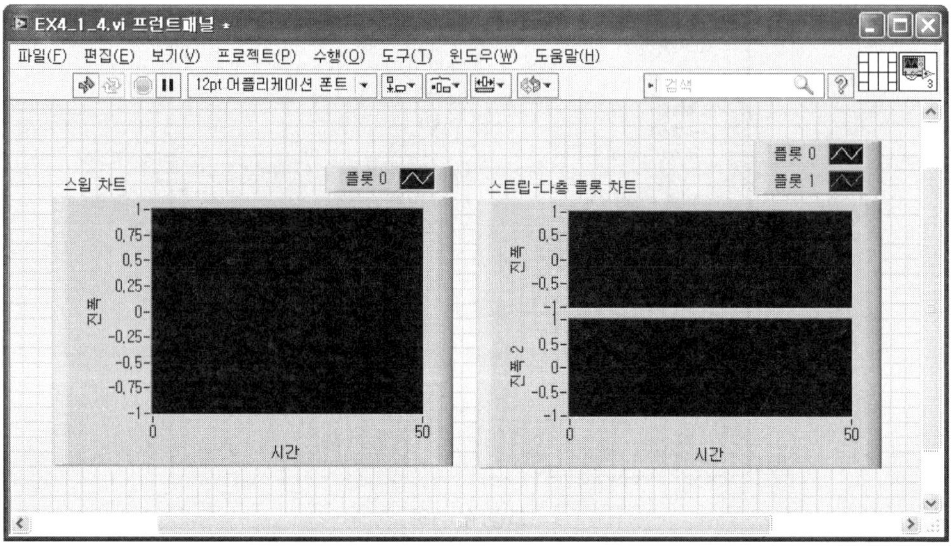

그림 4.1.20

④ 블록다이어그램에서 While 루프 생성하기

블록다이어그램을 클릭하여 활성화 시키고, 함수 팔레트의 「프로그래밍≫구조≫While 루프」를 선택하여, 웨이브폼 차트를 내부에 넣고 While 루프를 그린다.

⑤ 블록다이어그램에서 노드 가져오기 및 와이어 연결하기

함수 팔레트 「수학≫기본 & 특수 함수≫삼각함수≫사인」과 「수학≫기본 & 특수 함수≫삼각함수≫코사인」에서 사인과 코사인을 가져오고, 다른 노드도 가져와서 적당한 곳에 위치시킨다.

⑥ 묶기

스트립-다층 플롯 차트에는 사인과 코사인 두 파형을 동시에 한 차트에 표시해야 하므로 두 수치를 「프로그래밍≫클러스터, 클래스 & 배리언트≫묶기」로 합하여 웨이브폼 차트에 연결하여야 한다. 그림 4.1.14와 같이 와이어를 연결하여 VI를 완성한다.

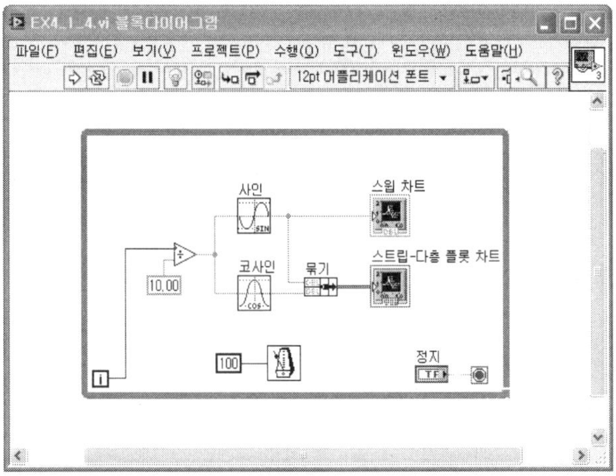

그림 4.1.21

⑦ 프로그램 실행

프런트패널에서 「실행」을 누른 후 결과를 살펴본다.

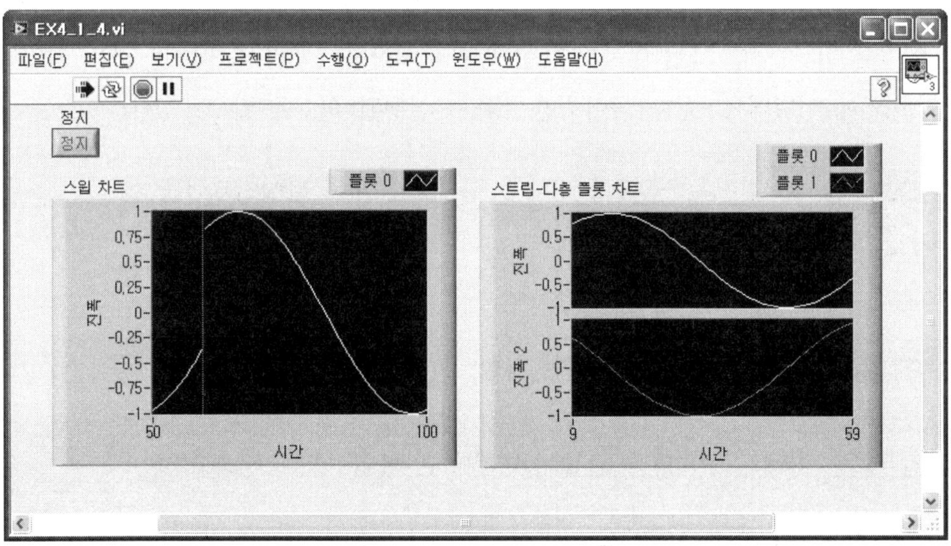

그림 4.1.22

4.2 For 루프

For 루프는 사용자가 정해준 수치만큼 루프를 실행하고 멈추는 구조이며, 그림 4.0.1 에서 「프로그래밍≫구조≫For 루프」를 선택하면, [N]가 나타나며, 마우스 오른쪽 버튼을 드래그 하면 그림과 같이 For 루프가 그려진다.

그림 4.2.1

For 루프는 사용자가 정해준 수치만큼 내부다이어그램을 실행하며, 왼쪽의 [N]「카운트 터미널」에 실행을 원하는 숫자값을 입력하면 입력한 수치만큼 실행하고 멈춘다. While 루프에서와 마찬가지로, [i]「반복횟수」는 0부터 시작하여 1씩 증가하는 값을 기억하고 있다. 여기에 인디케이터를 만들어주면 루프가 실행된 횟수를 알 수 있다.

- [N] 「카운트 터미널」: 용자가 정해준 수치만큼 내부 다이어그램을 실행
- [i] 「반복횟수」: 반복횟수 저장

예제 4.2.1 For 루프의 반복횟수 측정

For 루프는 정해진 수치만큼 반복 실행된다. 반복횟수를 측정하고자한다.

① 메뉴에서 「새 VI」를 선택하여 Ex4_2_1.vi 로 저장한다.

② 블록다이어그램에서 For 루프 생성하기

함수 팔레트의 「프로그래밍≫구조≫For 루프」를 선택하면, [N]가 나타나며, 마우스 오른쪽 버튼을 드래그 하면 그림과 같이 For 루프가 그려진다.

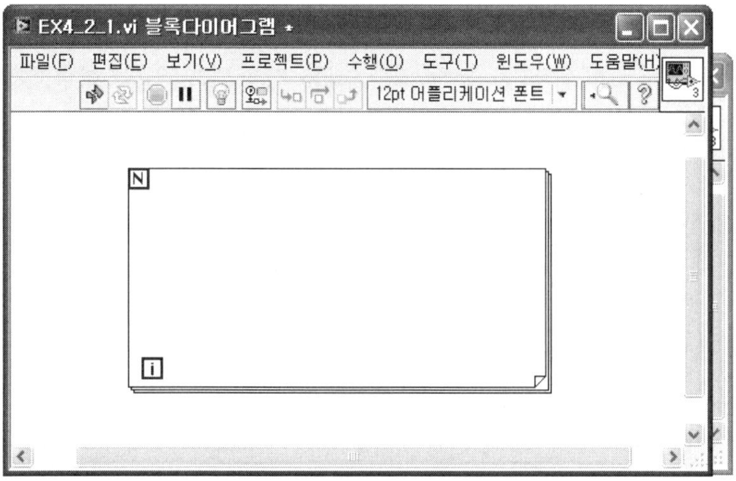

그림 4.2.2

③「카운트 터미널」에 숫자값 넣기와「반복횟수」에 인디케이터 만들기

N「카운트 터미널」 왼쪽에서 오른쪽 마우스 버튼을 클릭하여 나타난 단축메뉴에서 「상수 생성」을 선택하면, 숫자값을 넣을 수 있고, i「반복횟수」 위에서 오른쪽 마우스 버튼을 클릭하여 나타난 단축메뉴에서 「인디케이터 생성」을 선택하면, 「숫자형」 인디케이터가 생긴다. 이 인디케이터 라벨을 보이게 하고 「반복횟수」로 바꾼다.

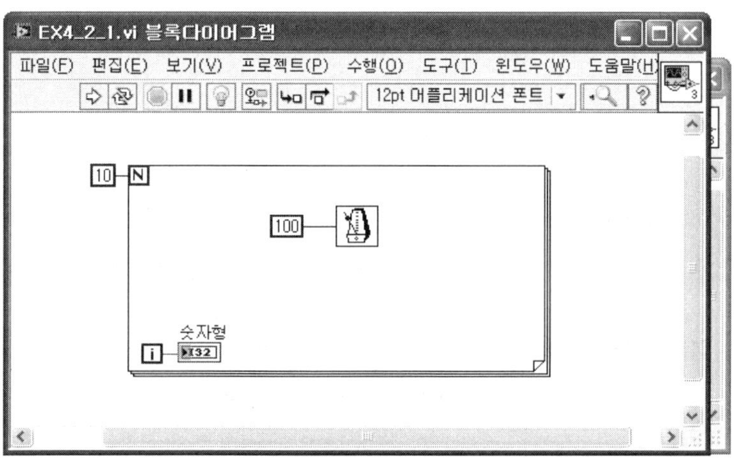

그림 4.2.3

④ 프로그램 실행

프런트패널에서 「실행」을 누른 후 결과를 살펴본다. 「반복회수」 값이 증가하는 속도를 확인하자. 또 「하이라이트」를 이용하여 확인하자.

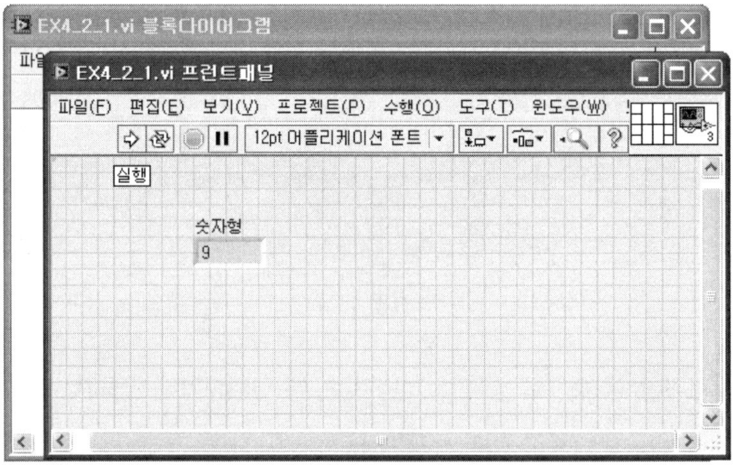

그림 4.2.4

예제 4.2.2 For 루프를 이용한 수열의 합

For 루프는 반복횟수를 지정할 수 있으므로, 이를 이용하여 1부터 10까지 숫자의 합을 구하려고 한다.

① 메뉴에서 「새 VI」를 선택하여 Ex4_2_2.vi 로 저장한다.

② 블록다이어그램에서 For 루프 생성하기

함수 팔레트의 「프로그래밍≫구조≫For 루프」를 선택하여 For 루프를 만든다.

③ 「카운트 터미널」에 숫자값 넣기와 「반복횟수」에 인디케이터 만들기

N 「카운트 터미널」 왼쪽에서 단축메뉴를 이용하여 「상수 생성」을 선택하여 반복횟수 10을 입력한다.

④ 블록다이어그램에서 「더하기」와 「증가」 노드 가져와서 와이어로 연결하기

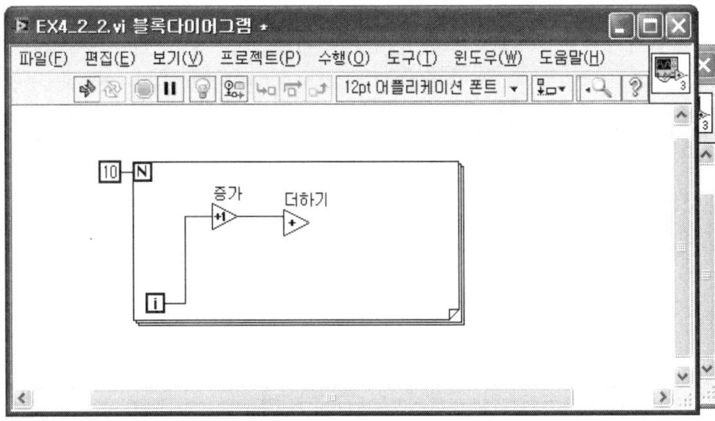

그림 4.2.5

⑤ 피드백 노드

증가하는 수열의 합을 계산할 경우는 S = S+1와 같이 결과 출력값을 다시 되돌려서(Feedback) 입력으로 더해주어야 한다. 이때 사용하는 노드가 「피드백 노드」이다.

> 피드백 노드는 For 루프나 While 루프에서 서브VI, 함수 등으로 와이어를 연결할 때 자동으로 나타난다. 피드백 노드는 한 루프의 결과값을 저장하였다가 다음 반복의 루프에 그 값을 전달한다. 피드백 노드를 이용하면 루프 속에서 불필요한 긴 와이어링을 피할 수 있다. 피드백 루프의 화살표 방향은 데이터가 어느 방향으로 흐르는지를 나타낸다.
>
> 피드백 노드를 팔레트에서 선택하여 For 루프나 While 루프에 놓을 수도 있다. 만약 피드백 노드를 와이어 분기점 앞에 놓으면 피드백 노드는 이전 루프값을 터널로 전달한다. 만약 피드백 노드를 와이어 분기점 뒤에 놓으면, 피드백 노드는 값을 VI나 함수의 입력단으로 돌려놓고 현 루프값을 터널로 전달한다.

그림 4.2.5 「더하기」의 오른쪽 출력단자에 마우스 포인터를 위치하면, 마우스 포인터가 와이어링 모드 로 바뀔 것이다. 이 상태에서 마우스를 「더하기」의 왼쪽 아래 단자에 갖다놓고 클릭하면 그림 4.2.6과 같이 「피드백 노드」가 생성된다. 라벨을 보이게 하자. 「피드백 노드」의 화살표 아래에 *는 「초기화 터미널」이

라고 하는데 이는 다음 초기화에서 설명한다.

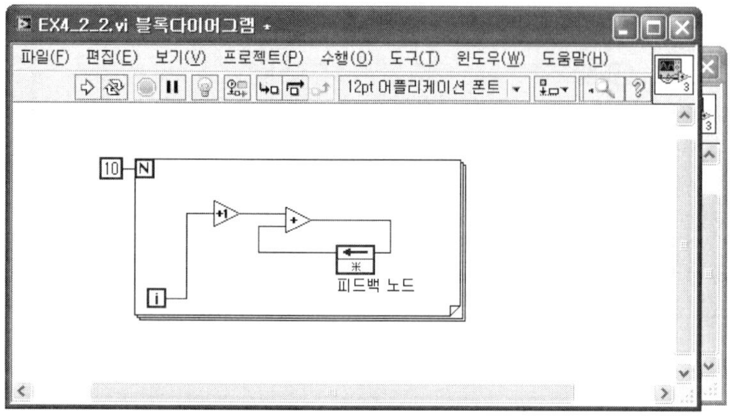

그림 4.2.6

⑥ 오토인덱싱(Auto Indexing)과 루프(Loop) 터널(Tunnel)

루프 구조가 외부와 데이터를 주고받는 지점을 터널이라고 하며, 그림 4.2.6에서 만들어진 수열의 합을 For 구조의 외부로 넘겨주는 지점이다.

그런데, 수열의 합을 For 구조의 외부로 넘겨주는 방법은 2가지가 있다. 첫째는 10회의 덧셈을 실행하는데 그때마다 결과값(10번)을 넘겨주는 방법이고, 둘째는 마지막 결과값만 넘겨주는 방법이다. 첫째방법에 이용되는 터널이 「오토인덱싱 터널」이고 둘째 마지막 결과값만 넘겨주는 방법에 이용되는 터널이 「루프 터널」이다.

「더하기」와 「피드백 노드」 사이 와이어를 For 구조와 연결하면 터널이 만들어진다. 디폴트는 「오토인덱싱 터널」이다. 차이점을 확인하기 위하여 그림 4.2.7과 같이 터널을 2개 만들자.

⑦ 오토인덱싱 터널을 루프 터널로 바꾸기

「오토인덱싱 터널」위에서 단축메뉴를 불러오면, 그림 4.2.8과 같다.

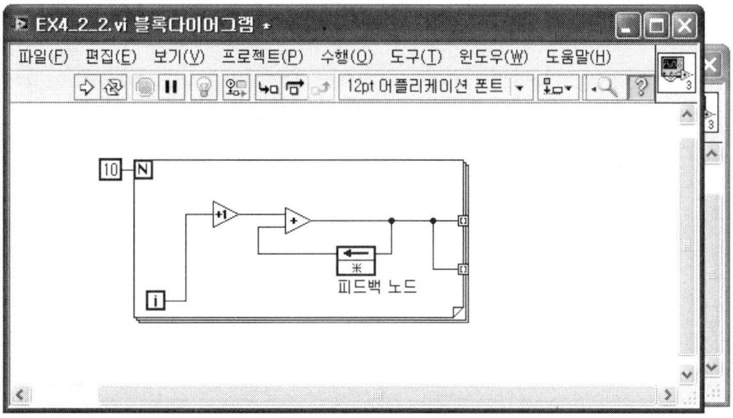

그림 4.2.7

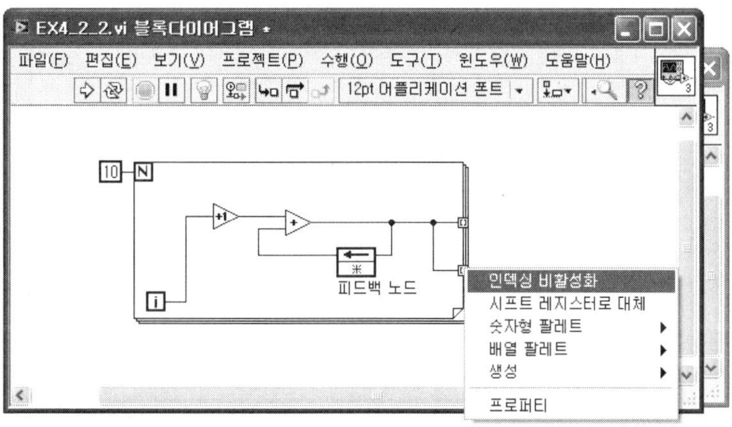

그림 4.2.8

여기서 「인덱싱 비활성화」를 선택하면, 그림 4.2.9와 같이 터널 모양이 바뀌고 「루프 터널」로 변경된다.

⑧ 터널에 인디케이터 만들기

그림 4.2.9의 「오토인덱싱 터널」과 「루프 터널」의 단축메뉴에서 「생성≫인디케이터」를 선택하면, 그림 4.2.10과 같이 「오토인덱싱 터널」에는 「배열」이, 「루프 터널」에는 「숫자형」 인디케이터가 만들어진다.

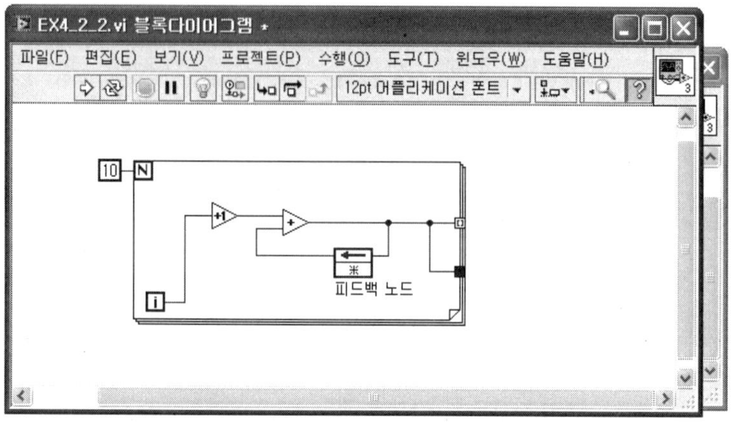

그림 4.2.9

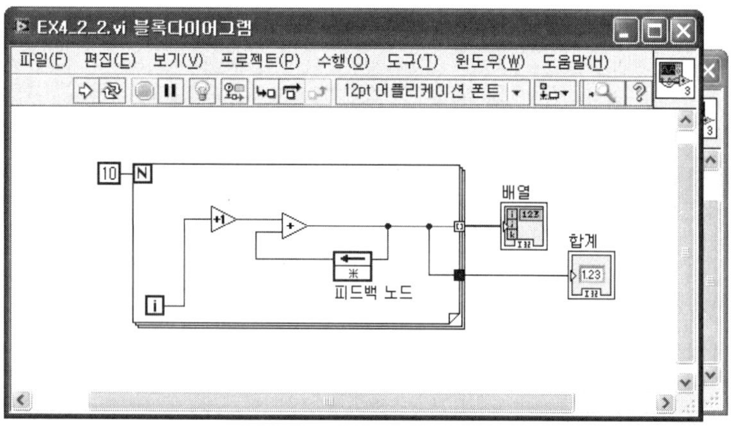

그림 4.2.10

⑨ 프로그램 실행

프런트패널에서 「실행」을 누른 후 결과를 살펴본다. 또 블록다이어그램에서 「하이라이트」를 이용하여 확인하자.

계속하여 「실행」을 누른 후 결과를 살펴본다. 그림 4.2.12와 같이 누적될 것이다. 이는 초기값을 0으로 정해주지 않았기 때문이다.

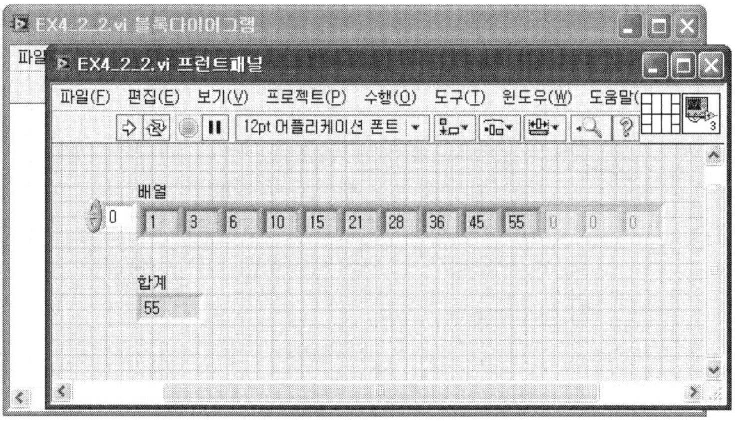

그림 4.2.11

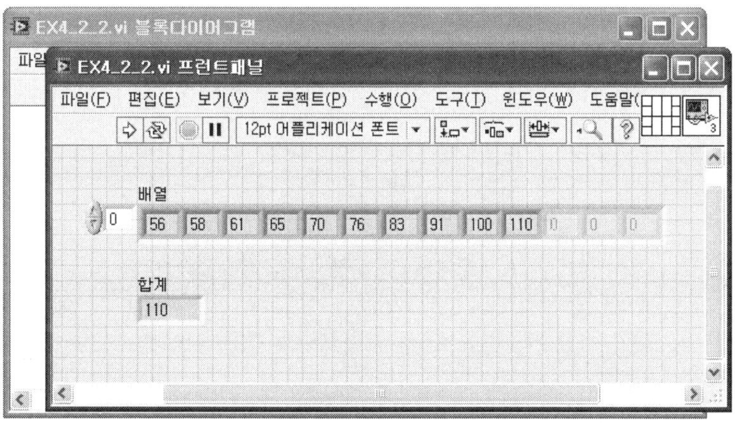

그림 4.2.12

⑩ 초기값 설정

「피드백 노드」에서 단축메뉴를 부르면 그림 4.2.13과 같다.

그림 4.2.13에서 「한 루프 초기화 출력 이동」을 선택하면 그림 4.2.14와 같이 「피드백 노드」의 하단 *「초기화 터미널」가 없어지고 For 루프 왼쪽 가에 「초기화 터미널」이 생긴다.

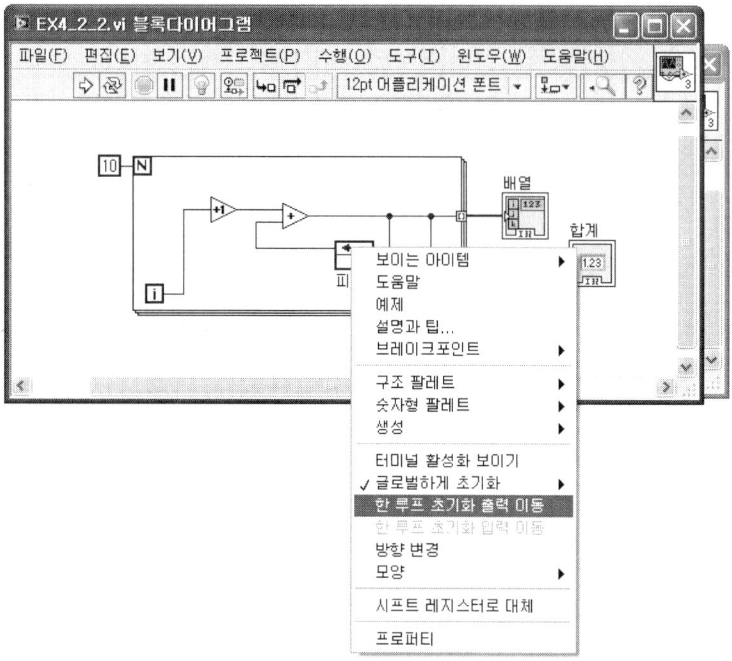

그림 4.2.13

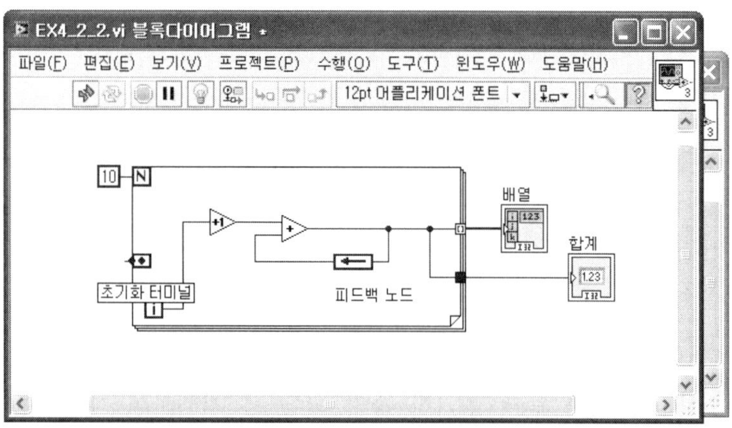

그림 4.2.14

「초기화 터미널」 위에서 단축메뉴를 이용하여 「생성≫상수」를 선택하고 초기값으로 0을 입력한다.

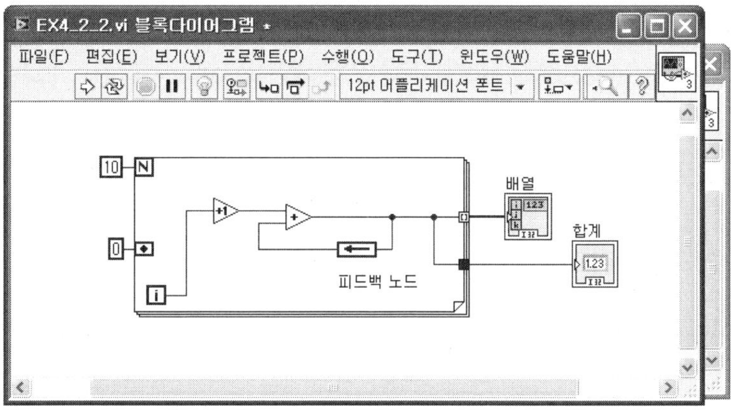

그림 4.2.15

⑪ 프로그램 실행

프런트패널에서 「실행」을 누른 후 결과를 살펴본다. 또 계속하여 「실행」을 누른 후 결과를 살펴본다.

⑫ 초기값 설정 해제하기

「피드백 노드」 위에서 단축메뉴를 이용하여 「글로벌하게 초기화≫컴파일 또는 로드시 초기화」를 선택하면 원래모양으로 돌아간다.

예제 4.2.3 피드백 노드에서 마지막값 앞의 값 전달하기

For 루프와 피드백 노드를 이용하여 루프의 마지막 값 바로 앞의 값과 루프의 마지막 값을 확인하자.

① 메뉴에서 「새 VI」를 선택하여 Ex4_2_3.vi 로 저장한다.

② 블록다이어그램에서 For 루프 생성하고 「카운트 터미널」에 반복횟수 입력

함수 팔레트의 「프로그래밍≫구조≫For 루프」를 선택하여 For 루프를 만들고, N「카운트 터미널」 왼쪽에서 단축메뉴를 이용하여 「상수 생성」을 선택하여 반복횟수 10을 입력한다.

③ 블록다이어그램에서 「더하기」와 「증가」 노드 가져와서 와이어로 연결하기

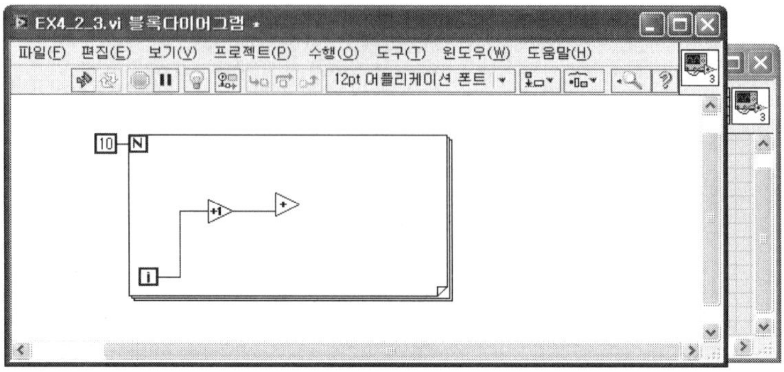

그림 4.2.16

④ 피드백 노드 연결하기

「더하기」 노드의 오른쪽 출력단자에 마우스 포인터를 위치하면, 마우스 포인터가 와이어링 모드 로 바뀌며, 이 상태에서 마우스를 「더하기」의 왼쪽 위 단자에 갖다놓고 클릭하면 그림 4.2.17과 같은 방향으로 「피드백 노드」가 생성된다.

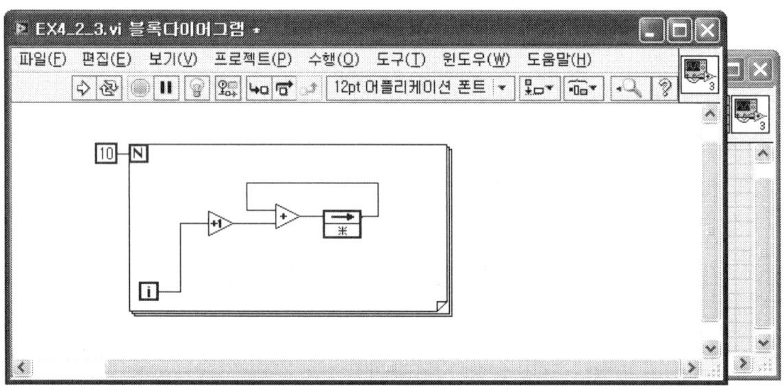

그림 4.2.17

⑤ 초기값 설정하기

그림 4.2.17의 「피드백 노드」 위에서 단축메뉴를 불러서, 「한 루프 초기화 출력 이동」을 선택하면, For 루프 왼쪽 가에 「초기화 터미널」이 생긴다. 여기에 단축메뉴를 이용하여 「생성≫상수」를 선택하고 초기값으로 0을 입력한다.

⑥ 와이어 연결과 터널 만들기

「더하기」와 「피드백 노드」 사이 와이어를 For 구조와 연결하면 터널이 만들어진다. 디폴트는 「오토인덱싱 터널」이며, 이 터널을 2개 만들고, 아래쪽 하나는 단축메뉴를 불러 「인덱싱 비활성화」를 선택하여, 「루프 터널」로 변경하자.

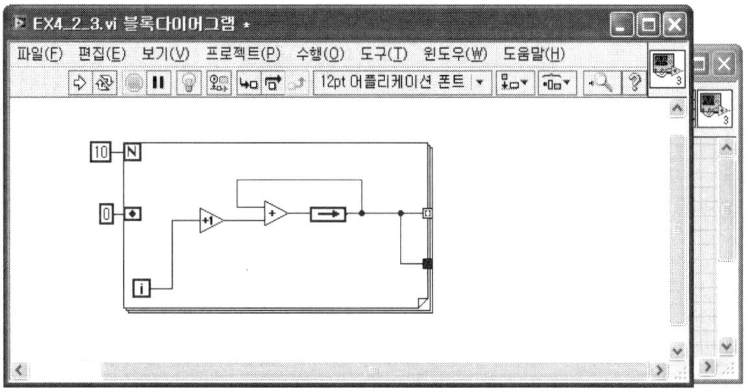

그림 4.2.18

⑦ 터널에 인디케이터 만들기

그림 4.2.18의 「오토인덱싱 터널」과 「루프 터널」의 단축메뉴에서 「생성≫인디케이터」를 선택하여, 각각 「배열」, 「숫자형」 인디케이터를 만들고, 라벨을 붙인다.

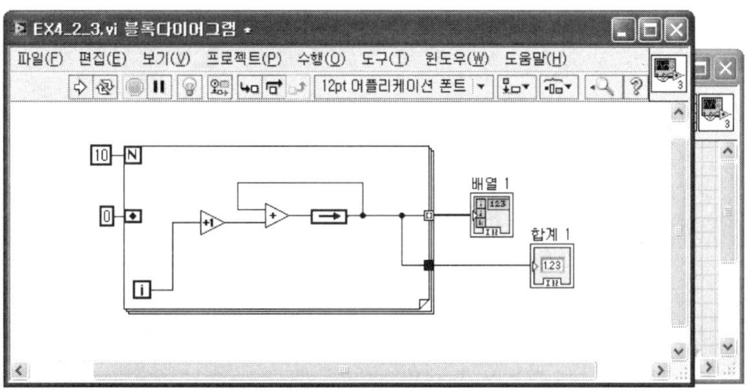

그림 4.2.19

⑧ 마지막값 확인을 위한 프로그램 추가

비교 확인을 위하여 예제 4_2_2 프로그램을 추가한다.

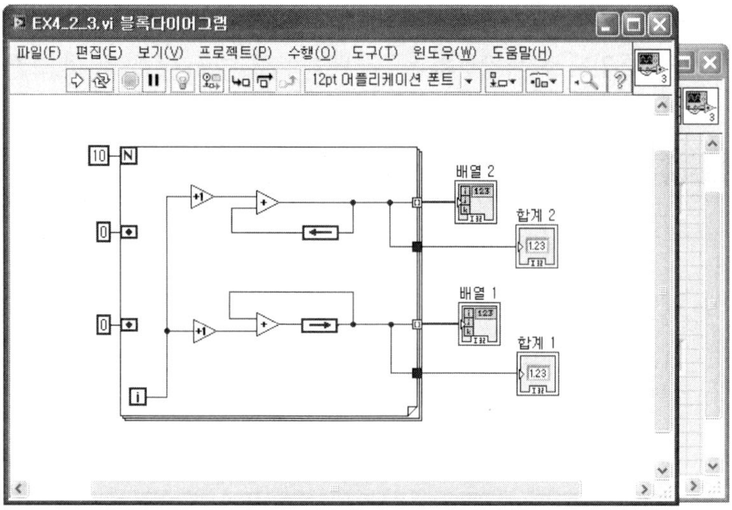

그림 4.2.20

⑨ 프로그램 실행

프런트패널에서 [▷]「실행」을 누른 후 결과를 살펴본다. 「피드백 노드」방향과 위치에 따라 전달되는 값이 달라지는 것을 알 수 있을 것이다.

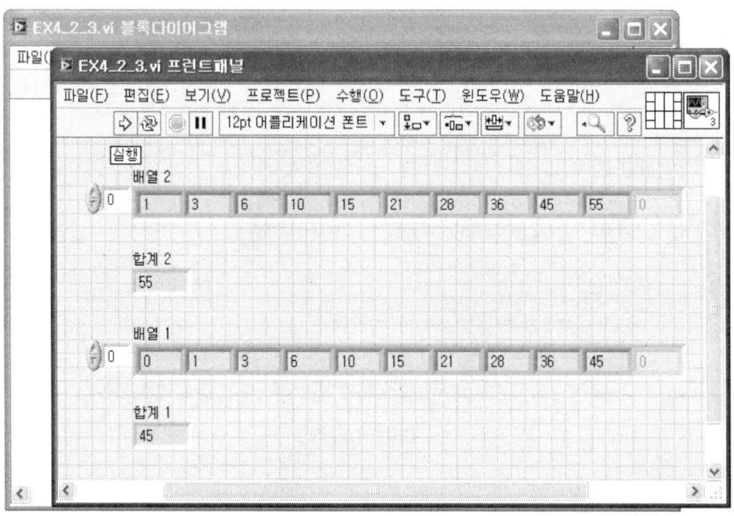

그림 4.2.21

예제 4.2.4 시프트레지스터를 이용한 수열의 합

For 루프와 시프트레지스터를 이용하여 5에 2를 10번 더하는 프로그램을 만들고자 한다. 5+(2+2+2+2+2+2+2+2+2+2) = 25

① 메뉴에서 「새 VI」를 선택하여 Ex4_2_4.vi 로 저장한다.

② 블록다이어그램에서 For 루프 생성하고 「카운트 터미널」에 반복횟수 입력

함수 팔레트의 「프로그래밍≫구조≫For 루프」를 선택하여 For 루프를 만들고, N「카운트 터미널」 왼쪽에서 단축메뉴를 이용하여 「상수 생성」을 선택하여 반복횟수 10을 입력한다.

③ 시프트레지스터 만들기

For 루프의 왼쪽 옆에 마우스 포인터를 대고 오른쪽 마우스 버튼을 누르면 단축메뉴가 나타난다.

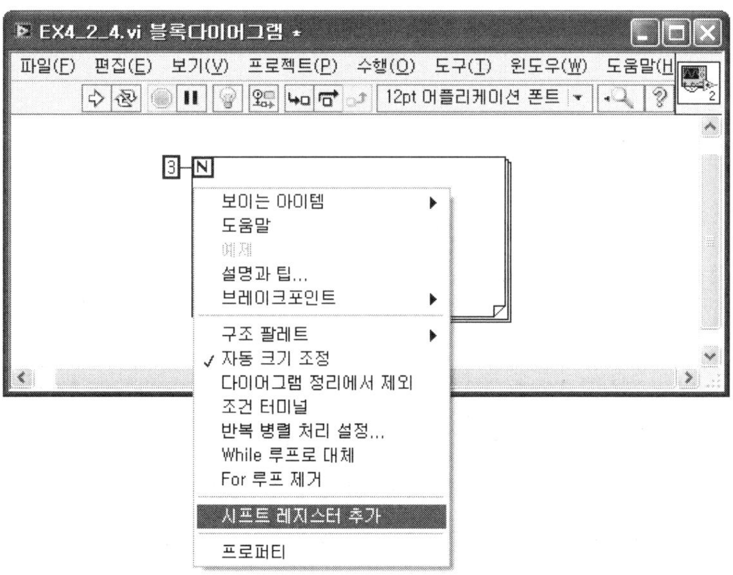

그림 4.2.22

이때 「시프트레지스터 추가」를 누르면 그림 4.2.23과 같이 왼쪽과 오른쪽 같은 위치에 시프트레지스터가 나타난다.

» 시프트 레지스터(Shift Register)

While 루프나 For에서는 피드백 노드뿐 아니라 시프트레지스터도 사용하여 한 루프에서 다음 루프로 데이터를 전달할 수 있다. 시프트레지스터는 루프 테두리의 양옆에 서로 반대인 터미널 쌍으로 나타난다. 아래 방향 화살표가 있는 시프트레지스터는 루프로 입력되는 값을 전달받아 저장하며, 위 방향 화살표가 있는 시프트레지스터는 한 루프를 완료한 결과 데이터를 저장한다.

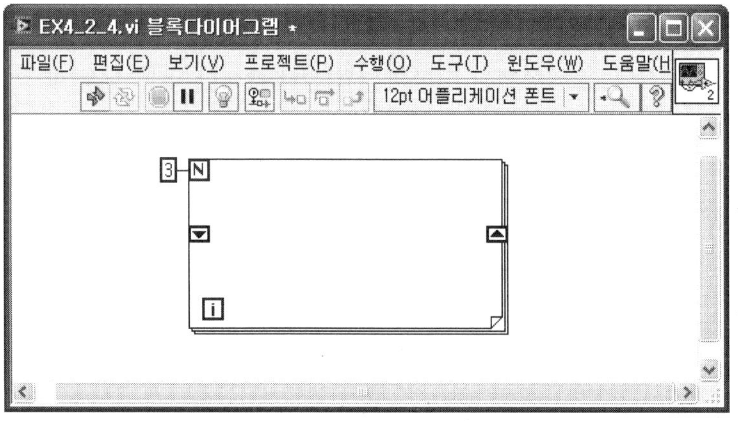

그림 4.2.23

④ 「더하기」 노드 가져오기

⑤ 시프트레지스터와 와이어로 연결하기

시프트레지스터에 컨트롤과 인디케이터 또는 노드를 연결하기 위해서, 시프트레지스터에 마우스를 대고 오른쪽 마우스 버튼을 누른 후 단축메뉴를 통하여 「생성≫상수」, 「생성≫컨트롤」, 「생성≫인디케이터」 또는 「노드」의 입출력 커넥터와 연결하면 와이어가 연결되지 않는다. 시프트레지스터는 모든 데이터 타입을 연결 할 수 있는데, 이 데이터 타입이 결정되지 않았기 때문이다. 그러므로 상수, 컨트롤, 인디케이터 또는 노드를 먼저 정하고 나서, 이들로부터 시작하여 와이어를 연결하여야 한다. 물론 입력단의 컨트롤이 먼저 연결된 후 인디케이터는 시프트레지스터에 마우스를 대고 오른쪽 마우스 버튼을 누른 후 단축메뉴를 통하여 「생성≫상수」를 선택하면 자동으로 만들어진다. 이는 이미 입력단에서 데이터가 이미 포맷되었기 때문이다.

그러므로 다음의 순서대로 와이어를 연결해야 한다.

1. 「숫자형 상수」 노드 가져오기
2. 「숫자형 상수」와 왼쪽 「시프트레지스터」의 입력단과 연결하기: 이때 「시프트레지스터」의 타입이 결정된다.
3. 왼쪽 「시프트레지스터」의 출력단과 「더하기」 노드 연결하기

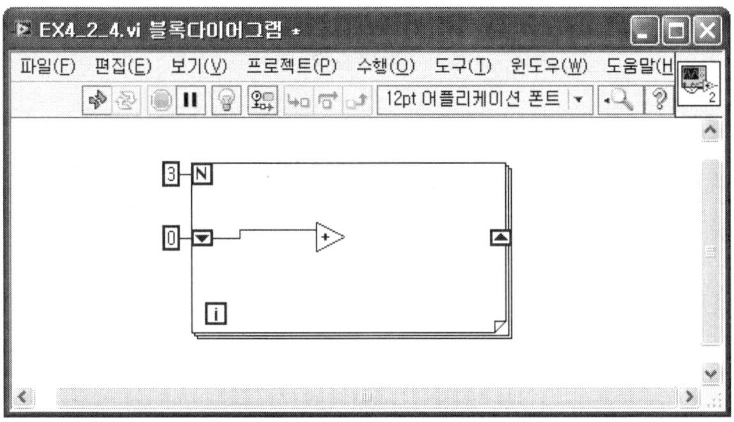

그림 4.2.24

⑥ 블록다이어그램 완성하기

왼쪽 「시프트레지스터」의 입력에 수치 5를 입력하고, 「더하기」 노드에 「상수」를 생성하여 값 2를 입력하고, 「더하기」 노드와 오른쪽 「시프트레지스터」를 와이어로 연결한다. 또 오른쪽 「시프트레지스터」에서 단축메뉴를 이용하여 「숫자형」 인디케이터를 생성한다.

⑦ 프로그램 실행

프런트패널에서 「실행」을 누른 후 결과를 살펴본다. 또 블록다이어그램에서 「하이라이트」를 이용하여 확인하자.

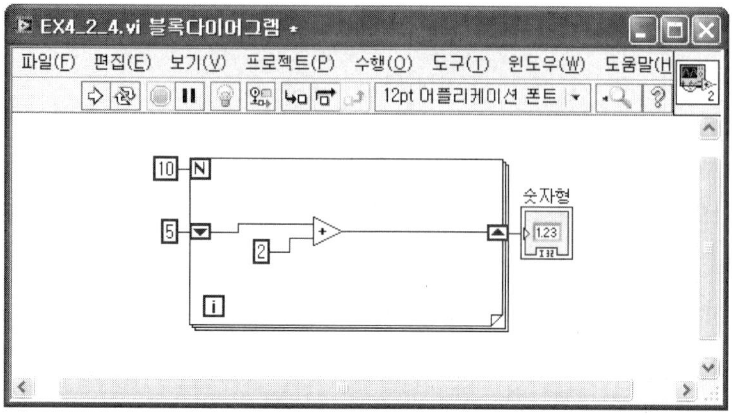

그림 4.2.25

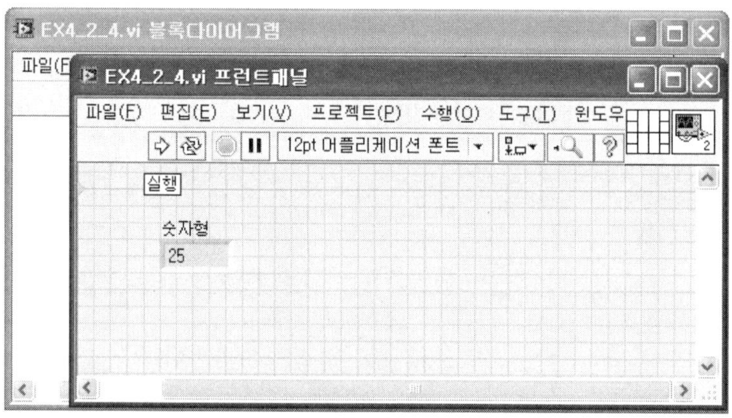

그림 4.2.26

예제 4.2.5 다중 시프트레지스터를 이용한 수치계산

For 루프와 시프트레지스터를 이용하여 5에 2를 3번 더하고, 또 3부터 시작하여 2를 한번 더할 때 마다, 더해진 값을 곱하는 프로그램을 만들고자 한다. 더하기: 5+(2+2+2) = 11, 곱하기: 3*(5+2)*(5+2+2)*(5+2+2+2) = 2079

① 메뉴에서 「새 VI」를 선택하여 Ex4_2_5.vi 로 저장한다.

② 블록다이어그램에서 For 루프 생성하고 「카운트 터미널」에 반복횟수 입력
함수 팔레트의 「프로그래밍≫구조≫For 루프」를 선택하여 For 루프를 만들고,

단축메뉴를 이용하여 반복횟수 3을 입력한다.

③ 다중 시프트레지스터 만들기

For 루프의 왼쪽 옆에 마우스 포인터를 대고 오른쪽 마우스 버튼을 누르면 단축 메뉴가 나타난다. 이때 「시프트레지스터 추가」를 선택하면 「시프트레지스터」를 만들 수 있으며, 같은 방법으로 여러 개를 만들 수 있다. 2개를 만들자.

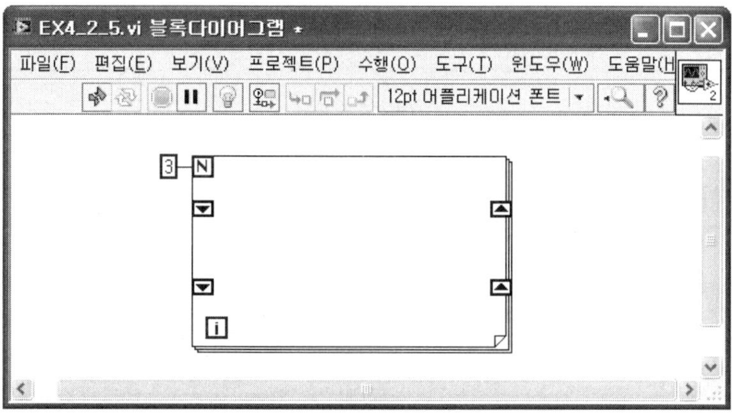

그림 4.2.27

④ 「더하기」와 「곱하기」 노드 가져오기

⑤ 시프트레지스터와 와이어로 연결하기

1. 「숫자형 상수」 노드 2개 가져오기
2. 각각의 「숫자형 상수」와 왼쪽 「시프트레지스터」의 입력단과 연결하기
3. 왼쪽 「시프트레지스터」의 출력단과 「더하기」 및 「곱하기」 노드 연결하기

⑥ 블록다이어그램 완성하기

각각의 오른쪽 「시프트레지스터」 출력단에 숫자형 인디케이터를 생성하여 그림 4.2.28과 같이 블록다이어그램을 완성한다.

⑦ 프로그램 실행

프런트패널에서 「실행」을 누른 후 결과를 살펴본다. 또 블록다이어그램에서 「하이라이트」를 이용하여 확인하자.

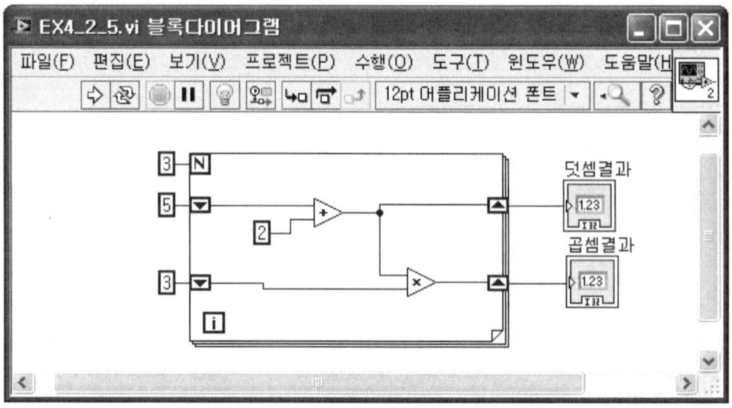

그림 4.2.28

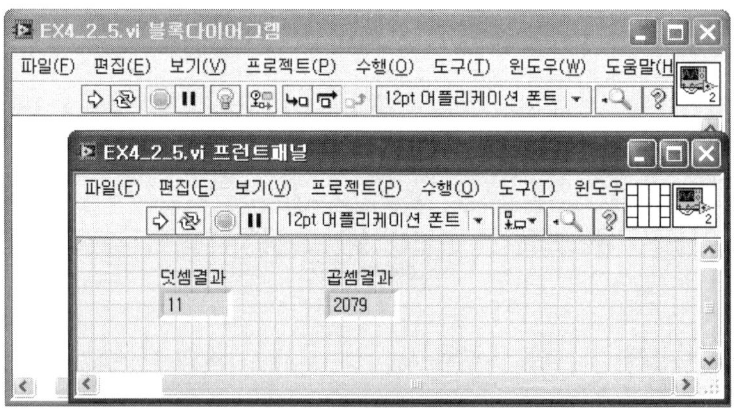

그림 4.2.29

예제 4.2.6 다층 시프트레지스터를 이용한 더하기

For 루프와 시프트레지스터를 이용하여 2와 3을 누적하여 5회 더하는 프로그램을 만들고자 한다. 2+3, 5+2, 7+5, 12+7, 19+12

① 메뉴에서 「새 VI」를 선택하여 Ex4_2_6.vi 로 저장한다.

② 블록다이어그램에서 For 루프 생성하고 「카운트 터미널」에 반복횟수 입력
함수 팔레트의 『프로그래밍≫구조≫For 루프』를 선택하여 For 루프를 만들고, 단축메뉴를 이용하여 반복횟수 5를 입력한다.

③ 시프트레지스터 만들기

For 루프의 왼쪽 옆에 마우스 포인터를 대고 오른쪽 마우스 버튼을 누르면 단축메뉴가 나타난다. 이때 「시프트레지스터 추가」를 선택하면 「시프트레지스터」를 만들 수 있다.

④ 다층 시프트레지스터 만들기

왼쪽의 입력 시프트레지스터에 마우스를 올려놓고 오른쪽 마우스버튼을 누르면 단축메뉴가 나타난다. 여기서 「원소추가」를 선택하면, 그림 4.2.31과 같이 왼쪽 시프트레지스터만 추가된다. 없애기 위해서는 「원소제거」를 선택하면 된다.

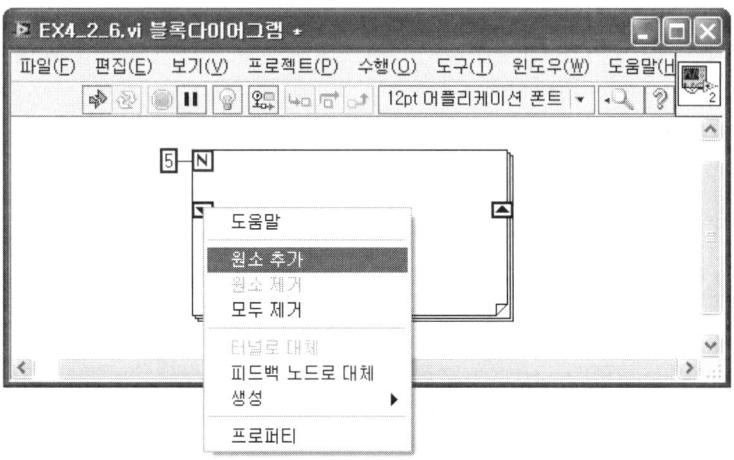

그림 4.2.30

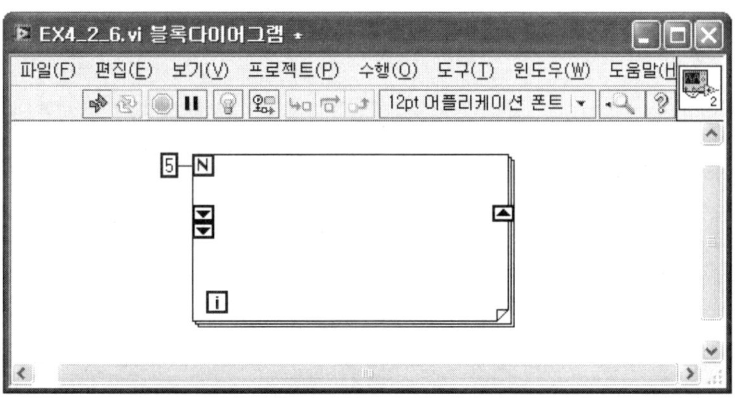

그림 4.2.31

⑤ 「더하기」 노드 가져오기

⑥ 시프트레지스터와 와이어로 연결하고, 블록다이어그램 완성하기

1. 「숫자형 상수」 노드 2개 가져오기
2. 각각의 「숫자형 상수」와 왼쪽 「시프트레지스터」의 입력단과 연결하기
3. 왼쪽 「시프트레지스터」의 출력단과 「더하기」 및 「곱하기」 노드 연결하기
4. 오른쪽 「시프트레지스터」의 출력단에 숫자형 인디케이터를 생성하여 블록다이어그램을 완성한다.

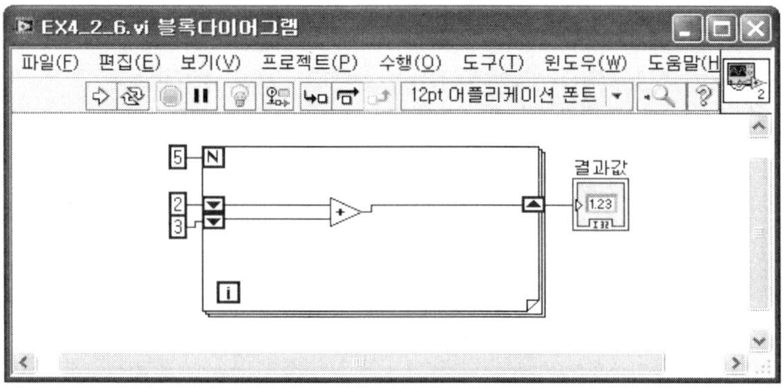

그림 4.2.32

⑦ 프로그램 실행

프런트패널에서 「실행」을 누른 후 결과를 살펴본다. 또 블록다이어그램에서 「하이라이트」를 이용하여 확인하자.

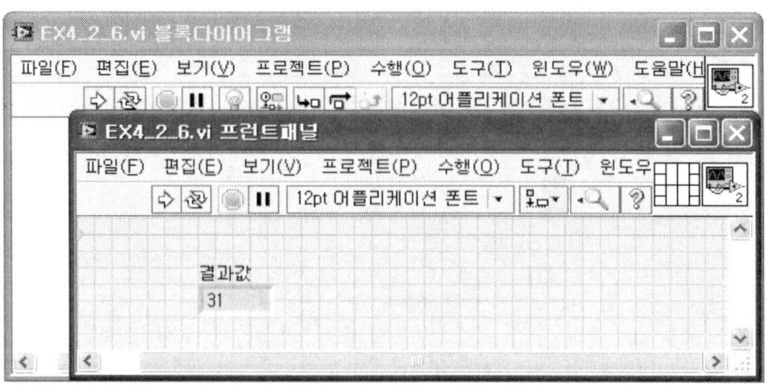

그림 4.2.33

예제와 같이 2층 시프트레지스터는 루프 실행 후, 왼쪽 위의 입력 시프트레지스터 값이 왼쪽 아래로 내려오고, 실행의 결과 값이 왼쪽 위의 입력 시프트레지스터와 오른쪽의 출력 시프트레지스터에 들어가며, 이것이 반복횟수(여기서는 5회)만큼 반복되는 것이다.

만약 3층 시프트레지스터 일 경우는 루프 실행 후, 왼쪽 위의 첫째와 둘째 입력 시프트레지스터 값이 왼쪽 둘째와 셋째(가장 아래)로 내려오고, 실행의 결과 값이 왼쪽 첫째위의 입력 시프트레지스터와 오른쪽의 출력 시프트레지스터에 들어가며, 이것이 반복횟수(여기서는 5회)만큼 반복되는 것이다.

예제 4.2.7 다중 For 루프를 이용하여 2차원 배열 만들기

For 루프를 2개 이용하면 단순히 2차원 배열을 만들 수 있다.

① 메뉴에서 「새 VI」를 선택하여 Ex4_2_7.vi 로 저장한다.

② 블록다이어그램에서 For 루프 생성하고 「카운트 터미널」에 반복횟수 입력

함수 팔레트의 「프로그래밍≫구조≫For 루프」를 선택하여 For 루프를 만들고, 단축메뉴를 이용하여 반복횟수 3을 입력한다. 같은 방법으로 For 루프 내부에 For 루프를 하나 더 만들고, 반복횟수를 4로 입력한다.

③ 블록다이어그램 완성하기

난수(0~1)를 내부 For 루프에 만들고 그림 4.2.34와 같이 인디케이터를 생성하여 블록다이어그램을 완성한다.

④ 프로그램 실행

프런트패널에서 ⇨「실행」을 누른 후 결과를 살펴본다.

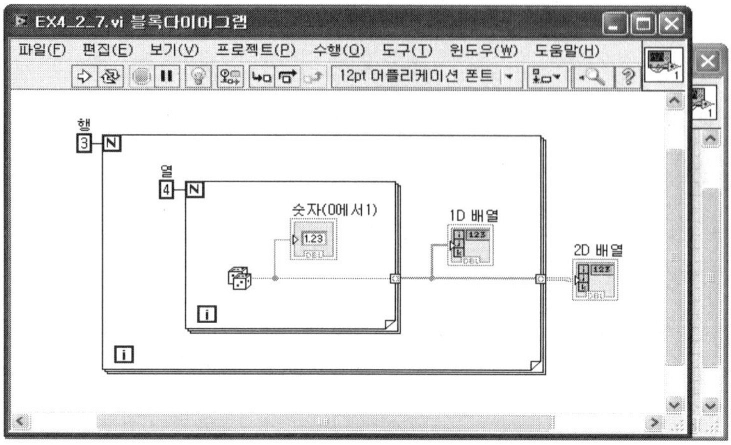

그림 4.2.34

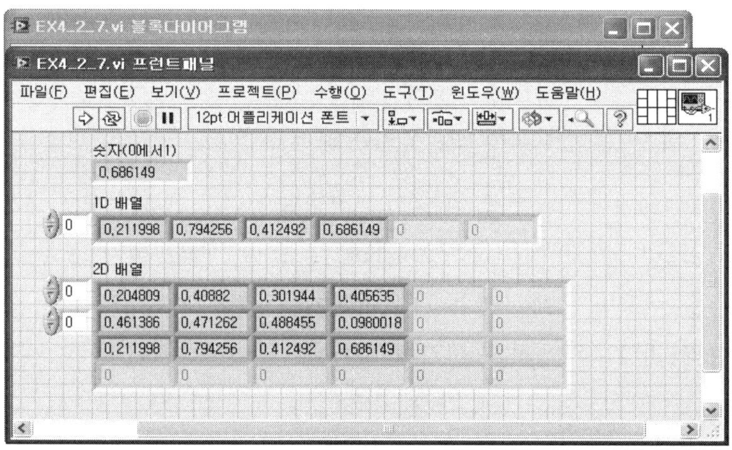

그림 4.2.35

예제 4.2.8 For 루프를 이용하여 사인 파형을 그리고 배열에 저장하기

For 루프를 이용하여 사인 파형을 그래프에 플롯하고 1차원 배열에 저장하자.

① 메뉴에서 「새 VI」를 선택하여 Ex4_2_8.vi 로 저장한다.

② 블록다이어그램에서 For 루프 생성하고 「카운트 터미널」에 반복횟수 입력

함수 팔레트의 「프로그래밍≫구조≫For 루프」를 선택하여 For 루프를 만들고, 단축메뉴를 이용하여 반복횟수 100을 입력한다.

③ 블록다이어그램 완성하기

예제 4_1_2와 같은 방법으로 블록다이어그램을 완성한다.

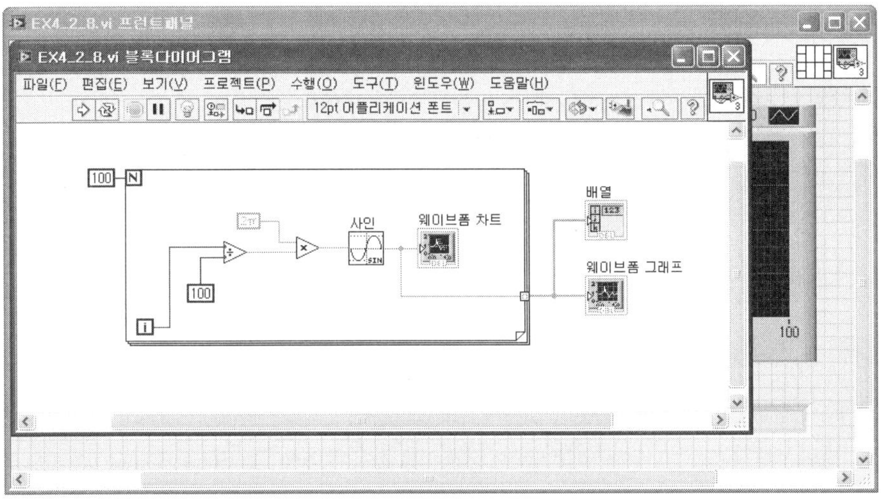

그림 4.2.36

④ 프로그램 실행

프런트패널에서 [⇨]「실행」을 누른 후 결과를 살펴본다.

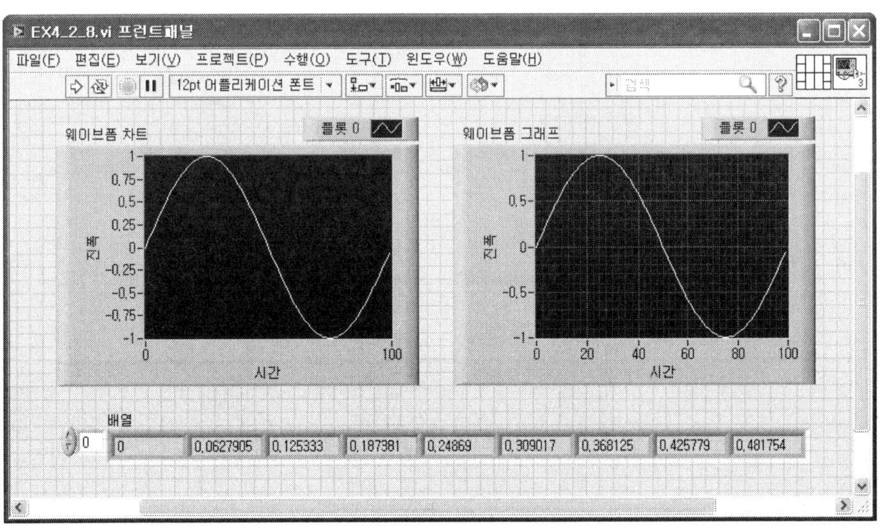

그림 4.2.37

예제 4.2.9 여러 플롯을 한 그래프에 표시하고 배열에 저장하기

For 루프를 이용하여 사인값과 난수(0～1)에 발생되는 수치 플롯을 한 그래프에 표시하고 배열에 저장하자.

① 메뉴에서 「새 VI」를 선택하여 Ex4_2_9.vi 로 저장한다.

② 블록다이어그램에서 For 루프 생성하고 「카운트 터미널」에 반복횟수 입력

함수 팔레트의 「프로그래밍≫구조≫For 루프」를 선택하여 For 루프를 만들고, 단축메뉴를 이용하여 반복횟수 100을 입력한다.

③ 블록다이어그램 완성하기

예제 4_1_2와 같은 방법으로 사인파를 만들고, 난수(0～1)를 이용하여 발생되는 수치를 「배열 만들기」를 이용하여 하나의 2차원배열로 만든 후 저장하고, 다중 플롯 그래프로 그리는 블록다이어그램을 완성한다.

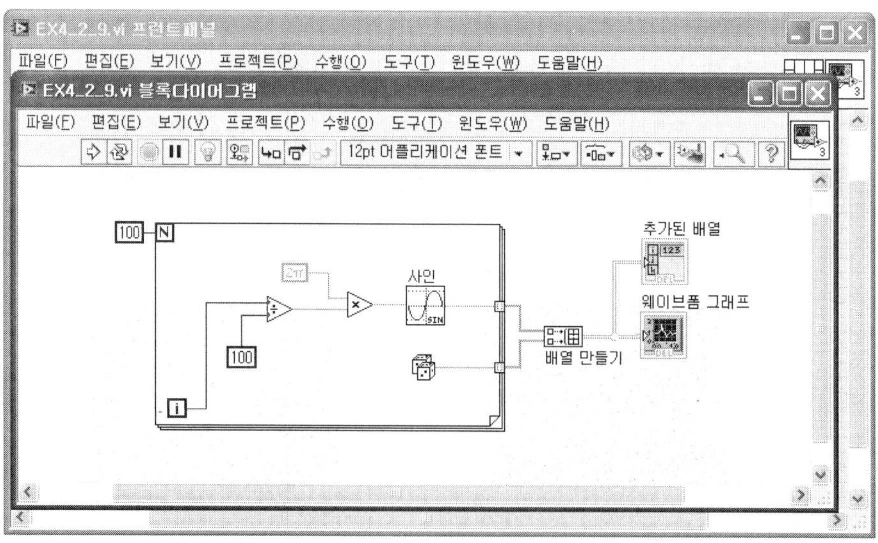

그림 4.2.38

④ 프로그램 실행

프런트패널에서 「실행」을 누른 후 결과를 살펴본다.

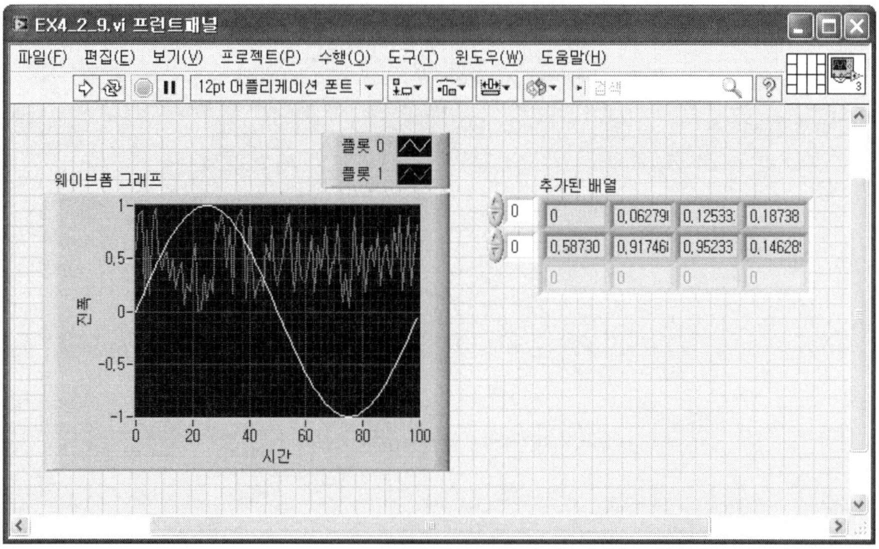

그림 4.2.39

예제 4.2.10 여러 플롯을 한 그래프에 표시하고 클러스터 배열에 저장하기

For 루프를 이용하여 사인값과 난수(0～1)에 발생되는 수치 플롯을 한 그래프에 표시하고 배열에 저장하자.

① 메뉴에서 「새 VI」를 선택하여 Ex4_2_10.vi 로 저장한다.

② 블록다이어그램에서 For 루프 생성하고 「카운트 터미널」에 반복횟수 입력

함수 팔레트의 「프로그래밍≫구조≫For 루프」를 선택하여 For 루프를 만들고, 단축메뉴를 이용하여 반복횟수 100을 입력한다.

③ 블록다이어그램 완성하기

예제 4_2_9와 조금 다른 방법으로 사인파를 만들고, 난수(0～1)를 이용하여 발생되는 수치를 「클러스터 배열 만들기」를 이용하여 하나의 2차원 클러스터 배열로 만든 후 저장하고, 다중 플롯 그래프로 그리는 블록다이어그램을 완성한다.

④ 프로그램 실행

프런트패널에서 「실행」을 누른 후 결과를 살펴본다.

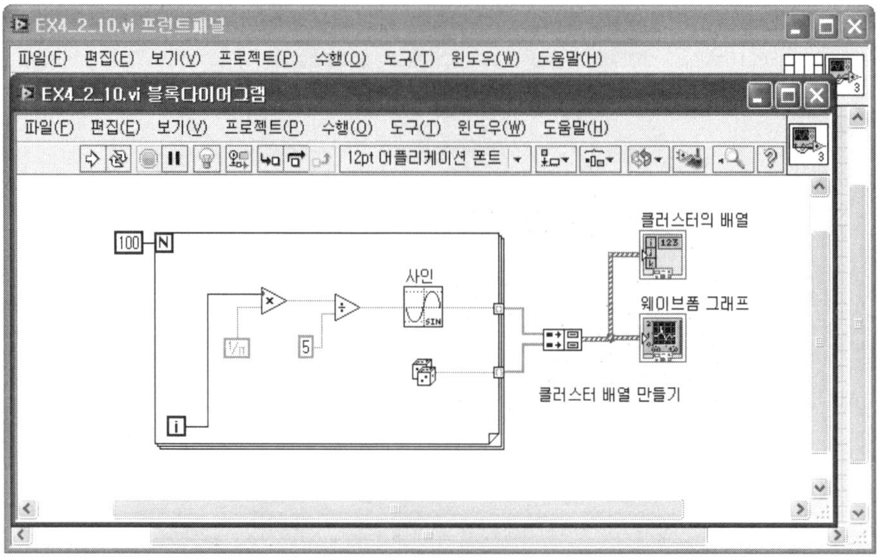

그림 4.2.40

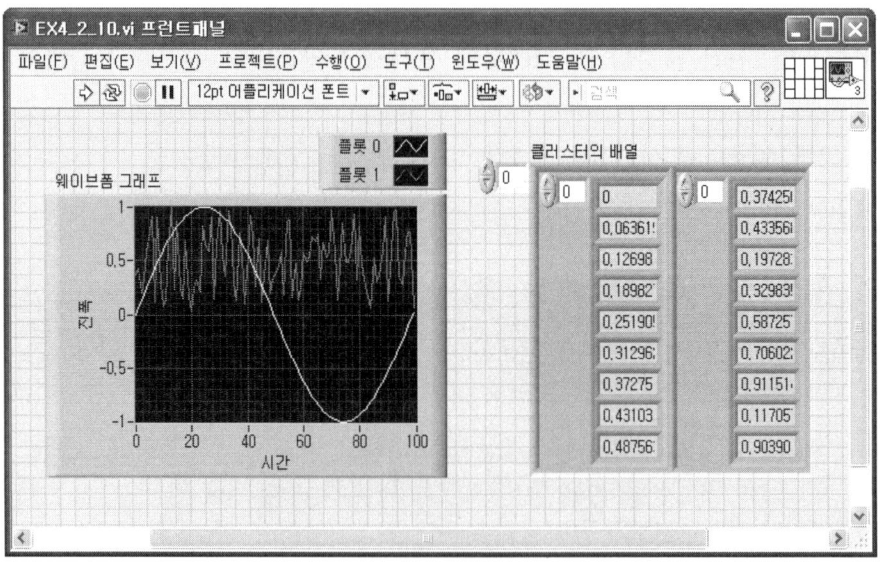

그림 4.2.41

예제 4.2.11 For 루프를 이용하여 XY 그래프에 리사쥬원 그리기

For 루프를 이용하여 XY 그래프에 리사쥬원을 그리자.

① 메뉴에서 「새 VI」를 선택하여 Ex4_2_11.vi 로 저장한다.

② 블록다이어그램에서 For 루프 생성하고 「카운트 터미널」에 반복횟수 입력

함수 팔레트의 「프로그래밍≫구조≫For 루프」를 선택하여 For 루프를 만들고, 단축메뉴를 이용하여 반복횟수 101을 입력한다.

③ 블록다이어그램 완성하기

예제 4_2_9/10과 조금 다른 방법으로 사인/코사인파를 만들고, 이를 「묶기」와 「배열 만들기」를 이용하여 하나의 2차원 배열로 만들고, 이를 XY 그래프로 그리는 블록다이어그램을 완성한다.

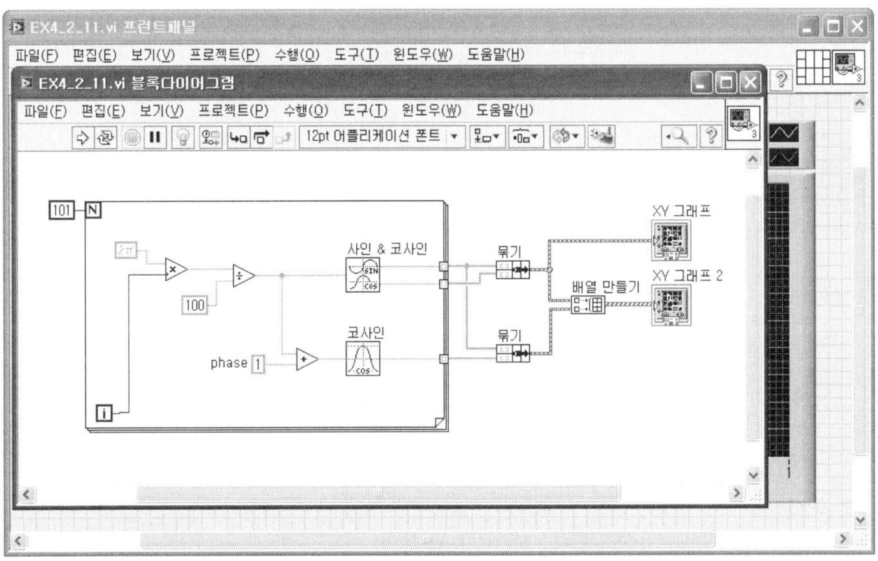

그림 4.2.42

④ 프로그램 실행

프런트패널에서 「실행」을 누른 후 결과를 살펴본다.

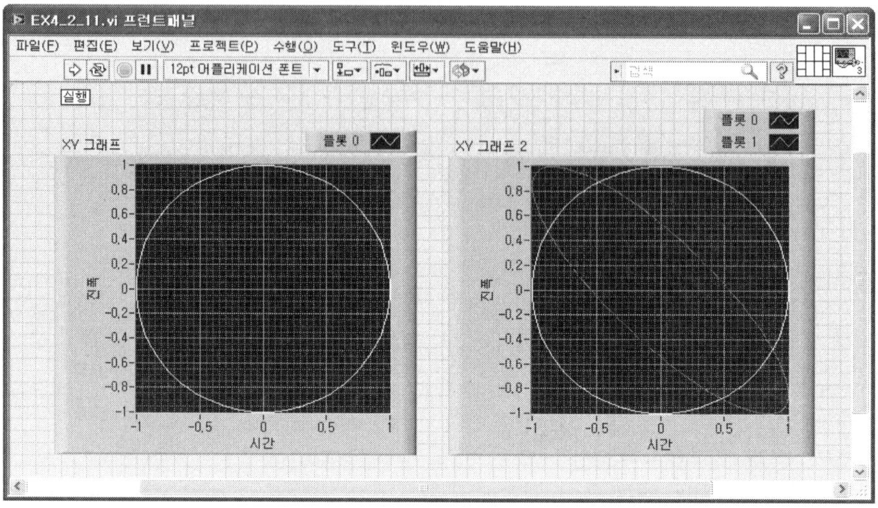

그림 4.2.43

4.3 케이스 구조

케이스(Case) 구조는 텍스트 기반 프로그래밍 언어의 CASE 문이나 If ... Then ... (Else) 문과 유사하다. 케이스 구조는 사용자가 정해준 조건대로 선택적으로 실행하고 멈추는 구조이며, 그림 4.0.1의 함수 팔레트에서 「프로그래밍≫구조≫케이스 구조」를 선택하면, ?가 나타나며, 마우스 오른쪽 버튼을 드래그 하면 그림 4.3.1과 같이 케이스 구조가 그려진다.

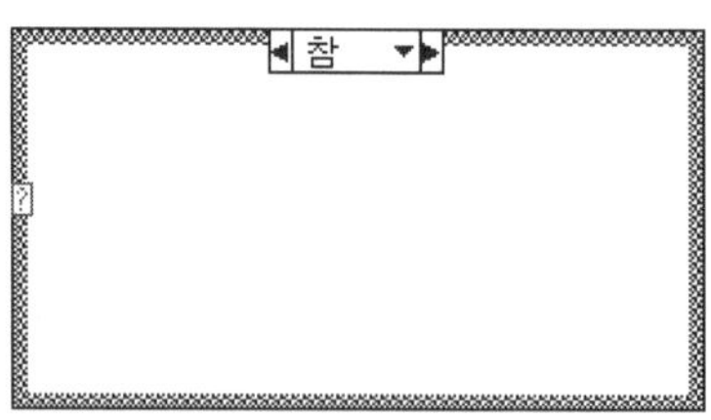

그림 4.3.1

케이스 구조는 상단의 ◀참▼▶「선택자 라벨」은 케이스를 선택하고, 좌측의 ?「케이스 선택자」에는 조건을 입력한다. 조건으로는 숫자형, 불리언, 문자열 등을 사용할 수 있다.

쉽게 설명하면, 상단의 ◀참 ▼▶「선택자 라벨」은 VI를 확인 또는 제작하기 위한 선택 장치이고, 좌측의 ?「케이스 선택자」는 VI를 동작시키기 위한 선택조건을 입력하는 장치이다.

예제 4.3.1 숫자 조건에 따라 선택적 연산하기

케이스 구조에 0, 1, 2, 3의 4가지 숫자를 조건입력 할 때 각각 +, —, ×, ÷ 연산을 선택적으로 실행하는 간단한 VI를 만들자.

① 메뉴에서 「새 VI」를 선택하여 Ex4_3_1.vi 로 저장한다.

② 블록다이어그램에서 케이스 구조 생성하기

함수 팔레트의 「프로그래밍≫구조≫케이스 구조」를 선택하면, ?가 나타나며, 마우스 오른쪽 버튼을 드래그 하면 그림과 같이 케이스 구조가 그려진다.

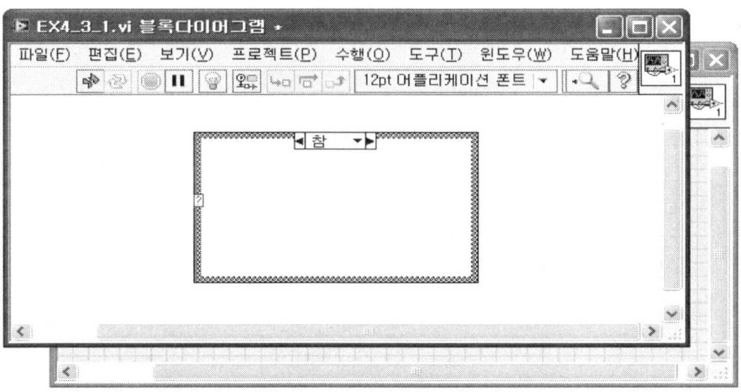

그림 4.3.2

③ 케이스 조건입력 타입 변경

케이스를 선택하는 ◀참 ▼▶「선택자 라벨」에는 디폴트로 「참」이 있으며 불리언으로 동작하게 되어 있다.

프런트패널에서 숫자형 컨트롤(또는 상수)을 가져와서 「숫자형」 라벨을 보이게 하고, 다시 블록다이어그램 케이스 구조 외부 왼쪽에 놓고, ?「케이스 선택자」 입력단에 와이어로 연결하면 ◀참 ▼▶는 ◀1 ▼▶으로 변화되며 숫자조건을 입력으로 받을 수 있게 타입이 변한다.

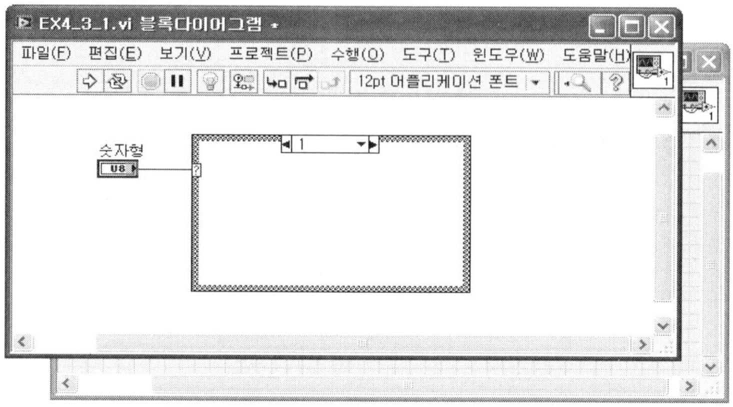

그림 4.3.3

④ 케이스 조건입력 경우의 수 추가

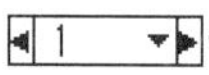에서 단축메뉴를 불러내어 「다음 케이스 추가」를 선택하면, 2가 추가된다. 계속 같은 방법으로 3까지 추가한다.

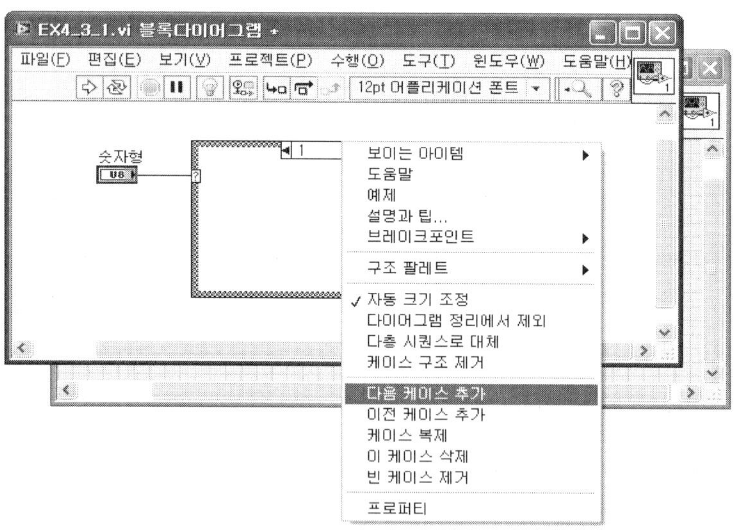

그림 4.3.4

⑤ 케이스 조건입력 경우의 수 확인 및 선택

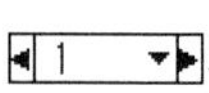의 오른쪽 아래방향 화살표에 마우스 포인터를 올려놓으면 마우스 포인

터가 ☝로 변한다. 이때 클릭하면 케이스 조건입력 경우의 수를 확인 할 수 있다. 물론 원하는 부분을 선택 할 수 있다. (체크 표시)

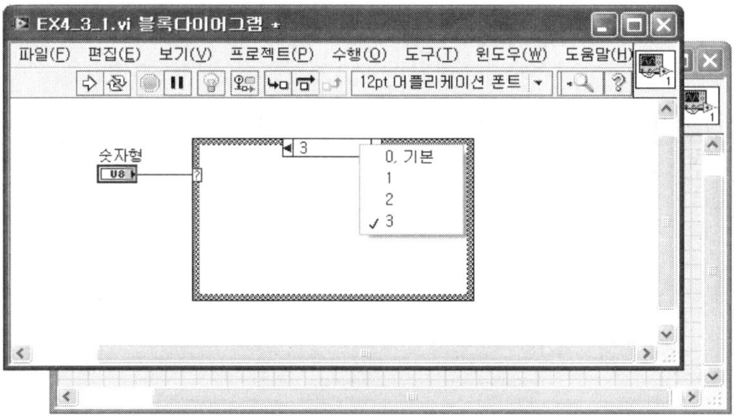

그림 4.3.5

⑥ 기본 케이스 프레임과 케이스 구조 외부 컨트롤 만들기

그림 4.3.5에서 「0.기본」을 클릭하면 여기에 체크표시가 되면서, 「0.기본」 프레임이 나타난다. 프런트패널에서 숫자형 컨트롤 2개를 가져와서 각각 「숫자A」, 「숫자B」라고 라벨을 붙이고, 다시 블록다이어그램 케이스 구조 외부 왼쪽에 놓고, 케이스 구조에 와이어로 연결하면 터널(구조로 데이터를 주고받는 커넥터 팬)이 만들어진다.

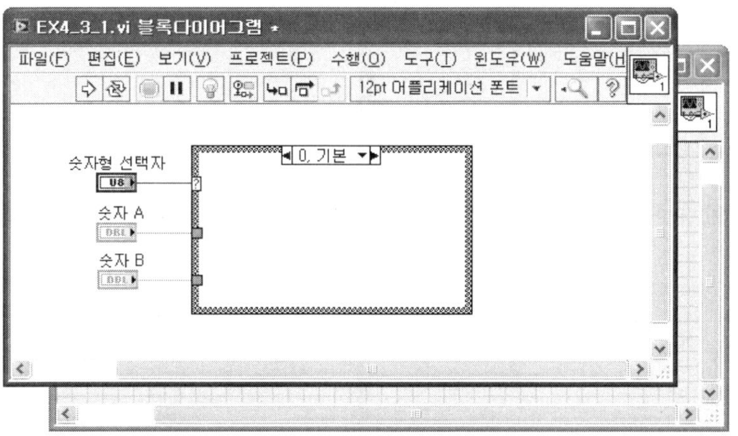

그림 4.3.6

⑦ 기본 케이스 프레임 내부편집과 케이스 구조 외부 인디케이터 만들기

「더하기」 함수를 가져와서 그림 4.3.7과 같이 기본 케이스 프레임을 완성하고, 「더하기」 함수의 출력 터널에서 단축메뉴를 이용하여 인디케이터를 생성하여 「연산결과」 라고 라벨을 붙인다.

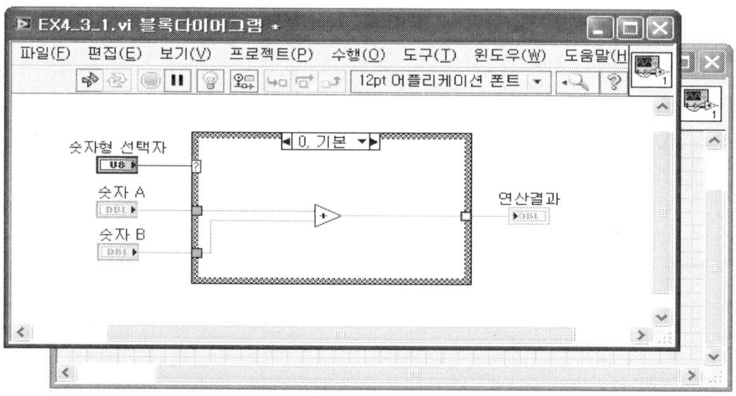

그림 4.3.7

⑧ 조건에 따른 케이스 내부 프레임 만들기

◀1 ▼▶의 오른쪽 아래방향 화살표를 클릭하면 케이스 조건입력 경우의 수를 1, 2, 3으로 바꾸면서 나타나는 프레임에 각각 「빼기」, 「곱하기」, 「나누기」 VI를 편집한다.

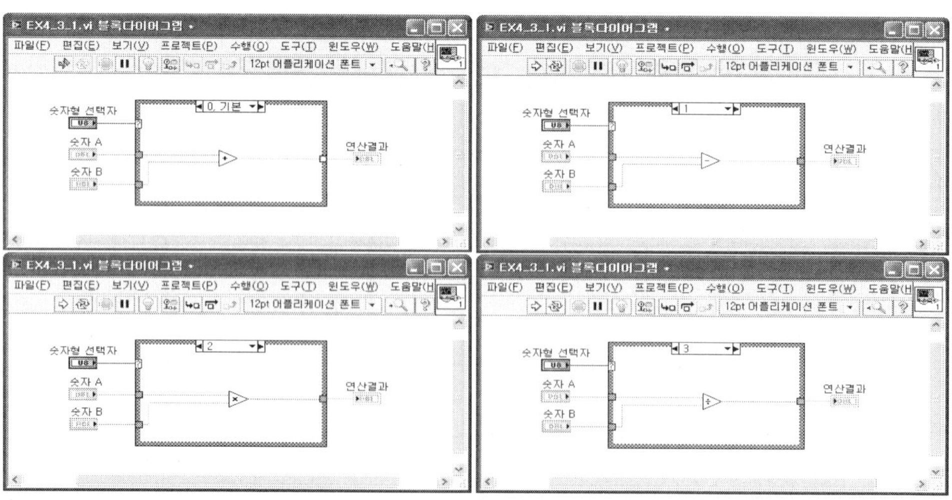

그림 4.3.8

⑨ 프로그램 실행

프런트패널에서 조건선택 값을 0, 1, 2, 3으로 변화시키고, 「실행」을 누른 후 결과를 살펴본다.

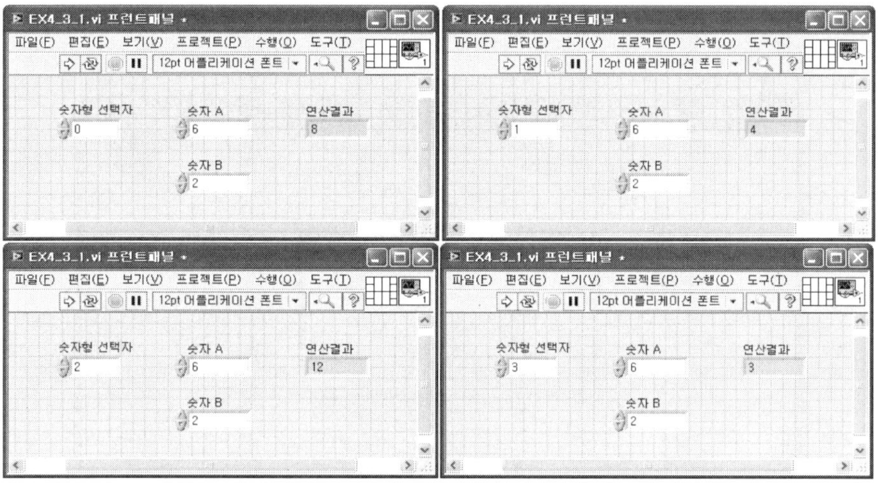

그림 4.3.9

예제 4.3.2 링 조건에 따라 선택적 연산하기

케이스 구조에 0, 1, 2, 3의 4가지 숫자 대신에, 이에 대응하는 더하기, 빼기, 곱하기, 나누기의 링 문자를 조건입력으로, 각각 +, —, ×, ÷ 연산을 선택적으로 실행하는 간단한 VI를 만들자.

다시 말하면 0, 1, 2, 3를 선택하면 이것이 무엇인지 모르지만, 더하기, 빼기, 곱하기, 나누기로 표시하면 쉽게 알 수 있다는 것이다. 링(Ring)은 숫자를 사용자가 알기 쉽게 문자로 표시하는 기능을 갖는 아이콘 형태의 터미널이다.

① 메뉴에서 「새 VI」를 선택하여 Ex4_3_2.vi 로 저장한다.

② 블록다이어그램에서 케이스 구조 생성하기

함수 팔레트의 「프로그래밍≫구조≫케이스 구조」를 선택하면, ?가 나타나며, 마우스 오른쪽 버튼을 드래그 하면 그림과 같이 케이스 구조가 그려진다.

③ 케이스 조건입력 타입 변경

프런트패널의 컨트롤 팔레트에서 「일반≫링 & 열거형≫텍스트 링」을 가져와서 「링 선택자」라고 라벨을 보이게 하고, 다시 블록다이어그램 케이스 구조 외부 왼쪽에 놓고, ?「케이스 선택자」 입력단에 와이어로 연결하면 참 는 1 으로 변화되며 링조건을 입력으로 받을 수 있게 타입이 변한다.

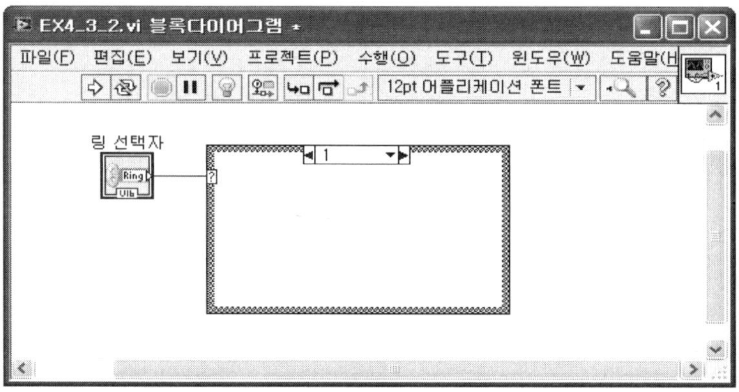

그림 4.3.10

④ 링 속성 만들기

프런트패널에서 마우스를 「링」에 위치하여 오른쪽 마우스 버튼을 누르면 단축메뉴를 선택할 수 있다. 그림 4.3.11의 단축메뉴에서 「아이템 편집...」을 선택하면, 그림 4.3.12와 같이 링 프로퍼티 창이 나타난다.

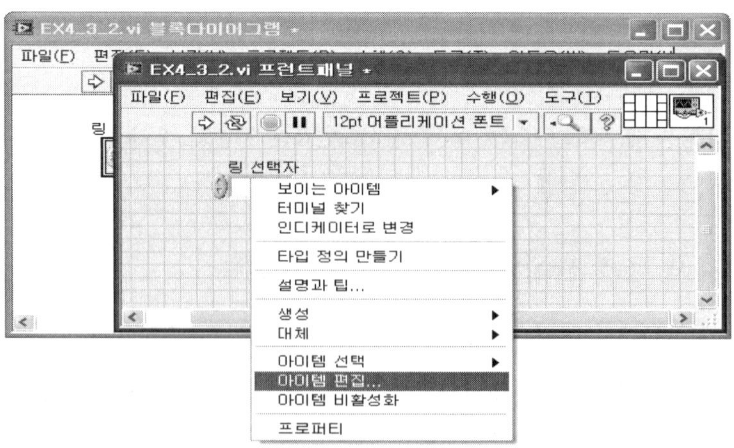

그림 4.3.11

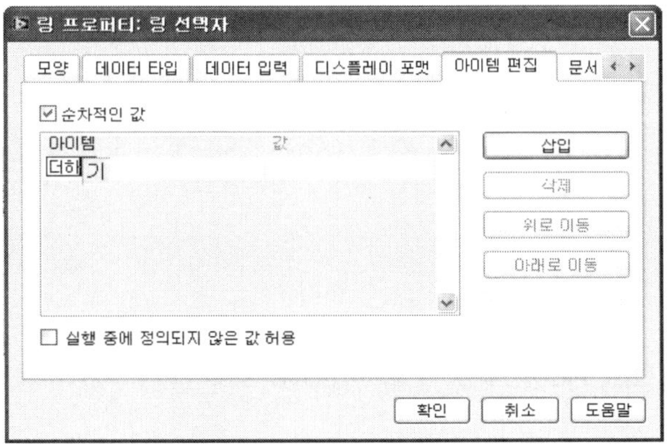

그림 4.3.12

링 프로퍼티 창에서 「아이템 편집≫삽입」 버튼을 누르면, 아이템 항에 값에 해당하는 문자열을 입력할 수 있다. 계속 「삽입」 버튼을 누르면 0, 1, 2, 3의 순서로 아이템을 입력할 수 있다. 그림 4.3.13과 같이 더하기, 빼기, 곱하기, 나누기를 입력한다.

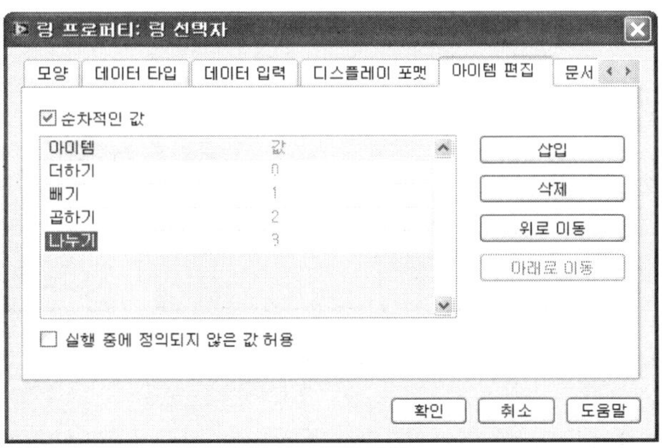

그림 4.3.13

링 속성 창에서 아이템 항에 차례로 더하기, 빼기, 곱하기, 나누기를 기록하면, 각각 값 항에 0, 1, 2, 3 숫자가 따라 붙는다. 이는 0, 1, 2, 3의 숫자에 각각 더하기, 빼기, 곱하기, 나누기의 문자가 대응되는 것을 나타낸다.

⑤ 케이스 조건입력 경우의 수 추가

에서 단축메뉴를 불러내어 「다음 케이스 추가」를 선택하면, 2가 추가된다. 계속 같은 방법으로 3까지 추가한다.

⑥ 케이스 구조 외부 컨트롤 만들기

프런트패널에서 숫자형 컨트롤 2개를 가져와서 각각 「숫자A」, 「숫자B」라고 라벨을 붙이고, 다시 블록다이어그램 케이스 구조 외부 왼쪽에 놓고, 케이스 구조에 와이어로 연결하면 터널이 만들어진다.

⑦ 프레임 내부편집과 케이스 구조 외부 인디케이터 만들기

◀1 ▾▶에서 「0.기본」을 클릭하면 「0.기본」 프레임이 나타난다. 「더하기」 함수를 가져와서 그림 4.3.14와 같이 기본 케이스 프레임을 완성하고, 「더하기」 함수의 출력 터널에서 단축메뉴를 이용하여 인디케이터를 생성하여 「연산결과」 라고 라벨을 붙인다.

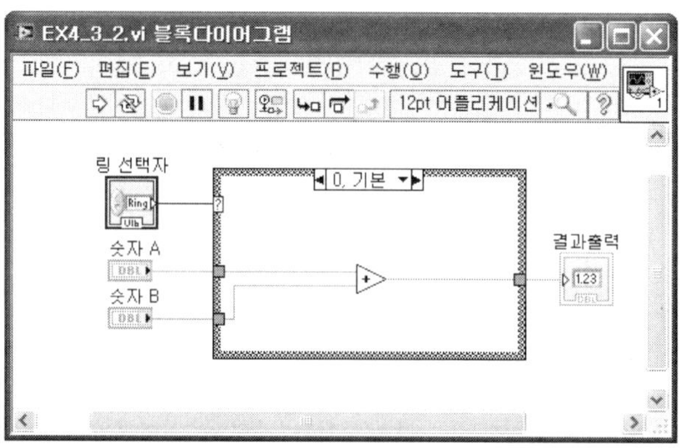

그림 4.3.14

같은 방법으로 1(빼기), 2(곱하기), 3(나누기) 프레임도 완성한다.

⑧ 프로그램 실행

프런트패널에서 「링 선택자」를 더하기, 빼기, 곱하기, 나누기로 변화시키고, ⇨ 「실행」을 누른 후 결과를 살펴본다. 「연속 실행」을 누른 후, 「링 선택자」를 바꾸며 결과 값을 본다.

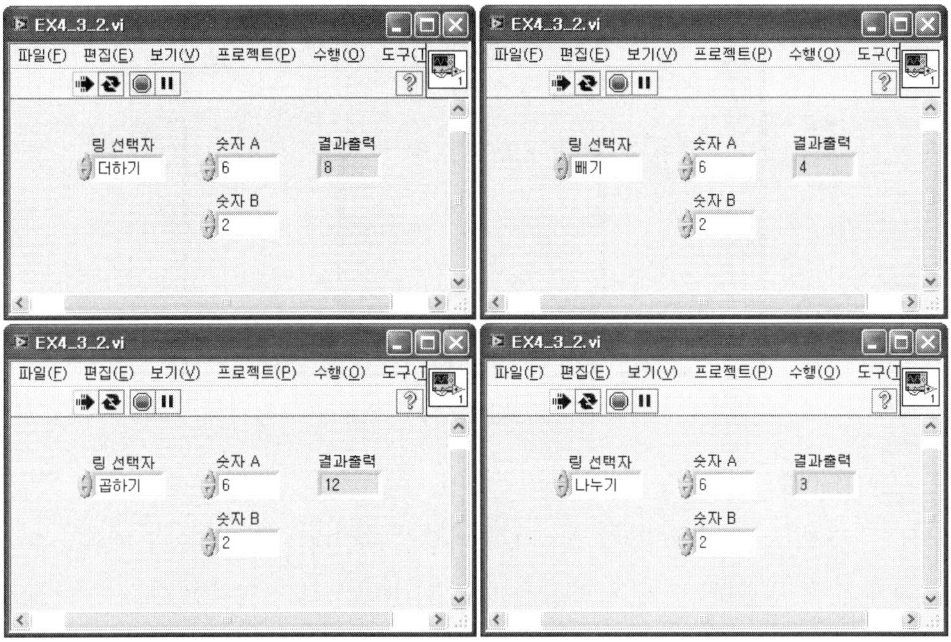

그림 4.3.15

예제 4.3.3 문자열 조건에 따라 선택적 연산하기

케이스 구조에 “더하기”, “빼기”, “곱하기”, “나누기”의 4가지 문자열을 조건입력 할 때 각각 +, —, ×, ÷ 연산을 선택적으로 실행하는 간단한 VI를 만들자.

① 메뉴에서 「새 VI」를 선택하여 Ex4_3_3.vi 로 저장한다.

② 블록다이어그램에서 케이스 구조 생성하기

함수 팔레트의 「프로그래밍≫구조≫케이스 구조」를 선택하면, [?]가 나타나며, 마우스 오른쪽 버튼을 드래그 하면 그림과 같이 케이스 구조가 그려진다.

③ 케이스 조건입력 타입 변경

프런트패널의 컨트롤 팔레트에서 「일반≫문자열 & 경로≫문자열 컨트롤」을 가져와서 「문자열 선택자」라고 라벨을 보이게 하고, 다시 블록다이어그램 케이스 구조 외부 왼쪽에 놓고, [?]「케이스 선택자」 입력단에 와이어로 연결하면 [◀참 ▼▶]는 [◀"참" ▼▶]으로 변화되며 문자열을 입력으로 받을 수 있게 타입이 변한다.

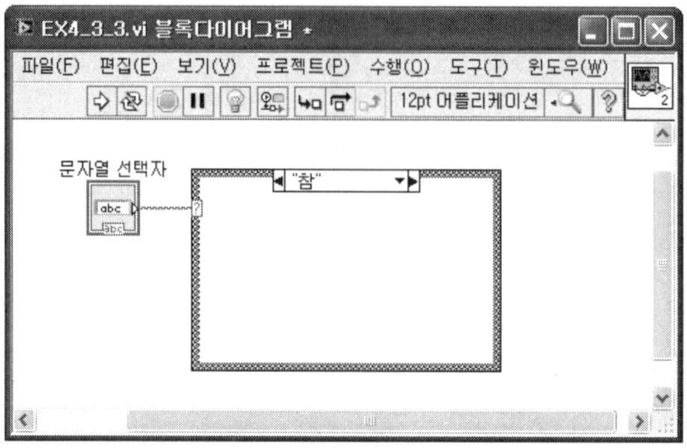

그림 4.3.16

④ 「선택자 라벨」 편집

◀"참" ▼▶의 오른쪽 아래방향 화살표에 마우스 포인터를 올려놓으면 마우스 포인터가 로 변한다. 이때 클릭하면 디폴트 케이스 조건입력인 「"거짓",기본」, 「"참"」이 나타난다. 「"거짓",기본」의 "거짓" 위치에 마우스 포인트를 올려놓고 "더하기"로 바꾸고, 「"참"」은 "빼기"로 바꾼다.

⑤ 케이스 조건입력 경우의 수 추가

◀"더하기", 기본 ▼▶에서 단축메뉴를 불러내어 「다음 케이스 추가」를 선택하면, 조건입력 경우가 추가된다. 같은 방법으로 하나 더 추가하고, 라벨을 각각 "곱하기", "나누기"라고 붙인다.

⑥ 케이스 조건입력 경우의 수 확인

◀"더하기", 기본 ▼▶의 오른쪽 아래방향 화살표에 마우스 포인터를 올려놓으면 마우스 포인터가 로 변한다. 이때 클릭하면 케이스 조건입력 경우의 수를 확인 할 수 있다.

⑦ 케이스 구조 외부 컨트롤 만들기

프런트패널에서 숫자형 컨트롤 2개를 가져와서 각각 「숫자A」, 「숫자B」라고 라벨을 붙이고, 다시 블록다이어그램 케이스 구조 외부 왼쪽에 놓고, 케이스 구조에 와이어로 연결하면 터널이 만들어진다.

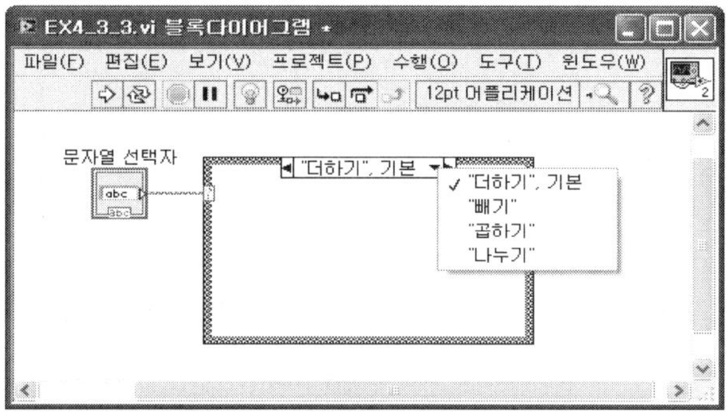

그림 4.3.17

⑧ 프레임 내부편집과 케이스 구조 외부 인디케이터 만들기

◀"더하기", 기본 ▼▶에서 「"더하기".기본」을 클릭하면 「"더하기"」 프레임이 나타난다. 「더하기」 함수를 가져와서 그림 4.3.18과 같이 기본 케이스 프레임을 완성하고, 「더하기」 함수의 출력 터널에서 단축메뉴를 이용하여 인디케이터를 생성하여 「결과출력」 라고 라벨을 붙인다.

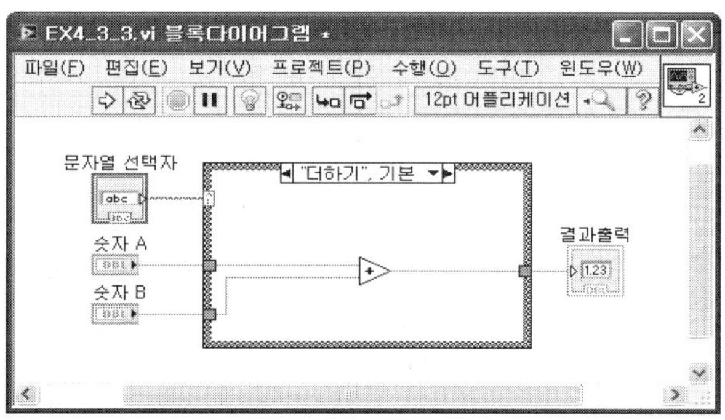

그림 4.3.18

같은 방법으로 "빼기", "곱하기", "나누기" 프레임도 완성한다.

⑨ 해당 프레임에 프로그램이 없을 경우(출력 터널에 연결 내용이 없을 경우)

만약 추가된 조건입력 중에 프레임이 비어있을 경우는 「실행」이 되어 VI가 미완성이기 때문에 실행 할 수 없게 된다. 이 경우에는 그림 4.3.19와 같이 출력 터널에서 단축메뉴를 가져와서 「연결되지 않으면 기본값 사용」을 선택하면 이 으로 바뀌어 해당 프레임을 제외하고 다른 프레임은 정상적으로 실행된다.

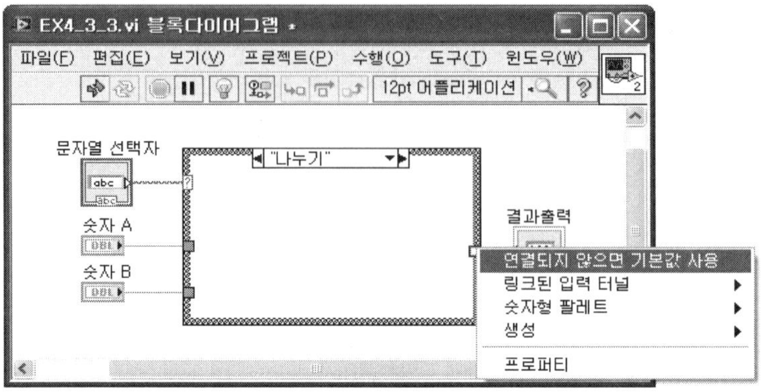

그림 4.3.19

⑩ 프로그램 실행

프런트패널에서 「문자열 선택자」를 더하기, 빼기, 곱하기, 나누기로 변화시키고, 「실행」을 누른 후 결과를 살펴본다.

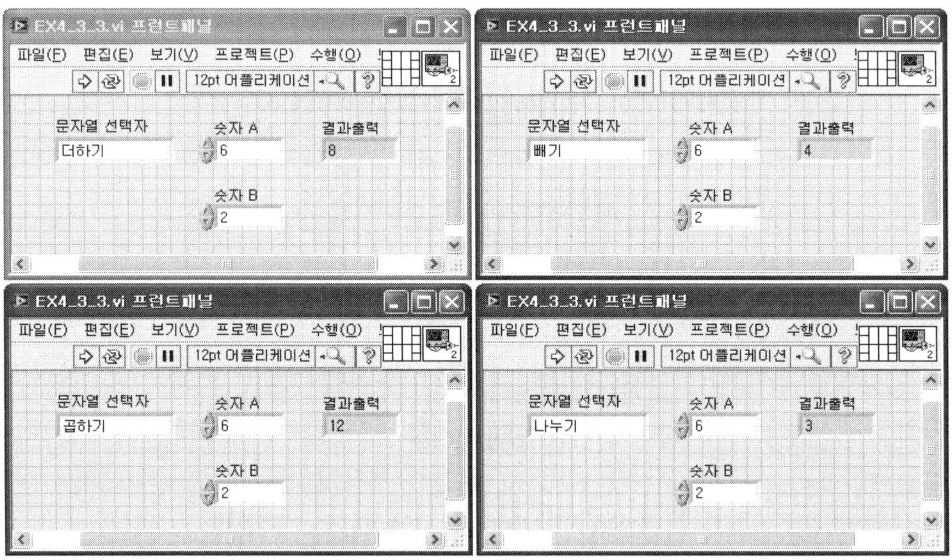

그림 4.3.20

예제 4.3.4 문자열 조건에 따라 선택적 연산하기

케이스 구조에 「참」, 「거짓」의 2가지 불리언 값을 조건입력 할 때 각각 +, — 연산을 선택적으로 실행하는 간단한 VI를 만들자.

① 메뉴에서 「새 VI」를 선택하여 Ex4_3_4.vi 로 저장한다.

② 블록다이어그램에서 케이스 구조 생성하기

함수 팔레트의 「프로그래밍≫구조≫케이스 구조」를 선택하면, ?가 나타나며, 마우스 오른쪽 버튼을 드래그 하면 그림과 같이 케이스 구조가 그려진다.

③ 케이스 조건입력 선택자 연결하기

프런트패널의 컨트롤 팔레트에서 「일반≫문자열 & 경로≫문자열 컨트롤」을 가져와서 「문자열 선택자」라고 라벨을 보이게 하고, 다시 블록다이어그램 케이스 구조 외부 왼쪽에 놓고, ?「케이스 선택자」 입력단에 와이어로 연결한다. 케이스 구조의 디폴트 선택자가 불리언이므로 별도로 선택자 타입을 변경할 필요는 없다. 또한 케이스 조건입력 경우의 수도 추가할 필요 없다.

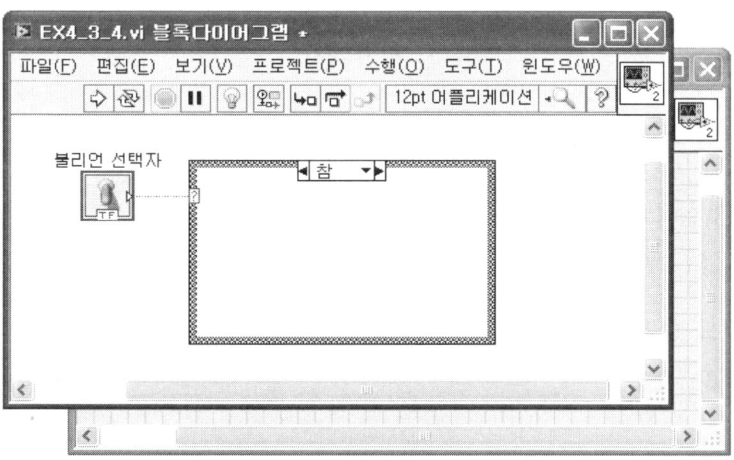

그림 4.3.21

④ 케이스 구조 외부 컨트롤 만들기

프런트패널에서 숫자형 컨트롤 2개를 가져와서 각각 「숫자A」, 「숫자B」라고 라벨을 붙이고, 다시 블록다이어그램 케이스 구조 외부 왼쪽에 놓고, 케이스 구조에 와이어로 연결하면 터널이 만들어진다.

⑤ 프레임 내부편집과 케이스 구조 외부 인디케이터 만들기

디폴트로 나타나는 ◀참 ▾▶ 프레임에서 「더하기」 함수를 가져와서 입력 터널과 와이어로 연결하고, 「더하기」 함수의 출력 터널에서 단축메뉴를 이용하여 인디케이터를 생성하여 「결과출력」 라고 라벨을 붙인다.

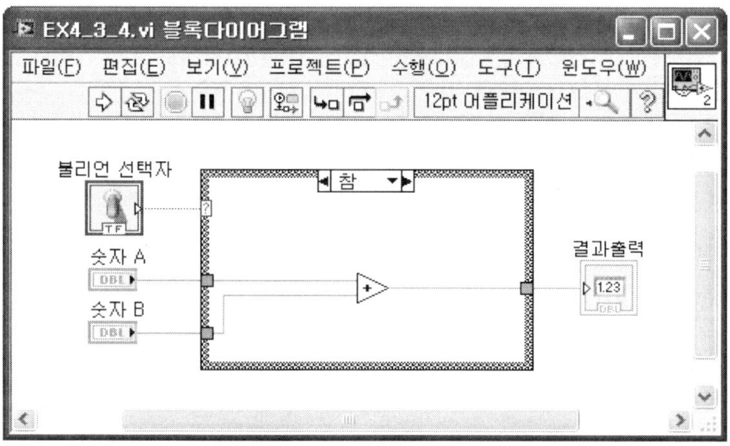

그림 4.3.22

같은 방법으로 「거짓」 프레임에서 빼기 연산도 완성한다.

⑥ 프로그램 실행

프런트패널에서 「불리언 선택자」를 참, 거짓으로 변화시키고, 「실행」을 누른 후 결과를 살펴본다. 「연속 실행」을 누른 후, 「불리언 선택자」를 바꾸며 결과값을 본다.

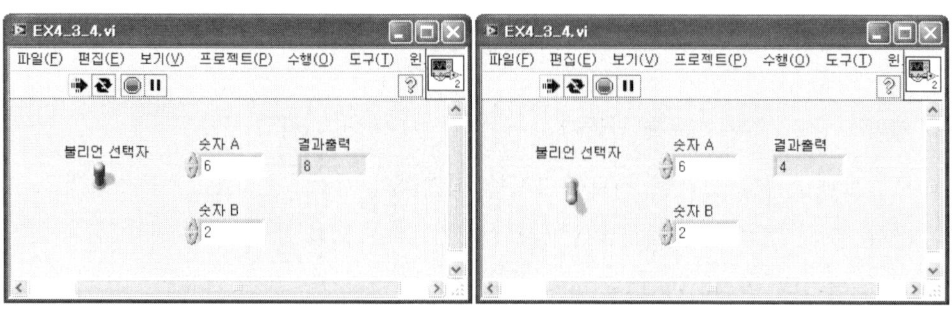

그림 4.3.23

예제 4.3.5 탭 컨트롤 조건에 따라 선택적 화면 만들기

탭 컨트롤을 이용하여 좁은 영역에서 프런트패널의 컨트롤과 인디케이터를 중첩하여 사용한다. 탭 컨트롤은 페이지와 탭으로 구성된다. 탭 컨트롤의 페이지 위에 프런트패널 객체를 추가하고, 구분자로 탭을 사용하여 각 페이지를 디스플레이 한다.

① 메뉴에서 「새 VI」를 선택하여 Ex4_3_5.vi 로 저장한다.

② 탭 컨트롤 생성하기

다음 단계를 따라 탭 컨트롤을 생성한다.

1. 프런트패널을 클릭하여 활성화 한 후, 컨트롤 팔레트의 「일반≫컨테이너≫탭 컨트롤」을 선택하면, 그림 4.3.24와 같은 탭 컨트롤을 가져올 수 있다.

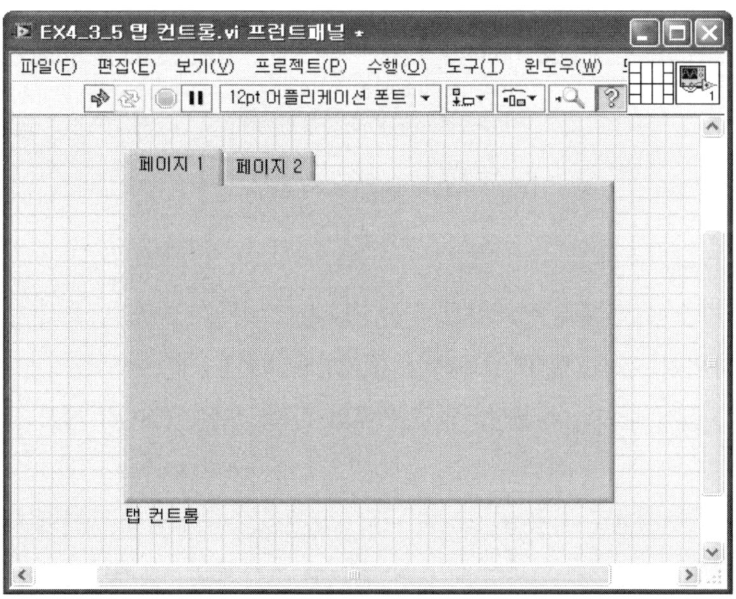

그림 4.3.24

2. 페이지 사이를 전환하기 위해서, 마우스 포인터를 페이지의 탭(그림 4.3.24의 「페이지1」 또는 「페이지2」 부분)에 올려놓으면 모양이 으로 변한다. 이때 원하는 탭을 클릭한다. 또한, 탭에서 마우스 오른쪽 버튼을 클릭한 후 바로 가기 메뉴에서 「페이지 맞바꾸기」 또는 「다른 페이지로 이동」을 선택하여, 페

이지를 전환할 수 있다.

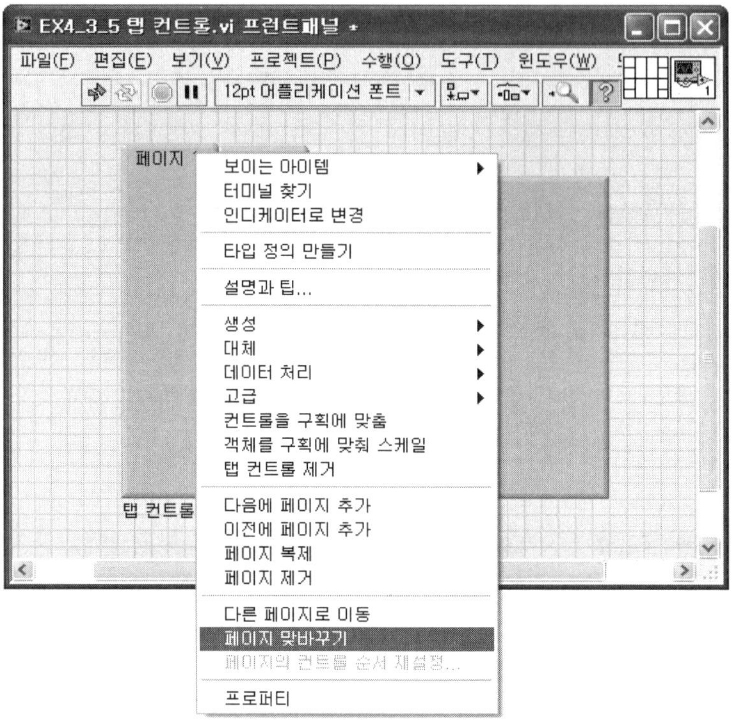

그림 4.3.25

3. 페이지를 추가 또는 삭제하고자 할 경우는 그림 4.3.25의 단축메뉴에서 「다음에 페이지 추가」(현재 클릭하여 활성화된 페이지의 오른쪽)/「이전에 페이지 추가」(현재 클릭하여 활성화된 페이지의 왼쪽) 또는 「페이지 제거」를 선택한다.

탭 컨트롤은 자체로 사용하기도 하지만, 팁 케이스 구조의 선택자에 연결하면 더 깔끔한 VI를 만들 수 있다. 이 방법으로, 탭 컨트롤의 각 페이지를 케이스 구조에서 서브다이어그램으로 만들 수 있다. 탭 컨트롤의 각 페이지에 있는 컨트롤과 인디케이터 터미널 (관련 터미널과 연계된 블록다이어그램과 와이어도 포함하여)을 케이스 구조의 서브다이어그램에 추가한다.

③ 블록다이어그램에서 케이스 구조 생성하기

블록다이어그램에서 함수 팔레트의 「프로그래밍≫구조≫케이스 구조」를 선택하면, 가 나타나며, 마우스 오른쪽 버튼을 드래그 하면 그림과 같이 케이스 구조가 그려진다.

④ 탭 컨트롤을 케이스 조건입력 선택자로 연결하기

블록다이어그램에서 대응되어 나타난「탭 컨트롤」을 가져와서 케이스 구조 외부 왼쪽에 놓고, 「케이스 선택자」 입력단에 와이어로 연결한다.

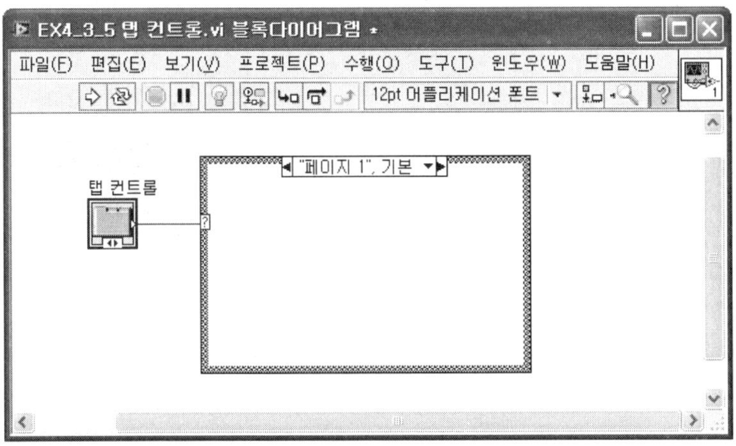

그림 4.3.26

⑤ 케이스 프레임 내부편집 하기

그림 4.3.27과 같이「페이지1」에는 덧셈기를「페이지2」에는 난수를 디스플레이 하는 차트를 만든다.

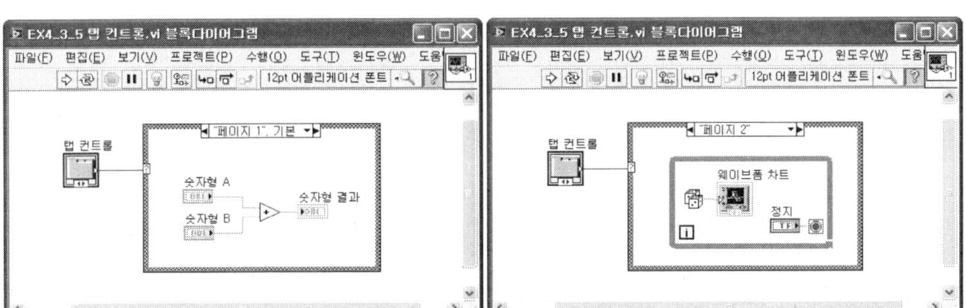

그림 4.3.27

⑥ 프로그램 실행

프런트패널에서 「페이지1」을 선택하고, ⇨「실행」을 누른 후 결과를 살펴보고, 「페이지2」를 선택하여 실행되었는지 여부를 살핀다. 반대로 「페이지2」를 선택하고, ⇨「실행」을 누른 후 결과를 살펴보고, 「페이지1」을 선택하여 실행되었는지 여부를 살핀다.

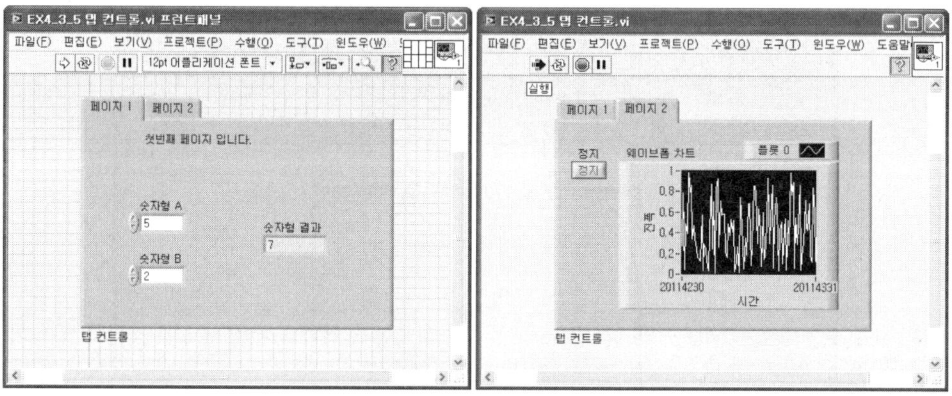

그림 4.3.28

4.4 시퀀스 구조

시퀀스(Sequence) 구조는 하나 이상의 프레임으로 구성되는데 이것이 사용자의 선택 없이 순차로 실행된다. 케이스 구조와 틀린 점은, 케이스 구조는 사용자가 선택한 케이스 구조(시퀀스의 한 프레임에 해당) 만 동작하고 시퀀스 구조는 모두 동작한다.

시퀀스 구조는 다층 시퀀스(Stacked Sequence) 구조와 플랫 시퀀스(Flat Sequence) 구조 2가지가 있다.

- 다층 시퀀스 구조: 하나이상의 프레임이 있지만 케이스 구조처럼 화면에는 하나의 프레임만 보여주며, 동작은 안 보이는 프레임까지 순차적으로 진행하는 구조.
- 플랫 시퀀스 구조: 화면에 모든 프레임을 보여주며, 순차적으로 동작이 진행되는 구조.

2가지 모두 동일한 구조체이나, 프레임 수가 많이 필요하거나 프레임외부로 데이터의 이동이 많은 경우는 다층 시퀀스 구조가 좋을 것이고, 그렇지 않을 경우는 플랫 시퀀스 구조가 좋을 것이다. 본문에서는 다층 시퀀스 구조만 설명하기로 한다.

그림 4.0.1의 함수 팔레트에서 「프로그래밍≫구조≫다층 시퀀스 구조」를 선택하면, 가 나타나며, 마우스 오른쪽 버튼을 드래그 하면 그림 4.4.1과 같이 다층 시퀀스 구조가 그려진다.

그림 4.4.1

예제 4.4.1 시퀀스 구조를 이용하여 덧셈 계산 1초 후 뺄셈하기

시퀀스 구조를 이용하여 더하는 연산을 실행한 후, 사용자의 선택 없이, 1초 후, 뺄셈 영산을 실행한 후, 각 결과를 곱하는 VI를 만들자.

① 메뉴에서 「새 VI」를 선택하여 Ex4_4_1.vi 로 저장한다.

② 블록다이어그램에서 시퀀스 구조 생성하기

함수 팔레트에서 「프로그래밍≫구조≫다층 시퀀스 구조」를 선택하면, 가 나타나며, 마우스 오른쪽 버튼을 드래그 하면 그림 4.4.2와 같이 다층 시퀀스 구조가 그려진다.
그림 4.4.2는 기본적으로 시퀀스 구조는 프레임이 하나임을 나타내는 것이다.

③ 프레임 추가 방법

다층 시퀀스 구조에 마우스를 대고 오른쪽 마우스 버튼을 누르면 그림 4.4.3과 같은 단축메뉴가 나타난다.

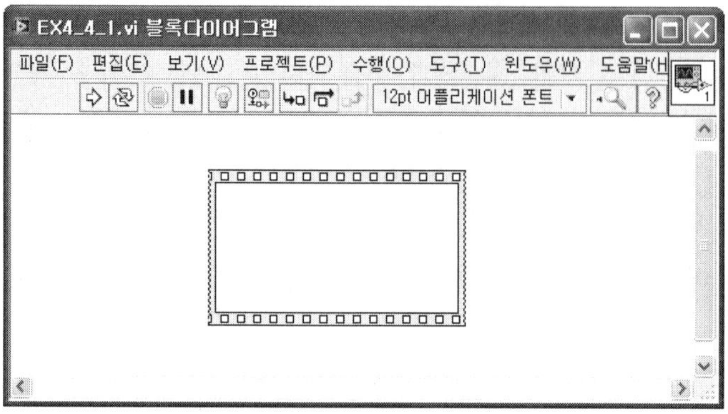

그림 4.4.2

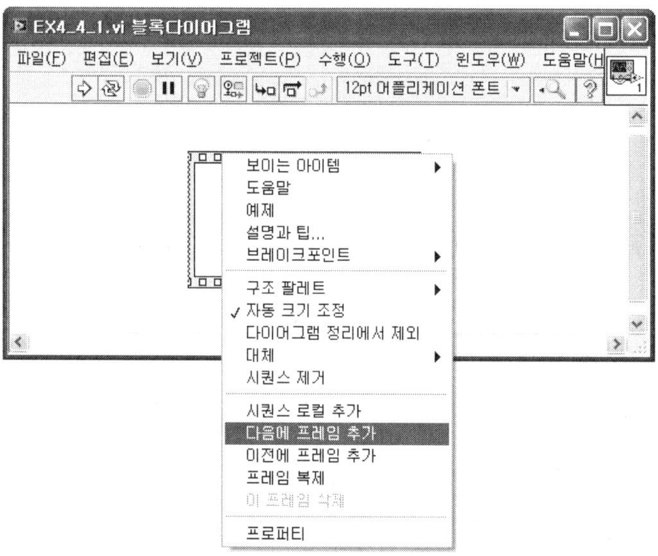

그림 4.4.3

여기서 「다음에 프레임 추가」를 선택하면 그림 4.4.4와 같이 프레임이 하나 더 추가 되고, 구조체 상단에 「선택자 라벨」이 생긴다.

◀ 1 [0..1] ▾▶에서 단축메뉴를 불러내어 「다음에 프레임 추가」를 선택하면 계속 프레임을 추가할 수 있다.

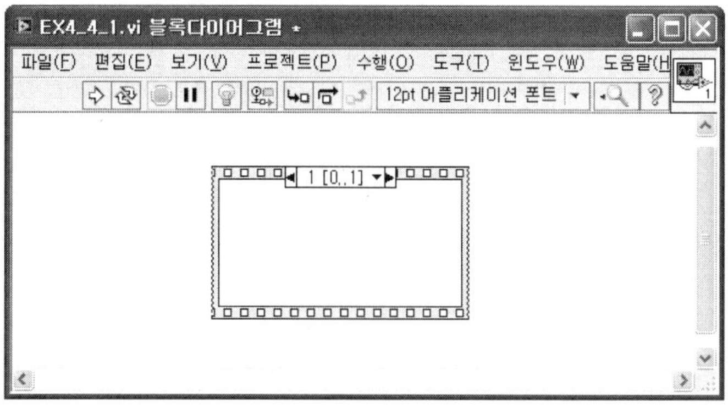

그림 4.4.4

④ 프레임의 수 확인 및 선택

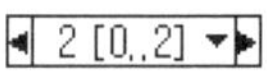

오른쪽의 아래방향 화살표에 마우스 포인터를 올려놓으면 포인터가  로 변하며, 클릭하면 프레임의 수를 확인할 수 있다. 물론 원하는 부분을 선택할 수 있다. (체크 표시)

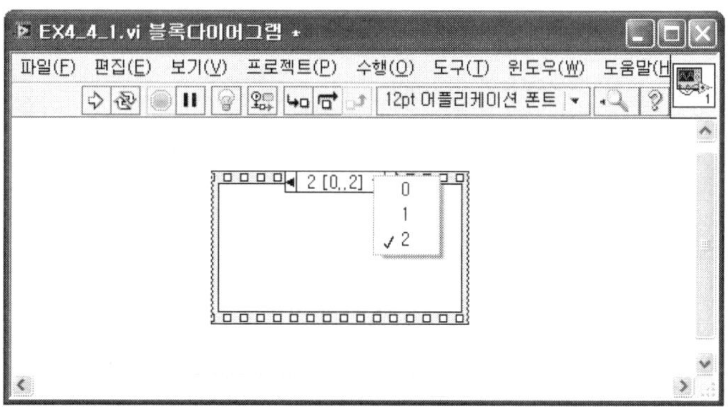

그림 4.4.5

⑤ 외부 컨트롤 만들기

프런트패널에서 숫자형 컨트롤 2개를 가져와서 각각 「숫자A」, 「숫자B」라고 라벨을 붙이고, 다시 블록다이어그램 시퀀스 구조 외부 왼쪽에 놓고, 시퀀스 구조에 와이어로 연결하면 터널이 만들어진다.

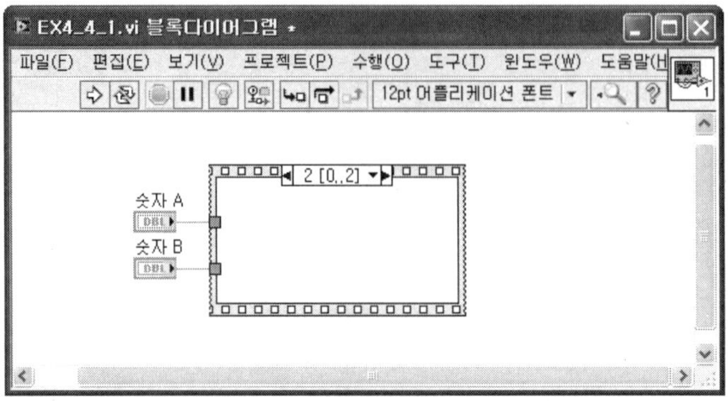

그림 4.4.6

⑥ 순서에 따른 프레임 내부 만들기

그림 4.4.6에서 프레임을 0으로 선택하고 프레임 내부의 더하기 연산을 만든다.

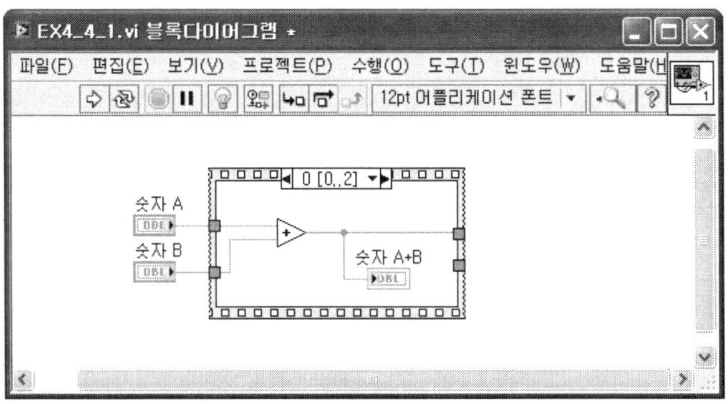

그림 4.4.7

프레임을 1으로 선택하고 프레임 내부의 1초 지연을 만든다.

타이밍 함수 중에 간단히 사용할 수 있는 함수는 다음과 같다.

-  다음 ms 배수까지 기다림(Wait until next ms multiple) 함수: ms 타이머의 값이 지정된 ms 배수의 배수가 될 때까지 기다린다. 루프 안에서 이 함수를 호출하여 루프 실행 속도를 조절할 수 있다. 그러나, 첫번째 루프 주기가 짧을 가능성이 있다. 예를 들어 LabVIEW가 VI를 호출하고 ms 배수가 10 ms이며 ms 타이머 값이 112 ms인 경우, VI는 ms 타이머 값이 10의 배수인 120 ms이 될 때까지 8 ms를 기다린다.

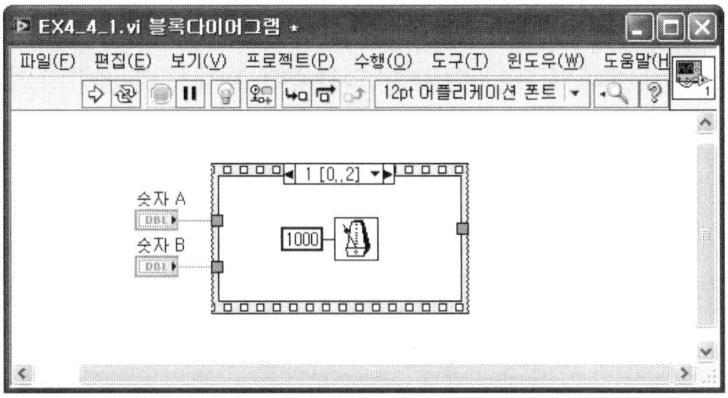

그림 4.4.8

- 기다림(Wait) 함수: 지정된 ms를 기다리고 ms 타이머의 값을 반환한다. 예를 들어 LabVIEW가 VI를 호출하고 ms 타이머 값이 112 ms이며 기다릴 ms가 10 ms인 경우, VI는 ms 타이머 값이 122 ms가 되었을 때 끝난다.
- 틱 카운트(Tick Count) 함수: ms 타이머의 값을 반환한다. ms 타이머의 값은 0부터 (2^32)-1이다.
- 시간지연(Time Delay) 함수: 호출 VI의 실행을 얼마나 오랫동안 지연할지를 초 단위로 지정한다. 기본은 1,000이다.
- 경과시간 함수: 시간이 경과됨 불리언이 참으로 설정되기 전에 시간이 얼마나 지나야 하는지를 지정한다. 기본은 1,000이며 사용이 다소 복잡하다.

프레임을 2로 선택하고 프레임 내부의 빼기 연산을 만든다.

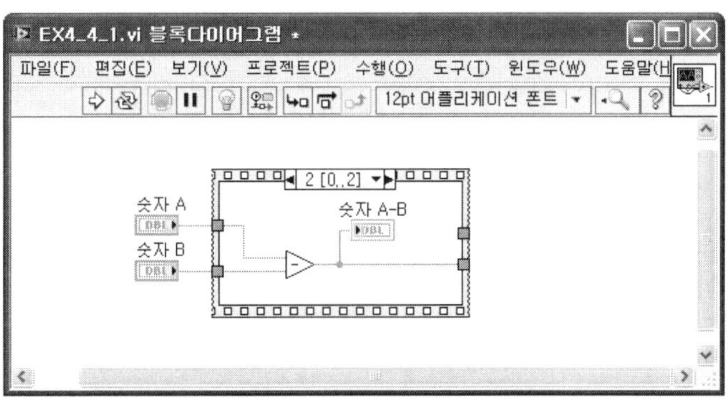

그림 4.4.9

⑦ 시퀀스 구조 외부 편집과 인디케이터 만들기

프레임을 모두 완성하고, 프레임 0의 외부출력 터널과 프레임 1의 외부출력 터널에 「곱하기」 함수를 연결하고, 「곱하기」 함수 출력에서 단축메뉴를 이용하여 인디케이터를 생성하여 라벨을 붙인다.

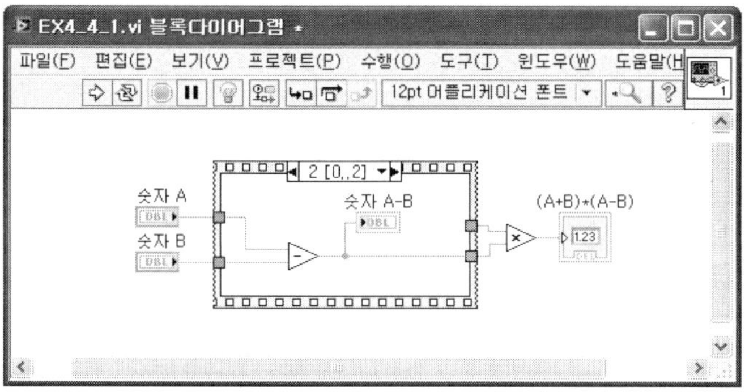

그림 4.4.10

⑧ 프로그램 실행

프런트패널에서 「실행」을 누른 후 결과를 살펴본다.

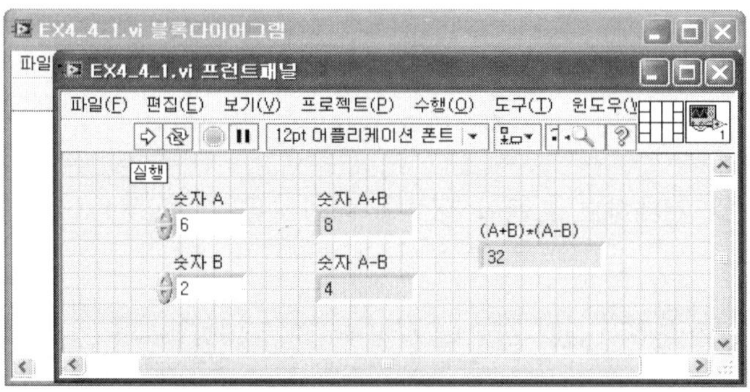

그림 4.4.11

4.5 수식 노드

블록다이어그램에서 여러개의 함수 노드를 와이어로 연결하여 복잡한 수식을 계산하는 것은 여간 복잡하고 번거로운 일이 아니다. 이러한 복잡하고 번거로운 계산을 처리하는 노드가 수식 노드이다.

함수 팔레트에서 「프로그래밍≫구조≫수식 노드」를 선택하면, 가 나타나며, 마우스 오른쪽 버튼을 드래그 하면 그림 4.5.1과 같이 수식 노드가 그려진다.

그림 4.5.1

수식 노드는 내부에 수식을 쓰며, 이 수식 문법은 「LabVIEW 도움말」에서 자세히 확인할 수 있다.

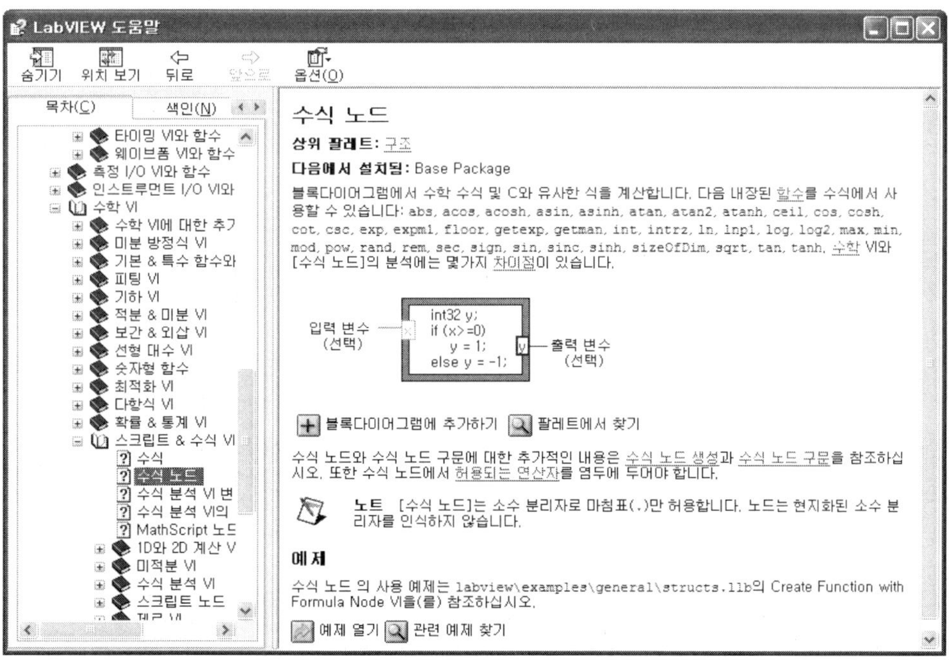

그림 4.5.2

예제 4.5.1 함수 노드를 수식 노드로 바꾸어 계산하기

$y = x^3 - 2x^2 + x + 5$ 고차방정식을 함수 노드로 표현하고 이를 간단한 수식 노드로 바꾸는 VI를 만들자.

① 메뉴에서 「새 VI」를 선택하여 Ex4_5_1.vi 로 저장한다.

② 함수 노드를 이용하여 계산식 만들기

블록다이어그램의 함수 팔레트에서 「더하기」, 「빼기」, 「곱하기」, 「나누기」 등의 숫자 함수 노드를 가져와서 블록다이어그램에 위치시키고, 단축메뉴를 이용하여 각각 컨트롤과 인디케이터를 만들어 각각 x, x^3-2x^2+x+5로 라벨을 붙인다. 이들을 와이어로 연결하여 계산식을 완성한다.

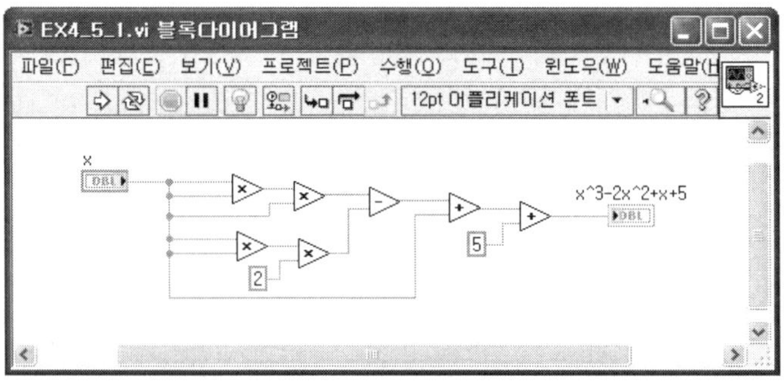

그림 4.5.3

③ 수식 노드 가져오기

함수 팔레트에서 「프로그래밍≫구조≫수식 노드」를 선택하면, fx 가 나타나며, 마우스 오른쪽 버튼을 드래그하면 그림 4.5.4 아래와 같이 수식 노드가 그려진다.

④ 수식 노드에 수식쓰기

수식 노드 내부에 수식을 쓰고 끝에 반드시 세미콜론「;」을 붙여주어야 한다. 소문자와 대문자도 구분하여야 한다.

수식을 쓰는 기본 규칙은 MATLAB®과 같다. 그뿐만 아니라 MATLAB®과 데이터 호환성도 갖고 있다. (상세한 것은 다음절의 MATLAB 스크립트 노드에서 설명한다.)

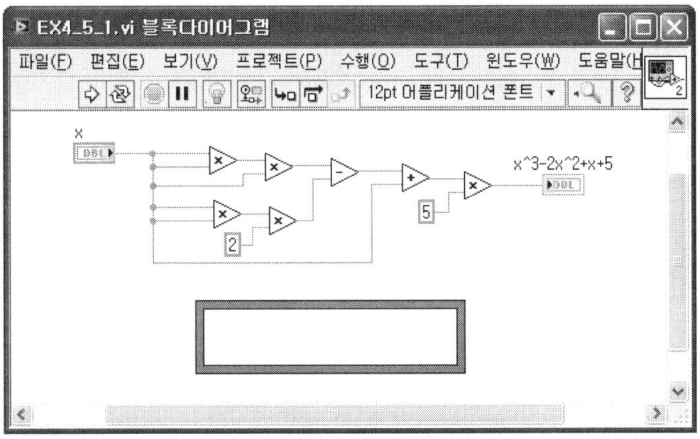

그림 4.5.4

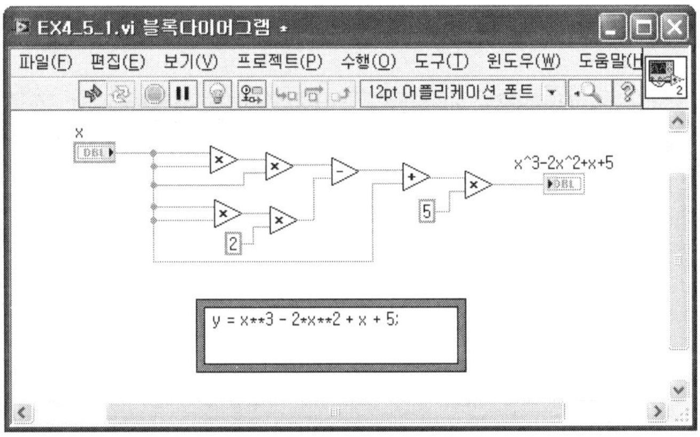

그림 4.5.5

⑤ 수식 노드에 입출력 터널 만들기

수식 노드를 사용하기 위해서는 반드시 입력변수와 출력변수를 선언하여야 한다. 입력 변수는 그림 4.5.6과 같이 수식 노드의 왼쪽 테두리 부분에서 단축메뉴를 부르고, 「입력 추가」를 선택하면, 입력 터널이 만들어 진다.
이 입력 터널에 수식의 변수(여기서는 x) 이름을 입력하면, 그림 4.5.7과 같이 입력 터널이 완성된다. 변수가 여러 개 일 경우는 같은 방법으로 추가한다.

같은 방법으로 수식 노드의 오른쪽 테두리 부분에서 단축메뉴를 부르고, 「출력 추가」를 선택하고, 출력변수 이름을 입력하면, 출력 터널이 만들어 진다.

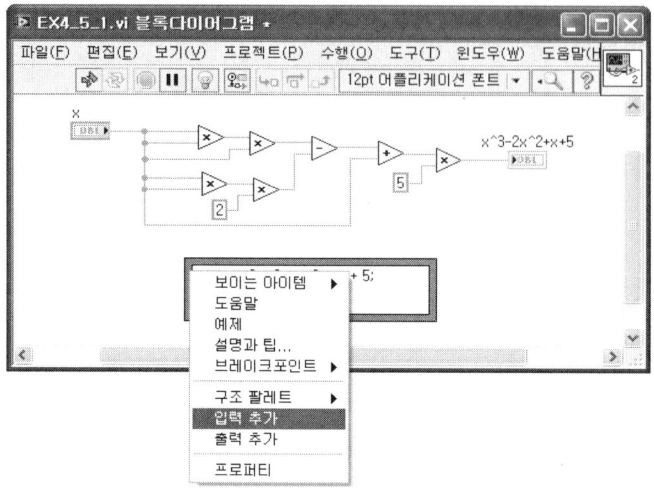

그림 4.5.6

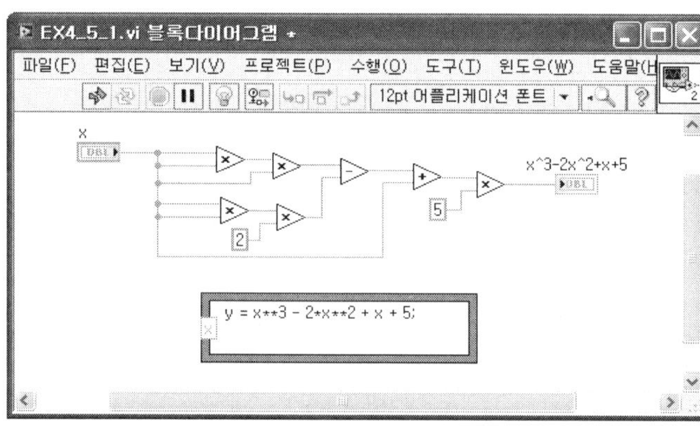

그림 4.5.7

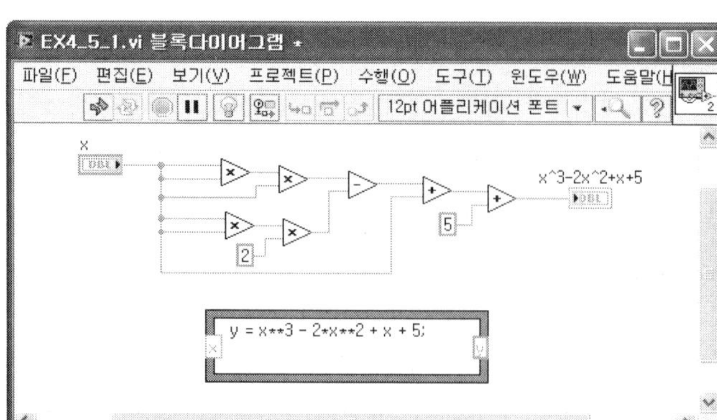

그림 4.5.8

⑥ 입출력 터미널에 각각 컨트롤과 인디케이터를 붙이고 VI를 완성한다.

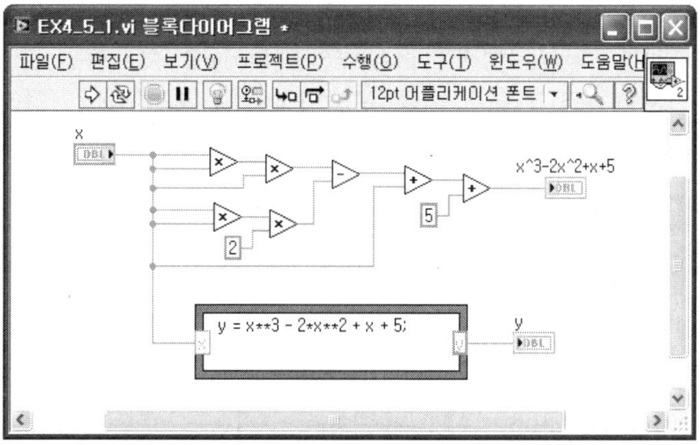

그림 4.5.9

⑦ 프로그램 실행

프런트패널에서 x값을 입력하고 「실행」을 누른 후 결과를 살펴본다.

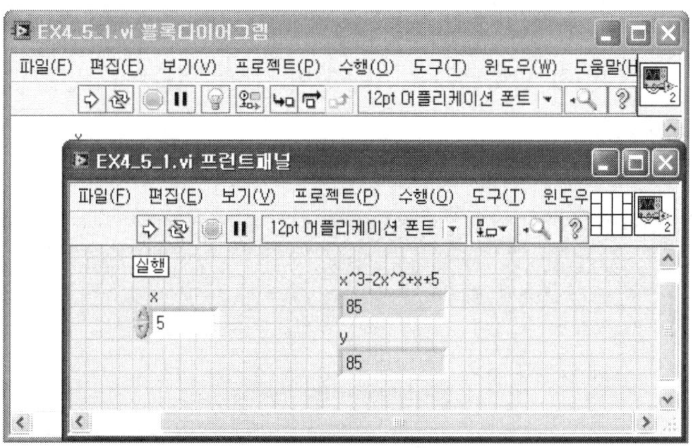

그림 4.5.10

예제 4.5.2 수식 노드로 삼각함수 연산 차트 만들기

수식 노드를 이용하여 $y = \tan(x) \times \sin(x)$을 계산하여 차트로 출력하는 VI를 만들자.

① 메뉴에서 「새 VI」를 선택하여 Ex4_5_2.vi 로 저장한다.

② 수식 노드 가져오기

함수 팔레트에서 「프로그래밍≫구조≫수식 노드」를 선택하면, [fx]가 나타나며, 마우스 오른쪽 버튼을 드래그 하면 그림 4.5.11과 같이 수식 노드가 그려진다.

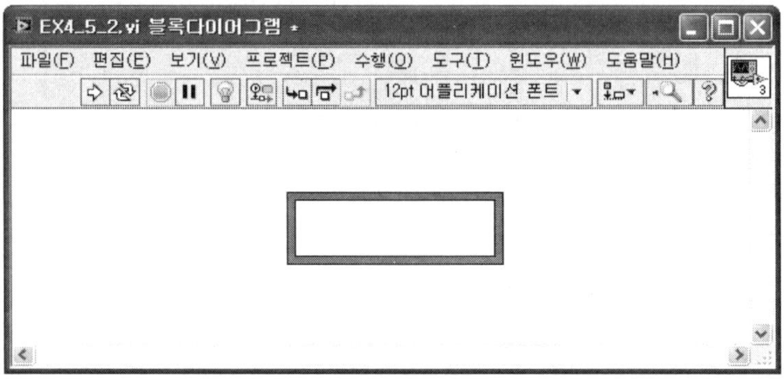

그림 4.5.11

③ 수식 노드 완성하기

수식 노드 내부에 수식을 쓰고 끝에 세미콜론「;」을 붙인다. 또 수식노드의 왼쪽과 오른쪽 테두리에서 단축메뉴를 이용하여, 각각 입출력 터널을 만들고, 입출력 변수를 입력한다.

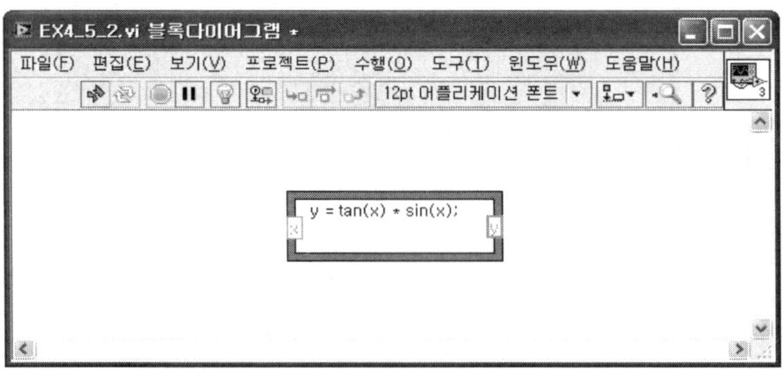

그림 4.5.12

④ While 루프를 만들고, While 루프 내부에 정지버튼 만들기

연속 신호를 만들기 위해 While 루프를 만들어 덮는다. 함수 팔레트의 「프로그

래밍≫구조≫While 루프」를 선택하면, 가 나타나며, 마우스 오른쪽 버튼을 드래그 하면 그림과 같이 While 루프가 그려진다. 또 While 루프 내부의 「참인 경우 정지」 위에서 오른쪽 마우스 버튼을 클릭하여 단축메뉴에서 「컨트롤 생성」을 선택하면, 「정지」버튼(불리언)이 만들어 진다.

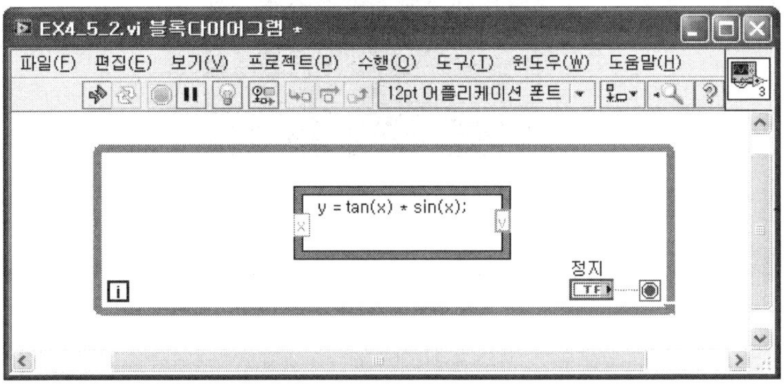

그림 4.5.13

⑤ While 루프 내부에 VI완성하기

수식 노드의 입력 터미널에 함수 노드를 작성하고 출력 터미널에 차트를 붙인다.

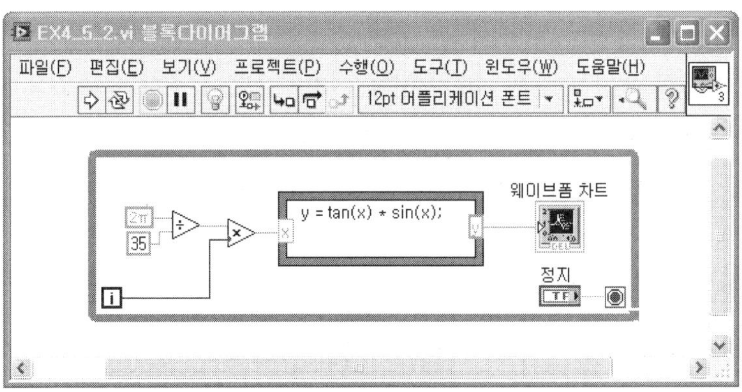

그림 4.5.14

⑥ 프로그램 실행

프런트패널에서 「실행」을 누른 후 결과를 살펴본다.

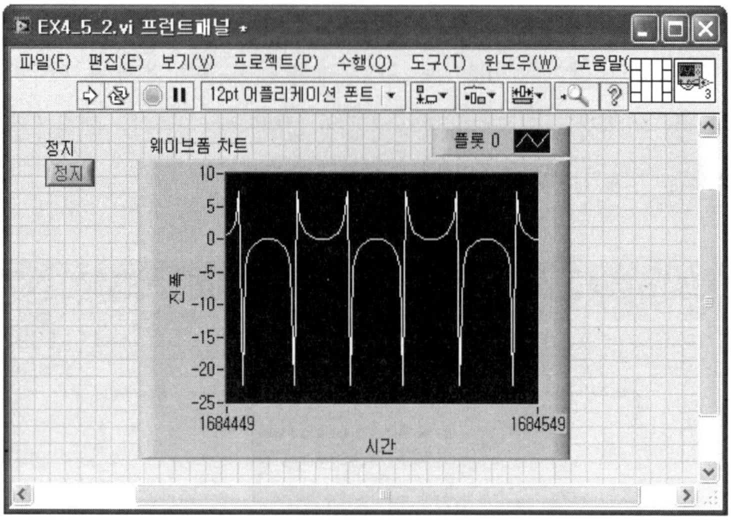

그림 4.5.15

4.6 MATLAB 스크립트 노드

스크립트(Script)란 다른 언어를 원문 그대로 사용하는 것을 말하는데, LabVIEW는 여러 개의 외부 스크립트를 사용 할 수 있게 스크립트 노드를 갖고 있다. MATLAB®은 과학 또는 공학자를 위한 고도의 수학계산을 시각적으로 실행하는 대화식 프로그램이다. LabVIEW는 MATLAB 스크립트 노드를 사용하여 MATLAB 스크립트(m-file)를 그대로 사용할 수 있다. MATLAB 스크립트 노드를 사용하기 위해서는 MATLAB® 소프트웨어가 설치되어 있어야 한다.

함수 팔레트에서 「수학≫스크립트 & 수식≫스크립트 노드≫MATLAB 스크립트」를 선택하면, fx가 나타나며, 마우스 오른쪽 버튼을 드래그 하면 그림과 같이 MATLAB 스크립트 노드가 그려진다.

MATLAB 스크립트 노드도 수식 노드와 같이 내부에 수식을 쓰며, 이 수식 문법은 「LabVIEW 도움말」에서 자세히 확인할 수 있다.

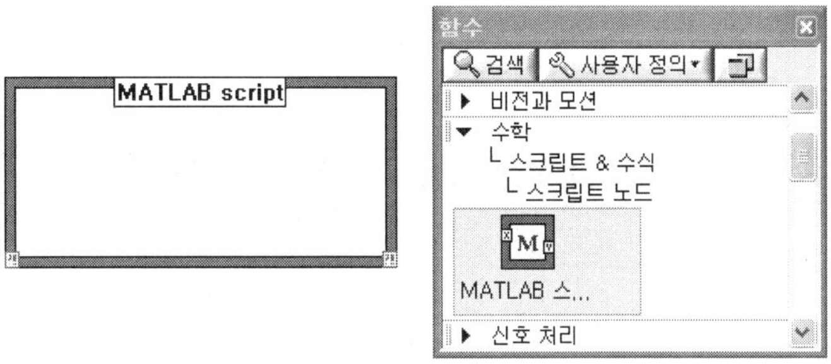

그림 4.6.1

예제 4.6.1 MATLAB 스크립트 노드를 이용하여 함수 계산하기

MATLAB 스크립트 노드를 이용하여 함수를 계산하는 VI를 만들자.

① 메뉴에서 「새 VI」를 선택하여 Ex4_6_1.vi 로 저장한다.

② MATLAB 스크립트 노드 가져오기

함수 팔레트에서 「수학≫스크립트 & 수식≫스크립트 노드≫MATLAB 스크립

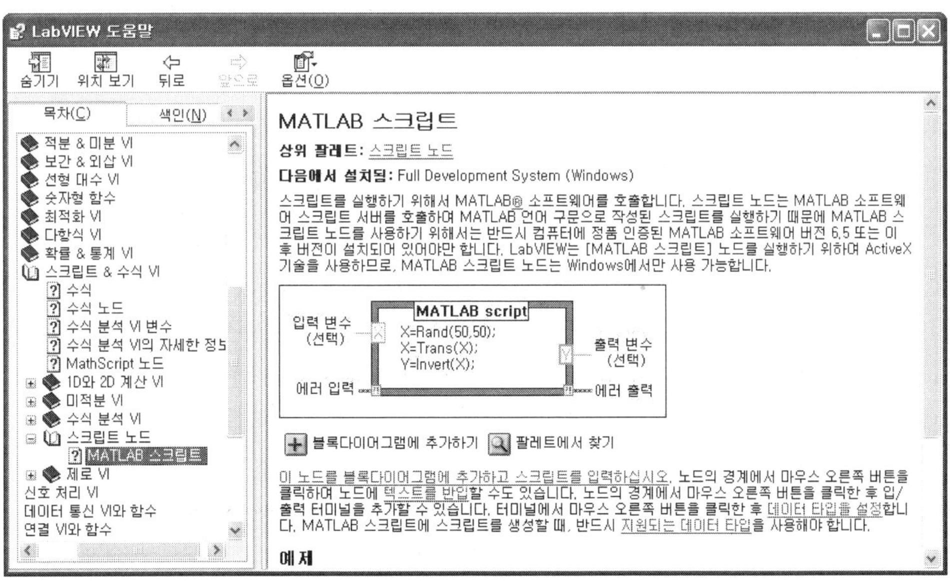

그림 4.6.2

트」를 선택하면, fx 가 나타나며, 마우스 오른쪽 버튼을 드래그 하면 그림 4.6.3과 같이 MATLAB 스크립트 노드가 그려진다.

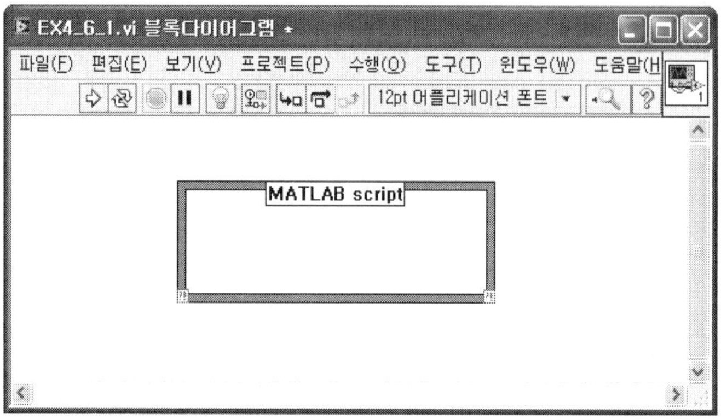

그림 4.6.3

③ MATLAB 스크립트 노드 완성하기

MATLAB 스크립트 노드 내부에 수식을 쓰고 끝에 세미콜론 「;」을 붙인다. 또 MATLAB 스크립트 노드의 왼쪽과 오른쪽 테두리에서 단축메뉴를 이용하여, 각각 입출력 터널을 만들고, 입출력 변수를 입력한다. MATLAB 스크립트 노드의 좌우 아래 귀퉁이에는 에러 입출력 터널이 있다. 단축메뉴를 이용하여, 에러 출력 인디케이터를 생성한다.

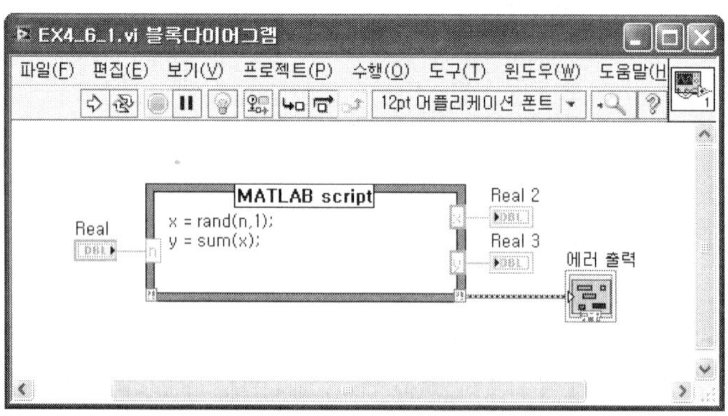

그림 4.6.4

④ 프로그램 실행

프런트패널에서 [⇨]「실행」을 누른 후 결과를 살펴본다.

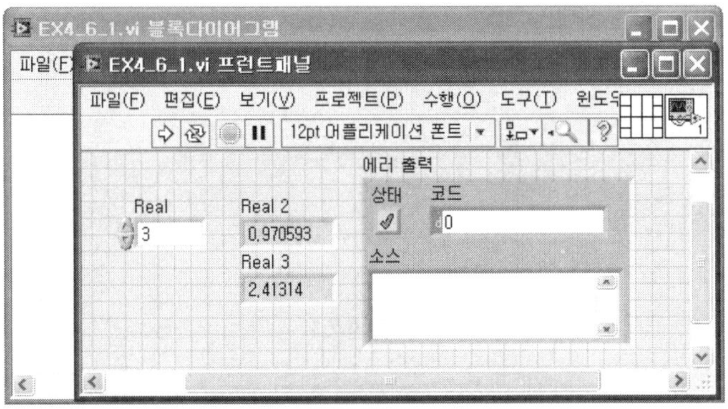

그림 4.6.5

그림 4.6.6은 에러가 발생하였을 경우이다.

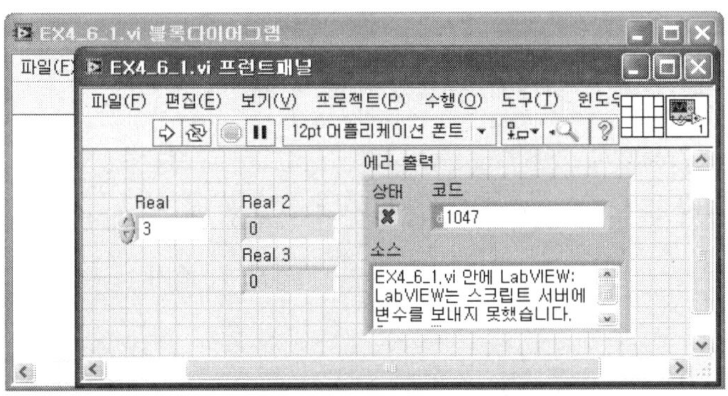

그림 4.6.6

4.7 이벤트 구조

이벤트(Event)란 프로그램 실행 중에 어떤 일이 발생하였다는 것을 알려주는 비동기적인 통보이다. 이벤트는 텍스트 기반 프로그래밍 언어의 인터럽트 기능과 유사하나, LabVIEW는 사용자 인터페이스 이벤트와 프로그램으로 만들어지는 이벤트는 지원하지만 외부 입출력과 관련되는 이벤트는 지원하지 못한다. 또한 이벤트는 항상 While 루프와 함께 사용하여야 한다.

그림 4.0.1에서 「프로그래밍≫구조≫이벤트 구조」를 선택하면, [E]가 나타나며, 마우스 오른쪽 버튼을 드래그 하면 그림과 같이 이벤트 구조가 그려진다.

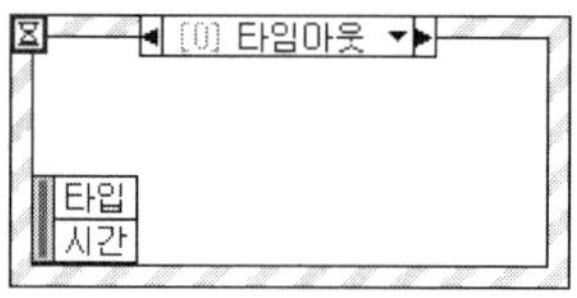

그림 4.7.1

예제 4.7.1 Tab키와 마우스 클릭에 동작하는 이벤트 만들기

Tab키를 한번 누를 때마다, 마우스를 한번 클릭 할 때마다 동작하는 이벤트 VI를 만들자.

① 메뉴에서 「새 VI」를 선택하여 Ex4_7_1.vi 로 저장한다.

② 이벤트 구조 가져오기

함수 팔레트에서 「프로그래밍≫구조≫이벤트 구조」를 선택하면, [E]가 나타나 마우스 오른쪽을 드래그 하면 그림과 같이 이벤트 구조가 그려진다.

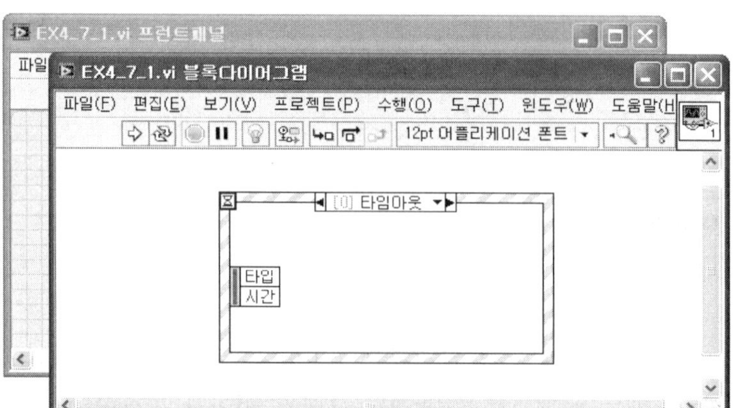

그림 4.7.2

③ 첫 번째 이벤트 만들기

상단의 [0] 타임아웃 은 이벤트 내용이다. 디폴트로 지정되어 있는 이벤트는「타임아웃」이라는 뜻이다.「타임아웃」이벤트는 이벤트 구조가 타임아웃될 때 발생한다. 이벤트 구조의 왼쪽 위의 「이벤트 타임아웃」에 값을 연결하여 타임아웃 이벤트를 생성하기 전에 이벤트 구조가 이벤트 발생을 기다려야하는 밀리초 수를 지정한다.

좌측의 타입 시간 은 이벤트 옵션들이며, 사용자가 임의로 사용할 수 있는 이벤트 요소들이다. 이것은 이벤트의 내용에 따라 다르게 나타난다.

1초 후에「타임아웃」이벤트가 발생하도록 「이벤트 타임아웃」에 1000[msec]이라는 숫자를 입력하자. 「이벤트 타임아웃」의 입력단에 마우스를 대고 단축메뉴를 불러와서「상수 생성」를 선택하면 디폴트로 -1이 나타난다. -1은 계속이라는 뜻이다. 여기에 1000을 입력한다.

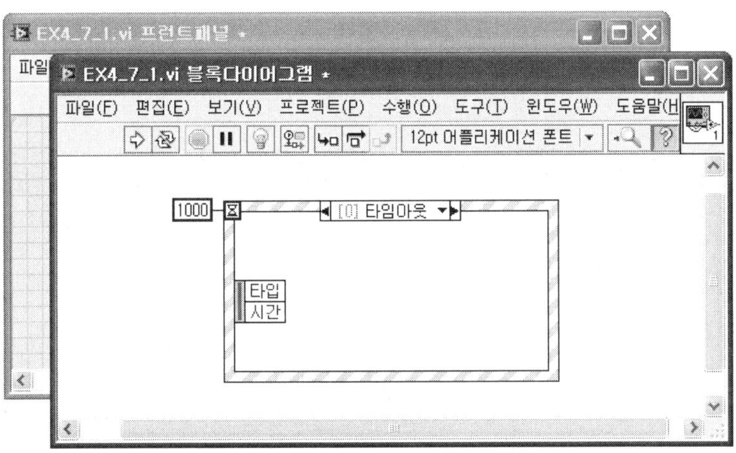

그림 4.7.3

첫 번째 이벤트가 발생했는지를 사용자 확인 할 수 있게 하기 위하여, 이벤트 요소 중의 타입과 시간에 인디케이터를 달아서 라벨을 붙이자.

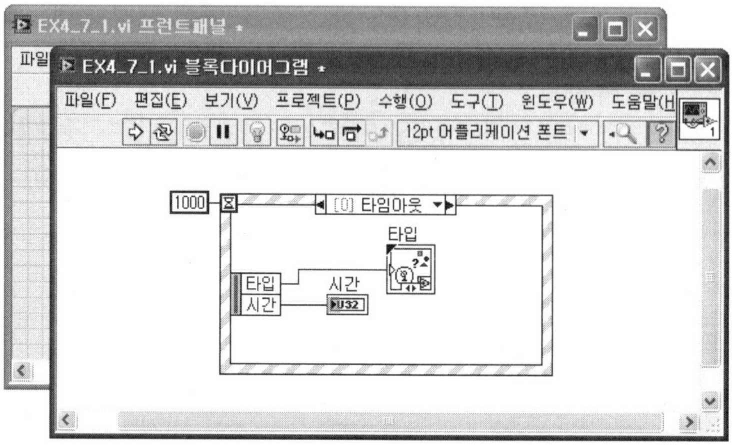

그림 4.7.4

④ 두 번째 이벤트 만들기

먼저 두 번째 이벤트에서 사용할 컨트롤을 준비하여야 한다. 두 번째 이벤트는 Tab키를 누르면 동작하는 이벤트를 만들려고 하며, 이때 사용될 불리언 버튼을 하나 준비하자.

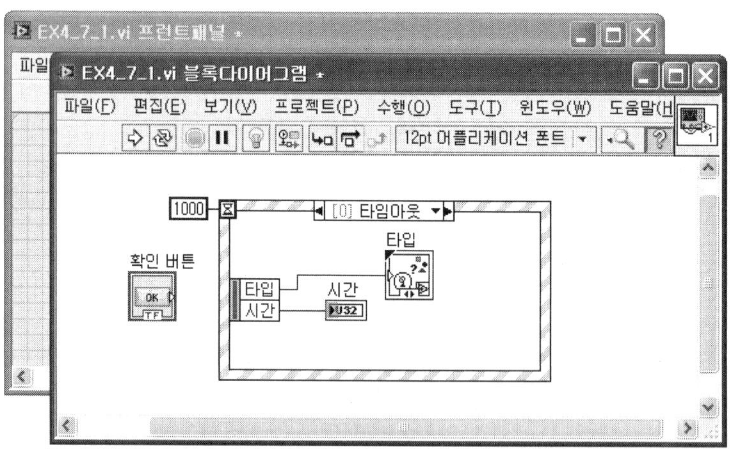

그림 4.7.5

이벤트 구조의 상단 [0] 타임아웃 은 이벤트 내용이다. [0] 타임아웃 에 마우스를 올려놓고 단축메뉴를 불러와서 「이벤트 케이스 추가...」를 선택하면 이벤트를 추가 할 수 있다.

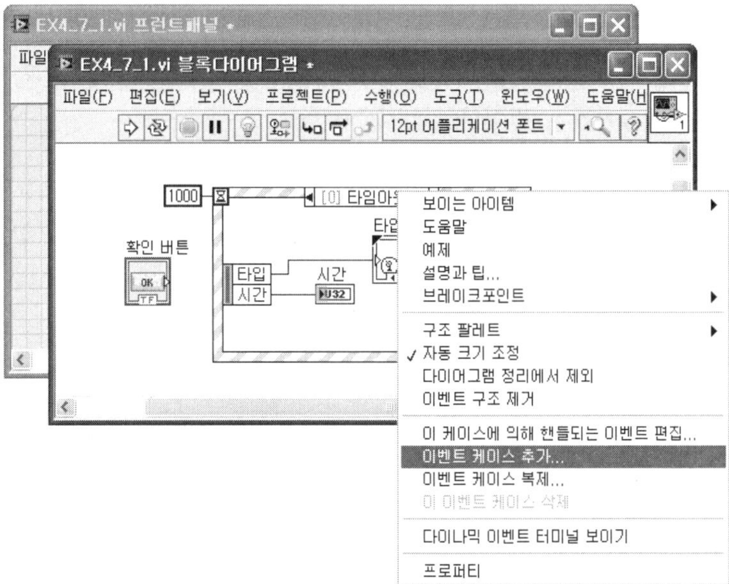

그림 4.7.6

「이벤트 케이스 추가...」를 선택하면 「이벤트 편집」 창이 나타난다.

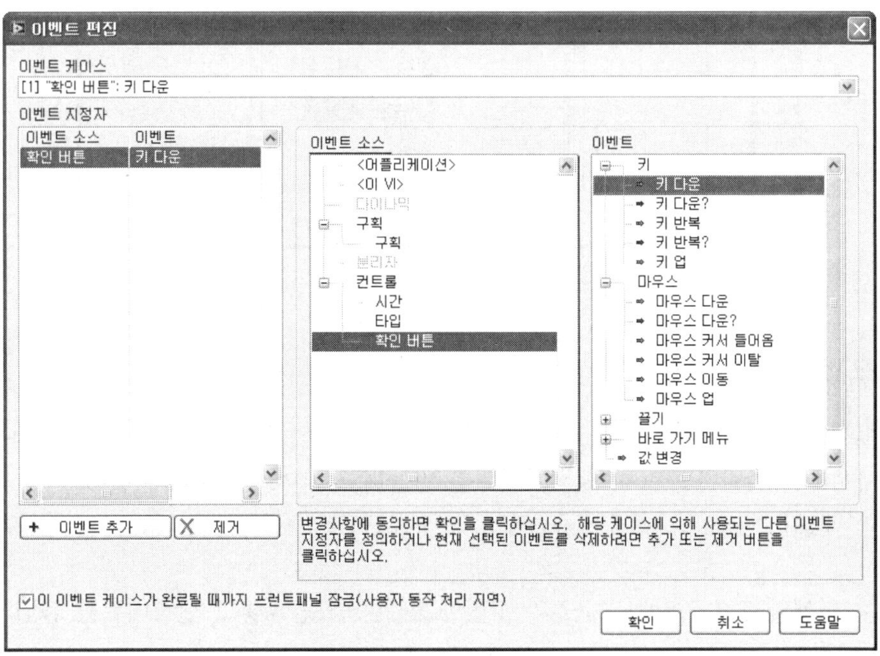

그림 4.7.7

「이벤트 편집」 창의 「이벤트 소스」 항목에서 「확인 버튼」(그림 4.7.5에서 만든 것임)을 선택하고 「이벤트」 항목의 「키 다운」을 선택한다. 「키 다운」은 「Tab키를 누르는 순간」이라는 뜻이다.

그러면 두 번째 이벤트가 만들어 졌다. 이 속에 미리 만들어 두었던 「확인 버튼」 컨트롤을 넣자, 이 버튼은 이벤트 속에 있어야 이벤트가 발생될 때 Latch When Pressed를 실행 할 수 있게 된다.

또, 두 번째 이벤트가 발생했는지를 사용자 확인 할 수 있게 하기 위하여, 이벤트 요소 중의 타입과 시간에 인디케이터를 달아서 라벨을 붙이자. 두 번째 이벤트가 발생한다면 「시간2」의 숫자가 이벤트가 발생하는 시간만큼 증가해야 될 것이다.

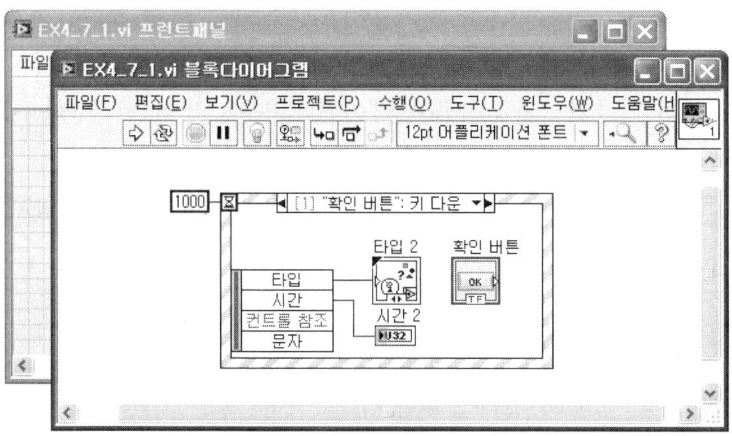

그림 4.7.8

⑤ 세 번째 이벤트 만들기

먼저 세 번째 이벤트에서 사용할 컨트롤을 준비하여야 한다. 세 번째 이벤트는 마우스를 클릭하면 동작하는 이벤트를 만들려고 하며, 두 번째와 같이 이때 사용될 불리언 버튼을 하나 준비하자.

두 번째와 같이, 이벤트 구조의 상단에 마우스를 올려놓고 단축메뉴를 불러와서, 「이벤트 케이스 추가...」를 선택하면 이벤트를 추가할 수 있다.

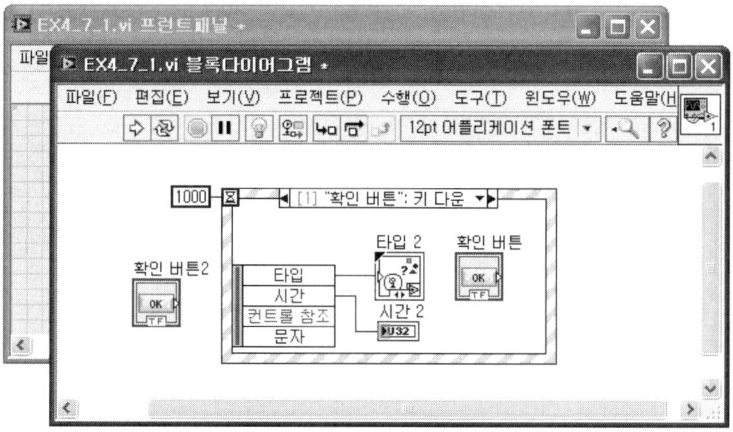

그림 4.7.9

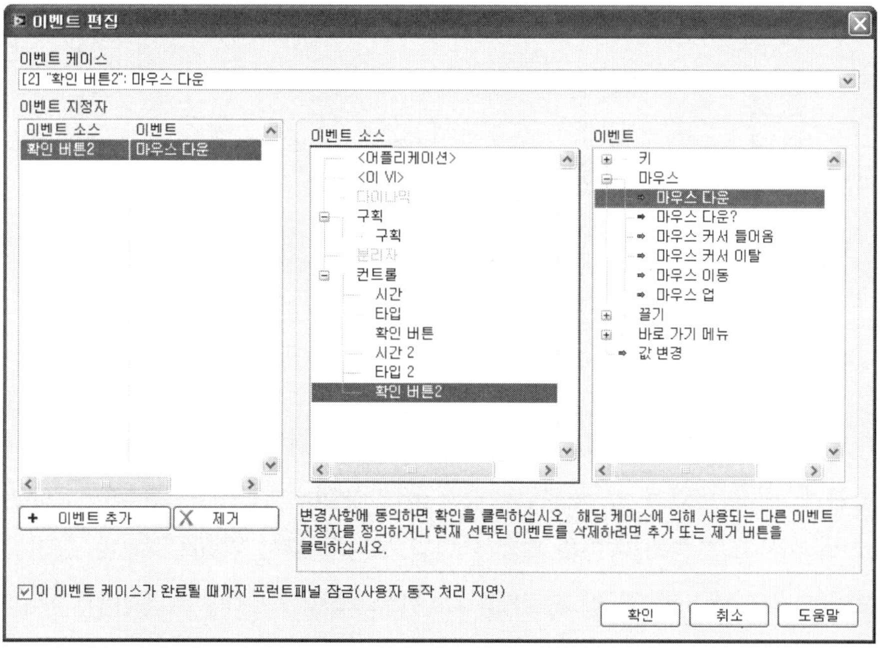

그림 4.7.10

「이벤트 케이스 추가...」를 선택하면, 또 「이벤트 편집」 창이 나타난다. 「이벤트 편집」 창의 「이벤트 소스」 항목에서 「확인 버튼2」(그림 4.7.9에서 만든 것임)를 선택하고 「이벤트」 항목의 「마우스 다운」을 선택한다. 「마우스 다운」은 「마우스 버튼을 누르는 순간」이라는 뜻이다.

그러면 세 번째 이벤트 Case가 만들어 졌다. 이 속에 미리 만들어 두었던 「확인 버튼2」 컨트롤을 넣자, 이 버튼은 이벤트 속에 있어야 이벤트가 발생될 때 Latch When Pressed를 실행 할 수 있게 된다.

또, 세 번째 이벤트가 발생했는지를 사용자 확인 할 수 있게 하기 위하여, 이벤트 요소 중의 타입과 시간에 인디케이터를 달아서 라벨을 붙이자. 세 번째 이벤트가 발생한다면 「시간3」의 숫자가 이벤트가 발생하는 시간만큼 증가해야 될 것이다.

그림 4.7.11

⑥ 이벤트 구조는 항상 While 루프와 함께 사용하여야 하므로, While 루프를 만들어 덮는다. 함수 팔레트의 「프로그래밍≫구조≫While 루프」를 선택하면, [아이콘]가 나타나며, 마우스 오른쪽 버튼을 드래그 하면 그림과 같이 While 루프가 그려진다. 또 While 루프 내부의 「참인 경우 정지」 [아이콘] 위에서 오른쪽 마우스 버튼을 클릭하여 단축메뉴에서 「컨트롤 생성」을 선택하면, 「정지」버튼(불리언)이 만들어 진다.

⑦ 프로그램 실행

프런트패널에서 [아이콘]「실행」을 누른 후 결과를 살펴본다. Tab키를 눌러보고, 「확인 버튼2」 버튼을 마우스로 클릭하여, 이벤트가 발생하는 결과를 확인하자.

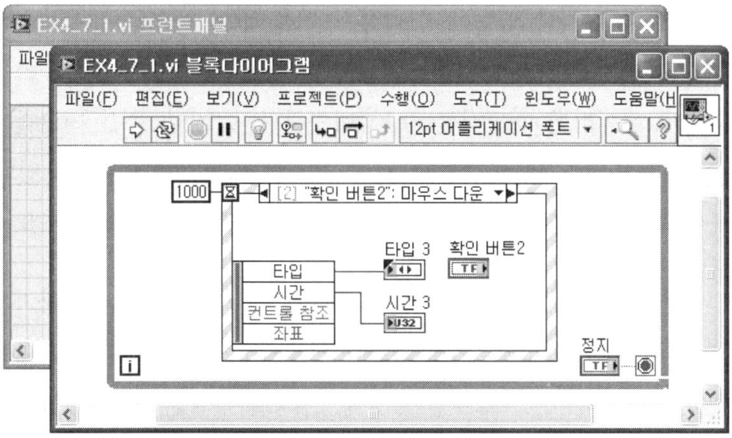

그림 4.7.12

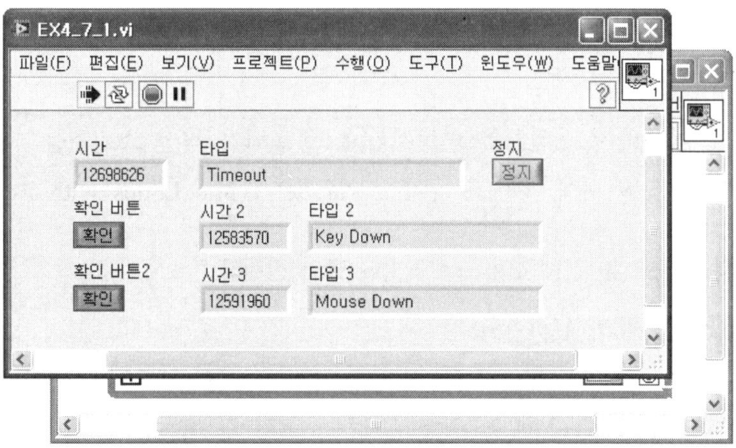

그림 4.7.13

4.8 로컬 변수

프런트패널 객체에 대한 접근 권한이 없거나 블록다이어그램 노드 사이에 데이터를 전달해야할 때, 단일 VI에 있는 프런트패널 객체에 대한 로컬 변수(Local Variable)를 생성한다. 로컬 변수를 생성하면, 블록다이어그램에는 나타나지만 프런트패널에는 나타나지 않는다.

로컬 변수를 이용하면 키보드 등의 입력장치 도움 없이 프로그램적으로 프런트패널의 컨트롤 값을 읽거나 인디케이터에 값을 쓸 수 있다. 로컬 변수에 값을 쓰는 것은 다른 일반적인 터미널에 데이터를 전달하는 것과 비슷하다. 그러나 로컬 변수를 이용하면 컨트롤인 것처럼 데이터를 쓰거나 인디케이터인 것처럼 데이터를 읽을 수 있다. 결국 로컬 변수를 이용하여 입력과 출력 모두로 프런트패널의 객체에 접근할 수 있다.

예를 들어, 사용자 인터페이스에 로그인 기능이 필요할 때, 새 사용자가 로그인할 때마다 새 로그인과 암호를 기입할 수 있도록 빈칸으로 초기화할 수 있다. 사용자가 로그인할 때 로컬 변수를 이용하여 로그인과 암호 문자열 컨트롤에서 값을 읽고, 사용자가 로그아웃할 때 빈 문자열을 이 컨트롤에 쓴다.

예제 4.8.1 로컬 변수를 이용하여 스위치를 리셋하기

로컬 변수를 이용하여 스위치를 연동시키고, 종료되기 직전 스위치를 리셋시키는 VI를 만들자. (LabVIEW 예제 중에 Stopping Parallel While Loops with Reset.vi 참고)

① 메뉴에서 「새 VI」를 선택하여 Ex4_8_1.vi 로 저장한다.

② 블록다이어그램에서 VI 만들기

그림 4.8.1과 같이 난수를 이용하여 연속적으로 차트를 그리는 VI를 완성한다.

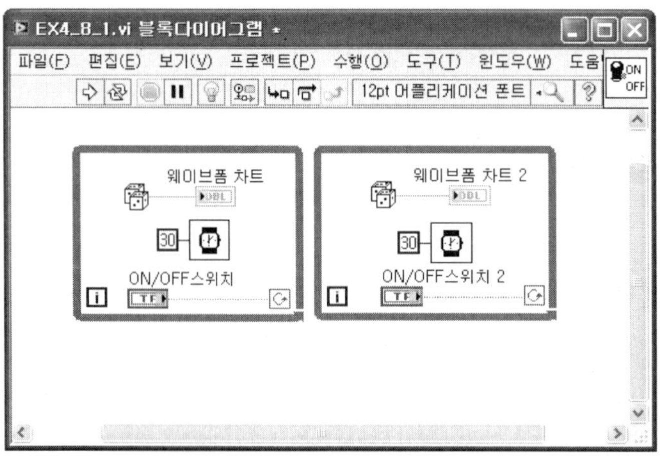

그림 4.8.1

③ 프로그램 실행

프런트패널에서 「ON/OFF 스위치1」과 「ON/OFF 스위치2」를 각각 ON하고, 「실행」을 누른 후 결과를 살펴본다. VI를 멈추기 위해서는 역시 「ON/OFF 스위치1」과 「ON/OFF 스위치2」를 각각 OFF하여야 한다.

이 VI에서 스위치를 한 개만으로 2개의 차트를 동시에 동작하기 위해서는, 마치 스위치가 한 개 인 것처럼 만들어야 된다.

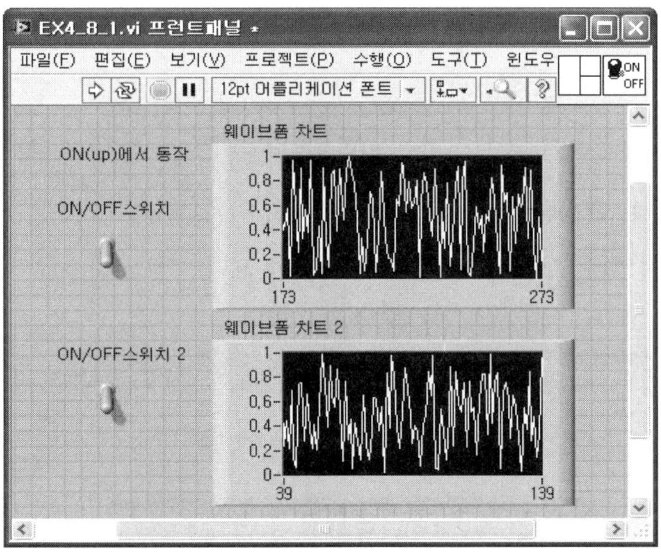

그림 4.8.2

④ 로컬 변수 생성하기: 읽기(컨트롤) 로컬변수

「ON/OFF 스위치2」를 삭제하고 다음순서대로 로컬 변수를 생성한다.

1. 블록다이어그램의 함수 팔레트 그림 4.0.1에서 「프로그래밍≫구조≫로컬 변수」를 선택(클릭)하여 블록다이어그램에 가져와 놓으면(클릭) 로컬 변수가 나타난다.

2. 「로컬 변수」위에 마우스 포인터를 올려놓으면 마우스포인터가 가 되며, 이때 단축메뉴를 보면, 그림 4.8.3과 같이 이 VI(Ex4_8_1.vi)에서 사용한 모든 프런트패널의 객체(컨트롤과 인디케이터)의 라벨이 보인다. 이때 「로컬 변수」를 「ON/OFF 스위치」 (와 같은)용도로 사용하겠다는 뜻으로 「ON/OFF 스위치」를 선택한다.

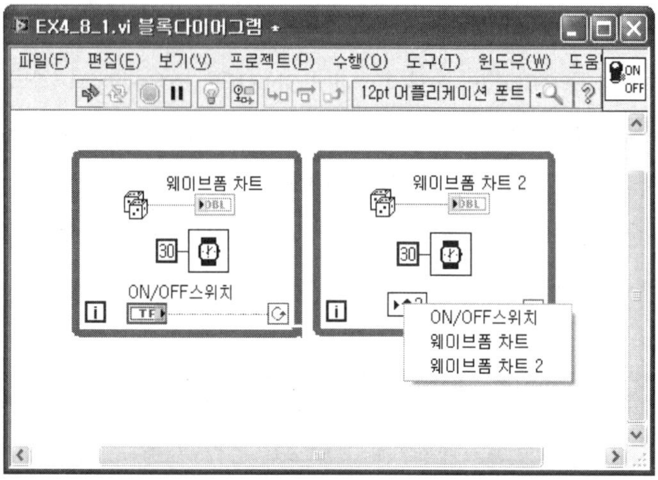

그림 4.8.3

그림 4.8.3에서 「ON/OFF 스위치」를 선택하면 「ON/OFF 스위치」에 체크 표시가 되며, 「로컬 변수」모양이 그림 4.8.4와 같이 된다.

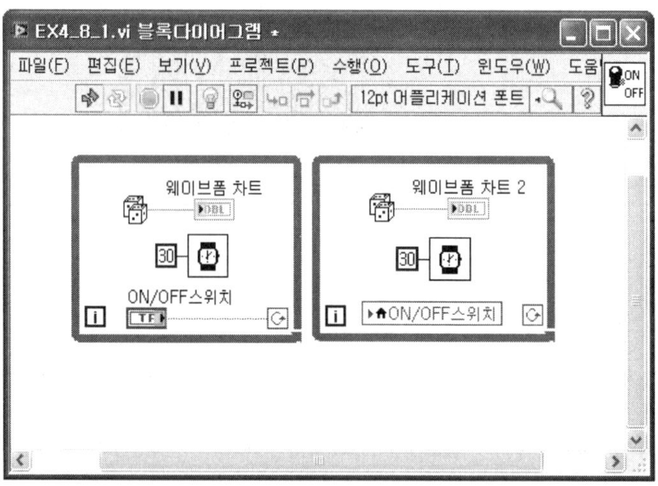

그림 4.8.4

3. 그림 4.8.4의 「로컬 변수」는 쓰기(인디케이터) 형태로 되어 있으므로 마우스 포인터가 인 상태에서 단축메뉴를 불러 「읽기로 변경」을 선택하여 읽기(컨트롤)로 바로 와이어로 연결한다.

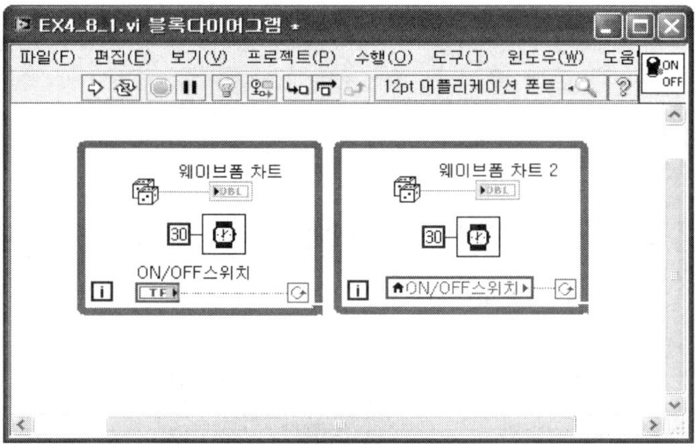

그림 4.8.5

⑤ 불리언의 기본값 선택하기

불리언의 디폴트값은 「거짓(OFF)」이다. 프로그램 「실행」시 스위치(불리언)를 ON 상태로 되어있으면 실행이 편리할 것이다. 프런트패널에서 「ON/OFF 스위치」를 올리고(ON), 블록다이어그램의 「ON/OFF 스위치」위에서 단축메뉴를 가져와서 「데이터 처리≫현재값을 기본값으로」를 선택한다.

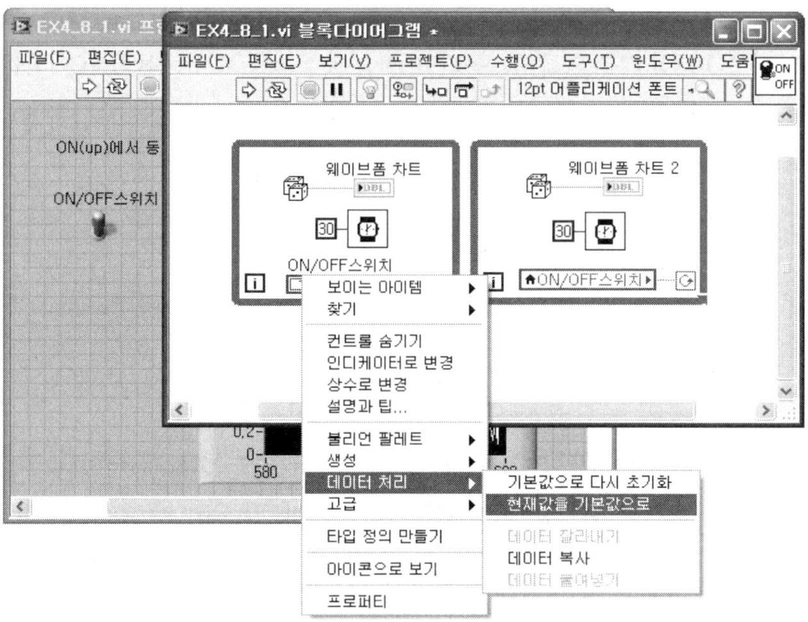

그림 4.8.6

⑥ 프로그램 실행

프런트패널에서 [⇨]「실행」을 누른 후 결과를 살펴본다. ⑤에서 「ON/OFF 스위치」의 기본값을 ON으로 하였으므로 [⇨]「실행」과 동시에 차트가 그려질 것이다.

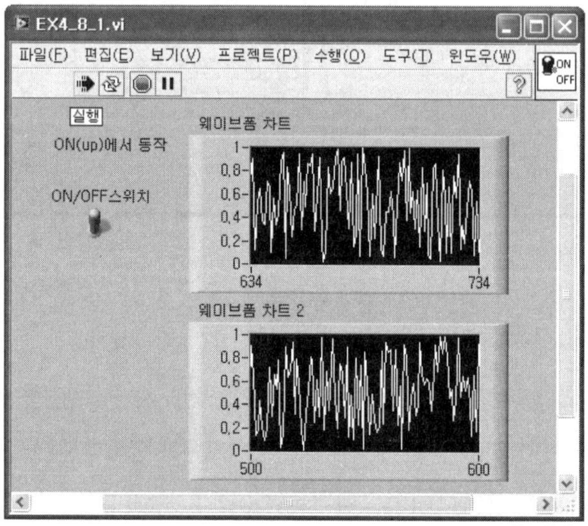

그림 4.8.7

VI를 멈추기 위해서 「ON/OFF 스위치」를 내려야(OFF) 되는데, 다시 시작하려면, 다시 「ON/OFF 스위치」를 올리고(ON) [⇨]「실행」해야 한다. 「ON/OFF 스위치」를 내리고(OFF) 멈춘 후, VI가 알아서 ON 상태가 되어있으면 좋을 것이다. (자동 Reset기능)

⑦ 로컬 변수 생성하기: 쓰기(인디케이터) 로컬변수

「로컬 변수」변수는 쓰기(인디케이터) 기능도 있기 때문에 자동 Reset이 가능하다.

그림 4.8.8과 같이 「NOR」 함수노드를 연결한다.

이는 스위치가 둘 다 OFF(「0」)일 때 ON(「1」)이 되는 것을 표시한다. 즉 스위치가 OFF되는 순간 스위치는 다시 ON 되고 VI가 멈춘다.

1. 블록다이어그램의 함수 팔레트 그림 4.0.1에서 「프로그래밍≫구조≫로컬 변수」를 선택(클릭)하여 블록다이어그램에 가져와 놓으면(클릭) 로컬 변수가 나타난다.

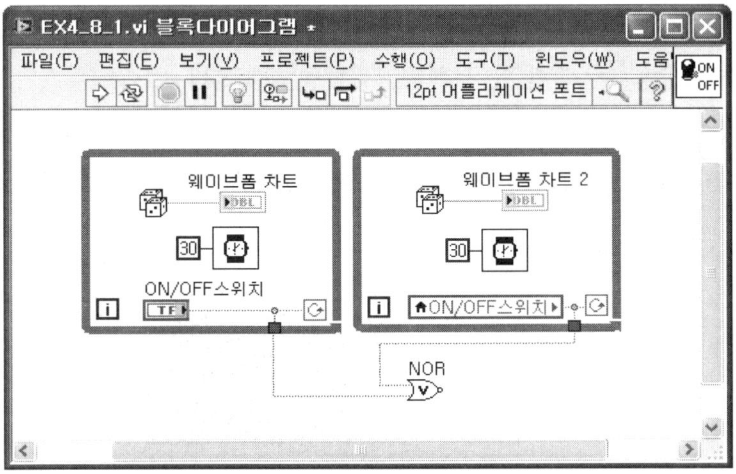

그림 4.8.8

2. 「로컬 변수」위에 마우스 포인터를 올려놓으면 마우스포인터가 ☝가 되며, 이때 단축메뉴를 보면, 그림 4.8.3과 같이 이 VI(Ex4_8_1.vi)에서 사용한 모든 프런트패널의 객체(컨트롤과 인디케이터)의 라벨이 보인다. 이때 「로컬 변수」를 「ON/OFF 스위치」 (와 같은)용도로 사용하겠다는 뜻으로 「ON/OFF 스위치」를 선택한다.

3. 「로컬 변수」는 디폴트값이 쓰기(인디케이터) 형태이므로, 바로 「NOR」 함수의 출력과 와이어로 연결한다.

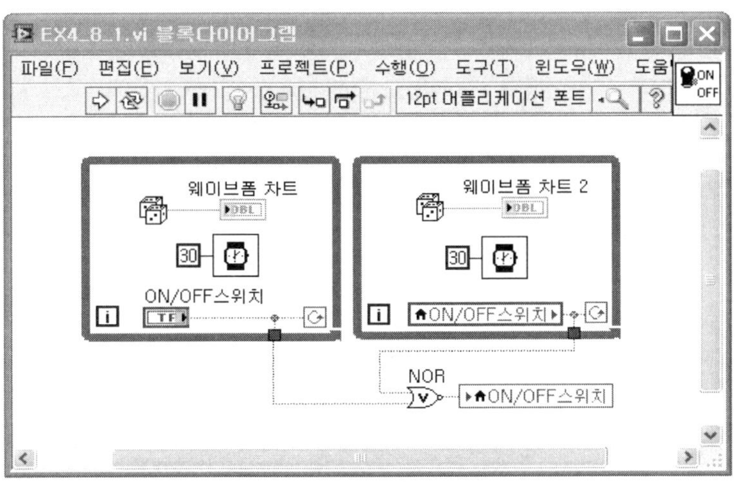

그림 4.8.9

⑧ 프로그램 실행

프런트패널에서 [⇨]「실행」을 누른 후 결과를 살펴본다.

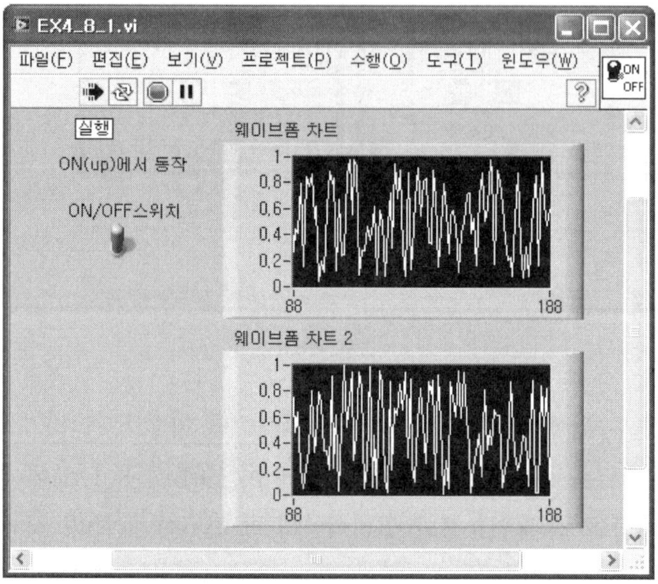

그림 4.8.10

「ON/OFF 스위치」를 OFF로 내린 후 결과를 살펴본다. 즉시 「ON/OFF 스위치」가 다시 올라가고(ON) VI가 멈출 것이다.

4장 연습문제

4.1 While 루프를 이용하여 반파정류 사인파형을 차트에 그려라.

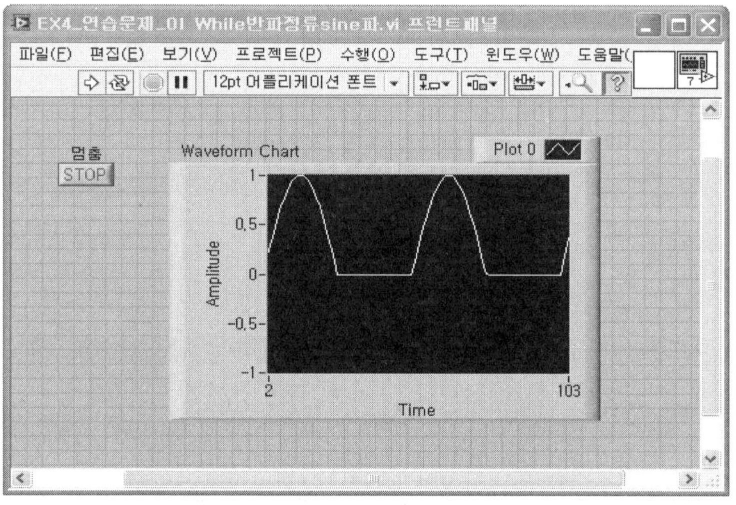

그림 4.1

4.2 While 루프를 이용하여 전파정류 사인파형을 차트에 그려라.

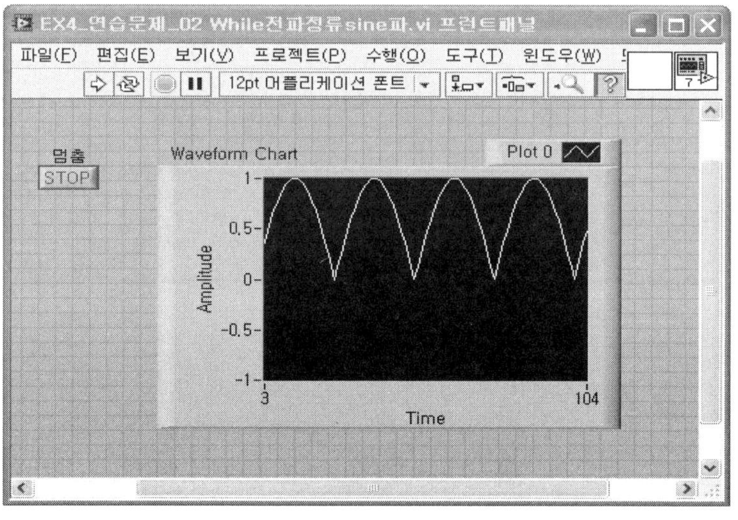

그림 4.2

4.3 For 루프를 이용하여 5부터 10회 2씩 증가하는 수열의 합을 구하라.

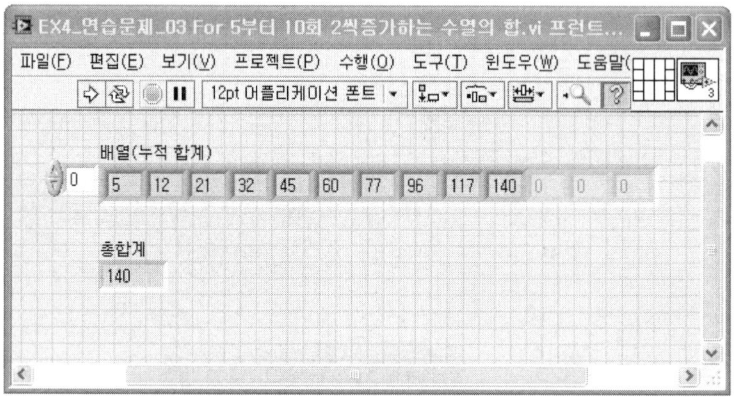

그림 4.3

4.4 For 루프를 이용하여 반복회수와 그에 해당하는 난수값으로 된 2차원 배열을 만들어라. 다음은 반복횟수를 5로 했을 경우이다.

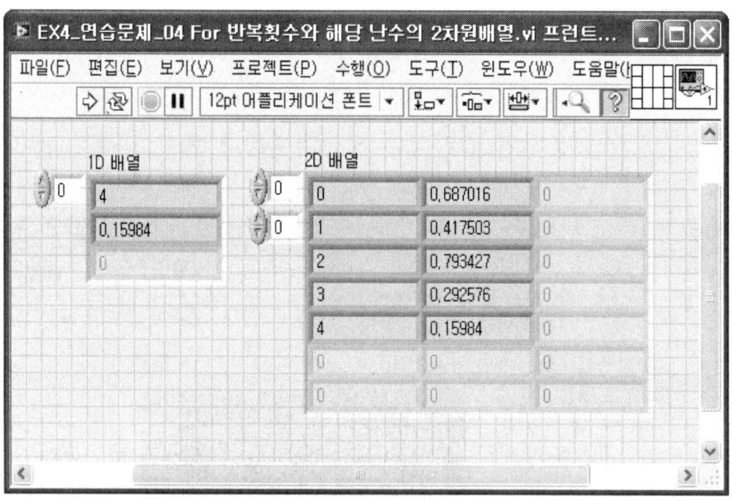

그림 4.4

4.5 For 루프를 이용하여 반복회수와 그에 해당하는 Sin값으로 된 2차원 배열을 만들어라.

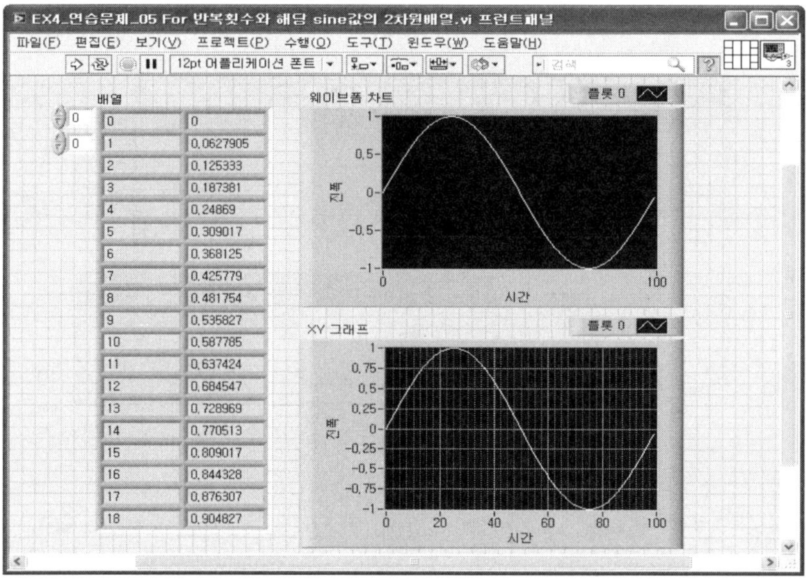

그림 4.5

4.6 For 루프를 이용하여 X축 초기값과 증분이 있는 그래프를 출력하라. (값은 난수를 이용) 다음은 초기값을 200, 증분을 0.1로 100회 난수값을 출력한 경우이다.

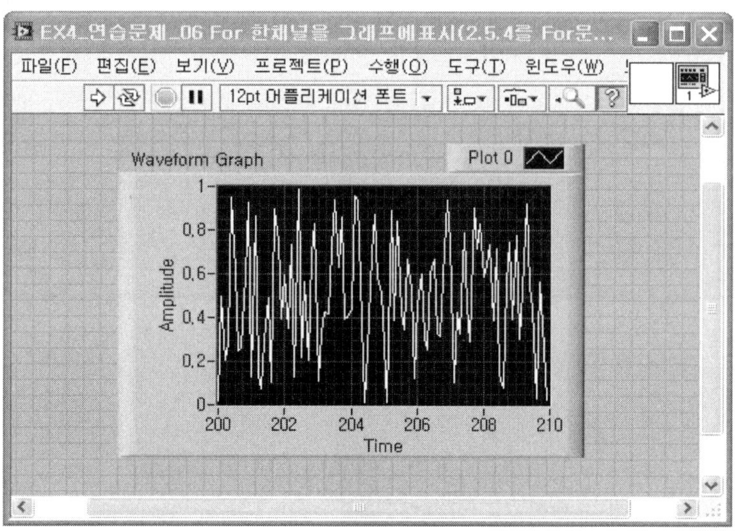

그림 4.6

4.7 Case 구조를 이용하여 세 버튼 대화 상자를 통하여 선택적으로 덧셈과 뺄셈을 실행하는 VI를 만들어라. (프로그래밍>>대화 상자 & 사용자 인터페이스>>세 버튼 대화 상자 Three Button Dialog.vi)

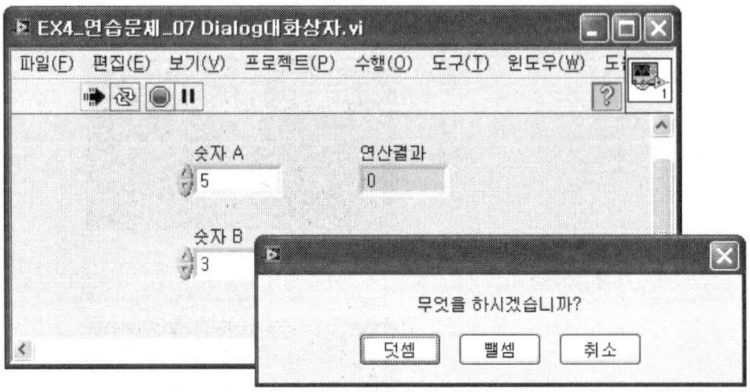

그림 4.7

4.8 Case 구조와 While 루프를 이용하여 리스트박스 선택자를 통하여 선택적으로 덧셈과 뺄셈을 실행하는 VI를 만들어라.

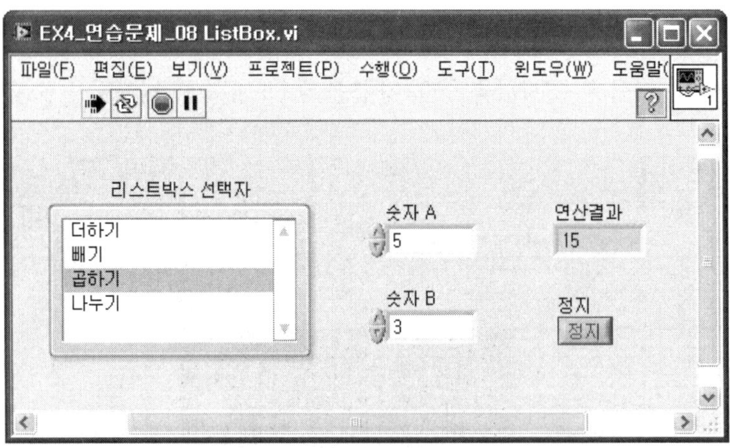

그림 4.8

4.9 예제 4_4_1 시퀀스 구조를 이용하여 덧셈 계산 1초 후 뺄셈하기를 「플랫 시퀀스 구조」를 이용하여 만들어라.

4.10 다음은 LabVIEW 예제의 Event Conditional Stop.vi 이다. 그래프는 사인파형과 조정 가능한 상한값과 하한값을 정하고, 상한값 이상이거나 하한값 이하일 경우에 LED가 점멸한다. 만약 사용자가 동작을 멈추거나 LabVIEW를 종료하려고 할 경우에, 계속 실행할 것인지 정말로 멈출 것인지를 검증하기 위해서 이벤트 구조를 사용한다. 이 예제에서 이벤트 구조를 확인하기 바란다.

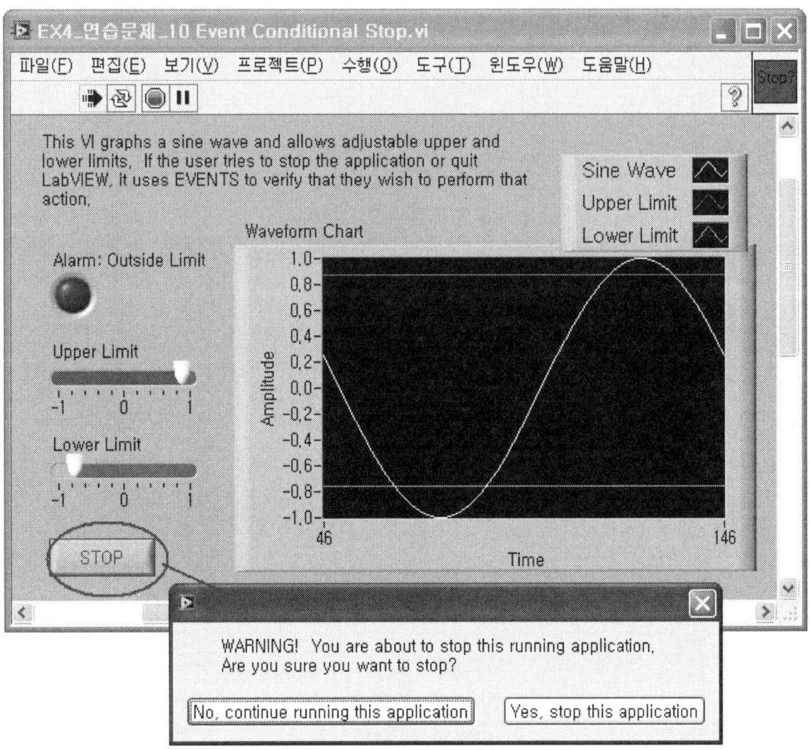

그림 4.10

CHAPTER

05 그래픽과 사운드

LabVIEW에서는 그래픽 & 사운드 VI를 사용하여 VI의 그래픽과 사운드를 디스플레이하거나 생성할 수 있다.

5.1 그래픽

그래픽은 함수 팔레트의 「프로그래밍≫그래픽 & 사운드」를 선택하면, 3D 그래프 프로퍼티, 그림 플롯, 그림함수, 그래픽 포맷, 3D 그림 컨트롤 등의 다양한 VI를 만들 수 있다.

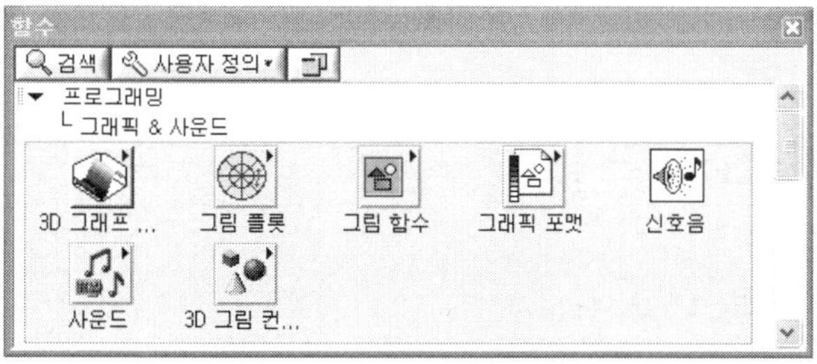

그림 5.1.1

- **3D 그래프 프로퍼티**: 3D 그래프 프로퍼티 VI를 사용하여 3D 데이터 디스플레이를 생성한다.
- **그림 플롯**: 그림 플롯 VI를 사용하여 데이터의 그래픽 표현을 생성한다.
- **그림함수**: 그림 함수 VI를 사용하여 데이터의 시각적인 표현을 생성한다. 많은 그림

VI는 포인트와 직사각형을 정의할 때 클러스터를 사용한다. 텍스트 그리기와 연관된 VI는 텍스트의 위치와 폰트 선택을 나타낼 때 클러스터와 열거형을 사용한다.

- **그래픽 포맷**: 그래픽 포맷 VI를 사용하여 BMP, JPEG, 또는 PNG 이미지 파일에서 이미지 데이터를 가져오거나 저장한다.
- **3D 그림 컨트롤**: 3D 그림 컨트롤 VI를 사용하여 객체의 그래픽 형을 3D 장면으로 디스플레이한다.

그림 5.1.2는 「프로그래밍≫그래픽 & 사운드≫그림 함수」 이다.

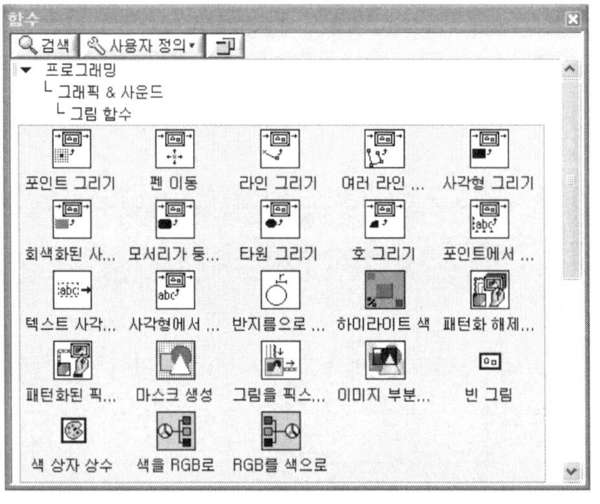

그림 5.1.2

예제 5.1.1 선 그리기

그림판에 선을 그리는 VI를 만들자.

① 메뉴에서 「새 VI」를 선택하여 Ex5_1_1.vi 로 저장한다.

② 그림 함수 가져오기

블록다이어그램의 함수 팔레트에서 「프로그래밍≫그래픽 & 사운드≫그림 함수≫펜 이동」과 「프로그래밍≫그래픽 & 사운드≫그림 함수≫라인 그리기」 함수를 가져와서 블록다이어그램의 적당한 위치에 놓는다.

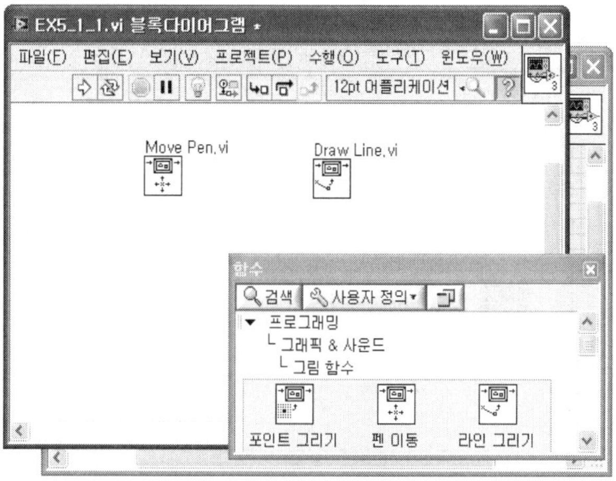

그림 5.1.3

③ 블록다이어그램 완성하기

「펜 이동」과 「라인 그리기」 함수에서 단축메뉴를 이용하여 컨트롤과 인디케이터를 생성하고, 그림 5.1.4와 같이 배치하고 와이어로 연결한다.

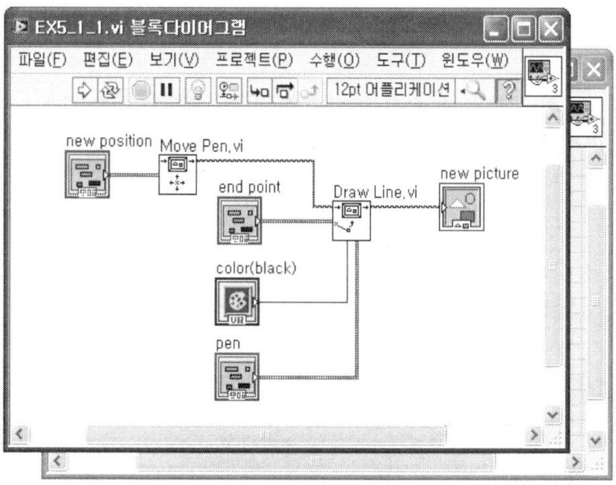

그림 5.1.4

④ 대응되는 프런트패널 정리하기

프런트패널을 클릭하여 활성화하고, 정리하면 그림 5.1.5와 같다.

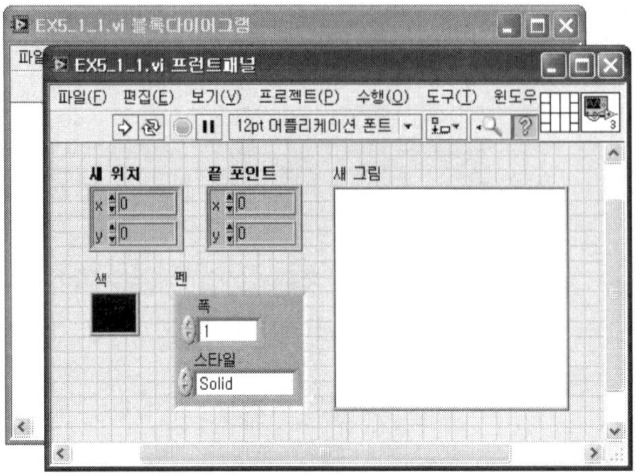

그림 5.1.5

「새 위치」와 「끝 포인트」는 선의 시작 좌표와 끝점 좌표이다. 좌표는 그림판의 왼쪽위 모서리가 기준(x:0, y:0)이다. 「펜」의 폭은 선의 굵기이며, 스타일은 선의 종류(실선 점선 등)이다. 색의 사각위에 마우스 포인터를 올려 놓으면 마우스 포인터가 로 바뀌는데 이때 클릭하면 그림 5.1.6과 같이 색을 선택할 수 있는 창이 나타난다.

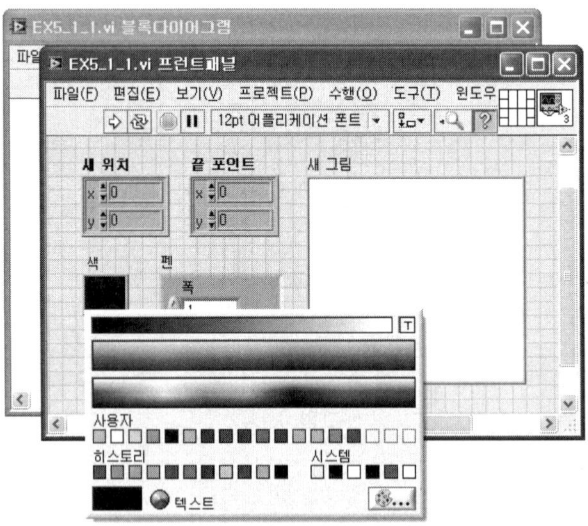

그림 5.1.6

⑤ 프로그램 실행

프런트패널에서 「새 위치」, 「끝 포인트」, 「색」, 「펜」을 지정하고, ⇨「실행」을 누른 후 결과를 살펴본다.

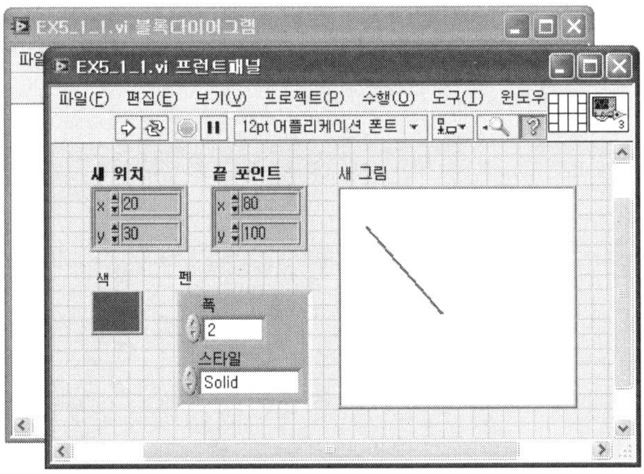

그림 5.1.7

예제 5.1.2 Bitmap 그림 디스플레이

비트맵으로 포맷된 그림(BMP 파일)을 읽어서 그림판에 디스플레이 하는 VI를 만들자.

① 메뉴에서 「새 VI」를 선택하여 Ex5_1_2.vi 로 저장한다.

② 그림 함수 가져오기

블록다이어그램의 함수 팔레트에서 「프로그래밍≫그래픽 & 사운드≫그래픽 포맷≫BMP 파일 읽기」와 「프로그래밍≫그래픽 & 사운드≫그림 함수≫패턴화된 픽스맵 그리기」 함수를 가져와서 블록다이어그램의 적당한 위치에 놓는다.

③ 블록다이어그램 완성하기

「펜 이동」과 「라인 그리기」 함수에서 단축메뉴를 이용하여 컨트롤과 인디케이터를 생성하고, 그림 5.1.9와 같이 배치하고 와이어로 연결한다.

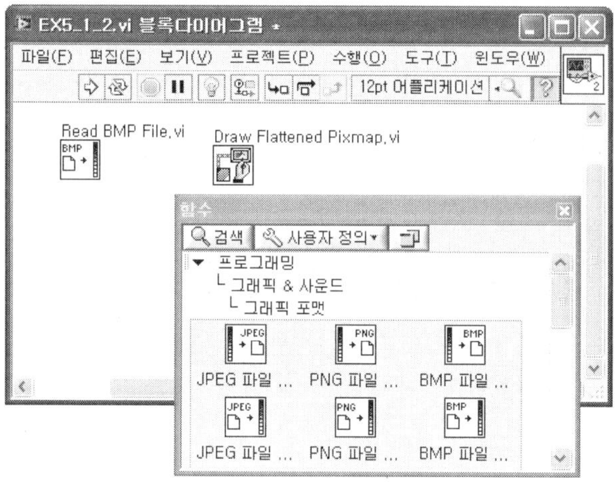

그림 5.1.8

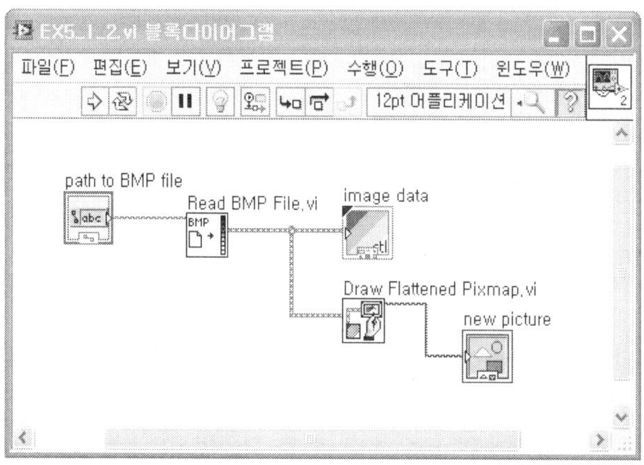

그림 5.1.9

④ 대응되는 프런트패널 정리하기

프런트패널을 클릭하여 활성화하고, 정리하면 그림 5.1.10과 같다.

⑤ 프로그램 실행

프런트패널에서 「실행」을 누르면, 그림 5.1.11과 같이 파일을 선택하기 위한 창이 나타난다. 이때 BMP파일을 선택하면, 그림 5.1.12와 같이 그림판에 BMP 그림이 나타나며, 이미지 데이터에 해당 값이 나타난다.

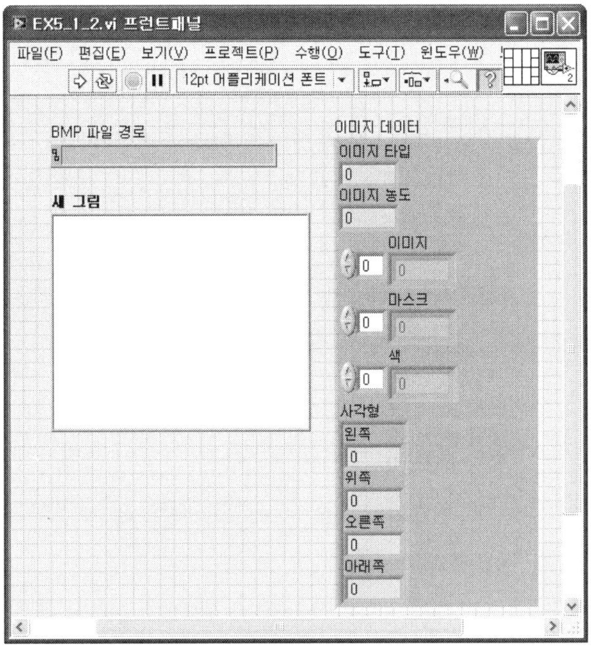

그림 5.1.10

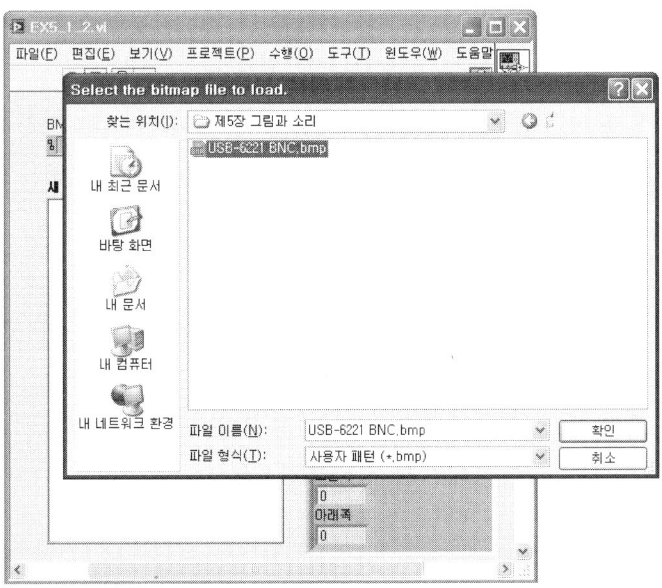

그림 5.1.11

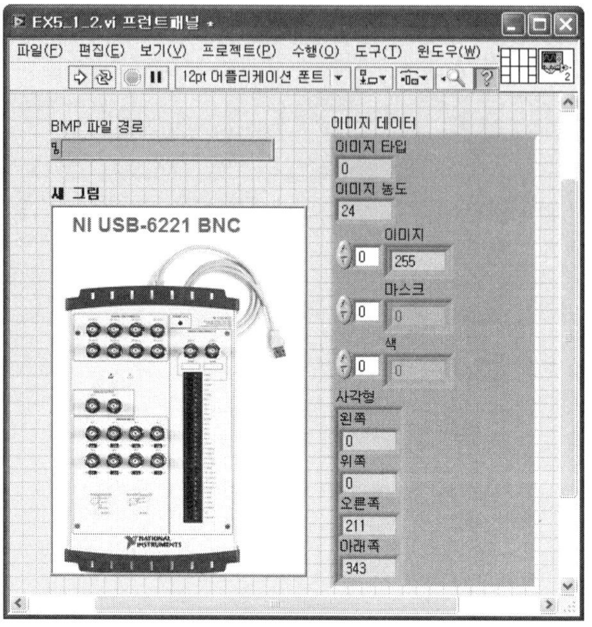

그림 5.1.12

예제 5.1.3 웨이브폼과 XY 그래프를 그림으로 저장하기

웨이브폼과 XY Plots그래프를 그림으로 저장하는 VI를 만들자. (LabVIEW 예제의 Waveform and XY Plots.vi 참조)

① 메뉴에서 「새 VI」를 선택하여 Ex5_1_3.vi 로 저장한다.

② 그림 함수 가져오기

블록다이어그램의 함수 팔레트에서 「프로그래밍≫그래픽 & 사운드≫그래픽 포맷≫BMP 파일 읽기」와 「프로그래밍≫그래픽 & 사운드≫그림 함수≫패턴화된 픽스맵 그리기」 함수를 가져와서 블록다이어그램의 적당한 위치에 놓는다.

③ 블록다이어그램 완성하기

「펜 이동」과 「라인 그리기」 함수에서 단축메뉴를 이용하여 컨트롤과 인디케이터를 생성하고, 그림 5.1.13과 같이 배치하고 와이어로 연결한다.

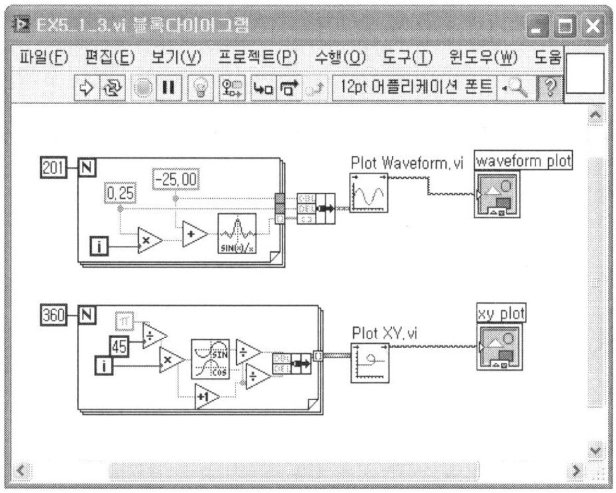

그림 5.1.13

④ 대응되는 프런트패널 정리하기

프런트패널을 클릭하여 활성화하고, 정리하면 그림 5.1.14와 같다.

⑤ 프로그램 실행

프런트패널에서 ⇨「실행」을 누르면, 그림 5.1.14와 같이 XY그래프가 나타난다.

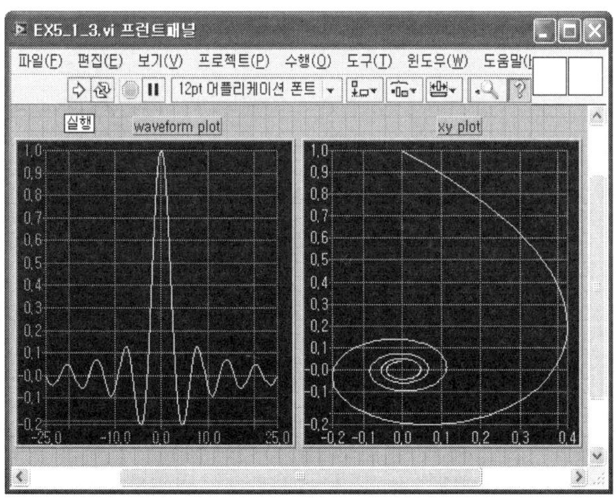

그림 5.1.14

예제 5.1.4 그림 축소 및 확대하기

그림을 읽어서(파일을 가져와서) 이를 축소 또는 확대하는 VI를 만들자. (LabVIEW 예제의 Picture Control - Zoom Attribute.vi 참조)

① 메뉴에서 「새 VI」를 선택하여 Ex5_1_4.vi 로 저장한다.

② 프런트패널에서 그림 인디케이터 가져오기

프런트패널에서 컨트롤 팔레트의 「일반≫그래프≫컨트롤≫2D 그림」을 가져와서 그림 5.1.15와 같이 프런트패널의 적당한 위치에 놓는다.

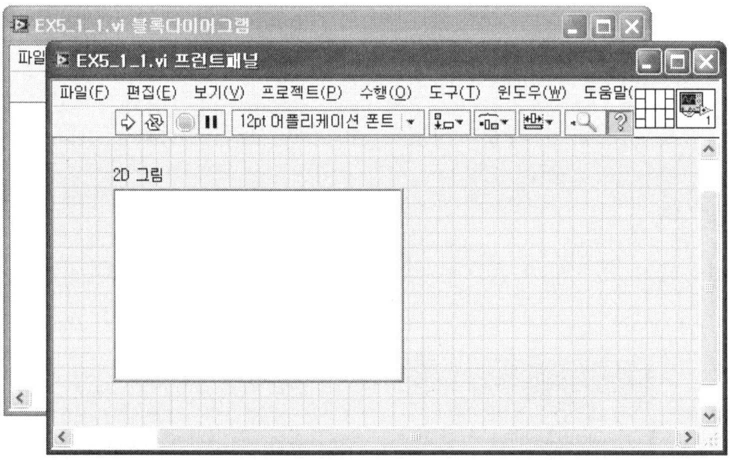

그림 5.1.15

③ 프로퍼티 노드 생성하기

프로퍼티 노드는 프런트패널 객체의 프로퍼티(Property)를 읽거나 쓰는 노드이다. 블록다이어그램을 클릭하여 활성화하면, 「일반≫그래프≫컨트롤≫2D 그림」이 대응되어 나타나 있다. 「2D 그림」의 단축메뉴에서 「생성≫프로퍼티 노드≫<원하는 프로퍼티>」를 선택하면 프로퍼티 노드가 생성된다.
그림의 크기를 바꾸기 위하여 「2D 그림」의 단축메뉴에서 그림 5.1.16과 같이 「생성≫프로퍼티 노드≫줌 전환율」을 선택한다.

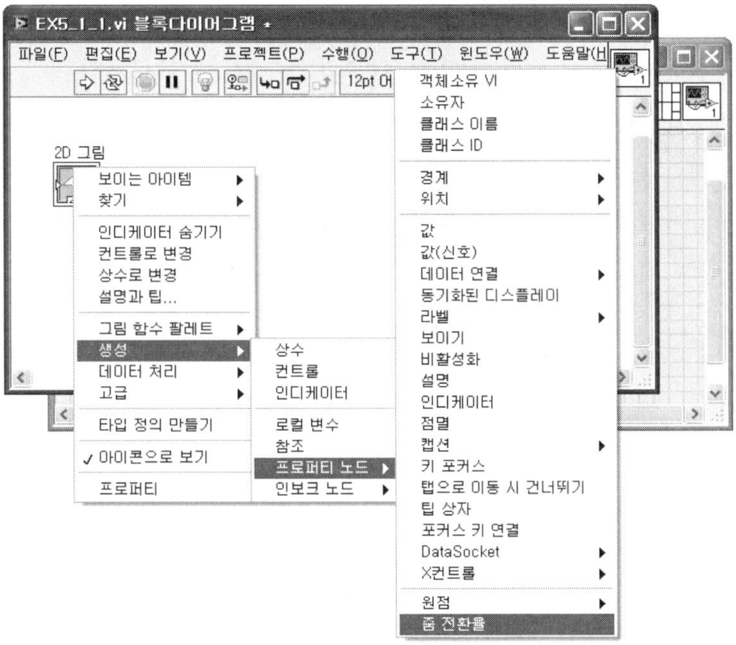

그림 5.1.16

「생성≫프로퍼티 노드≫줌 전환율」을 선택하면 마우스 포인터가 로 되며, 위에 점선으로 된 「프로퍼티 노드」를 달고 다닌다. 이 상태로 블록다이어그램의 적당한 위치에서 클릭하면 그림 5.1.17과 같이 「“2D 그림”의 줌 전환율 프로퍼티 노드」가 생성된다.

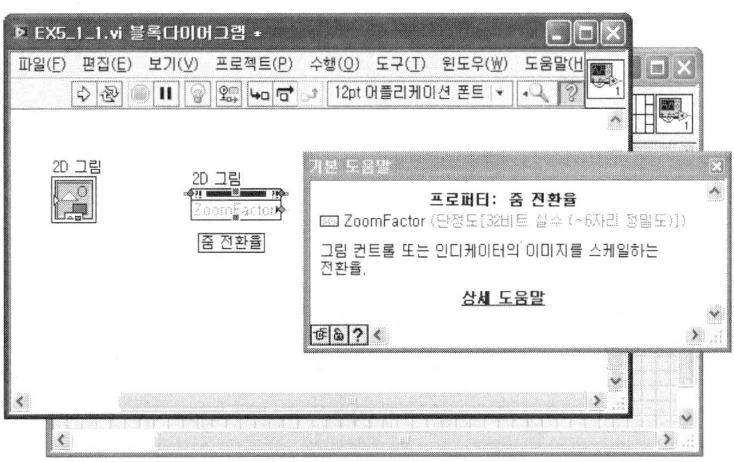

그림 5.1.17

「"2D 그림"의 줌 전환율 프로퍼티 노드」의 사각점을 아래로 드래그하면, 프로퍼티 노드의 원소가 추가된다. 「"2D 그림"의 줌 전환율 프로퍼티 노드」의 원소를 두 개 더 만든다. 「"2D 그림"의 줌 전환율 프로퍼티 노드」의 두 번째 원소의 단축메뉴에서 「프로퍼티 선택≫수평 스크롤 막대 보이기」하면 ZoomFactor가 HorizScroll 로 바뀌고, 또 세 번째 원소의 단축메뉴에서 「프로퍼티 선택≫수직 스크롤 막대 보이기」하면 ZoomFactor가 VertScroll 로 바뀐다.

「프로퍼티 노드」의 원소는 기본적으로 "읽기"로 되어있다. 이를 단축메뉴를 통하여 「모든 것을 쓰기로 변경」을 선택하여 "쓰기"로 변경한다.

HorizScroll의 "쓰기" 입력단자의 단축메뉴에서 「생성≫컨트롤」하면 「수평 스크롤 막대 보이기」라는 불리언 컨트롤이 생성된다. 그림 5.1.18과 같이 수동 와이어로 VertScroll에도 연결한다. 프런트패널에서 이 「수평 스크롤 막대 보이기」 불리언을 ON하면 「2D 그림」 인디케이터에 수평/수직 스크롤막대가 보이게 된다.

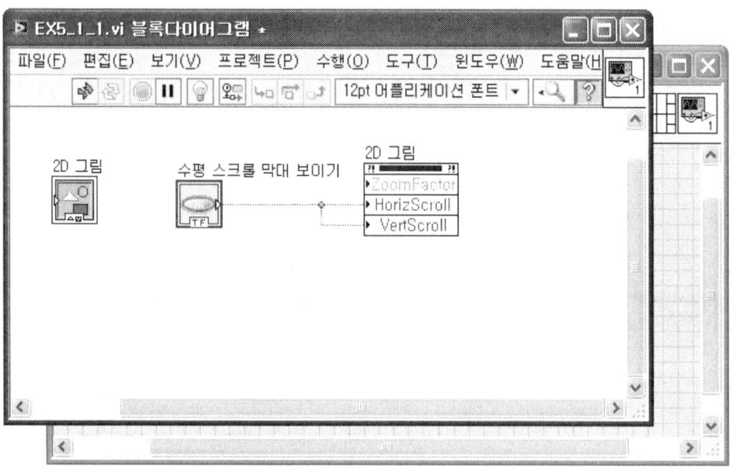

그림 5.1.18

④ 슬라이더와 슬라이더 프로퍼티 노드 생성하기

프런트패널을 클릭하여 활성화하고, 컨트롤 팔레트에서 「일반≫숫자형≫수평 포인터 슬라이더」를 선택하여 그림 5.1.19와 같이 적당한 위치에 놓는다.

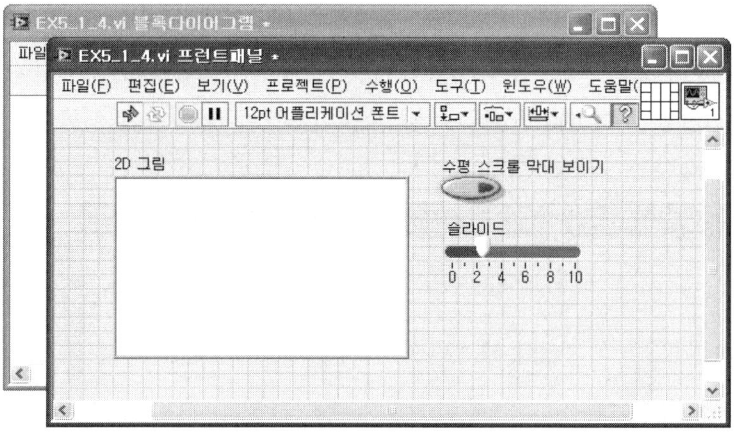

그림 5.1.19

블록다이어그램을 클릭하여 활성화하면, 「슬라이더」가 대응되어 나타나 있다. 그림의 크기를 바꾸는 스케일 값을 결정하기 위하여 「슬라이더」의 단축메뉴에서 그림 5.1.20과 같이 「생성≫프로퍼티 노드≫스케일≫편집가능」을 선택한다.

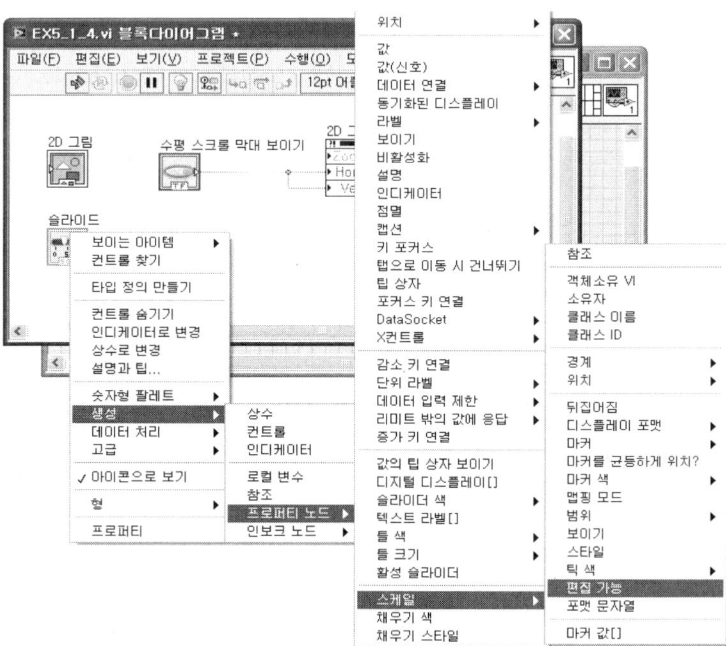

그림 5.1.20

「줌 전환율」과 같이 「생성≫프로퍼티 노드≫스케일≫편집가능」을 선택하면 마우스 포인터가 로 되며, 위에 점선으로 된 「프로퍼티 노드」를 달고 다닌다. 이 상태로 블록다이어그램의 적당한 위치에서 클릭하면 그림 5.1.21과 같이 「스케일.편집가능 프로퍼티 노드」가 생성된다.

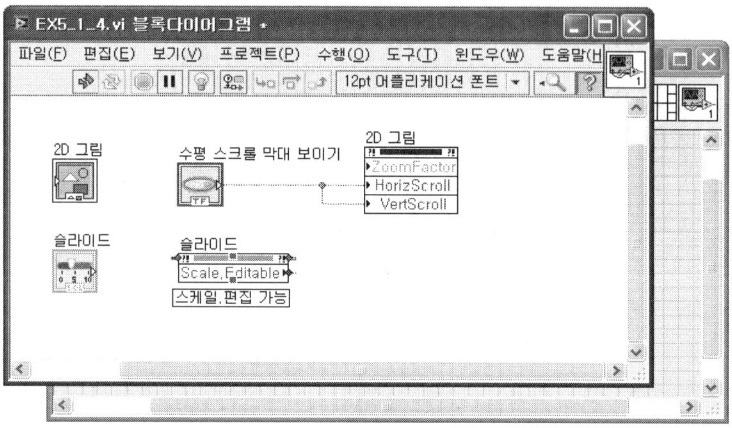

그림 5.1.21

「스케일.편집가능 프로퍼티 노드」의 사각점을 아래로 드래그하면, 프로퍼티 노드의 원소가 추가된다(Sacle.FormatString), 그림 5.1.22와 같이 Sacle.FormatString에서 단축메뉴를 불러서 「프로퍼티 선택≫값」을 선택하면, 그림 5.1.23과 같이 Value로 바뀐다.

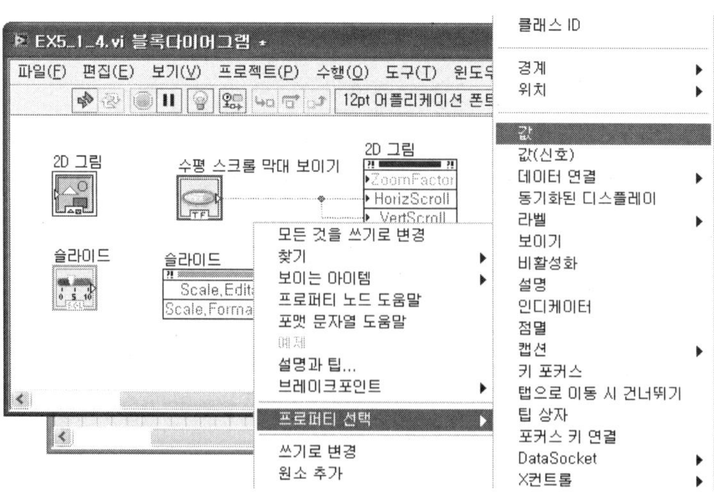

그림 5.1.22

그림 5.1.23

「스케일.편집가능 프로퍼티 노드」의 원소는 기본적으로 "읽기"로 되어있다. 이를 그림 5.1.24와 같이 단축메뉴를 통하여 「모든 것을 쓰기로 변경」을 선택하여 "쓰기"로 변경한다.

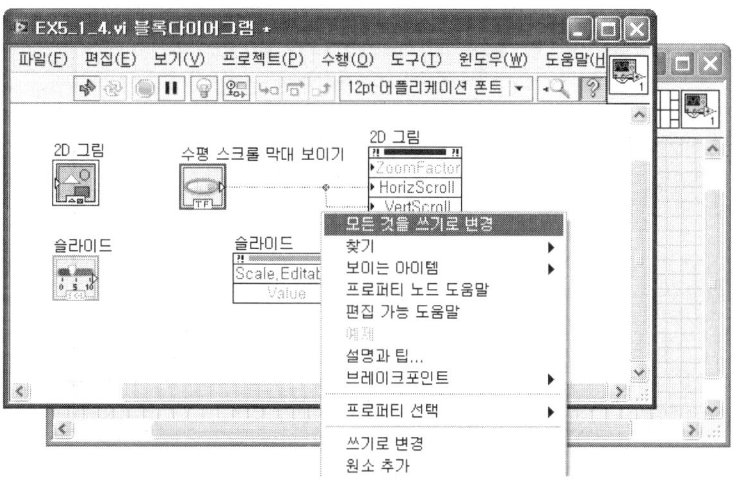

그림 5.1.24

각 원소에서 단축메뉴를 통하여 「생성≫상수」를 선택하고, 그림 5.1.25와 같이 Value 값은 100으로 한다.

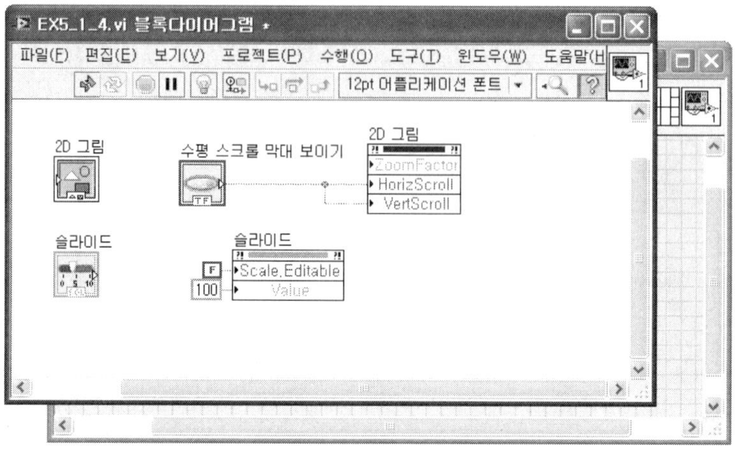

그림 5.1.25

⑤ 슬라이더와「2D 그림 프로퍼티 노드」 연결하기

「슬라이드」의 출력 단자에「나누기」 함수를 연결하고, 그림 5.1.26과 같이「2D 그림 프로퍼티 노드」의「ZoomFactor」와 연결한다.

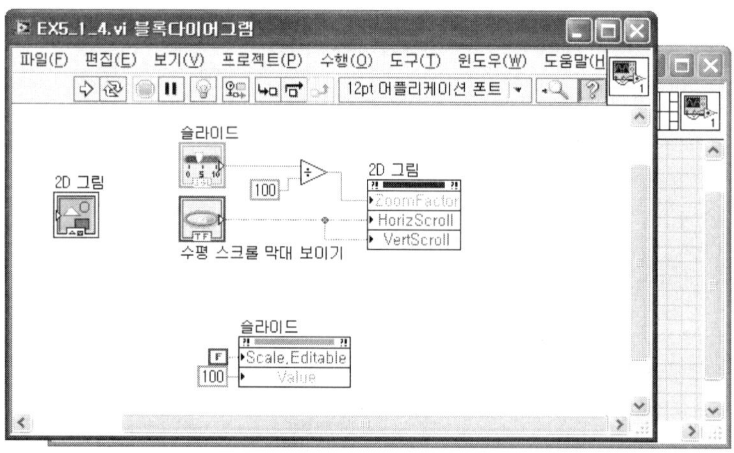

그림 5.1.26

⑥ 시퀀스 구조로 씌우기

그림 5.1.27과 같이「슬라이더」와「2D 그림 프로퍼티 노드」를 시퀀스 구조로 씌우고「슬라이더 프로퍼티 노드」를 시퀀스 구조 외부에서 터널을 통하여 연결한다.

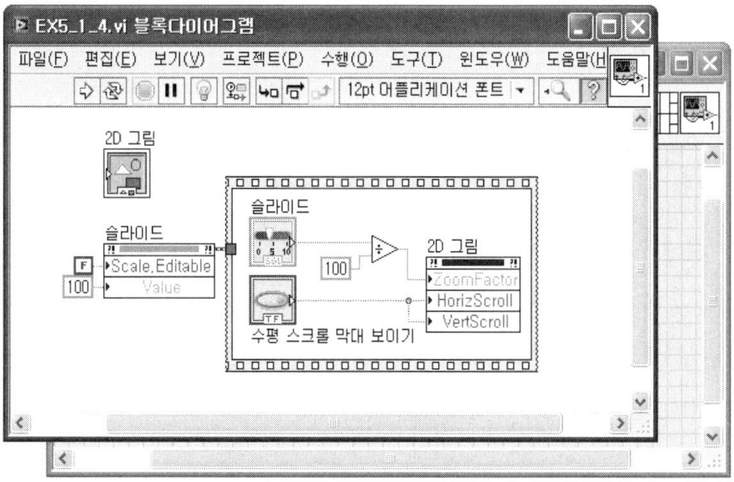

그림 5.1.27

⑦ 이벤트 구조 만들기

함수 팔레트에서 「프로그래밍≫구조≫이벤트 구조」를 선택하면, 가 나타나 마우스 오른쪽을 드래그하면 그림 5.1.28 오른쪽과 같이 이벤트 구조가 그려진다.

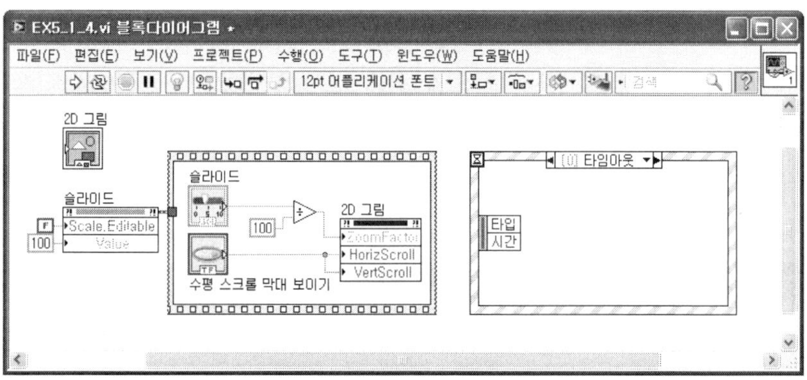

그림 5.1.28

» 첫 번째 이벤트 만들기

상단의 [0] 타임아웃 은 이벤트 내용이다. 디폴트로 지정되어 있는 이벤트는 「타임아웃」이라는 뜻이다. 「타임아웃」 이벤트는 이벤트 구조가 타임아웃될 때 발생한다. 이벤트 구조의 왼쪽 위의 「이벤트 타임아웃」에 값을 연결하여 타임아웃 이벤트를 생성하기 전에 이벤트 구조가 이벤트 발생을 기다려야하는 밀리초 수를 지정한다.

좌측의 타입/시간은 이벤트 옵션들이며, 사용자가 임의로 사용할 수 있는 이벤트 요소들이다. 이것은 이벤트의 내용에 따라 다르게 나타난다.

0.1초 후에 「타임아웃」 이벤트가 발생하도록 「이벤트 타임아웃」에 100[msec]이라는 숫자를 입력하자. 「이벤트 타임아웃」의 입력단에 마우스를 대고 단축메뉴를 불러와서 「상수 생성」를 선택하면 디폴트로 -1이 나타난다. -1은 계속이라는 뜻이다. 여기에 100을 입력한다.

좌측의 이벤트 데이터 노드 타입/시간에 마우스 포인트를 올려놓으면 사각점이 나타나고 사각점 위를 위쪽으로 드래그하여 올리면 「소스」 이벤트 데이터 노드가 나타난다. 다시 사각점 아래를 위쪽으로 드래그하면 「타입」과 「시간」 이벤트 데이터 노드가 사라진다. 이렇게 「소스」 이벤트 데이터 노드만 남긴다.

앞(③ 프로퍼티 노드 생성하기)에서와 같이 「2D 그림」의 단축메뉴에서 「생성≫프로퍼티 노드」를 선택하면 프로퍼티 노드가 생성되며, 「생성≫프로퍼티 노드≫원점≫모든 원소」를 선택한다. 또 같은 방법으로 원소를 늘리고 (원소명이 Left로 나타난다) Left원소를 단축메뉴로 「프로퍼티≫값」을 선택하여 변경한다. (원소명이 Value로 나타난다) 또 이벤트 오른쪽 변과 와이어로 연결하여 그림 5.1.29의 오른쪽과 같이 터널을 만든다.

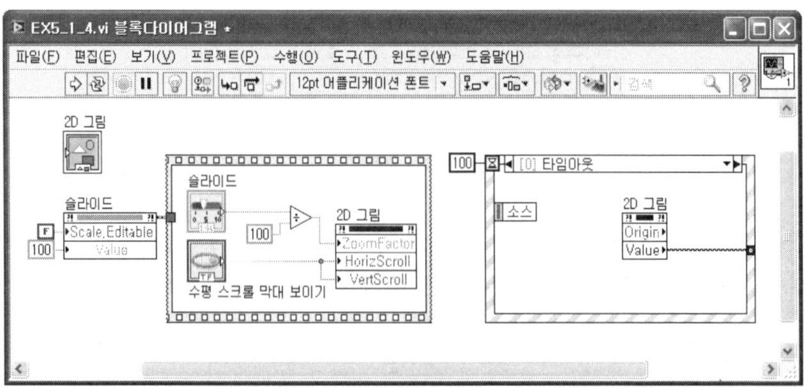

그림 5.1.29

» 두 번째 이벤트 만들기 (이벤트 케이스 추가하기)

이벤트 구조의 상단 [0] 타임아웃 은 이벤트 내용이다. [0] 타임아웃 에 마우스를 올려놓고 단축메뉴를 불러와서 「이벤트 케이스 추가...」를 선택하면 그림 5.1.30과 같이 이벤트 편집 창이 나타나며, 이벤트를 추가할 수 있다.

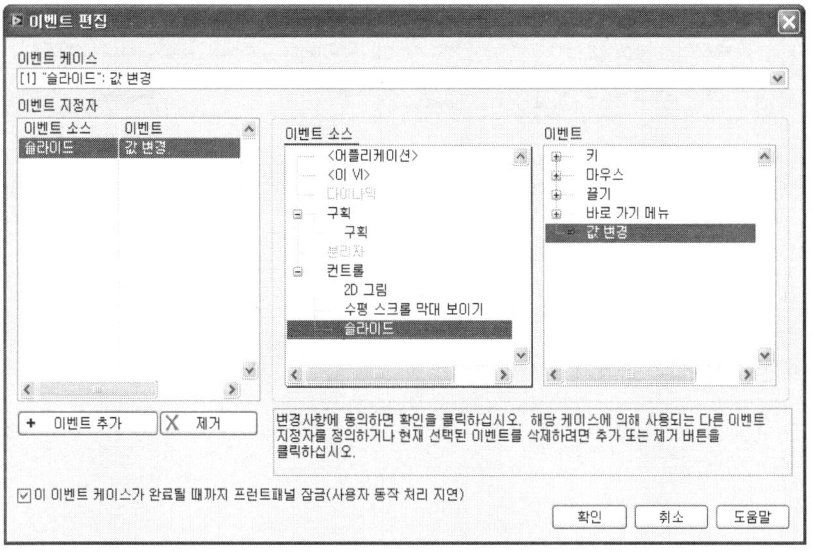

그림 5.1.30

그림 5.1.31에서와 같이 이벤트 구조 좌측의 이벤트 데이터 노드에 마우스 포인트를 올려놓으면 사각점이 나타나고 사각점 위를 아래쪽으로 드래그하여 「새값」 이벤트 데이터 노드만 남긴다.

또, 앞(③ 프로퍼티 노드 생성하기)에서와 같이, 「2D 그림」의 단축메뉴에서 「생성≫프로퍼티 노드≫줌 전환율」을 선택하면 프로퍼티 노드가 생성되며, 「프로퍼티 노드」의 사각점을 아래로 드래그하면, 프로퍼티 노드의 원소가 추가된다. 두 번째 원소 ZoomFactor에서 오른쪽 마우스 버튼을 이용한 단축메뉴에서 「값」을 선택하면 ZoomFactor가 Value로 바뀐다.

ZoomFactor를 단축메뉴를 통하여 「쓰기로 변경」를 선택하여 “쓰기”로 변경한다.

그림 5.1.31과 같이 「나누기」 함수를 가져와서 「새값」 이벤트 데이터 노드와

ZoomFactor 입력단자와 연결하고, Value의 출력단자는 이벤트 구조의 터널과 연결한다.

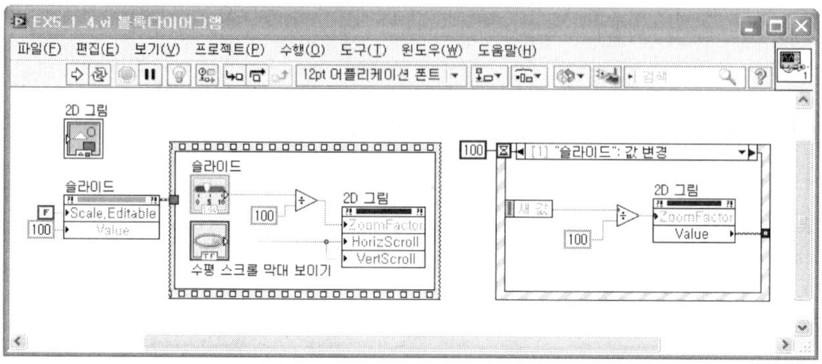

그림 5.1.31

» 세 번째 이벤트 만들기

두 번째와 같은 방법으로 「이벤트 케이스 추가...」를 선택하면 이벤트를 또 추가할 수 있다.

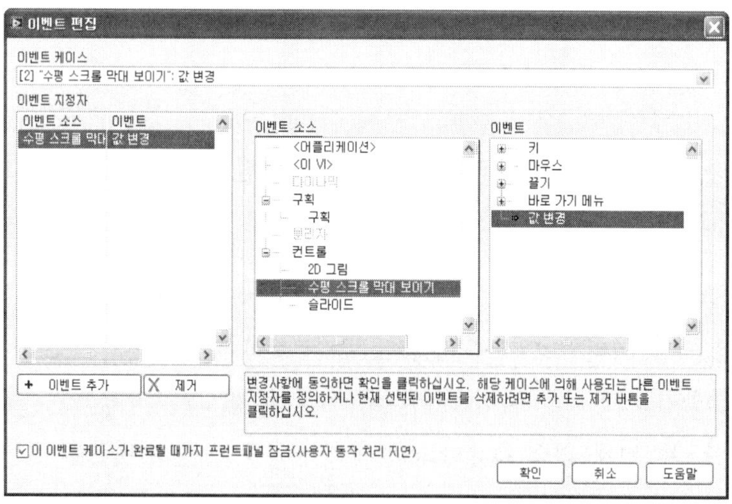

그림 5.1.32

두 번째 이벤트와 같이 이벤트 구조 좌측의 이벤트 데이터 노드에 마우스 포인트를 올려놓으면 사각점이 나타나고 사각점 위를 아래쪽으로 드래그하여 「새값」

이벤트 데이터 노드만 남긴다.

또, 첫 번째 이벤트와 같이, 「2D 그림」의 단축메뉴에서 「생성≫프로퍼티 노드≫줌 전환율」을 선택하면 프로퍼티 노드가 생성되며, 「프로퍼티 노드」의 사각점을 아래로 드래그하면, 프로퍼티 노드의 원소가 추가된다. 2개 추가한다. 첫 번째와 두 번째 원소 ZoomFactor에서 오른쪽 마우스 버튼을 이용한 단축메뉴에서 「수평 스크롤 막대 보이기」와 「수직 스크롤 막대 보이기」을 선택하면 ZoomFactor가 각각 HorizScroll과 VertScroll로 바뀐다. 세 번째 원소 ZoomFactor에서 오른쪽 마우스 버튼을 이용한 단축메뉴에서 「값」을 선택하면 ZoomFactor가 Value로 바뀐다.

HorizScroll와 VertScroll를 단축메뉴를 통하여 「쓰기로 변경」를 선택하여 "쓰기"로 변경하고, 그림 5.1.33과 같이 와이어로 연결한다.

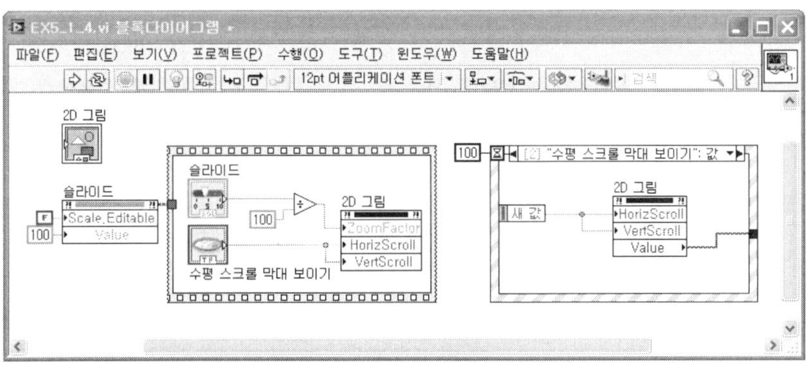

그림 5.1.33

⑧ While 루프 씌우기

이벤트 구조는 항상 While 루프와 함께 사용하여야 하므로, While 루프를 만들어 덮는다. 함수 팔레트의 「프로그래밍≫구조≫While 루프」를 선택하면, 가 나타나며, 마우스 오른쪽 버튼을 드래그 하면 그림과 같이 While 루프가 그려진다. 또 While 루프 내부의 「참인 경우 정지」 위에서 오른쪽 마우스 버튼을 클릭하여 단축메뉴에서 「컨트롤 생성」을 선택하면, 「정지」버튼(불리언)이 만들어진다.

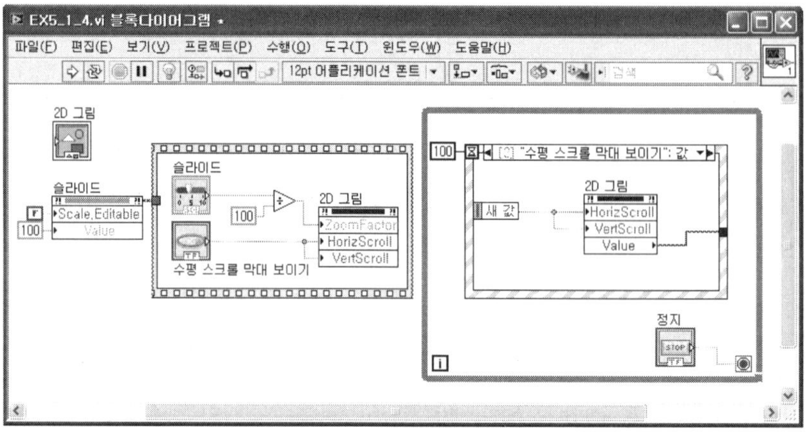

그림 5.1.34

⑨ 네 번째 이벤트 만들기

세 번째 이벤트 만들기와 같은 방법으로 「이벤트 케이스 추가...」를 선택하면 이벤트를 또 추가 할 수 있다.

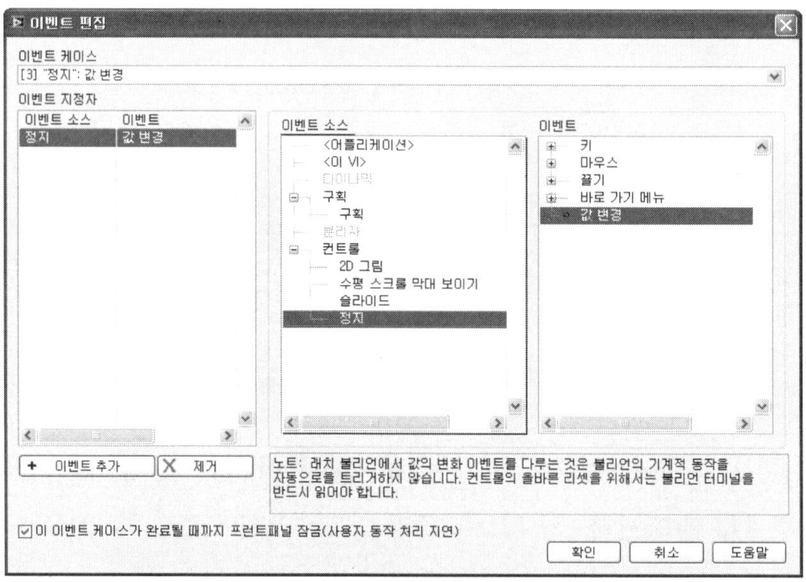

그림 5.1.35

이벤트 구조 좌측의 이벤트 데이터 노드에 마우스 포인트를 올려놓으면 사각점이 나타나고 사각점 위를 위쪽으로 드래그하여 「소스」부터 「새값」까지 모든 이벤트 데이터가 나타나게 만든다. 또 그림 5.1.36과 같이 「정지」버튼을 네 번째 이벤트 케이스 내부로 갖고 온다.

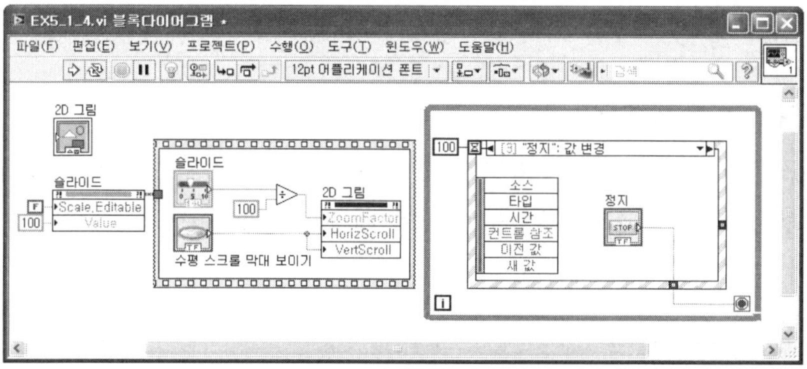

그림 5.1.36

⑩ 그림 함수 가져오기

「2D 그림」 함수를 While 루프 내부로 가져온다.

⑪ While 루프에 시프트레지스터 만들어 와이어로 연결하기

그림 5.1.37과 같이 While 루프에 시프트레지스터를 만들고, 입력은 「2D 그림」 함수와 연결하고 출력은 이벤트 구조의 출력 터널과 연결한다.

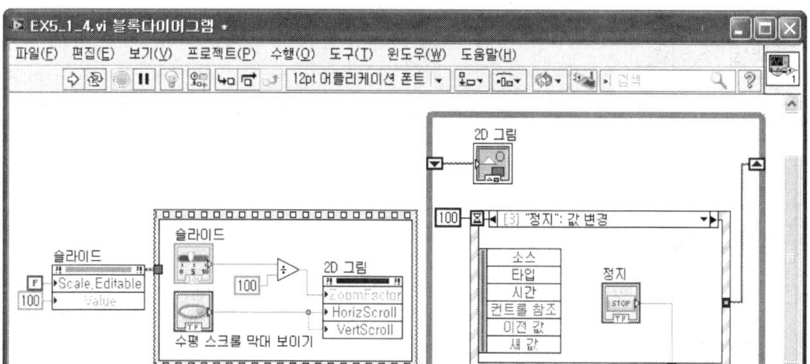

그림 5.1.37

⑫ 원본 그림 가져오기

블록다이어그램의 함수 팔레트에서 「프로그래밍≫그래픽 & 사운드≫그래픽 포맷≫BMP 파일 읽기」와 「프로그래밍≫그래픽 & 사운드≫그림 함수≫패턴화된 픽스맵 그리기」 함수를 가져와서 블록다이어그램의 적당한 위치에 놓는다.

⑬ 블록다이어그램 완성하기

「BMP 파일 읽기」과 「패턴화된 픽스맵 그리기」 함수에서 단축메뉴를 이용하여 컨트롤을 생성하고, 그림 5.1.38과 같이 배치하고 와이어로 연결한다.

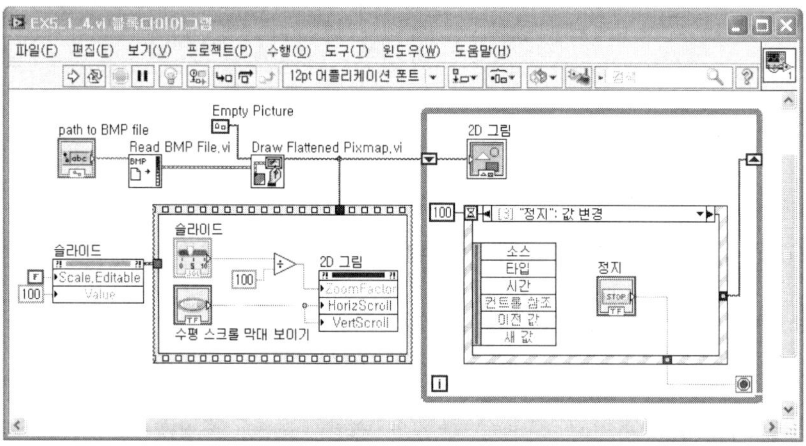

그림 5.1.38

⑭ 프런트패널 정리하기

프런트패널을 클릭하여 활성화하면 대응되는 객체들이 나타난다. 그림 5.1.39와 같이 보기 좋게 정리하자.

⑮ 「BMP 파일 경로」의 탐색버튼 보이기

「BMP 파일 경로」의 단축메뉴에서 「탐색 옵션」을 선택하면 그림 5.1.40과 같은 경로 프로퍼티 창이 나타난다.

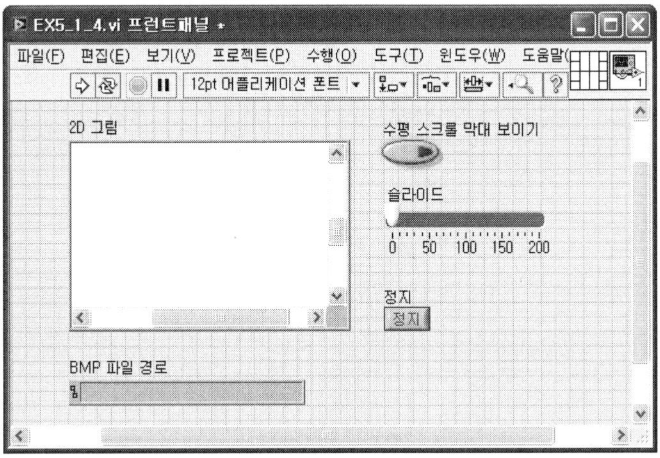

그림 5.1.39

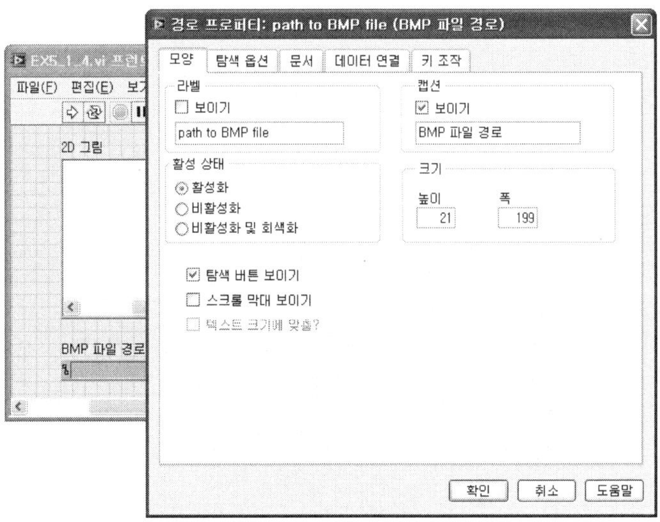

그림 5.1.40

그림 5.1.40의 경로 프로퍼티에서 「모양≫탐색 버튼 보이기」를 선택하여 체크표시 하면, 그림 5.1.41과 같이 「BMP 파일 경로」 오른쪽에 「탐색 버튼」이 나타난다.

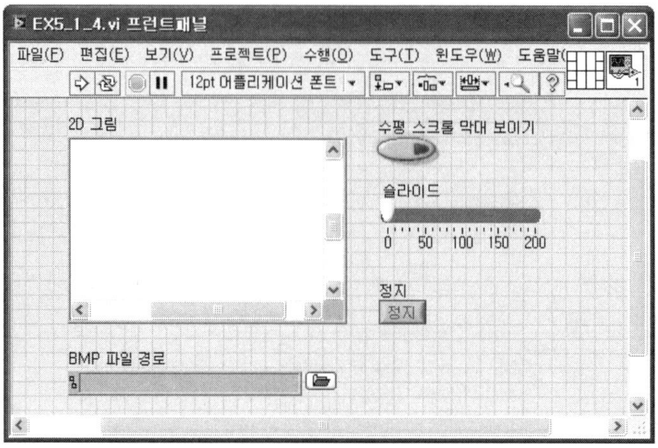

그림 5.1.41

⑯ 프로그램 실행

프런트패널에서 [⇨]「실행」하여, 결과를 살펴보자.

5.2 사운드

LabVIEW에서는 그래픽 & 사운드 VI를 사용하여 VI의 그래픽과 사운드를 디스플레이하거나 생성할 수 있다.

사운드는 함수 팔레트의「프로그래밍≫그래픽 & 사운드」를 선택하면, 신호음, 사운드에서 소리와 관련된 VI를 만들 수 있다.

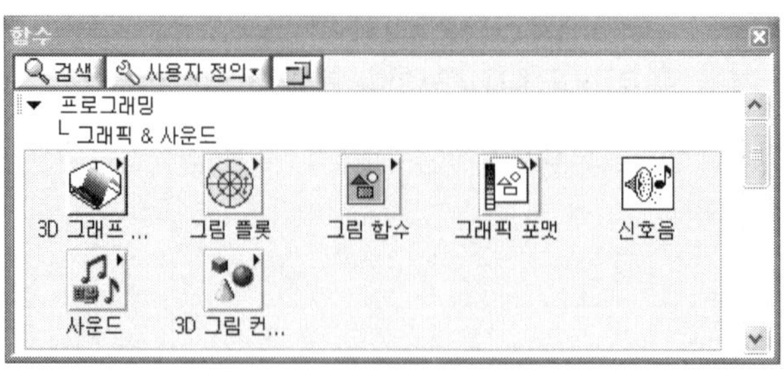

그림 5.2.1

그림 5.2.2는「프로그래밍≫그래픽 & 사운드≫사운드≫출력」 함수이다.

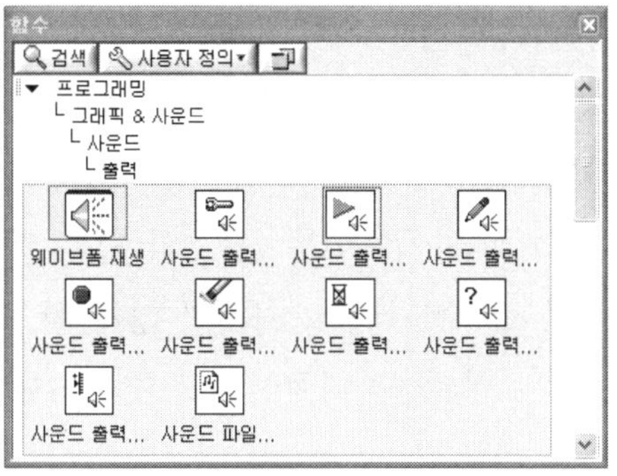

그림 5.2.2

예제 5.2.1 사운드 재생하기

사운드를 재생하는 VI를 만들자. (LabVIEW 예제의 Sound File to Sound Output.vi 참조)

① 메뉴에서「새 VI」를 선택하여 Ex5_2_1.vi 로 저장한다.

② 블록다이어그램

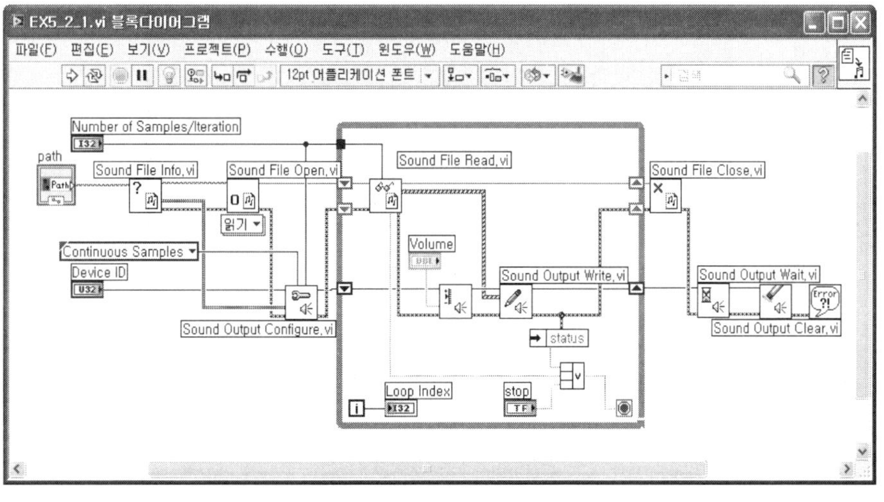

그림 5.2.3

» 다형성 VI

「Sound File Info.vi」, 「Sound File Open.vi」, 「Sound File Read.vi」, 「Sound Output Write.vi」, 「Sound Output Set Volume.vi」는 「다형성 VI」이다. 「다형성 VI」는 같은 커넥터 팬 패턴을 가지는 VI의 모음으로, 서로 다른 데이터 타입이 공존하는 VI이며 필요한 타입을 골라서 사용할 수 있다.

「Sound File Open.vi」의 아래에 보이는 읽기▾와 같은 것을 「다형성 VI 선택자」라고 하며, 이는 보이게 할 수도 있고, 보이지 않게 할 수도 있다. 「다형성 VI」의 단축메뉴에서 「보이는 아이템≫다형성 VI 선택자」를 체크하면 보이게 또는 보이지 않게 된다.

「다형성 VI」의 단축메뉴에서 「다형성 VI 열기」를 선택하면 여러 가지 특성을 알 수 있고 편집도 가능하다.

그림 5.2.4와 그림 5.2.5는 각각 「Sound File Open.vi」와 「Sound Output Write.vi」의 「다형성 VI 열기」화면이다.

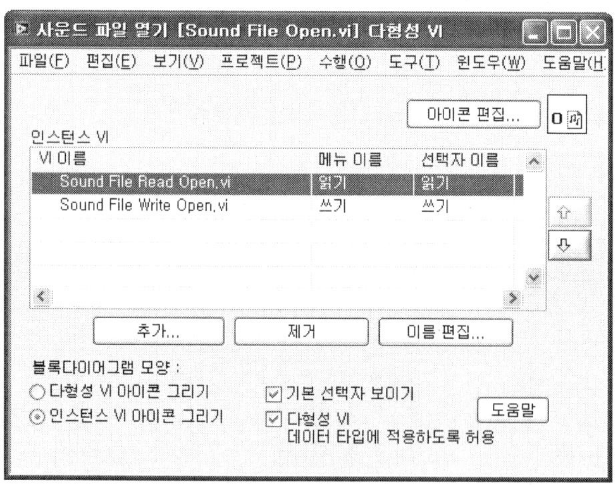

그림 5.2.4

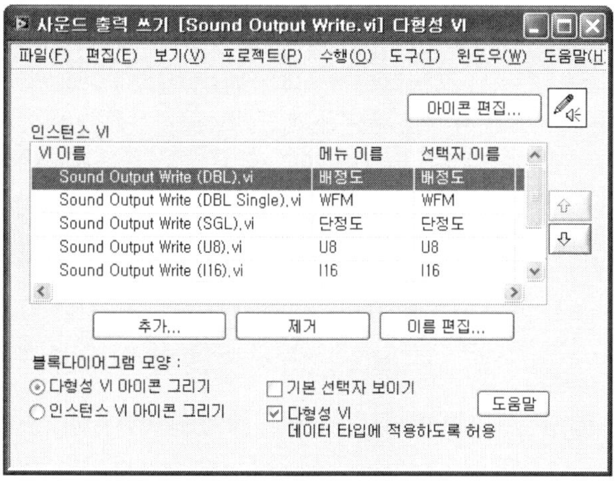

그림 5.2.5

③ 프런트패널

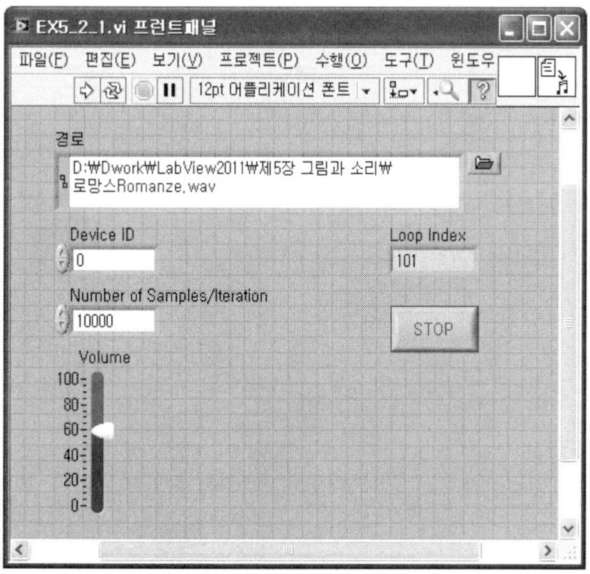

그림 5.2.6

④ 프로그램 실행

프런트패널에서 파일 경로, Device ID, Samples 수를 입력하고, 「실행」하여, 결과를 살펴보자.

5장 연습문제

5.1 예제 5_1_4의 축소 또는 확대된 그림파일을 파일로 저장하는 vi를 만들어라.

5.2 LabVIEW 예제의 Pen Attributes And Image subsetting.vi를 참조하여 마우스를 클릭하는 점에서 드래그하여 마우스 버튼을 놓는 지점까지 선을 그리는 VI를 만들자.

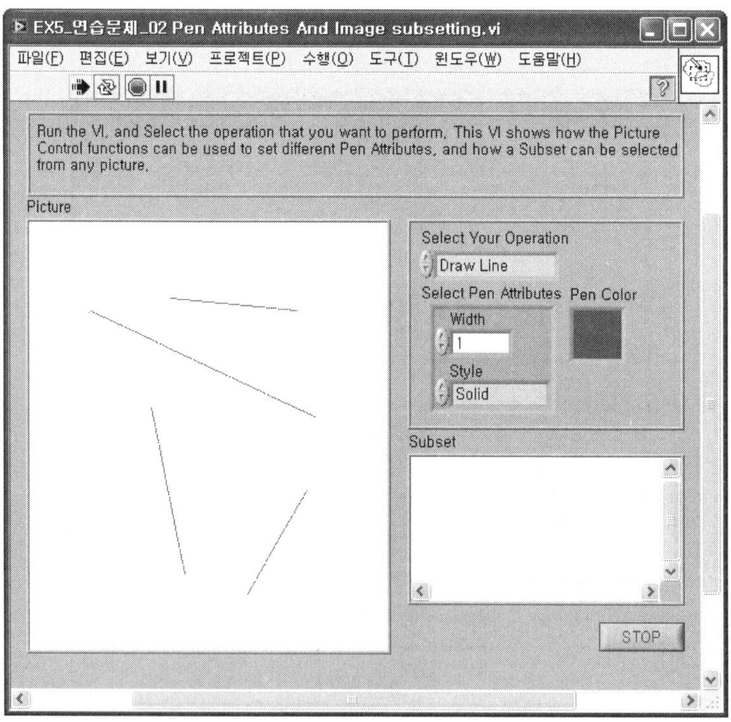

그림 5.2

5.3 LabVIEW 예제의 Sound Input to File.vi를 참조하여 사운드 파일을 저장하는 VI를 만들자.

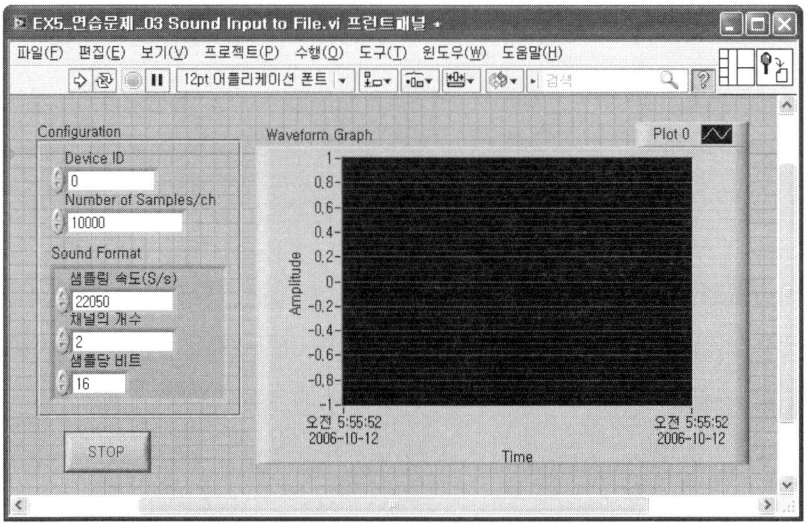

그림 5.3

CHAPTER

06 파일 입출력

파일은 데이터를 저장하고 저장된 데이터를 불러내어서 사용하는 것이다. 일반적으로 파일 입출력은 열기(Open), 쓰기(Write) 또는 읽기(Read), 닫기(Close)의 과정으로 진행된다.

파일 입출력은 블록다이어그램의 함수 팔레트에서 「프로그래밍≫파일 I/O」를 선택하면 나타난다.

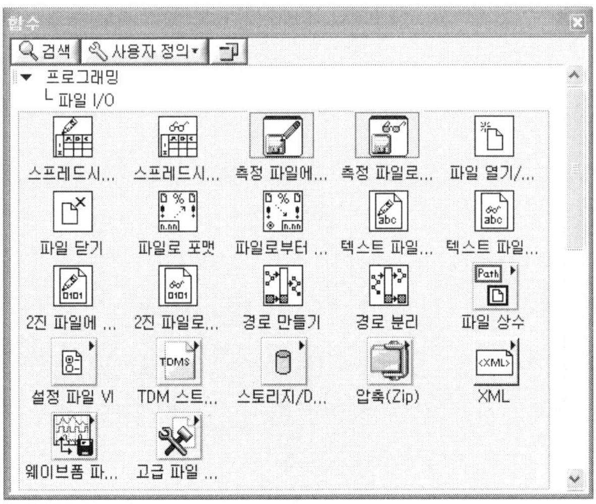

그림 6.1.1

6.1 파일 쓰기

예제 6.1.1 간단한 문자를 파일로 저장하기

LabVIEW Test 라는 간단한 문자를 파일로 저장하자.

① 메뉴에서 「새 VI」를 선택하여 Ex6_1_1.vi 로 저장한다.

② 블록다이어그램의 함수 팔레트에서 「프로그래밍≫파일I/O≫파일 열기/생성/대체」, 「프로그래밍≫파일I/O≫텍스트파일에 쓰기」, 「프로그래밍≫파일I/O≫파일 닫기」 들을 선택하여 위치시킨다. 「프로그래밍≫대화상자 & 사용자 인터페이스≫단순 에러 핸들러」를 선택하여 놓는다. 순서대로 와이어를 연결한다.

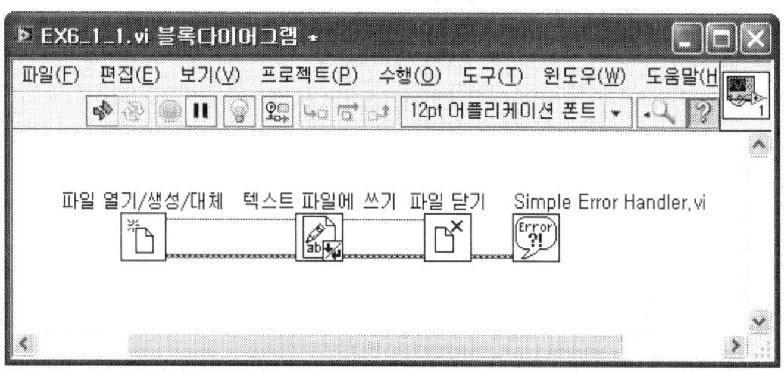

그림 6.1.2

③ 파일 여는 방법 설정

「파일 열기/생성/대체」 노드의 「동작(0:open)」 단자에 마우스를 올려놓고 단축메뉴를 통하여 「생성≫상수」를 선택하면 open 이 나타난다.

이는 파일을 여는 여러 가지 방법 중의 하나이다. 파일을 다른 방법으로 열기 위해서는 open 의 오른쪽 아래화살표를 클릭하여 선택할 수 있다.

- Open: 기존에 존재하는 파일을 Open하는 것으로 파일이 없으면 에러가 발생한다.
- Open or Create: 기존에 존재하는 파일을 Open하고, 파일이 없으면 새로 만

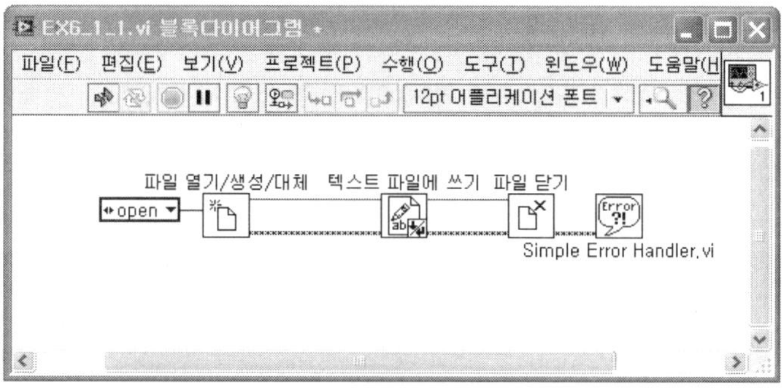

그림 6.1.3

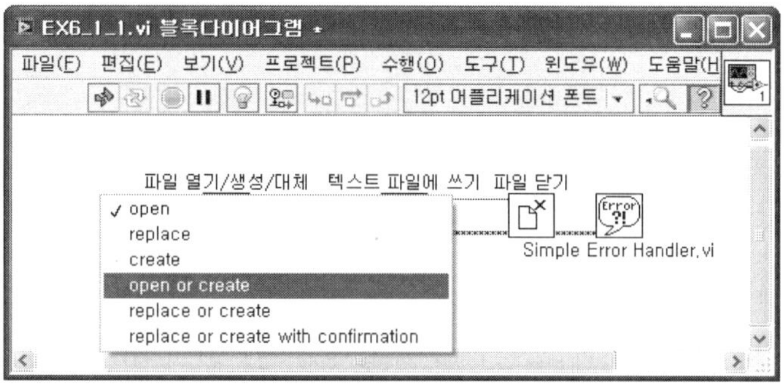

그림 6.1.4

든다.

- Create or Replace: 기존에 파일이 없으면 새로 만들어 주고, 기존에 파일이 있으면 속에 있는 내용을 모두 지우고 새로운 내용을 저장시킨다.
- Create: 기존에 파일이 없을 경우만 새로 만들어 준다.
- Open(read onry): 파일을 읽을 경우만 파일을 Open 한다.

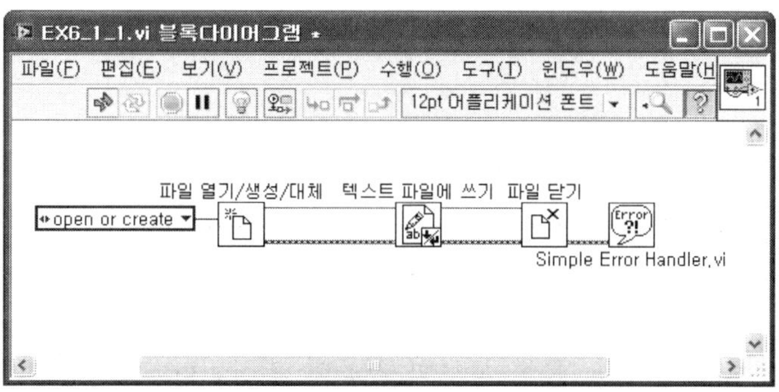

그림 6.1.5

④ 저장 할 데이터 컨트롤 붙이기

「텍스트파일에 쓰기」의 「텍스트」 단자에 마우스를 올려놓고 단축메뉴를 통하여 「생성≫컨트롤」을 선택하면 그림 6.1.6과 같이 컨트롤이 생성된다.

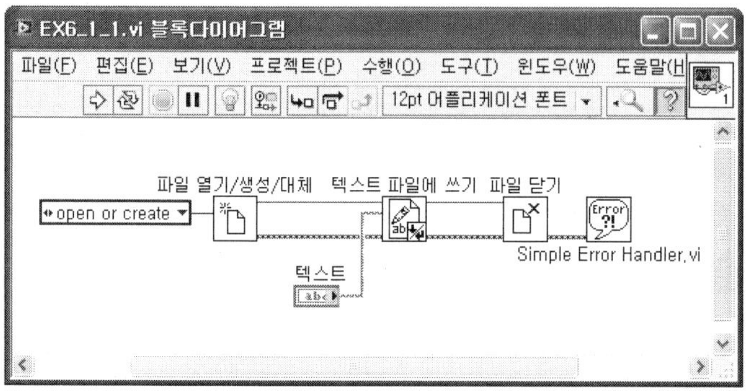

그림 6.1.6

⑤ 프로그램 실행

프런트패널에서 「실행」을 누르면, 그림 6.1.7과 같이 파일명을 지정하라는 윈도우가 나타난다.

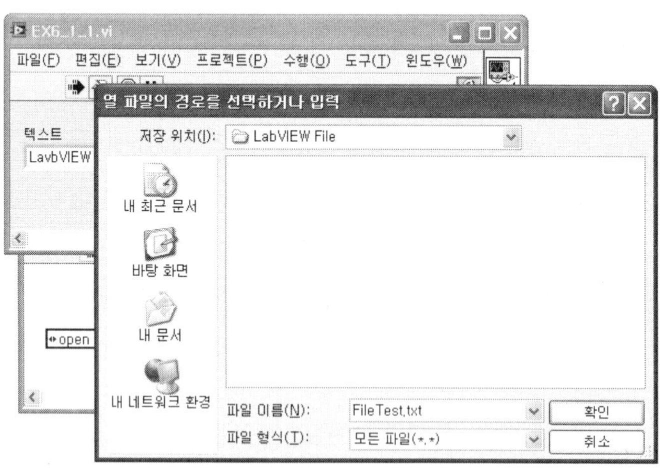

그림 6.1.7

파일이름을 쓰고 확인 버튼을 누르면 내용이 저장된다. 파일명은 FileTest.Txt로 하자.

⑥ 파일 확인

메모장의 열기에서 파일명 FileTest.Txt를 열어 저장된 파일을 확인하자.

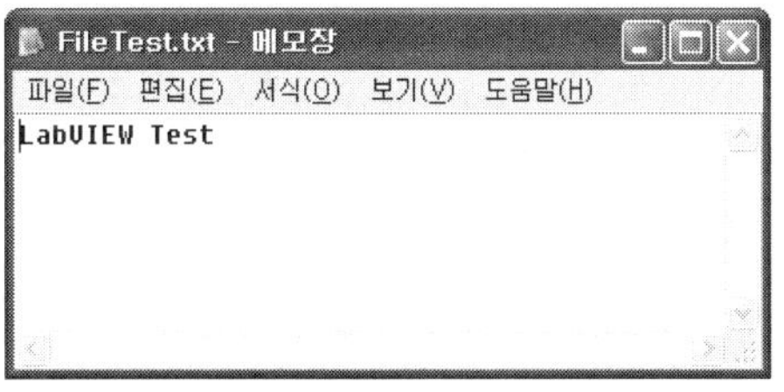

그림 6.1.8

예제 6.1.2 문자열로 포맷된 데이터를 파일로 저장하기

문자와 숫자를 하나의 문자열로 묶어서 파일로 저장하자.

① 메뉴에서 「새 VI」를 선택하여 Ex6_1_2.vi 로 저장한다.

② 블록다이어그램의 함수 팔레트에서 「프로그래밍≫파일I/O≫파일 열기/생성/대체」, 「프로그래밍≫파일I/O≫텍스트파일에 쓰기」, 「프로그래밍≫파일I/O≫파일 닫기」 들을 선택하여 위치시킨다. 「프로그래밍≫대화상자 & 사용자 인터페이스≫단순 에러 핸들러」를 선택하여 놓는다. 순서대로 와이어를 연결한다.

③ 파일 여는 방법 설정

「파일 열기/생성/대체」 노드의 「동작(0:open)」 단자에 마우스를 올려놓고 단축메뉴를 통하여 「생성≫상수」를 선택하면 open이 나타난다. 이 open의 오른쪽 아래화살표를 클릭하여 Create or Replace를 선택한다.

④ 저장 할 데이터를 문자열로 포맷하기

블록다이어그램의 컨트롤 팔레트에서 「프로그래밍≫문자열≫문자열로 포맷」을 가져와 놓고, 단축메뉴에서 「생성≫컨트롤」을 통하여 각각 「초기문자열」과 「입력1」을 생성시킨다. 여기서 「입력1」은 숫자를 입력하는 곳이다.

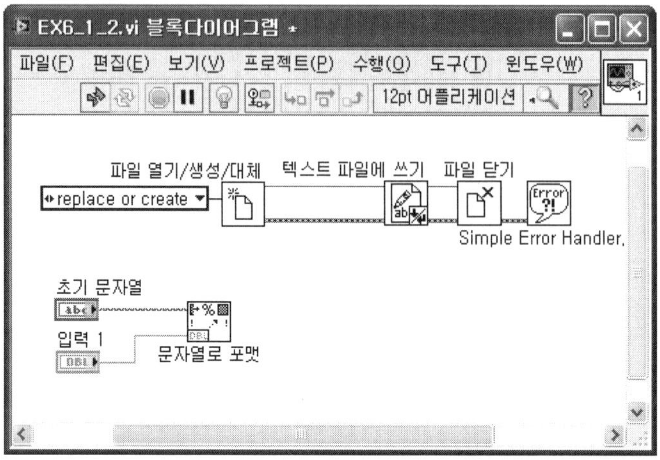

그림 6.1.9

「입력1」의 포맷은 「문자열로 포맷」의 포맷지점에서 단축메뉴의 「생성≫상수」를 통하여 기록하여도 무방하나, 포맷방법을 잘 모르는 사용자는 그림 6.1.10과 같은 「문자열로 포맷」의 단축메뉴에서 「포맷문자열편집」을 선택하여 기록하면 편리하다.

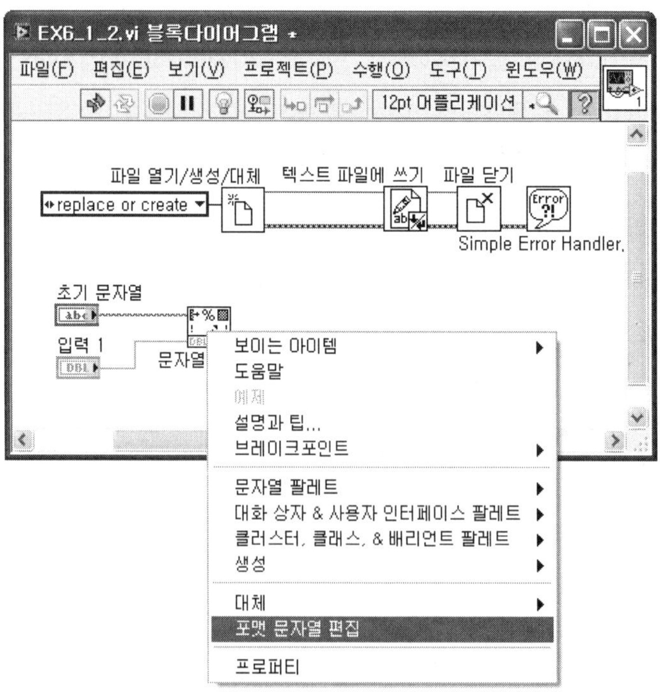

그림 6.1.10

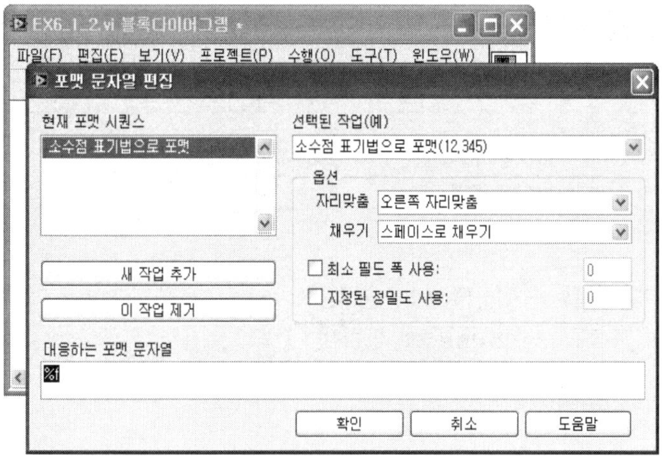

그림 6.1.11

그림 6.1.11에서 변경하고 싶은 내용이 있으면 변경하고, [확인]을 누르면 포맷이 지정된다.

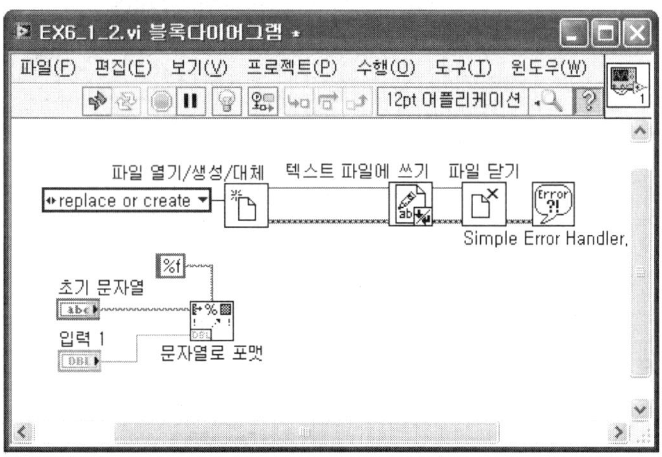

그림 6.1.12

⑤ 문자열 연결하기

블록다이어그램의 컨트롤 팔레트에서 「프로그래밍≫문자열≫문자열 연결」을 사용하면 데이터를 추가로 연결할 수 있다. 「문자열 연결」을 가져와서 단축메뉴의 「생성≫컨트롤」을 통하여 각 문자열을 연결시킨다.

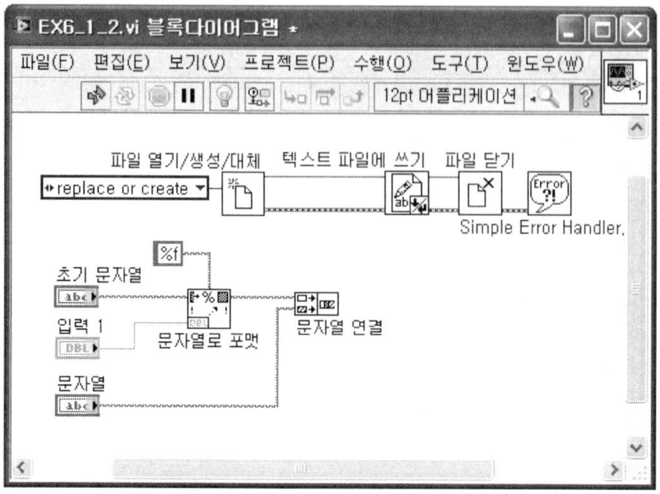

그림 6.1.13

단축메뉴의 「입력 추가」를 통하여 계속 추가할 수 있다.

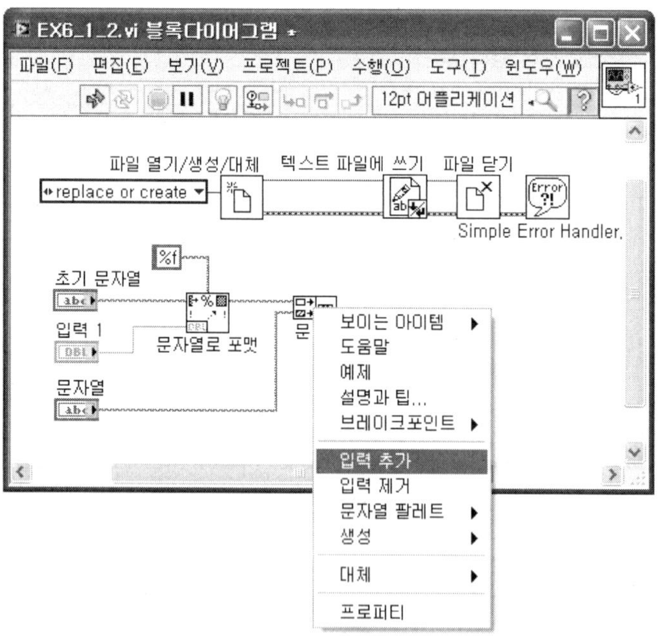

그림 6.1.14

「문자열 연결」의 출력을 「텍스트 파일에 쓰기」의 「텍스트」지점에 와이어를 통하여 연결시킨다.

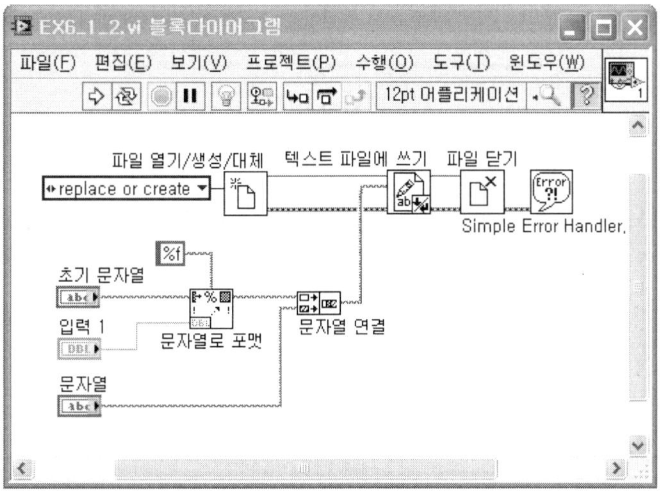

그림 6.1.15

⑥ 프로그램 실행

프런트패널에서 초기문자열, 입력1, 문자열에 각각 문자와 숫자, 문자를 입력한 후, ⇨「실행」을 눌러서 실행한다. 파일명은 FileTest2.txt로 한다.

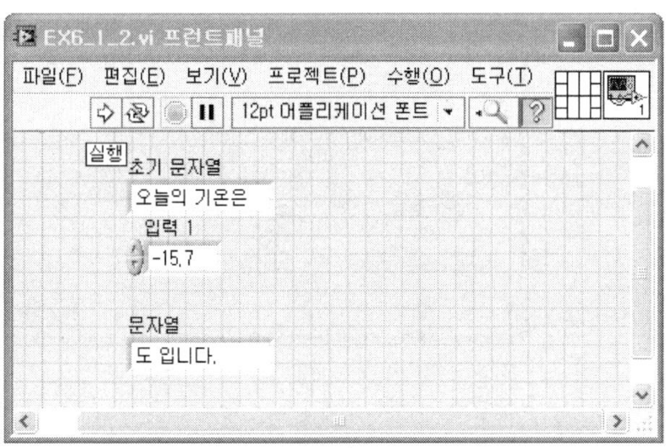

그림 6.1.16

⑦ 파일 확인

메모장의 열기에서 파일명 FileTest2.txt를 열어 저장된 파일을 확인하자.

그림 6.1.17

예제 6.1.3 난수 값을 스프레드시트 형태의 텍스트 파일로 저장하기

난수 값을 센서에서 입력된 값이라고 가정하고, 이를 스프레드시트 형태의 텍스트 파일로 저장하자. (LabVIEW 예제의 Write to Text File.vi 참조)

① 메뉴에서 「새 VI」를 선택하여 Ex6_1_3.vi 로 저장한다.

② 블록다이어그램

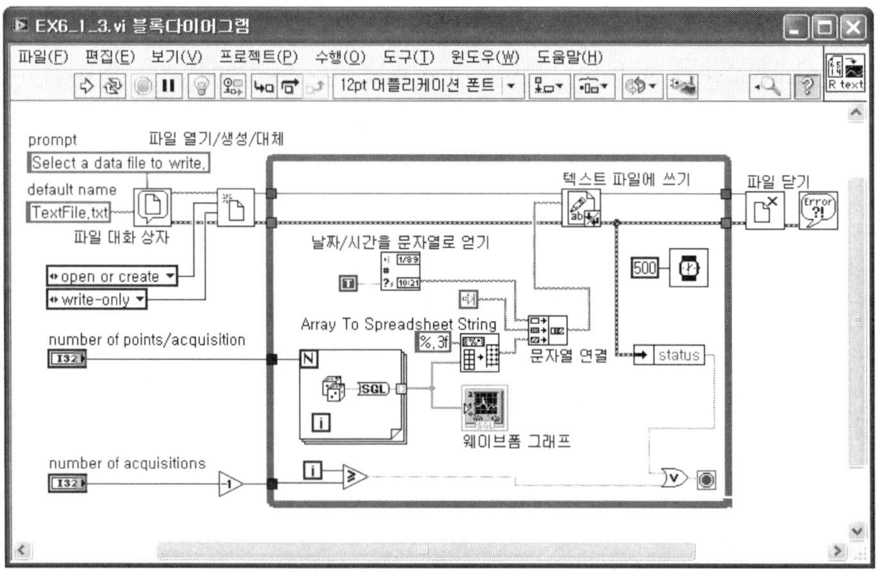

그림 6.1.18

③ 프로그램 실행

프런트패널에서 「실행」을 눌러서 실행한다.

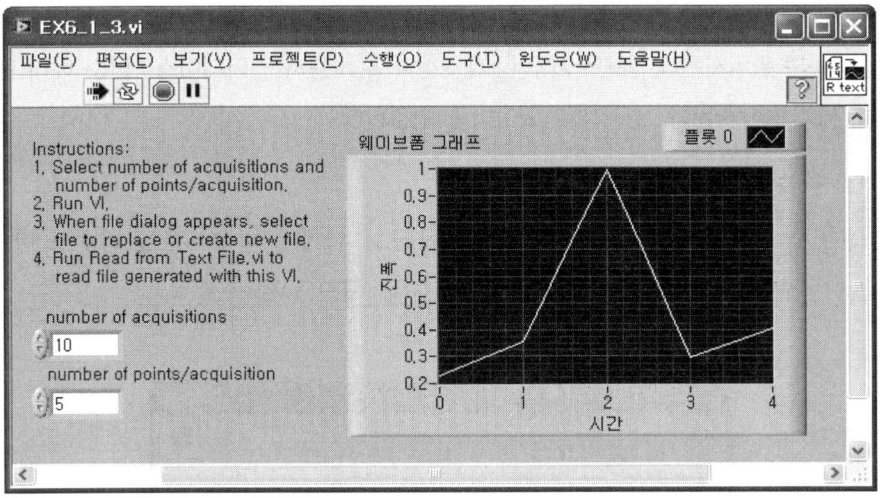

그림 6.1.19

④ 결과 파일

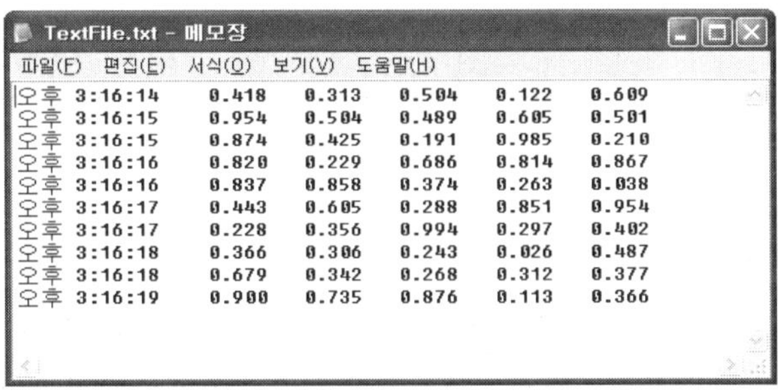
TextFile.txt - 메모장

파일(F) 편집(E) 서식(O) 보기(V) 도움말(H)

오후 3:16:14	0.418	0.313	0.504	0.122	0.609
오후 3:16:15	0.954	0.504	0.489	0.605	0.501
오후 3:16:15	0.874	0.425	0.191	0.985	0.210
오후 3:16:16	0.820	0.229	0.686	0.814	0.867
오후 3:16:16	0.837	0.858	0.374	0.263	0.038
오후 3:16:17	0.443	0.605	0.288	0.851	0.954
오후 3:16:17	0.228	0.356	0.994	0.297	0.402
오후 3:16:18	0.366	0.306	0.243	0.026	0.487
오후 3:16:18	0.679	0.342	0.268	0.312	0.377
오후 3:16:19	0.900	0.735	0.876	0.113	0.366

그림 6.1.20

6.2 파일 읽기

예제 6.2.1 예제 6_1_2에서 저장한 파일 읽기

문자(ASCII 코드)로 저장된 파일을 읽는 VI를 만들자.

① 메뉴에서 「새 VI」를 선택하여 Ex6_2_1.vi 로 저장한다.

② 블록다이어그램의 함수 팔레트에서 「프로그래밍≫파일I/O≫파일 열기/생성/대체」, 「프

로그래밍≫파일I/O≫텍스트 파일로부터 읽기」, 「프로그래밍≫파일I/O≫파일 닫기」 들을 선택하여 위치시킨다. 「프로그래밍≫대화상자 & 사용자 인터페이스≫단순 에러 핸들러」를 선택하여 놓는다. 순서대로 와이어를 연결한다.

③ 파일 여는 방법 설정

「파일 열기/생성/대체」 노드의 「동작(0:open)」 단자에 마우스를 올려놓고 단축메뉴를 통하여 「생성≫상수」를 선택하면 

이 나타난다.

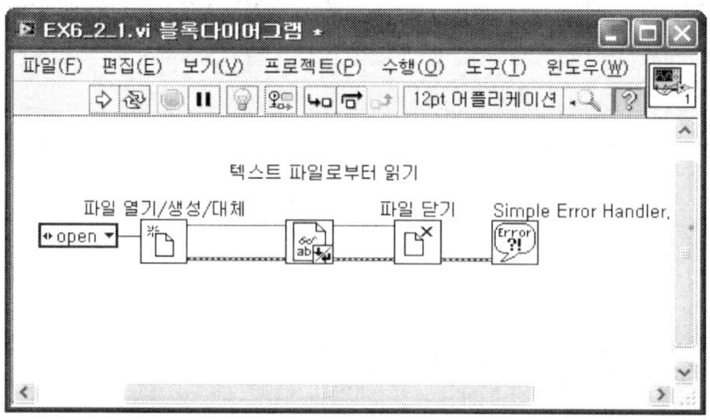

그림 6.2.1

④ 읽기 함수에 컨트롤과 인디케이터 붙이기

「텍스트 파일로부터 읽기」의 「카운트」 입력단의 단축메뉴에서 「생성≫상수」를 선택하여 컨트롤을 붙이고, 「텍스트」 출력단의 단축메뉴에서 「생성≫인디케이터」를 선택하여 인디케이터를 붙인다.

> 카운트는 함수가 읽는 문자 또는 라인의 최대 개수이다. 카운트가 0보다 작은 경우 함수는 전체 파일을 읽는다. 기본으로는 라인 읽기 바로 가기 메뉴 아이템 옆에 확인 표시를 한 경우 한 라인을 읽으며, 아이템 옆에 확인 표시를 제거한 경우 전체 파일을 읽는다.
> 텍스트는 파일부터 읽은 텍스트 데이터이다. 기본적으로 이 파라미터는 파일의 첫 번째 라인으로부터 읽은 문자를 포함하는 문자열이다. 카운트를 연결한 경우, 이 파라미터는 파일로부터 읽은 라인을 포함하는 문자열의 배열이다. 함수에서 마우스 오른쪽 버튼을 클릭한 후 라인 읽기 바로 가기 메뉴 아이템 옆의 확인 표시를 제거할 경우, 이 파라미터는 파일로부터 읽은 문자를 포함하는 문자열이다.

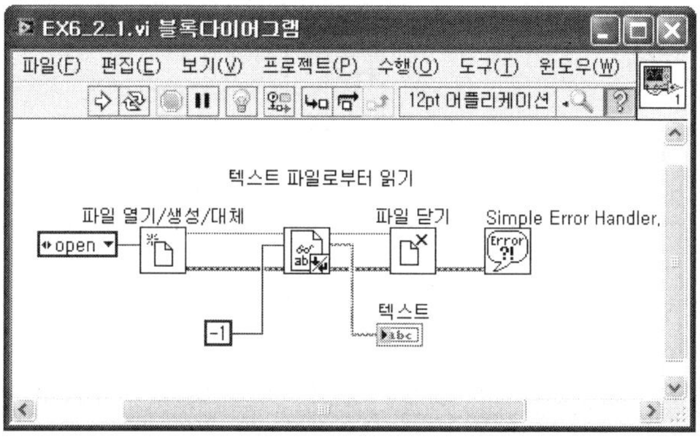

그림 6.2.2

⑤ 프로그램 실행

프런트패널에서 「실행」을 눌러서 VI를 실행하면 파일명을 지정하라는 다이얼로그가 나타난다. FileTest2.Txt로 파일이름을 쓰고 [확인]하면 내용이 읽혀진다.

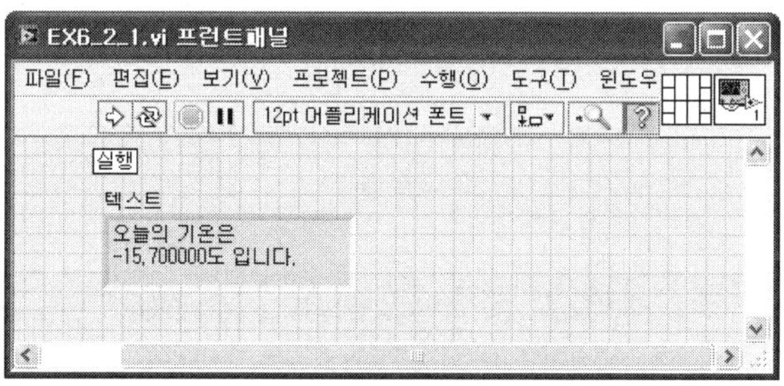

그림 6.2.3

6장 연습문제

6.1 연습문제 4.5의 For 루프를 이용하여 반복회수와 그에 해당하는 Sin값으로 된 2차원 배열을 파일로 저장하라.

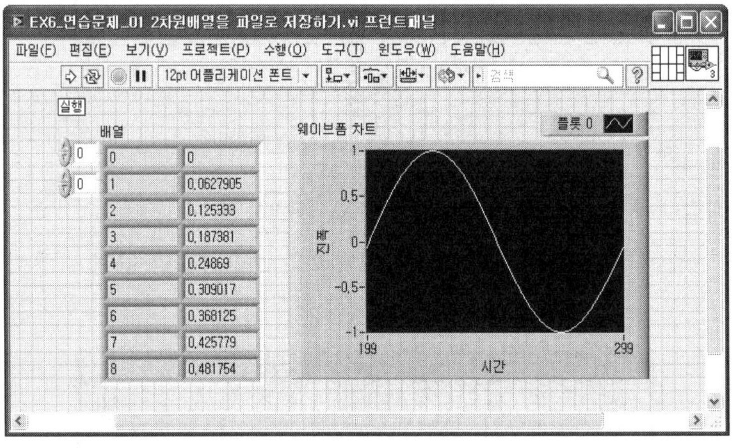

그림 6.1

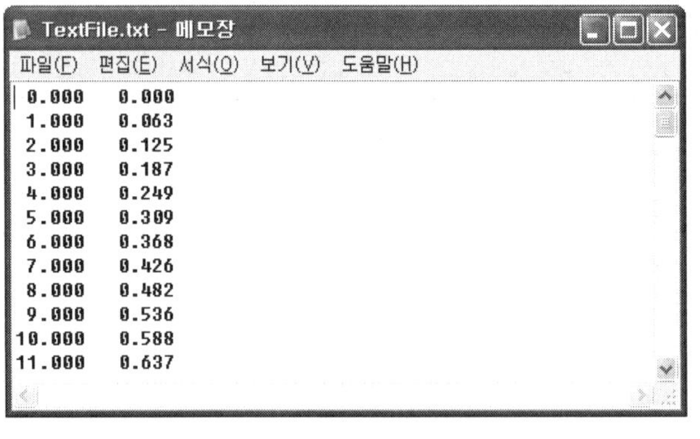

그림 6.1 결과파일

6.2 연습문제 6.1의 결과 파일을 읽는 VI를 만들어라.

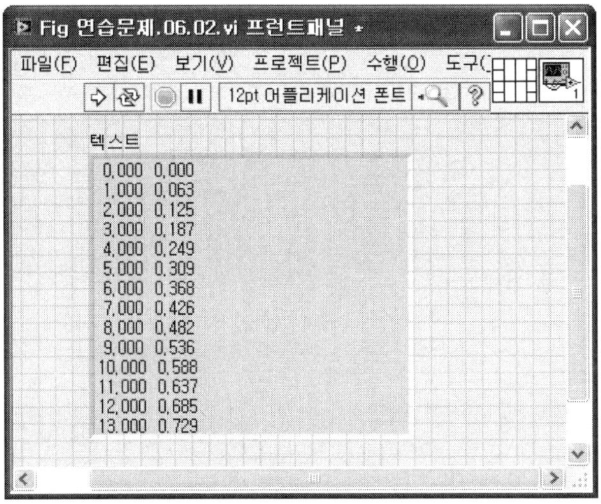

그림 6.2

CHAPTER

07 데이터 수집

데이터 수집 (Data Acquisition: DAQ)은 디지털 신호 뿐 아니라 전압, 전류, 온도 등과 같은 아날로그 신호를 측정 또는 제어하는 과정과, 분석, 저장 또는 데이터 처리를 위해 컴퓨터로 입출력하는 것을 통칭한다.

LabVIEW의 가장 큰 장점은, 이 DAQ를 사용자가 편리하게 구현할 수 있다는 것이며, LabVIEW로 DAQ를 구현하는 데는 반드시 내쇼날인스트루먼트(NI)사의 DAQ 하드웨어와 소프트웨어로 NI-DAQ 드라이버가 필요하다.

7.1 NI-DAQ

NI사에서 공급하는 DAQ 하드웨어는 성능에 따라서 여러 종류가 있으나, 여기서는 컴퓨터 슬롯에 부착하여 사용하는 일반적인 형태와 USB를 통하여 인터페이스되는 디바이스를 하나씩 소개하고, NI-DAQ 드라이버는 LabVIEW에서 공급하는 일반적인 것을 기준으로 설명한다. 이 드라이버는 DAQ 하드웨어를 구입할 때나, LabVIEW full version을 구입하면 포함되어 공급하는 것으로, DAQ 하드웨어나 LabVIEW를 설치하면 사용자도 모르는 사이에 설치되므로 초보자라도 걱정 할 필요가 없다.

DAQ 하드웨어에는 단말기 커넥터를 연결하여야 실제로 센서신호 또는 측정하고자하는 물리량을 받을 수 있다. NI사에서 이 단말기를 공급하는데, 여기서는 모델명 BNC-2120과 USB-6221 BNC의 외형을 기준으로 설명한다.

그림 7.1.1과 그림 7.1.2는 각각 NI PCI-6014 DAQ카드의 외형과 BNC-2120의 패널 및 핀출력 평면도이다.

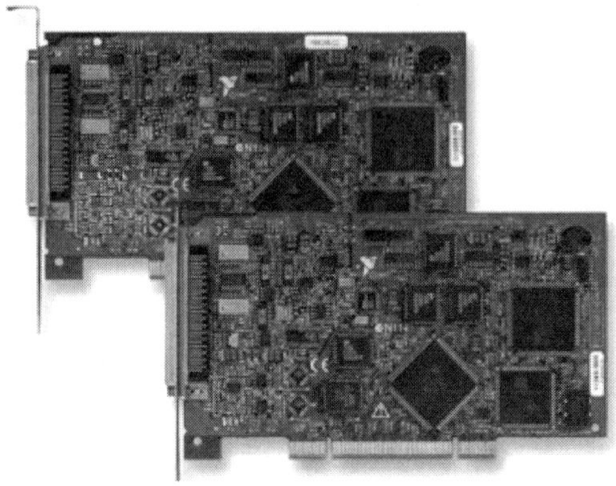

그림 7.1.1

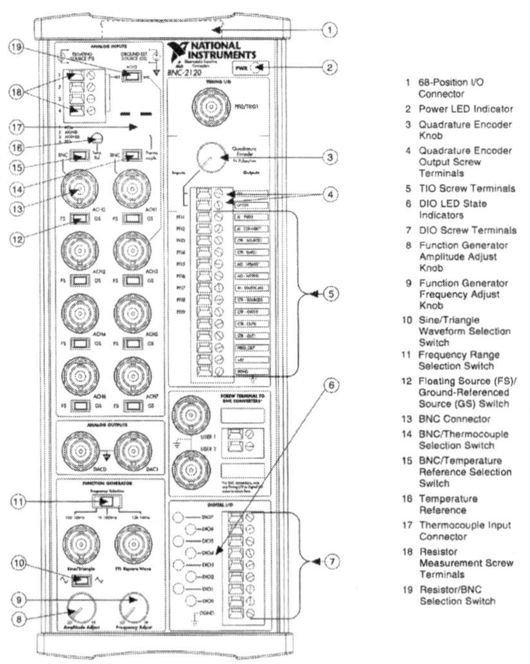

그림 7.1.2

그림 7.1.3과 그림 7.1.4는 각각 USB-6221 BNC의 외형과 패널 및 핀출력 평면도이다. USB-6221 BNC는 외장형으로 단말기 부착형이며 USB를 통하여 PC와 인터페이스 된다.

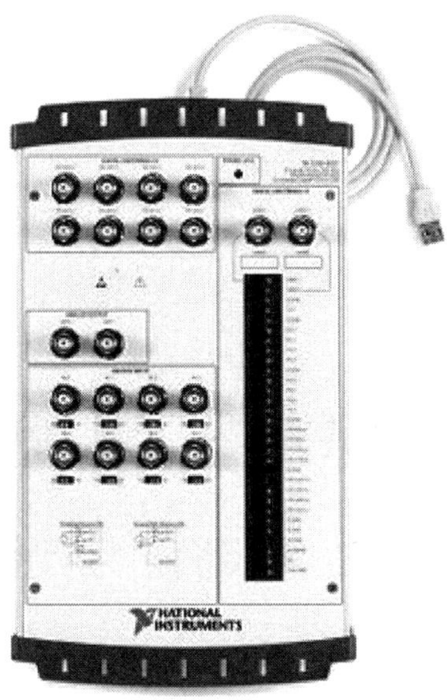

그림 7.1.3

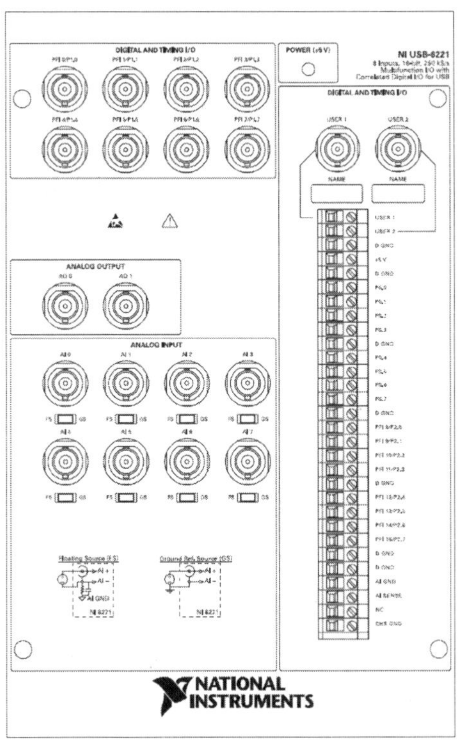
DIGITAL AND TIMING I/O
POWER (+5 V)
NI USB-6221
ANALOG OUTPUT
AO 0
AO 1
ANALOG INPUT
NATIONAL INSTRUMENTS

그림 7.1.4

7.2 MAX

MAX(Measurement and Automation Explorer)는 Windows® OS에서 DAQ 하드웨어 설정을 변경 또는 테스트할 때 사용한다.

예제 7.2.1 MAX를 이용한 아날로그 및 디지털 입출력 테스트

MAX를 이용하여 아날로그 신호를 발생시키고 측정하자.

① MAX 동작

바탕화면에서 아이콘을 클릭하면 그림 7.2.1과 같이 순서대로 MAX화면이 나타나며, LabVIEW 초기화면의 메뉴에서 「도구≫Measurement and Automation Explorer」를 선택해도 MAX화면이 나타난다.

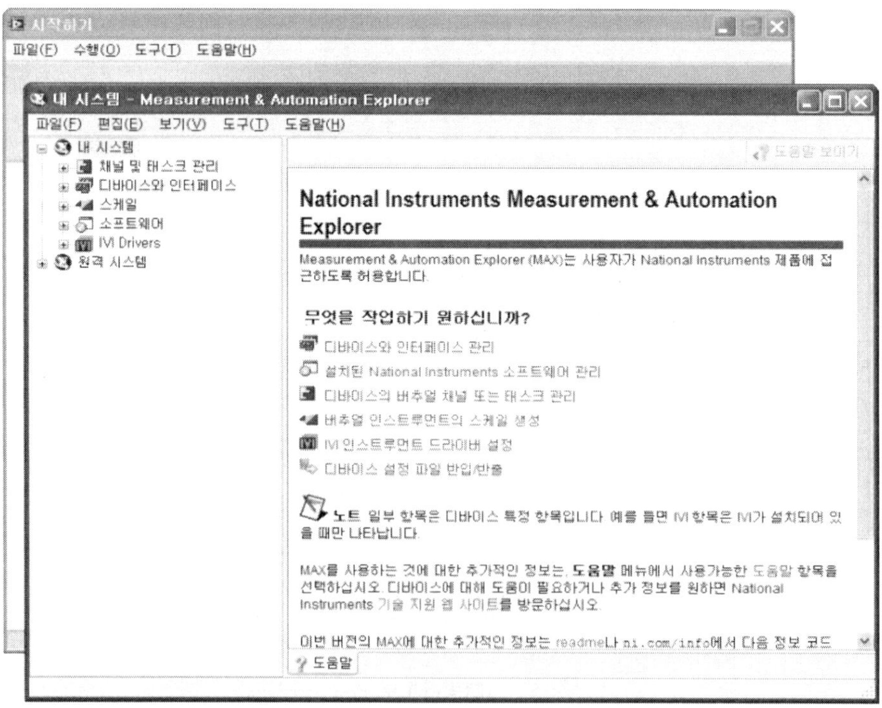

그림 7.2.1

여기서 [디바이스와 인터페이스]를 누르면 사용하고 있는 컴퓨터에 장착되어 있는 DAQ 하드웨어 모델명이 나타난다. (카드가 장착되지 않았거나 드라이버가 설치되지 않았으면 나타나지 않는다. 여기서는 NI PCI-6014이다.) 여기서 "Dev1"이란 카드가 1개(1번) 장착되었다는 것을 의미한다. [NI PCI-6014 "Dev1"]을 선택하면 화면이 다음과 같이 나타나서 모델의 프로퍼티, 삭제, 셀프 테스트, 테스트 패널 등을 할 수 있게 된다.

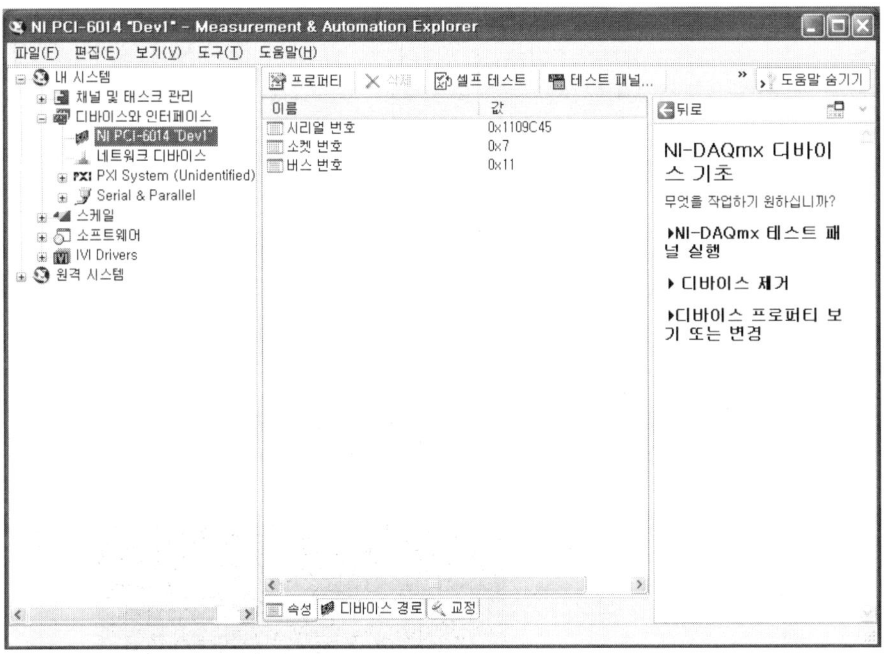

그림 7.2.2

② 프로퍼티

[프로퍼티]를 누르면 DAQ 하드웨어에 연결되어 있는 하드웨어를 설정할 수 있다.

③ NI-DAQ 드라이버 삭제하기

[삭제]를 누르면 NI-DAQ 드라이버가 삭제되니 주의한다.

④ DAQ 테스트 패널 불러오기

[테스트 패널]을 누르면 DAQ를 테스트 할 수 있다.

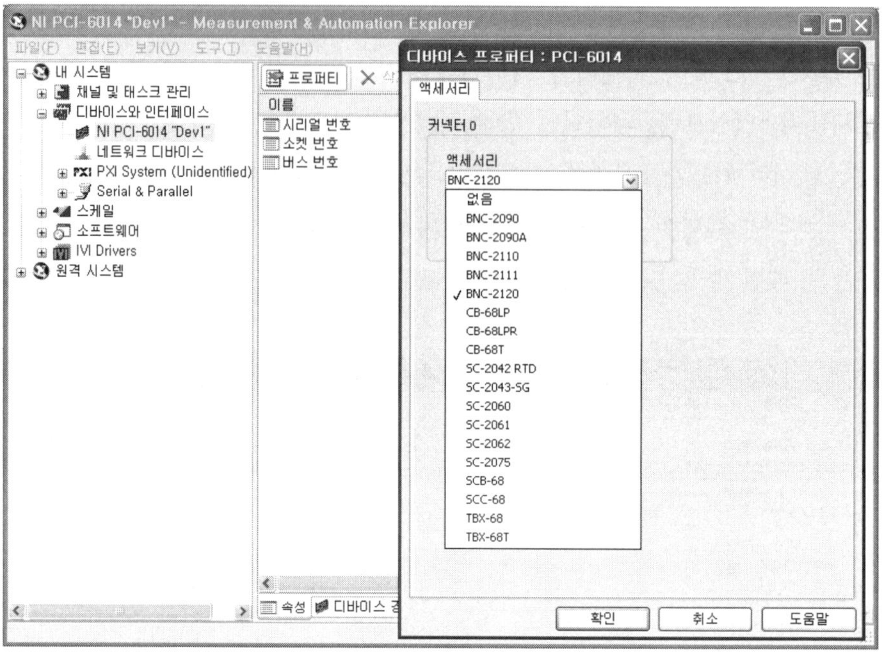

그림 7.2.3

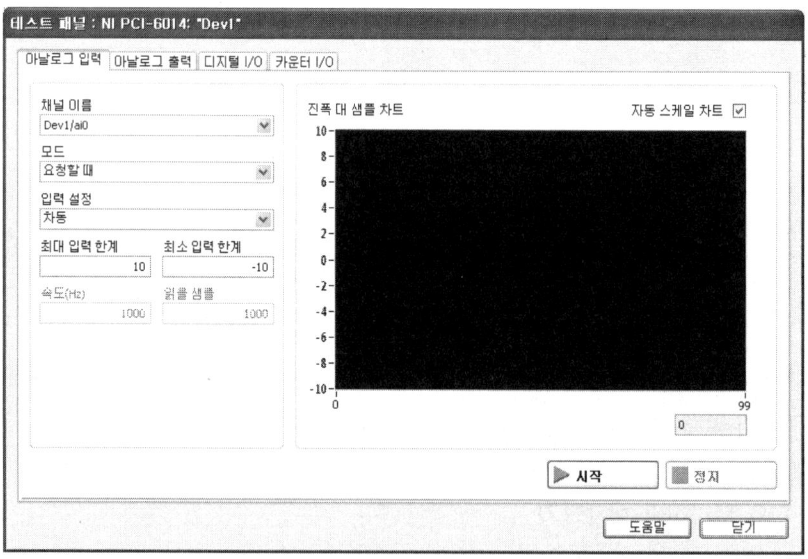

그림 7.2.4

- Dev1: 컴퓨터에 여러대의 DAQ를 설치하였을 경우에는 번호가 붙는다. 한 개의 DAQ가 설치되었다면 항상 1로 한다.

- ai0: 아날로그 입력 0번째 채널임을 표시한다. 콤보를 선택하면 DAQ 하드웨어 채널 수만큼 나타나며, 원하는 채널을 선택할 수 있다.
- 아날로그 입력, 아날로그 출력, 디지털 I/O, 카운터 I/O: 각각 해당 기능을 선택할 수 있다. DAQ 하드웨어에는 단말기 커넥터를 연결하여야 실제로 센서신호 또는 측정하고자 하는 물리량을 받을 수 있다. 여기서는 내셔날인스트루먼트사의 모델명 BNC-2120 기준으로 설명한다.

⑤ 아날로그 출력 테스트

그림 7.2.4에서 [아날로그 출력]을 선택한다.

모드에서 DC와 사인파를 선택할 수 있고, 사인파를 선택할 경우 크기범위를 정하여야 한다. 그림 7.2.5의 화면에서는 진폭을 4로 정하였다. [시작] 버튼을 누르면 신호가 출력된다. 신호가 출력되는지 여부는 실제로 오실로스코프로 측정이 가능하다. 오실로스코프 프로브를 BNC-2120의 DAC0 단자와 연결하면 된다. 또한 다음에서 설명하는 [아날로그 입력]으로도 알 수 있다. 이때는 DAQ 자체에서 발생한 신호를 자체에서 측정하는 것이다.

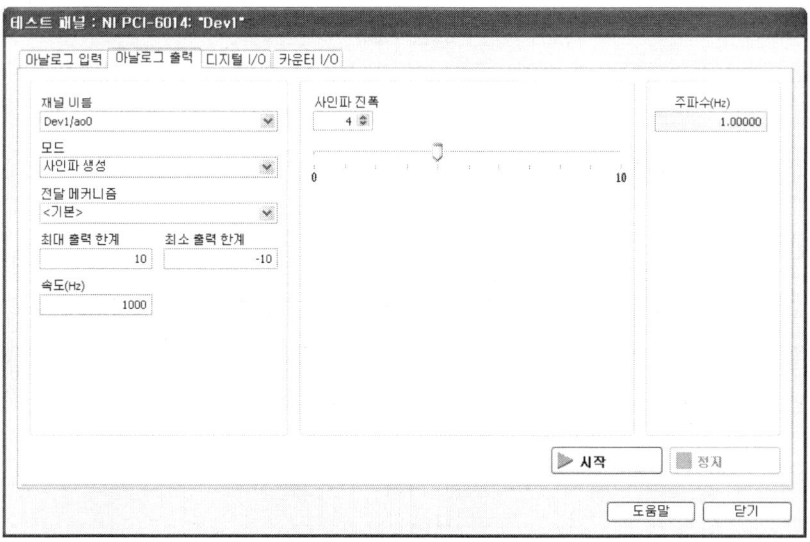

그림 7.2.5

⑥ 아날로그 입력 테스트

[테스트 패널] 창에서 그림 7.2.5 [아날로그 출력]창의 우측하단에 있는 ▶ 시작 버튼을 누른 후, [아날로그 입력]을 선택하고, 다시 ▶ 시작 버튼을 누르면 그림 7.2.6과 같이 원하는 신호가 나타난다.

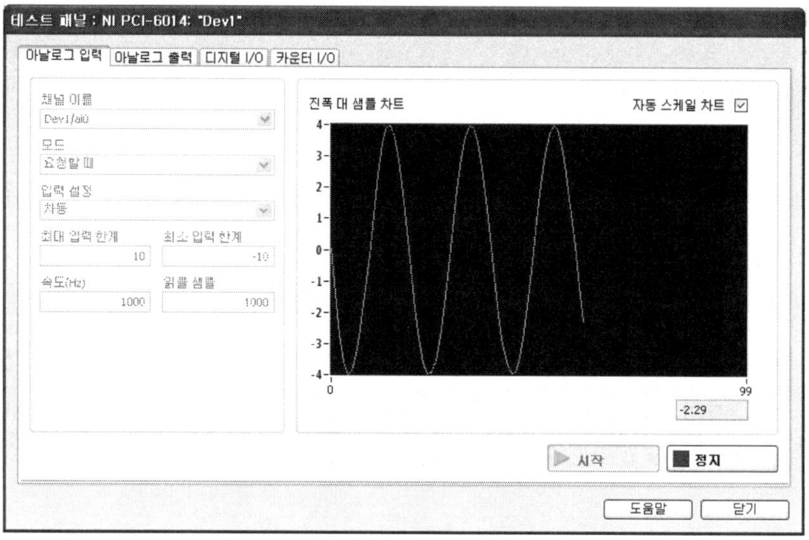

그림 7.2.6

그림 7.2.6은 앞의 아날로그 출력에서 출력한 것을 BNC-2120의 ACH1 채널1로 입력받는 화면이다.

⑦ 디지털 I/O

[테스트 패널] 창에서 [디지털 I/O]를 선택한다. 화면의 우측 상단에 표시되어있는 입력(1) 출력(0)을 7부터0까지 변화시키면서 BNC-2120의 오른쪽 하단에 있는 디지털 I/O 부분의 LED 표시등이 어떻게 반응하는지 살펴보자.

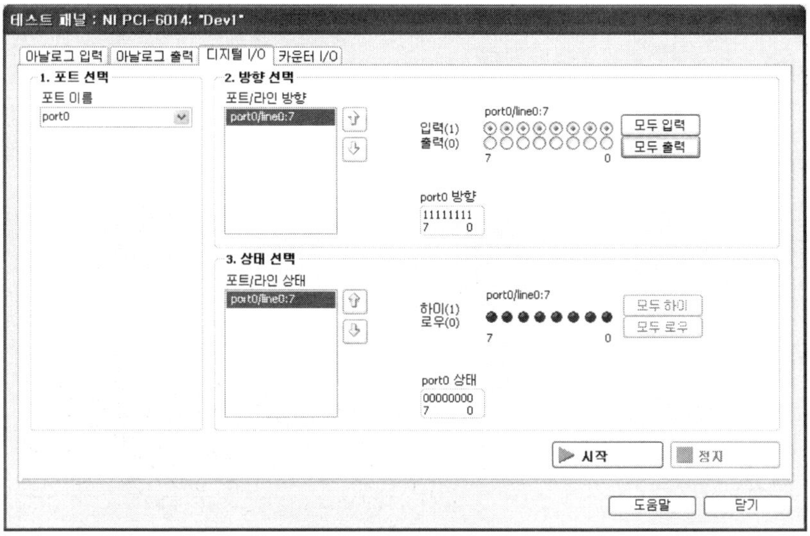

그림 7.2.7

그림 7.2.8은 비트 2, 3, 4, 6을 출력으로 선택하였을 경우이다.

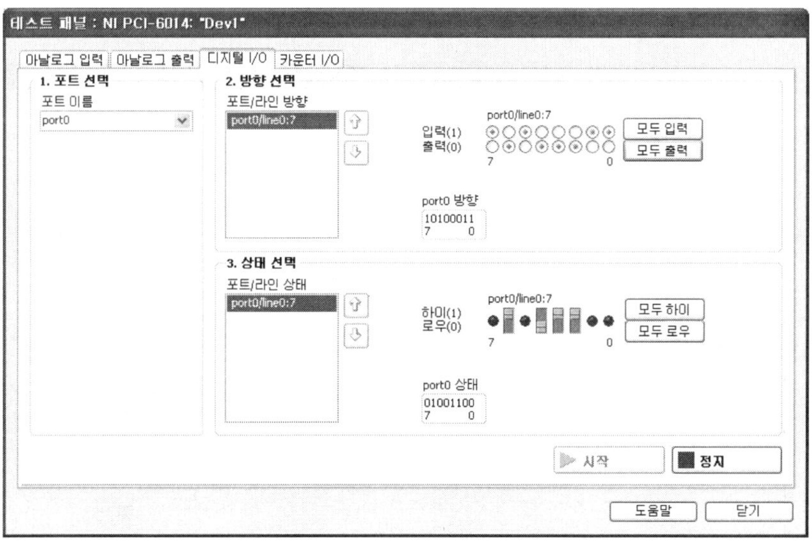

그림 7.2.8

⑧ 카운터 I/O 테스트

[테스트 패널] 창에서 [카운터 I/O]를 선택한다. TTL 레벨의 펄스를 카운트한다.

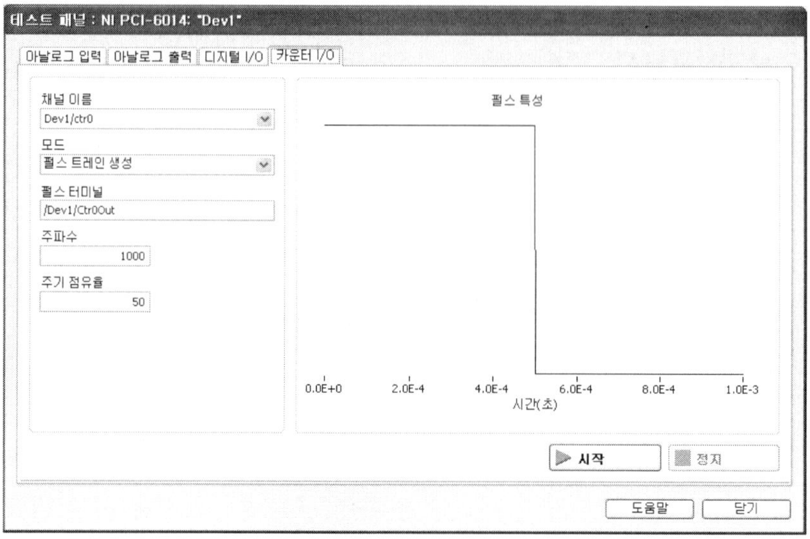

그림 7.2.9

다음 그림 7.2.10는 모드를 에지 카운팅에 놓고 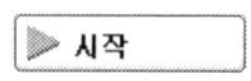

버튼을 눌러 동작 시킨 예이다.

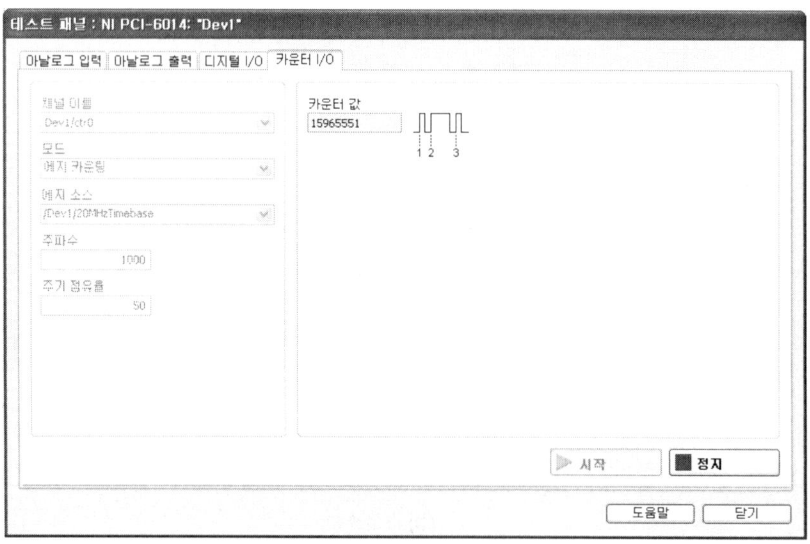

그림 7.2.10

7.3 데이터 수집

데이터 수집은 블록다이어그램의 함수 팔레트에서 「측정 I/O≫DAQmx-데이터 수집」을 선택하면 나타난다.

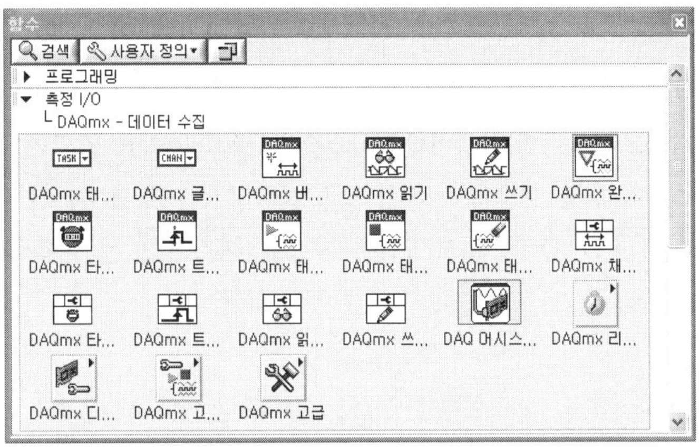

그림 7.3.1

데이터 수집은 디지털 또는 아날로그 신호를 측정 또는 제어하는 과정과 분석, 저장 또는 데이터 처리를 위해 컴퓨터로 입출력하는 것을 통칭한다. 이 절에서는 아날로그 신호 측정과 측정된 신호를 저장 또는 데이터 처리에 관한 예제를 다룬다.

예제 7.3.1 사인파형을 측정하여 차트에 플롯하기

신호발생기 또는 Max에서 아날로그 형태의 사인파형을 측정하여 차트에 플롯하기

① 메뉴에서 「새 VI」를 선택하여 Ex7_3_1.vi 로 저장한다.

② 블록다이어그램에서 데이터 수집 함수 가져오기

블록다이어그램의 함수 팔레트에서 「측정 I/O≫DAQmx-데이터 수집」을 선택하여 가져온다.

DAQmx Create Virtual Channel.vi (DAQmx 버추얼 채널 생성 VI)는 한 개의

버추얼 채널 또는 버추얼 채널 세트를 생성하고 이를 태스크에 추가한다. 이 다형성 VI의 인스턴스는 아날로그 입력, 디지털 출력 또는 카운터 출력과 같은 채널 I/O 타입, 온도 측정, 전압 생성 또는 이벤트 카운팅과 같은 측정 또는 생성 그리고 일부 경우에서는 온도 측정을 위한 열전쌍 또는 RTD와 같은 센서에 해당한다.

DAQmx Start Task.vi(DAQmx 태스크 시작 VI)는 태스크를 실행 상태로 변환하여 측정 또는 생성을 시작한다. 이 VI를 사용하려면 일부 어플리케이션이 반드시 필요하다. 이 VI를 사용하지 않으면, 측정 태스크는 DAQmx 읽기 VI가 실행될 때 자동으로 시작한다. DAQmx 쓰기 VI의 autostart 입력은 DAQmx 쓰기 VI가 실행될 때 생성 태스크가 자동으로 시작할지 여부를 결정한다.

DAQmx Read.vi(DAQmx 읽기 VI)는 지정한 태스크 또는 버추얼 채널에서 샘플을 읽는다.

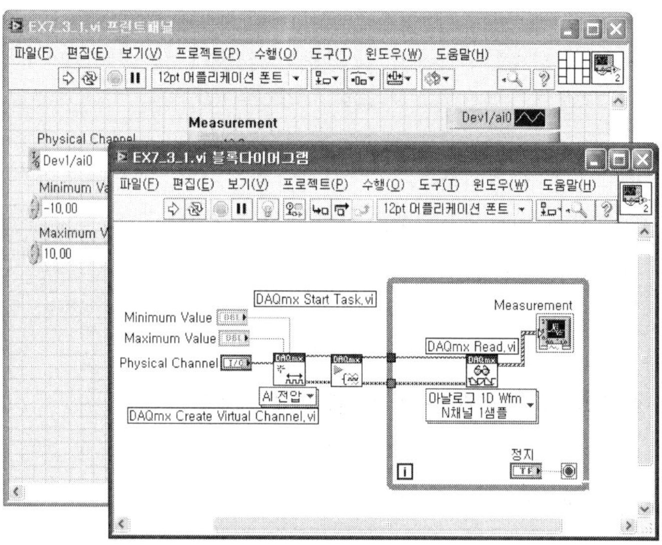

그림 7.3.2

DAQmx Create Virtual Channel.vi와 DAQmx Read.vi는 다형성 VI로, 「다형성 VI 선택자」는 각각 다음 그림 7.3.3, 그림 7.3.4와 같은 기능을 선택할 수 있다. 여러 가지를 선택하여 프로그램하여 보자.

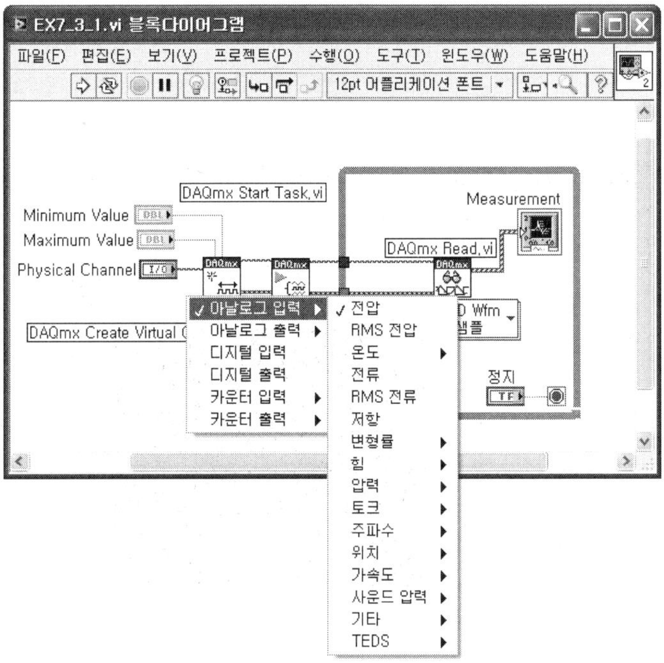

그림 7.3.3

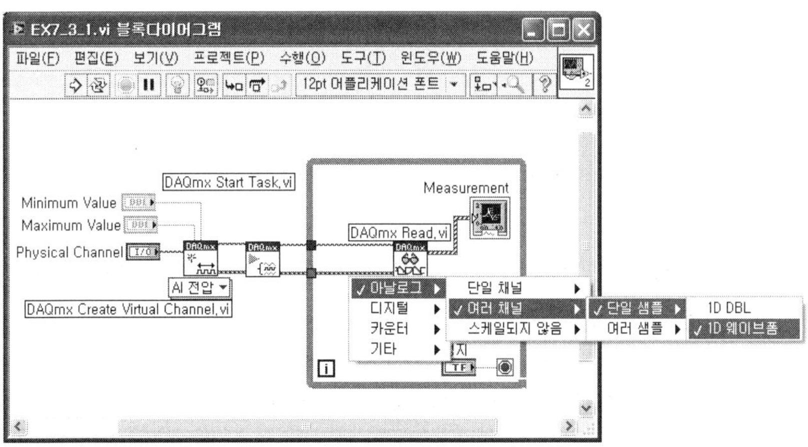

그림 7.3.4

③ 하드웨어에서 Sin파형을 출력한다.

별도의 sin파형을 출력할 하드웨어가 준비되지 않았다면 [테스트 패널]의 [아날로그 출력]에서 sin파를 출력한다. 그림은 ±4V 크기의 사인파형을 출력한 경우이다.

④ 프로그램 실행

프런트패널에서 [⇨]「실행」으로 VI를 실행하고 측정된 파형을 입력신호와 비교한다.

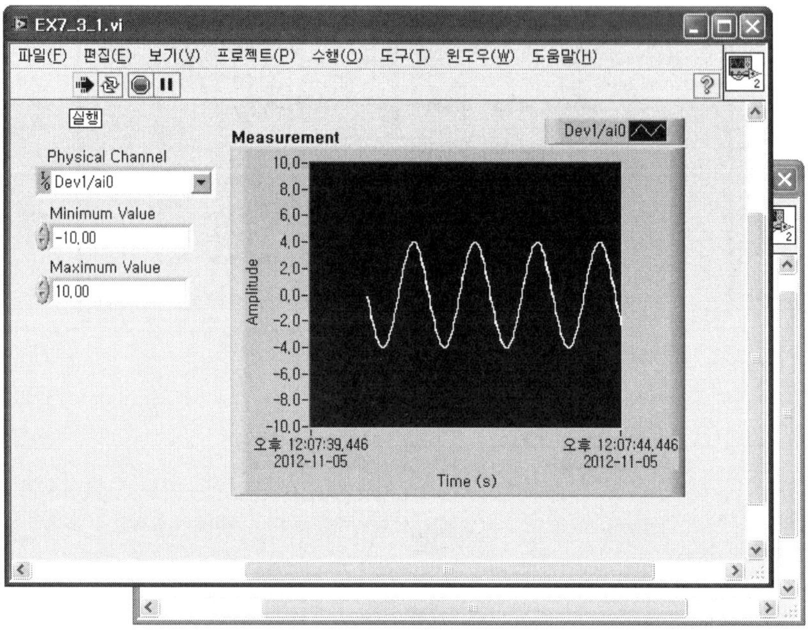

그림 7.3.5

예제 7.3.2 제한된 개수의 사인파형 값을 측정하기

채널 0으로부터 아날로그 형태의 사인파형을 측정하여 1000개의 데이터를 수집하고 그래프와 데이터를 디지털 숫자로 출력한다.

① 메뉴에서 「새 VI」를 선택하여 Ex7_3_2.vi 로 저장한다.

② 블록다이어그램에서 데이터 수집 함수 가져오기

블록다이어그램의 함수 팔레트에서 「측정 I/O≫DAQmx-데이터 수집」을 선택하여 가져온다.

DAQmx Timing.vi(DAQmx 타이밍 VI)는 수집하거나 생성하는 샘플의 개수를 설정하고 필요한 때 버퍼를 생성한다.

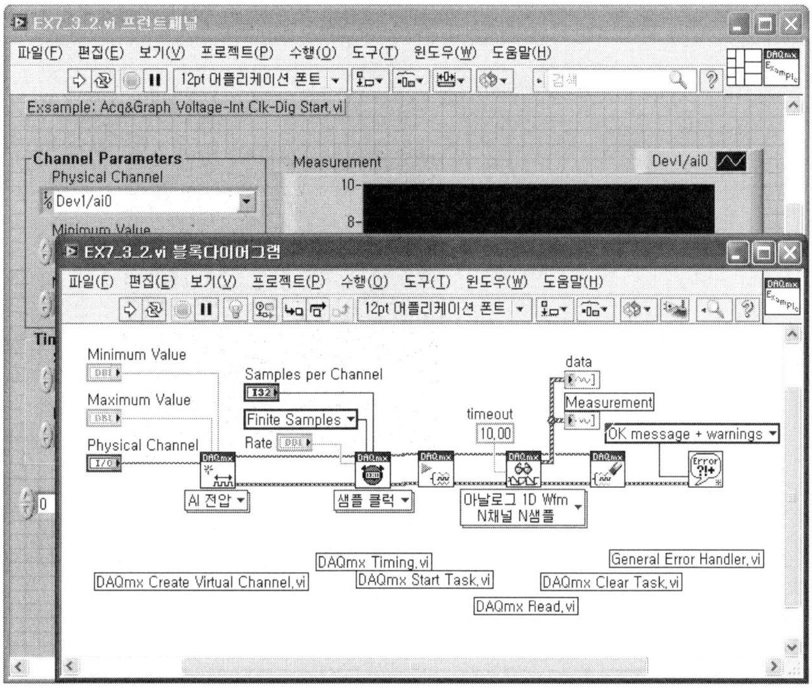

그림 7.3.6

③ 하드웨어에서 사인파형을 출력한다.

별도의 사인파형을 출력할 하드웨어가 준비되지 않았다면 [테스트 패널]의 [아날로그 출력]에서 사인파를 출력한다. 그림은 ±7V 크기의 사인파형을 출력한 경우이다.

④ 프로그램 실행

프런트패널에서 [⇨]「실행」으로 VI를 실행하고 측정된 파형을 입력신호와 비교한다.

예제 7.3.3 여러 채널의 데이터를 연속적으로 수집하기

채널 0과 1로부터 실시간 연속 데이터를 수집하고 방해 없이 데이터를 플롯하는 VI를 만들자. (오실로스코프의 기능을 갖는 VI를 만들기.)

① 메뉴에서 「새 VI」를 선택하여 Ex7_3_3.vi 로 저장한다.

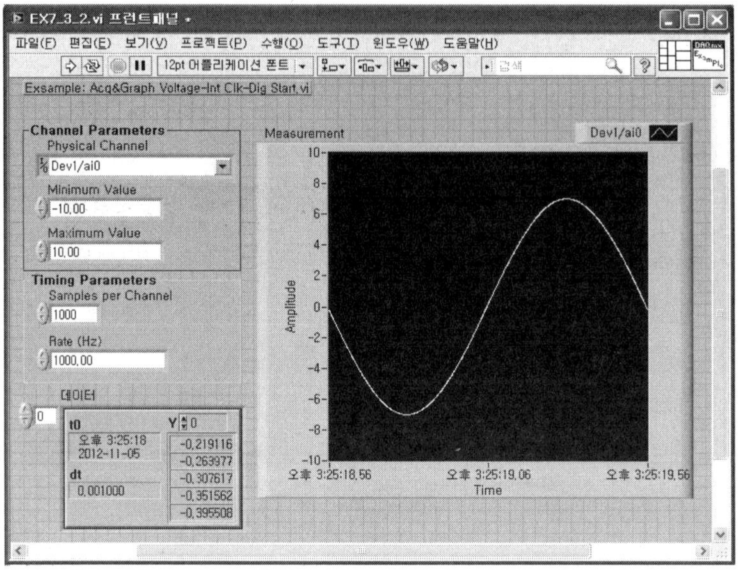

그림 7.3.7

② 블록다이어그램에서 데이터 수집 함수 가져오기

블록다이어그램의 함수 팔레트에서 「측정 I/O≫DAQmx-데이터 수집」을 선택하여 「DAQmx Create Virtual Channel.vi」, 「DAQmx Start Task.vi」, 「DAQmx Read.vi」 및 「DAQmx Clear Task.vi (DAQmx 태스크 지우기 VI)」를 가져온다.

DAQmx Clear Task.vi (DAQmx 태스크 지우기 VI)는 태스크를 삭제한다. 삭제하기 전에, VI는 태스크를 강제 종료(필요한 경우)하고, 태스크가 보존한 리소스를 해제한다. 태스크를 다시 생성하지 않으면 태스크를 삭제한 후 태스크를 사용할 수 없다.

③ 연속신호 처리 (While 루프 씌우기)

DAQmx Read.vi의 「다형성 VI 선택자」를 [아날로그 1D Wfm N채널 N샘플]로 정했을 경우에 [채널당 샘플 개수]는 읽을 샘플의 개수를 지정한다. 이 입력을 연결하지 않거나 -1로 설정한 경우, NI-DAQmx는 태스크가 샘플을 연속적으로 샘플을 수집하는지 또는 유한한 개수의 샘플을 수집하는 지에 따라 읽을 샘플을 수를 결정한다.

태스크가 연속적으로 샘플을 수집하고 이 입력을 -1로 설정한 경우, 이 VI는 버퍼에서 현재 사용 가능한 모든 샘플을 읽는다.

태스크가 유한한 개수의 샘플을 수집하고 이 입력을 -1로 설정한 경우, VI는 태스크가 요청한 모든 샘플을 수집할 때까지 기다린 후 수집한 샘플을 읽는다. 사용 가능한 모든 데이터 읽기 프로퍼티를 참으로 설정한 경우, VI는 버퍼에서 현재 사용 가능한 샘플을 읽지만 태스크가 요청된 모든 샘플을 수집할 때까지 기다리지 않는다.

[타임아웃]은 샘플이 사용 가능해질 때까지 기다리는 시간(초)을 지정한다. 이 시간이 경과되면 VI는 에러와 타임아웃이 경과되기 전에 읽은 샘플을 반환한다. 기본 타임아웃은 10초 이다. 타임아웃을 -1로 설정하는 경우, VI는 무한으로 기다린다. 타임아웃을 0으로 설정하는 경우, VI는 한 번 요청한 샘플을 읽으려고 시도한 후 성공하지 못하면 에러를 반환한다.

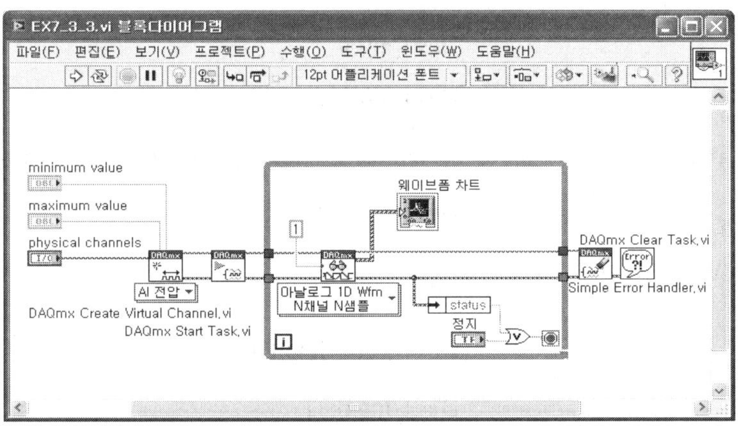

그림 7.3.8

④ 다중 채널 입력

NI-DAQmx의 물리적인 채널 이름은 디바이스 식별자와 슬래쉬(/) 및 그 뒤의 채널 식별자로 구성된다. 예를 들어 물리적인 채널이 Dev1/ai1인 경우, 디바이스 식별자는 Dev1, 채널 식별자는 ai1 이다. MAX는 Dev0 및 Dev1와 같이 디바이스를 시스템에 설치한 순서대로 디바이스 식별자를 할당한다. 또한 MAX에서도 임의로 디바이스 식별자를 할당할 수 있다.

아날로그 I/O와 카운터 I/O의 경우, 채널 식별자는 다음과 같이 아날로그 입력(ai), 아날로그 출력(ao), 카운터(ctr)와 같은 채널의 타입과 채널 번호를 조합한다.

ai1, ctr0

디지털 I/O의 경우, 채널 식별자는 모든 라인을 포함하고 있는 포트를 지정한다.

port0

또는 채널 식별자가 포트 내의 특정한 한 라인을 지정할 수도 있다.

port0/line1

모든 라인에는 고유한 식별자가 있다. 그러므로 속해있는 포트를 지정하지 않고도 라인을 사용할 수 있다. 예를 들어 line31은 네 개의 8비트 포트가 있는 디바이스의 port3/line7에 해당한다.

물리적인 채널의 범위를 지정하려면 두 채널 번호 또는 두 물리적인 채널 이름 사이에 콜론을 사용한다.

Dev1/ai0:4

Dev1/ai0:Dev1/ai4

디지털 I/O의 경우, 포트의 범위는 두 포트 번호 사이의 콜론으로 지정할 수 있다.

Dev1/port0:1

또한 라인의 범위도 지정할 수 있다.

Dev1/port0/line0:4

Dev1/line0:31

채널 범위를 역순으로 지정할 수 있다.

Dev1/ai4:0

Dev1/ai4:Dev1/ai0

Dev1/port1/line3:0

쉼표를 사용하여 다음과 같이 리스트에서 물리적인 채널 이름과 범위를 분리한다.

Dev1/ai0, Dev1/ai3:6

Dev1/port0, Dev1/port1/line0:2

④ 프로그램 실행

프런트패널에서 「실행」으로 VI를 실행하고 측정된 파형을 입력신호와 비교한다. 그림 7.3.9는 단일채널, 그림 7.3.10은 다중(2Ch)채널의 신호를 수집한 결과이다.

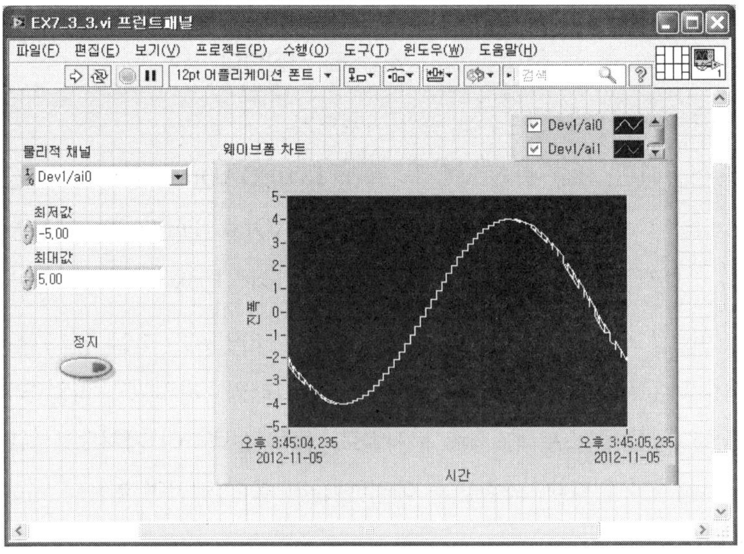

그림 7.3.9

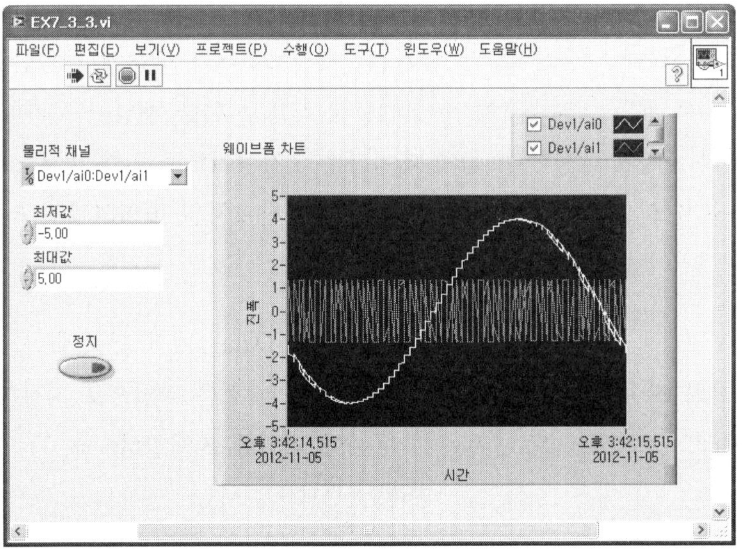

그림 7.3.10

예제 7.3.4 연속적으로 수집되는 신호를 실시간으로 저장하기

채널 0을 통하여 연속적으로 수집되는 아날로그 신호 데이터를 실시간으로 연속하여 파일로 저장하는 VI를 만들자. Data Logging. (LabVIEW 예제의 Cont Acq&Graph Voltage-To File.vi 참조)

① 메뉴에서 「새 VI」를 선택하여 Ex7_3_4.vi 로 저장한다.

② 블록다이어그램에서 데이터 수집 함수 가져오기
블록다이어그램의 함수 팔레트에서 「측정 I/O≫DAQmx-데이터 수집」을 선택하여 「DAQmx Create Virtual Channel.vi」, 「DAQmx Timing.vi」, 「DAQmx Start Task.vi」, 「DAQmx Read.vi」 및 「DAQmx Clear Task.vi」를 가져온다.

③ 블록다이어그램의 함수 팔레트에서 「프로그래밍≫파일I/O≫파일 열기/생성/대체」, 「프로그래밍≫파일I/O≫텍스트파일에 쓰기」, 「프로그래밍≫파일I/O≫파일 닫기」, 프로그래밍≫문자열≫배열을 스프레드시트 문자열로」 들을 선택하여 가져오고 「프로그래밍≫대화상자 & 사용자 인터페이스≫단순 에러 핸들러」를 선택하여 놓는다. 순서대로 와이어를 연결한다.

④ VI 완성하기

DAQmx Read.vi의 출력 데이터는 샘플의 숫자형 2D 배열을 반환한다. 각 행은 태스크의 채널에 대응하고, 각 열은 각 채널로부터의 샘플에 대응한다. 배열의 채널 순서는 채널을 태스크에 추가하는 순서 또는 읽을 채널 프로퍼티에서 지정한 채널의 순서에 대응한다. 출력 데이터는 숫자형이므로 이를 바로 실행하면 파일에 ASCII 코드로 구성된 텍스트 문자가 아닌 2차원 배열의 2진 타입의 숫자 데이터 파일이 만들어진다.

DAQmx Read.vi의 「다형성 VI 선택자(출력 Data)」에서 단축메뉴를 호출하여 「자동」으로 지정되어 있는 타입을 그림 7.3.11과 같은 타입으로 지정하고, 「배열을 스프레드시트 문자열로」 함수를 통하여 파일에 저장한다.

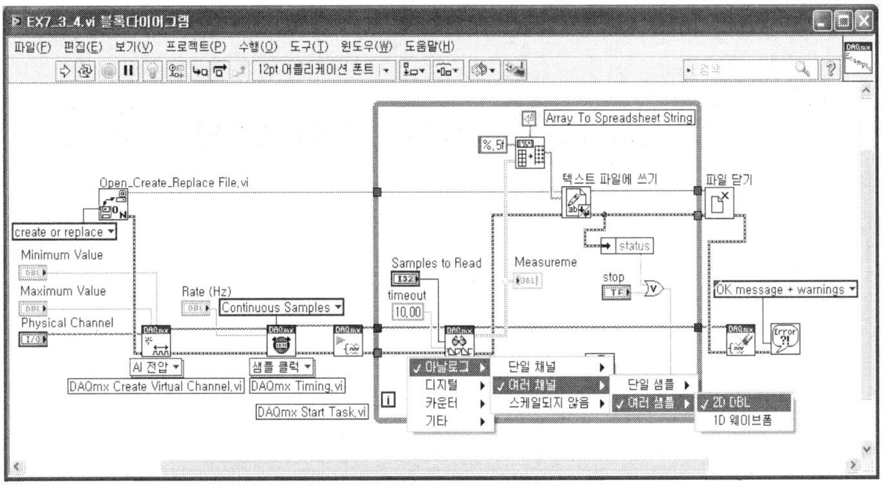

그림 7.3.11

⑤ 프로그램 실행

프런트패널에서 여러 가지 값을 입력한 후, 「실행」으로 VI를 실행하면 파일명을 지정하라는 다이얼로그가 나타난다. 이때 Test.txt로 지정하면, 그래프가 그려지면서 동시에 그래프의 Y축 값이 텍스트문자로 파일에 실시간 저장된다. (이 VI는 테스트를 위한 것으로 「실행」 상태가 계속되면 Test.txt 파일이 계속 커지므로 동작확인 후 바로 종료 하는 것이 좋다.)

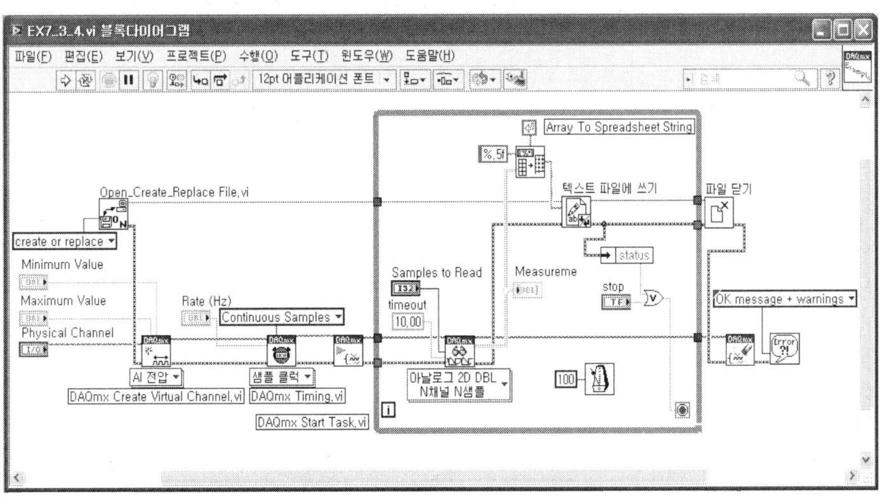

그림 7.3.12

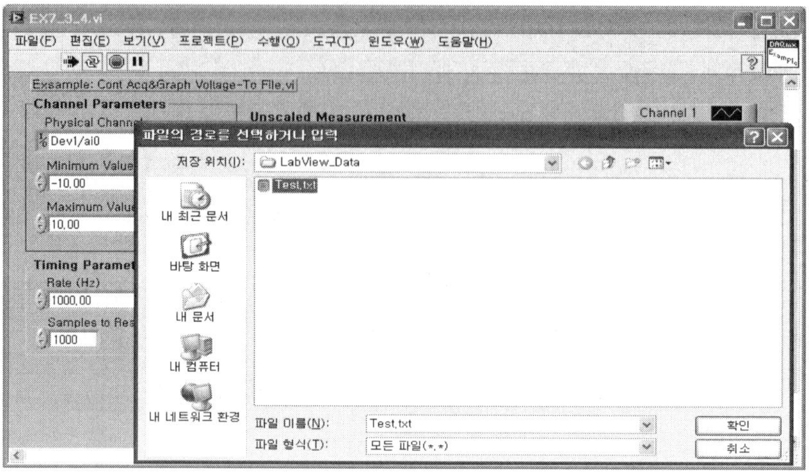

그림 7.3.13

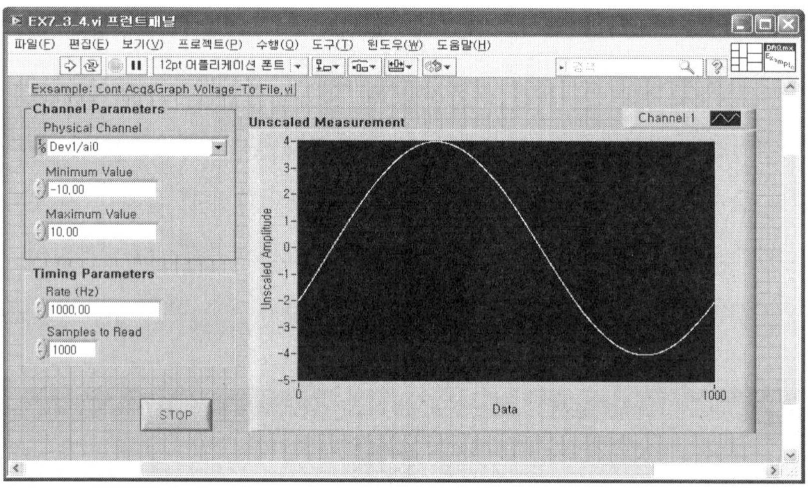

그림 7.3.14

Test.txt 파일을 메모장으로 확인하면 다음과 같다.

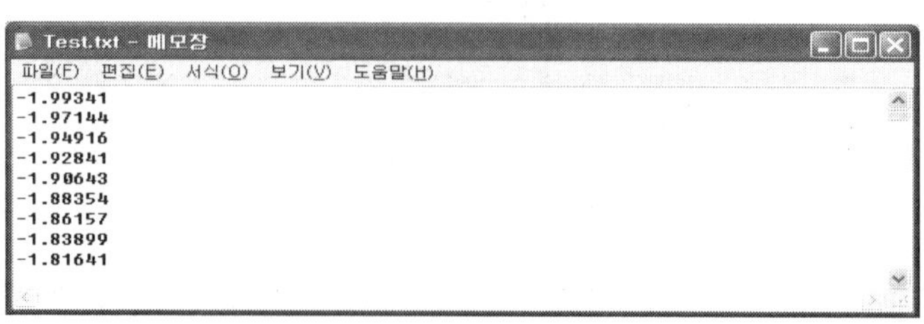

그림 7.3.15

예제 7.3.5 연속적으로 수집되는 다중채널 신호를 실시간으로 저장하기

채널 0과 1을 통하여 연속적으로 수집되는 아날로그 신호 데이터를 실시간으로 연속하여 파일로 저장하는 VI를 만들자. (2 채널 Data Logging)

① 메뉴에서 「새 VI」를 선택하여 Ex7_3_5.vi 로 저장한다.

② 예제 7_3_4와 같이 VI를 완성한다.

③ VI 완성하기

DAQmx Read.vi의 출력 데이터는 샘플의 숫자형 2D 배열을 반환한다. 각 행은 태스크의 채널에 대응하고, 각 열은 각 채널로부터의 샘플에 대응한다. 그러므로 파일에 저장하기 위해서는 행과 열을 전치하여야 한다.
블록다이어그램의 함수 팔레트에서 「프로그래밍≫배열≫2D 배열 전치」를 선택하여 「배열을 스프레드시트 문자열로」 함수 앞에 놓는다.

또 블록다이어그램의 함수 팔레트에서 「프로그래밍≫파일I/O≫파일 열기/생성/대체」의 「파일 경로」 단자에서 단축메뉴의 「생성≫컨트롤」을 선택하면 「file path (dialog if empty)」가 생성되고, 프런트패널에서 대응되어 나타난 「file path (dialog if empty)」위에서 단축메뉴를 통하여 「보이는 아이템≫탐색 버튼」을 선택하여 탐색 버튼 아이콘을 보이게 한다.

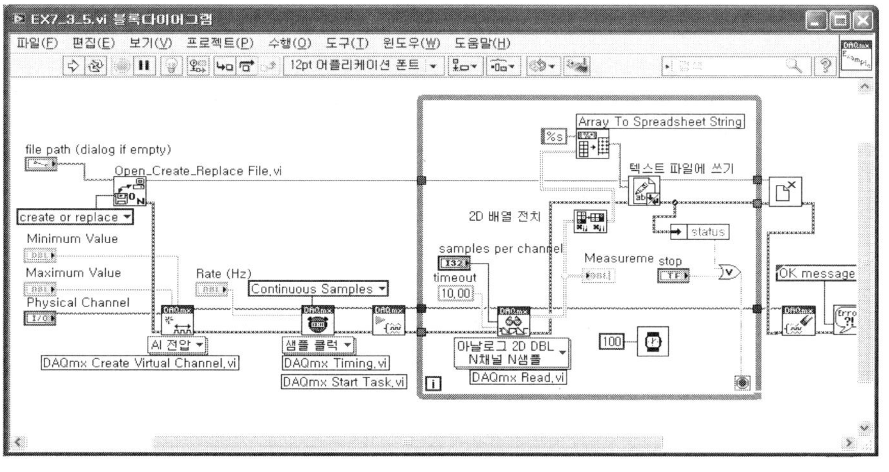

그림 7.3.16

④ 프로그램 실행

프런트패널에서 여러 가지 값을 입력한 후, [⇨]「실행」으로 VI를 실행하면 그래프가 그려지면서 동시에 그래프의 Y축 값이 텍스트문자로 파일에 실시간 저장된다. (이 VI도 테스트를 위한 것으로 [⇨]「실행」 상태가 계속되면 Test.txt 파일이 계속 커지므로 동작확인 후 바로 종료 하는 것이 좋다.)

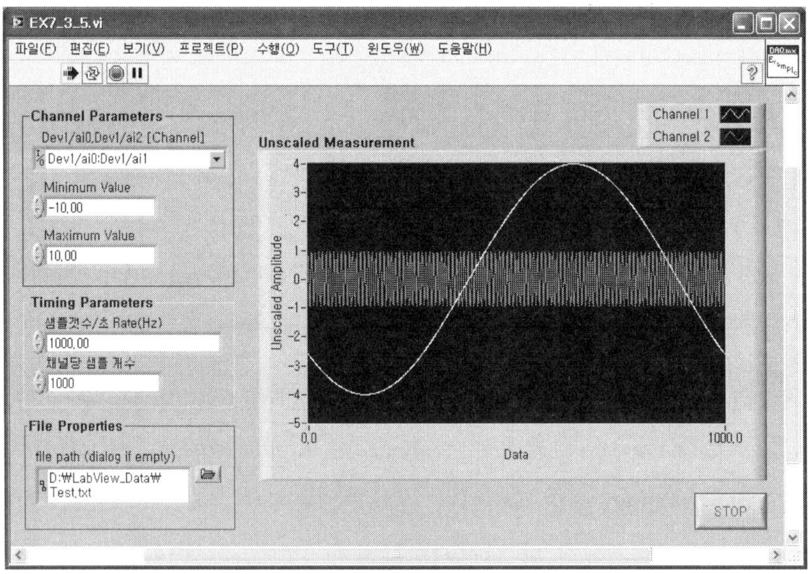

그림 7.3.17

Test.txt 파일을 메모장으로 확인하면 다음과 같다.

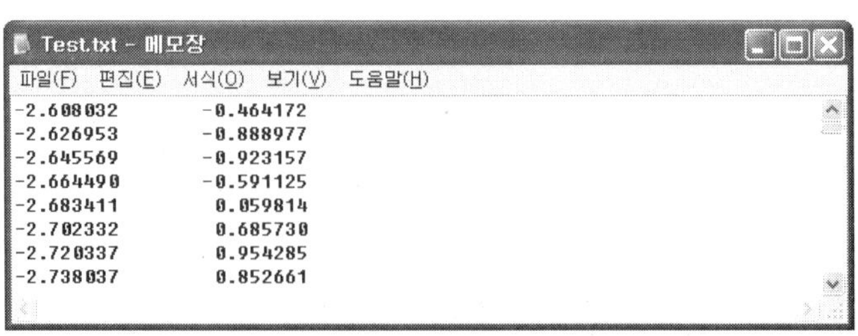

Test.txt - 메모장

파일(F) 편집(E) 서식(O) 보기(V) 도움말(H)

```
-2.608032    -0.464172
-2.626953    -0.888977
-2.645569    -0.923157
-2.664490    -0.591125
-2.683411     0.059814
-2.702332     0.685730
-2.720337     0.954285
-2.738037     0.852661
```

그림 7.3.18

7.4 아날로그 출력

아날로그 출력도 블록다이어그램의 함수 팔레트에서 「측정 I/O≫DAQmx-데이터 수집」을 선택하면 나타난다.

예제 7.4.1 아날로그 연속 신호발생기 만들기

채널 0으로 아날로그 실시간 연속 데이터를 출력하는 신호발생기의 기능을 갖는 VI를 만들자.

① 메뉴에서 「새 VI」를 선택하여 Ex7_4_1.vi 로 저장한다.

② DAQmx Write.vi 찾기

DAQmx Write.vi(DAQmx 쓰기)는 지정한 태스크 또는 버추얼 채널에 샘플을 쓴다. 이 다형성 VI의 인스턴스는 쓸 샘플의 포맷, 한 개의 샘플을 또는 여러 개의 샘플을 쓸 지 여부, 한 개의 채널에 또는 여러 개의 채널에 쓸 지 여부를 지정한다.

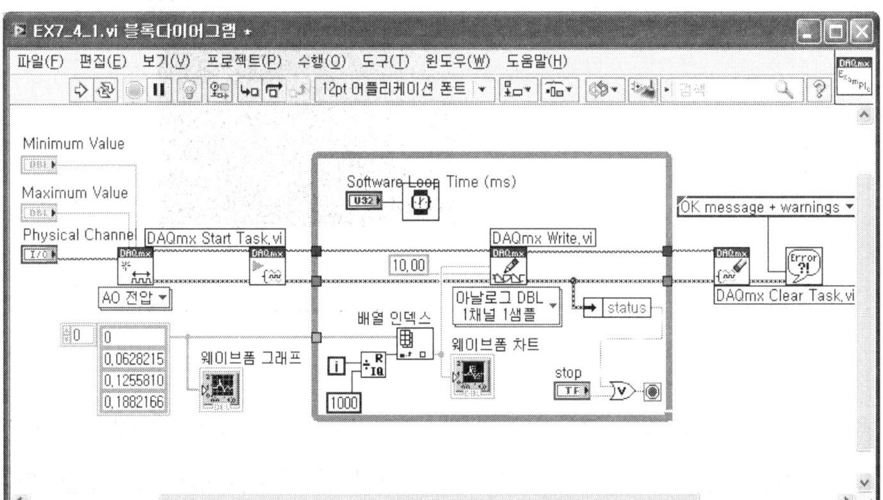

그림 7.4.1

태스크가 필요할 때(On-demand) 타이밍을 사용하는 경우, 이 VI는 디바이스가 모든 샘플을 생성한 후에만 반환된다. DAQmx 타이밍 VI를 사용하지 않는 경우, 필요할 때가 기본 타이밍 타입이다. 태스크가 필요할 때가 아닌 다른 타이밍 타입을 사용하는 경우, 이 VI는 바로 반환되고 디바이스가 모든 샘플을 작성할 때까지 기다리지 않는다.

③ 프로그램 실행

프런트패널에서 여러 가지 값을 입력한 후, 「실행」으로 VI를 실행하면 그래프가 그려지면서 동시에 사인파형이 출력된다.

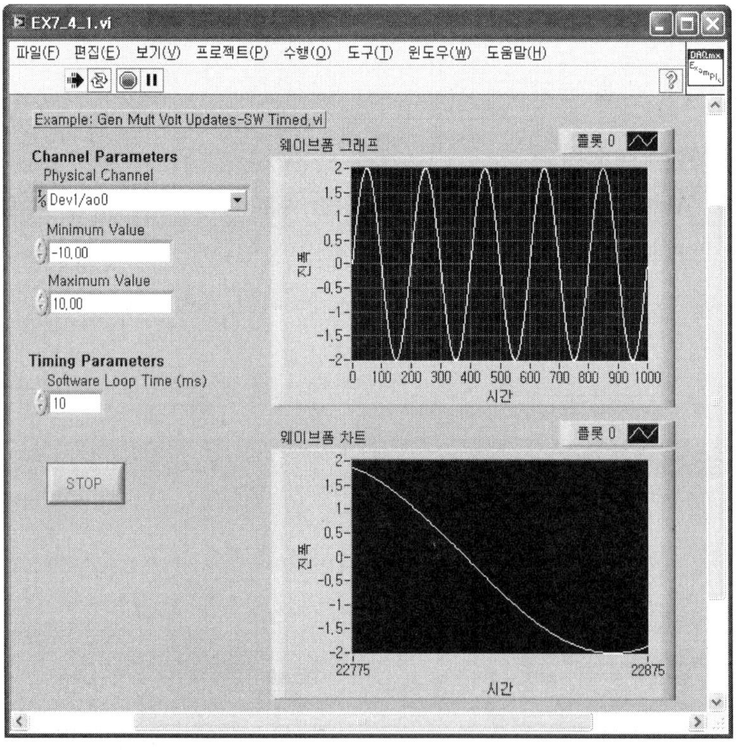

그림 7.4.2

그림 7.4.3은 Test 패널에서 잡은 파형이다. 실제로 오실로스코프에서 파형을 얻거나, NI-DAQ을 신호 출력원으로 사용하고자 할 경우는 별도로 오픈콜렉터 등의 전류를 보완하기 위한 인터페이스를 하여야 한다.

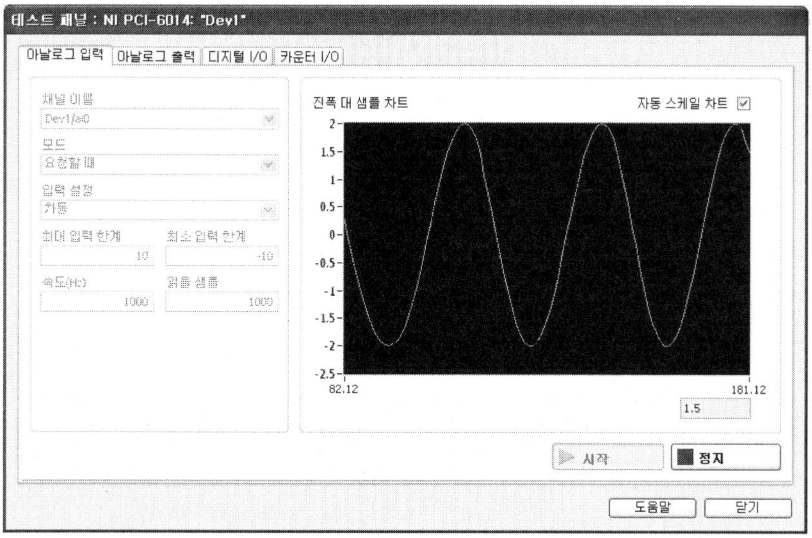

그림 7.4.3

7.5 익스프레스 VI에 의한 신호분석

익스프레스 VI는 시뮬레이션, 신호 측정 등의 응용프로그램의 개발을 간소화하여 사용자와의 대화식 상호작용할 수 있는 VI를 생성하게 도와준다.

신호분석 익스프레스 VI 함수는 블록다이어그램의 함수 팔레트에서 「익스프레스≫신호분석」을 선택하면 나타난다.

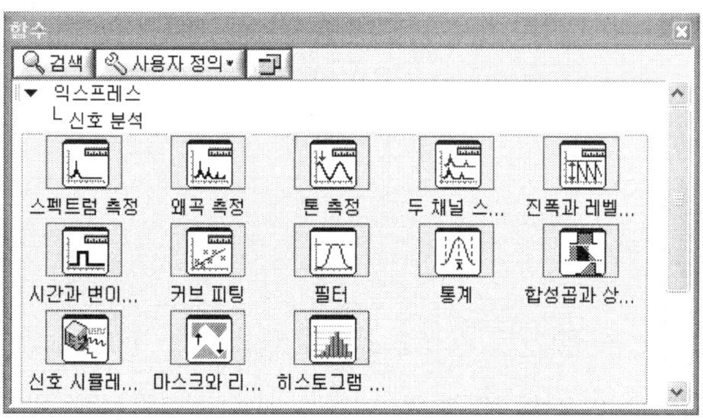

그림 7.5.1

예제 7.5.1 익스프레스 VI를 이용한 신호분석

다음은 LabVIEW 예제의 Signal Generate, Analyze, and Display.vi 이다. 이 예제에서 신호분석 익스프레스 VI를 이용하여 웨이브폼 측정/생성, 신호분석/비교 등의 동작을 살펴본다.

① 메뉴에서 「새 VI」를 선택하여 Ex7_5_1.vi 로 저장한다.

② 블록다이어그램

블록다이어그램의 While 구조를 만든 후, 함수 팔레트에서 「익스프레스≫신호분석≫신호 시뮬레이션」 vi를 갖고 오면 그림 7.5.2와 같이 [신호 시뮬레이션]에 대한 설정화면이 나타난다.

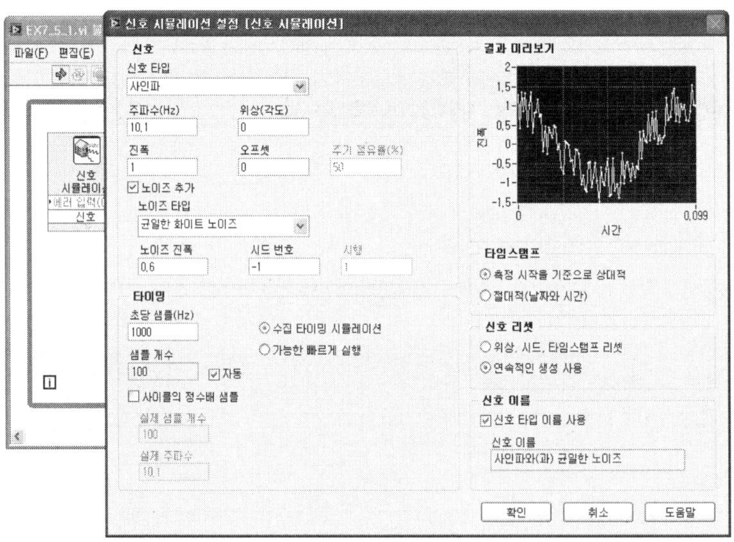

그림 7.5.2

그림 7.5.2에서 노이즈 추가, 수집 타이밍 시뮬레이션에 체크하고 확인 버튼을 누른다. 여기에 「웨이브폼 그래프」를 생성하면 그림 7.5.3과 같다.

같은 방법으로 「익스프레스≫신호분석≫진폭과 레벨 측정」 vi를 갖고 오면 그림 7.5.4와 같이 [진폭과 레벨 측정]에 대한 설정화면이 나타난다.

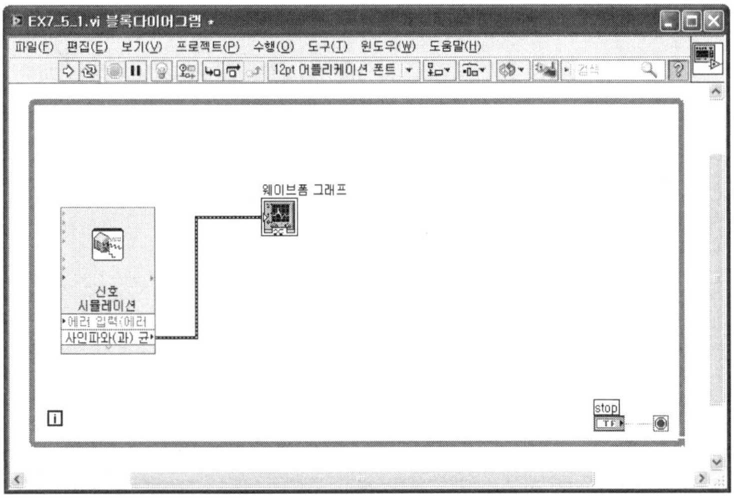

그림 7.5.3

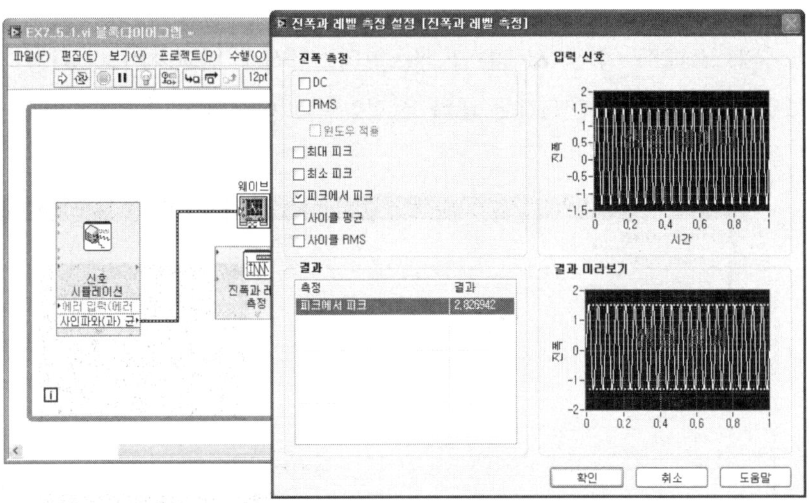

그림 7.5.4

그림 7.5.4에서 「피크에서 피크」에 체크하고 확인 버튼을 누르고, 「피크에서 피크」 단자에 「숫자형 인디케이터」를 생성하면 그림 7.5.5와 같다.

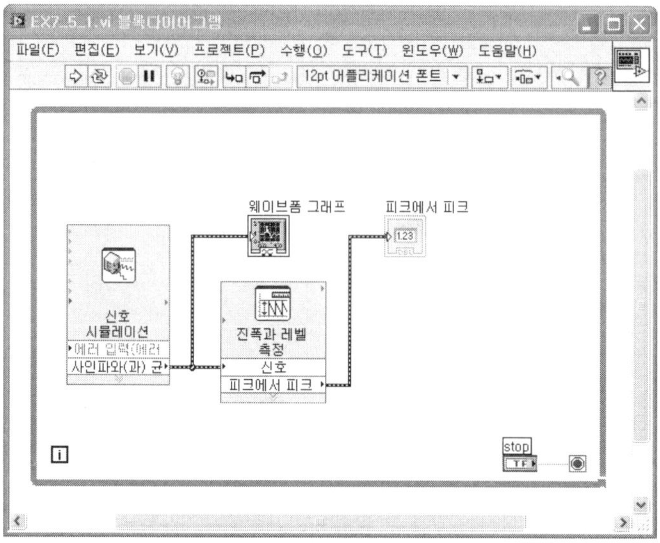

그림 7.5.5

다시, 「익스프레스≫연산 & 익스프레스≫익스프레스 비교≫비교」 vi를 갖고 오면 그림 7.5.6과 같이 [비교]에 대한 설정화면이 나타난다.

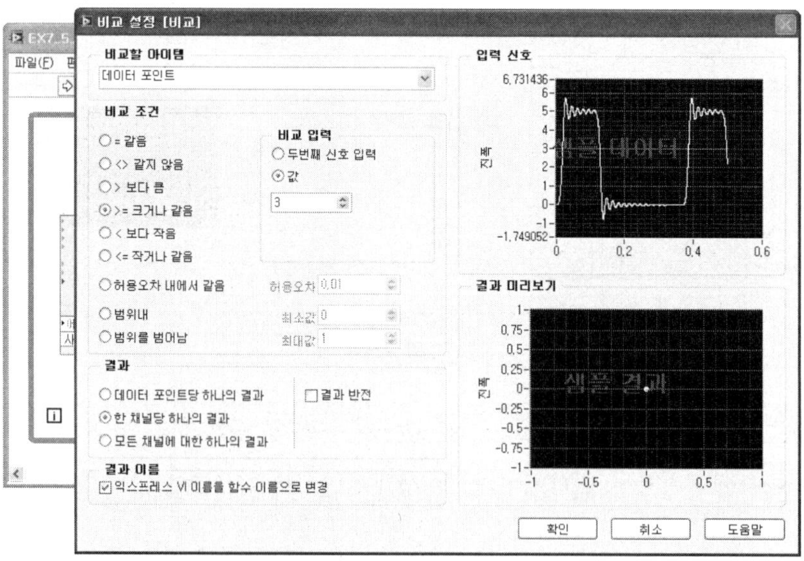

그림 7.5.6

그림 7.5.6에서 「=>크거나 같음」, 「한 채널당 하나의 결과」, 「값」에 체크하고 값

에 3을 입력한 후, 확인 버튼을 누르고, 「피크에서 피크」 단자에 「불리언≫원형 LED」를 생성하고 비교 LED라고 라벨을 붙이면 그림 7.5.7과 같이 블록다이어그램이 완성된다.

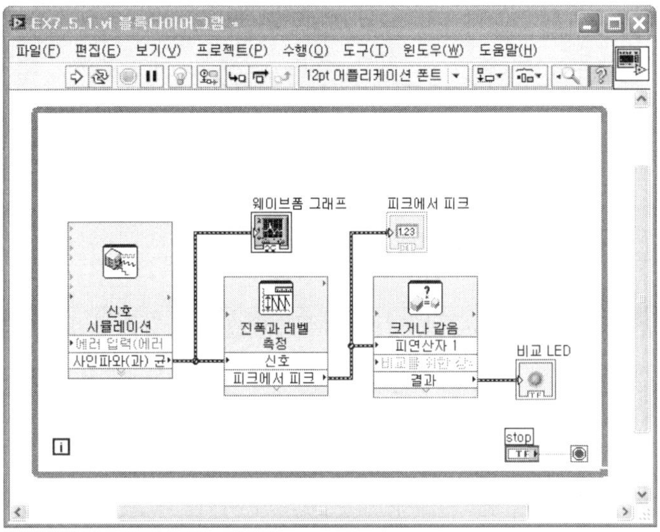

그림 7.5.7

③ 프런트패널과 프로그램 실행

프런트패널에서 ⇨「실행」으로 VI를 실행하고 출력내용을 살펴보자.

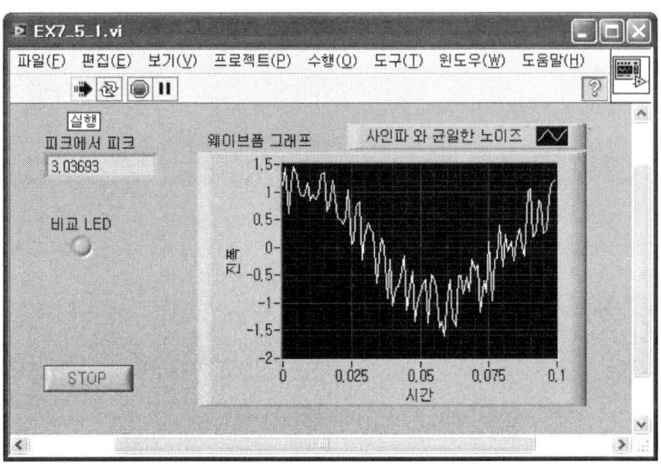

그림 7.5.8

예제 7.5.2 익스프레스 VI를 이용한 신호분석 데이터를 테이블에 출력하고 파일에 저장하기

다음은 LabVIEW 예제의 Signal Generate, Analyze, and Table Display.vi 이다. 이 예제에서 신호분석 익스프레스 VI를 이용하여 웨이브폼 측정/생성, 신호분석/비교, 데이터를 테이블에 출력/파일로 저장 등의 동작을 살펴본다.

① 메뉴에서 「새 VI」를 선택하여 Ex7_5_2.vi 로 저장한다.

② 블록다이어그램

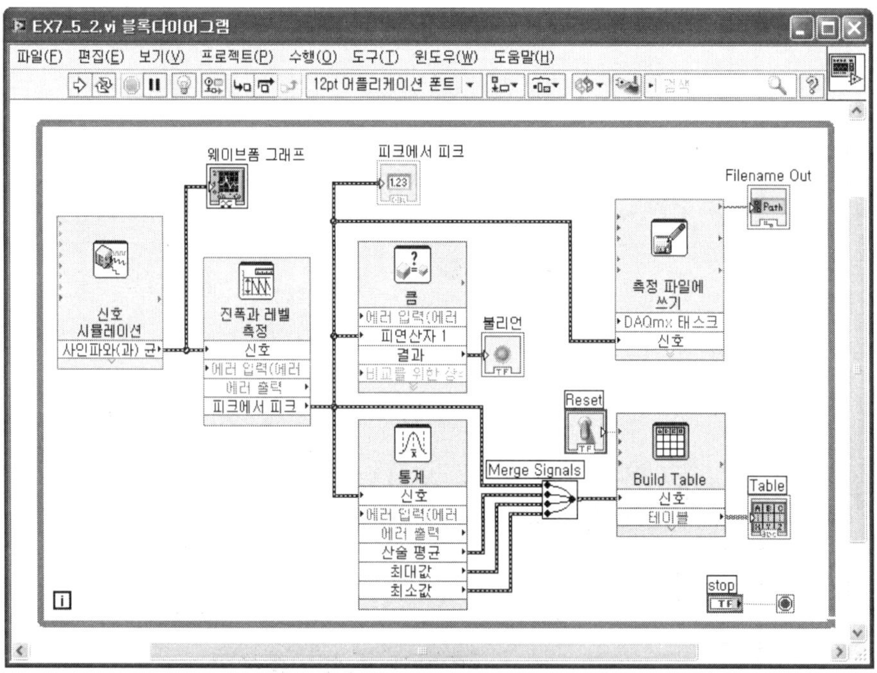

그림 7.5.9

③ 프런트패널과 프로그램 실행

프런트패널에서 「실행」으로 VI를 실행하고 출력내용을 살펴보자.

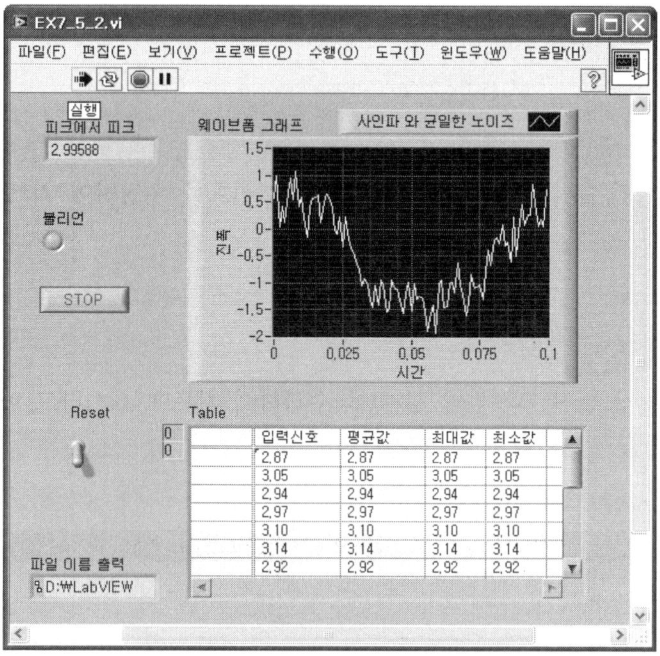

그림 7.5.10

저장한 파일은 그림 7.5.11과 같다.

TestFile.lvm - 메모장

파일(F) 편집(E) 서식(O) 보기(V) 도움말(H)

```
LabVIEW Measurement
Writer_Version	2
Reader_Version	2
Separator	Tab
Decimal_Separator	.
Multi_Headings	Yes
X_Columns	Multi
Time_Pref	Relative
Operator	Administrator
Date	2013/05/13
Time	15:05:48.546875
***End_of_Header***

Channels	1
Samples	1
Date	2013/05/13
Time	15:05:48.546875
X_Dimension	Time
X0	1.0000000000000001E-1
Delta_X	0.001000
***End_of_Header***
X_Value	사인파 와 균일한 노이즈 (피크에서 피크)	Comment
0.100000	2.870211

Channels	1
Samples	1
```

그림 7.5.11

7장 연습문제

7.1 신호발생기에서 출력되는 사인과 코사인 신호를 수집하여 차트에 표시하라.

7.2 두 개의 신호(전류와 전압 신호)를 수집하여 차트에 표시하고 이를 파일로 저장하라.

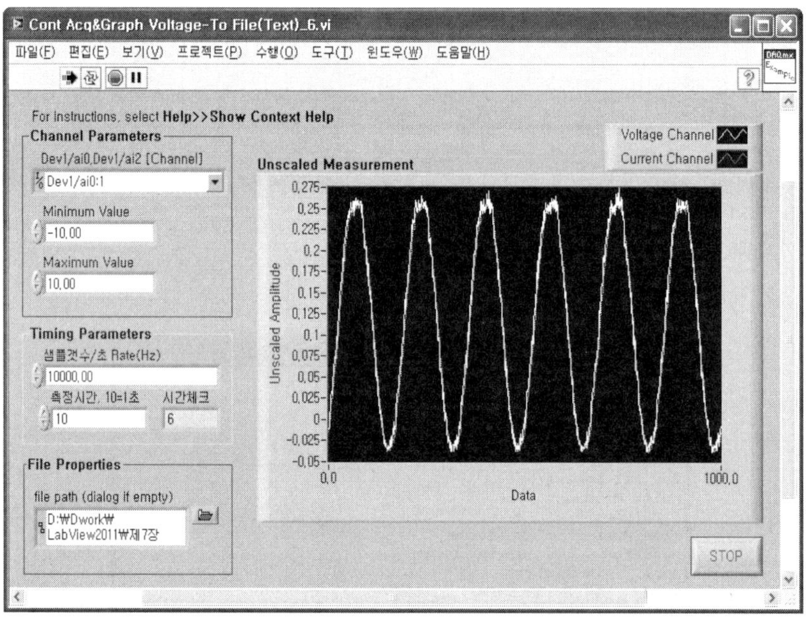

그림 7.1

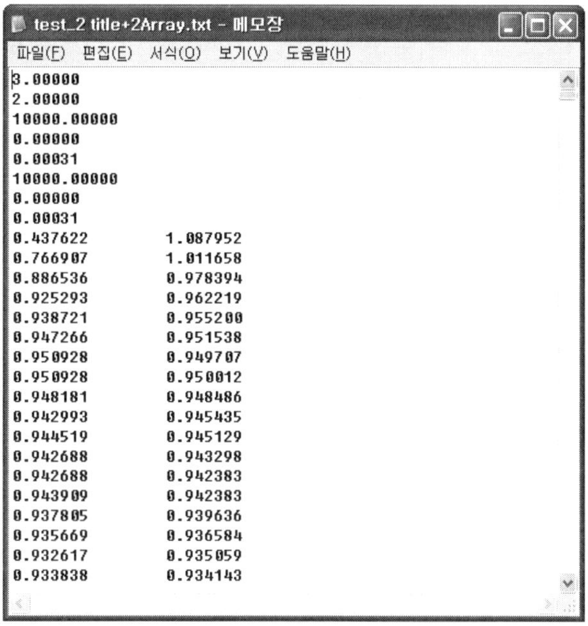

그림 7.2

7.3 다음은 LabVIEW 예제 Read Dig Port.vi 이다. 이 예제는 한 채널의 디지털 값을 측정하여 출력한다. NI PCI-6014/BNC-2120나 USB-6221 BNC를 이용하여 동작하고 그 결과를 살펴보자.

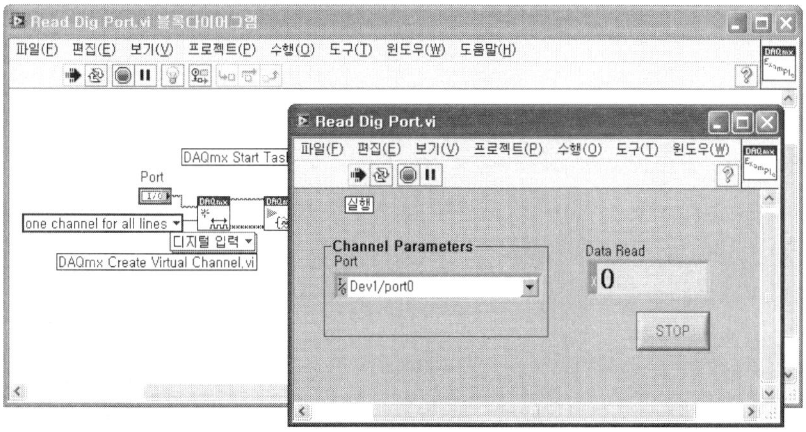

그림 7.3

CHAPTER

08 VISA를 이용한 데이터 통신

LabVIEW에서는 VISA 함수를 통하여 GPIB 통신, 시리얼 통신, VXI 통신 등과 같은 데이터 송수신을 구현할 수 있으며, 관련되는 드라이버를 제공한다.

VXI(VME eXtensions for Instrumentation) 버스 아키텍처는 VME버스를 기본으로 자동화 시험을 위한 개방형 표준형 플랫폼(프로토콜)을 말한다. VME버스(Versa Moudle Eurocard Bus)는 PCI 버스나 컴팩트 PCI 버스(Compact PCI)와 같은 컴퓨터 버스 표준 중의 하나이다. VISA는 인스트루멘테이션 프로그래밍의 표준 I/O API (Application Programming Interface, 응용 프로그램 프로그래밍 인터페이스)이다. LabVIEW에서 설명하는 VISA는 다음과 같다.

VISA의 다목적성

VISA는 GPIB, 시리얼, USB, 이더넷, PIX, 또는 VXI 인스트루먼트를 컨트롤하여 사용하는 인스트루먼트 타입에 따라 적절한 드라이버를 호출하므로 사용자는 인스트루먼트 특정의 통신 프로토콜을 배울 필요가 없다. 플랫폼, 버스, 환경에 대해 독립적이다. 다시 말해, 디바이스 타입, 플랫폼, 프로그래밍 언어와는 관계없이 동일한 API를 사용할 수 있다.

메시지 기반 통신

GPIB, 시리얼, USB, 이더넷, 일부 VXI 인스트루먼트는 메시지 기반 통신을 사용한다. 사용자는 상위 레벨 ASCII 문자 문자열을 사용하여 메시지 기반 인스트루먼트를 프로그램한다. 인스트루먼트는 명령 문자열을 분석하는 로컬 프로세서를 가지고 있으며 적절한 레지스터 비트를 설정하여 원하는 작업을 수행한다. SCPI(Standard Commands for Programmable Instruments)는 인스트루먼트를 프로그램하는 데 사용되는 ASCII 명령 문자열을 표준화한다. 비슷한 인스트루먼트는 종종 비슷한 명령을 사용한다. 여러 제조업체의 각 인스트루먼트마다 다른 명령 메시지를 배울 필요 없이 하나의 명령 세트만 배우면 된다. 가장 일반적인 메시지 기반 함수는 VISA 읽기, VISA 쓰기, VISA 트리거 지정, VISA 삭제, VISA STB 읽기이다.

레지스터 기반 통신

PXI와 많은 VXI 인스트루먼트는 레지스터 기반 통신을 사용한다. 사용자는 하위 레벨에서 직접 인스트루먼트 컨트롤 레지스터에 쓰는 2진 정보를 사용하여 레지스터 기반 인스트루먼트를 프로그램한다. 인스트루먼트가 더 이상 명령 문자열을 분석하지 않아도 되며 정보를 레지스터 레벨 프로그래밍으로 변환하지 않아도 되므로 이 통신 타입은 속도가 매우 빠른 것이 장점이다. 레지스터 기반 인스트루먼트는 직접 하드웨어 조작의 레벨에서 통신한다. 가장 일반적인 레지스터 기반 함수는 VISA 읽기, VISA 쓰기, VISA 가져오기, VISA 내보내기이다.

8.1 시리얼 통신

데이터 통신은 여러 가지 요소로 구분할 수 있다. 첫째는 데이터를 보내는 신호에 의한 구분으로 아날로그와 디지털이 있으며 두 번째는 데이터 전송 방법으로 직렬(Serial) 전송과 병렬(Parallel) 전송이 있다. 세 번째로는 상호간의 동작 시기를 제어하는 단신(Simplex), 반 이중(Half Duplex) 그리고 전 이중(Full Duplex)의 통신 방법 등이 있다. 이 외에도 보내는 쪽과 받는 쪽의 시간적인 일치성을 고려한 동기식(Synchronous)과 비동기식(Asynchronous)으로 나눌 수 있다

1차선 도로에서는 한 대 이상의 차가 같이 나란히 설 수 없다. 반드시 앞차의 뒤에 다음 차가 있어야 한다. 그러나 차선이 많아질수록 나란히 동시에 지날 수 있는 차량이 많

아진다. 1차선으로 통행하는 방법과 같이 한 비트씩 전송하는 것을 직렬 전송 그리고 많은 차선으로 통행하는 것과 같이 한 번에 많은 비트를 전송하는 방법을 병렬 전송이라고 한다.

직렬과 병렬 통신

A라는 부호는 ASCII CODE로 16진수 41을 가지고 있다. 41을 2진수로 표시하면 0100 0001이 되는데 직렬 및 병렬 전송에 따른 전달 형태를 보면 다음과 같다.

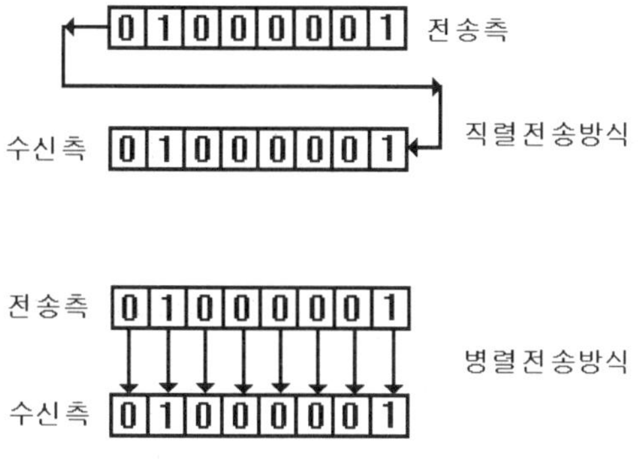

그림 8.1.1

직렬 전송은 어느 한 순간에 한 비트만 전달하면 되므로 두 개의 통신 장치가 통신을 할 때는 데이터 전달을 위해서 하나의 선만 있으면 된다. 그러나 병렬 전송은 한 번에 많은 비트를 전달하여야 하므로 두 개의 통신 장치간의 데이터 전달 시에 전달하고자 하는 만큼의 선이 있어야 한다. 반면에 8비트를 전달하기 위하여 직렬 시에는 8개의 비트가 전달되는 만큼 시간을 기다려야 하지만 병렬 시에는 한꺼번에 전달할 수 있으므로 데이터 전달 속도가 직렬 시보다는 8배 빠른 셈이다.

데이터 전달을 위한 신호선이 많으면 그만큼 비용이 많이 들지만 속도는 빨라지지만 데이터 전송 시 에러가 발생할 확률이 높아진다. 데이터 전송은 선로에 전기신호가 흐르는 것이다. 전기는 선로의 길이와 저항(임피던스) 및 외란으로 인하여 전기가 선로에 흐르는 속도는 일정하지 않다. 6비트의 신호를 병렬로 보낼 때 선로가 길어지면 수신측에서 그 신호를 사용하고자 어느 순간의 신호를 보면 그림 7.1.2와 같을 수도 있다. 즉, 송신측에서 '111111'신호를 보내는데 수신측에서는 '111001'과 같이 될 수 있다.

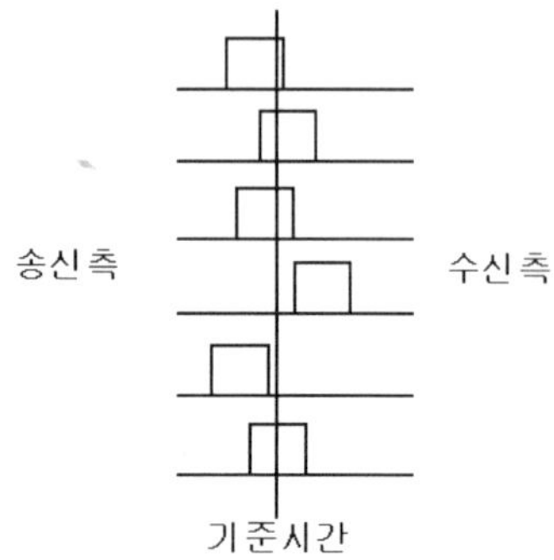

그림 8.1.2

이상과 같은 이유 때문에 통상적으로 데이터 통신이라 함은 직렬통신을 말한다.

동기식(Synchronous)과 비동기식(Asynchronous) 통신

동기식과 비동기식은 직렬 전송에서 데이터를 보내는 형태이다. 한번에 하나의 글자만을 보내느냐 아니면 몇개의 글자를 한꺼번에 보내느냐에 의해 구분된다.

1) 비동기식 통신

비동기식은 한번에 하나의 글자를 보내는 방식을 말한다. 비동기식에서 하나의 글자를 보내기 위하여 앞뒤로 글자의 시작과 끝을 알리는 정보와 데이터의 진위를 가리는 정보가 같이 전달된다.

먼저 데이터가 시작됨을 알리는 시작(Start) 비트가 있다. 데이터의 왕래가 없을 때 선로의 상태는 로직 "1"의 값을 갖는다. 시작 비트는 선로를 로직 "0"으로 만들어 데이터의 전송이 시작됨을 알리는데, 1비트 동안 로직 "0"을 유지한다. 이어서, 데이터를 2진수로 바꾼 형태의 파형이 전달된다. 데이터는 거의 모든 통신에서 ASCII CODE로 변환된 형태로 전달되는데 7비트가 될 수도 있고, 8비트가 될 수도 있다.

선로상의 문제로 데이터가 전달되는 도중 변질이 될 가능성이 있다. 변질이 되었는가를 가리기 위해 패리티(Parity)비트가 포함된다. 패리티라는 것은 2진수로 변환된 값들

안에 로직 "1"이 짝수개가 있는지, 홀수개가 있는지를 알려준다. 패리티의 종류에는 짝수(Even) 패리티와 홀수(Odd) 패리티가 있는데, 짝수 패리티는 전체적인 로직 "1"의 갯수를 짝수로 맞추어 주며, 홀수 패리티는 1의 갯수를 홀수 개로 맞추어준다. 예를 들어 A라는 글자 (16진수 41, 2진수 0100 0001)를 전송시에 짝수 패리티로 설정되었다면 패리티 비트는 로직 "0"을 가지게 되며 홀수 패리티로 설정된 경우에는 로직 "1"의 패리티 비트를 가진다.(A에는 1의 갯수가 두개 있다.) 패리티가 맞지 않다면 데이터가 변질되었다고 생각해도 좋다.

경우에 따라서는 패리티를 사용하지 않는 때도 있는데 이것을 노(No) 패리티라고 한다. 데이터의 진위를 가리는 비트의 전송이 끝나면 글자 정보의 전달이 끝남을 알리는 정지(Stop) 비트가 따른다. 정지 비트에는 1, 1½ , 2의 세 가지가 있다. 정지 비트는 지정된 시간만큼 로직 "1"의 값을 가진다. 시작, 데이터, 패리티, 정지 비트로 구성되는 비트의 모임을 프레임(Frame) 이라고 한다. 7비트 데이터, 짝수(또는 홀수) 패리티, 1 정지 비트인 경우에 하나의 프레임은 10비트로 구성되며, 하나의 글자를 보내는데 사용되는 길이이다.

IBM PC의 데이터 전송은 통상적으로 1개의 시작 비트, 8개의 데이터 비트, 노 패리티에 1개의 정지 비트를 사용하여 10개의 비트로 프레임을 구성한다.

1	2	3	4	5	6	7	8	9	10
시작비트	데이터 비트								정지비트

프레임의 길이는 사전에 송신측과 수신측이 협의하여 맞추어 주어야 한다. 패리티가 틀리거나 프레임을 구성하는 비트의 수가 맞지 않으면 통신을 할 수 없다. 통신을 담당하고 있는 칩은 해당 비트 각각에 대하여 프로그램을 할 수 있도록 되어 있다. 만일, 하나라도 어긋나는 경우가 있으면 칩은 에러가 발생되었음을 알려주며 칩 내부의 레지스터를 통하여 어떤 종류의 잘못이 있는지 내역을 알 수 있도록 되어 있다.

비동기식에서 다음 데이터의 전송은 하나의 프레임이 완료된 후라면 언제든지 다시 시작할 수 있다.

2) 동기식 통신

데이터를 전송할 때, 하나의 글자가 아니고 몇 개의 글자를 묶어서 전송을 하는 방법을 동기식 전송이라고 한다.

글자 묶음을 전송하기에 앞서 동기 문자가 먼저 전해져야 한다. 동기 문자의 역할은 수신측으로 하여금 동기를 취하도록 하는 것이며 일반적으로 ASCII CODE에 있는 SYN 코드를 사용하고 있다. 한 개나 두 개의 동기 문자가, 보내고자 하는 글자 묶음의 앞에 자리잡는다. 동기 문자와 글자묶음 사이는 물론이고 묶여진 글자들 사이에도 쉬는 시간은 없다. 동기문자는 보통 문자의 비트 수와 같다. 그러나 글자의 비트 구성은 미리 정하여 놓음으로써 일반 문자와 구별된다.

동기식 전송은 한꺼번에 많은 데이터가 전달되므로 반드시 데이터 버퍼를 가지고 있어야 한다.

동기문자	동기문자	데이터	데이터	………	데이터	데이터

동기식에서의 문자 전송

3) 혼합 동기식 (Isochronous) 통신

혼합형 동기식이란 자주 이용되는 방식은 아니다. 이 방식은 각 글자가 비동기식의 경우와 마찬가지로 시작 비트와 정지 비트를 가지고 있으며, 동기식의 경우와 같이 송신측과 수신측이 동기 상태에 있어야 한다. 그리고 한 글자와 다음 글자 사이의 기간은 한 글자만큼의 기간이거나 그의 정수 배이어야 한다. 이렇게 하면 단순히 비동기식인 경우보다는 정확한 동기를 취할 수 있게 된다.

시작비트	데이터	정지비트	하나의 문자길이 또는 배수길이	시작비트	데이터	정지비트

혼합 동기식에서의 문자 전송

데이터 통신의 속도

데이터 전송 속도는 비피에스(BPS: Bit Per Second)또는 보레이트(Baud Rate)로 나타낸다. BPS란 1초에 몇 개의 비트가 전해지는가를 말한다. 1200 BPS는 1초에 1200개의 비트가 전달되는 것이며, 9600 BPS는 1초에 9600개의 비트가 전달된다.

그러나 보레이트(Baud Rate)는 약간 다르다. 대부분의 신호 전달은 하나의 신호에 하나의 비트로 대응된다. 이 경우에는 비피에스와 보레이트가 같다. 그러나 하나의 신호에 두 개 또는 세 개의 비트가 전달되는 경우도 있다. 두 개인 경우는 디비트(Di-Bit), 세 개인 경우는 트리비트(Tri-Bit)라고 하며, 네 개인 경우는 쿼드비트(Quad-Bit)라고 한다.

보레이트는 1초에 몇 개의 신호가 전달되는가를 나타내는 단위이다. 디비트를 이용하여 1200 BPS로 통신을 하는 경우에 보레이트는 1200의 반인 600 BAUD가 되며 트리비트인 경우에는 BPS의 ⅓인 400 BAUD이다.

RS-232C 통신

통신과 관련된 기관은 CCITT(국제전신전화자문위원회: Consultative Comitee on International Telegraphy and Telephony), ISO(국제표준기구: International Standard Organization), ANSI(American National Standard Institute), EIA(미국전자공업회: Electronic Industries Association), FTSC(Federal Telecommunication Standards Committee), Bell 등이 있으며 이들 기관은 각종 통신에 대하여 이 방법이 가장 좋으니 이것을 채택하자는 권고안을 발표하고 있다. 각 기관의 권고안 중에서 가장 많이 쓰이고 있는 프로토콜은 IBM PC에서 아직까지 기본적으로 채택하고 있는 EIA의 RS232C이다.

RS-232C에서는 전압 강하가 발생되어도 어느 정도의 거리는 안전하게 신호를 구분할 수 있도록 각 신호간의 전압차를 늘렸다. 로직 “1”의 값으로 +12 Volt를 로직 “0”의 값으로 -12 Volt를 사용하여 신호간의 전압차는 24 Volt이다.

이와 같이 신호간의 전압차를 늘렸을 때 안전하게 신호를 전달할 수 있는 거리는 약 15 m 정도이다. 15 m 내의 거리에서는 20000 BPS까지의 속도로도 전송이 가능하다. 일부 텔레타이프와 같은 저속 통신 장비는 약 300 m까지도 직접 연결을 하여 통신이 가능하다. 전송은 비트 단위로 이루어지는데, 고속의 경우는 비트를 구성하는 펄스의 폭이 좁아 선로 저항에 쉽게 영향을 받고 변질되기 전의 원형을 찾기 힘들지만, 저속인 경우에는 펄스 폭이 넓어서 변질이 된다고 하여도 어느 정도는 원래의 파형을 찾을 수 있기 때문이다.

데이터 통신에서 아무런 예고 없이 상대편으로 데이터를 보낼 수는 없다. 상대편의 상태를 파악하고 나서 데이터를 보내야 한다. RS-232C에는 상태 파악을 하기 위한 여러가지 신호가 있으며 서로 상대적인 것들이다. 오른쪽에 있는 것을 거울에 비추면 왼쪽으로 변하는 것과 마찬가지 원리이다.

① DTR (Data Terminal Ready): **출력**

통신에서 상대편으로 하여금 당신의 반대쪽에 내가 연결되어 있음을 알리는 데 사용되며 대부분 전원을 켜면 자동으로 Active 상태로 된다.

② DSR(Data Set Ready): **입력**

상대편이 데이터를 받을 수 있을지, 없을지는 모르지만 언젠가는 시기가 올 것이다. 대부분 수신 장치의 전원이 켜지면 자동으로 Active 상태로 된다. 상대편의 DTR 신호가 입력되는 신호선이다.

③ RTS (Request To Send): **출력**

상대편이 데이터를 받을 준비가 되어 있음을 확인하고, 데이터를 보낸다고 알리는 신호선이다. 데이터를 전송하기 전에 발생된다.

④ CTS (Clear To Send): **입력**

데이터를 보내기 위해 요청을 하였을 때 보내도 좋다라는 허락을 받는 것이다. 상대편의 RTS 신호선과 연결된다.

⑤ TXD (Transmit Data): **출력**

데이터를 보내기 위한 신호선이다.

⑥ RXD (Receive Data): **입력**

데이터를 받기 위한 신호선이다. 상대편의 TXD 신호선에 연결된다.

⑦ CD (Carrier Detect): **입출력**

지금 들어오고 있는 데이터가 실제 보내는 데이터를 받고 있는 것인지 아니면 어떤 노이즈(Noise) 에 의한 것인지를 알려주고 확인하는 역할을 한다. 이 신호는 수신측이나 송신측이나 같은 신호선을 사용한다.

⑧ SG (Signal Ground): **입출력**

신호는 전압으로 표시되고 있는 만큼 기준 전압을 알려주지 않으면 얼마만큼의 전압 차가 있는지 알 수 없다. 이 신호선은 수신 또는 송신되고 있는 신호선에 대한 기준 전압을 알려준다.

⑨ FG (Frame Ground): **입출력**

신호선에 대한 기준 전위가 아닌 통신 장치 전체에 대한 기준 전위를 제공한다. 어스(Earth)라고도 한다.

⑩ TXC (Transmit Clock): **출력**

보내는 데이터의 각 비트를 언제 읽어야 하는지를 알려주는 타이밍을 제공하는 클럭 신호선이다.

⑪ RXC (Recieve Clock): **입력**

송신측의 TXC 와 연결되는 신호선으로 수신측은 클럭의 Falling 엣지에서 비트를 읽어내면 정확한 비트 신호값을 알 수 있다.

RS-232C 각 신호선의 연결과 동작 시기

언급된 것처럼 각 신호선들은 각각에 대하여 짝이 정해져 있으며 동작되어야 할 시기가 정해져 있다. 이들이 어떻게 연결이 되며 언제 동작하는지를 다음의 그림에 나타내었다.

송신측	RTS	DTR	TXD	TXC	SG	FG
수신측	CTS	DSR	RXD	RXC	SG	FG

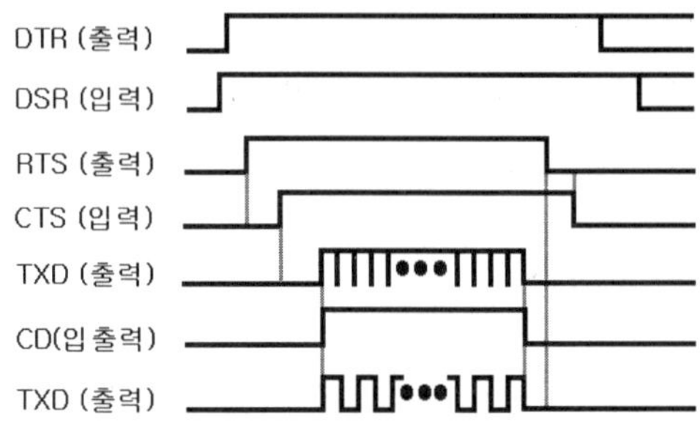

그림 8.1.3

1) 연결 방법

송신측의 DTR, RTS 등을 수신측의 DSR, CTS 등으로 상반된 신호끼리 서로 연결하면 된다.

2) 동작 순서

① 송신측은 수신측이 연결되어 있는지를 DSR 신호선을 통하여 확인한다.
② 연결이 확인되면 RTS 신호선을 동작시켜 데이터를 보내려는 의도를 밝힌다.
③ CTS선을 통하여 수신측의 허락을 기다린다.
④ CTS가 동작됨을 확인하면 TXC 신호선의 주기와 맞게 TXD 신호선을 통하여 데이터의 전송을 시작한다. 이때 CD도 같이 동작을 시킨다.
⑤ 데이터의 전송이 끝나면 RTS의 동작을 멈추게 하여 데이터의 전송이 끝났음을 알린다.
⑥ 잠시 후 수신측은 데이터 전송이 끝났음을 알고 CTS 선의 동작을 멈춘다.
⑦ 더 이상 보낼 데이터가 없으면 송신측의 전원을 꺼도 좋다. 송신측의 DTR이 동작을 않게 된다.
⑧ 수신측의 연결 상태는 더 이상 확인을 하지 않아도 좋다.

3) 데이터의 검출

데이터를 보낼 때 기준 시간을 알려주는 클럭인 TXC는 이미 약속된 전송 속도에 의하여 주기가 정해져야 한다. 이 주기가 규정된 속도와 맞지 않으면 전혀 다른 데이터를 읽어들일 수도 있다. 9600 BPS로 통신을 하기로 되어 있다면 클럭의 한 주기는 1/9600

초가 되어야 한다. 데이터의 검출 시기는 클럭이 로직 “1”인 곳에서 로직 “0”으로 변화되는 Falling 엣지에서 이루어진다.

16진수 55(2진수 0101 0101)인 “U"라는 글자를 8비트, 노 패러티로 전송한다고 가정하자.

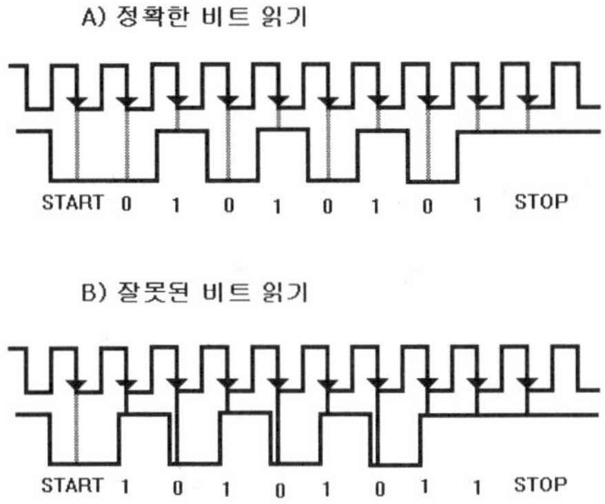

그림 8.1.4

위의 그림에서 A)는 정확한 주기에 의하여 비트를 읽은 형태로서 0101 0101의 값을 얻게 된다. 그러나 B) 와 같이 클럭의 주기가 잘못되어 늘어나면 1001 1111의 값이 읽혀지게 되어 전혀 틀린 데이터가 되는 것이다. 그나마 패리티 비트를 사용한다면 잘못된 상태를 알 수 있지만 패리티 비트를 사용하지 않는 경우에는 문제가 발생하였음을 전혀 알 수가 없다.

LabVIEW의 시리얼 통신은 블록다이어그램의 함수 팔레트에서「데이터 통신≫프로토콜≫시리얼」을 선택하면 나타난다.

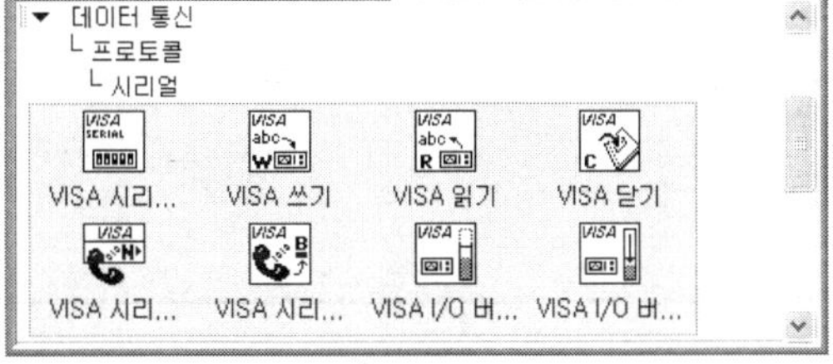

그림 8.1.5

예제 8.1.1 RS232 시리얼 포트로 데이터 주고받기

실험을 위하여, 2대의 PC를 서로 COM1 단자로 연결한다. 이때 COM1 시리얼 포트가 9핀 커넥터의 경우에 최소한 5-5(GND), 2-3(RxD), 3-2(TxD) 번호의 핀이 서로 연결되어 있어야 한다.

VISA 함수를 이용하여 RS232 시리얼 포트로 데이터를 주고받는 VI를 만들자.

① 메뉴에서 「새 VI」를 선택하여 Ex8_1_1.vi 로 저장한다.

② 블록다이어그램의 함수 팔레트에서 「데이터 통신≫프로토콜≫시리얼」에서 「VISA 시리얼 포트 설정(VISA Configure Serial Port.vi)」, 「VISA 쓰기」, 「VISA 읽기」, 「VISA 닫기」 들을 선택하여 적당한 위치에 놓는다. 「프로그래밍≫대화상자 & 사용자 인터페이스≫단순 에러 핸들러」를 선택하여 놓는다. 순서대로 와이어를 연결한다.

③ 파라미터 컨트롤 생성하기

「VISA 시리얼 포트 설정(VISA Configure Serial Port.vi)」에서 단축메뉴 「생성≫컨트롤」을 불러 「VISA resource name」, 「baud rate」, 「data bits」, 「parity」, 「stop bits」, 「flow control」을 생성시킨다.

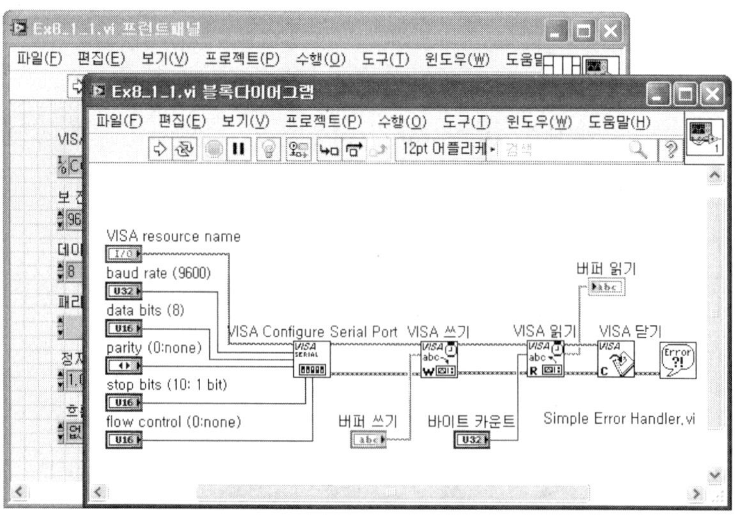

그림 8.1.6

④ 「VISA 쓰기」에서 단축메뉴 「생성≫컨트롤」을 불러 「버퍼 쓰기」를 생성시키고, 「VISA 읽기」에서 단축메뉴 「생성≫컨트롤」을 불러 「바이트 카운트」, 「생성≫인디케이터」를 불러 「버퍼 읽기」를 생성시킨다.

⑤ 대응되는 프런트패널은 다음과 같다.

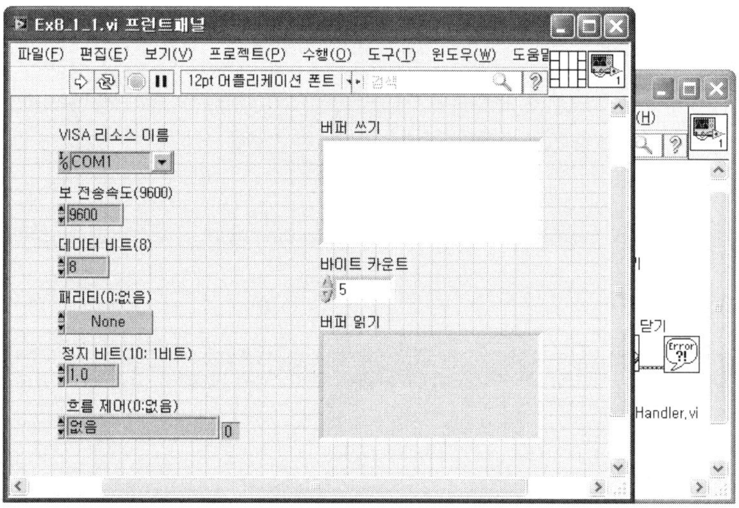

그림 8.1.7

⑥ 데이터 전송

프런트패널에서 VISA resource name의 팝업 단추를 누르면, ASRL2뿐 아니라 기본적으로 COM1, COM2, LPT1의 컴퓨터 포트가 표시된다.
여기서는 COM1이 서로 연결되어 있으므로 COM1을 선택한다. Write buffer에 전송하고자 하는 글씨(Test RS232)를 쓰고, ⇨「실행」으로 VI를 실행한다.

정상적으로 실행되면 상대 컴퓨터에 글씨(Test RS232)가 나타날 것이다. 그림 8.1.9는 윈도우 기본프로그램에 포함되어 있는 하이퍼터미널을 이용하여 받은 화면이다.

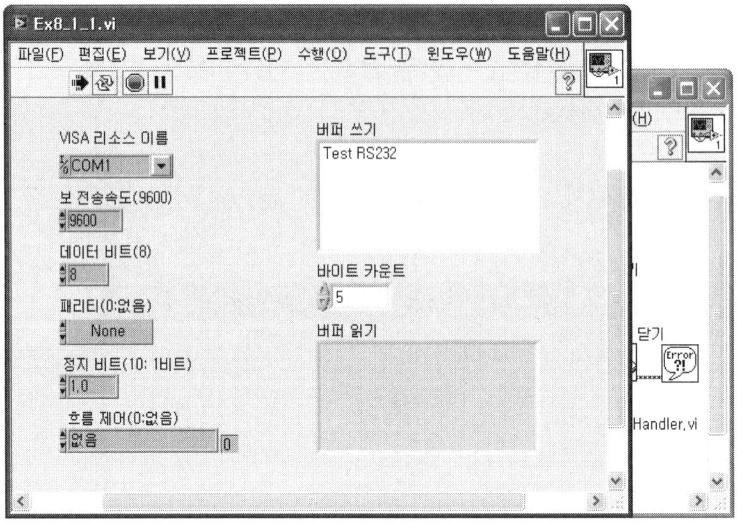

그림 8.1.8

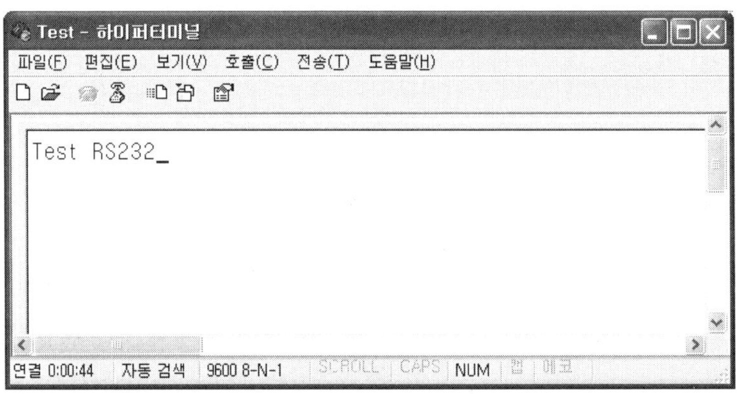

그림 8.1.9

이때 상대 컴퓨터도 Baud rate, data bits, parity, stop bit, flow control이 같아야 한다.

⑦ 데이터 수신

「byte count」를 10으로 입력(글자 10개를 읽겠다는 표시)하고, ⇨「실행」으로 VI를 실행하면, 수신모드가 되어 대기하고 있다.

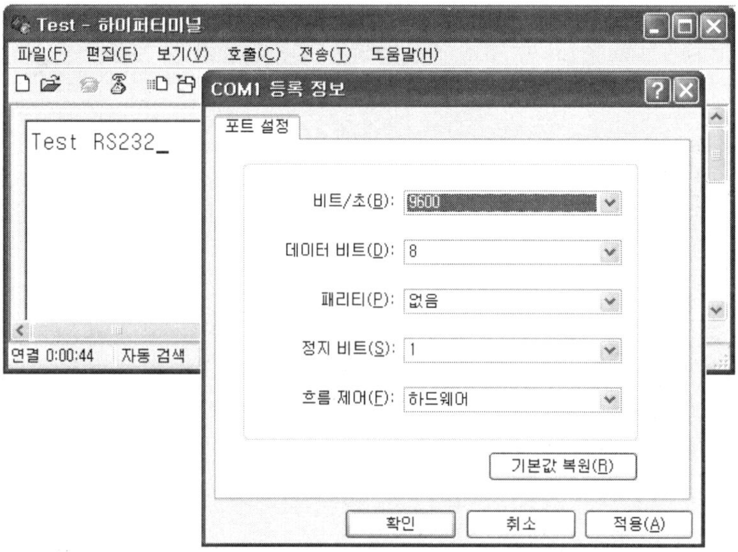

그림 8.1.10

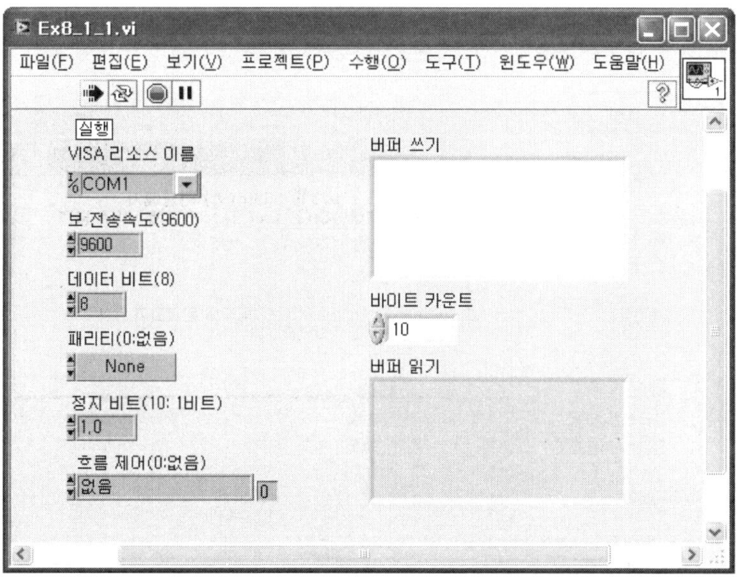

그림 8.1.11

상대 컴퓨터에서 10개의 데이터가 수신되면 「read buffer」에 표시되고, 「실행」 모드가 종료된다.

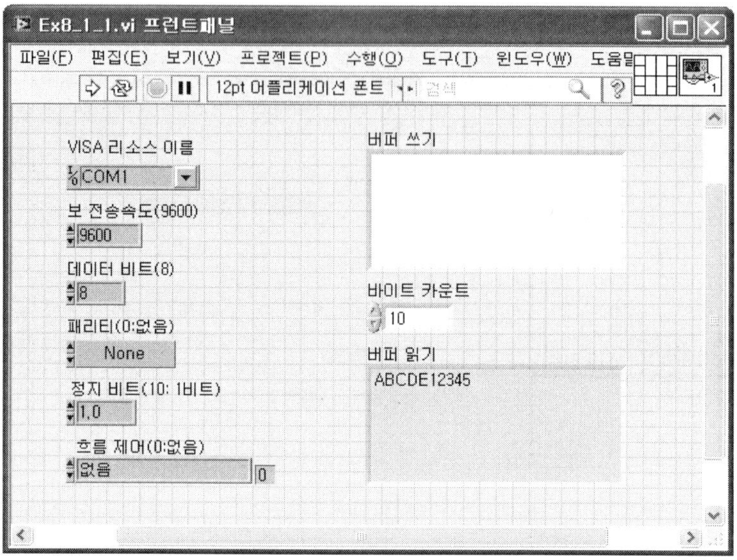

그림 8.1.12

시간이 지체되면 Timeout error가 발생한다.

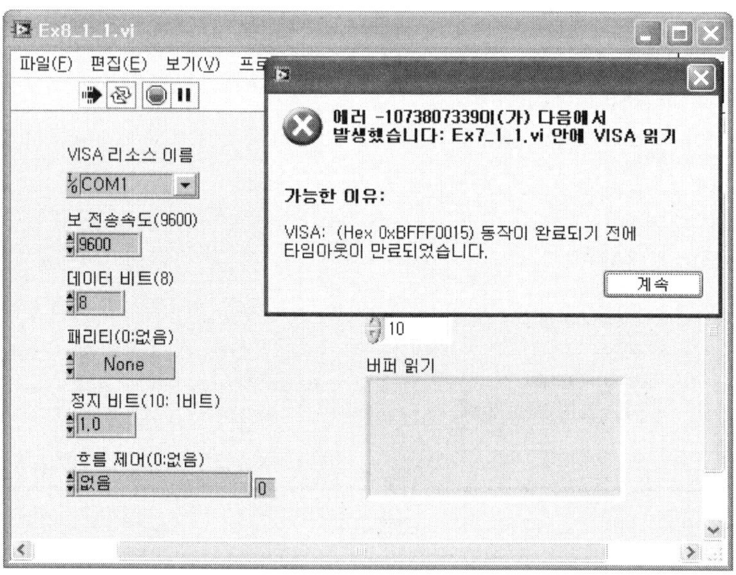

그림 8.1.13

예제 8.1.2 RS232 시리얼 포트로 타임아웃 없이 데이터 주고받기

실험을 위하여, 2대의 PC를 서로 COM1 단자로 연결한다. 이때 COM1 시리얼 포트가 9핀 커넥터의 경우에 최소한 5-5(GND), 2-3(RxD), 3-2(TxD) 번호의 핀이 서로 연결되어 있어야 한다.

VISA 함수를 이용하여 RS232 시리얼 포트로 데이터를 주고받는 VI를 만들되, 예제 8_1_1과 같이 정해진 글자 수만 수신하는 것이 아니라, 수신되는 바이트의 수와 관계없이 일정 시간에 수신되는 데이터를 모두 받자. (LabVIEW 예제의 Basic Serial Write and Read.vi 참조)

① 메뉴에서 「새 VI」를 선택하여 Ex8_1_2.vi 로 저장한다.

② 블록다이어그램의 함수 팔레트에서 「데이터 통신≫프로토콜≫시리얼」에서 「VISA 시리얼 포트 설정(VISA Configure Serial Port.vi)」, 「VISA 쓰기」, 「VISA 읽기」, 「VISA 닫기」 들을 선택하여 적당한 위치에 놓는다. 「프로그래밍≫대화상자 & 사용자 인터페이스≫단순 에러 핸들러」를 선택하여 놓는다. 순서대로 와이어를 연결한다.

③ 파라미터 컨트롤 생성하기

「VISA 시리얼 포트 설정(VISA Configure Serial Port.vi)」에서 단축메뉴 「생성≫컨트롤」을 불러 「VISA resource name」, 「baud rate」, 「data bits」, 「parity」, 「stop bits」, 「flow control」을 생성시킨다. 또 「생성≫상수」를 불러 「time out」 생성하고 10000(10초)를 입력한다.

④ 「VISA 쓰기」에서 단축메뉴 「생성≫컨트롤」을 불러 「버퍼 쓰기(string to write)」를 생성시키고, 「VISA 읽기」에서 단축메뉴 「생성≫인디케이터」를 불러 「버퍼 읽기(read string)」를 생성시킨다.

⑤ 「VISA 읽기」 전에 기다리기

「기다림(delay before read)」 함수를 다층 시퀀스 구조로 씌워서 「VISA 읽기」 앞에 놓는다.

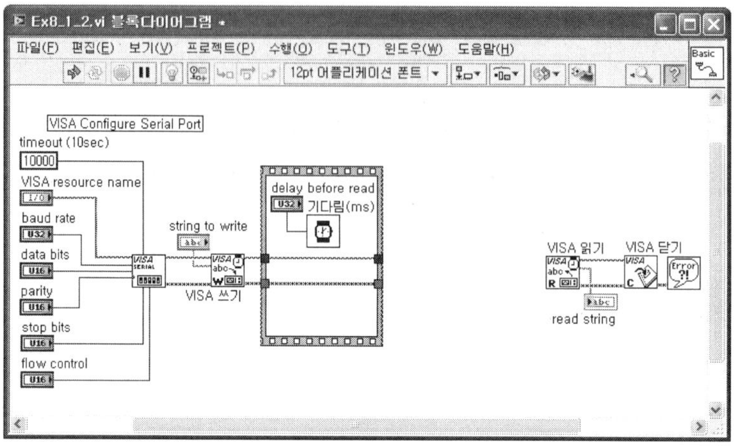

그림 8.1.14

⑥ 프로퍼티 노드 만들기

블록다이어그램의 함수 팔레트에서 「프로그래밍≫어플리케이션 컨트롤≫프로퍼티 노드」를 선택하여 적당한 위치에 놓는다. 「프로퍼티 노드」의 위쪽 「App」 위에 마우스포인터를 올려놓으면 그림 8.1.15와 같이 「어플리케이션」이라는 팁상자가 나타난다.

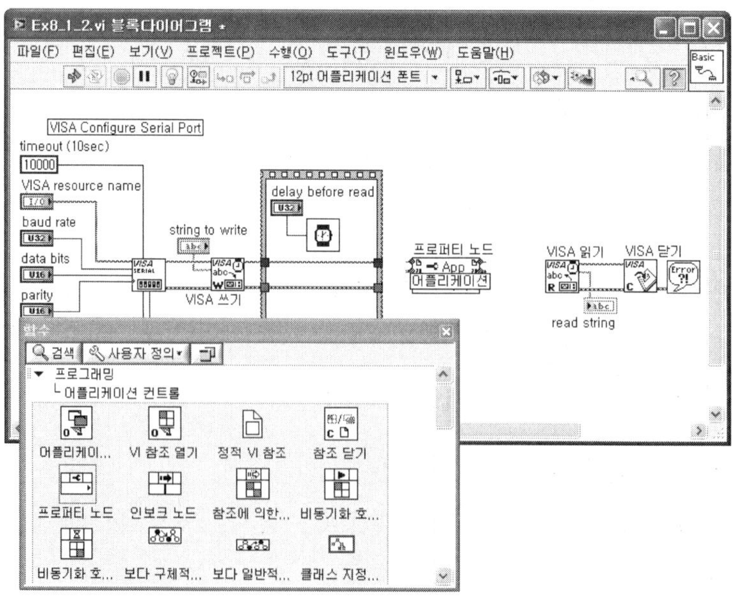

그림 8.1.15

「어플리케이션」이라는 팁상자가 나타난 상태에서 마우스 오른쪽 버튼을 눌러 단축메뉴를 불러서, 그림 8.1.16과 같이 「클래스 선택≫VISA≫I/O Session≫Instr」을 선택하면 「프로퍼티 노드」의 「App」가 「Instr」로 바뀐다.

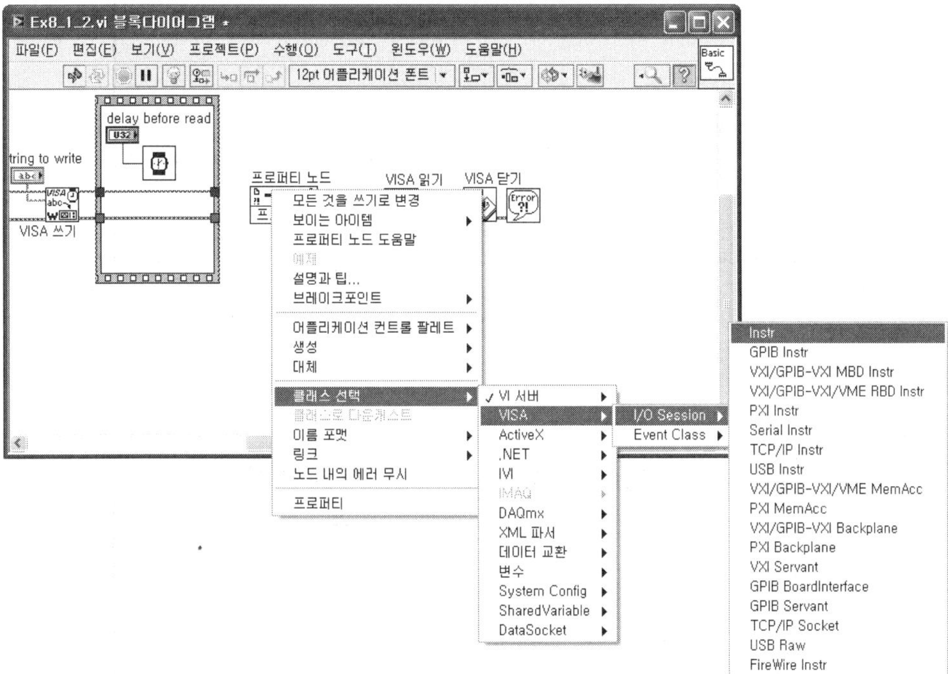

그림 8.1.16

「프로퍼티 노드」의 원소(여기서는 "프로퍼티"라고 되어있다) 위에서 왼쪽 마우스 포인터를 눌러서 단축메뉴를 불러서, 그림 8.1.17과 같이 「serial settings≫Number of Bytes at Serial Port」를 선택하면 「프로퍼티 노드」의 「프로퍼티」가 「Bytes at Port」로 바뀐다.

「프로퍼티 노드」의 「Bytes at Port」원소에서 단축메뉴 「생성≫인디케이터」를 불러 「버퍼 읽기(read string)」를 생성하고, 「VISA 읽기」의 「바이트 카운트」와 연결한다. 남은 부분을 와이어를 연결하여 블록다이어그램을 완성하면 그림 8.1.18과 같다.

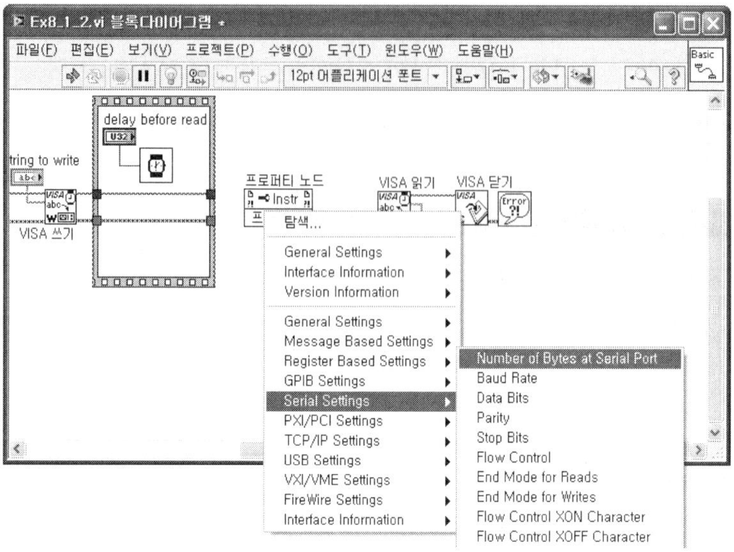

그림 8.1.17

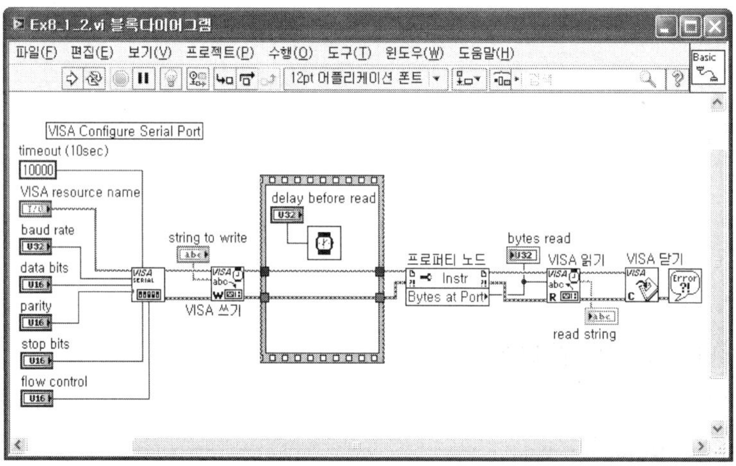

그림 8.1.18

⑦ 프로그램 실행

프런트패널에서 ⇨「실행」으로 VI를 실행하고 결과를 살펴보자.

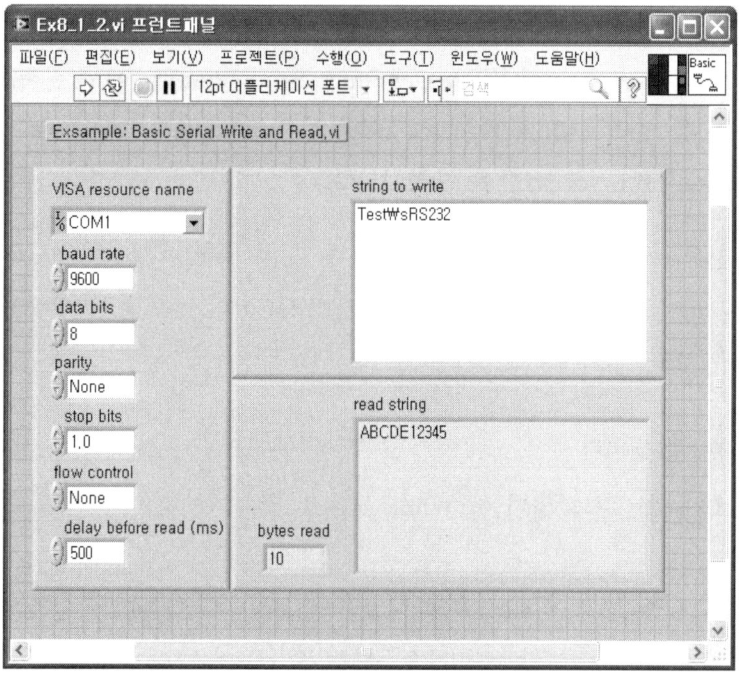

그림 8.1.19

예제 8.1.3 VISA 이벤트를 이용하여 연속으로 시리얼 통신하기

VISA 이벤트는 VISA 통신 중에 발생하는 이벤트를 말하며, 이벤트 핸들링 팔레트의 VI와 함수는 VISA 이벤트를 처리한다.

VISA 이벤트 함수를 이용하여 RS232 시리얼 포트로 데이터를 주고받는 VI를 만들되, 예제 8_1_1, 8_1_2와 같이 1회성이 아니라 연속적으로 신호를 주고받을 수 있는 VI를 만들자.

① 메뉴에서 「새 VI」를 선택하여 Ex8_1_3.vi 로 저장한다.

② 블록다이어그램의 함수 팔레트에서 「데이터 통신≫프로토콜≫시리얼」에서 「VISA 시리얼 포트 설정(VISA Configure Serial Port.vi)」, 「VISA 쓰기」, 「VISA 읽기」, 「VISA 닫기」 들을 선택하여 적당한 위치에 놓는다. 「프로그래밍≫대화상자 & 사용자 인터페이스≫단순 에러 핸들러」를 선택하여 놓는다.

③ 파라미터 컨트롤 생성하기

「VISA 시리얼 포트 설정(VISA Configure Serial Port.vi)」에서 단축메뉴 「생성≫컨트롤」을 불러 「VISA resource name」, 「baud rate」, 「data bits」, 「parity」, 「stop bits」, 「flow control」을 생성시킨다.

④ 「VISA 쓰기」에서 단축메뉴 「생성≫컨트롤」을 불러 「버퍼 쓰기」를 생성시키고, 「VISA 읽기」에서 단축메뉴 「생성≫컨트롤」을 불러 「바이트 카운트」, 「생성≫인디케이터」를 불러 「버퍼 읽기」를 생성시킨다.

⑤ While 루프로 씌우기

「버퍼 쓰기」와 「버퍼 읽기」를 While 루프로 씌운다.

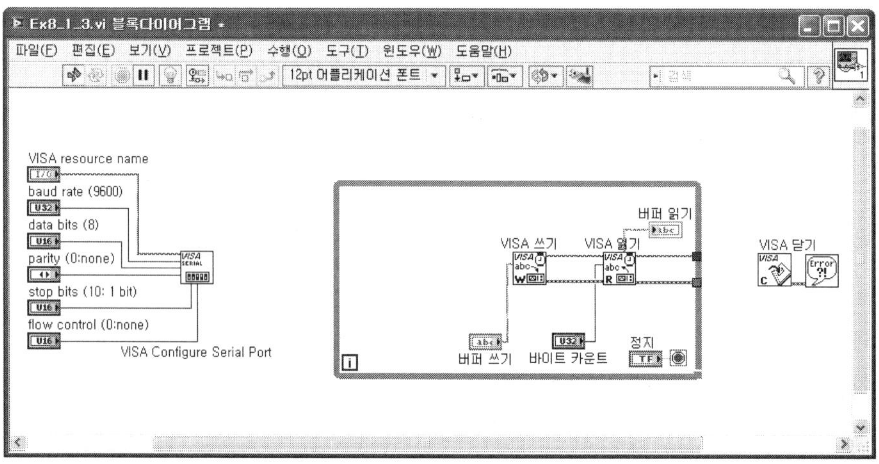

그림 8.1.20

⑥ VISA 이벤트 함수 가져오기

VISA 이벤트 함수는 블록다이어그램의 함수 팔레트 「인스트루먼트 I/O≫VISA≫VISA 고급≫이벤트 다루기(핸들링)」에서 가져올 수 있다.
함수 팔레트의 「인스트루먼트 I/O≫VISA≫VISA 고급≫이벤트 다루기」에서 「VISA 이벤트 활성화」, 「VISA 이벤트 기다림」, 「VISA 이벤트 비활성화」가져와서 그림 8.1.22와 같이 배치하고 와이어로 연결하고, 상수, 컨트롤을 생성시킨다.

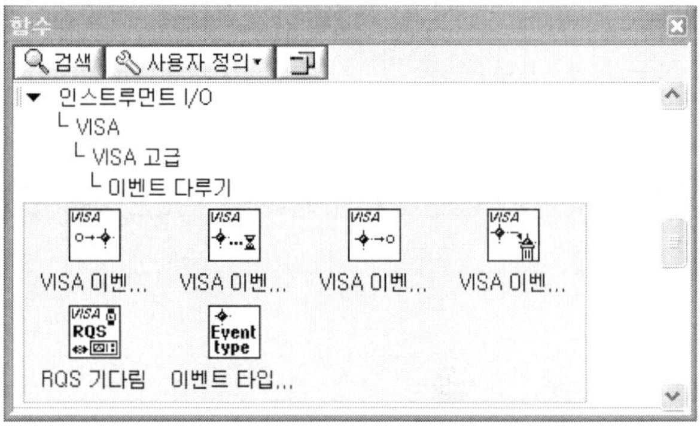

그림 8.1.21

「VISA 이벤트 활성화」의 「이벤트 타입 단자」의 단축메뉴에서 「생성≫상수」를 선택하고 「시리얼 문자」를 표시한다. 또 「VISA 이벤트 기다림」의 「타임아웃」 단자의 단축메뉴에서 「생성≫상수」를 선택하고 1000(1초)을 입력하고, 「이벤트 클래스」 단자의 단축메뉴에서 「생성≫컨트롤」을 선택한다.

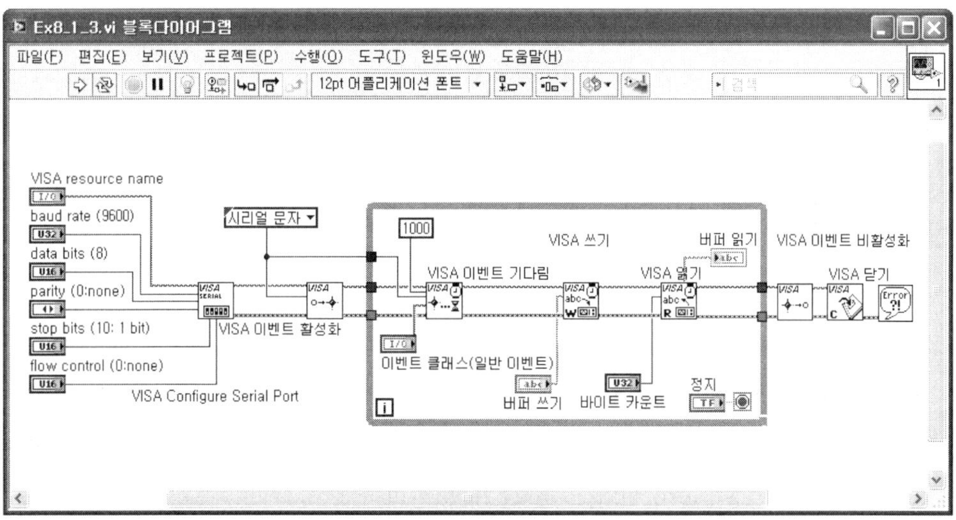

그림 8.1.22

⑦ 프로그램 실행

프런트패널에서 VISA 리소스 이름, 보 전송속도 등을 선택한 후, [⇨]「실행」으로 VI를 실행하고 결과를 살펴보자. 상대편 PC에서 보낸 텍스트가 버퍼 읽기에 잘

수신되는지 여부를 살펴보고, 버퍼 쓰기에 텍스트를 입력하고 상대편 PC에 잘 전달되었는지 여부를 살펴보자.

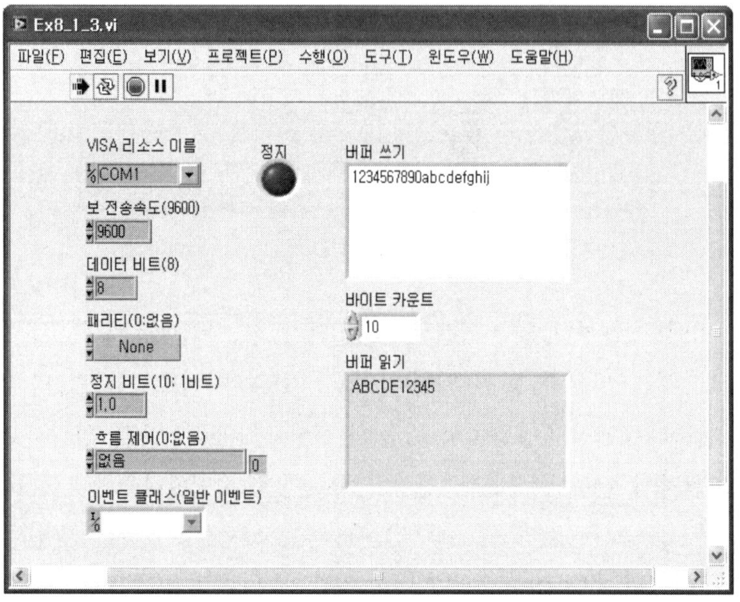

그림 8.1.23

8.2 USB 통신

USB(Universal Serial Bus)는 기존의 PC와 주변기기 사이의 인터페이스를 통합할 것을 목적으로 1993년 Compaq, Intel, Microsoft, NEC가 차세대 인터페이스에 대하여 연구하기 시작한 것이 기원이며, 다음 해에 DEC, IBM, Northern, Telecom 사가 합류하여 1995년 0.9판이 발행된 것이 USB의 개요가 되었다.

USB가 널리 보급되기 시작한 것은 마이크로 소프트 사의 Windows 98이 릴리즈 된 후부터이며, 1998년 말부터 거의 모든 PC에 장착되기 시작했다.

USB 장치는 디바이스 간의 데이터 전송을 고려하지 않기 때문에 반드시 PC와 같은 호스트 컨트롤러가 1대 필요하며, 허브 등을 설치하여 최대 127대까지의 기기를 증설할 수 있게 되어 있다. 그러므로 각 USB장치는 고유의 벤더번호와 모델번호를 가지고 있어야 식별이 가능하다.

USB는 메시지 기반의 통신 버스이며, 각 USB 디바이스는 자체적인 명령 세트를 보유하고 있다. LabVIEW에서는 NI-VISA를 사용하여 USB 디바이스와 통신할 수 있다. VISA 읽기 및 VISA 쓰기 함수를 사용하여 이러한 명령을 USB장치에 보내고, USB장치의 응답을 읽을 수 있다.

LabVIEW의 USB 통신은 블록다이어그램의 함수 팔레트에서 시리얼 통신의 「데이터 통신≫프로토콜≫시리얼」도 사용하고, 「인스트루먼트 I/O≫VISA≫VISA 고급≫특정 버스/인터페이스≫VISA USB」도 사용한다.

그림 8.2.1

다음은 NI사의 NI-Tutorial-4478에서 설명하는 USB 인스트루먼트 컨트롤 방법을 요약한 것이다.

8.2.1 USB와 VISA 배경

VISA는 장비의 버스와 통신하기 위한 high-level API이고, USB는 메시지 기반의 통신 버스이다. 즉, PC와 USB 디바이스는 버스를 통해 명령이나 데이터를 텍스트나 바이너리 데이터로 전송하여 통신한다는 것을 의미한다.

각 USB 디바이스에는 저마다 고유의 명령 세트를 가지고 있다. NI-VISA 읽기 및 쓰기 함수를 이용하면, 이 명령들을 계측기에 전송하고, 계측기로부터 수신한 응답을 읽을 수 있다. 사용하고 있는 계측기의 유효 명령 목록은 계측기 제조업체에 문의해야 한다.

NI-VISA는 3.0 버전부터 공개되었고 USB 통신을 지원한다. VISA 리소스는 두 클래스인 USB INSTR과 USB RAW가 지원된다.

USBTMC(USB Test and Measurement Class)를 준수하는 USB 디바이스는 USB INSTR 리소스 클래스를 이용한다. USBTMC 디바이스와 통신하는데 어떠한 설정이 필요하지는 않다. USB RAW 계측기는 USBTMC 스펙을 특별히 준수하는 계측기들을 제외한 모든 USB 계측기를 뜻한다. 만약 현재 USB RAW 디바이스를 사용하고 있다면, USB 디바이스 제어 섹션의 설명사항을 따라 디바이스를 제어할 수 있도록 NI-VISA를 설정한다.

8.8.2 NI-VISA를 설정하여 USB 디바이스 제어하기

여기서는 USB RAW 디바이스를 Windows가 설치된 컴퓨터에서 NI-VISA 5.0으로 제어할 수 있도록 설정하는 방법을 단계별로 살펴본다. 만약 현재 USBTMC 호환 디바이스를 사용하고 있다면, 디바이스를 연결하고 다음의 세 단계는 건너 띄고 그림 2.8.11의 NI-VISA Interactive Control로 바로 테스트한다.

⨠ Driver Development Wizard를 이용하여 INF 파일 생성

Windows 환경에서 INF 파일을 이용하여 NI-VISA를 이용할 수 있다. NI-VISA 3.0 이상 버전에는 USB 디바이스의 INF 파일을 생성하기 위한 VISA Driver Wizard가 포함되어 있다.

「VISADriver Wizard」를 사용하여 INF 파일 생성하기

컴퓨터의 바탕화면에서 「시작≫프로그램≫National Instruments≫VISADriver Wizard」를 더블클릭하면 NI-VISA Driver Wizard를 실행할 수 있다.

그림 8.2.2

그림 8.2.2에서 「USB」-「Next>」를 누른다.

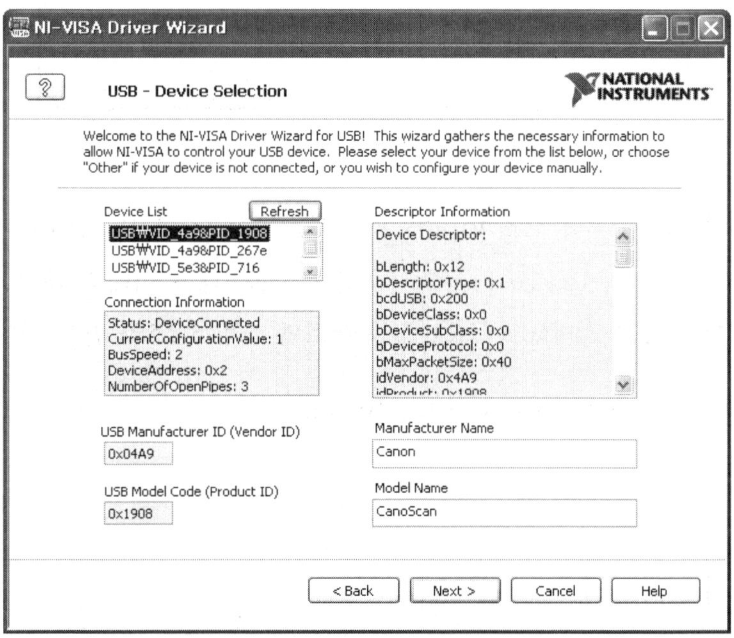

그림 8.2.3

Device List에 기존에 설치되어 있는 USB 드라이버가 나타난다. 기존의 것을 선택하려면, 그림 8.2.3과 같이 선택하고 「Next>」를 누르면 그림 8.2.7과 같이 된다.

그러나 새로운 장치를 설치하려면, 벤더 ID와 제품 ID를 알아야 된다. 「제어판≫시스템≫하드웨어≫장치관리자」를 선택하고, 설치하고자 하는 USB장치를 선택하여 더블 클릭하면 그림 8.2.4의 화면이 나타난다.

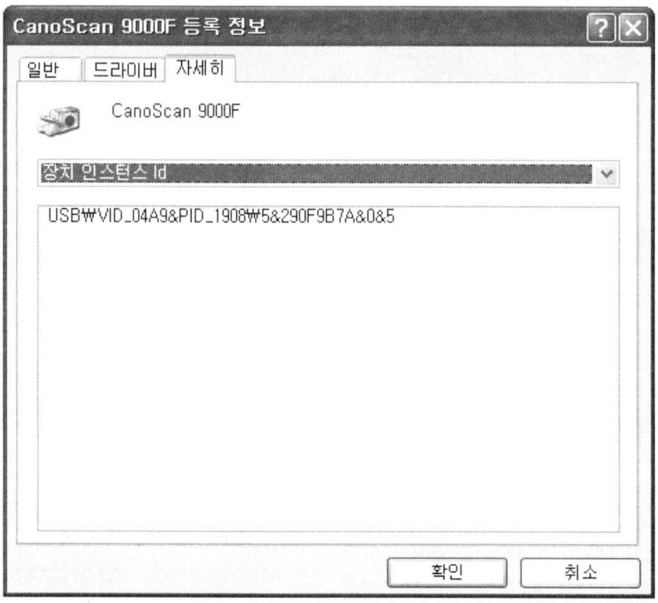

그림 8.2.4

여기서 벤더 ID(VID_)와 제품 ID(PID_)를 알 수 있다.(여기서는 04A9와 1908). 다시 돌아가서, 그림 8.2.3의 Device List에서 수직 스크롤막대를 아래로 내리면, Other...가 나타난다. 「Other...」를 선택하고 「Next>」를 누르면 그림 8.2.5와 같이 되며,

여기서 「Yes」를 누르면 그림 8.2.6과 같이 된다.

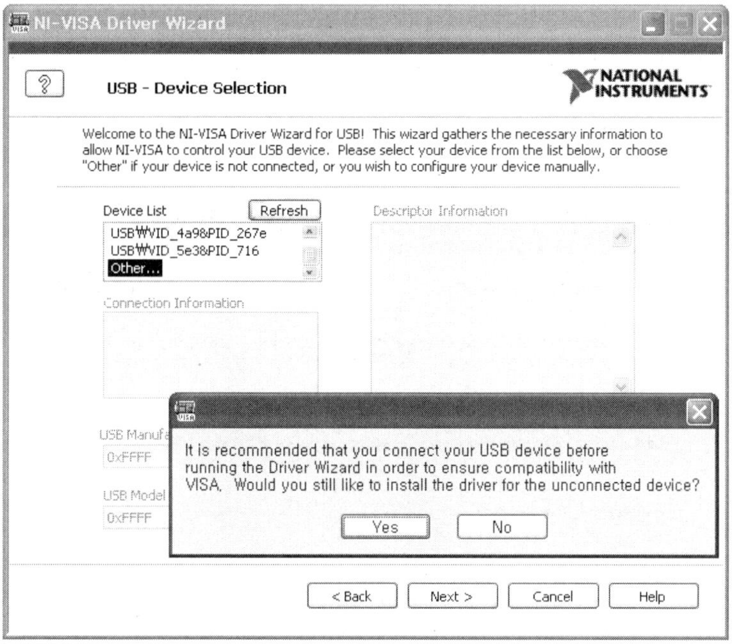
NI-VISA Driver Wizard
USB - Device Selection
NATIONAL INSTRUMENTS
Welcome to the NI-VISA Driver Wizard for USB! This wizard gathers the necessary information to allow NI-VISA to control your USB device. Please select your device from the list below, or choose "Other" if your device is not connected, or you wish to configure your device manually.
Device List
Refresh
Descriptor Information
USB₩VID_4a9&PID_267e
USB₩VID_5e3&PID_716
Other...
Connection Information
It is recommended that you connect your USB device before running the Driver Wizard in order to ensure compatibility with VISA. Would you still like to install the driver for the unconnected device?
Yes
No
0xFFFF
0xFFFF
< Back
Next >
Cancel
Help

그림 8.2.5

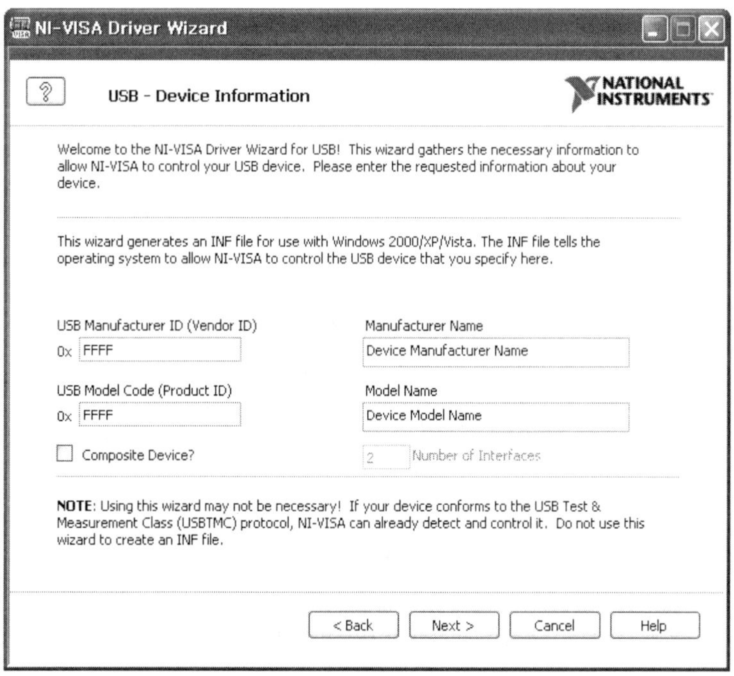
NI-VISA Driver Wizard
USB - Device Information
NATIONAL INSTRUMENTS
Welcome to the NI-VISA Driver Wizard for USB! This wizard gathers the necessary information to allow NI-VISA to control your USB device. Please enter the requested information about your device.
This wizard generates an INF file for use with Windows 2000/XP/Vista. The INF file tells the operating system to allow NI-VISA to control the USB device that you specify here.
USB Manufacturer ID (Vendor ID)
0x FFFF
Manufacturer Name
Device Manufacturer Name
USB Model Code (Product ID)
0x FFFF
Model Name
Device Model Name
Composite Device?
2 Number of Interfaces
NOTE: Using this wizard may not be necessary! If your device conforms to the USB Test & Measurement Class (USBTMC) protocol, NI-VISA can already detect and control it. Do not use this wizard to create an INF file.
< Back
Next >
Cancel
Help

그림 8.2.6

그림 8.2.6에 그림 8.2.4에서 확인한 벤더 ID(VID_)와 제품 ID(PID_)(여기서는 04A9와 1908)를 입력하고, Manufacture Name와 Model Name도 적당히 기록한 후 「Next>」를 누르면 그림 8.2.7이 된다.

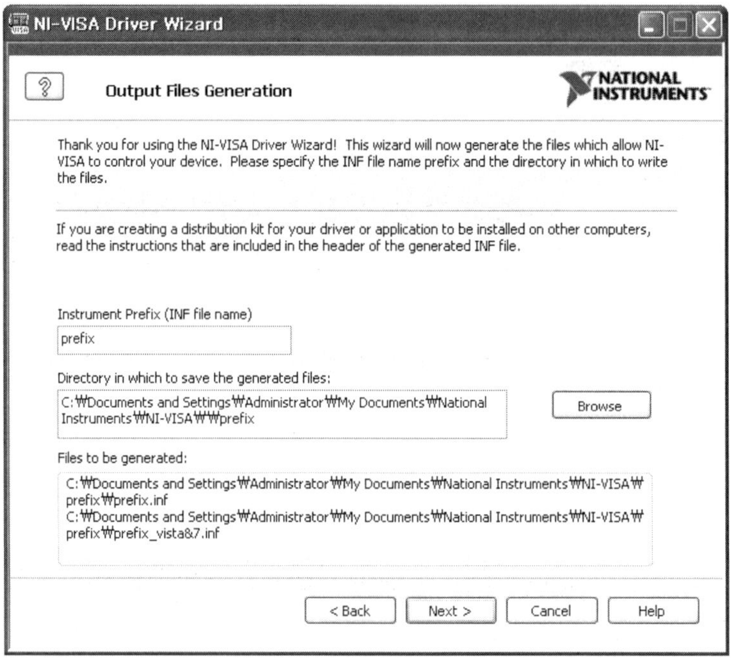

그림 8.2.7

여기서 「Next>」를 누르면 그림 8.2.8과 같이 이미 존재한다는 메시지가 나타난다.

그림 8.2.8

이와 같은 그림 8.2.8과 유사한 창이 나타나면, 계속 「확인」을 누르면 그림 8.2.9의 화면이 나타난다.

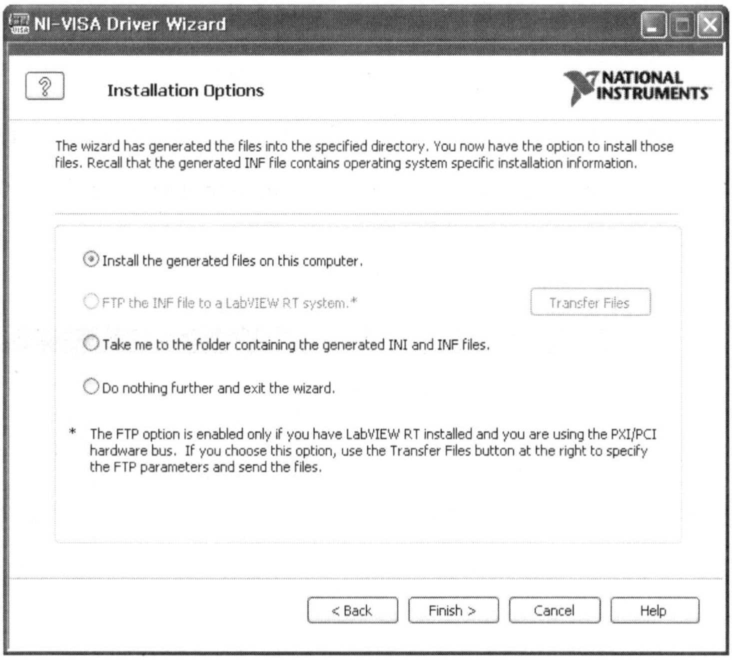

그림 8.2.9

「Finish>」를 누르면 설치가 종료되고 INF 파일이 생성된다.

≫ INF 파일과 USB 디바이스 설치

Windows 버전마다 INF 파일의 설치 방법이 다르다. Windows 2000/XP와 Windows Vista/7은 다르기 때문에 NI-VISA Driver Wizard는 그림 8.2.7의 Files to be Generated에서 보는 것과 같이, 두 개의 INF 파일을 생성하게 된다.

INF 파일을 INF 폴더에 복사한다. INF 폴더는 보통 C:\WINDOWS\INF에 있다. 이 폴더는 숨겨져 있을 수 있으므로 도구≫폴더 옵션≫ 보기≫고급 설정에서 숨김 파일, 폴더 및 드라이브 보기를 선택하여 폴더 옵션을 변경해야 한다.

C:\WINDOWS\INF의 INF 파일을 마우스 오른쪽 클릭하고 설치(Install)를 클릭하면, 디바이스에 대한 PNF 파일이 생성된다. 이제 USB 디바이스를 연결한다. USB 디바이스가 USB 포트에 연결되자마자 Windows에서는 새 하드웨어 추가 마법사가 자동으로 나타난다. 설치가 완료되면 Windows는 디바이스가 성공적으로 설치되었다는 메시지를 나타내게 된다.

VISA Interactive Control을 이용한 통신 테스트

설치 여부와 동작 테스트는 MAX에서 확인할 수 있다.

바탕화면에서 [아이콘] 아이콘을 클릭하면 순서대로 MAX화면이 나타나며, LabVIEW 초기화면의 메뉴에서 「도구≫Measurement and Automation Explorer」를 선택해도 MAX 화면이 나타난다.

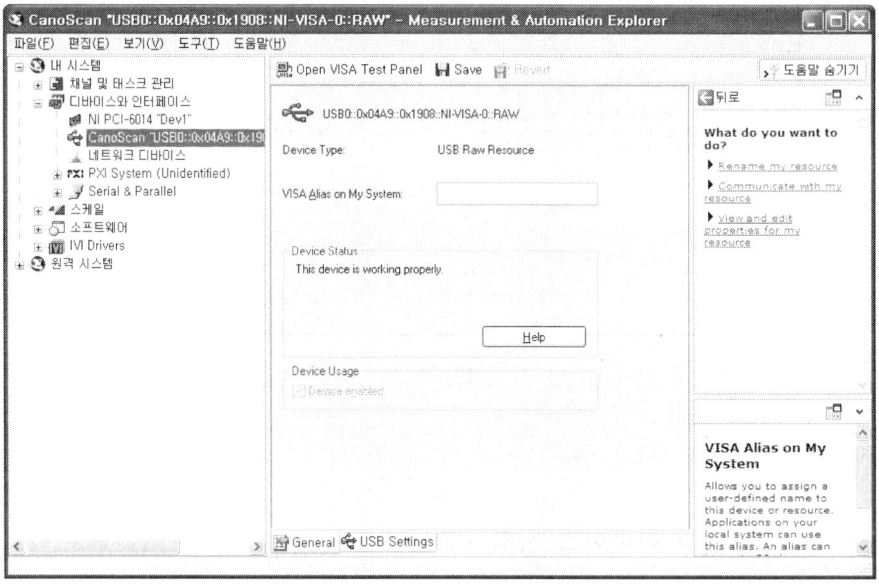

그림 8.2.10

VISA를 이용하여 USB 장치와 통신하려면 USB 장치의 VISA 인스트루먼트 디스크립터를 이용한다. VISA 인스트루먼트 디스크립터에는 두 가지 포맷을 사용한다. 첫째, USB INSTR 디바이스의 포맷은 USB[board]:: manufacturer ID::model code:: serial number[:: USB interface number]::INSTR로 표시되고, 두 번째, USB RAW 디바이스의 포맷은 USB[board]:: manufacturer ID:: model code:: serial number[:: USB interface number]::RAW이다. 여기서 예로 설명한 것은 USB RAW 장치이다.

USBTMC(USB Test and Measurement Class) 스펙에 따르면, 모든 USBTMC 장치에는 일련번호가 있어야 한다. 일부 USB RAW 장치에는 일련번호가 없을 경우도 있다. 일련번호가 없는 경우에, NI-VISA는 위의 NI-VISA-#와 같이 자동으로 VISA에게 특정한 일련번호를 할당한다.

일부 USB 디바이스들은 여러 인터페이스를 가지고 있다. PCI 디바이스가 여러 기능을 가질 수 있는 것과 같은 맥락이다. 디바이스가 한 인터페이스만 지원한다면, USB 인터페이스 넘버를 포함시키지 않아도 된다.

VISAIC(VISA Interactive Control)는 어떤 VISA 자원이든지 쉽게 통신하기 위하여 이용되는 유틸리티 프로그램이다. VISA를 사용하기 위하여 USB 장치는 설치된 후에, USB에서 목록으로 만들어져야 한다

그림 8.2.10의 메뉴에서 「도구≫NI-VISA≫VISA Interactive Control」을 선택하면 그림 8.2.11과 같이 VISA Interactive Control 화면이 나타난다.

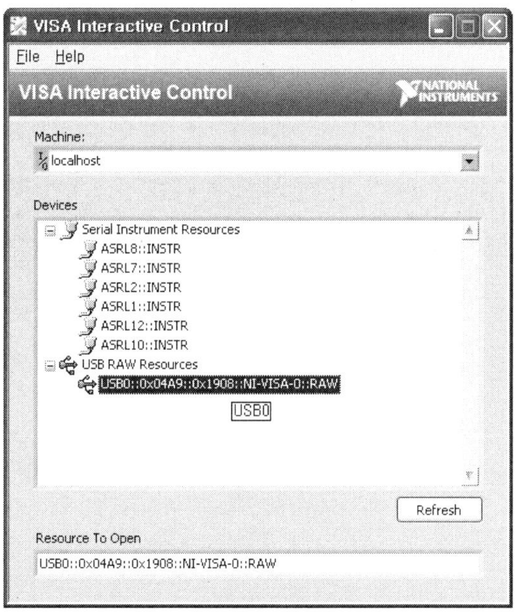

그림 8.2.11

그림 8.2.11 하단의 [USB0::0x04A9::0x1908::NI-VISA-0::RAW]를 선택(더블클릭)하면 그림 8.2.12의 화면이 나타난다. 그림 8.2.10에서 「Open VISA Test Panel」을 선택하여도 바로 그림 8.2.12 화면이 나타난다.

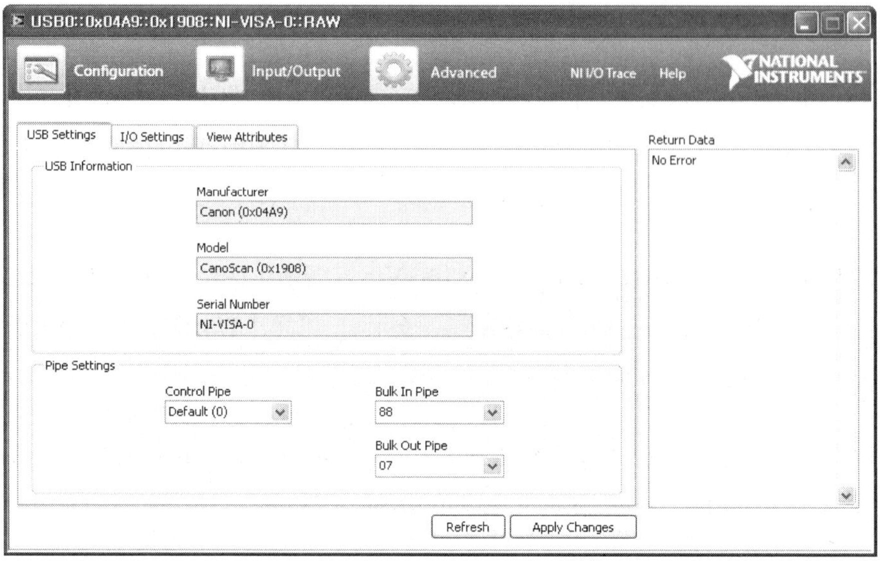

그림 8.2.12

그림 8.2.12에서 「Input/Output」을 선택한다.

그림 8.2.13

그림 8.2.13에서 「USB Control」을 선택하고, 「Execute」를 누르면 USB장치에서 데이터가 들어오는 것(Return Data)을 확인할 수 있다.

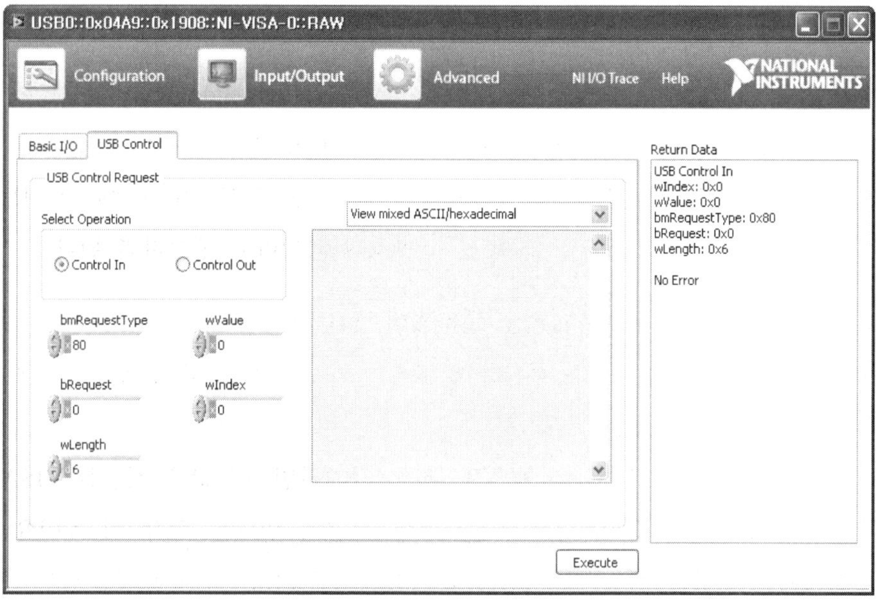

그림 8.2.14

8.2.3 USB 장치와 통신하기 위하여 NI-VISA 사용하기

이 세션에서는 NI-VISA 3.0을 사용하여 USB 장치와 통신하는 방법을 설명한다. USB 장치에는 2개의 Class가 있다. 통신 방법은 USB 장치의 Class에 달려 있다

- USB INSTR Class (USBTMC): USBTMC를 준수하는 디바이스는 NI-VISA USB INSTR 클래스를 이용한다. 이 장치는 488.2 방식의 통신을 사용한다. 이 장치를 위해, 당신은 단순히 사용할 수 있다. VISA Open, VISA Close, VISA Read, and VISA Write 함수를 간단히 사용할 수 있다.

예제 8_2_1은 USBTMC 장치와 통신하는 VI이다. 이 예제에서, VISA 세션은 USB 디바이스에 열려 있다. 한 명령이 디바이스에 쓰기 되어 있고, 응답이 다시 읽히고 있다. 이 예에서 전송 중인 특정 명령은 디바이스의 ID 쿼리이다. 디바이스 명령 세트는 디바이스 제조업체에 확인해야 한다. 모든 통신이 완료된 후 VISA 세션은 닫힌다.

- USB RAW Class: USB RAW Class와 통신할 때는 각 디바이스가 각 고유의 통신 프로토콜을 이용할 수도 있기 때문에 더 복잡하다. 디바이스의 통신 프로토콜에 대한

상세 정보는 디바이스 공급업체에 문의해야 한다.

USB는 네 가지 종류의 파이프 또는 엔드포인트(pipes or endpoints)인 컨트롤, 벌크, 인터럽트, 등시성(control, bulk, interrupt, and isochronous)을 이용하여 통신한다. 이 파이프들은 다른 정보 유형을 전송한다. 또한 엔드포인트 중 어떤 수라도 엔드포인트 종류 중 하나가 될 수 있다. 엔드포인트를 통신 소켓(socket)이라고 생각하면 된다.

NI-VISA는 세 가지 종류의 USB 파이프인 컨트롤, 벌크, 인터럽트를 지원한다. NI-VISA가 USB 계측기를 감지하면, 각 종류에서 가장 낮게 사용할 수 있는 엔드포인트에 맞는 계측기를 자동으로 스캔한다.

VISA가 사용 가능한 가장 낮은 엔드포인트를 감지하면, 이 값을 적절한 VISA 속성에 할당한다. 엔드포인트 안의 벌크와 엔드포인트 밖의 벌크는 각각 VI_ATTR_USB_BULK_IN_PIPE 속성과 VI_ATTR_USB_BULK_OUT_PIPE 속성에 저장된다. -1 값은 USB 디바이스가 이 종류의 파이프를 지원하지 않음을 뜻한다. 컨트롤 파이프에서는 엔드포인트 0만이 지원된다.

C API를 이용하고 있을 경우, viSetAttribute 함수를 이용하여 엔드포인트를 변경하는데, LabVIEW에서는 Write VISA Property 노드를 이용한다.

NI-VISA에는 USB 파이프를 통해 데이터를 전송할 수 있는 네 가지 함수가 포함되어 있다. 이 함수들을 이용하여 디바이스와 통신하기 앞서, VISA USB 속성들을 이용하여 통신 프로토콜을 설정해야 한다.

예제 8.2.1 USBTMC 장치와 통신하기

다음은 NI 사의 NI-Tutorial-4478에서 설명하는 USBTMC 장치와 통신하기 위한 테스트 VI이다.

① 메뉴에서 「새 VI」를 선택하여 Ex8_2_1.vi 로 저장한다.

② 블록다이어그램 완성하기

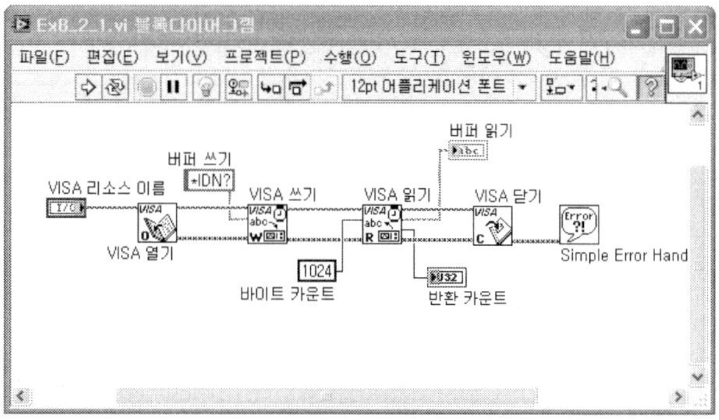

그림 8.2.15

③ VISA 클래스 선택하기

프런트패널에서 「VISA 리소스 이름」의 오른쪽 콤보를 눌러도 그림 8.2.16과 같이 USB 장치명이 나타나지 않는다.

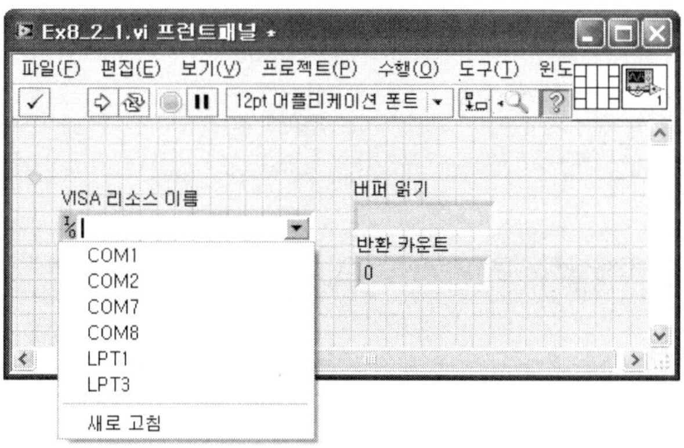

그림 8.2.16

「VISA 리소스 이름」에서 단축메뉴를 불러서 「VISA 클래스 선택≫I/O Session ≫USB Raw」를 선택한다.

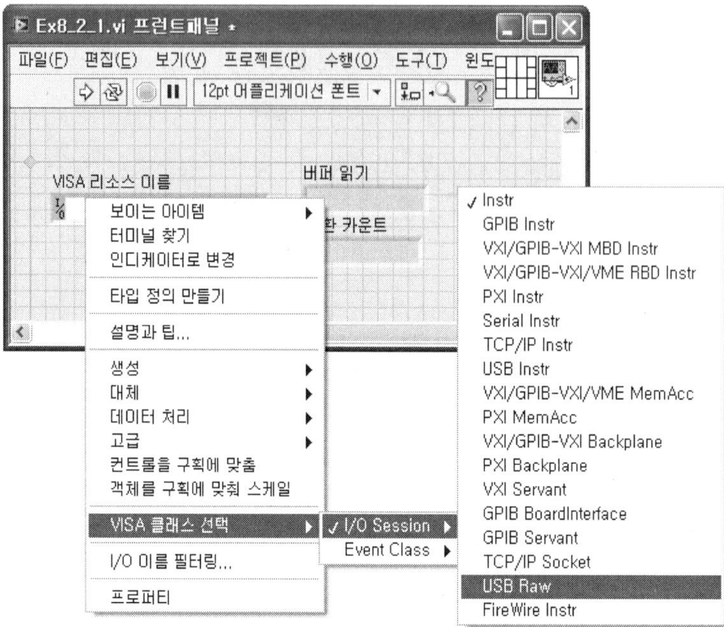

그림 8.2.17

USB 장치를 연결하고 「VISA 리소스 이름」의 오른쪽 콤보를 누르면 디바이스 명칭이 나타난다.

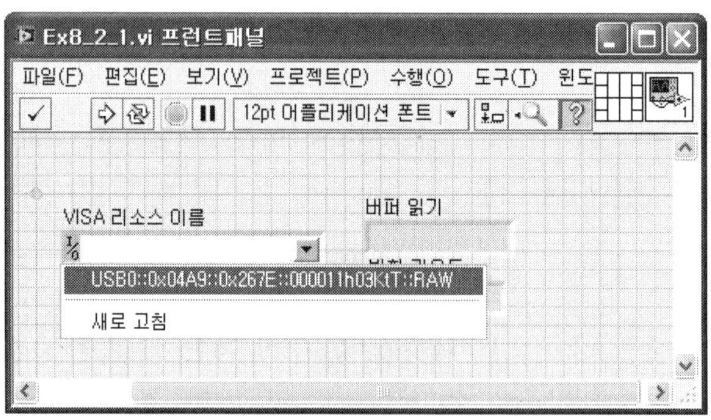

그림 8.2.18

8.3 GPIB 통신

GPIB(General Purpose Interface Bus: 범용 목적 인터페이스 버스) 통신은 HP(Hewlett Packaed) 사가 1960년 초에 컴퓨터와 계측장비의 통신을 용이하게 하기 위해 개발한 것이다. 국제적인 전기전자 표준화 기구인 IEEE(Institute of Electrical Engineerd)는 GPIB를 1975년에 표준화하였다. GPIB는 원래 계측장비와 컴퓨터를 연결하는데 목적이 있었으나, 현재 컴퓨터간 통신, 멀티미터, 스캐너, 오실로스코프 운용 등에 널리 사용하고 있으나, 20m 이상의 장거리 통신에 장애가 많고, 동시에 여러 대를 연결하지 못하는 등의 제약 때문에 현재는 다른 인터페이스 프로토콜에 자리를 내어주고 있는 형편이다.

퍼스널 컴퓨터에서 LabVIEW를 통하여 GPIB 통신을 구현하려면, NI-DAQ와 같이 하드웨어로 GPIB 카드 및 GPIB 포트와 소프트웨어로 NI-488.2와 같은 드라이버가 있어야 한다. GPIB, HP-IB, IEEE488은 같은 의미의 용어이다.

LabVIEW에서는 GPIB 통신에 관하여 심도있는 많은 드라이버를 제공하고 있으니 관심있는 분들은 내쇼날인스트루먼트사에서 제공하는 사용설명서를 참고하기 바란다.

8장 연습문제

8.1 다음은 LabVIEW 예제 Advanced Serial Write and Read.vi이다. 이 VI를 완성하여 시리얼 포트를 이용하여 통신 테스트를 해보자.

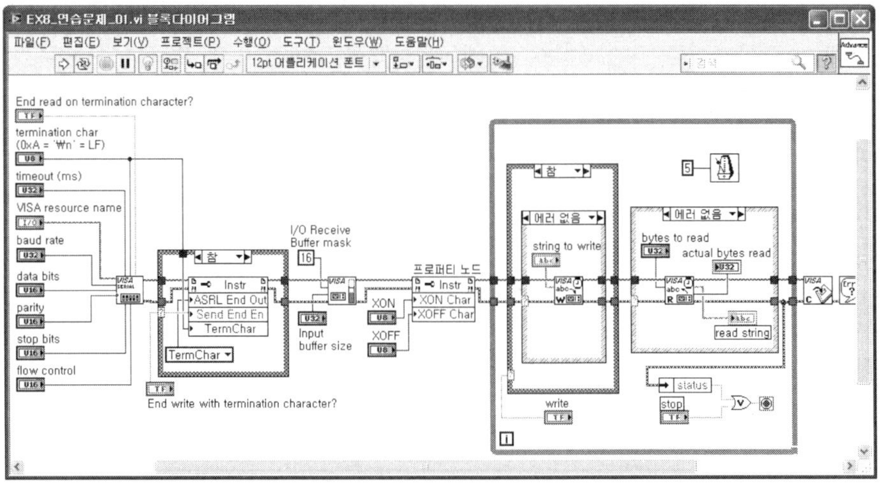

그림 8.1 블록다이어그램

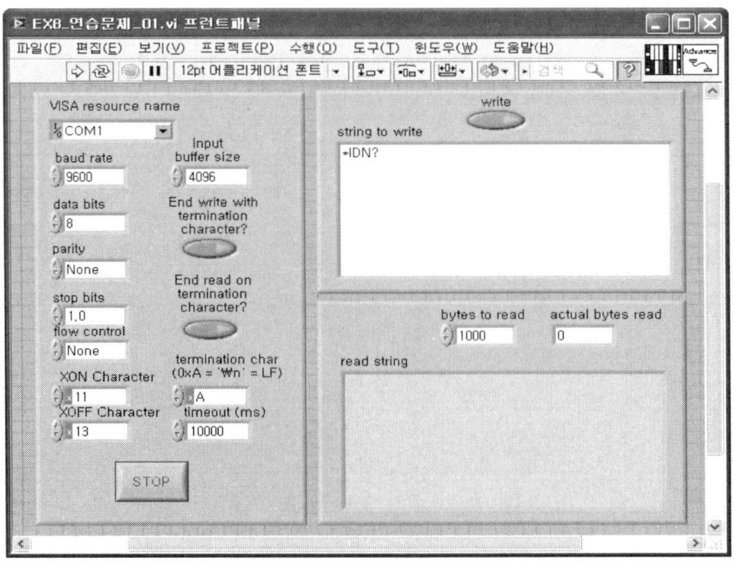

그림 8.1 프런트패널

8.2 온도센서로부터 RS232 시리얼 포트를 통하여 정해진 시간에 온도를 측정하고 이를 파일로 저장하는 VI를 만들어라.

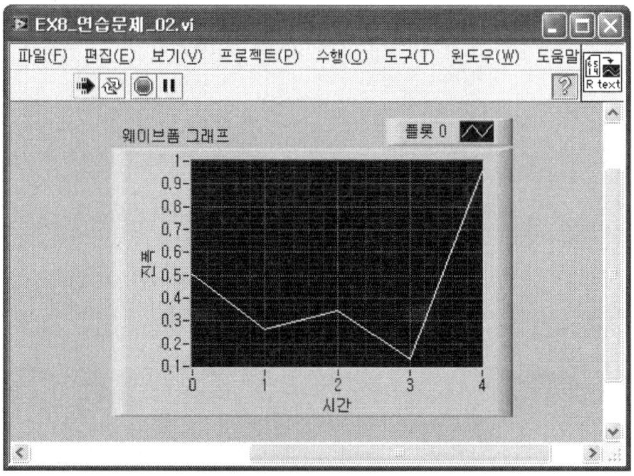

그림 8.2

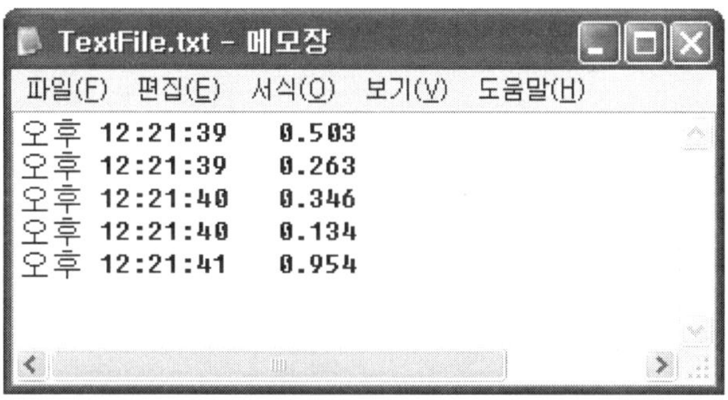

그림 8.2 결과파일

CHAPTER

09 인터넷 통신

LabVIEW에서는 네트워크로 연결된 상호간에 데이터를 전달하기 위하여, 내장형 TCP/IP 함수를 이용하거나, VI 서버 기능을 이용하는 방법 및 데이터 소켓을 이용하는 방법 등 다양한 방법을 제공하고 있다.

9.1 TCP/IP 함수를 이용한 데이터 전달

TCP(전송 제어 프로토콜: Transmission Control Protocol)는 패킷의 교환을 근간으로 하는 인터넷 프로토콜(IP, Internet Protocol)을 기반으로 작동하는 네트워크의 정보 전달을 통제하는 프로토콜이다. 인터넷을 이루는 핵심 프로토콜의 하나로서 국제 인터넷 표준화 기구(IETF)의 RFC 793에 기술되어 있다. TCP는 IP 위에서 동작하는 프로토콜로 흔히 TCP/IP로 표기한다.

LabVIEW에서는 내장형 TCP/IP 함수를 사용하여 서버 VI와 클라이언트 VI를 만들어서 데이터를 주고받을 수 있다.

LabVIEW의 TCP/IP 통신은 블록다이어그램의 함수 팔레트에서 「데이터 통신≫프로토콜≫TCP」을 선택하면 나타난다.

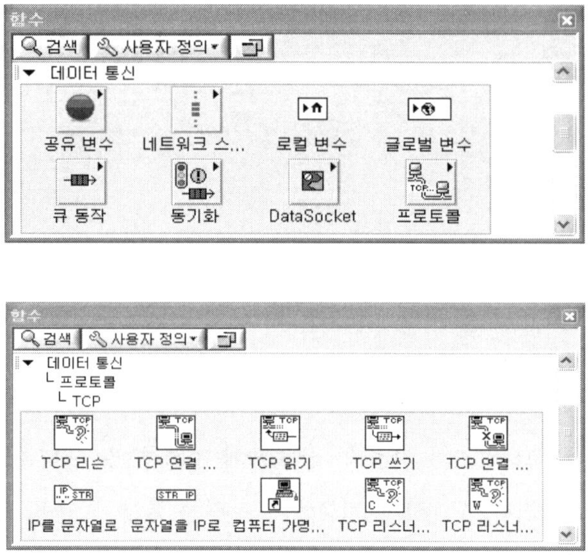

그림 9.1.1

예제 9.2.1 네트워크에서 시간을 송수신하기

네트워크상에서 시간을 출력하는 서버용 VI와 시간을 서버에서 가져오는 클라이언트용 VI를 만들자.

» 서버용 VI 만들기

① 메뉴에서 「새 VI」를 선택하여 Ex9_1_1 Server.vi 로 저장한다.

② 블록다이어그램

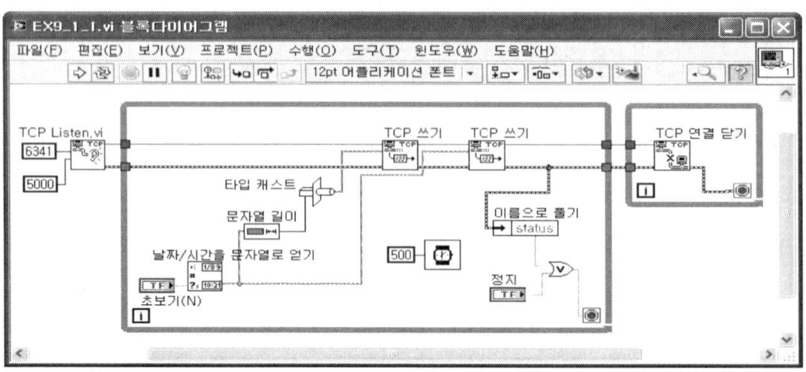

그림 9.1.2

③ 프런트패널과 실행

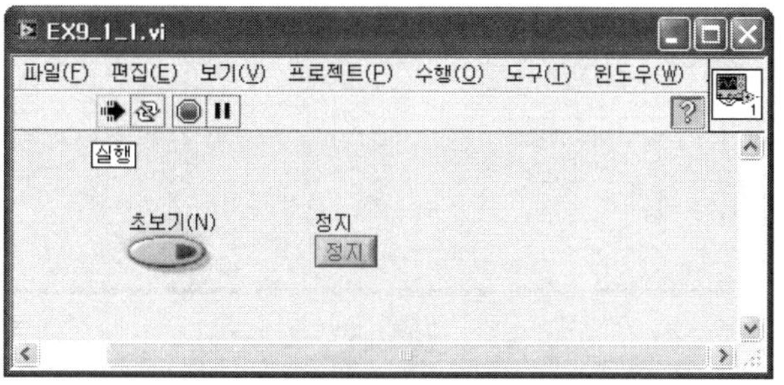

그림 9.1.3

» **클라이언트용 VI 만들기**

① 메뉴에서 「새 VI」를 선택하여 Ex9_1_1 Client.vi 로 저장한다.

② 블록다이어그램

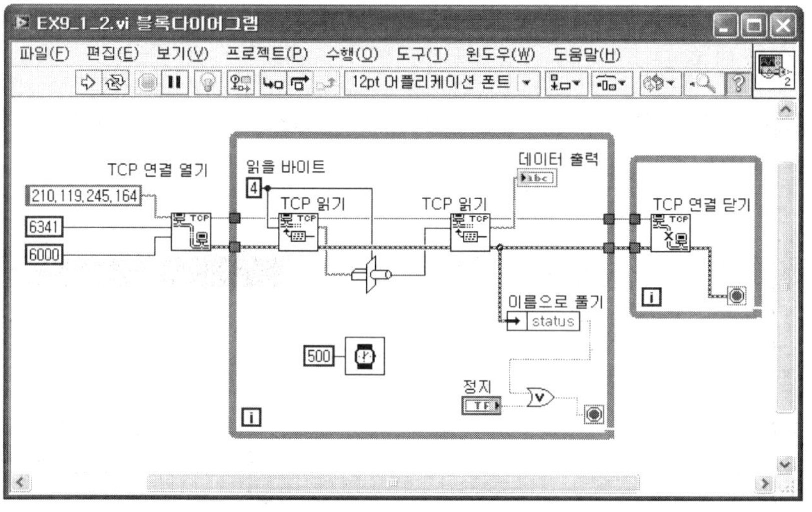

그림 9.1.4

③ 프런트패널과 실행

서버에 Ex9_1_1 Server.vi를 먼저 실행시키고, 이 Ex9_1_1 Client.vi를 「실행」 한다.

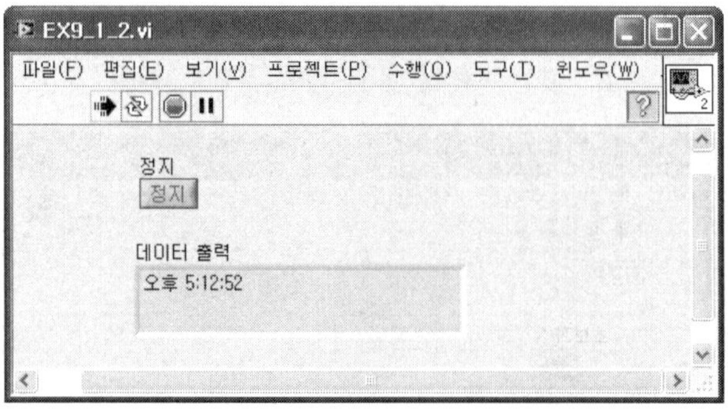

그림 9.1.5

예제 9.1.2 네트워크에서 사인파형을 송수신하기

네트워크상에서 사인파형을 출력하는 서버용 VI와 사인파형을 서버에서 가져오는 클라이언트용 VI를 만들자. (LabVIEW 예제의 Simple Data Server.vi 와 Simple Data Client.vi 참조)

» 서버용 VI 만들기

① 메뉴에서 「새 VI」를 선택하여 Ex9_1_2 Simple Data Server.vi 로 저장한다.

② 블록다이어그램

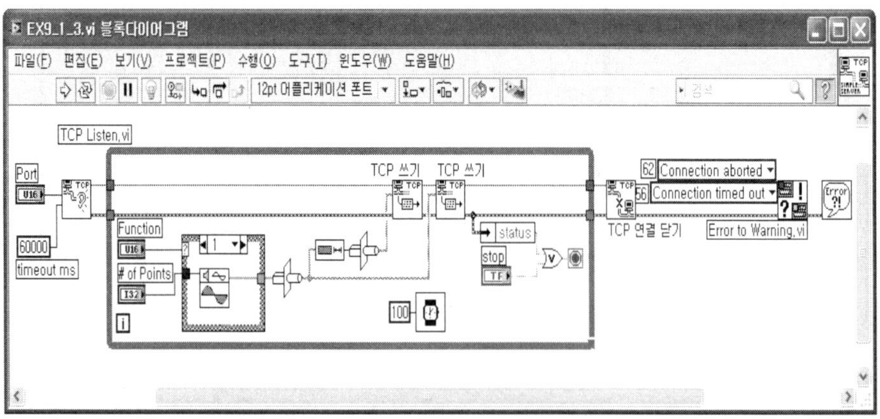

그림 9.1.6

③ 프런트패널과 실행

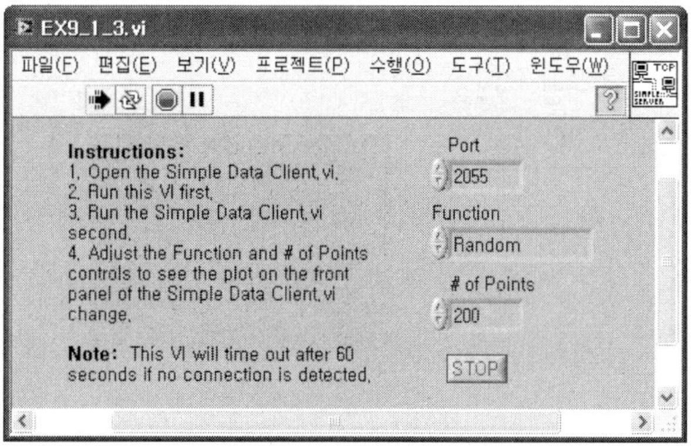

그림 9.1.7

» **클라이언트용 VI 만들기**

① 메뉴에서 「새 VI」를 선택하여 Ex9_1_2 Simple Data Client.vi 로 저장한다.

② 블록다이어그램

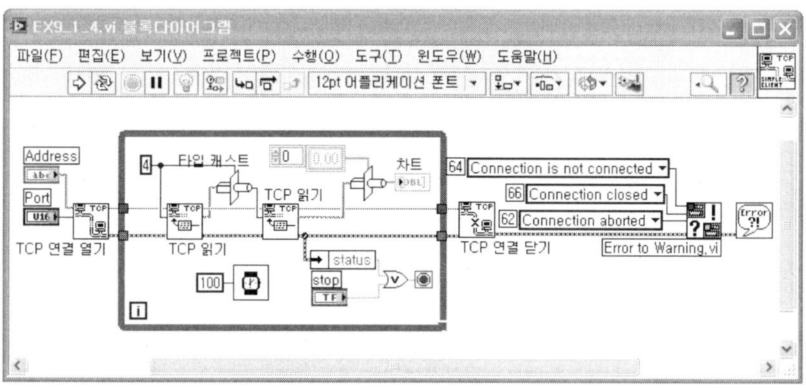

그림 9.1.8

③ 프런트패널과 실행

서버에 Ex9_1_2 Simple Data Server.vi를 먼저 실행시키고, 이 Ex9_1_2 Simple Data Client.vi를 「실행」 한다.

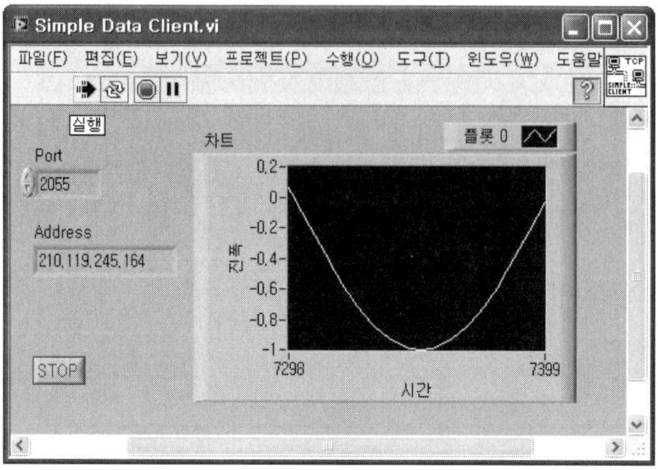

그림 9.1.9

9.2 VI 서버

VI 서버는 LabVIEW 객체(Object)의 두 클래스(Class)에 참조(Reference)를 생성하는 메카니즘을 제공하고 메소드(Method)를 실행함으로써 객체에 연산을 할 수 있도록 허용하고 객체들의 속성(Properties)을 설정할 수 있도록 한다. 이 절의 “VI 서버”는 앞 절에서 설명한 “서버 VI 프로그램”에서의 “서버용 VI”과는 다른 뜻의 용어이다.

VI 서버 활성화

LabVIEW의 VI 서버를 사용하려면, 사용자 컴퓨터에 VI 서버의 TCP/IP를 활성화시켜야 한다.

LabVIEW 초기화면 또는 블록다이어그램이나 프런트패널의 「도구≫옵션≫VI 서버」를 선택하면 그림 9.2.1이 나타난다.

TCP/IP 등을 선택하고, 수직 스크롤막대를 내리면 그림 9.2.2가 나타난다.

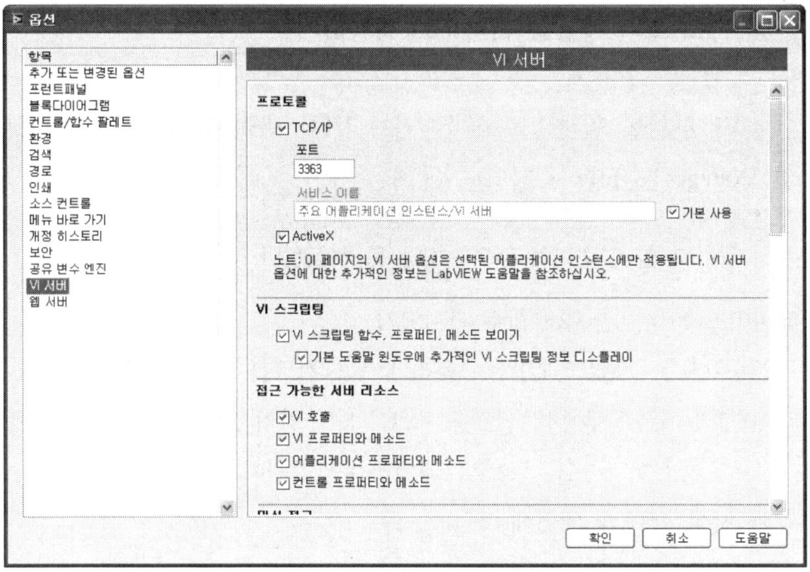

그림 9.2.1

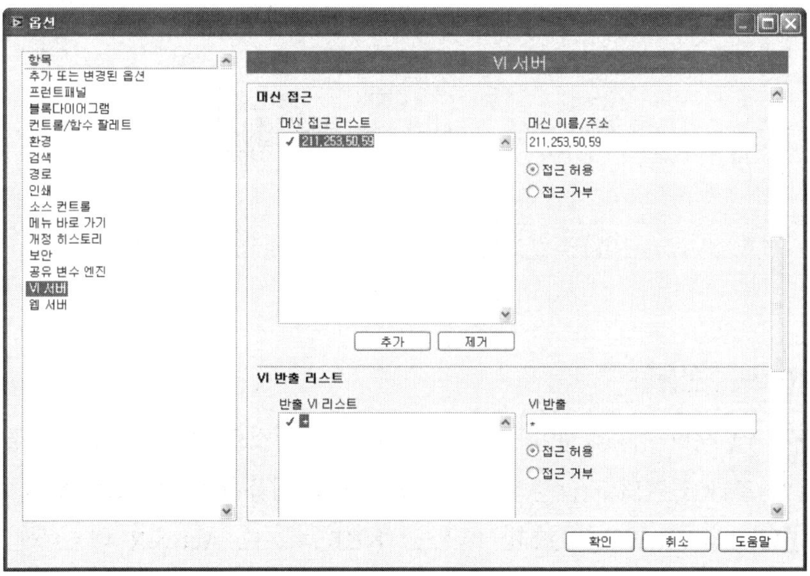

그림 9.2.2

그림 9.2.2에서 확인 버튼을 누르면 VI 서버를 사용할 준비가 된다.

예제 9.2.1 호스트의 파일을 원격으로 실행하기

호스트상의 VI 파일을 원격으로 실행시키는 VI를 만들자. (LabVIEW 예제의 Cont Acq&Graph Voltage-To File.vi 참조)

① 메뉴에서 「새 VI」를 선택하여 Ex9_2_1.vi 로 저장한다.

② 블록다이어그램에서 VI 서버 함수 가져오기

함수 팔레트에서 「프로그래밍≫어플리케이션 컨트롤≫어플리케이션 참조 열기」, 「프로그래밍≫어플리케이션 컨트롤≫VI 참조 열기」, 「프로그래밍≫어플리케이션 컨트롤≫인보크 노드」, 「프로그래밍≫어플리케이션 컨트롤≫VI 참조 닫기」 들을 선택하여 적당한 위치에 놓는다.

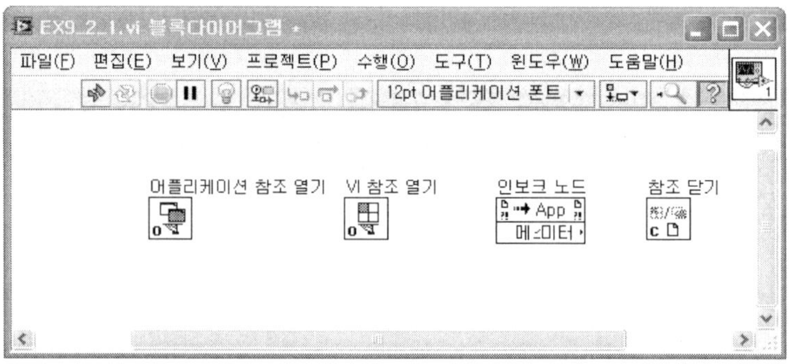

그림 9.2.3

③ 인보크 노드 만들기

노드가 VI 서버 어플리케이션 클래스나 버추얼 인스트루먼트 클래스로 설정되어 있고 참조가 연결되지 않은 경우, 참조는 현재 어플리케이션 또는 VI를 기본으로 한다. LabVIEW에는 XML 메소드, .NET 메소드, ActiveX 메소드에 접근하도록 미리 설정된 인보크 노드가 있다.

「인보크 노드」 위에서 단축메뉴를 불러, 「클래스 선택≫VI 서버≫VI≫VI」를 선택한다.

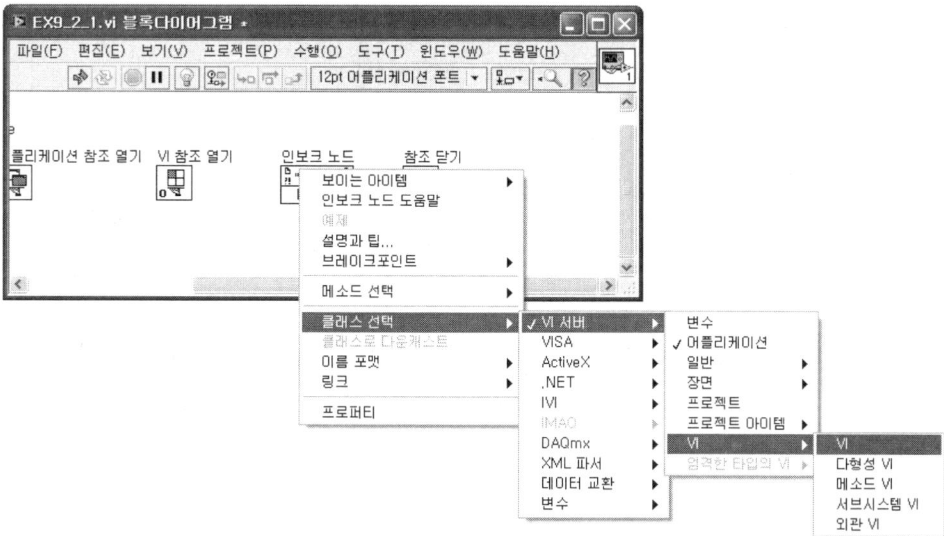

그림 9.2.4

「인보크 노드」의 App가 VI로 바뀐다. 다시 「인보크 노드」의 「메소드」원소 위에서 단축메뉴를 불러, 「메소드 선택≫VI 실행」을 선택하고, 「인보크 노드」의 「Wait Until Done」원소 위에서 단축메뉴를 불러, 「생성≫상수」를 선택하여 불리언 거짓상수를 붙이면 그림 9.2.5와 같이 된다.

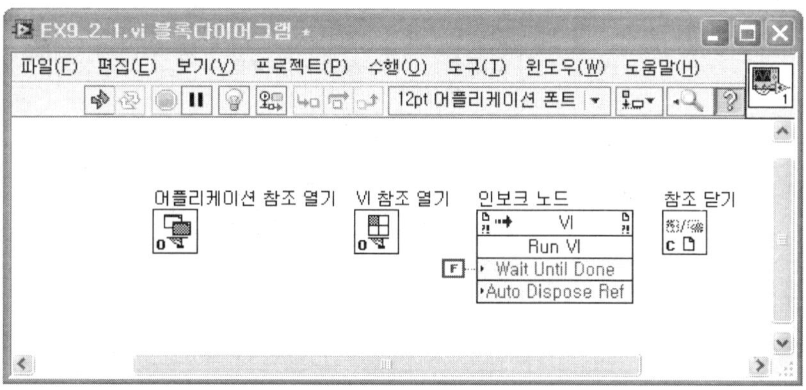

그림 9.2.5

④ 「어플리케이션 참조 열기」에 컨트롤 생성하기

「어플리케이션 참조 열기」의 「“”:로컬 참조 열기」 단자 위에서 단축메뉴 「생성

≫컨트롤」을 선택하여 문자열 컨트롤을 생성한다. 「포트번호 또는 서비스 이름」은 아무것도 연결하지 않는다. (디폴트 포트이용)

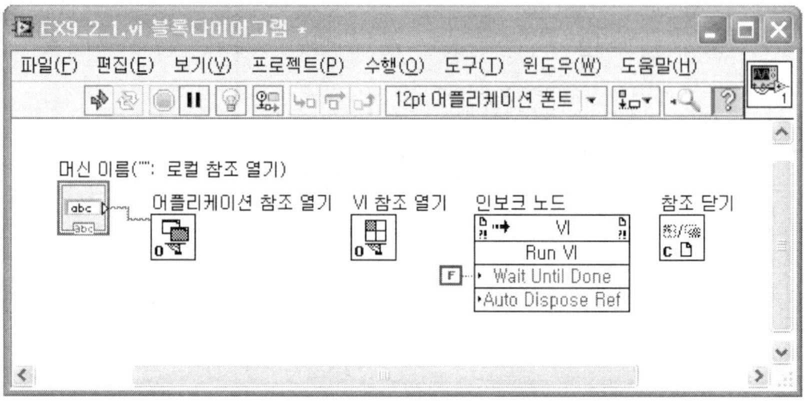

그림 9.2.6

⑤ 「VI 참조 열기」에 컨트롤 생성하기

「VI 참조 열기」의 「vi 경로」 단자 위에서 단축메뉴 「생성≫상수」을 선택하여 문자열 상수를 생성하고, 원격 호스트에서 실행할 VI의 경로를 입력한다.

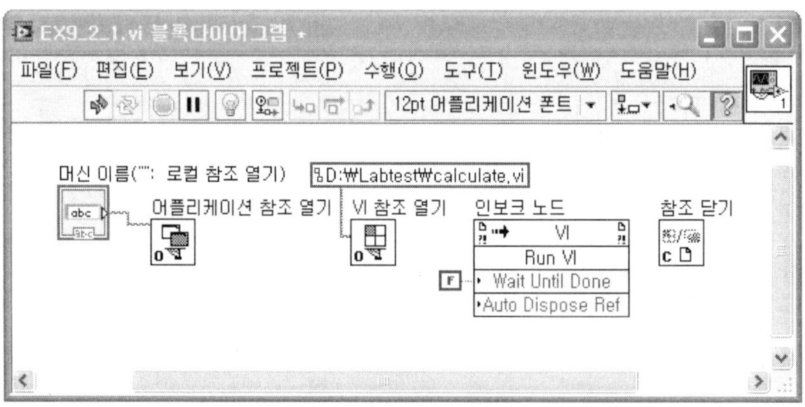

그림 9.2.7

⑥ 블록다이어그램 완성하기

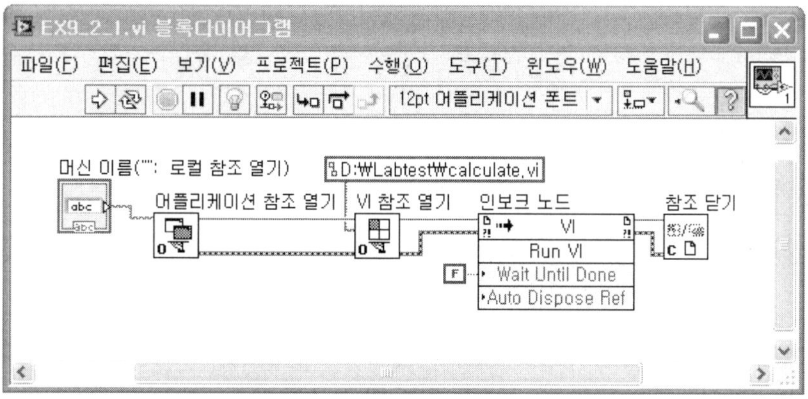

그림 9.2.8

⑦ 프로그램 실행

프런트패널에서 원격호스트의 도메인이나 IP주소를 입력한 후, ⇨「실행」으로 VI를 실행한다. 원격호스트의 D: \ Labtest \ calculate.vi가 실행되어 있을 것이다.

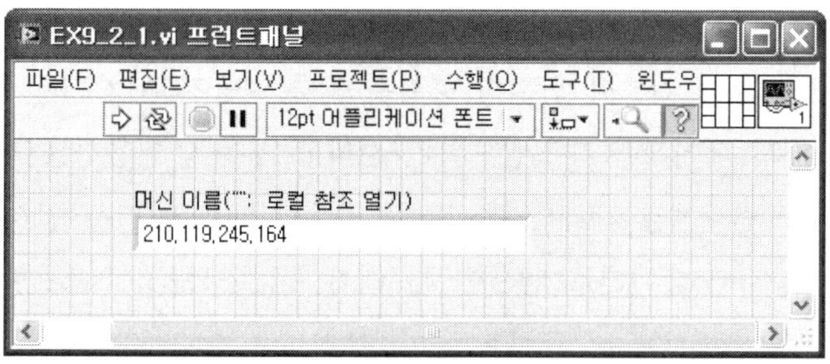

그림 9.2.9

이때 원격호스트의 「도구≫옵션≫VI 서버」에는 그림 9.2.10과 같이 이 컴퓨터의 도메인이나 IP주소가 「머신 접근 리스트」에 추가되어 있고 「접근 허용」되어 있어야한다. 그렇지 않다면 Ex9_2_1은 실행되지 않고 에러메시지를 출력한다.

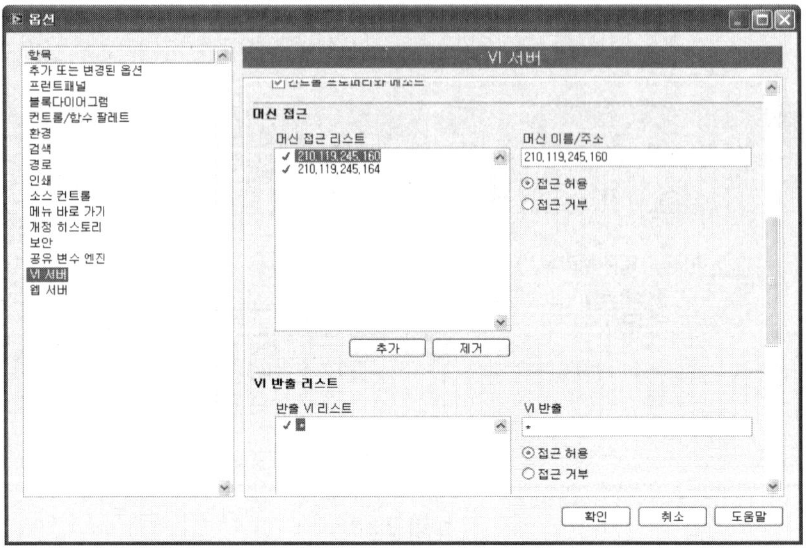

그림 9.2.10

9.3 데이터 소켓

데이터 소켓은 URL에 기초한 단일의 통합된 최종 사용자 API로써, 특별한 고려사항 없이 네트워크상에서 데이터를 주고받도록 공시하고 구독을 허용하는 기술이다.

다른 사용자와 프런트패널 객체의 데이터를 공유할 때 데이터를 공시(published)했다고 하고, 반대로 공시된 데이터를 검색할 때 데이터를 구독(subscribe)했다고 한다.

LabVIEW의 데이터 소켓은 블록다이어그램의 함수 팔레트에서 「데이터 통신≫DataSocket」을 선택하면 나타난다.

그림 9.3.1

데이터 소켓 서버 활성화

데이터를 네트워크에 공시하기 위해서는「데이터 소켓 서버」를 활성화 해야 한다.

컴퓨터의 바탕화면에서「시작≫프로그램≫National Instruments≫DataSocket≫DataSocket Server」를 더블클릭하면 DataSocket Wizard를 실행할 수 있다.

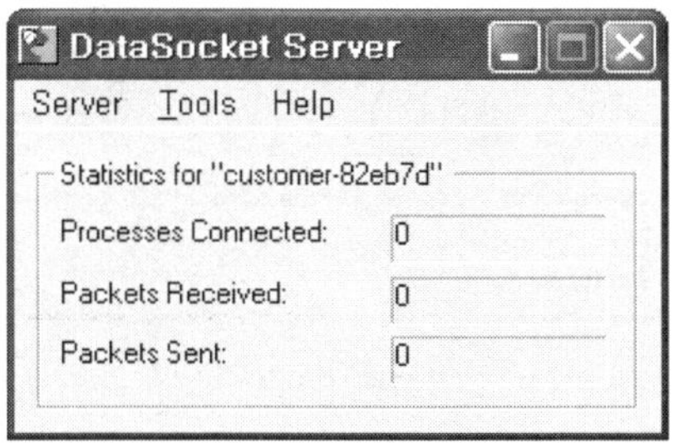

그림 9.3.2

예제 9.3.1 네트워크에서 데이터를 공시하고 구독하기

예제 4_2_8은 For 루프를 이용하여 사인 파형을 그리고 배열에 저장하는 VI이다. 이를 서버에서 공시하고 클라이언트에서 구독하는 VI를 만들자.

» **공시용 VI 만들기**

① 메뉴에서「열기」를 선택하여 Ex4_2_8.vi를 불러와서「다른 이름으로 저장하기」를 선택하여 Ex9_3_1 published.vi 로 저장한다.

② 블록다이어그램을 정리하고 그림 9.3.3과 같이 While 루프를 씌운다.

③ 블록다이어그램 완성

블록다이어그램의 함수 팔레트에서「데이터 통신≫DataSocket」에서「DataSocket 열기」,「DataSocket 쓰기」,「DataSocket 닫기」를 불러오고,「DataSocket 열기」의「URL」과「모드」입력단자에 각각 컨트롤과 상수를 생성시키고 와이어로 연결하여 블록다이어그램을 완성한다.

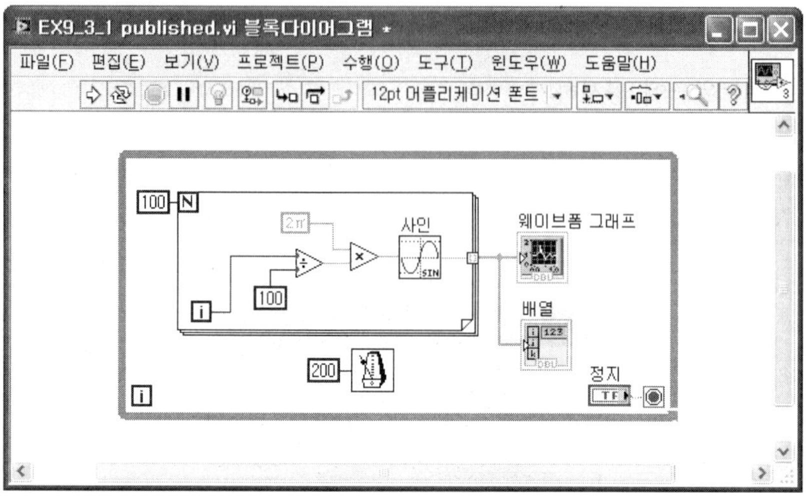

그림 9.3.3

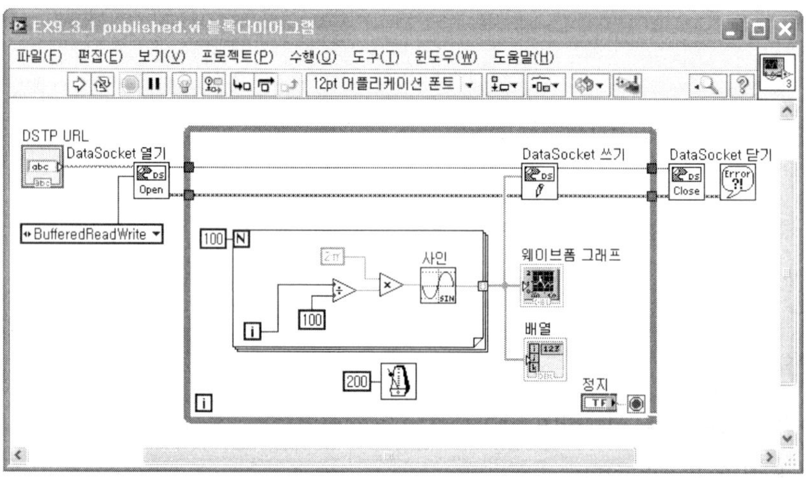

그림 9.3.4

④ 프로그램 실행

프런트패널의 DSTP URL 컨트롤에

dstp://localhost(또는 IP)/data

와 같이 URL 명칭을 입력하고, ⇨「실행」으로 VI를 실행한다.

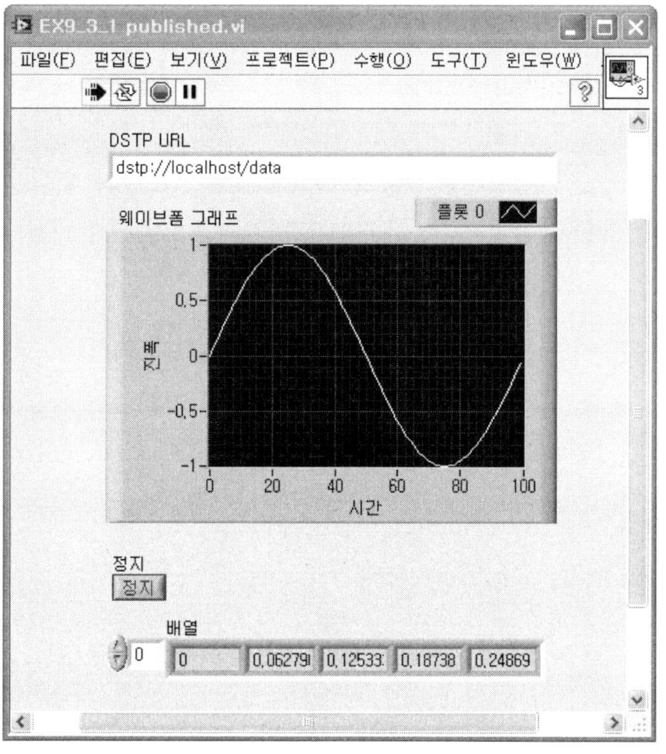

그림 9.3.5

» **구독용 VI 만들기**

① 메뉴에서 「새 VI」를 선택하여 Ex9_3_1 subscribe.vi 로 저장한다.

② 블록다이어그램

블록다이어그램의 함수 팔레트에서 「데이터 통신≫DataSocket」에서 「DataSocket 열기」, 「DataSocket 읽기」, 「DataSocket 닫기」를 불러오고, 「DataSocket 열기」의 「URL」과 「모드」 입력단자에 각각 컨트롤과 상수를 생성시키고 와이어로 연결한다. 또 「DataSocket 읽기」의 「데이터」 출력단자에 「프로그래밍≫클러스터, 클래스 & 배리언트≫배리언트를 데이터로」를 불러 연결시키고 배열과 웨이브폼 그래프를 생성시켜서 블록다이어그램을 완성한다.

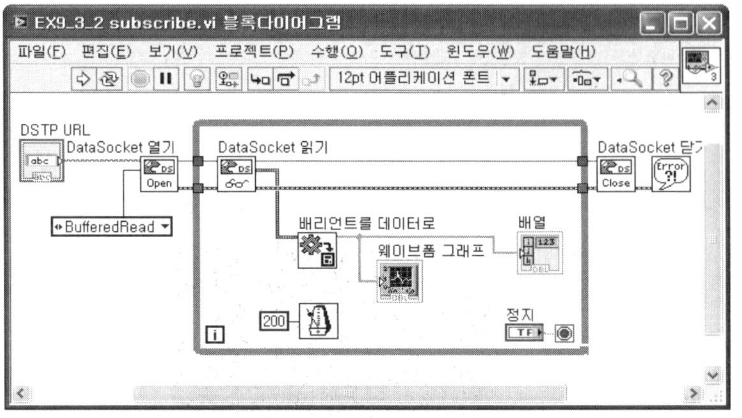

그림 9.3.6

③ 프로그램 실행

프런트패널의 DSTP URL 컨트롤에

dstp://localhost(또는 공시자 IP)/data

와 같이 URL 명칭을 입력하고, ⇨「실행」으로 VI를 실행한다.

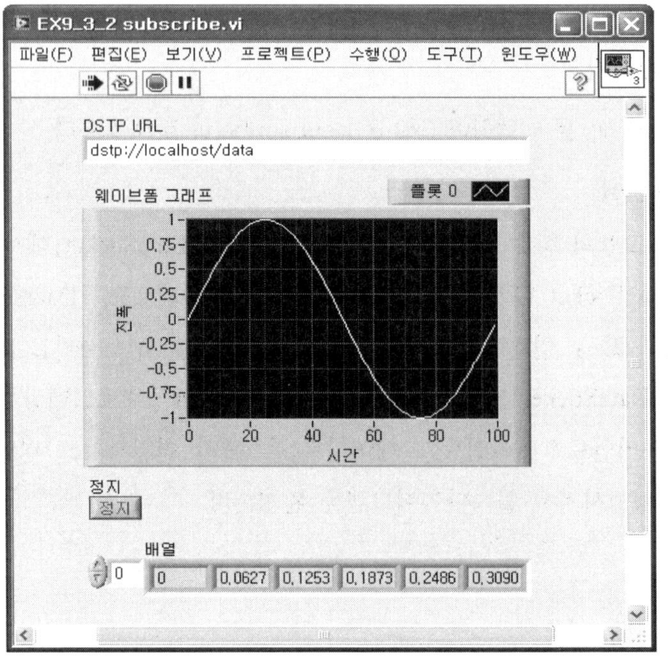

그림 9.3.7

9장 연습문제

9.1 LabVIEW 예제의 Server-VIServer Example.vi와 Client-VIServer Example.vi는 네트워크의 클라이언트에서 서버의 VI를 동작하고, 데이터를 반환받아 클라이언트에 표시하는 VI이다. 이 두 개의 VI를 동작시키고 결과를 살펴보아라.

- **서버용 VI**
  - Server-VIServer Example.vi
  - 블록다이어그램

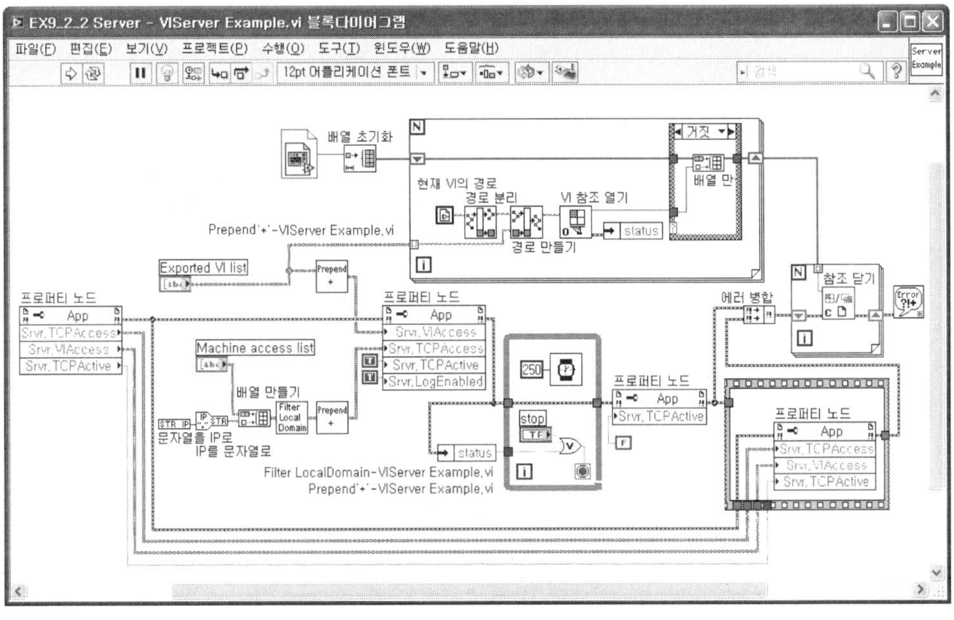

그림 9.1

그림 9.1의 Prepend(Prepend '+' - VIServer Example.vi) 서브VI는 그림 9.2와 같다.

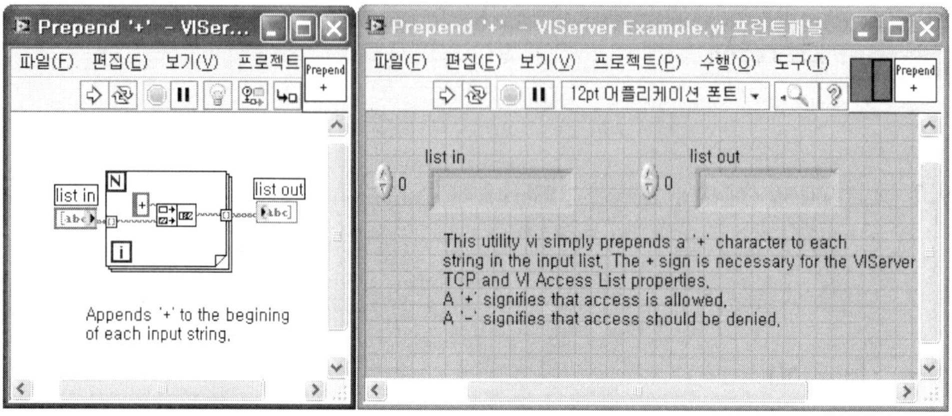

그림 9.2

그림 9.1의 Filter LocalDomain(Filter LocalDomain - VIServer Example.vi) 서브VI는 그림 9.3, 9.4와 같다.

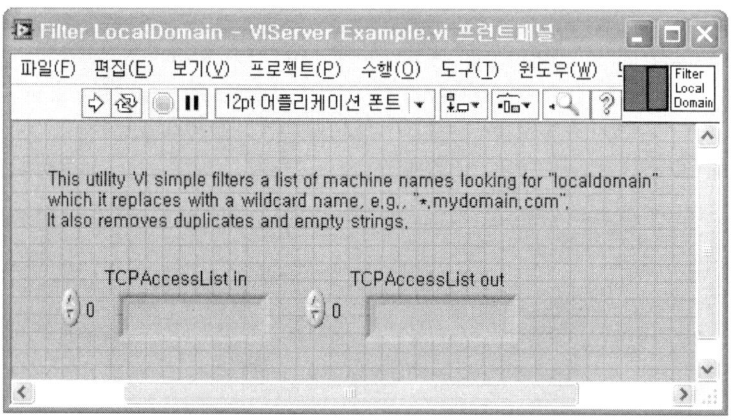

그림 9.3

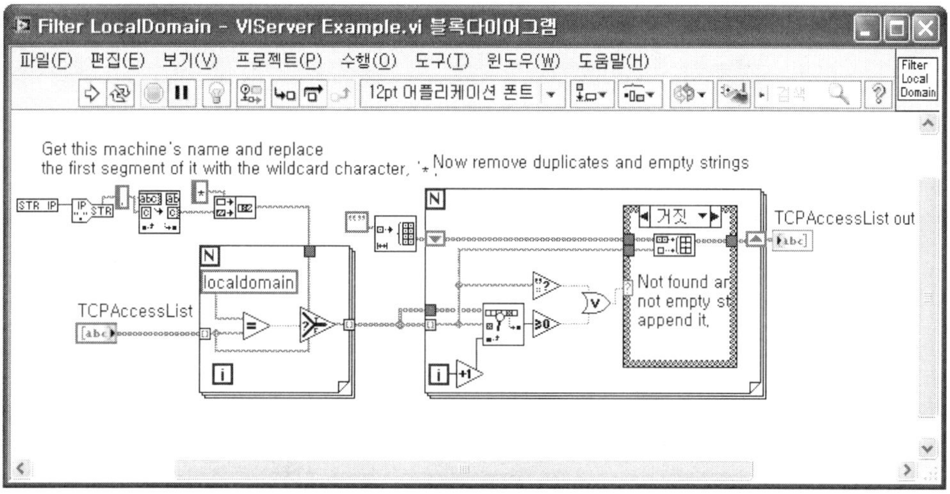

그림 9.4

프런트패널과 실행: 이 VI는 서버에서 실행한다.

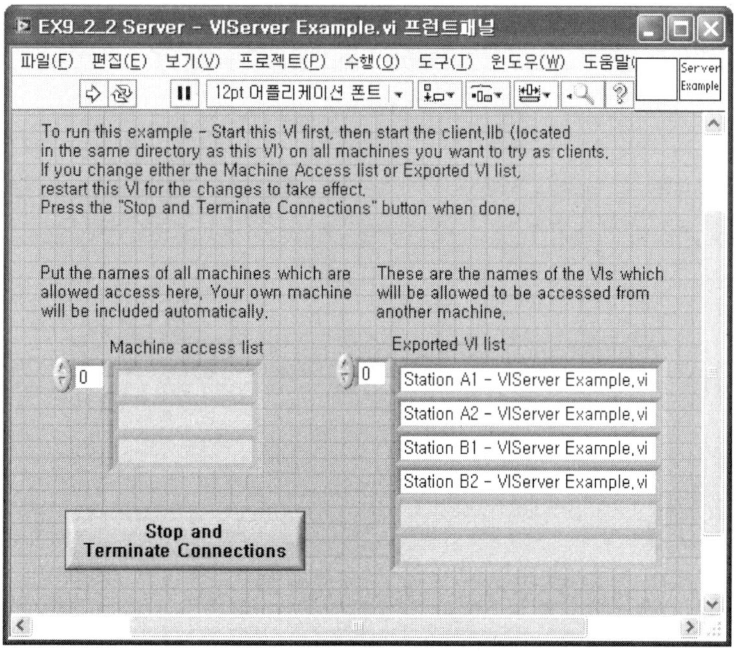

그림 9.5

- **클라이언트용 VI**
  - Client-VIServer Example.vi
  - 프런트패널과 실행: 이 VI는 클라이언트에서 실행한다.

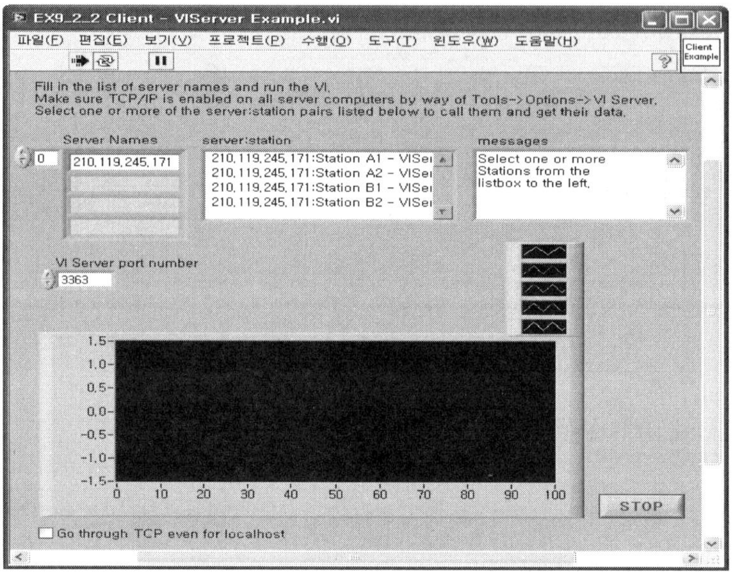

그림 9.6

9.2 네트워크의 클라이언트에서 숫자형 값 2개를 서버에 송신하여 서버의 VI(덧셈기)를 동작하고, 덧셈 결과 데이터를 반환받아 클라이언트에 표시하는 VI를 만들어라.

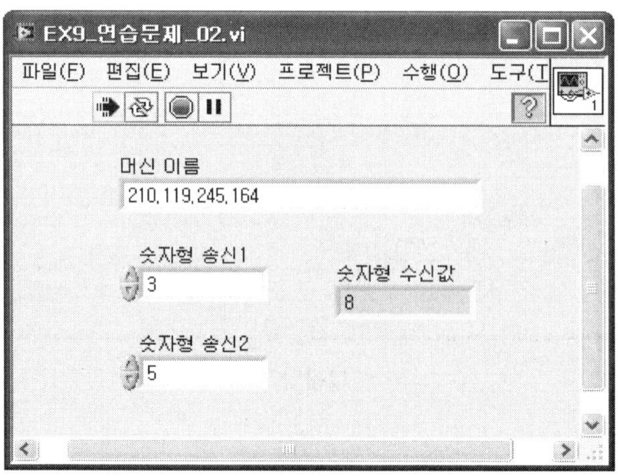

그림 9.7

CHAPTER

10 실용 프로그램 만들기

10.1 실행파일 만들기

VI를 실행파일(.EXE 파일)로 만들기 위해서는 Application Builder가 있어야 된다. Application Builder가 설치(Install)되어 있으면 EXE 또는 DLL 파일을 만들 수 있다.

예제 10.1.1 실행파일 만들기

예제 2_2_6은 두 수를 더하고 빼는 VI 예제이다. 이를 실행파일로 만들자.

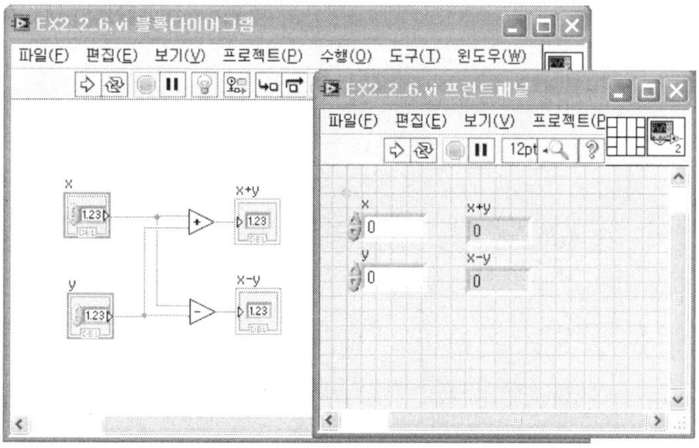

그림 10.1.1

① 프런트패널에서 「도구≫VI에서 어플리케이션 (EXE)만들기....」를 선택하면 그림 10.1.3과 같은 「VI에서 어플리케이션 만들기」 메뉴가 나타난다.

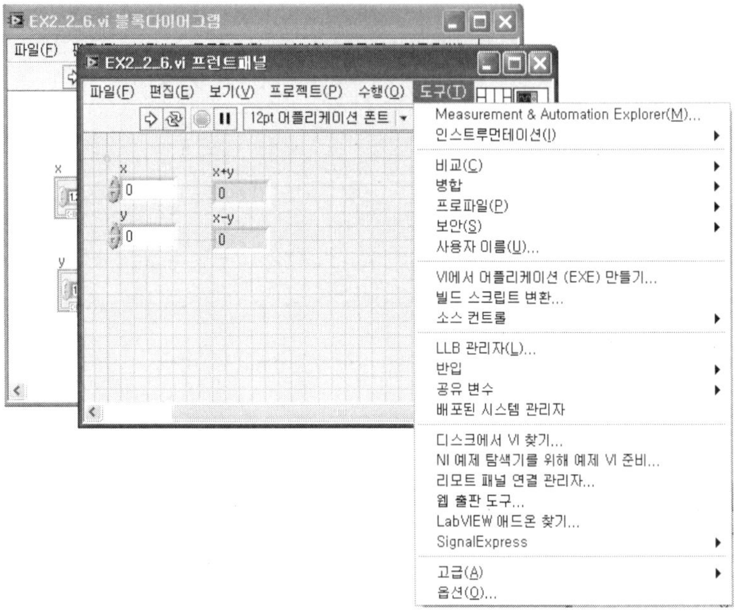

그림 10.1.2

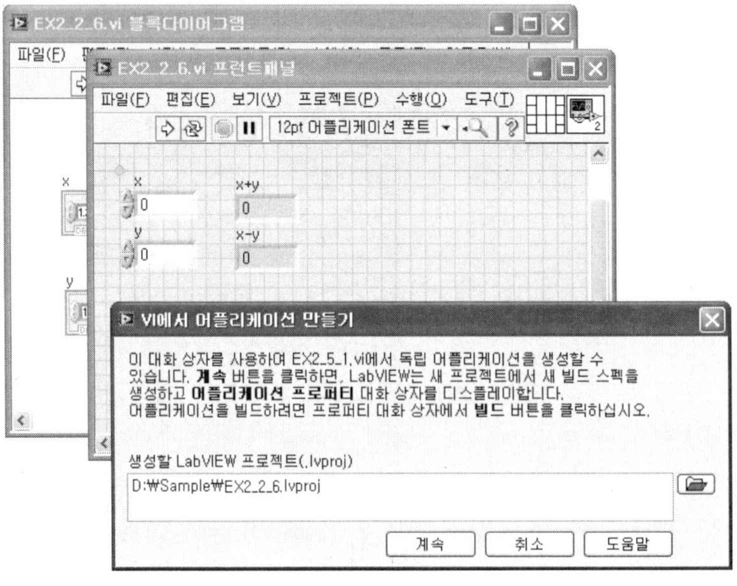

그림 10.1.3

② 그림 10.1.3의 「생성할 LabVIEW 프로젝트(.lvproj)」에 실행파일이 저장될 폴더와 파일(여기서는 Ex2_2_6.exe) 이름을 지정하고, 「계속」버튼을 누르면, 그림 10.1.4와 이어서 그림 10.1.5가 나타난다.

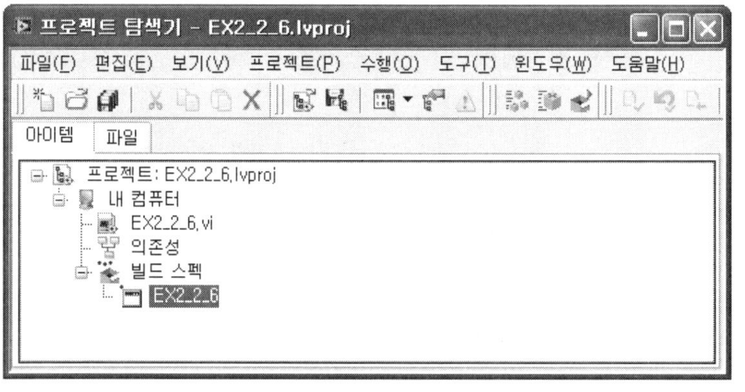

그림 10.1.4

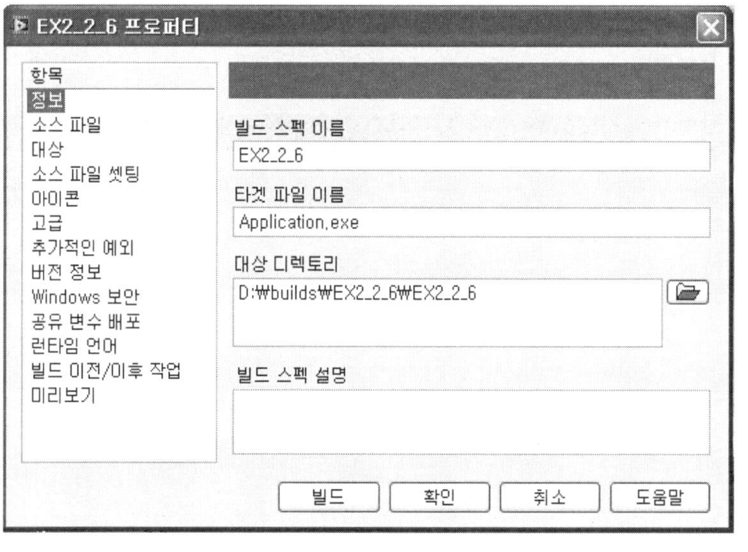

그림 10.1.5

③ 이때 「빌드스팩이름」(EXE 실행파일로 만들고자하는 VI 프로그램), 「타겟 파일 이름」, 「대상 디렉토리」를 결정한 후, 「빌드」 버튼을 누르면, 그림 10.1.6과 같이 작업이 완료된다.

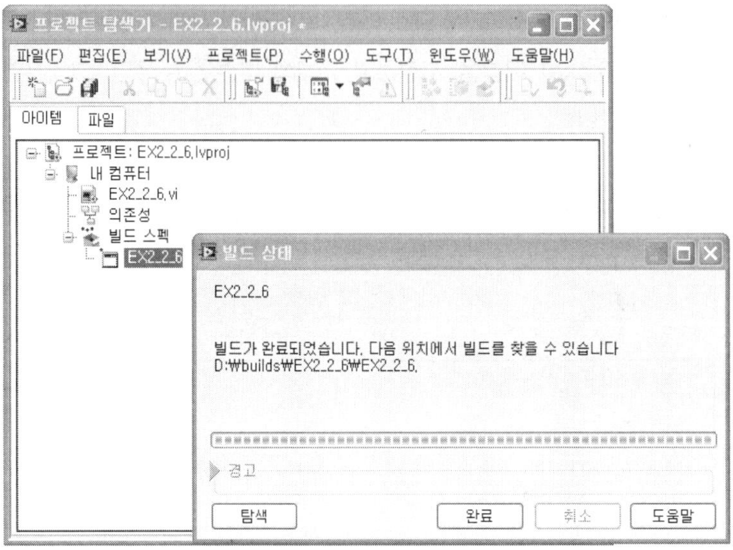

그림 10.1.6

④ VI 프로그램이 있는 Sample 디렉토리와, EXE 파일이 만들어진 builds 디렉토리는 각각 다음과 같다. Application.EXE가 실행파일이며, 이를 더블 클릭하면 그림 10.1.8과 같다.

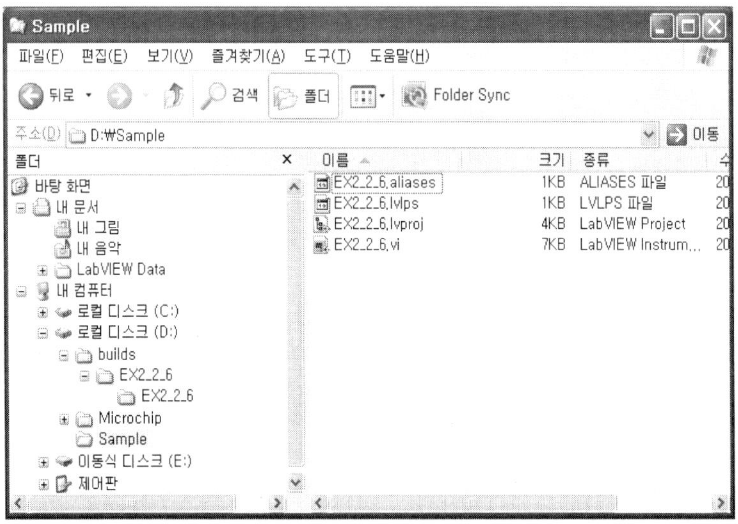

그림 10.1.7

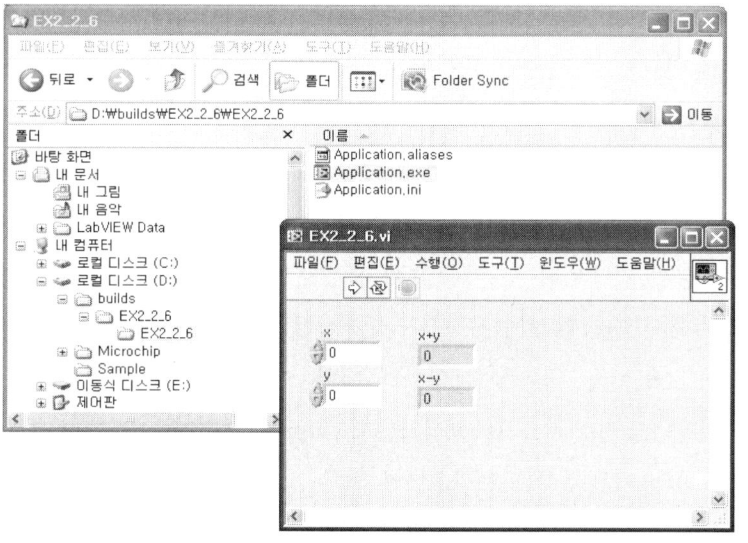

그림 10.1.8

⑤ 프로그램 실행

X, Y 값을 넣은 후, 「실행」을 눌러서 실행파일을 실행하고, 이 실행파일이 정상적으로 동작하는지 확인한다. 또 이 파일들을 LabVIEW가 설치되지 않은 컴퓨터에 복사한 후 정상적으로 동작하는지 확인한다.

10.2 메뉴파일 만들기 (파일 관리자)

LLB 관리자는 「도구≫LLB 관리자」를 선택하여 디스플레이 한다. 이 윈도우를 사용하여 LLB에 있는 파일을 복사, 이름 바꾸기, 삭제 한다. 또한, 이 윈도우를 사용하여 새 LLB와 디렉토리를 생성하고 LLB를 디렉토리로 변환하거나 디렉토리를 LLB로 변환할 수 있다. 파일 리스트의 아이템에서 오른쪽 마우스를 클릭하여 아이템을 열기, 자르기, 복사, 삭제, 또는 이름 변경을 할 수 있는 바로 가기 메뉴를 실행할 수 있다. 또한 이 바로 가기 메뉴를 사용하여 파일을 LLB의 최상위 레벨 또는 그 반대로 이동할 수 있다.

LLB 관리자 대화 상자 사용방법은 다음과 같다. (도움말 참고)

- 뒤로: 이전 디렉토리를 보여준다.

- 위로: 한 디렉토리 레벨 위로 이동한다.
- 새 디렉토리 생성: 새 디렉토리를 생성하기 위해 입력 요청한다.
- 새 LLB 생성: 새 LLB를 생성하기 위해 입력 요청한다.
- 잘라내기: 선택된 파일을 클립보드에 이동한다.
- 복사: 선택된 파일을 클립보드에 복사한다.
- 붙여넣기: 현재 디렉토리 또는 LLB에 클립보드로부터 파일을 이동한다.
- 삭제: LLB에서 선택된 파일을 영구 삭제한다.
- 디렉토리와 LLB 변환: 변환할 디렉토리 대화 상자를 시작한다.
- 새 LLB 관리자 열기: 새 LLB 관리자 윈도우를 시작한다.
- 디렉토리: 현재 디렉토리 또는 LLB의 전체 경로를 디스플레이 한다.
- 파일: 현재 디렉토리 또는 LLB에서 파일의 리스트를 디스플레이 한다.

예제 10.2.1 LLB 관리자를 이용하여 메뉴파일 만들기

① LabVIEW「시작하기」에서「도구≫LLB 관리자」를 선택한다.

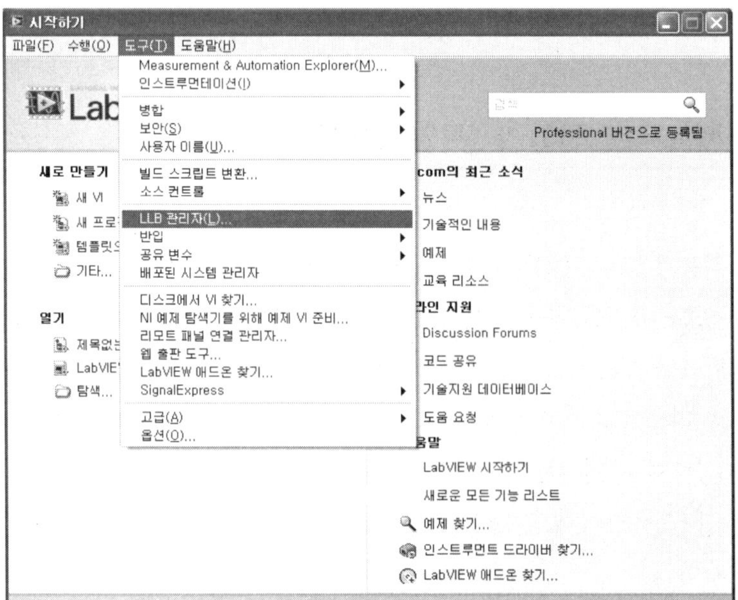

그림 10.2.1

그림 10.2.2

② 새로운 LLB 파일을 만들고자할 경우는 「파일≫새 LLB」를 선택한다.

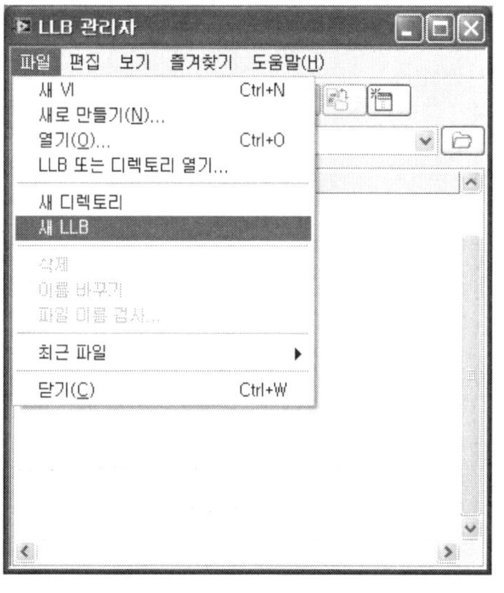

그림 10.2.3

그림 10.2.4의 「이름 입력」항에 새로운 llb 이름을 적는다.

「확인」 버튼을 누르면 새로운 llb가 만들어진다. (여기서는 SampleMenu.llb) 「LLB 관리자」 창을 닫은 후 다시 띄우면 그림 10.2.5와 같이 확인할 수 있다.

그림 10.2.4

그림 10.2.5

③ LLB에 파일 넣기

그림 10.2.5에서 SampleMenu.llb를 클릭하여, LLB를 선택한 후, VI를 새로 만들거나, 이미 만들어진 VI(여기서는 Menu Selection with Events.vi)를 저장한다.

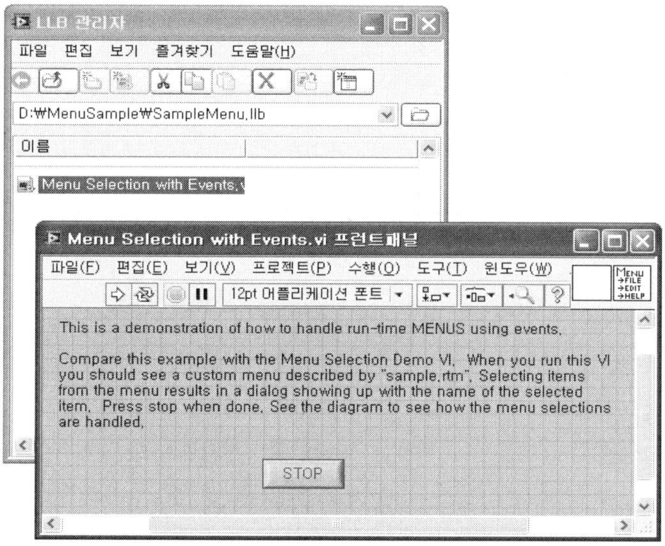

그림 10.2.6

④ 메뉴 만들기

VI를 메뉴와 연결하려면 프런트패널의 「편집≫런타임 메뉴」를 선택한다.

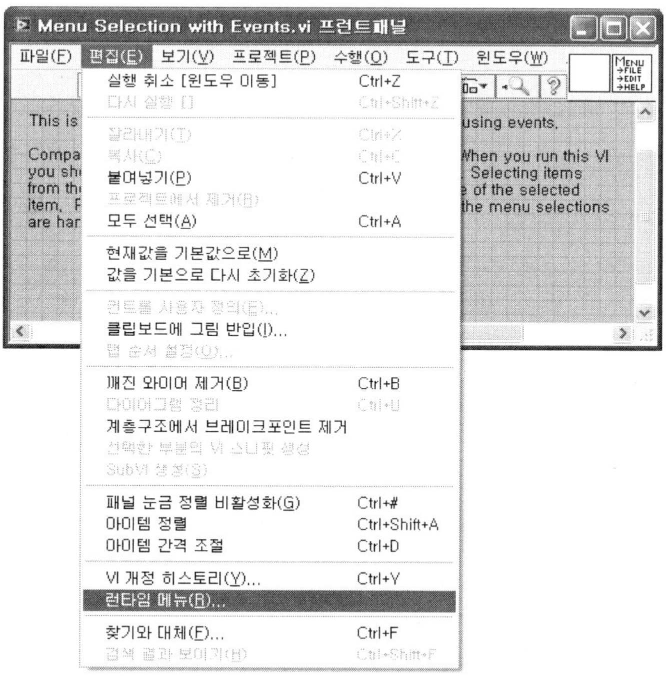

그림 10.2.7

⑤ 메뉴 편집기 사용법

그림 10.2.8과 같이「메뉴 편집기」 창이 나타나면서「기본」 메뉴가 나타나는데, 새로운 메뉴를 만들고자할 경우는「사용자 정의」를 체크하여 메뉴를 편집한다.

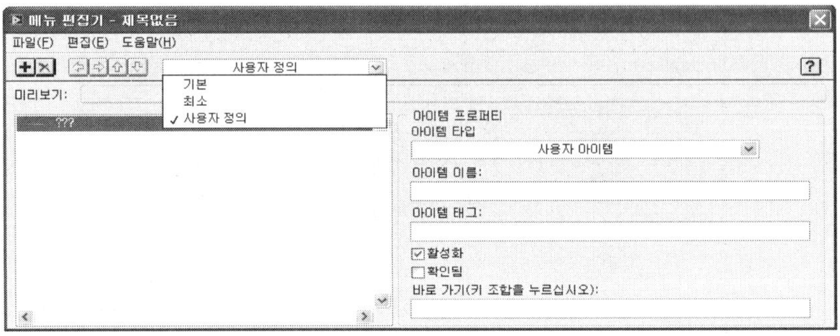

그림 10.2.8

이 대화 상자는 런타임 메뉴(RTM) 파일을 생성하고 편집하고, 런타임 메뉴를 VI와 연결한다. 메뉴 편집기 대화 상자 사용방법은 다음과 같다. (도움말 참고)

대화 상자의 메뉴 모음-파일과 편집 메뉴를 통해 메뉴 아이템의 생성과 위치 지정을 컨트롤한다.

- 삽입: 선택된 아이템 밑에 새로운 아이템을 삽입한다.
- 삭제: 리스트에서 선택된 아이템을 삭제한다.
- 왼쪽: 선택된 아이템 뒤의 아이템을 서브아이템이 되도록 한다.
- 오른쪽: 선택된 아이템을 선행하는 메뉴 아이템의 서브아이템으로 만든다.
- 위로: 선택된 아이템을 메뉴 리스트의 위쪽으로 움직인다. 선택된 아이템이 서브 아이템을 가지면, 이 서브 아이템은 선택된 아이템과 함께 움직인다.
- 아래로: 선택된 아이템을 메뉴 리스트의 아래쪽으로 움직인다. 선택된 아이템이 서브 아이템을 가지면, 이 서브 아이템은 선택된 아이템과 함께 움직인다.
- 메뉴 타입: 런타임에서 VI와 연계할 다음의 세 가지 메뉴 타입 중 하나를 표시한다. 풀다운 메뉴에서 타입을 선택한다.
- 기본: 표준 메뉴를 디스플레이 한다.
- 최소: 드물게 사용되는 아이템을 포함하지 않는 표준 메뉴를 디스플레이 한다.

- 사용자 정의: 사용자 메뉴를 RTM 파일로 생성, 편집, 저장하도록 한다. 최소 타입은 복사할 수는 있지만 편집할 수는 없다.
- 미리보기: 사용자가 만든 메뉴의 미리보기를 디스플레이 한다. 미리보기 트리에서 나타나는 메뉴 아이템에 대한 어플리케이션 아이템 태그를 보기할 수도 있다.
- 계층구조: 메뉴 계층구조를 트리에 디스플레이 한다.
- 아이템 타입: 다음의 세 가지 메뉴 아이템 타입 중 하나를 나타낸다.
- 사용자 아이템: 블록다이어그램에서 프로그램적으로 다루어져야 하는 새로운 아이템을 입력할 수 있도록 허용한다. 사용자 아이템은 메뉴에 나타나는 문자열인 이름과 대소문자 구분 없는 문자열 식별자인 태그를 가진다. 태그는 블록다이어그램에서 사용자 아이템을 확인한다. 이름을 타입하면, LabVIEW는 그것을 태그로 복사한다. 태그를 이름과 다르게 편집할 수 있다. 메뉴 아이템이 유효하도록 하기 위해 그것의 태그는 값을 가져야 한다. 아이템 태그 텍스트 박스는 유효하지 않은 메뉴 아이템에 대해서 물음표를 디스플레이 한다. LabVIEW는 태그가 메뉴 계층구조에 대해서 유일한 것을 확실히 하여 필요한 때 번호를 추가한다.
- 분리자: 메뉴에 분리선을 넣는다. 이 아이템에 어떤 속성도 넣을 수 없다.
- 어플리케이션 아이템: 기본 메뉴 아이템을 선택하도록 한다. 메뉴 아이템을 삽입하기 위해, 어플리케이션 아이템을 선택하여 추가하려는 아이템의 계층구조를 따른다. 각각의 아이템이나 전체 서브메뉴를 추가한다. LabVIEW는 어플리케이션 아이템을 자동적으로 다룬다. 이 아이템 태그는 블록다이어그램에 나타나지 않는다. 어플리케이션 아이템의 이름, 태그, 다른 속성을 바꿀 수 없다. LabVIEW는 모든 어플리케이션 아이템 태그를 접두사 APP_로 시작한다.
- 아이템 이름: 메뉴에 나타나는 문자열을 디스플레이 한다.
- 아이템 태그: 메뉴 아이템의 유일한 식별자를 디스플레이 한다. 모든 메뉴 아이템은 유일한 식별자를 가져야 한다. 블록다이어그램은 메뉴 아이템을 식별하기 위해 이 문자열을 사용한다. 식별자는 대소문자를 구분하고, LabVIEW는 앞뒤 공백을 무시한다. 사용한 태그가 유효하지 않거나 유일하지 않으면, LabVIEW는 태그를 빨간색으로 하이라이트 한다.
- 활성화: 메뉴에서 선택된 메뉴 아이템을 활성화할 것인지 또는 비활성화할 것인

지 지정한다.

- 확인됨: 메뉴의 메뉴 아이템 옆에 확인 표시를 할지를 지정한다.
- 바로 가기: 메뉴 아이템에 접근하기 위해 누르는 키 조합을 디스플레이 한다. 새롭게 바로 가기를 만들기 위해 이 필드에 커서를 놓고 바로 가기로 사용하려는 키를 누른다. <문자나 숫자 키> 또는 <문자나 숫자 키-Shift>를 누르면 LabVIEW는 자동으로 <Ctrl>을 조합키로 추가한다. <Ctrl> 키를 조합키로 사용하지 않고 <F1>에서 <F24>까지의 기능키를 사용할 수 있다.

⑥ 런타임 메뉴(RTM) 파일 저장하기

메뉴편집이 끝나면「저장」 또는「다른 이름으로 저장」을 이용하여 SampleMenu.llb 속에 저장한다. (여기서는 MenuSample.rtm) 확장자는 rtm으로 붙는다.

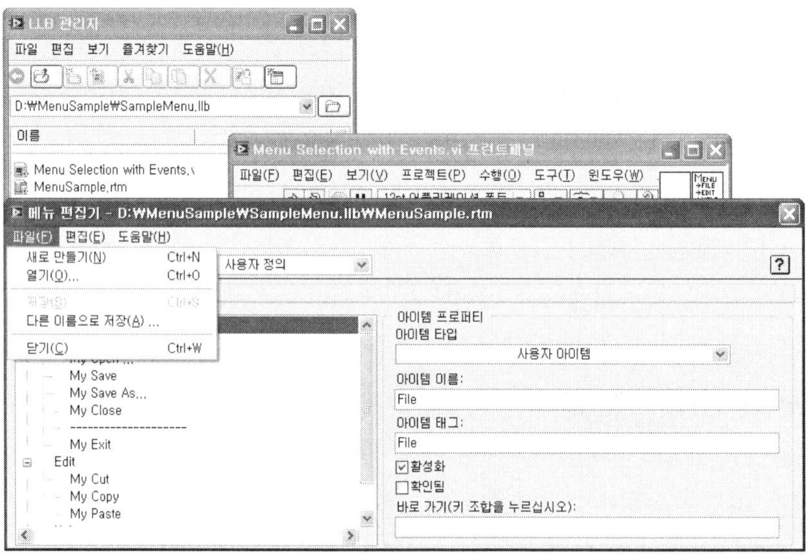

그림 10.2.9

런타임 메뉴(RTM) 파일의 저장이 끝난 후에는 VI도 다시「저장」하여 지정한 경로와 파일명을 보존하여야 한다.

그림 10.2.10

⑦ 메뉴파일 실행하기

완성된 Menu Selection with Events.vi 파일의 ⇨「실행」을 눌러서 실행하면 그림 10.2.11과 같다.

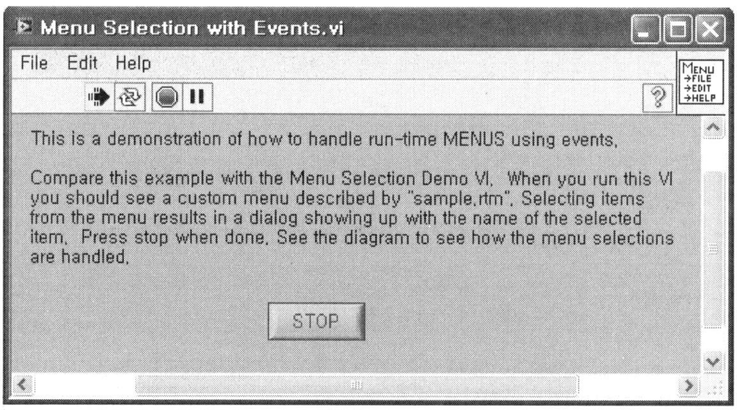

그림 10.2.11

⑧ 메뉴 툴바 제거하기

이때 화면에는 프런트 패널의 메뉴 툴바(실행, 연속실행, 강제종료, 일시정지, 도움말, 아이콘 만들기)가 나타나며, 이는 프로그램 동작에 불필요하며, 화면구성도 어색하게 된다. 이 툴바를 없애려면 다음과 같이 한다.

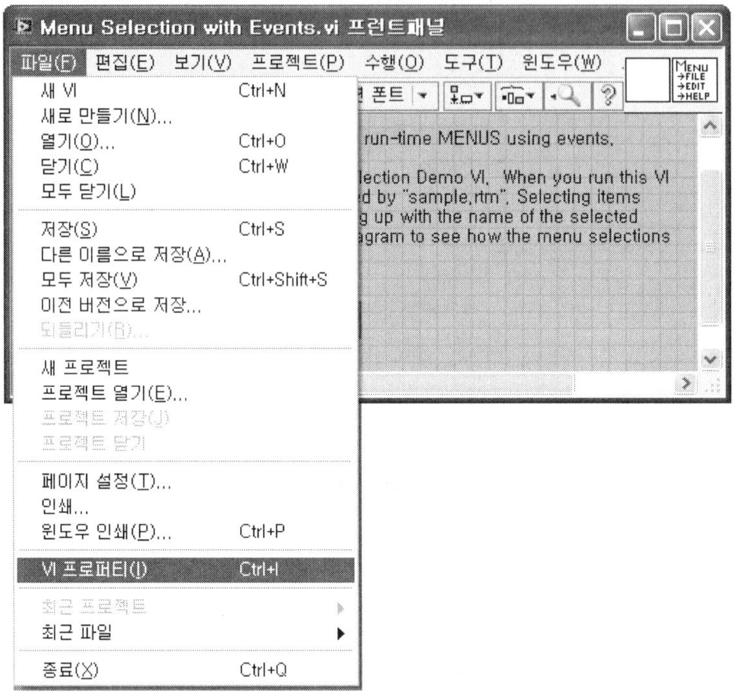

그림 10.2.12

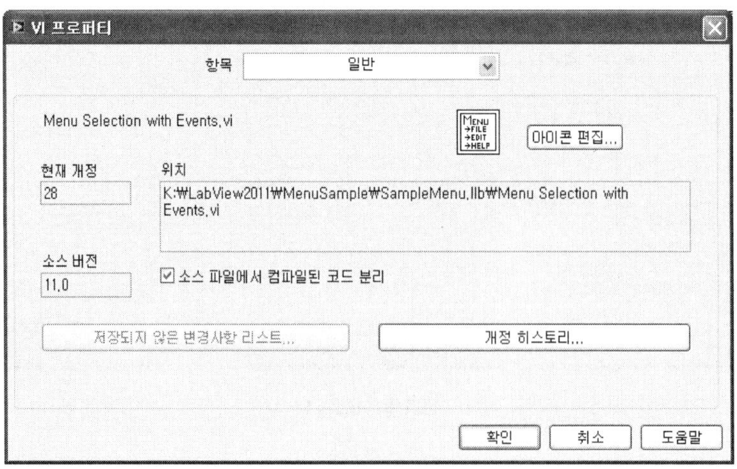

그림 10.2.13

그림 10.2.13에서 「일반」으로 지정된 「항목」을 「윈도우 모양」으로 선택하면 그림 10.2.14가 나타나며,

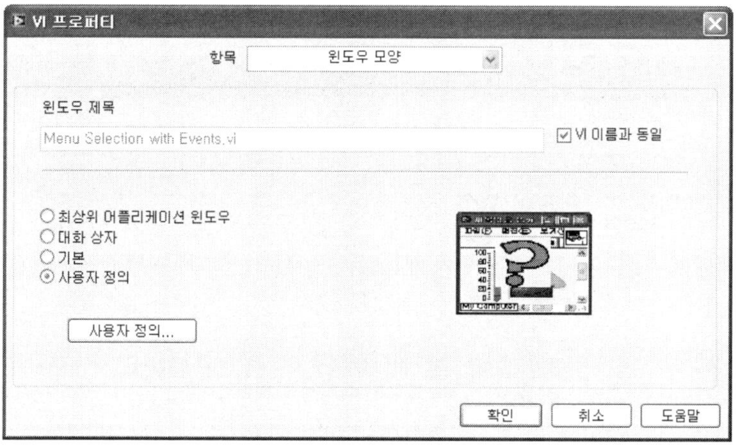

그림 10.2.14

계속 「사용자 정의」를 선택하고 「사용자 정의」 버튼을 누르면 그림 10.2.15 창이 나타난다.

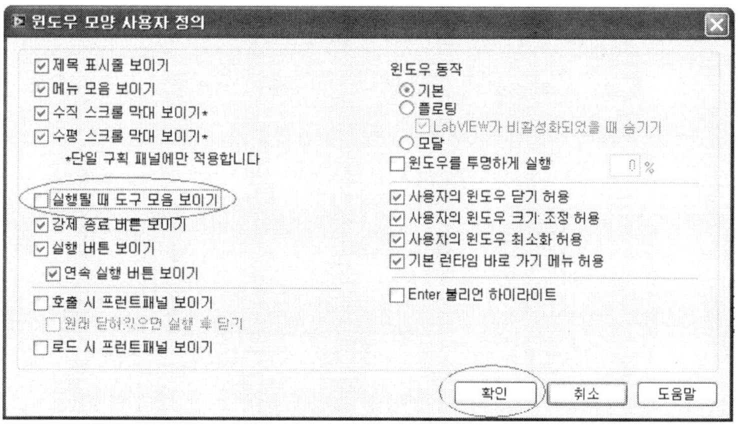

그림 10.2.15

여기서 「실행될 때 도구모음 보이기」 체크박스에 체크를 해제하고 「확인」 버튼을 누르면 창이 없어지고 다시 화면이 그림 10.2.14로 남는다. 이때 다시 「확인」 버튼을 누르고 창을 닫는다.

모든 지정이 끝나면 역시, 지정사항을 보존하기 위하여 그림 9.2.10과 같이 Menu Selection with Events.vi를 다시 「저장」하여야 한다. 완성된 Menu Selection with Events.vi를 실행하면 그림 10.2.16과 같다.

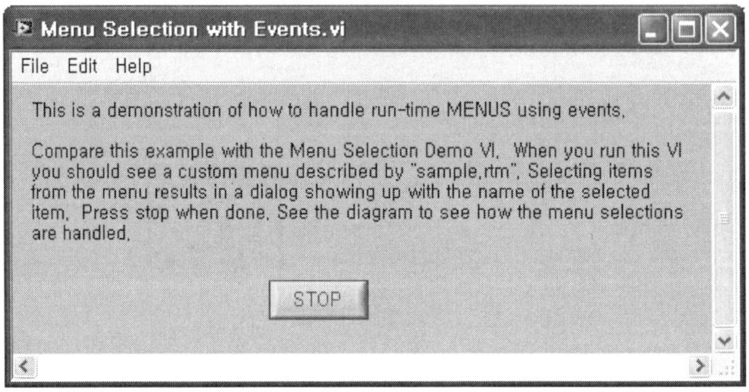

그림 10.2.16

그림 10.2.17은 Menu Selection with Events.vi의 블록다이어그램이다. (전체 vi는 LabVIEW 예제에서 확인하라)

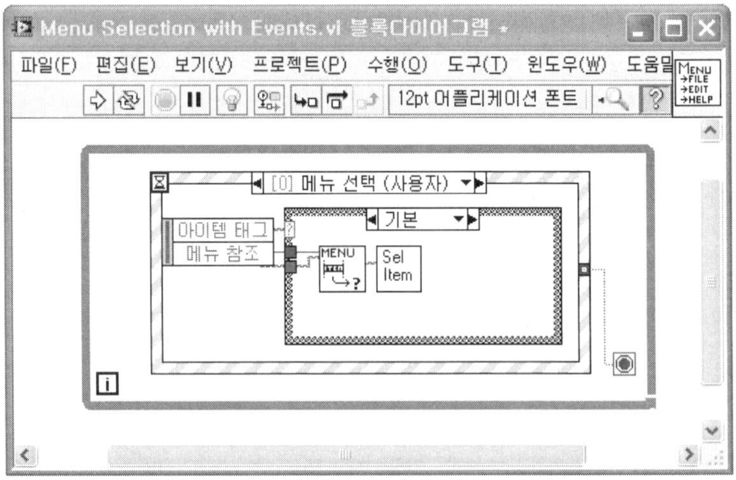

그림 10.2.17

예제 10.2.2 메뉴를 갖는 실용 계측 제어 프로그램 만들기

RS232C 시리얼 통신으로 여러 가지 센서 값을 계측하고, 모터를 제어하는 프로그램을 만들자.

① 「도구≫LLB 관리자」를 선택한 후, LLB 관리자 창에서 「파일≫새 LLB」를 선택하여 새로운 LLB 파일을 만든다.

② 메뉴파일을 만들어 LLB에 넣는다.

그림 10.2.18

③ 런타임 메뉴(RTM) 파일을 만들어 LLB에 넣는다.

④ 여러 가지 동작파일 만들어 LLB에 넣는다.

시리얼 셋업 프로그램을 만들어(Serial Setup.vi) LLB에 넣는다.

- 통신테스트 프로그램 Direct Communication.vi를 만든다.
- 밸브(직류모터) 제어 프로그램 Valve Control(DC Motor).vi를 만든다.
- 뷰렛(스텝모터) 제어 프로그램 Burette Control(Step Motor).vi를 만든다.
- 교반기(PWM) 제어 프로그램 Stirrer Control(PWM).vi를 만든다.
- 펌프(IRF) 제어 프로그램 Pump Control(IRF).vi를 만든다.
- 계전기(SSR) 제어 프로그램 Switch Control(SSR).vi를 만든다.

만들어진 프로그램을 모두 LLB에 넣는다.

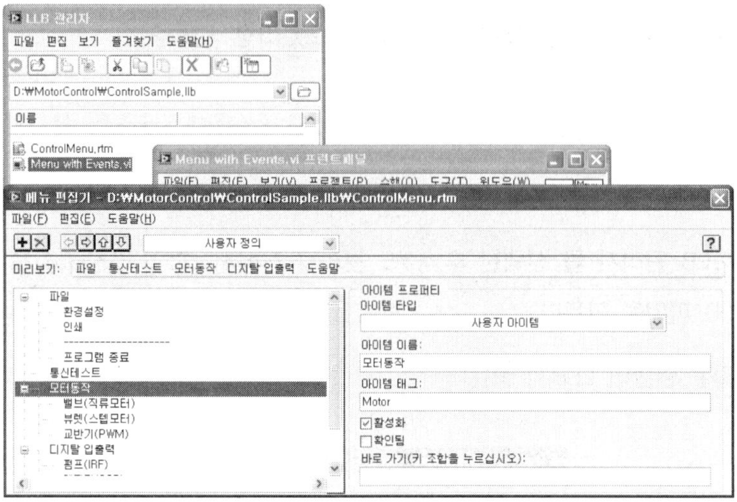

그림 10.2.19

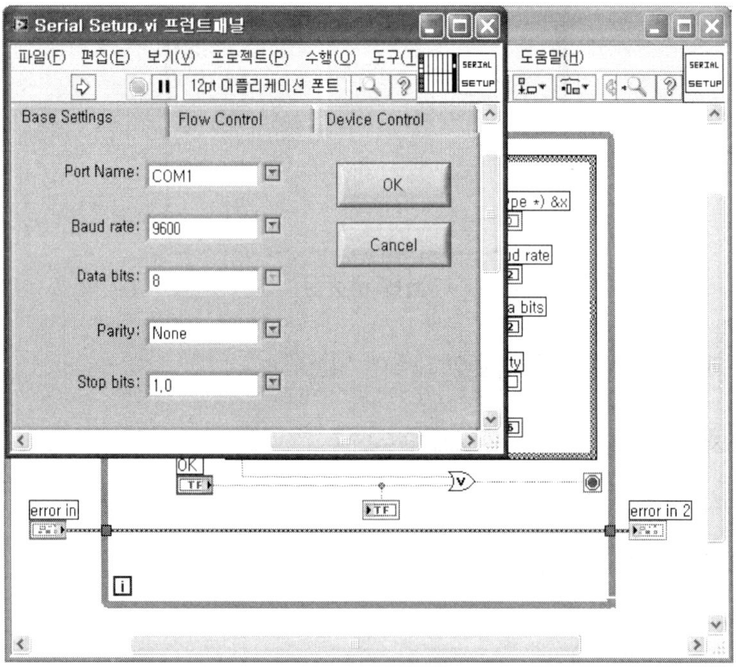

그림 10.2.20

⑤ 메뉴파일을 「최상위 레벨」로 가져간다.

프로그램을 동작할 때 처음 메뉴가 나타나게 하게위하여 메뉴파일을 「최상위 레벨」로 놓는다.

그림 10.2.21

그림 10.2.22

LLB 관리자에서 해당 메뉴파일(여기서는 Menu with Events.vi)를 선택한 후, 「편집-최상위 레벨」을 선택하면 화면이 다음과 같이 되며 최상위 레벨로 지정된다.

⑥ 메뉴파일에서 각각의 프로그램을 불러올 수 있게, 메뉴파일을 업데이트하여 다시 저장한다. 메뉴파일에서 시리얼 셋업 프로그램(Serial Setup.vi)을 불러서 연결한다.

- 프로그램의 「케이스 구조」의 선택자 라벨에서 마우스의 오른쪽 버튼을 클릭하여 「다음 케이스 추가」를 선택한다.
- 「케이스구조」의 선택자 라벨에 런타임 메뉴파일의 「아이템 태그」명(여기서는

그림 10.2.23

Setup)을 적는다.

- "Setup"이 입력된 「케이스구조」 내부에서 마우스의 오른쪽 버튼을 클릭하여 함수 파레트의 「VI 선택...」을 클릭한다.

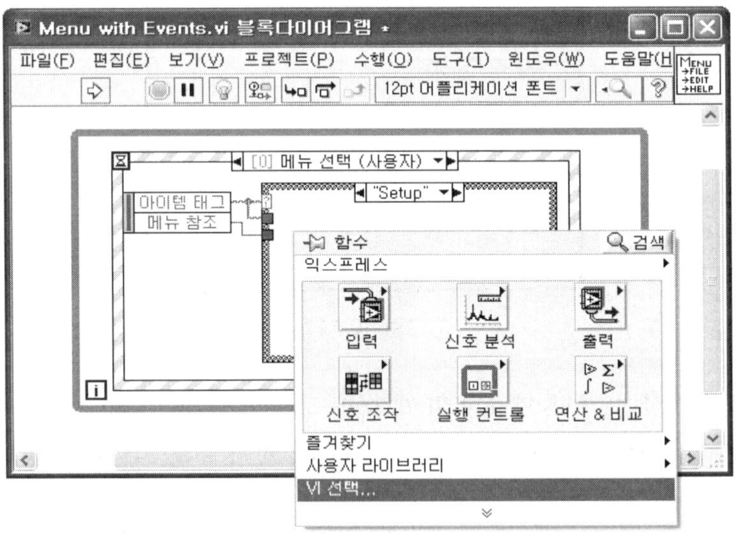

그림 10.2.24

- LLB 파일에서 해당 프로그램(여기서는 Serial Setup.vi)을 선택한후 「확인」버튼을 누른다.

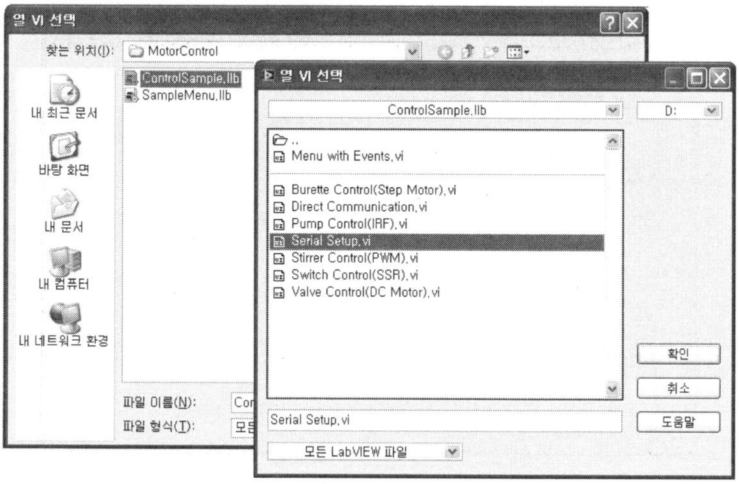

그림 10.2.25

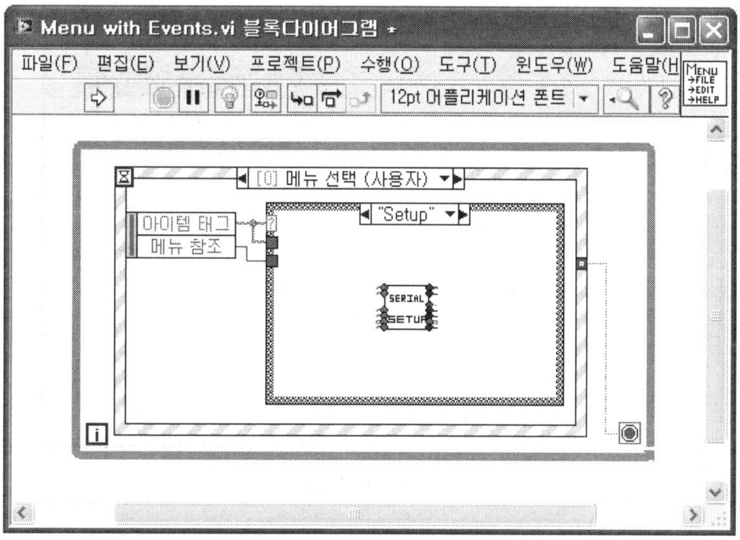

그림 10.2.26

- 메뉴파일에서 해당 프로그램(여기서는 「파일-환경설정」을 선택하면 Serial Setup.vi 파일이 동작)을 실행한다.

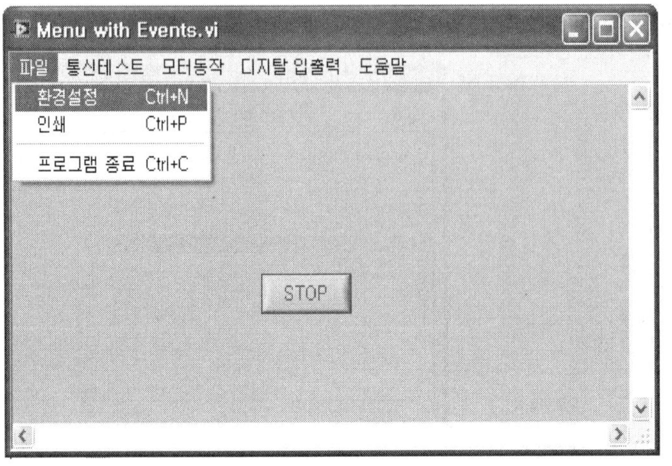

그림 10.2.27

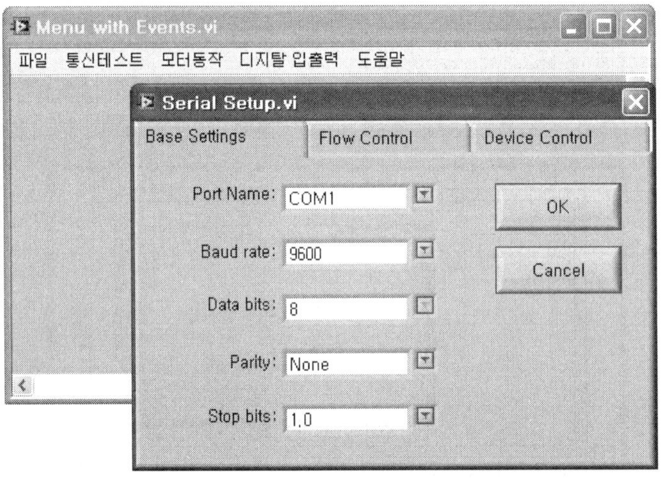

그림 10.2.28

메뉴파일에서 해당 프로그램을 불러올 수 없을 경우는 다음을 동작한다.

- 그림 10.2.26의 아이콘에서 마우스의 오른쪽버튼을 클릭하면 다음과 같다.

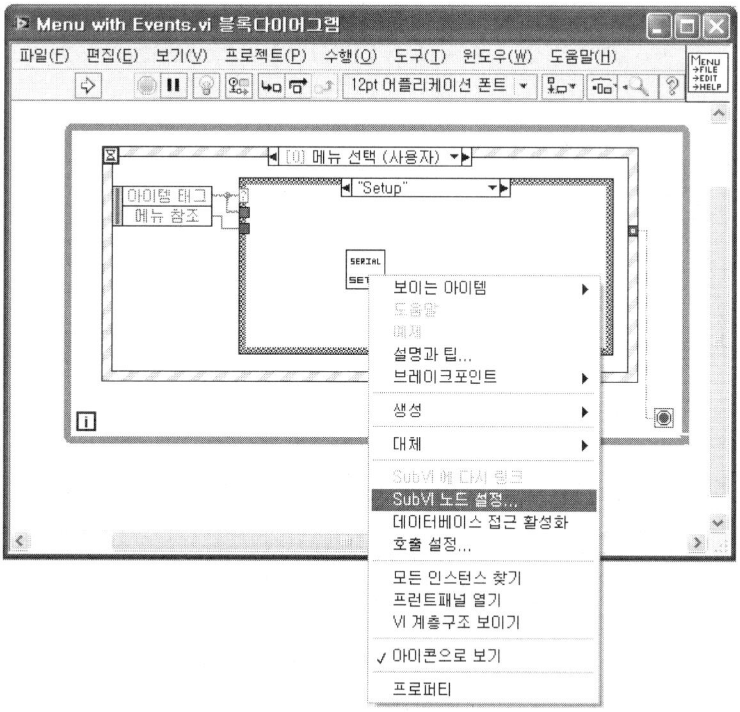

그림 10.2.29

- 여기서「SubVI 노드 설정...」을 선택하면 다음과 같은 창이 나타난다.

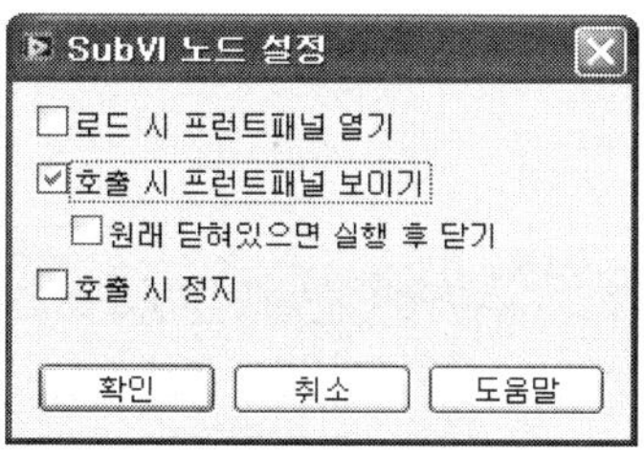

그림 10.2.30

- 여기서「호출 시 프런트패널 보이기」 체크박스에 체크한 후「확인」버튼을 누른다.
- 다시 메뉴파일(여기서는 Menu with Events.vi)을 저장 한다.

불러낸 프로그램을 불러내어 실행 후 종료가 되지 않을 경우 그림 10.2.31과 같이 선택하고「확인」 버튼을 누른다.

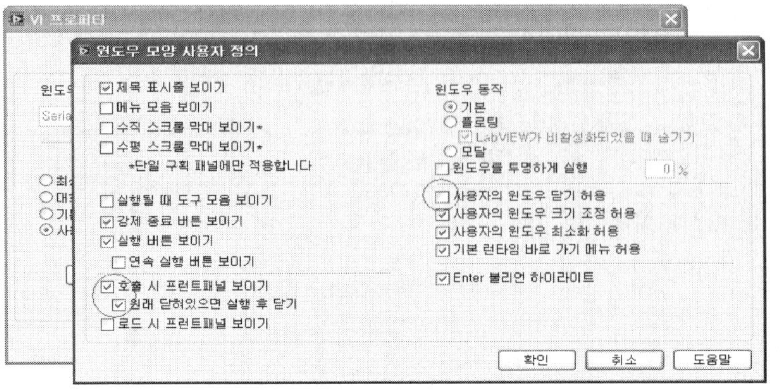

그림 10.2.31

계속하여 같은 방법으로 메뉴파일에 다음 프로그램을 연결한다.

- 통신테스트 프로그램 Direct Communication.vi
- 밸브(직류모터) 제어 프로그램 Valve Control(DC Motor).vi
- 뷰렛(스텝모터) 제어 프로그램 Burette Control(Step Motor).vi
- 교반기(PWM) 제어 프로그램 Stirrer Control(PWM).vi
- 펌프(IRF) 제어 프로그램 Pump Control(IRF).vi
- 계전기(SSR) 제어 프로그램 Switch Control(SSR).vi

메뉴파일을 저장한다.

⑦ 프로그램 메뉴와 실행하기

그림 10.2.32

10장 연습문제

10.1 예제 10_2_2.의 메뉴를 갖는 실용 계측 제어 프로그램을 완성하고 이를 실행파일로 만들어라.

LabVIEW 따라잡기

2013년 8월 25일 1판 1쇄 발행
2015년 3월 15일 1판 2쇄 발행

저 자 ◎ **이재춘 · 김락환 · 김선형 · 이윤민**

발행인 ◎ **조승식**

발행처 ◎ (주) 도서출판 북스힐
서울시 강북구 한천로 153길 17

등 록 ◎ 제 22-457 호

TEL (02) 994-0071(代)

FAX (02) 994-0073

E-MAIL bookswin@unitel.co.kr
www.bookshill.com

값 20,000원

잘못된 책은 교환해 드립니다.

ISBN 978-89-5526-718-1